Risiko und Bankenaufsicht

Göttinger Schriften zum Wirtschaftsrecht

Herausgegeben von Olaf Deinert, Torsten Körber, Rüdiger Krause, Gerald Spindler und Andreas Wiebe

Band 4

PL ACADEMIC RESEARCH

Henning Hilke

Risiko und Bankenaufsicht

Eine rechtsvergleichende Analyse der präventiven Begrenzung bankbetrieblicher und systemischer Risiken

PL ACADEMIC RESEARCH

Bibliografische Information der Deutschen Nationalbibliothek
Die Deutsche Nationalbibliothek verzeichnet diese Publikation in der Deutschen Nationalbibliografie; detaillierte bibliografische Daten sind im Internet über http://dnb.d-nb.de abrufbar.

Zugl.: Göttingen, Univ., Diss., 2013

D 7
ISSN 2192-2438
ISBN 978-3-631-64900-8 (Print)
E-ISBN 978-3-653-03946-7 (E-Book)
DOI 10.3726/978-3-653-03946-7

PL Academic Research ist ein Imprint der Peter Lang GmbH.
Peter Lang – Frankfurt am Main · Bern · Bruxelles · New York · Oxford · Warszawa · Wien

Dieses Buch erscheint in einer Herausgeberreihe bei PL Academic Research und wurde vor Erscheinen peer reviewed.

www.peterlang.com

Vorwort

Die vorliegende Arbeit wurde im September 2012 eingereicht und im Sommersemester 2013 von der Juristischen Fakultät der Georg-August-Universität Göttingen als Dissertation angenommen. Die Arbeit ist auch ein Produkt der Finanzkrise, die im Sommer 2007 ihren Ursprung im U.S.-amerikanischen Immobilienmarkt genommen und seither ihre Kreise gezogen hat. Die hohe Aktualität des Themas hat sich dabei als Fluch und Segen zugleich erwiesen. So bildet die damit einhergehende dynamische Entwicklung des Bankenaufsichtsrechts einen überaus spannenden Untersuchungsgegenstand. Andererseits hielt der allmorgendliche Blick in die Tageszeitung so manche Schrecksekunde für den Verfasser bereit. Es hat viel Energie gekostet, die immer neuen Gesetzesinitiativen im Blick zu behalten und zu verarbeiten. Wesentliche Änderungen der Rechtslage konnten bis zum September 2013 berücksichtigt werden.

Mein Dank gilt in erster Linie meinem geschätzten Doktorvater, Herrn Dipl. Oec. Prof. Dr. *Gerald Spindler*, der mich über die Betreuung dieser Arbeit hinaus in jeglicher Hinsicht unterstützt und gefördert hat. Die Zeit am Lehrstuhl für Bürgerliches Recht, Handels- und Wirtschaftsrecht, Rechtsvergleichung, Multimedia- und Telekommunikationsrecht der Universität Göttingen werde ich stets in guter Erinnerung behalten. Daneben möchte ich Herrn Prof. Dr. Dr. h.c. *Werner Heun* für die zügige Erstellung des Zweitgutachtens danken.

Teile der Arbeit sind während meines LL.M.-Studiums an der Boston University School of Law entstanden. Der Aufenthalt wurde maßgeblich durch ein großzügiges Stipendium der ZEIT-Stiftung Ebelin und Gerd Bucerius und der Studienstiftung des Deutschen Volkes ermöglicht, wofür ich an dieser Stelle meinen ganz besonderen Dank aussprechen möchte.

Charlotte Werrmann, *Arne Hilke* und *Christoph Vaske* danke ich dafür, dass sie unermüdlich das Manuskript Korrektur gelesen haben. Abschließend möchte ich mich bei meiner Familie für die fortwährende und verständnisvolle Unterstützung bedanken.

Frankfurt am Main, im September 2013 *Henning Hilke*

Inhaltsverzeichnis

1. Teil Einleitung

A. Einführung in die Problematik und Gang der Untersuchung

In dem mit dem Literaturnobelpreis ausgezeichneten Werk „Buddenbrooks" von *Thomas Mann* überliefert der Gründer des bekannten Lübecker Kontors den nachfolgenden Generationen eine Maxime, an der sie ihre unternehmerischen Entscheidungen ausrichten sollen:[1]

> „Mein Sohn, sey mit Lust bey den Geschäften am Tage, aber mache nur solche, daß wir bey Nacht ruhig schlafen können."

Hinter diesem Satz, an dessen Beispiel sich eine ganze Bandbreite der in dieser Arbeit behandelten Probleme aufzeigen lässt, verbirgt sich letztlich kein anderer Inhalt als der mahnende Appell an den Geschäftsleiter, ein Risiko nur in dem Maß einzugehen, soweit es ihn nicht um die Nachtruhe bringt. Erst der Urenkel setzt sich schließlich über dieses Leitprinzip hinweg und kauft eine noch nicht eingebrachte Getreideernte zu einem Preis, der deutlich unterhalb des eigentlichen Marktpreises liegt. Im Jargon der Finanzwirtschaft ausgedrückt handelt es sich dabei um ein bestimmtes Termingeschäft: Einen sog. Forward. Unter einem Forward ist ein Vertrag zu verstehen, bei dem sich die beiden Vertragsparteien dazu verpflichten, ein bestimmtes Gut, wie hier z.B. Getreide, zu einem bestimmten Zeitpunkt in der Zukunft zu einem bereits in der Gegenwart festgelegten Preis vom Vertragspartner zu kaufen bzw. dem Vertragspartner zu verkaufen.[2] Dem Käufer bietet sich dabei einerseits die *Chance* auf einen Gewinn, der in der Höhe der Differenz zwischen dem vereinbarten Kaufpreis und dem tatsächlichen Marktpreis des Gutes zu sehen ist.[3] Auf der anderen Seite trägt der Käufer freilich auch ein *Risiko*, das im schlimmsten Fall den Totalverlust des Investments bedeuten kann.

Und so trägt es sich schließlich auch in der Geschichte der Buddenbrooks zu: Die Ernte wird im Zuge eines Unwetters durch Hagelschlag vernichtet und der

---

1 *Mann*, Buddenbrooks, 60. Aufl. 2011, Zweiter Teil, Erstes Kapitel, S. 56.

2 *Schüwer/Steffen* in Zerey, Finanzderivate, 3. Aufl. 2013, § 1, Rn. 5; *Lehmann*, Finanzinstrumente, 2009, S. 101.

3 *Schüwer/Steffen* in Zerey, Finanzderivate, 3. Aufl. 2013, § 1, Rn. 5.

erlittene Verlust leistet seinen Beitrag zum Niedergang der Kaufmannsdynastie.[4] Aber muss das, was für den ehrbaren Kaufmann[5] gelten soll, nicht auch für den Banker oder Bankier[6] gelten? Die exzessive Risikoübernahme hat das Bankgewerbe zuletzt während der Subprime-Krise, die ihren Ursprung im Jahr 2007 in den USA genommen hatte, an den Rand des Abgrunds geführt.[7] Die Geschichte lehrt uns zudem, dass es sich dabei um kein einmaliges Ereignis gehandelt hat, denn Bankenkrisen sind ein wiederkehrendes Phänomen.[8] Fehlt es offensichtlich an einem solchen selbst auferlegten Normengerüst zur Selbstregulierung und kommt es daraufhin gar zu einem Marktversagen,[9] wird sich der Gesetzgeber zum Erlass von Vorschriften zur Regulierung – oder in diesem Kontext: zur *Risikobegrenzung* – gezwungen sehen.[10] So wurden in Europa und den Vereinigten Staaten neue Gesetze auf den Weg gebracht, um die während der jüngsten Finanzkrise hervorgetretenen Defizite des Bankenaufsichtsrechts zu beseitigen und die Stabilität der Finanzmärkte zu sichern.

Ein anderes Problem ergibt sich hingegen, wenn sich Finanzmarktteilnehmer zwar eigene Grenzen gesetzt haben, es aber, wie auch im eingangs dargestellten Beispielsfall, an deren Verbindlichkeit fehlt. Setzen sich die Akteure über diese unverbindlichen Grundsätze hinweg, gibt es keine gesetzliche Grundlage zur hoheitlichen Durchsetzung und ggf. Sanktionierung dieses Verhaltens. Dies galt in erster Linie für die Ratingagenturen, für die bis zuletzt kein verbindlicher Ordnungsrahmen bestand, deren Bonitätsurteile gleichwohl willig in das Aufsichtsrecht eingeflochten wurden, um deren privatwirtschaftliche Expertise zur Bestimmung von Ausfallwahrscheinlichkeiten zu nutzen. Erst der massenhafte Ausfall

---

4 Vgl. *Mann*, Buddenbrooks, 60. Aufl. 2011, Achter Teil.

5 Vgl. die Beiträge von *Stober*, NJW 2010, 1573 und *Ruter/Rosken*, DB 2011, 1123.

6 Den Unterschied zwischen dem „Bankier" und dem „Banker" hebt *Poullain* in seiner sog. „ungehaltenen Rede" hervor, abgedruckt in F.A.Z. vom 16.7.2004, S. 9. Danach sei der Bankier kein Mann des schnellen Geldes gewesen, sondern habe seinen Nutzen vielmehr in der Beständigkeit einer Beziehung gesucht.

7 Vgl. *Hellwig*, 157 De Economist, 129, 134 (2009); *ders.*, Gutachten E zum 68. DJT, 2010; *Schwarcz*, 97 Geo. L.J. 193, 198 (2008); *Rudolph*, ZGR 2010, 1, 2 ff.

8 S. die Nachzeichnung von *Reinhart/Rogoff*, This Time is Different, 2009, S. 141 ff.; *Hopt*, NZG 2009, 1401.

9 Von einem Marktversagen wird gesprochen, wenn ein Markt die ihm zugedachten Funktionen nur noch unzureichend oder gar nicht mehr erfüllen kann, *Burghof/Rudolph*, Bankenaufsicht, 1996, S. 29 Fn. 64.

10 Das Marktversagen wird allgemein als Rechtfertigung für die regulierenden Eingriffe des Staates angesehen, s. nur *Burghof/Rudolph*, Bankenaufsicht, 1996, S. 29 Fn. 64; *Heun*, JZ 2010, 53, 59; *Picot*, zfbf 2009, 655, 657.

von Schuldnern, die zuvor mit erstklassigen Bewertungen versehen waren, hat der Öffentlichkeit die Schwachstellen dieser mit den Ratingagenturen eingegangenen Symbiose offengelegt und die Gesetzgeber auf beiden Seiten des Atlantiks zu neuen Regulierungsinitiativen veranlasst.[11]

Den angerissenen Problemen soll hier auf den Grund gegangen werden, nachdem in einem ersten Schritt der ökonomische Hintergrund des Risikobegriffs erläutert und anschließend ein erster Überblick über die Bedeutung von Risiko im Bankenaufsichtsrecht verschafft wird. Im Rahmen der weiteren Untersuchung werden zwei unterschiedliche Perspektiven eingenommen. Zunächst wird der Fokus auf den einzelnen Bankbetrieb gerichtet, um die Begrenzung der *bankbetrieblichen Risikoarten* durch das Bankenaufsichtsrecht aus einer *Mikroperspektive* zu analysieren. Dazu zählen Ausfall-, Markt-, Liquiditäts- und operationelle Risiken, die sich zudem zu Konzentrations- bzw. Klumpenrisiken verdichten können. Während lange Zeit die Auffassung vorherrschte, dass die Stabilität des Finanzsystems als Summe einzelner solider Marktteilnehmer verstanden werden könne, hat die Subprime-Krise allen Beteiligten vor Augen geführt, dass die zusätzliche Berücksichtigung systemischer Risiken unerlässlich ist. Aus diesem Grund wird anschließend aus der *Makroperspektive* dargestellt, wie das *Systemrisiko* aufsichtsrechtlich begrenzt wird. Schließlich ist das Bankenaufsichtsrecht im Lichte der fortschreitenden Verflechtung der internationalen Finanzmärkte zu sehen, auf deren Parkett sich Banken grenzüberschreitend bewegen können. Dieser besonders dynamische Unterprozess der Globalisierung[12] führt im Vergleich zu anderen Rechtsgebieten unweigerlich zum vermehrten Auftreten von Berührungspunkten der unterschiedlichen Rechtsordnungen, so dass der Einbezug des für die Entwicklung des Finanzmarktes nach wie vor prägenden U.S.-amerikanischen Rechtskreises der Untersuchung eine weitere notwendige Ebene hinzufügt. Die Berücksichtigung der europarechtlichen Vorgaben ergibt sich bereits aus der ungleich hohen Regelungsdichte im Rahmen der Bankenaufsicht[13] und der dominierenden Stellung gegenüber dem Recht der Mitgliedstaaten.

---

11 *Frankel/Fagan*, Law and the Financial System, 2009, S. 170 ff.; *Spindler*, AG 2010, 601, 609; *Deipenbrock*, WM 2011, 1829, 1829 f.

12 *Busch*, Banking Regulation and Globalization, 2009, S. 14; s. auch schon *Burghof/Rudolph*, Bankenaufsicht, 1996, S. 188.

13 S. *Krimphove*, EuR 2007, 597, 597, wonach das nationale Bank- und Kapitalmarktrecht zu mehr als 80% auf Initiativen der EU zurückgeht; s. auch *Brocker* in Derleder/Knops/Bamberger, Handbuch zum deutschen und europäischen Bankrecht, 2. Aufl. 2009, S. 1936; *Claussen*, Bank- und Börsenrecht, 4. Aufl. 2008, S. 43; *Waigel* in Grieser/Heemann, Bankaufsichtsrecht, 2010, S. 51.

Im Ergebnis entsteht dadurch eine mehrdimensionale Betrachtungsweise, die allein der Komplexität des modernen Finanzsystems gerecht werden kann.

B. Präzisierung des Untersuchungsgegenstands

I. Der Begriff „Bank“

Der Untersuchungsgegenstand dieser Arbeit setzt sich aus drei Elementen zusammen: *Banken*, *Risiko* und präventive *Risikobegrenzung* durch das Aufsichtsrecht. Während der Risikobegriff in all seinen Facetten ausführlich in einem eigenen Kapitel beleuchtet wird und das rechtliche Instrumentarium zur Risikobegrenzung den Schwerpunkt dieser Arbeit bildet, soll der Begriff „Bank“ bereits an dieser Stelle präzisiert werden.

Dabei ist vorwegzuschicken, dass einige Definitionsansätze eng an die ökonomische Funktion der Banken angelehnt sind.[14] Ein solcher funktionaler Ansatz führt jedoch zu einem Begriff mit fließendem Inhalt, der für die Zwecke dieser Arbeit keinen verlässlichen Ausgangspunkt liefert. Daher soll auf die Definitionen, die uns das Bankenaufsichtsrecht an die Hand gibt, zurückgegriffen werden.

In *Deutschland* ist begrifflich zwischen Kreditinstituten (§ 1 Abs. 1 Kreditwesengesetz – KWG[15]) und Finanzdienstleistungsinstituten (§ 1 Abs. 1a KWG) zu unterscheiden. Beide Definitionen knüpfen an das jeweilige Tätigkeitsfeld eines Unternehmens an. Während Kreditinstitute *Bank*geschäfte im eigentlichen Sinne betreiben, also insbesondere Einlagen- und Kreditgeschäfte, erbringen Finanzdienstleistungsinstitute andere Dienstleistungen mit Bezug zum Finanzmarkt. Kreditinstitute und Finanzdienstleistungsinstitute werden aber unter dem gemeinsamen Oberbegriff „Institut“ (§ 1 Abs. 1b KWG) zusammengefasst und aufsichtsrechtlich getreu dem Prinzip *„same business, same risks, same rules“*[16] in weiten Teilen gleich behandelt.[17] So knüpft die behördliche Aufsicht der Bundesanstalt

---

14 S. *Carnell/Macey/Miller*, The Law of Banking and Financial Institutions, 4th Ed. 2009, S. 35.

15 Gesetz über das Kreditwesen in der Fassung der Bekanntmachung vom 9.9.1998, BGBl. I S. 2776, zuletzt geändert durch Art. 8 des Gesetzes vom 28.8.2013 (BGBl. I S. 3395).

16 *U.H. Schneider*, Europäisches Bankenrecht und Wettbewerb der Bankensysteme, 1990, S. 22.

17 Vgl. *Waschbusch*, Bankenaufsicht, 2000, S. 153; *Schäfer* in Boos/Fischer/Schulte-Mattler, KWG, 4. Aufl. 2012, § 1, Rn. 151.

für Finanzdienstleistungsaufsicht (BaFin) gemäß § 6 Abs. 1 KWG an den Institutsbegriff an. Gleiches gilt für die Eigenmittelanforderungen auf Grundlage von § 10 Abs. 1 Satz 1 KWG. Im *Unionsrecht* wird im Anwendungsbereich der neuen Capital Requirements Regulation und der Capital Requirements Directive IV in vergleichbarer Weise zwischen Kreditinstituten[18] und Wertpapierfirmen[19] unterschieden, die gemeinsam als Institute bezeichnet werden. Um Lücken aufgrund der abweichenden Begriffsbestimmungen zu schließen und einen Gleichlauf zwischen dem nationalen Recht und dem Unionsrecht herzustellen, ist in dem CRD IV-Umsetzungsgesetz vorgesehen, alle Kredit- und Finanzdienstleistungsinstitute im Sinne des KWG grundsätzlich auch den Vorschriften der CRR zu unterwerfen.[20]

In den *Vereinigten Staaten* wird gemeinhin auf die Definition des Bank Holding Company Act of 1956[21] zurückgegriffen.[22] Nach 12 U.S.C. § 1841(c)(1)(B) gilt ein Unternehmen als „Bank", wenn es Einlagen akzeptiert, die der Einleger bei Bedarf wieder abheben kann, und im Kreditgeschäft aktiv ist. Diese Definition ist erkennbar enger als die des „Instituts" im deutschen Aufsichtsrecht und entspricht eher dem traditionellen Segment der Kreditinstitute. Allerdings ist die Bedeutung des Bank Holding Company Act begrenzt, so dass die verschiedenen Bankenaufsichtsbehörden in den USA auch unabhängig von dieser engen Definition eine Erlaubnis zum Betreiben einer Bank erteilen können (sog. *bank charter*).[23] Im Folgenden werden deshalb die Begriffe „Bank" und „Institut" weitgehend synonym verwendet. Zugleich ist damit ein erster grober Rahmen für die Arbeit abgesteckt.

---

18 Art. 4 Abs. 1 Nr. 1 Capital Requirements Regulation (CRR), Art. 3 Abs. 1 Nr. 1 Capital Requirements Directive IV (CRD IV).

19 Art. 4 Abs. 1 Nr. 2 CRR, Art. 3 Abs. 1 Nr. 2 CRD IV.

20 S. § 1a Gesetz zur Umsetzung der Richtlinie 2013/36/EU über den Zugang zur Tätigkeit von Kreditinstituten und die Beaufsichtigung von Kreditinstituten und Wertpapierfirmen und zur Anpassung des Aufsichtsrechts an die Verordnung (EU) Nr. 575/2013 über die Aufsichtsanforderungen an Kreditinstitute und Wertpapierfirmen (CRD IV-Umsetzungsgesetz) v. 28.8.2013, BGBl. I S. 3395; Begr. RegE. BT-Drucks. 17/10974, S. 72; *Bundesbank*, Monatsbericht Juni 2013, S. 67. S. ausführlich zum rechtlichen Rahmen sogleich unten.

21 Pub.L. 511, 12; 70 Stat. 130 kodifiziert als 12 U.S.C. § 1841.

22 *Carnell/Macey/Miller*, The Law of Banking and Financial Institutions, 4th Ed. 2009, S. 35 und 40.

23 Darauf weist hin: *Träm*, Neue Entwicklungen der staatlichen Bankenaufsicht in Deutschland und den USA sowie der Einfluss von Basel II, 2006, S. 67 f.

II. Der rechtliche Rahmen

Die primären Rechtsquellen der Bankenaufsicht waren in *Deutschland* lange Zeit das KWG und die auf dessen Grundlage erlassenen Verordnungen. Vor allem die Solvabilitätsverordnung (SolvV),[24] die die Eigenmittelanforderungen für Banken detailliert regelt, hat dem deutschen Aufsichtsrecht erst die hier im Vordergrund stehende risikoorientierte Ausrichtung verliehen. Dabei hat sich eine Art „Gesetzgebungsmechanismus“ eingeschlichen, an dessen Anfang die Empfehlungen des Basler Ausschusses für Bankenaufsicht gestanden haben, die in einem nächsten Schritt in europäische Richtlinien gegossen wurden und schließlich über den „Umweg“ der nationalen Umsetzung Einzug in das Recht der Mitgliedstaaten hielten.[25] Von diesem Mechanismus rücken die europäischen Gesetzgeber zunehmend ab und geben dem Erlass von Verordnungen vielfach den Vorzug, die ohne nationale Umsetzungsakte ihre Bindungswirkung unmittelbar gegenüber den Banken entfalten, Art. 288 Abs. 2 AEUV. So nimmt zukünftig die Capital Requirements Directive IV eine dominierende Stellung im europäischen bzw. deutschen Bankenaufsichtsrecht ein.[26] Unter der Bezeichnung werden begrifflich etwas unscharf zwei eigenständige Rechtsakte zusammengefasst, bei denen es sich um eine Verordnung (Capital Requirements Regulation, CRR[27]) und eine Richtlinie (Capital Requirements Directive IV, CRD IV[28]) handelt. Während die CRR vor allem die Eigenmittelanforderungen enthält und somit die SolvV ersetzt, liegt der Fokus der CRD IV auf Vorgaben zum bankaufsichtlichen Überprüfungsprozess (*Supervisory Review Process*) und der Corporate Governance. Diese Zäsur im europäischen Bankenaufsichtsrecht macht auch eine weitgehende

---

24 Verordnung über die angemessen Eigenmittelausstattung von Instituten, Institutsgruppen und Finanzholding-Gruppen vom 14.12.2006, BGBl. I S. 2926, zuletzt geändert durch Artikel 1 der Verordnung vom 19.12.2012 (BGBl. I S. 2796).

25 Krit. *Höfling*, Gutachten F zum 68. DJT, 2010, S. 37 ff.; *Blaurock*, JZ 2012, 226, 230; *Körnert*, ZHR 176 (2012), 96, 120.

26 *Deutsche Bundesbank*, Monatsbericht Juni 2013, S. 57; *Schulte-Mattler/Manns*, WM 2011, 2069; *Manns/Schulte-Mattler*, WM 2010, 1577.

27 Verordnung (EU) Nr. 575/2013 des Europäischen Parlaments und des Rates vom 26.6.2013 über die Aufsichtsanforderungen an Kreditinstitute und Wertpapierfirmen und zur Änderung der Verordnung (EU) Nr. 646/2012, ABl. EU Nr. L 176 v. 27.6.2013, S. 1.

28 Richtlinie 2013/36/EU des Europäischen Parlaments und des Rates vom 26.6.2013 über den Zugang zur Tätigkeit von Kreditinstituten und die Beaufsichtigung von Kreditinstituten und Wertpapierfirmen, zur Änderung der Richtlinie 2002/87/EG und zur Aufhebung der Richtlinien 2006/48/EG und 2006/49/EG, ABl. EU Nr. L 176 v. 27.6.2013, S. 338.

Neuausrichtung des KWG erforderlich, die durch das CRD IV-Umsetzungsgesetz vorgenommen wird.[29]

In den *Vereinigten Staaten* stellt sich das Bankenaufsichtsrecht vergleichsweise zersplittert dar, so dass dort von jeher eine Vielzahl unterschiedlicher Rechtsquellen zu beachten ist.[30] Zu einer Zäsur hat sicherlich der Dodd-Frank Wall Street Reform and Consumer Protection Act (Dodd-Frank Act)[31] geführt, der als Reaktion auf die Subprime-Krise am 21. Juli 2010 durch die Unterzeichnung von U.S.-Präsident *Barack Obama* verabschiedet wurde und seit dem bekannten Reformprogramm „New Deal" der 1930er Jahre die wohl tiefgreifendste Umwälzung der U.S.-amerikanischen Gesetzgebung mit Bezug zum Finanzmarkt darstellt.[32] Die tatsächliche Reichweite des Dodd-Frank Act wird aber erst durch die zahlreichen Ermächtigungsgrundlagen bestimmt, die es den U.S.-amerikanischen Aufsichtsbehörden auf Bundesebene erlauben, weitergehende Verordnungen zu erlassen. Erst durch diese Verordnungen wird die Reform ihr wahres Gesicht zeigen.[33] Aufgrund ihrer Bedeutung stehen diese Regulierungsinitiativen in Europa, Deutschland und den USA im Vordergrund der Untersuchung.

Schließlich ist zu berücksichtigen, dass Banken als Akteure auf dem Finanzmarkt[34] einer dynamischen Umgebung unterworfen sind, in der es gerade in den letzten Jahren zu extremen Veränderungen gekommen ist. Die folgende Untersuchung kann sich somit nicht allein auf den Kern der Rechtsquellen für die

---

29 Das CRD IV-Umsetzungsgesetz tritt in weiten Teilen am 1. Januar 2014 in Kraft (Art. 10). Im Folgenden wird bereits auf das KWG in der Fassung nach dem CRD IV-Umsetzungsgesetz Bezug genommen.

30 Vgl. *Jackson* in Tison/de Wulf/van der Elst/Steennot, Perspectives in Company Law and Financial Regulation, 2009, 523, 524; *Carnell/Macey/Miller*, The Law of Banking and Financial Institutions, 4th Ed. 2009, S. 61 ff.; *Spong*, Banking Regulation, 5th Ed. 2000, S. 15 ff.; aus rechtsvergleichender Sicht *Träm*, Neue Entwicklungen in der staatlichen Bankenaufsicht in Deutschland und den USA sowie der Einfluss von Basel II, 2006, S. 47 ff.; *Hopt*, NZG 2009, 1401, 1403.

31 Pub.L. 111–203, H.R. 4173.

32 S. nur *Wilmarth*, 89 Or. L. Rev. 951 (2011); *Omarova*, 15 N.C. Banking Inst. 83 (2011); *Acharya/Cooley/Richardson/Sylla/Walter* in Acharya/Cooley/Richardson/Walter, Regulating Wall Street, 2011, S. 1; aus deutscher Sicht: *Spindler/Brandt/Raapke*, RIW 2010, 746, 751; *Heppe/Tielmann*, WM 2011, 1883.

33 Vgl. *Omarova*, 15 N.C. Banking Inst. 83, 84 f. (2011); *Wilmarth*, 89 Or. L. Rev. 951, 1024 (2011).

34 In Abgrenzung von den Gütermärkten umfasst der Finanzmarkt all diejenigen Märkte, an denen Angebot und Nachfrage nach Geld und geldwerten Titeln zusammengeführt werden, s. *Lenenbach*, Kapitalmarktrecht, 2. Aufl. 2010, Rn. 1.8.

Bankenaufsicht beschränken. Regelwerke, die auf einen ersten flüchtigen Blick allenfalls am Rande des Bankenaufsichtsrechts zu verorten sind, nehmen zunehmend Einfluss auf das Geschäftsfeld des Bankensektors. Dazu zählen insbesondere die Regulierung von Ratingagenturen[35] oder kapitalmarktrechtliche Vorschriften zum außerbörslichen Handel (*over the counter*) von Derivaten.[36] Um ein kohärentes Gesamtbild der Interdependenzen zwischen Banken, Risiko und rechtlicher Risikobegrenzung darstellen zu können, müssen diese Regelwerke in die Betrachtung zwingend einbezogen werden.

---

35 Für Europa: Verordnung (EG) Nr. 1060/2009 des Europäischen Parlaments und des Rates vom 16.9.2009 über Ratingagenturen, ABl. EU Nr. L 302 v.17.11.2009, S. 1, Verordnung (EU) Nr. 513/2011 vom 11.5.2011 zur Änderung der Verordnung (EG) Nr. 1060/2009 über Ratingagenturen, ABl. EU Nr. L 145 v. 31.5.2011, S. 30 und Verordnung (EU) Nr. 462/2013 des Europäischen Parlaments und des Rates vom 21.5.2013, ABl. EU Nr. L 146 v. 31.5.2013, S. 1. Für die USA: Credit Rating Agency Reform Act von 2006, Pub.L. 109–291; 120 Stat. 1327 (2006) der ein Registrierungsverfahren in Sec. 15E Securities Exchange Act of 1934 eingefügt hat. Das Registrierungsverfahren hat zuletzt durch Sec. 931–939H Dodd-Frank Act Änderungen erfahren.

36 Für Europa: Verordnung (EU) Nr. 648/2012 des Europäischen Parlaments und des Rates v. 4.7.2012 über OTC-Derivate, zentrale Gegenparteien und Transaktionsregister, ABl. EU Nr. L 201 v. 27.7.2012, S. 1. Für die USA: Titel VII „Wall Street Transparency and Accountability“ Dodd-Frank Act.

2. Teil Ökonomischer Hintergrund von Risiko

Um die aufsichtsrechtliche Begrenzung von Risiken untersuchen zu können, ist in einem ersten Schritt zunächst dem ökonomischen Verständnis des Risikobegriffs auf den Grund zu gehen. Vor diesem Hintergrund lässt sich letztlich auch die verhängnisvolle Beziehung zwischen Banken und den verschiedenen Risikoarten erklären, die das Finanzsystem nicht nur einmal an den Rand des Zusammenbruchs geführt hat. Die bei diesem interdisziplinären Streifzug gesammelten Erkenntnisse dienen keinem Selbstzweck, sondern fließen anschließend in die Analyse des rechtlichen Rahmens ein, der wie kaum ein anderer von „wirtschaftspolitischen Leitbildern" geprägt ist.[37]

A. Risiko als multi- und interdisziplinäres Forschungsfeld

So vielfältig sich die wissenschaftlichen Disziplinen darstellen, die sich dem Verständnis von Risiko als Forschungsgegenstand annehmen, so unterschiedlich fallen deren Antworten auf die Frage aus, was konkret unter diesem nebulösen Begriff zu verstehen ist.[38] Selbst innerhalb der einzelnen Disziplinen fehlt es bislang an einheitlichen Definitionen, geschweige denn, dass von einem allgemeingültigen Verständnis von Risiko gesprochen werden könnte.[39] Dabei hat das Feld der interdisziplinären „Risikoforschung" eine Eigendynamik entwickelt und

---

37 Vgl. *Burghof/Rudolph*, Bankenaufsichtsrecht, 1996, Vorbm. S. XVI.

38 Aus der Soziologie: *Beck*, Risikogesellschaft, 1. Aufl. 1986, dessen Titel zugleich zum öffentlichen Schlagwort wurde; *Luhmann*, Soziologie des Risikos, 1991; *Bonß*, Vom Risiko, 1995. Grundlegend aus wirtschaftswissenschaftlicher Sicht der Begründer der Chicago School of Economics: *Knight*, Risk, Uncertainty and Profit, 1921; *Rowe*, An Anatomy of Risk, 1971; s. aus dem deutschsprachigen Raum auch *Philipp*, Risiko und Risikopolitik, 1967. Aus der Rechtswissenschaft: *Heun*, Rechtswissenschaft 2011, 376; *Jaeckel*, JZ 2011, 116; *Henssler*, Risiko als Vertragsgegenstand, 1994. Dabei ist selbst die Herkunft des Begriffs nicht einwandfrei geklärt, so dass sich die Diskussion vom lateinischen über griechischen bis hin zum arabischen Ursprung erstreckt, s. *Luhmann*, Soziologie des Risikos, 1991, S. 17 ff.

39 *Luhmann*, Soziologie des Risikos, 1991, S. 9; *Bechmann*, Risiko und Gesellschaft, 1993, S. IX; *Bonß*, Vom Risiko, 1995, S. 29; *Rowe*, Anatomy of Risk, 1971, Vorwort; *Apostolik/Donohue/Went*, Foundations of Banking Risk, 2009, S. 12.

sich zum Teil verselbständigt, obgleich damit keine begriffliche oder systematische Präzisierung einherging.[40] Im Dunstkreis des Risikobegriffs bewegen sich im allgemeinen Sprachgebrauch die wiederum mit eigener Unschärfe versehenen Schlagwörter Gefahr und Verlust oder aber in antonymischer Beziehung zu Risiko stehend Chance und Gewinn.[41] Risiko ist in diesem Sinn oftmals mit dem negativen Beigeschmack des Scheiterns behaftet, andererseits wird Risiko auch zugesprochen, eine Art Grundvoraussetzung des (unternehmerischen) Erfolgs zu sein.[42] So gewendet, ist auch ein Wagnis mit einem hohen Risiko behaftet, das im Falle des Gelingens jedoch auch die Chance auf einen hohen Gewinn mit sich bringen kann.[43] In diesem Zusammenhang ist Risiko also auch geeignet, positive Assoziationen hervorzurufen.

Eine bis ins Detail reichende Darstellung dieses heterogenen Begriffsverständnisses würde an dieser Stelle nicht nur den abgesteckten Rahmen sprengen, sondern für die weitere Bearbeitung, in deren Fokus schließlich das Risiko im Kontext des bankbetrieblichen Tätigkeitsfeldes und dessen spätere Einordnung in das Bankenaufsichtsrecht steht, wenig ergiebig sein. Vielmehr genügt die Einsicht, dass sich der Sinn eines so ambivalenten Begriffs erst anhand der „Einbettung in einen übergreifenden Referenzrahmen" erschließen lässt.[44] Das Banksystem in seiner Rolle als besonderer Zweig der Wirtschaftsordnung[45] legt es nahe, das ökonomische Verständnis von Risiko heranzuziehen, und dieses als gedanklichen Ausgangspunkt der Analyse des Bankenaufsichtsrechts voranzustellen.[46] Doch was konkret ist darunter zu verstehen?

Um diese (Vor-) Frage beantworten zu können, wird der ökonomische Risikobegriff eng an das Tätigkeitsfeld des Bankgewerbes geknüpft und aus unterschiedlichen Perspektiven beleuchtet. Zum einen aus Sicht der einzelnen Bank,

---

40 *Bechmann*, Risiko und Gesellschaft, 1993, S. IX; *Luman*, Soziologie des Risikos, 1991, S. 14.

41 *Bonß*, Vom Risiko, 1995, S. 33.

42 *Henssler*, Risiko als Vertragsgegenstand, 1994, S. 4 f.

43 *Bonß*, Vom Risiko, 1995, S. 50 ff.; vgl. auch *Pampel/Glage* in Hauschka, Corporate Compliance, 2. Aufl. 2010, § 5, Rn. 9: „Jedes Risiko stellt gleichzeitig auch eine Chance für die zukünftige Entwicklung [eines Unternehmens] dar."

44 So von soziologischer Warte aus betrachtet *Bonß*, Vom Risiko, 1995, S. 35.

45 S. die Begr. RegE. des KWG 1961, BT-Drucks. 3/1114, S. 19.

46 So auch für das Aktienrecht *Baums*, ZGR 2011, 218, 222; für das eng verwandte Kapitalmarktrecht *Corgill*, 67 Tul. L. Rev. 861, 874 f. (1992). Einen anderen Ansatz verfolgt etwa *Ojo*, 2 GoJIL 335 (2010), deren gedanklicher Ausgangspunkt das soziologische Verständnis von Risiko ist.

was zu einem bankbetrieblichen bzw. mikroökonomischen Blickwinkel führt, zum anderen zeigt der Blick auf das gesamte Bankensystem die makroökonomische Dimension auf.

B. Ökonomischer Risikobegriff

Der ökonomische Risikobegriff ist maßgeblich von der Entscheidungstheorie geprägt,[47] deren Grundzüge zunächst dargestellt werden sollen. Dieses entscheidungstheoretische Verständnis mündet in einem präzisierten Risikobegriff, der den gedanklichen Ausgangpunkt der folgenden Darstellung bildet und zugleich den Anknüpfungspunkt für weitere Folgefragen darstellt: Warum ist gerade das Tätigkeits- und Geschäftsfeld von Banken besonders risikobehaftet und wie lässt sich dieses Risiko sinnvoll begrenzen?

I. Risiko nach der Entscheidungstheorie

Jede Person, unabhängig von ihrer gesellschaftlichen Stellung, ist in der Regel tagtäglich mit einer Vielzahl von unterschiedlichen Entscheidungssituationen konfrontiert. Die Spanne kann dabei von banalen Alltagssituationen, wie z.B. einer einfachen Kaufentscheidung zwischen verschiedenen Produkten im Supermarkt, bis hin zu komplexen Investitionsentscheidungen im Hinblick auf unterschiedliche Wertpapiere reichen.

Im bankbetrieblichen Kontext haben von jeher Entscheidungen über die Kreditvergabe eine dominante Stellung eingenommen. Die allgemeine

---

47 *Büschgen*, Bankbetriebslehre, 5. Aufl. 1998, S. 865; *Neus*, Einführung in die Betriebswirtschaftslehre, 7. Aufl. 2011, S. 37 f.; s. auch *Baums*, ZGR 2011, 218, 222 und *Corgill*, 67 Tul. L. Rev. 861, 874 (1993). Die Entscheidungstheorie lässt sich weiterhin in die deskriptive und die normative Entscheidungstheorie unterteilen. Während die deskriptive Entscheidungstheorie Erklärungen zu tatsächlich getroffenen Entscheidungen liefert, ist Ziel der normativen oder präskriptiven Entscheidungstheorie, Lösungen von Entscheidungsproblemen zu liefern, s. *Laux/Gillenkirch/Schenk-Mathes*, Entscheidungstheorie, 8. Aufl. 2012, S. 16 ff.; *Bamberg/Coenenberg/Krapp*, Betriebswirtschaftliche Entscheidungslehre, 15. Aufl. 2012, S. 3. Hier sind jedoch die von beiden Ansätzen gleichermaßen verwandten Grundbegrifflichkeiten von Interesse, so dass eine weitergehende Differenzierung nicht erforderlich ist. S. für einen weitreichenden historischen Überblick zum Risikobegriff *Heun*, Rechtswissenschaft 2011, 376.

voranschreitende Entwicklung der Finanzmärkte ist jedoch auch an dem Geschäftsfeld der Banken nicht spurlos vorübergezogen, so dass sich Entscheidungsträger in Banken heute ungleich komplexeren Entscheidungssituationen gegenüber sehen.[48] So bleibt es heute nicht bei der simplen Entscheidung über die Gewähr eines Darlehens, sondern Bank-Manager müssen die Möglichkeit eines Risikotransfers durch Verbriefungs-Strukturen oder die Absicherung von Kreditpositionen mittels derivativer Finanzinstrumente in ihre Überlegungen einbeziehen. Dadurch werden Entscheidungssituationen ungleich vielschichtiger als dies noch vor wenigen Jahren bei der Kreditvergabe an einen u.U. über jahrelange Geschäftsbeziehungen bekannten Unternehmer am Sitz der Bank der Fall war.[49]

Dieser Komplexitätssprung ist auch dann von Bedeutung, wenn eine Fehlentscheidung haftungsrechtliche Konsequenzen nach sich zieht. So setzt der „sichere Hafen" (*safe harbor*) der sog. *business judgement rule,* § 93 Abs. 1 Satz 2 AktG, u.a. voraus, dass das betroffene Vorstandsmitglied eine unternehmerische Entscheidung auf der Grundlage angemessener Information getroffen hat.[50] Erst wenn diese Voraussetzung erfüllt ist, kann eine Sorgfaltspflichtverletzung gegenüber der Gesellschaft ausgeschlossen werden.[51] Mit steigender Komplexität der Entscheidungssituation wird, vor allem von der jüngeren Rechtsprechung, auch die Schwelle hochgesetzt, ab der die Informationsgrundlage aus Sicht des Vorstandsmitglieds als angemessen anzusehen ist.[52] Somit wird die Komplexität der Finanzmärkte zum Treiber des Haftungsrisikos der Haupt-Entscheidungsträger in Banken.[53]

---

48 *Döhring*, Gesamtrisiko-Management von Banken, 1996, S. 1; vgl. auch *Pampel/Glage* in Hauschka, Corporate Compliance, 2. Aufl. 2010, § 5, Rn. 11.

49 Diese Entwicklung schlägt auch auf das Aufsichtsrecht durch. In diesem Zusammenhang spricht *Körnert* zutreffend von einer „Komplexitätsexplosion", s. *Körnert*, ZHR 176 (2012), 96, 127.

50 S. nur *Spindler* in MünchKommAktG, 3. Aufl. 2008, § 93, Rn. 47; *ders.*, NZG 2010, 281, 283 f.; *Fleischer* in Spindler/Stilz, AktG, 2. Aufl. 2010, § 93, Rn. 59; *Hüffer*, AktG, 10. Aufl. 2012, § 93, Rn. 4e.

51 *Hüffer*, AktG, 9. Aufl. 2010, § 93, Rn. 4e; *Fleischer* in Spindler/Stilz, AktG, 2. Aufl. 2010, § 93, Rn. 59.

52 BGH, Beschl. v. 14.7.2008 – II ZR 202/07, NJW 2008, 3361, 3362 (für einen GmbH-Geschäftsführer); OLG Düsseldorf, Beschl. v. 9.12.2009 – I-6 W 45/09, CCZ 2010, 117, 118 f. im Hinblick auf „Komplexität und Intransparenz des Verbriefungssegments". Dazu *Spindler*, NZG 2010, 281, 283 f.; *Fleischer*, NJW 2010, 1504, 1505.

53 Vgl. auch *Fleischer*, NJW 2010, 1504, 1505; *P. Schaub/M. Schaub*, ZIP 2013, 656, 660.

Allen Entscheidungssituationen ist zunächst gemeinsam, dass der Protagonist, also der Entscheidungsträger, vor der Wahl zwischen mindestens zwei verschiedenen, sich gegenseitig ausschließenden Möglichkeiten steht. Somit ist unter einer Entscheidung die bewusste (rationale) Auswahl einer von mehreren möglichen Handlungsalternativen zu verstehen.[54] Kann der Entscheidungsträger sein (subjektiv) vorformuliertes Ziel mit allen gegebenen Alternativen gleichermaßen herbeiführen, ist die Entscheidung für ihn nicht weiter von Belang. Ein Entscheidungs-*problem* stellt sich hingegen dann, wenn sich das konkrete Ziel auf den gegebenen Wegen unterschiedlich gut erreichen lässt.[55] So breit die Spanne denkbarer Entscheidungssituationen ist, so verschieden können die durch sie verfolgten Ziele ausfallen: Gewinnmaximierung, Kostenminimierung oder Freizeitmaximierung, um nur einige wenige Beispiele zu nennen.[56]

Das Ergebnis einer Entscheidung ist jedoch nicht bloße Folge der gewählten Handlungsalternative, sondern zugleich Produkt von Zukunftsentwicklungen (Umweltzustände, oder kurz: Zustände).[57] Diese Zustände sind der Einflussnahme des Entscheidungsträgers entzogen und bestimmen dennoch das Ergebnis seiner Handlung.[58] So sind etwa Zahlungsausfälle oder Zinsentwicklungen außerhalb der unmittelbaren Einflusssphäre der Bank zu verorten, nehmen aber dennoch maßgeblich Einfluss auf den Gewinn als bankbetriebliches Ergebnis.[59] Allerdings verfügt der Entscheidungsträger in der Regel über Informationen im Hinblick auf mögliche Zukunftsentwicklungen und abhängig von diesem Informationsgrad ergibt sich eine Differenzierung der verschiedenen Entscheidungssituationen, die schließlich zum Kern des Risikobegriffs überleitet.

---

54 *Laux/Gillenkirch/Schenk-Mathes*, Entscheidungstheorie, 8. Aufl. 2012, S. 3; *Döhring*, Gesamtrisiko-Management von Banken, 1996, S. 7; *Eisenführ/Weber/Langer*, Rationales Entscheiden, 5. Aufl. 2010, S. 20; *Jung*, Allgemeine Betriebswirtschaftslehre, 12. Aufl. 2010, S. 184.

55 *Laux/Gillenkirch/Schenk-Mathes*, Entscheidungstheorie, 8. Aufl. 2012, S. 5; vgl. auch *Eisenführ/Weber/Langer*, Rationales Entscheiden, S. 10.

56 *Eisenführ/Weber/Langer*, Rationales Entscheiden, 5. Aufl. 2010, S. 2; *Jung*, Allgemeine Betriebswirtschaftslehre, 12. Aufl. 2010, S. 189; *Döhring*, Gesamtrisiko-Management von Banken, 1996, S. 10.

57 *Neus*, Einführung in die Betriebswirtschaftslehre, 7. Aufl. 2011, S. 36; *Laux/Gillenkirch/Schenk-Mathes*, Entscheidungstheorie, 8. Aufl. 2012, S. 32; *Jung*, Allgemeine Betriebswirtschaftslehre, 12. Aufl. 2010, S. 186.

58 *Jung*, Allgemeine Betriebswirtschaftslehre, 12. Aufl. 2010, S. 186; *Laux/Gillenkirch/Schenk-Mathes*, Entscheidungstheorie, 8. Aufl. 2012, S. 32.

59 *Döhring*, Gesamtrisiko-Management von Banken, 1996, S. 11 f.

1. Sicherheit

Ist dem Entscheidungsträger bekannt, dass nur eine Zukunftsentwicklung eintreten kann, fällt er die Entscheidung unter Sicherheit, denn jeder gewählten Handlungsalternative folgt zwingend ein konkretes Ergebnis.[60] Indes sind in der Realität grundsätzlich mehrere denkbare Zukunftsentwicklungen zu berücksichtigen, so dass Sicherheit in der Regel gerade nicht vorliegt und der Entscheidungsträger im direkten Gegensatz dazu von Unsicherheit auszugehen hat.[61] Zwar gewährt der Bank-Mitarbeiter ein Darlehen in der *Erwartung*, dass der Kreditnehmer den Betrag bei Fälligkeit wieder zurück zahlt. Er kann jedoch keineswegs *wissen*, dass der Kreditnehmer auch tatsächlich die Tilgungszahlung vornehmen wird. Dennoch werden in der Praxis häufig Entscheidungen unter Sicherheit zum Zweck der Vereinfachung unterstellt, um bei eigentlich gegebener Unsicherheit bewusst den Eintritt nur eines einzigen Umweltzustands in die Überlegung einbeziehen zu müssen.[62]

2. Unsicherheit

Sind hingegen mehrere Zukunftsentwicklungen möglich, fällt die Entscheidung unter Unsicherheit.[63] Die Annäherung zu dem hier in Rede stehenden Risikobegriff ergibt sich nun anhand einer weiteren, von der Entscheidungstheorie vorgenommenen Differenzierung. So ist im Rahmen der Unsicherheit zwischen Entscheidungen unter *Risiko* und Entscheidungen unter *Ungewissheit* zu trennen.[64]

---

60 *Neus*, Einführung in die Betriebswirtschaftslehre, 7. Aufl. 2011, S. 37; *Eisenführ/Weber/Langer*, Rationales Entscheiden, 5. Aufl. 2010, S. 23; *Laux/Gillenkirch/Schenk-Mathes*, Entscheidungstheorie, 8. Aufl. 2012, S. 33.

61 *Büschgen*, Bankbetriebslehre, 5. Aufl. 1998, S. 865; *Eisenführ/Weber/Langer*, Rationales Entscheiden, S. 23 f.

62 Sog. „quasi-sichere Erwartung“, *Neus*, Einführung in die Betriebswirtschaftslehre, 7. Aufl. 2011, S. 38 f.; s. auch *Eisenführ/Weber/Langer*, Rationales Entscheiden, 5. Aufl. 2010, S. 24; *Laux/Gillenkirch/Schenk-Mathes*, Entscheidungstheorie, 8. Aufl. 2012, S. 57.

63 *Rowe*, An Anatomy of Risk, 1971, S. 17; *Jung*, Allgemeine Betriebswirtschaftslehre, 12. Aufl. 2010, S. 186; *Eisenführ/Weber/Langer*, Rationales Entscheiden, 5. Aufl. 2010, S. 24; *Laux/Gillenkirch/Schenk-Mathes*, Entscheidungstheorie, 8. Aufl. 2012, S. 33.

64 Grundlegend *Knight*, Risk, Uncertainty and Profit, 1921, S. 19 f., der zwischen *„measurable uncertainty“* oder einfach *„risk“* und *„true“* bzw. *„unmeasurable uncertainty“* differenziert. Aus der Sekundärliteratur s. *Laux/Gillenkirch/Schenk-Mathes*, Entscheidungstheorie, 8. Aufl. 2012, S. 33; *D. Schneider* in Lange/Wall, Risikomanagement nach dem KonTraG, 2001, § 3 Rn. 4; *Neus*, Einführung in die Betriebswirtschaftslehre, 7. Aufl. 2011, S. 37 f.; *Baums*, ZGR 2011, 218, 222.

a) Entscheidungen unter Risiko

Zunächst lässt sich Risiko als Unterfall der Unsicherheit einordnen. Für eine Entscheidung bedeutet dies zunächst, dass auch hier mehrere Zukunftsentwicklungen Einfluss auf das Ergebnis nehmen. Allerdings verfügt der Entscheidungsträger in dieser Situation über die Kenntnis der Wahrscheinlichkeiten für das Eintreten der möglichen Umweltzustände.[65] Die sich daraus ergebene Wahrscheinlichkeitsverteilung kann dabei objektiver Art oder aber eine bloß subjektive Einschätzung des Entscheidungsträgers sein.[66] Der Protagonist ist sich zum Zeitpunkt der Entscheidung demnach darüber bewusst, dass das tatsächlich erzielte Ergebnis von seiner ursprünglichen Erwartung abweichen kann und er hat darüber hinaus eine konkrete Vorstellung davon, wie wahrscheinlich der Eintritt eines abweichenden Ergebnisses ist.

So ist sich auch der Bankmitarbeiter darüber im Klaren, dass der unvorhergesehene Eintritt von Zahlungsschwierigkeiten auf Seiten des Kreditnehmers zum Ausfall des Darlehens führen kann. Die langjährige Erfahrung des Bankmitarbeiters, d.h. sein Bestand historischer Ausfalldaten, versetzt ihn wiederum in die Lage, die Wahrscheinlichkeit eines solchen Ausfalls zu bestimmen. Damit handelt es sich bei der Darlehensvergabe um eine typische Entscheidung unter Risiko.

Wesentliches Merkmal von Risiko ist folglich, dass der Entscheidungsträger hier bereits *ex ante* über eine Wahrscheinlichkeitsverteilung verfügt und die Unsicherheit für ihn nicht weiter im Dunkeln liegt, sondern quantitativ erfassbar und damit letztlich auch greifbar ist.[67]

---

65 So grundlegend *Knight*, Risk, Uncertainty and Profit, 1921, S. 19 f.; s. darüber hinaus *Corgill*, 67 Tul. L. Rev. 861, 877 f. (1993); *Jung*, Allgemeine Betriebswirtschaftslehre, 12. Aufl. 2010, S. 189; *Laux/Gillenkirch/Schenk-Mathes*, Entscheidungstheorie, 8. Aufl. 2012, S. 33; *Baums*, ZGR 2011, 218, 222; *Neus*, Einführung in die Betriebswirtschaftslehre, 7. Aufl. 2011, S. 37 f.

66 *Büschgen*, Bankbetriebslehre, 5. Aufl. 1998, S. 865 f.; *Neus*, Einführung in die Betriebswirtschaftslehre, 7. Aufl. 2011, S. 37 f.; *Bamberg/Coenenberg/Krapp*, Betriebswirtschaftliche Entscheidungslehre, 15. Aufl. 2012, S. 67 f.; subjektive Wahrscheinlichkeiten nimmt *Knight* allerdings vom Risikobegriff aus und ordnet sie der Ungewissheit zu, *Knight*, Risk, Uncertainty and Profit, 1921, S. 225.

67 *D. Schneider* in Lange/Wall, Risikomanagement nach dem KonTraG, 2001, § 3 Rn. 5; *Neus*, Einführung in die Betriebswirtschaftslehre, 7. Aufl. 2011, S. 38; *Corgill*, 67 Tul. L. Rev. 861, 878 (1993).

b) Entscheidungen unter Ungewissheit

Den zweiten Unterfall von Unsicherheit stellt die Ungewissheit dar.[68] Im Rahmen einer Entscheidung unter Ungewissheit verfügt der Entscheidungsträger zwar auch über Informationen im Hinblick auf mögliche Zukunftsentwicklungen,[69] jedoch bleiben im Gegensatz zur Entscheidung unter Risiko die Eintrittswahrscheinlichkeiten besagter Umweltzustände gänzlich im Dunkeln.[70] Somit verfügt der Entscheidungsträger bei Ungewissheit noch nicht einmal über eine subjektive Abschätzung der Wahrscheinlichkeitsverteilung und als Konsequenz sind etwaige Abweichungen von seinem ursprünglich erwarteten Ergebnis für ihn im Vorfeld auch nicht messbar.[71]

Mit Blick auf das oben angeführte Beispiel wird deutlich: Selbst ohne langjährige Vergabepraxis, d.h. ohne historische Ausfalldaten, wird sich der Bankmitarbeiter bereits „auf den ersten Blick" zumindest ein subjektives Bild von der Ausfallwahrscheinlichkeit des Kreditnehmers machen.[72] Entscheidungen, die gänzlich ins Blaue hinein getroffen werden, sind daher, wie auch Entscheidungen unter umfassender Kenntnis des eintretenden Ergebnisses, die Ausnahme. Vielmehr bilden risikobehaftete Entscheidungen den Regelfall zwischen den Polen von Sicherheit auf der einen und Ungewissheit auf der anderen Seite.

3. Risikobegriff

a) Risiko im weiteren und engeren Sinne

Die Berücksichtigung der dargestellten entscheidungstheoretischen Überlegungen führt zu einem Risikobegriff, worunter allgemein die Möglichkeit zu verstehen

---

68 *Knight*, Risk, Uncertainty and Profit, 1921, S. 20, spricht von *„true"* bzw. *„unmeasurable uncertainty"*. Anstelle von Ungewissheit wird heute teilweise auch schlicht von Unsicherheit i.e.S. gesprochen, s. *Laux/Gillenkirch/Schenk-Mathes*, Entscheidungstheorie, 8. Aufl. 2012, S. 33.

69 Realisieren sich Entwicklungen, die nicht mal in das Entscheidungskalkül einbezogen wurden, bezeichnet man dies als sog. „Ex-Post-Überraschungen", *D. Schneider* in Lange/Wall, Risikomanagement nach dem KonTraG, 2001, § 3 Rn. 4.

70 *Neus*, Einführung in die Betriebswirtschaftslehre, 7. Aufl. 2011, S. 38; *Corgill*, 67 Tul. L. Rev. 861, 877 (1993); *Laux/Gillenkirch/Schenk-Mathes*, Entscheidungstheorie, 8. Aufl. 2012, S. 33; *Baums*, ZGR 2011, 218, 222.

71 *Corgill*, 67 Tul. L. Rev. 861, 876 (1993); *Knight* ordnet wiederum die subjektive Wahrscheinlichkeiten der Ungewissheit zu, *Knight*, Risk, Uncertainty and Profit, 1921, S. 225.

72 *Büschgen*, Bankbetriebslehre, 5. Aufl. 1998, S. 866.

ist, dass eine Zielgröße von ihrem Erwartungswert abweicht.[73] Zunächst sind von dieser Definition sowohl Abweichungen nach „unten“ als auch nach „oben“ umfasst, was zu einem ambivalenten Risikobegriff führt, da Risiko dann – anders als dies der allgemeine Sprachgebrauch eigentlich nahe legen würde[74] – nicht nur einseitig für Verlustgefahr steht, sondern zugleich Gewinnchancen meint („Risiko im weiteren Sinne“).[75] Im Gleichlauf mit dem allgemeinen Sprachgebrauch hat in der Praxis jedoch ein auf die negativen Abweichungen begrenztes Verständnis von Risiko Verbreitung gefunden. Danach meint Risiko die Gefahr, dass ein tatsächlich realisiertes Ergebnis vom erwarteten Ergebnis negativ abweicht („Risiko im engeren Sinne“).[76] Da so nur Abweichungen „nach unten“ erfasst werden, wird in diesem Zusammenhang auch vom sog. *down side risk* gesprochen.[77] Dagegen lässt sich die positive Diskrepanz zwischen Ergebnis und Erwartung als Chance bezeichnen.[78]

b) Materielles und formelles Risiko

Weiterhin ist zu berücksichtigen, dass nicht jeder Verlust bzw. jede Gewinnschmälerung ein schlagendes Risiko darstellt. So wird eine Bank bei der Kreditvergabe

---

73 *Neus*, Einführung in die Betriebswirtschaftslehre, 7. Aufl. 2011, S. 38; *Hartmann-Wendels/Pfingsten/Weber*, Bankbetriebslehre, 5. Aufl. 2010, S. 336 f.; *Apostolik/Donohue/Went*, Foundations of Banking Risk, 2009, S. 12.

74 *Kromschröder/Lück*, DB 1998, 1573, 1573; *Neus*, Einführung in die Betriebswirtschaftslehre, 7. Aufl. 2011, S. 38. S. dazu bereits oben S. 8 f.

75 *Büschgen*, Bankbetriebslehre, 5. Aufl. 1998, S. 865; *Neus*, Einführung in die Betriebswirtschaftslehre, 7. Aufl. 2011, S. 38; *Kromschröder/Lück*, DB 1998, 1573, 1573; *Corgill*, 67 Tul. L. Rev. 861, 875 (1993); *Döhring*, Gesamtrisiko-Management von Banken, 1996, S. 20; *Braun* in Boos/Fischer/Schulte-Mattler, KWG, 3. Aufl. 2008, § 25a, Rn. 125; s. allgemein *Heun*, Rechtswissenschaft 2011, 376, 380.

76 *Büschgen*, Bankbetriebslehre, 5. Aufl. 1998, S. 865, mit dem Hinweis darauf, dass damit nicht immer ein buchhalterischer Verlust gemeint sein muss, sondern oft nur eine Gewinnschmälerung; *Kromschröder/Lück*, DB 1998, 1573, 1573; *Grill/Perczynski*, Wirtschaftslehre des Kreditwesens, 44. Aufl. 2010, S. 532; *Rolfes*, Gesamtbanksteuerung, 2. Aufl. 2008, S. 8; *Rowe*, An Anatomy of Risk, 1971, S. 24; *Apostolik/Donohue/Went*, Foundations of Banking Risk, 2009, S. 12; *Braun* in Boos/Fischer/Schulte-Mattler, KWG, 3. Aufl. 2008, § 25a, Rn. 125.

77 *Hartmann-Wendels/Pfingsten/Weber*, Bankbetriebslehre, 5. Aufl. 2010, S. 336 f.; *Baums*, ZGR 2011, 218, 230.

78 *Büschgen*, Bankbetriebslehre, 5. Aufl. 1998, S. 865; *Kromschröder/Lück*, DB 1998, 1573, 1573; *Rolfes*, Gesamtbanksteuerung, 2. Aufl. 2008, S. 8; *Hartmann-Wendels/Pfingsten/Weber*, Bankbetriebslehre, 5. Aufl. 2010, S. 337.

aufgrund ihrer Geschäftserfahrung eine bestimmte Ausfallquote unterstellen und somit erwarten, dass ein bestimmter Prozentsatz von Kreditnehmern das Darlehen nicht oder zumindest nicht in voller Höhe zurückzahlen kann.[79] Diese Ausfallquote bildet somit den Erwartungswert, so dass bei dessen Realisierung gerade kein echtes Risiko vorliegt, denn hierzu bedürfte es kraft der Risiko-Definition einer Abweichung von dem Erwartungswert.[80] Dennoch wird der Erfolg der Bank in Bezug auf die Referenzsituation, die Rückzahlung *aller* Kredite, geschmälert.[81] Diese erwarteten Verluste (*expected losses*) der Bank bilden das sog. materielle Risiko, was durch die Erhebung entsprechender materieller Risikoprämien bereits im Vorfeld abgegolten wird.[82] Decken diese materiellen Risikoprämien die erwartete Ausfallquote, entsteht dem Entscheidungsträger demnach kein Schaden.[83]

Das formelle und damit eigentliche Risiko ist hingegen als zufällige Schwankung um den Erfahrungswert zu definieren, die sich bei Realisierung als unerwarteter Verlust (*unexpected loss*) auf Seiten des Entscheidungsträgers niederschlägt.[84] Gleichwohl kann auch hier zur Absicherung eine formale Risikoprämie erhoben werden, die im Einzelfall allerdings ungleich schwerer zu bemessen und gegenüber den Kreditnehmern durchzusetzen sein wird.[85]

In diesem Sinn unterscheidet auch schon *v. Mangoldt*, auf den *Knight* in seinem Werk „*Risk, Uncertainty and Profit*" ausführlich Bezug nimmt,[86] zwischen „bloßen Unregelmäßigkeiten" und „wirklichen Gefahren."[87] Als Beispiele für solche Unregelmäßigkeiten führt *v. Mangoldt* an: Der Porzellanfabrikant, dem „so und so viele Brände missglücken"; der Champagnerfabrikant, dem „so und so viele

79 *Büschgen*, Bankbetriebslehre, 5. Aufl. 1998, S. 866; *Döhring*, Gesamtrisiko-Management von Banken, 1996, S. 24.

80 *Büschgen*, Bankbetriebslehre, 5. Aufl. 1998, S. 866; *Rolfes*, Gesamtbanksteuerung, 2. Aufl. 2008, S. 11.

81 *Büschgen*, Bankbetriebslehre, 5. Aufl. 1998, S. 866.

82 *Büschgen*, Bankbetriebslehre, 5. Aufl. 1998, S. 866; *Döhring*, Gesamtrisiko-Management von Banken, 1996, S. 23; *Hartmann-Wendels/Pfingsten/Weber*, Bankbetriebslehre, 5. Aufl. 2010, S. 561; vgl. auch schon *Knight*, Risk, Uncertainty and Profit, 1921, S. 213.

83 *Büschgen*, Bankbetriebslehre, 5. Aufl. 1998, S. 867; vgl. auch *Rowe*, An Anatomy of Risk, 1971, S. 24 f.

84 *Büschgen*, Bankbetriebslehre, 5. Aufl. 1998, S. 867; *Döhring*, Gesamtrisiko-Management von Banken, 1996, S. 28 f.

85 *Büschgen*, Bankbetriebslehre, 5. Aufl. 1998, S. 867; *Hartmann-Wendels/Pfingsten/Weber*, Bankbetriebslehre, 5. Aufl. 2010, S. 561.

86 S. *Knight*, Risk, Uncertainty and Profit, 1921, S. 213 daneben auch 22, 25 ff. und 362.

87 *v. Mangoldt*, Unternehmergewinn, 1855, S. 82.

Flaschen zerspringen"; sowie der Kaufmann und Handwerker, der von „so und so vielen Kunden keine Bezahlung erhält."[88] Die „oftmaligen Wiederholungen gleichartiger Operationen" hinterlassen bei den Unternehmern demnach einen entsprechenden Erfahrungsschatz, der es ihnen letztlich erlaubt, diese Unregelmäßigkeiten einzupreisen.[89]

Die Unterscheidung von erwarteten und unerwarteten Verlusten ist keineswegs nur für die Gesamtbanksteuerung von Relevanz, sondern sollte auch durch das Aufsichtsrecht Berücksichtigung finden. Werden zur Vorsorge gegen erwartete Verluste sowohl bankintern Rückstellungen und Wertminderungen getroffen und zusätzlich Eigenmittelanforderungen durch das Aufsichtsrecht statuiert, mangelt es dem rechtlichen Rahmen im Ergebnis an Risikosensitivität.[90]

II. Diversifikation

Risiko und Diversifikation sind untrennbar miteinander verbundene Begriffe. Wenn nahezu jede Entscheidung zu einem gewissen Grad risikobehaftet ist, kann die absolute Risikovermeidung nicht in Betracht gezogen werden, wäre dies doch mit dem Verzicht auf unternehmerisches Handeln, dem schließlich solche zukunftsgerichteten Entscheidungen zugrunde liegen, gleichbedeutend. Indes wird sich jeder Entscheidungsträger mit der Frage konfrontiert sehen, wie das notwendig eingegangene Risiko sinnvoll zu begrenzen ist, denn Ziel eines handelnden Individuums wird in der Regel sein, sich so vor unerwarteten Verlusten zu schützen.[91] Eine Möglichkeit der Risikoreduzierung stellt dabei die Diversifikation dar, deren Effekt bei der Zusammenfassung mehrerer einzelner Anlagepositionen zu einem Portfolio bedeutsam wird.[92] Grundlage dieser Annahme ist die von

88 *v. Mangoldt*, Unternehmergewinn, 1855, S. 82.

89 Vgl. *v. Mangoldt*, Unternehmergewinn, 1855, S. 82 ff.

90 Vgl. *Winkler* in Boos/Fischer/Schulte-Mattler, KWG, 4. Aufl. 2012, § 86 SolvV, Rn. 3.

91 So die ökonomische Grundannahme des risikoaversen Verhaltens von Individuen, s. *Greenbaum/Thakor*, Contemporary Financial Intermediation, 2nd Ed. 2007, S. 14 f.; *Bodie/Kane/Marcus*, Investments and Portfolio Management, 9th Ed. 2011, S. 157; *Rowe*, An Anatomy of Risk, 1971, S. 24.

92 *Greenbaum/Thakor*, Contemporary Financial Intermediation, 2nd Ed. 2007, S. 16; *Bodie/Kane/Marcus*, Investments and Portfolio Management, S. 38; *Hartmann-Wendels/Pfingsten/Weber*, Bankbetriebslehre, 5. Aufl. 2010, S. 373 f.; *Neus*, Einführung in die Betriebswirtschaftslehre, 7. Aufl. 2011, S. 589.

Markowitz begründete Portfoliotheorie,[93] die für die Anlage in börsennotierten Wertpapieren entwickelt wurde, deren zugrunde liegenden stochastischen Gesetze aber auch für jedes andere Anlageportfoilo fruchtbar zu machen sind.[94]

1. Portfoliotheorie (*Markowitz*)

Die Portfoliotheorie setzt bei der Anlage in Wertpapieren an, bei der Rendite und Risiko in enger Abhängigkeit zueinander stehen.[95] Daraus lässt sich zunächst grundsätzlich schließen: Je höher die Rendite eines Wertpapiers ausfällt, desto höher muss auch das zugrunde liegende Risiko sein.[96] Nach den Grundsätzen des oben entwickelten Risikobegriffs gilt aber auch hier, dass Risiko für den Investor messbar ist. So sind zwar die Renditen der Wertpapiere unsicher, der Investor verfügt aber über einen Erwartungswert der Renditen (μ) und hat Kenntnis von der Streuung der Renditen um die Erwartungswerte (s), wobei die Standardabweichung als Risikomaß herangezogen werden kann.[97]

Zentrale Aussage der Portfoliotheorie und damit Schlüssel zum Verständnis des Diversifikationseffekts ist nun, dass Korrelationen zwischen den einzelnen zu einem Portfolio zusammengefassten Wertpapieren das (Gesamt-) Risiko des Portfolios beeinflussen, die erwartete Rendite des Portfolios hingegen unangetastet lassen.[98]

---

93 Grundlegend: *Markowitz*, 7 J. Fin. 77 (1952); *ders.*, Portfolio Selection: Efficient Diversification of Investments, 1959.

94 *Burghof/Rudolph*, Bankenaufsicht, 1996, S. 145; s. auch *Neus*, Einführung in die Betriebswirtschaftslehre, 7. Aufl. 2011, S. 589.

95 *Bodie/Kane/Marcus*, Investments and Portfolio Management, 9th Ed. 2011, S. 37 f.

96 *Bodie/Kane/Marcus*, Investments and Portfolio Management, 9th Ed. 2011, S. 37 f. *„no-free-lunch-rule"*; s. auch *Wöhe/Döring*, Einführung in die Allgemeine Betriebswirtschaftslehre, 23. Aufl. 2008, S. 676; *Hull*, Risk Management and Financial Institutions, 3rd Ed. 2012, S. 2.

97 *Wöhe/Döring*, Einführung in die Allgemeine Betriebswirtschaftslehre, 23. Aufl. 2008, S. 675; *Schierenbeck/Wöhle*, Grundzüge der Betriebswirtschaftslehre, 18. Aufl. 2012, S. 464; *Fleischer/Schmolke*, ZHR 173 (2009), 649, 654 f. Der Investor wird dann bei gleichem Rendite-Erwartungswert Wertpapiere mit einer geringeren Streuung um den Erwartungswert, d.h. mit einem geringeren Risiko, vorziehen bzw. bei gleichem Risiko, Wertpapiere mit einem höheren Erwartungswert, sog. μ,s-Prinzip, s. *Wöhe/Döring*, a.a.O., S. 675.

98 *Wöhe/Döring*, Einführung in die Allgemeine Betriebswirtschaftslehre, 23. Aufl. 2008, S. 676; *Schierenbeck/Wöhle*, Grundzüge der Betriebswirtschaftslehre, 18. Aufl. 2012, S. 464.

Zwar ergibt sich die Renditeerwartung eines Portfolios als gewogener Durchschnitt aus den Einzelrenditen der Wertpapiere. Das (Gesamt-) Risiko des Portfolios entspricht jedoch nicht bloß den Einzelrisiken der jeweiligen Wertpapiere, sondern hängt zusätzlich davon ab, wie die Einzelrenditen jeweils miteinander korrelieren.[99] Ausgedrückt wird dies durch den Korrelationskoeffizienten der sich zwischen +1 und -1 bewegt, wobei eine Korrelation von -1 das exakt gegenläufige Verhalten der Wertpapiere am Markt ausdrückt und +1 die exakt gleichläufige Entwicklung.[100] Sobald einzelne Anlageobjekte mit einer nicht vollständig positiven Korrelation (also < +1) zusammengefasst werden, senkt sich das (Gesamt-) Risiko des Portfolios folglich unter das gewogene Durchschnittsrisiko der einzelnen Positionen herab.[101] Dieser Diversifikationseffekt ist umso stärker ausgeprägt, je näher sich die Korrelation der Anlageobjekte untereinander dem Wert -1 nähert.[102]

Vereinfacht ausgedrückt, hat das Portfolio dann ein niedrigeres Risiko als die einzelnen Positionen für sich isoliert betrachtet. Der von der Korrelation abhängige Diversifikationseffekt gilt auch für die in einem Kreditportfolio zusammengefassten einzelnen Kredite einer Bank.[103] Das Gesamtrisiko einer Geschäftsbank wird beispielsweise deutlich niedriger ausfallen, wenn sie in einem Portfolio Kredite an Automobilzulieferer und, bei unterstellter negativer Korrelation, Baufinanzierungsdarlehen kombiniert.

2. Systematisches und unsystematisches Risiko

Eine weitere zentrale Aussage der Portfoliotheorie ist, dass sich nur ein Teil des Risikos durch Diversifikation beseitigen lässt.[104] Risiko ist danach in das systematische

99 *Wöhe/Döring*, Einführung in die Allgemeine Betriebswirtschaftslehre, 23. Aufl. 2008, S. 676; *Schierenbeck/Wöhle*, Grundzüge der Betriebswirtschaftslehre, 18. Aufl. 2012, S. 464; *Greenbaum/Thakor*, Contemporary Financial Intermediation, 2nd Ed. 2007, S. 16 ff.; s. auch die Darstellung bei *Fleischer/Schmolke*, ZHR 173 (2009), 649, 654.

100 *Wöhe/Döring*, Einführung in die Allgemeine Betriebswirtschaftslehre, 23. Aufl. 2008, S. 676 f.; *Schierenbeck/Wöhle*, Grundzüge der Betriebswirtschaftslehre, 18. Aufl. 2012, S. 464; *Greenbaum/Thakor*, Contemporary Financial Intermediation, 2nd Ed. 2007, S. 17; *Fleischer/Schmolke*, ZHR 173 (2009), 649, 654.

101 *Schierenbeck/Wöhle*, Grundzüge der Betriebswirtschaftslehre, 18. Aufl. 2012, S. 464; *Fleischer/Schmolke*, ZHR 173 (2009), 649, 654.

102 *Wöhe/Döring*, Einführung in die Allgemeine Betriebswirtschaftslehre, 23. Aufl. 2008, S. 677; *Fleischer/Schmolke*, ZHR 173 (2009), 649, 654.

103 S. etwa *Haasis*, FS Rudolph, 2009, 571, 579 f. für die Sparkassen.

104 *Wöhe/Döring*, Einführung in die Allgemeine Betriebswirtschaftslehre, 23. Aufl. 2008, S. 684; *Fleischer/Schmolke*, ZHR 173 (2009), 649, 654.

und das unsystematische Risiko zu unterteilen.[105] Die systematische Komponente bezeichnet das Risiko, dem alle Wertpapiere gleichermaßen ausgesetzt sind und das somit nicht diversifizierbar ist, etwa das allgemeine Markt- oder Konjunkturrisiko.[106] Hingegen wohnt das unsystematische Risiko der spezifischen Anlageposition inne und unterliegt nach den dargestellten Grundsätzen dem Diversifikationseffekt.[107] Diese Unterscheidung ist für die weitere Betrachtung essentiell, lässt sich ihr doch entnehmen, dass Risiko auch durch die Nutzung von Diversifikationseffekten nicht vollständig ausschaltbar ist, mithin immer eine Art „Restrisiko" bestehen bleibt. Normen zur Begrenzung des Marktrisikos sollten die beiden Komponenten demnach voneinander getrennt erfassen, um eine möglichst exakte Bestimmung des Marktrisikos, dem eine Bank durch die von ihr gehaltenen Finanzinstrumente ausgesetzt ist, zu gewährleisten.[108]

C. Banken und Risikotransformation

Der entscheidungstheoretische Hintergrund hat aufgezeigt, dass zunächst jede natürliche und juristische Person von Risiko betroffen ist. Dennoch scheinen Banken in einer besonderen Stellung zum Risiko zu stehen, es förmlich anzuziehen und dadurch letztlich besonders fragil zu sein. In den Vereinigten Staaten kursiert in dieser Hinsicht eine Phrase, die das Problem auf den Punkt bringt: *„Banks are ‚special.'"*[109] Diese besondere Beziehung zwischen Banken und Risiko lässt sich

105 Grundlegend und Begründer des Capital Asset Pricing Model: *Sharpe*, 19 J. Fin. 425, 439 (1964).

106 *Sharpe*, 19 J. Fin. 425, 440 f. (1964); *Greenbaum/Thakor*, Contemporary Financial Intermediation, 2nd Ed. 2007, S. 16; *Wöhe/Döring*, Einführung in die Allgemeine Betriebswirtschaftslehre, 23. Aufl. 2008, S. 684; *Bodie/Kane/Marcus*, Investments and Portfolio Management, 9th Ed. 2011, S. 225; *Fleischer/Schmolke*, ZHR 173 (2009), 649, 655; s. dazu auch *Heun*, Rechtswissenschaft 2011, 376, 390.

107 *Sharpe*, 19 J. Fin. 425, 439 (1964) *„unsystematic component"*; *Greenbaum/Thakor*, Contemporary Financial Intermediation, 2nd Ed. 2007, S. 16, die von *„idiosyncratic risk"* sprechen; *Wöhe/Döring*, Einführung in die Allgemeine Betriebswirtschaftslehre, 23. Aufl. 2008, S. 684; *Hartmann-Wendels/Pfingsten/Weber*, Bankbetriebslehre, 5. Aufl. 2010, S. 690; *Bodie/Kane/Marcus*, Investments and Portfolio Management, 9th Ed. 2011, S. 225.

108 Vgl. *Hartmann-Wendels/Pfingsten/Weber*, Bankbetriebslehre, 5. Aufl. 2010, S. 649.

109 *Greenbaum/Thakor*, Contemporary Financial Intermediation, 2nd Ed. 2007, S. 110; *Carnell/Macey/Miller*, The Law of Banking and Financial Institutions, 4th Ed. 2009, S. 46; *Mishkin*, 44 J. Econ. Lit. 988, 988 (2006); *Kaufman*, 8 J. Financ. Serv. Res. 123, 143 (1994).

anhand ihrer Intermediärsfunktion auf dem Finanzmarkt und der damit verbundenen Risikotransformation begründen.

I. Banken als Finanzintermediäre

Auf dem Finanzmarkt stehen sich Kapitalgeber auf der einen Seite und Kapitalnehmer auf der anderen Seite gegenüber.[110] Gibt es keine Friktionen, sprich: keine Koordinations- oder Transaktionshemmnisse, bei beliebiger Handelbarkeit und Teilbarkeit aller Güter sowie vollständiger Markttransparenz, werden Kapitalangebot und Kapitalnachfrage unmittelbar zusammengeführt, so dass es einer „zwischengeschalteten" Bank gar nicht bedarf.[111] Diese Annahmen prägen das Modell des vollkommenen Finanzmarktes.[112] Wie lässt sich dann aber die tatsächliche Existenz von Banken erklären?

Nach den modernen informationsökonomischen Erklärungsansätzen unterschlägt das Modell des vollkommenen Finanzmarktes jedoch Marktunvollkommenheiten in Gestalt von asymmetrischer Informationsverteilung, die zwischen den einzelnen Marktteilnehmern herrscht.[113] Tritt ein solches Informationsgefälle zwischen Kapitalgebern und Kapitalnehmern bereits vor Abschluss eines Kreditvertrags auf, orientiert sich der Zinssatz für das zur Verfügung gestellte Kapital infolge der bloß unvollständig verfügbaren Informationen (*hidden information*) an der durchschnittlichen Bonität der Kapitalnehmer, was letztlich eine allgemeine

---

110 *Hartmann-Wendels/Pfingsten/Weber*, Bankbetriebslehre, 5. Aufl. 2010, S. 2; *Büschgen*, Bankbetriebslehre, 5. Aufl. 1998, S. 34; *Greenbaum/Thakor*, Contemporary Financial Intermediation, 2nd Ed. 2007, S. 43 f.; *Freixas/Rochet*, Microeconomics of Banking, 2nd Ed. 2008, S. 15.

111 *Büschgen*, Bankbetriebslehre, 5. Aufl. 1998, S. 35; *Greenbaum/Thakor*, Contemporary Financial Intermediation, 2nd Ed. 2007, S. 44; *Freixas/Rochet*, Microeconomics of Banking, 2nd Ed. 2008, S. 15 ff.; *Hartmann-Wendels/Pfingsten/Weber*, Bankbetriebslehre, 5. Aufl. 2010, S. 19.

112 Im Einzelnen unterscheiden sich die Definitionen des vollkommenen Marktes, die Grundannahmen sind für die weitere Betrachtung jedoch völlig ausreichend; s. *Neus*, Einführung in die Betriebswirtschaftslehre, 7. Aufl. 2011, S. 96; *Hartmann-Wendels/Pfingsten/Weber*, Bankbetriebslehre, 5. Aufl. 2010, S. 19.

113 Grundlegend: *Leland/Pyle*, 32 J. Fin. 371 (1977); dieses Modell fortentwickelnd: *Diamond*, 51 Rev. Econ. Stud. 393 (1984); s. auch *Büschgen*, Bankbetriebslehre, 5. Aufl. 1998, S. 35; *Hartmann-Wendels/Pfingsten/Weber*, Bankbetriebslehre, 5. Aufl. 2010, S. 122 ff.

„Qualitätsunsicherheit" zur Folge hat.[114] Für Kapitalnehmer mit überdurchschnittlicher Bonität führt diese um sich greifende „Qualitätsunsicherheit" jedoch dazu, dass sie bei der Aufnahme von Fremdkapital höhere Zinsen zahlen müssen und sie daraufhin aus dem Markt ausscheiden.[115] Aus dem von *Akerlof* illustrierten Beispiel des Gebrauchtwagenmarktes (*„the Market for ‚Lemons'"*) ist bekannt, dass sich daraus schließlich das *adverse selection* Problem ergibt,[116] denn es verbleiben – auf den Finanzmarkt übertragen – nur noch Kapitalnehmer mit vergleichsweise niedriger Bonität (*„lemons"*), denen potentielle Kapitalgeber ihre finanziellen Mittel anvertrauen können.[117]

Tritt die asymmetrische Informationsverteilung hingegen erst nach Abschluss des Kreditvertrags auf, kann der Kapitalgeber die Verwendung des zur Verfügung gestellten Kapitals auf Seiten des Kapitalnehmers nur noch unzulänglich kontrollieren.[118] Aufgrund des engen Zusammenhangs von Risiko und Rendite unterliegt der Kapitalnehmer zugleich dem Anreizproblem des *moral hazard*.[119] Die Möglichkeit, höhere Gewinne erzielen zu können, verleitet den Kapitalnehmer zu risikoreicheren Investitionen, wobei die damit verbundene Wahrscheinlichkeit seines Scheiterns vom Kapitalgeber mitgetragen wird.[120]

Um das Gefälle ausgleichen und zumindest näherungsweise ein Informationsgleichgewicht herstellen zu können, verkompliziert sich der Transaktionsprozess zwischen den Marktteilnehmern, was wiederum höhere Kosten nach sich zieht.[121]

---

114 *Leland/Pyle*, 32 J. Fin. 371, 371(1977); *Büschgen*, Bankbetriebslehre, 5. Aufl. 1998, S. 37; *Greenbaum/Thakor*, Contemporary Financial Intermediation, 2nd Ed. 2007, S. 45.

115 *Büschgen*, Bankbetriebslehre, 5. Aufl. 1998, S. 37; *Greenbaum/Thakor*, Contemporary Financial Intermediation, 2nd Ed. 2007, S. 45; *Freixas/Rochet*, Microeconomics of Banking, 2nd Ed. 2008, S. 26.

116 *Akerlof*, 84 Q. J. Econ. 488 (1970).

117 *Büschgen*, Bankbetriebslehre, 5. Aufl. 1998, S. 37; *Freixas/Rochet*, Microeconomics of Banking, 2nd Ed. 2008, S. 24 ff.; *Greenbaum/Thakor*, Contemporary Financial Intermediation, 2nd Ed. 2007, S. 45.

118 Sog. Principal-Agent-Theorie, *Diamond*, 51 Rev. Econ. Stud. 393, 394 (1984); *Greenbaum/Thakor*, Contemporary Financial Intermediation, 2nd Ed. 2007, S. 47; *Büschgen*, Bankbetriebslehre, 5. Aufl. 1998, S. 37.

119 Vgl. *Büschgen*, Bankbetriebslehre, 5. Aufl. 1998, S. 37.

120 *Büschgen*, Bankbetriebslehre, 5. Aufl. 1998, S. 37; *Hartmann-Wendels/Pfingsten/Weber*, Bankbetriebslehre, 5. Aufl. 2010, S. 108 ff.; *Greenbaum/Thakor*, Contemporary Financial Intermediation, 2nd Ed. 2007, S. 47.

121 *Diamond*, 51 Rev. Econ. Stud. 393, 394 ff. (1984); *Greenbaum/Thakor*, Contemporary Financial Intermediation, 2nd Ed. 2007, S. 45; *Büschgen*, Bankbetriebslehre, 5. Aufl. 1998, S. 37 f.; *Freixas/Rochet*, Microeconomics of Banking, 2nd Ed. 2008, S. 30.

An dieser Stelle tritt schließlich der Finanzintermediär in Erscheinung. Die Delegation auf den zwischengeschalteten Finanzintermediär kann zur Reduzierung dieser Transaktionskosten beitragen (sog. *delegated monitoring*).[122] Der Finanzintermediär fungiert dabei in erster Linie als „Informationspool". Allerdings bleibt diese Mittlerstelle zwischen Kapitalgebern und -nehmern nicht exklusiv den Banken vorbehalten, sondern kann auch von anderen Marktteilnehmern, wie z.B. Ratingagenturen und Finanzanalysten, wahrgenommen werden.[123] Darüber hinaus führt die stetige Effizienzsteigerung der Kapitalmärkte zu einer abnehmenden Relevanz von Finanzintermediären, was als „Disintermediation" bezeichnet wird.[124] Vor diesem Hintergrund lässt sich auch erklären, warum Banken versuchen, innovative und u.U. risikoreichere Geschäftsfelder zu erschließen und ihre Rolle neu zu definieren.

II. Transformationsfunktion von Banken

Die Funktion als „Informationspool" prägt den Begriff des Finanzintermediärs im weiteren Sinne. Diese Funktion für sich alleine betrachtet wird der volkswirtschaftlichen Rolle von Banken allerdings nicht vollumfänglich gerecht. Ihre besondere Stellung wird erst durch die Berücksichtigung des Transformationsprozesses verdeutlicht, den Banken durch ihr traditionelles Geschäftsmodell auf den Finanzmärkten anstoßen.[125]

Die Kapitalbeträge auf Seiten von Kapitalgebern und Kapitalnehmern sind grundsätzlich nicht kongruent.[126] Die Bank in ihrer klassischen Rolle als

---

122 *Diamond*, 51 Rev. Econ. Stud. 393, 394 ff. (1984) (*„delegated monitoring"*), wonach die Diversifikationsmöglichkeit auf Seiten des Intermediärs entscheidende Bedeutung erlangt; *Greenbaum/Thakor*, Contemporary Financial Intermediation, 2nd Ed. 2007, S. 43 ff.; *Büschgen*, Bankbetriebslehre, 5. Aufl. 1998, S. 38; *Hartmann-Wendels/Pfingsten/Weber*, Bankbetriebslehre, 5. Aufl. 2010, S. 137 ff.

123 *Büschgen*, Bankbetriebslehre, 5. Aufl. 1998, S. 38; *Greenbaum/Thakor*, Contemporary Financial Intermediation, 2nd Ed. 2007, S. 42 f, 50 ff.; zu Ratingagenturen s. ausführlich unten 4. Teil, Abschnitt B, II., 3.

124 *Schwarcz*, 97 Geo. L.J. 193, 200 (2008); s. auch *Burghof/Paul/Rudolph* in Burghof/Henke/Rudolph/Schönbucher/Sommer, Kreditderivate, 2. Aufl. 2005, S. 18 ff.

125 *Freixas/Rochet*, Microeconomics of Banking, 2nd Ed. 2008, S. 4; *Greenbaum/Thakor*, Contemporary Financial Intermediation, 2nd Ed. 2007, S. 48; *Büschgen*, Bankbetriebslehre, 5. Aufl. 1998, S. 38 f.; *Hartmann-Wendels/Pfingsten/Weber*, Bankbetriebslehre, 5. Aufl. 2010, S. 5.

126 *Büschgen*, Bankbetriebslehre, 5. Aufl. 1998, S. 39; *Hartmann-Wendels/Pfingsten/Weber*, Bankbetriebslehre, 5. Aufl. 2010, S. 5.

Einlagenkreditinstitut kann die Beträge dabei in beide Richtungen transformieren: Zum einen kann sie eine Vielzahl kleinerer Einlagen bündeln und in Form eines Kredits mit hohem Kapitalbetrag zur Verfügung stellen. So ist es der Bank möglich, auch große Projekte mit ausreichenden Mitteln zu finanzieren.[127] Im umgekehrten Fall ist die Bank in der Lage, eine große Einlage in viele kleine Teilbeträge zu splitten und z.B. im Retail-Geschäft als Darlehen an Privatkunden oder kleine Unternehmen zu vergeben.[128] Dadurch werden sowohl Such- und Informationskosten gesenkt als auch Verhandlungs-, Abschluss und Ausführungskosten.[129] Diese konkrete Transformationsleistung wird als *Losgrößentransformation* bezeichnet.[130]

Des Weiteren stimmen die Laufzeiten für das zur Verfügung gestellte Kapital von Geberseite in der Regel nicht mit dem zeitlichen Bedürfnis auf der Nehmerseite überein, so dass eine Fristendivergenz entsteht.[131] Durch den bei Banken gebildeten Kapitalpool kann die Vielzahl kurzfristiger Einlagen mit längerfristigem Kapitalbedarf jedoch synchronisiert werden. Die Bank nimmt dabei die Aufgabe der *Fristentransformation* wahr, die, wie noch gezeigt wird, Ursache des Zinsänderungs- und Liquiditätsrisikos ist.[132]

Augenmerk ist schließlich auf die Rolle der Bank bei der *Risikotransformation* zu legen.[133] Wird ein Kapitalnehmer infolge einer Fehlinvestition zahlungsunfähig, schlägt dessen Ausfall zwangsläufig auf den einzelnen Kapitalgeber durch, denn dieser wird nun nicht die Rückzahlung des überlassenen Kapitalbetrags in voller Höhe erwarten können oder im schlimmsten Fall gar keine Rückzahlung erhalten.[134]

---

127 *Burghof/Rudolph*, Bankenaufsicht, 1996, S. 6.

128 *Büschgen*, Bankbetriebslehre, 5. Aufl. 1998, S. 39; *Hartmann-Wendels/Pfingsten/Weber*, Bankbetriebslehre, 5. Aufl. 2010, S. 5.

129 *Büschgen*, Bankbetriebslehre, 5. Aufl. 1998, S. 39.

130 *Büschgen*, Bankbetriebslehre, 5. Aufl. 1998, S. 39; *Hartmann-Wendels/Pfingsten/Weber*, Bankbetriebslehre, 5. Aufl. 2010, S. 5; *Burghof/Rudolph*, Bankenaufsicht, 1996, S. 6; *Grill/Perczynski*, Wirtschaftslehre des Kreditwesens, 44. Aufl. 2010, S. 13, die von „Betragstransformation" sprechen.

131 *Büschgen*, Bankbetriebslehre, 5. Aufl. 1998, S. 39; *Burghof/Rudolph*, Bankenaufsicht, 1996, S. 5.

132 *Freixas/Rochet*, Microeconomics of Banking, 2nd Ed. 2008, S. 18; *Greenbaum/Thakor*, Contemporary Financial Intermediation, 2nd Ed. 2007, S. 48; *Büschgen*, Bankbetriebslehre, 5. Aufl. 1998, S. 39; *Hartmann-Wendels/Pfingsten/Weber*, Bankbetriebslehre, 5. Aufl. 2010, S. 6 f.; *Grill/Perczynski*, Wirtschaftslehre des Kreditwesens, 44. Aufl. 2010, S. 13. S. zum Zinsänderungsrisiko ausführlichen unten S. 192 f. und zum Liquiditätsrisiko 4. Teil, Abschnitt G.

133 *Burghof/Rudolph*, Bankenaufsicht, 1996, S. 5 f.

134 *Burghof/Rudolph*, Bankenaufsicht, 1996, S. 5 f.

Der Bank ist dagegen bereits aufgrund der schieren Zahl der von ihr aus dem gesammelten Kapital ausgegebenen Kredite, dem Portfolio, ein Instrumentarium an die Hand gegeben, die einzelnen Risiken zu steuern, sprich: zu diversifizieren.[135] Innerhalb des Bankbetriebs nimmt das Management der übernommenen Risiken daher eine Schlüsselstellung ein, wovon grob vier Kernaufgaben umfasst sind: Die Identifikation, die Quantifizierung, die Steuerung und schließlich die Kontrolle der relevanten Risiken.[136] Auch der wirtschaftliche Erfolg einer Bank wird intern zunehmend an risikojustierten Kennzahlen gemessen, etwa durch die Performancemaße RORAC (*return on risk adjusted capital*) und RAROC (*risk adjusted return on capital*).[137]

In ihrer Gesamtheit sollen Banken damit eigentlich als makroökonomische „Risikotransformatoren“ fungieren und damit ihrer „innerhalb der Volkswirtschaft zentralen Stellung“[138] gerecht werden. Indes stellen jüngere Entwicklungen diese Funktion zunehmend in Frage, haben Banken doch den Eindruck erweckt, die Volkswirtschaft nicht durch Risikoübernahme und Diversifikation zu entlasten, sondern Risiken exzessiv einzugehen und darüber hinaus global zu streuen. Diese Bedenken werden im Zuge der Darstellung immer wieder aufgegriffen und im Rahmen rechtlicher Lösungsansätze diskutiert.

III. Überblick über die wesentlichen Risikoarten

Auf dem allgemein betriebswirtschaftlichen Risikobegriff fußt auch das spezielle Verständnis der Risiken, die im bankbetrieblichen Spektrum auftreten können.[139] Diese Risiken lassen sich auf verschiedene Weise systematisieren, in den letzten Jahren lässt sich jedoch die Tendenz feststellen, auf bankbetrieblicher Ebene primär zwischen (1) Ausfallrisiko, (2) Preis- bzw. Marktrisiko, (3) operationellem Risiko

---

135 *Greenbaum/Thakor*, Contemporary Financial Intermediation, 2nd Ed. 2007, S. 48 f.; *Büschgen*, Bankbetriebslehre, 5. Aufl. 1998, S. 40; *Burghof/Rudolph*, Bankenaufsicht,1996, S. 5 f.; s. zur Diversifikation bereits oben S. 19 ff.

136 *Ramke* in Everling/Theodore, Bankrisikomanagement, 2008, S. 256; vgl. auch *van Greuning/Brajovic Bratanovic*, Analyzing and Managing Banking Risk, 2nd Ed. 2003, S. 76.

137 *Hartmann-Wendels/Pfingsten/Weber*, Bankbetriebslehre, 5. Aufl. 2010, S. 367 ff.

138 So explizit Begr. RegE. zum KWG 1961, BT-Drucks. 3/1114, S. 19.

139 *Büschgen*, Bankbetriebslehre, 5. Aufl. 1998, S. 868; vgl. auch *Apostolik/Donohe/Went*, Foundations of Banking Risk, 2009, S. 12 f.

und (4) Liquiditätsrisiko zu differenzieren.[140] Treten einzelne Risikoarten geballt auf, spricht man zudem von Konzentrations- oder Klumpenrisiken.[141] Auf der Makroebene spannt sich darüber schließlich das sog. Systemrisiko, das in jüngerer Zeit zunehmend in den Fokus von Wissenschaft und Aufsichtsinstanzen rückt.[142]

Freilich sind nicht nur Banken Risikoträger, sondern grundsätzlich auch jedes andere Unternehmen. Diese Risikoarten sind jedoch geradezu *banktypisch*, entspringen sie doch dem finanzwirtschaftlichen Geschäftsfeld, in dem sich Banken bewegen. So ist das Ausfallrisiko der Gegenpartei der Finanzierung durch Kapitalvergabe, dem klassischen Hauptgeschäftsfeld der Banken, inhärent.[143] Preis- bzw. Marktrisiken stehen insbesondere bei wertpapierbezogenen Geschäften im Vordergrund, die für das Bankgewerbe zunehmend an Bedeutung gewinnen.[144] Die immer komplexere Unternehmensorganisation macht Banken im hohen Maße

---

140 Anschaulich bei *Duffie/Singleton*, Credit Risk, 2003, S. 3: „*Zoology of Risks*"; *Grill/Perczynski*, Wirtschaftslehre des Kreditwesens, 44. Aufl. 2010, S. 532 f.; *Hartmann-Wendels/Pfingsten/Weber*, Bankbetriebslehre, 5. Aufl. 2010, S. 415, die zusätzlich noch sog. „Informationsrisiken" anführen; *Gleeson*, International Regulation of Banking, 2nd Ed. 2012, Rn. 1.11 ff.; *Apostolik/Donohue/Went*, Foundations of Banking Risk, 2009, S. 13 ff.; differenzierter aber auch in diese Richtung *Carnell/Macey/Miller*, The Law of Banking and Financial Institutions, 4th Ed. 2009, S. 274; anders etwa noch *Büschgen*, Bankbetriebslehre, 5. Aufl. 1998, S. 869, der zunächst zwischen strategischen und operativen Risiken unterscheidet, operative Risiken weiter in Betriebsrisiken (heute: operationelle Risiken) und Geschäftsrisiken untergliedert. Als alternative Sichtweise führt *Büschgen* die Differenzierung zwischen Liquiditäts- und Erfolgsrisiken an, a.a.O., S. 869; *Döhring*, Gesamtrisiko-Management von Banken, 1996, S. 53; s. auch *Markel*, Qualitative Bankenaufsicht, 2009, S. 105.

141 *Deutsche Bundesbank*, Monatsbericht Juni 2006, S. 36; *Apostolik/Donohue/Went*, Foundations of Banking Risk, 2009, S. 137; *van Greuning/Brajovic Bratanovic*, Analyzing and Managing Banking Risk, 2nd Ed. 2003, S. 137.

142 *De Bandt/Hartmann*, Systemic Risk, 2000, S. 1; *Kaufman/Scott*, 7 Ind. Rev. 371, 372 ff. (2003); *Hellwig*, 157 De Economist, 129, 133 (2009); *Schwarcz*, 97 Geo. L.J. 193 (2008), 196 ff.; *Spindler*, AG 2010, 602 f.; *Carnell/Macey/Miller*, The Law of Banking and Financial Institutions, 4th Ed. 2009, S. 732 ff.

143 *Hartmann-Wendels/Pfingsten/Weber*, Bankbetriebslehre, 5. Aufl. 2010, S. 499; *Apostolik/Donohue/Went*, Foundations of Banking Risk, 2009, S. 81; *Büschgen*, Bankbetriebslehre, 5. Aufl. 1998, S. 922 f.; *Greenbaum/Thakor*, Contemporary Financial Intermediation, 2nd Ed. 2007, S. 129; *Duffie/Singleton*, Credit Risk, 2003, S. 4.

144 *Büschgen*, Bankbetriebslehre, 5. Aufl. 1998, S. 998; *Hartmann-Wendels/Pfingsten/Weber*, Bankbetriebslehre, 5. Aufl. 2010, S. 417; *Freixas/Rochet*, Microeconomics of Banking, 2nd Ed. 2008, S. 265 f.; *Gleeson*, International Regulation of Banking, 2nd Ed. 2012, Rn. 1.26.

anfällig für operationelle Risiken.[145] Schließlich sind Liquiditätsrisiken durch die Inkongruenz von langfristigen Investitionen und kurzfristiger (Re-)Finanzierung seit jeher ein bankbetriebliches Problem.[146]

Zwar beschränkt sich das Risikoprofil von Banken nicht auf die genannten Risikoarten und so liegen etwa Reputationsrisiken oder andere betriebswirtschaftlich anerkannte Risiken außerhalb des Betrachtungsradius.[147] Die Aufteilung in diese „großen", banktypischen Risikofelder erscheint jedoch vor dem Hintergrund vorzugswürdig, als es sich dabei um die vom Basler Ausschuss für Bankenaufsicht in seinen internationalen Regelwerken aufgegriffenen Risikoarten handelt.[148] Auch in § 25c Abs. 4a Nr. 2 lit. a KWG sowie den Mindestanforderungen an das Risikomanagement (MaRisk) der Bundesanstalt für Finanzdienstleistungsaufsicht (BaFin) werden diese Risiken grundsätzlich als „wesentlich" eingestuft.[149] Der hergestellte Gleichlauf erleichtert insoweit die „Spiegelung" der einzelnen Risikoarten auf die jeweils einschlägigen Vorschriften, deren Zielsetzung die Risikobegrenzung ist. Eine exakte Definition und Darstellung der einzelnen Risikoarten findet sich kontextbezogen im Rahmen der rechtlichen Analyse.

---

145 *Apostolik/Donohue/Went*, Foundations of Banking Risk, 2009, S. 181; *Duffie/Singleton*, Credit Risk, 2003, S. 3 ff.; *Hartmann-Wendels/Pfingsten/Weber*, Bankbetriebslehre, 5. Aufl. 2010, S. 709 f.; s. auch schon *Büschgen*, Bankbetriebslehre, 5. Aufl. 1998, S. 869. Als ältere Terminologie wurde weitgehend synonym von Betriebsrisiken gesprochen, *Büschgen*, a.a.O.

146 *Hartmann-Wendels/Pfingsten/Weber*, Bankbetriebslehre, 5. Aufl. 2010, S. 468; *Büschgen*, Bankbetriebslehre, 5. Aufl. 1998, S. 897 f.; *Freixas/Rochet*, Microeconomics of Banking, 2nd Ed. 2008, S. 266; *Greenbaum/Thakor*, Contemporary Financial Intermediation, 2nd Ed. 2007, S. 131; *Grill/Perczynski*, Wirtschaftslehre des Kreditwesens, 44. Aufl. 2010, S. 533.

147 Krit. etwa *Braun/Wolfgarten* in Boos/Fischer/Schulte-Mattler, KWG, 4. Aufl. 2012, § 25a, Rn. 197 ff.

148 S. die Empfehlungen *Basler Ausschuss für Bankenaufsicht*, Internationale Konvergenz der Eigenkapitalmessung und Eigenkapitalanforderungen, Juni 2006, Tz. 8 ff., die gemeinhin als Basel II bezeichnet werden und die bei den Eigenmittelanforderungen Ausfall-, Markt- und operationelle Risiken berücksichtigen. Seit Basel III werden zusätzlich Liquiditäts- und systemische Risiken berücksichtigt, *Basler Ausschuss für Bankenaufsicht*, Basel III, Dezember 2010, Tz. 1 ff. Die Entwicklung wird ausführlich unten S. 39 ff. nachgezeichnet.

149 MaRisk AT 2.2 Tz. 1 „Risiken". S. ausführlich zu den MaRisk unten 4. Teil, Abschnitt H, II., 2.

D. Zusammenfassende Würdigung

Die Entscheidungstheorie lehrt uns, dass Risiko messbar ist und es sich keineswegs um eine Ausnahmeerscheinung handelt, sondern den Regelfall bildet und somit (fast) jeder zukunftsgerichteten Entscheidung inhärent ist. Während sich bei der Zusammenfassung einzelner Positionen zu einem Portfolio ein Teil des Risikos diversifizieren, also ausschalten lässt, bleibt die systematische Komponente unweigerlich bestehen. Aufgrund ihrer Funktion als Finanzintermediäre nehmen Banken in ihrer Gesamtheit eine Schlüsselstellung innerhalb der Volkswirtschaft ein. Dabei lässt sich zugleich abstrakt festhalten, dass die Intermediärsfunktion der Banken durch die Übernahme von Risiken geprägt ist, das somit auch zum Kern ihrer Geschäftstätigkeit gezählt werden muss.[150] Die genannten Aspekte führen zu der ersten grundlegenden Erkenntnis, die für die weitere Untersuchung richtungsweisend ist: Banken sind natürliche Risikoträger und in einer Risikovermeidung kann folglich keine regulatorische Option gesehen werden.

150 *Basler Ausschuss für Bankenaufsicht*, Grundsätze für eine wirksame Bankenaufsicht, Oktober 2006, S. 19; *Burghof/Rudolph*, Bankenaufsicht, 1996, S. 51; *Sieg/Zeidler* in Hauschka, Corporate Compliance, 2. Aufl. 2010, § 3, Rn. 29; *Freixas/Rochet*, Microeconomics of Banking, 2nd Ed. 2008, S. 266; *Hartmann-Wendels/Pfingsten/Weber*, Bankbetriebslehre, 5. Aufl. 2010, S. 332; *Greenbaum/Thakor*, Contemporary Financial Intermediation, 2nd Ed. 2007, S. 49; *Gleeson*, International Regulation of Banking, 2nd Ed. 2012, Rn. 1.03; *Döhring*, Gesamtrisiko-Management von Banken, 1996, S. 1; *Apostolik/Donohue/Went*, Foundations of Banking Risk, 2009, S. 82.

3. Teil Risiko im aufsichtsrechtlichen Gefüge

Die Darstellung des ökonomischen Hintergrunds hat gezeigt, dass die Risikoübernahme im Zentrum des Bankgeschäfts steht und ihre volkswirtschaftliche Funktion determiniert. Der aufsichtsrechtliche Ordnungsrahmen stellt metaphorisch die „Spielregeln“[151] für dieses Marktsegment auf und verfolgt das Ziel, die allgemeine Ordnung des Bankgewerbes zu gewährleisten und die hiermit verbundenen Gefahren für die Stabilität des Finanzsystems und damit vor allem für die Sicherheit der Einlagen abzuwenden.[152] Aufgrund dieser Ausrichtung an der Gefahrenabwehr wird das Aufsichtsrecht auch als spezielles Gewerberecht bezeichnet.[153] In dieses Bild fügt sich auch die risikobegrenzende Funktion aufsichtsrechtlicher Normen und Maßnahmen nahtlos ein. Dabei ist grundsätzlich zwischen Regulierung und Aufsicht zu unterscheiden.[154] Während Regulierung hier als Normsetzung verstanden werden soll, umfasst Aufsicht die behördliche Kontrolle und gegebenenfalls Durchsetzung der Einhaltung des gesetzten Regelungsapparates.[155] Beide Gebiete sind eng miteinander verzahnt, zumal die Normsetzung oftmals durch den Gesetzgeber an die Aufsichtsbehörde selbst delegiert ist, was für die USA im noch größeren Umfang gilt als dies für Deutschland der Fall ist.

A. Mechanik regulatorischer Normen

Den einzelnen Gruppen aufsichtsrechtlicher Normen liegen unterschiedliche Stoßrichtungen zugrunde, anhand derer sie schließlich auch klassifiziert und unterschieden werden können.[156] Die unterschiedliche Zwecksetzung, die sich

151 *Picot*, zfbf 2009, 655, 655; *Hopt*, NZG 2009, 1401, 1402.

152 Für das KWG: BGH, Urt. v. 15.2.1979 – III ZR 108/76, WM 1979, 482, 484; s. auch *Heun*, JZ 2012, 236 f.

153 Für das KWG: BGH, Urt. v. 15.2.1979 – III ZR 108/76, WM 1979, 482, 484.

154 *Federal Reserve System*, Purposes and Functions, 9th Ed. 2005, S. 59 f.; *Hopt*, NZG 2009, 1401, 1402; s. zum Begriff der Kapitalmarktregulierung ausführlich *Bumke*, Verwaltung 41 (2008), 227, 228 ff.

155 *Federal Reserve System*, Purposes and Functions, 9th Ed. 2005, S. 59 f.; *Hopt*, NZG 2009, 1401, 1402.

156 *Rudolph*, wisu 1991, 596, 598 ff.; *Burghof/Rudolph*, Bankenaufsicht, 1996, S. 36 ff.; s. auch *Markel*, Qualitative Bankenaufsicht, 2010, S. 46 ff.

auch in einer verschiedenartigen Ausgestaltung der Normen niederschlägt, darf jedoch nicht zu einer Dichotomie im Aufsichtsrecht führen. Idealerweise bildet die Gesamtheit der regulatorischen Normen vielmehr ein kohärentes und effizientes System. Der Rahmen der Arbeit ist zwar auf die präventive Risikobegrenzung im Tätigkeitsstadium der Bank beschränkt, um eine Abgrenzung und Einordnung zu erleichtern, wird im Folgenden aber auch ein Überblick über Regelungen geboten, die im Grunde außerhalb des Untersuchungsgegenstandes liegen.

I. Präventive und protektive Regulierung

Zunächst ist grundlegend zwischen Normen mit präventiver Zielsetzung und Normen mit protektiver Zielsetzung zu unterscheiden.[157]

1. Präventive Regulierung

Normen mit präventiver Zielrichtung sollen die Wahrscheinlichkeit eines Bankzusammenbruchs herabsetzen und knüpfen daher bereits an den Zeitraum vor einer Bestandsgefährdung bzw. drohenden Insolvenz an.[158] In diese Kategorie fallen vor allem die als Marktzugangsschranke wirkende Erlaubnispflichtigkeit des Betreibens von Bankgeschäften (§ 32 Abs. 1 Satz 1 KWG) und im Tätigkeitsstadium die Eigenmittelanforderungen, Großkreditobergrenzen sowie liquiditätssichernde Vorschriften nach der CRR und vergleichbare Regelungen im U.S.-amerikanischen Bankenaufsichtsrecht.[159] Die letztgenannten Regelungen bilden zugleich den Kern der folgenden Analyse.

2. Protektive Regulierung

Indes zielen protektiv wirkende Normen auf den Schutz der Bank bzw. ihrer Gläubiger vor einer konkret drohenden Insolvenz.[160] Anknüpfungspunkt

157 *Rudolph*, wisu 1991, 596, 598; *Burghof/Rudolph*, Bankenaufsicht, 1996, S. 36; *Markel*, Qualitative Bankenaufsicht, 2010, S. 46; *Höfling*, NJW-Beil. 2010, 98, 100 f.

158 *Burghof/Rudolph*, Bankenaufsicht, S. 39 f. Diese Phase wird auch als *„going concern"*, im Gegensatz zum *„gone concern"* bezeichnet; s. *Gleeson*, International Regulation of Banking, 2nd Ed. 2012, Rn. 5.10.

159 Vgl. *Rudolph*, wisu 1991, 596, 598; *Burghof/Rudolph*, Bankenaufsicht, 1996, S. 40 f.

160 *Rudolph*, wisu 1991, 596, 598; *Burghof/Rudolph*, Bankenaufsicht, 1996, S. 39.

ist folglich das Stadium, in dem sich die Bank bereits in der Krise befindet und ihren Einlegern und anderen Gläubigern Vermögensverluste drohen. Als Beispiel für Normen mit protektiver Zielsetzung wird in erster Linie das Regelwerk der Einlagensicherung herangezogen.[161] Drohende Schieflagen im Bankensektor können aber auch durch staatliche Stabilisierungsmaßnahmen abgewendet werden,[162] wie sie seit der Subprime-Krise in den USA und Europa zahlreich zur Anwendung gekommen sind.[163] Eine mögliche Reaktion besteht zum einen in einer expansiven Geldpolitik der Zentralbanken in Form von Leitzinssenkungen, was auch als *„lending to the market"* bezeichnet wird.[164] Anstatt die Stabilisierungsmaßnahmen auf einzelne Banken zu beschränken, wird beim *„lending to the market"* dem gesamten Bankenapparat der Zugang zu liquiden Mitteln erleichtert.[165] Sind dagegen einzelne Banken in ihrem Bestand gefährdet und droht eine Ansteckung weiterer Banken, kann mittels staatlicher Stabilisierungsmaßnahmen die drohende Insolvenz der betroffenen Marktteilnehmer gezielt abgewendet werden.[166] Schließlich verfolgen auch Regelungen zur Restrukturierung und geordneten Abwicklung von Banken eine protektive Zielsetzung.[167] In Deutschland wurde dazu im Jahr 2010 ein neues Restrukturierungsrecht für Banken eingeführt.[168] Dieses spezielle Restrukturierungsrecht

---

161 *Burghof/Rudolph*, Bankenaufsicht, 1996, S. 42 ff.

162 *Burghof/Rudolph*, Bankenaufsicht, 1996, S. 42.

163 So wurden in Deutschland Maßnahmen auf Grundlage der Finanzmarktstabilisierungsgesetze ergriffen: Gesetz zur Umsetzung eines Maßnahmenpakets zur Stabilisierung des Finanzmarktes (Finanzmarktstabilisierungsgesetz – FMStG) vom 17. Oktober 2008, BGBl. I S. 1982 und das Zweite Finanzmarktstabilisierungsgesetz (2. FMStG) vom 24. Februar 2012, BGBl. I S. 206, s. dazu *Spindler* DStR 2008, 2268 und *Müller-Eising/Brandi*, BB 2012, 466. In den USA wurde im Jahr 2008 das Troubled Asset Relief Program (TARP) (Pub.L. 110–343, § 101, 122 Stat. 3765) mit einem anfänglichen Volumen von 700 Mrd. USD ins Leben gerufen, um Banken die Ausgliederung von Aktiva zu ermöglichen, die im Zuge der Subprime-Krise von massiven Wertverlusten betroffen waren, *Gordon/Muller*, 28 Yale J. on Reg. 151, 157 (2011); *Arewa*, 104 Nw. U. L. Rev. Colloquy 398, 401 (2010).

164 *De Bandt/Hartmann*, Systemic Risk, 2000, S. 16.

165 *De Bandt/Hartmann*, Systemic Risk, 2000, S. 16.

166 *De Bandt/Hartmann*, Systemic Risk, 2000, S. 16.

167 Vgl. schon *Rudolph*, wisu 1991, 596, 598.

168 S. das Gesetz zur Restrukturierung und geordneten Abwicklung von Kreditinstituten, zur Errichtung eines Restrukturierungsfonds für Kreditinstitute und zur Verlängerung der Verjährungsfrist der aktienrechtlichen Organhaftung (Restrukturierungsgesetz) vom 9. Dezember 2010, BGBl. I S. 1900.

umfasst die Möglichkeit zur Einleitung eines Sanierungs- oder Reorganisationsverfahrens[169] und gibt der BaFin durch die hoheitliche Übertragungsanordnung (§ 48a Abs. 1 KWG) ein Instrument an die Hand, womit das Vermögen eines Instituts in Teilen oder in Gänze auf einen übernehmenden Rechtsträger ausgegliedert werden kann.[170] In den USA wurden die bereits bestehenden Eingriffsrechte (*promp corrective action*)[171] und Abwicklungsmechanismen (*resolution*) gegenüber Banken[172] durch die Orderly Liquidation Authority im Dodd-Frank Act ergänzt und auf andere Finanzunternehmen ausgedehnt.[173]

3. Wechselwirkungen zwischen präventiver und protektiver Regulierung

Trotz ihrer unterschiedlichen Stoßrichtung stehen präventive und protektive Normen in einer engen Wechselwirkung zueinander und können nicht völlig isoliert betrachtet werden.[174] So stärkt etwa das Bestehen der grundsätzlich protektiv wirkenden Einlagensicherung das allgemeine Vertrauen der Einleger in das Bankensystem und entfaltet somit zugleich eine präventive und stabilisierende Wirkung gegenüber den von Bank Runs ausgehenden Gefahren.[175] Auch Sanierungs- und Reorganisationsverfahren setzen zwar bei der Bank in finanziellen Schwierigkeiten an, helfen aber auch, weitreichende Ansteckungsgefahren für den Bankensektor herabzusetzen und damit das Systemrisiko zu begrenzen.[176]

---

169 Gesetz zur Reorganisation von Kreditinstituten (Kreditinstitute-Reorganisationsgesetz – KredReorgG).

170 *Schelo*, NJW 2011, 186; *Riethmüller*, WM 2010, 2295.

171 Eingeführt durch den Federal Deposit Insurance Corporation Improvement Act von 1991 (FDICIA), Pub.L. 102–242. 105 Stat. 2236 kodifiziert als 12 U.S.C. § 1831o.

172 *Carnell/Macey/Miller*, The Law of Banking and Financial Institutions, 4th Ed. 2009, S. 279 ff. und S. 693 ff.

173 *Gordon/Muller*, 28 Yale J. on Reg. 151, 190 ff. (2011); *Wilmarth*, 89 Or. L. Rev. 951, 993 ff. (2011).

174 *Burghof/Rudolph*, Bankenaufsicht, 1996, S. 43; *Binder*, Bankeninsolvenzen, 2005, S. 72.

175 *Rudolph*, wisu 1991, 596, 598.

176 *Krahnen/Siekmann*, Stellungnahme zum Restrukturierungsgesetz, Oktober 2010, S. 1 f.; *Wilmarth*, 35 Brook. J. Int'l L. 707, 740 (2010).

II. Risikobegrenzungsnormen

Wenn die Übernahme von Risiken den Kernbereich der bankbetrieblichen Geschäftstätigkeit darstellt und der Wirtschaftszweig des Bankwesens mit der damit einhergehenden Transformationsfunktion eine Schlüsselrolle innerhalb der Volkswirtschaft einnimmt, kann die absolute Vermeidung aller Risikoarten nicht als regulatorische Option ins Auge gefasst werden. Ziel des Bankenaufsichtsrechts muss es folglich sein, die Risikoübernahme von Banken auf ein sinnvolles Maß zu begrenzen.[177] Die staatliche Einflussnahme soll der Bank dadurch Möglichkeiten und Anreize nehmen, so zu handeln, dass es gesamtgesellschaftlich nicht von Vorteil ist, sondern vor allem darauf abzielt, durch die exzessive Übernahme von Risiken die Gläubiger zu schädigen.[178] Dazu kann sich die Rechtsordnung sog. Risikobegrenzungsnormen bedienen, die die Wahrscheinlichkeit eines Bankzusammenbruchs infolge sich realisierender Risiken verhindern sollen.[179] Dieses Ziel kann auf unterschiedliche Weise erreicht werden und so divergiert auch die Ausgestaltung der einzelnen Normen.[180] Grundlegend lässt sich dabei zwischen quantitativen und qualitativen Risikobegrenzungsnormen differenzieren.[181]

1. Quantitative Risikobegrenzungsnormen

Quantitative Risikobegrenzungsnormen knüpfen grundsätzlich an messbare Risiken an, und beinhalten Regeln zur Abbildung des jeweiligen Risikos in einer Risikomesszahl sowie Regeln, die schließlich den zulässigen Grenzrahmen

---

177 *Hartmann-Wendels/Pfingsten/Weber*, Bankbetriebslehre, 5. Aufl. 2010, S. 389; s. aus allgemein gesellschafts- und wirtschaftspolitischer Sicht auch *Henssler*, Risiko als Vertragsgegenstand, 1994, S. 6.

178 *Hartmann-Wendels/Pfingsten/Weber*, Bankbetriebslehre, 5. Aufl. 2010, S. 393; s. aus allgemein gesellschafts- und wirtschaftspolitischer Sicht wiederum *Henssler*, Risiko als Vertragsgegenstand, 1994, S. 6.

179 Vgl. *Rudolph*, wisu 1991, 596, 599 f.; *Volkenner/Walter*, DStR 2004, 1399, 1399; *Auerbach/Fischer* in Schwennicke/Auerbach, KWG, 2009, § 10, Rn. 2; *Burghof/Rudolph*, Bankenaufsicht, 1996, S. 51 ff.; *Hartmann-Wendels/Pfingsten/Weber*, Bankbetriebslehre, 5. Aufl. 2010, S. 389 ff.; *Grill/Perczynski*, Wirtschaftslehre des Kreditwesens, 44. Aufl. 2010, S. 534.

180 *Rudolph*, wisu 1991, 596, 599 f.; *Burghof/Rudolph*, Bankenaufsicht, 1996, S. 51 ff.

181 *Rudolph*, wisu 1991, 596, 600; *Burghof/Rudolph*, Bankenaufsicht, 1996, S. 51 f.; s. auch *Markel*, Qualitative Bankenaufsicht, 2010, S. 47; *Waschbusch*, Bankenaufsicht, 2000, S. 218; *Paul* in Hopt/Wohlmannstetter, Handbuch Corporate Governance von Banken, 2011, S. 98 ff.

abstecken.[182] In ihrer Wirkung begrenzt diese Kategorie von Normen daher unmittelbar oder mittelbar bestimmte Risikoarten und gibt dem Adressaten ein exaktes Verhalten vor, wonach sich dieser zu richten hat, um der jeweiligen Norm zu entsprechen.[183] Zur quantitativen Risikobegrenzung zählen die großen Regelungskomplexe des Bankenaufsichtsrechts in Gestalt der Eigenmittel- und Liquiditätsvorschriften sowie der Großkreditobergrenzen.[184] Quantitative Risikobegrenzungsnormen können des Weiteren als selektive oder umfassende Risikobegrenzungsnormen ausgestaltet sein.[185]

a) *Selektive Normen*

In selektiven Normen wird jeweils ein einzelnes Risiko durch eine separate Messzahl aufgegriffen und unmittelbar oder mittelbar durch eine festgelegte Obergrenze reguliert.[186] Beispielsweise werden Klumpenrisiken, die bei der Vergabe von großen Kapitalbeträgen an einzelne Kreditnehmer (Großkredite) entstehen, durch die Festlegung einer Höchstrelation zwischen der Forderungshöhe der einzelnen Positionen und dem Eigenkapital der Bank begrenzt.[187] In Europa dürfen die Forderungen an einen einzelnen Kunden grundsätzlich nicht 25% des anrechenbaren Eigenkapitals der Bank überschreiten.[188]

b) *Umfassende Normen*

Dagegen werden in umfassenden Risikobegrenzungsnormen verschiedene Risiken zu einer Gesamtrisikomesszahl aggregiert, z.B. durch die schlichte Addition der einzelnen Messzahlen.[189] Auf diesem Konzept bauen vor allem die Empfehlungen des Basler Ausschusses für Bankenaufsicht auf,[190] die die Entwicklung des internationalen Bankenaufsichtsrechts zurzeit dominieren.[191] Die auf

---

182 *Rudolph*, wisu 1991, 596, 500; *Burghof/Rudolph*, Bankenaufsicht, 1996, S. 51.
183 *Burghof/Rudolph*, Bankenaufsicht,1996, S. 52.
184 *Burghof/Rudolph*, Bankenaufsicht,1996, S. 51 f.; *Markel*, Qualitative Bankenaufsicht, 2010, S. 47.
185 *Rudolph*, wisu 1991, 596, 600; *ders.*, ZHR 175 (2011), 284, 286.
186 *Burghof/Rudolph*, Bankenaufsicht, 1996, S. 53.
187 *Rudolph*, ZHR 175 (2011), 284, 286.
188 Art. 395 Abs. 1 CRR.
189 *Rudolph*, ZHR 175 (2011), 284, 286 f.; *Burghof/Rudolph*, Bankenaufsicht, 1996, S. 53.
190 *Rudolph*, ZHR 175 (2011), 284, 287.
191 *Gleeson*, International Regulation of Banking, 2nd Ed. 2012, Rn. 3.01.

Basel II[192] beruhenden Eigenmittelvorschriften zeichnen sich vor allem durch die zusammenfassende Berücksichtigung von Kredit-, Markt- und operationellen Risiken aus.[193] *Rudolph* sieht den Vorteil umfassender Risikobegrenzungsnormen darin, dass diese in ihrer Wirkungsweise flexibler seien als selektive Normen.[194] Während selektive Normen dem Bankmanagement durch ihre gezielte Begrenzung einzelner Risikoarten die Geschäftsverteilung relativ starr vorgeben, räumen umfassende Risikobegrenzungsnormen dem Management die Möglichkeit ein, in bestimmten Bereichen höhere Risiken einzugehen und diese durch die Herabsetzung in anderen Geschäftszweigen auszugleichen.[195] Maßgeblich bleibt letztlich das Gesamtrisiko, das ins Verhältnis zum haftenden Eigenkapital gesetzt und so schließlich insgesamt begrenzt wird.[196] Die Kehrseite bildet hier die Komplexität des Aggregationsprozesses einzelner Risiken zu einer großen Gesamtrisikoposition, wodurch die einzelnen Messverfahren weiter „verkompliziert" werden und sich dadurch die Gefahr erhöht, dass den Entscheidungsträgern der Blick auf nicht erfasste Risiken verstellt wird.[197]

2. Qualitative Risikobegrenzungsnormen

Qualitative Normen begegnen Risiken hingegen dadurch, dass sie sich an Führung und Organisation des Bankbetriebs richten und das Verhalten von Geschäftsführern und nachgeordneten Entscheidungsträgern beeinflussen.[198] Im Gegensatz zu quantitativen Normen geben qualitative Normen keinen konkreten Rahmen in Form von messbaren Ober- oder Untergrenzen vor, sondern schreiben weiter gefasste Pflichten vor, um Risiken zu begrenzen.[199] Dieser regulatorische Regelungsbereich setzt bereits vor dem Markteintritt der Bank an und schreibt bestimmte Mindestanforderungen für das Betreiben von Bankgeschäften vor (§§ 32, 33 KWG) und wird durch die besonderen organisatorischen Pflichten von Instituten

---

192 *Basler Ausschuss für Bankenaufsicht*, Internationale Konvergenz der Eigenkapitalmessung und Eigenkapitalanforderungen, Juni 2006.

193 S. dazu ausführlich sogleich unten S. 39 ff.

194 *Rudolph*, ZHR 175 (2011), 284, 288.

195 *Rudolph*, ZHR 175 (2011), 284, 288.

196 *Rudolph*, ZHR 175 (2011), 284, 288.

197 *Burghof/Rudolph*, Bankenaufsicht, 1996, S. 54; *Rudolph*, ZHR 175 (2011), 284, 288 f.

198 *Burghof/Rudolph*, Bankenaufsicht, 1996, S. 52; *Markel*, Qualitative Bankenaufsicht, 2010, S. 109.

199 *Burghof/Rudolph*, Bankenaufsicht, 1996, S. 52.

nach § 25a KWG oder Pflichten zur Kreditwürdigkeitsprüfung bei der Darlehensgewährung (§ 18 KWG) im Tätigkeitsstadium fortgeführt.[200] Das Aufsichtsrecht nimmt dadurch Einfluss auf die Ausgestaltung von Schlüsselelementen der internen Organisationsstruktur von Banken.

Die auf den ersten Blick fehlende Greifbarkeit des von qualitativen Normen umfassten Regelungsgehalts muss dabei nicht immer von Nachteil sein, sondern eröffnet dem Gesetzgeber zugleich die Möglichkeit, eine ganze Bandbreite von Risiken zu begrenzen, die entweder nicht oder nur unzulänglich quantifizierbar sind.[201] So ist eine Begleiterscheinung des globalen technischen Fortschritts die geringe Halbwertzeit von Verfahren zur zuverlässigen Messung von Risiken, so dass die im Regelwerk angelegten Konzepte schlichtweg veraltet, ungenau oder irreführend sein können, was teilweise auch den schwerfälligen Gesetz- bzw. Normgebungsprozessen geschuldet ist.[202] Dieser Effekt wird zusätzlich durch ein Gefälle in der Sachkenntnis zwischen den staatlichen Regulierungs- und Aufsichtsinstanzen und dem privaten Teil des Finanzsektors mit seinem deutlich höheren Gehaltsniveau verstärkt. So sehen sich die staatlichen Stellen oftmals mit dem Vorwurf konfrontiert, in Ermangelung einer ausreichenden Zahl hoch qualifizierter Mitarbeiter gegenüber den von den Finanzmarktteilnehmern vorangetriebenen Entwicklungen und Fortschritten in der Regel im Hintertreffen zu sein. Quantitative Normen bergen zudem die Gefahr, dass Banken und Aufsichtsbehörden in trügerische Sicherheit gewogen werden und dadurch den Blick für sich abzeichnende Risiken fernab der Zielvorgaben verlieren.[203] Das blinde Vertrauen auf Quantifizierungskonzepte mag daher sprichwörtlich zu einem „Scheuklappendenken" verleiten und zu einem Verlust der Risikosensitivität einzelner Entscheidungsträger führen, was letztlich die Stabilität des Gesamtsystems in Frage stellen kann.[204] Qualitative Elemente können im Aufsichtsrecht daher als Korrektiv eingesetzt werden und gewinnen dadurch zunehmend an Bedeutung im aufsichtsrechtlichen Gefüge. Besonders die prinzipien-orientierte Aufsicht, als deren Vorreiter

200 Vgl. *Rudolph*, wisu 1991, 596, 600; *H. Bock* in Boos/Fischer/Schulte-Mattler, KWG, 4. Aufl. 2012, § 18, Rn. 1; *Markel*, Qualitative Bankenaufsicht, 2010, S. 47 f.

201 *Burghof/Rudolph*, Bankenaufsicht, 1996, S. 52 f.; s. zu den Schwachstellen des Value at Risk *Meyer zu Selhausen*, FS Rudolph, 2009, 495, 503 ff.; *Hellwig*, Gutachten E zum 68. DJT, 2010, S. 45; *Whitehead*, 96 Cornell L. Rev. 323, 341 (2011).

202 Vgl. *Burghof/Rudolph*, Bankenaufsicht, 1996, S. 52 f.

203 S. schon *Burghof/Rudolph*, Bankenaufsicht, 1996, S. 54 („abnehmende Risikokultur").

204 *Meyer zu Selhausen*, FS Rudolph, 2009, S. 495, 503 ff.

die Financial Services Authority (FSA) des Vereinigten Königreichs gilt,[205] bedient sich solch qualitativer Vorgaben. Die prinzipien-orientierte Bankenaufsicht zeichnet sich somit durch die Verwendung flexibler Prinzipien anstelle von starren Regeln aus und steht damit im Kontrast zu den quantitativen Normen, die dem Verhalten von Instituten und ihren Entscheidungsträgern enge Grenzen setzen.[206]

B. „Basel" und der Weg zu risikobasierten Eigenkapitalvorschriften

Die vom Basler Ausschuss für Bankenaufsicht (Basel Committee on Banking Supervision) verabschiedeten und unter den Bezeichnungen Basel I, Basel II und Basel III[207] bekannten internationalen Regulierungsrahmen sind Meilensteine der risikobasierten Ausgestaltung von Eigenkapitalvorschriften.[208] Die Vorschläge des Basler Ausschusses haben weltweit in schätzungsweise mehr als 100 Ländern bei Gestaltung und Strukturierung der Bankenaufsicht Berücksichtigung gefunden und prägen somit das globale Finanzsystem wie kein anderes Regelwerk.[209]

I. Entwicklung

Der Basler Ausschuss wurde bereits im Jahr 1974 als Reaktion auf die international spürbaren Verwerfungen im Zuge der Insolvenz des Bankhauses Herstatt von Vertretern der G-10 Zentralbanken bei der Bank für Internationalen

---

205 Vgl. *Gola/Roselli*, The UK Banking System and Its Regulatory and Supervisory Framework, 2009, S. 154.

206 *Weber-Rey*, ZGR 2010, 543, 563 f.; *Weber-Rey/Baltzer* in Hopt/Wohlmannstetter, Handbuch Corporate Governance von Banken, 2011, S. 457; *Wundenberg*, Compliance und die prinzipien-geleitete Aufsicht über Bankengruppen, 2012, S. 71.

207 *Basler Ausschuss für Bankenaufsicht*, Internationale Konvergenz der Eigenkapitalmessung und Eigenkapitalanforderungen, Juli 1988 (Basel I); *ders.*, Internationale Konvergenz der Eigenkapitalmessung und Eigenkapitalanforderungen, Juni 2006 (Basel II); *ders.*, Basel III: Ein globaler Regulierungsrahmen für widerstandsfähigere Banken und Bankensystem, Dezember 2010.

208 *Gleeson*, International Regulation of Banking, 2nd Ed. 2012, Rn. 3.01 ff.; s. auch *Schelm* in Kümpel/Wittig, Bank-und Kapitalmarktrecht, 4. Aufl. 2011, Rn. 2.182 ff; ausführlich *Buchmüller*, Basel II, 2008, S. 19 ff.

209 S. *Gleeson*, International Regulation of Banking, 2nd Ed. 2012, Rn. 3.05; *Schooner/Taylor*, Global Bank Regulation, 2010, S. 131.

Zahlungsausgleich (Bank for International Settlements, BIS) in Basel implementiert.[210] Im Jahr 1988 veröffentlichte der Basler Ausschuss seine Empfehlungen erstmals unter dem Titel „Internationale Konvergenz der Eigenkapitalmessung und Eigenkapitalanforderungen", die gemeinhin unter der Bezeichnung „Basel I" grassieren und eine international harmonisierte Eigenkapital-Regulierung zum Ziel hatten.[211]

Basel I bildet zugleich den ersten Schritt auf dem Weg zur risikobasierten Ausgestaltung der Eigenkapitalvorschriften.[212] Die Kernelemente bestanden in einer einheitlichen Definition, welche Elemente aufsichtsrechtlich dem Eigenkapital von Banken zuzurechnen sind, eine Einordnung der Aktiva in risikogewichtete Klassen sowie dem Grundsatz, dass Banken mindestens 8% Eigenkapital im Verhältnis zu ihren risikogewichteten Aktiva vorhalten müssen (davon wiederum mindestens 4% Kernkapital).[213] Basel I beschränkte sich dabei auf die Berücksichtigung von Ausfallrisiken, andere Risikoarten, insbesondere Marktrisiken und operationelle Risiken, blieben bei der Eigenkapitalunterlegung zunächst unbeachtet.[214] Im Jahr 1996 wurde diese Unzulänglichkeit zumindest teilweise ausgeglichen und Basel I erfuhr eine wesentliche Ergänzung, wodurch Marktrisiken bei der Berechnung des Eigenkapitals fortan Berücksichtigung fanden.[215] Danach mussten Banken nicht mehr allein einen Puffer zur Abdeckung von Verlustgefahren aus dem Kreditgeschäft aufbauen, sondern zusätzlich gegenüber Marktpreisschwankungen der von ihnen gehaltenen Finanzinstrumente.[216]

---

210 *Gleeson*, International Regulation of Banking, 2nd Ed. 2012, Rn. 3.02. Die BIS fungiert als „Bank der Zentralbanken". Sie verwaltet treuhänderisch Währungsreserven und dient als Forum für währungspolitische Fragen, oder solche, die die Stabilität des Finanzsystems betreffen. Die Anteile werden von nationalen Zentralbanken gehalten, s. *Schooner/Taylor*, Global Bank Regulation, 2010, S. 80.

211 *Rudolph*, ZHR 175 (2011), 284, 289; *Berger*, 30 No. 1 Banking & Fin. Services Pol'y Report 6, 8 (2011).

212 *MacNeil* in MacNeil/O'Brien, The Future of Financial Regulation, 2010, S. 148; *Schooner/Taylor*, Global Bank Regulation, 2010, S. 137.

213 *Gleeson*, International Regulation of Banking, 2nd Ed. 2012, Rn. 3.04; *Schooner/Taylor*, Global Bank Regulation, 2010, S. 138; *Berger*, 30 No. 1 Banking & Fin. Services Pol'y Report 6, 9 (2011).

214 Vgl. *Gleeson*, International Regulation of Banking, 2nd Ed. 2012, Rn. 3.05.

215 *Basler Ausschuss für Bankenaufsicht*, Änderung der Eigenkapitalvereinbarung zur Einbeziehung der Marktrisiken, Januar 1996 (sog. „Market Risk Amendment").

216 Vgl. *Rudolph*, ZHR 175 (2011), 284, 289.

II. Basel II

Ein nächster Meilenstein bei der Regulierung von Banken mittels risikobasierter Eigenkapitalvorschriften folgte im Jahr 2004 durch die Verabschiedung eines neuen Regulierungsrahmens, der fortan als „Basel II" bezeichnet wurde.[217] Die Vereinbarungen brachen die starre Einteilung von Aktiva in Kategorien mit antizipiertem Risikogewicht unter Basel I zugunsten einer flexibleren Berechnung auf, um das tatsächliche Risiko der von Banken eingegangenen Positionen abzubilden. Ziel der Empfehlungen war vor allem, die Risikosensivität der Eigenkapitalvorschriften zu erhöhen.[218] Zudem wurde neben den bereits berücksichtigten Ausfall- und Marktrisiken bei der Berechnung der Eigenkapitalunterlegung weiteres Augenmerk auf das operationelle Risiko gelegt.[219]

Basel II beruht auf einem Drei-Säulen-Konzept: Säule 1 betrifft die Berechnung der Mindesteigenkapitalanforderungen;[220] Säule 2 stellt das aufsichtliche Überprüfungsverfahren (*Supervisory Review Process*) dar, das sich aus Vorgaben an das Risikomanagement der Banken und dem an die Aufsichtsbehörden gerichteten *Supervisory Review and Evaluation Process* zusammensetzt;[221] Säule 3 fasst schließlich unter dem Schlagwort „Marktdisziplin" Maßnahmen zur Offenlegung zusammen, um anderen Marktteilnehmern Zugang zu Schlüsselinformationen über die Risiko- und Eigenkapitalstruktur von Banken zu verschaffen, die dann z.B. in die Aktienkurse börsennotierter Institute einfließen und so disziplinierende Wirkung auf die Geschäftsführung der Institute entfalten.[222] Als Gesamtbild ergibt sich damit, dass Säule 1 den Kern von Basel II darstellt, d.h. die eigentliche

---

217 *Schooner/Taylor*, Global Bank Regulation, 2010, S. 131.

218 *Basler Ausschuss für Bankenaufsicht*, Internationale Konvergenz der Eigenkapitalmessung und Eigenkapitalanforderungen, Juni 2006, Tz. 5; *Schooner/Taylor*, Global Bank Regulation, 2010, S. 149; *Berger*, 30 No. 1 Banking & Fin. Services Pol'y Report, 6, 9 (2011).

219 S. *Basler Ausschuss für Bankenaufsicht*, Internationale Konvergenz der Eigenkapitalmessung und Eigenkapitalanforderungen, Juni 2006, Teil II, Ziff. V.

220 Vgl. *Basler Ausschuss für Bankenaufsicht*, Internationale Konvergenz der Eigenkapitalmessung und Eigenkapitalanforderungen, Juni 2006, Tz. 40 ff.; *Volkenner/Walter*, DStR 2004, 1399, 1400; *Schooner/Taylor*, Global Bank Regulation, 2010, S. 149.

221 *Basler Ausschuss für Bankenaufsicht*, Internationale Konvergenz der Eigenkapitalmessung und Eigenkapitalanforderungen, Juni 2006, Tz. 719 ff.; *Schooner/Taylor*, Global Bank Regulation, 2010, S. 149.

222 Vgl. *Basler Ausschuss für Bankenaufsicht*, Internationale Konvergenz der Eigenkapitalmessung und Eigenkapitalanforderungen, Juni 2006, Tz. 808 ff.; *Gleeson*, International Regulation of Banking, 2nd Ed. 2012, Rn. 27.01 ff.

Berechnung des von Banken zu haltenden Mindesteigenkapitals, während Säule 2 das Risikomanagement und dessen behördliche Überwachung betrifft. Säule 3 fungiert als eine Art Flankenschutz, um die ersten beiden Säulen zu ergänzen.

III. Basel III

Als Antwort auf die Finanzkrise schuf der Basler Ausschuss im Dezember 2010 schließlich das auf Basel II aufbauende und dieses ergänzende Regelwerk mit dem Titel „Basel III."[223] Eckpfeiler von Basel III sind eine strengere Definition der anerkannten Eigenmittel, die Stärkung der Risikoabdeckung, die Einführung einer Höchstverschuldungsgrenze (*leverage ratio* oder *leverage limit*), die Verringerung der prozyklischen Wirkung der unter Basel II eingeführten Eigenkapitalvorschriften sowie die Ergänzung durch globale Liquiditätsstandards.[224] Ferner adressiert das Regelwerk vermehrt „makroprudenzielle Aspekte" und erweitert so die institutsspezifische Perspektive um eine systemweite.[225] Basel III rundet somit die im Fokus der vorangegangenen Empfehlungen stehenden Risikoarten durch die verstärkte Berücksichtigung von Liquiditäts- und Systemrisiken ab, was insbesondere den Erfahrungen mit (Re-)Finanzierungsschwierigkeiten der Institute und der anschließenden „Kreditklemme" im Verlauf der Subprime-Krise geschuldet ist.[226]

IV. Die Basler Empfehlungen als *soft law*

Schließlich bleibt anzumerken, dass es sich bei den vom Basler Ausschuss verabschiedeten und veröffentlichten Regulierungsrahmen lediglich um unverbindliche Vereinbarungen zwischen den im Ausschuss vertretenen Aufsichtsbehörden handelt

---

223 *Basler Ausschuss für Bankenaufsicht*, Basel III, Dezember 2010, Tz. 7. Bereits zuvor wurden einige Justierungen der Rahmenvereinbarung vorgenommen, für die sich die Bezeichnung Basel 2.5 eingeschliffen hat. Damit ist insbesondere die strengere Eigenmittelunterlegung von Marktrisiken (stressed Value at Risk, *incremental risk capital charge*) und (Wieder-) Verbriefungspositionen gemeint. *Gruber* in Becker/Gruber/Wohlert, Handbuch MaRisk und Basel III, 2. Aufl. 2012, S. 7; *Gleeson*, International Regulation of Banking, 2nd Ed. 2012, Rn. 4.03 ff.; *Hull*, Risk Management and Financial Institutions, 3rd Ed. 2012, S. 285 ff.

224 Vgl. *Basler Ausschuss für Bankenaufsicht*, Basel III, Dezember 2010, Tz. 7 ff.

225 Vgl. *Basler Ausschuss für Bankenaufsicht*, Basel III, Dezember 2010, Tz. 6 f.

226 So ausdrücklich *Basler Ausschuss für Bankenaufsicht*, Basel III, Dezember 2010, Tz. 4 ff.

und diese Empfehlungen als sog. *soft law* gegenüber den auf nationaler Ebene beaufsichtigten Banken nicht unmittelbar bindend sind.[227] Vielmehr obliegt es den einzelnen Staaten, die Empfehlungen des Basler Ausschusses in das jeweils geltende nationale Recht zu übernehmen und so zur Bindungswirkung zu verhelfen.[228] Allerdings sind Gesetzgebungsakte vielen politischen Einflüssen unterworfen und in Teilbereichen kann das geltende nationale Recht die Gesetzgeber gar zu Abweichungen von den Empfehlungen zwingen. Wie genau die Umsetzung im Ergebnis ausfällt, kann in den einzelnen Staaten folglich sehr unterschiedlich ausfallen. Eine exakte Bestandsaufnahme der Divergenzen soll der Rechtsvergleich des Bankenaufsichtsrechts in den Vereinigten Staaten und Deutschland bzw. Europa zu Tage fördern.

C. Eigenmittelvorschriften zur Risikobegrenzung

Eigenmittelvorschriften nehmen eine, wenn nicht sogar *die* zentrale Rolle in der Regulierung des laufenden Bankgeschäfts ein.[229] Dabei verfolgt die eigenkapitalbasierte Regulierung *expressis verbis* die Zielsetzung, die Zahlungsfähigkeit der Banken dauerhaft sicherzustellen.[230] Ausschlaggebend für die hervorgehobene Stellung der Eigenmittelvorschriften im bankenaufsichtsrechtlichen Gefüge sind dabei die unterschiedlichen Funktionen, die Eigenkapital für Banken einnimmt. Durch die Darstellung soll letztlich auch der Bogen zur Klassifikation von Eigenmittelvorschriften als Risikobegrenzungsnormen geschlagen werden.

I. Die Funktionen von Eigenkapital

Im Verhältnis zu anderen Unternehmen weisen Banken eine verhältnismäßig niedrige Eigenkapitalquote bzw. einen hohen *leverage ratio* auf, was sie ungleich

227 *Emmenegger* in Hopt/Wohlmannstetter, Corporate Governance von Banken, 2011, S. 406 f.; *Müller-Graff*, EuR 2012, 18, 19 f.; *Schooner/Taylor*, Global Bank Regulation, 2010, S. 137; *Weber-Rey*, ZGR 2010, 543,554 ff.

228 *Schooner/Taylor*, Global Bank Regulation, 2010, S. 137; *Emmenegger* in Hopt/Wohlmannstetter, Corporate Governance von Banken, 2011, S. 406 f.

229 So auch *Pollard/Daly*, Banking Law in the United States, Vol. 1, 3rd Ed. (Loseblatt, Stand: 2010), § 11.01 S. 1; *Burghof*, Eigenkapitalnormen in der Theorie der Finanzintermediation, 1998, S. 23; *Rudolph*, ZHR 175 (2011), 284, 286; *Waschbusch*, Bankenaufsicht, 2000, S. 179.

230 Vgl. § 10 Abs. 1 Satz 1 KWG.

stärker von dem Vertrauen ihrer Fremdkapitalgeber in die dauerhafte Zahlungsfähigkeit abhängig macht. Diese geringe Eigenkapitaldecke hat folglich eine besonders hervorgehobene Bedeutung im Verhältnis zu den Gläubigern und Fremdkapitalgebern, während das Eigenkapital geschäftspolitisch für den Bankbetrieb keine derartige Sonderstellung gegenüber dem Fremdkapital einnimmt.[231]

1. Eigenkapitalfunktionen gegenüber Gläubigern

Im Hinblick auf die verschiedenen Funktionen, die das Eigenkapital gegenüber den Gläubigern einer Bank einnimmt, ist zwischen der Verlustausgleichs- und Haftungsfunktion, der Bindungsfunktion sowie der Signalfunktion zu unterscheiden.[232] Daneben dient Eigenkapital der Risikobegrenzung,[233] was dem Kontext entsprechend ausführlich dargestellt wird.

Das besondere Gewicht der Eigenkapitalvorschriften liegt auf der verlustausgleichenden und haftungsrechtlichen Funktion des Eigenkapitals, was sich exemplarisch bereits am Wortlaut des § 10 Abs. 1 Satz 1 KWG verdeutlichen lässt. Danach sind Institute verpflichtet, über angemessene Eigenmittel „[...] im Interesse der Erfüllung ihrer Verpflichtungen gegenüber ihren Gläubigern [...]" zu verfügen.

a) Verlustausgleichs- und Haftungsfunktion

Eigenkapital lässt sich zunächst bilanziell als die Differenz zwischen Aktiva und Verbindlichkeiten definieren.[234] Anders gewendet: Bei Eigenkapital handelt es sich

---

231 In diese Richtung auch *Baums*, ZHR 175 (2011), 160, 161; eine abweichende, in der Literatur zur Bankenaufsicht gebräuchliche Differenzierungsmöglichkeit ist anhand originärer Funktionen (dazu zählen die Verlustausgleichs- und Haftungsfunktion) und derivativer Funktionen (Bindungsfunktion, Risikobegrenzungsfunktion und Vertrauensfunktion), s. *Rudolph*, Das effektive Bankeigenkapital, 1991, S. 32 und *Waschbusch*, Bankenaufsicht, 2000, S. 179.

232 Vgl. *Baums*, ZHR 175 (2011), 164 f.; *Rudolph*, Das effektive Bankeigenkapital, 1991, S. 32 ff.

233 Sog. „Bremsfunktion des Eigenkapitals", *Krümmel*, Bankenaufsichtsziele und Eigenkapitalbegriff, 1983, S. 89 f.; *Rudolph*, Das effektive Bankeigenkapital, 1991, S. 9; *Burghof*, Eigenkapitalnormen in der Theorie der Finanzintermediation, 1998, S. 109.

234 *Baums*, ZHR 175 (2011), 160, 162; *Schooner/Taylor*, Global Bank Regulation, 2010, S. 132; *Carnell/Macey/Miller*, The Law of Banking and Financial Institutions, 4th Ed. 2009, S. 252; *Burghof/Rudolph*, Bankenaufsicht, 1996, S. 125; *Bieg/Krämer/Waschbusch*, Bankenaufsicht in Theorie und Praxis, 4. Aufl. 2011, S. 3.

im günstigsten Fall um den Überschuss der Aktiva über die Verbindlichkeiten und bildet dann aus Sicht der Gläubiger und Fremdkapitalgeber eine Art Puffer, der den Schuldner in die Möglichkeit versetzt, Verluste zu absorbieren und so letztlich die Wahrscheinlichkeit erhöht, dass den einzelnen Forderungen vollumfänglich entsprochen wird.[235] Daraus lässt sich schließen, dass Eigenkapital vor allem eine sog. „Verlustausgleichsfunktion" wahrnimmt.[236]

Indes ist Banken zugestanden, abweichend von diesem bilanziellen Eigenkapitalbegriff weitere Finanzierungsinstrumente aufsichtsrechtlich als Eigenkapital zu behandeln.[237] Die verschiedenen Bestandteile werden unter dem Oberbegriff „Eigenmittel" zusammengefasst.[238] Allerdings muss das jeweilige Finanzierungsinstrument gewisse Voraussetzungen erfüllen, um dieser Rolle als „Verlustpuffer" auch gerecht werden zu können.[239] Im Rahmen der Eigenmittel nach dem Verständnis von Basel III lässt sich zunächst zwischen Kernkapital (Tier 1) und Ergänzungskapital (Tier 2) unterscheiden. Das Kernkapital teilt sich wiederum in das harte Kernkapital und das zusätzliche Kernkapital.[240] Die einzelnen „Stufen" der Eigenmittel (hartes Kernkapital, zusätzliches Kernkapital und Ergänzungskapital) spiegeln dabei die Tauglichkeit wider, die einzelnen Finanzierungsinstrumenten im Hinblick auf deren Verlustauffangfunktion von Seiten der Regulierungsinstanzen zugesprochen wird.[241] Aufgrund der unterschiedlichen Gesellschaftsformen und Finanzierungsmodelle, die in den Rechtsordnungen der einzelnen Staaten angelegt sind,

---

235 *Baums*, ZHR 175 (2011), 160, 164 f.: „Verlustpuffer"; *Rudolph*, Das effektive Bankeigenkapital, 1991, S. 33; *Gleeson*, International Regulation of Banking, 2nd Ed. 2012, Rn. 5.06; *Carnell/Macey/Miller*, The Law of Banking and Financial Institutions, 4th Ed. 2009, S. 252 f.

236 *Degenhart*, Zweck und Zweckmäßigkeit bankaufsichtlicher Eigenkapitalnormen, 1987, S. 75; *Burghof/Rudolph*, Bankenaufsicht, 1996, S. 127; *Bieg/Krämer/Waschbusch*, Bankenaufsicht in Theorie und Praxis, 4. Aufl. 2011, S. 2. In diesem Zusammenhang gebraucht *Baums* auch den Begriff der Schuldentilgungsfunktion, s. *Baums*, ZHR 175 (2011), 160, 164.

237 *Schäfer*, ZHR 175 (2011), 319, 322; *Wimmer*, BKR 2006, 146, 149.

238 *Fischer* in Schminasky/Bunte/Lwowski, Bankrechts-Handbuch, Band II, 4. Aufl. 2011, § 129, Rn. 8.

239 *Schäfer*, ZHR 175 (2011), 319, 322.

240 *Basler Ausschuss für Bankenaufsicht*, Basel III, Dezember 2010, Tz. 49.

241 Damit fällt die „dritte Stufe", die sog. Drittrangmittel (Tier 3), ersatzlos weg, ebenso die Zweiteilung der zweiten Stufe (Tier 2), s. *Deutsche Bundesbank*, Basel III – Leitfaden zu den neuen Eigenkapital- und Liquiditätsregeln für Banken, 2011, S. 10; *Rudolph*, ZHR 175 (2011), 284, 317.

wurde um die anerkennungsfähigen Elemente des regulatorischen Eigenkapitals bei der Umsetzung von Basel III in Europa und den USA zäh gerungen. Von den dargestellten Kategorien (bilanzielles Eigenkapital und regulatorisches Eigenkapital) ist schließlich noch das interne bzw. ökonomische Eigenkapital zu unterscheiden,[242] das für das Risikomanagement der Banken von Bedeutung ist und auch in diesem Kontext behandelt wird.[243]

aa) Kernkapital: Verlustausgleichsfunktion

Das Kernkapital dient aus Sicht des Gläubigerschutzes dazu, die im laufenden Geschäftsbetrieb der Bank anfallenden Verluste aufzufangen und somit die Eintrittswahrscheinlichkeit der Insolvenz herabzusetzen (*going concern*).[244] Dabei bildet das harte Kernkapital den wirkungsvollsten „Puffer" gegen Verluste. Finanzierungsinstrumente, die dieser Stufe zugeordnet werden sollen, müssen die entsprechend hohen Hürden eines Kriterienkatalogs erfüllen. Dazu zählen im Wesentlichen die effektive Kapitaleinzahlung, die dauerhafte Bereitstellung, die Nachrangigkeit sowie das Verbot obligatorischer Ausschüttungen.[245] Als Kernkapital zählt insbesondere das Grund- oder Stammkapital bei Banken, die als Aktiengesellschaften und Gesellschaften mit beschränkter Haftung geführt werden sowie gebildete Rücklagen.[246]

Das zusätzliche Kernkapital muss zwar auch die Kriterien des harten Eigenkapitals erfüllen, der Unterschied ist jedoch darin zu sehen, dass der Emittent unter bestimmten Bedingungen das jeweilige Finanzierungsinstrument kündigen darf.[247] Eingeschränkt wird dieses Kündigungsrecht allerdings zeitlich, da eine Kündigung frühestens nach fünf Jahren erfolgen darf. Darüber hinaus ist die Wirksamkeit der Kündigung an die Zustimmung der Aufsichtsbehörde

242 *Wimmer*, BKR 2006, 146, 149.

243 S. unten 4. Teil, Abschnitt H, II., 3.

244 *Schäfer*, ZHR 175 (2011), 319, 335; *Rudolph*, ZHR 175 (2011), 284, 317; *Schelm* in Kümpel/Wittig, Bank- und Kapitalmarktrecht, 4. Aufl. 2011, Rn. 2.152 ff.; *Waschbusch/Staub/Luck*, CFL 2012, 191, 192.

245 *Deutsche Bundesbank*, Basel III – Leitfaden zu den neuen Eigenkapital- und Liquiditätsregeln für Banken, 2011, S. 11. S. für den vollständigen Kriterienkatalog *Basler Ausschuss für Bankenaufsicht*, Basel III, Dezember 2010, Tz. 52 ff.

246 *Fischer* in Schimansky/Bunte/Lwowski, Bankrechtshandbuch, Band II, 4. Aufl. 2011, § 129, Rn. 9 ff.

247 *Deutsche Bundesbank*, Basel III – Leitfaden zu den neuen Eigenkapital- und Liquiditätsregeln für Banken, 2011, S. 13.

geknüpft.[248] Ein Element des zusätzlichen Kernkapitals können z.B. Vorzugsaktien sein.[249]

bb) Ergänzungskapital: Haftungsfunktion

Im Liquidationsfall (*gone concern*) modifiziert sich die Verlustausgleichsfunktion während des laufenden Geschäftsbetriebs zu einer Haftungsfunktion, denn das Eigenkapital bildet nun einen Puffer zur Befriedigung der Forderungen von Seiten der Gläubiger.[250] Im Gegensatz zum Kernkapital, das gerade dem Zweck dient, den Insolvenzeintritt der Bank zu verhindern, knüpft das Ergänzungskapital unmittelbar an den Liquidationsfall an und dient in diesem Stadium der Gläubigerbefriedigung als eine Art Mindest-Haftungsmasse.[251]

b) Bindungsfunktion

Um die Verlustausgleichs- und Haftungsfunktion gegenüber den Gläubigern zu erhalten, sieht das Gesetz, sei es gesellschaftsrechtlich[252] oder aufsichtsrechtlich, vielfach eine Eigenkapitalbindung vor, wodurch Verschiebungen des Unternehmensvermögens zugunsten der Eigenkapitalgeber unterbunden werden, auch wenn das so gebundene Eigenkapital *ad hoc* nicht zum Ausgleich von Verlusten benötigt wird.[253] Diese „Bindungsfunktion" sichert die Ausgleichsfunktion auch im Hinblick auf den zukünftigen Eintritt von Verlusten.[254] Zudem partizipiert der Eigenkapitalgeber durch den angeordneten Verbleib seiner Beteiligung im Vermögen des Unternehmens unmittelbar und auf Dauer am Erfolg aber auch Misserfolg

---

248 *Deutsche Bundesbank*, Basel III – Leitfaden zu den neuen Eigenkapital- und Liquiditätsregeln für Banken, 2011, S. 13. S. für den gesamten Kritereinkatalog wiederum *Basler Ausschuss für Bankenaufsicht*, Basel III, Dezember 2010, Tz. 54 ff.

249 *Deutsche Bundesbank*, Basel III – Leitfaden zu den neuen Eigenkapital- und Liquiditätsregeln für Banken, 2011, S. 13.

250 *Degenhart*, Zweck und Zweckmäßigkeit bankaufsichtlicher Eigenkapitalnormen, 1987, S. 72; *Rudolph*, Das effektive Bankeigenkapital, 1991, S. 34; *Schelm* in Kümpel/Wittig, Bank- und Kapitalmarktrecht, 4. Aufl. 2011, Rn. 2.152.

251 *Deutsche Bundesbank*, Basel III – Leitfaden zu den neuen Eigenkapital- und Liquiditätsregeln für Banken, 2011, S. 15; *Waschbusch/Staub/Luck*, CFL 2012, 191, 192. Der gesamte Kriterienkatalog findet sich bei *Basler Ausschuss für Bankenaufsicht*, Basel III, Dezember 2010, Tz. 57 ff.

252 S. für die Aktiengesellschaft nur § 57 Abs. 1 AktG und für die GmbH nur § 30 GmbHG.

253 *Baums*, ZHR 175 (2011), 160, 165; *Burghof/Rudolph*, Bankenaufsicht, 1996, S. 130.

254 *Baums*, ZHR 175 (2011), 160, 165.

der Bank, so dass ein Interesse am Vermeiden von Verlusten zwischen Bank und Eigenkapitalgeber synchronisiert und *moral hazard* bereits im Voraus gegengesteuert wird.[255]

c) Signalfunktion

Eigenkapital nimmt innerhalb des Bankensektors weiterhin eine vertrauensfördernde Signalfunktion ein, die Einlegern und anderen Gläubigern, aber auch dem gesamten Markt, die nachhaltige Stabilität des Instituts vermitteln soll.[256] Die Offenlegung der Eigenkapitalausstattung soll so Informationsasymmetrien zwischen der Bank und ihren Gläubigern überwinden, um damit das Vertrauen in die Zahlungsfähigkeit des Instituts zu sichern. Über die Schaffung von Transparenz sollen Ansteckungsgefahren infolge negativer Nachrichten über einzelne Institute bereits im Keim erstickt und daran gehindert werden, auf weitere Teile des Finanzsystems überzugreifen. Die Verknüpfung von adäquater Kapitalisierung und Publizität der Kapitalstruktur ist somit auch als Beitrag zum Herabsetzen des allgemeinen Systemrisikos zu verstehen.[257]

2. Sonstige Funktionen

Während die genannten Funktionen maßgeblich auf das Verhältnis zu den Gläubigern und Fremdkapitalgebern der Bank abstellen, spielt Eigenkapital auch als Finanzierungs- und Investitionsmittel für den aktiven Geschäftsbetrieb eine Rolle.[258] Aufgrund des geringen Eigenkapitalanteils bei Banken kann in diesem Zusammenhang allerdings nur von einer vergleichsweise untergeordneten Bedeutung gesprochen werden, was insoweit im Geschäftsmodell der Banken angelegt ist.[259] Außerdem wird die Finanzierungs- und Investitionsfunktion im selben

---

255 *Rudolph*, ZHR 175 (2011), 284, 292 f.; *ders.*, Das effektive Bankeigenkapital, 1991, S. 37.

256 *Rudolph*, Das effektive Bankeigenkapital, 1991 S. 35: „Vertrauensfunktion"; *Burghof/Rudolph*, Bankenaufsicht, 1996, S. 129; s. auch *Burghof*, Eigenkapitalnormen in der Theorie der Finanzintermediation, 1998, S. 100 f.; *Bieg/Krämer/Waschbusch*, Bankenaufsicht in Theorie und Praxis, 4. Aufl. 2011, S. 3: „Repräsentationsfunktion".

257 S. dazu ausführlich den 5. Teil dieser Arbeit.

258 *Baums*, ZHR 175 (2011), 160, 164; *Rudolph*, Das effektive Bankeigenkapital, 1991, S. 35.

259 *Rudolph*, Das effektive Bankeigenkapital, 1991, S. 35; *Burghof/Rudolph*, Bankenaufsicht, 1996, S. 127; *Bieg/Krämer/Waschbusch*, Bankenaufsicht in Theorie und Praxis, 4. Aufl. 2011, S. 5.

Umfang vom Fremdkapital ausgefüllt, so dass es hier bereits an einer hervorgehobenen Stellung des Eigenkapitals mangelt.[260] Schließlich knüpft das Bankenaufsichtsrecht die Erlaubnis zum Betreiben eines Bankbetriebs an das Vorhandensein erforderlicher Mittel, insbesondere in Gestalt eines ausreichenden Anfangskapitals,[261] so dass dem Eigenkapital zudem eine sog. „Ingangsetzungsfunktion" oder „Errichtungsfunktion" zuteilwird.[262]

II. Eigenmittelanforderungen an Institute

1. Eigenkapital zur (mittelbaren) Risikobegrenzung

Eigenmittelvorschriften verpflichten Banken, ihre Risikopositionen mit angemessenen Eigenmitteln zu unterlegen, um eintretende Verluste absorbieren zu können und einen Zusammenbruch der Bank zu verhindern. Folglich begrenzen Eigenmittelvorschriften zunächst die von Verlusten ausgehende Gefahr für die Stabilität der Bank und damit für die ihr anvertrauten Vermögenswerte.[263] Eine unmittelbare Begrenzung der eingegangenen Risikoposition erfolgt indes nicht.[264] Die Qualifikation als Risikobegrenzungsnorm ergibt sich vielmehr aus der „Mechanik" der Eigenmittelvorschriften, die an dieser Stelle zunächst abstrakt skizziert werden soll.

Bei Verlusten handelt es sich um schlagende Risiken. Im Zeitraum vor ihrer Realisierung sind potentielle Verluste folglich nichts anderes als Risikopositionen in den Büchern der Bank. An diesen Zeitraum knüpfen letztlich auch Eigenmittelvorschriften an. Geht die Bank in ihren Positionen höhere Risiken ein als durch Eigenmittel angemessen unterlegt sind, geben die Vorschriften der Bank zwei Handlungsalternativen vor, um zum normentsprechenden Verhalten zurückzukehren. Die Bank hat *erstens* die Möglichkeit, ihr Eigenkapital zu erhöhen. Sie kann *zweitens* die Risikomesszahl der Position herabsetzen, um als Folge weniger Eigenkapital vorhalten zu müssen und mit den vorhandenen Mitteln als angemessen

---

260 *Baums*, ZHR 175 (2011), 160, 164; s. auch *Bieg/Krämer/Waschbusch*, Bankenaufsicht in Theorie und Praxis, 4. Aufl. 2011, S. 5.

261 S. §§ 32 Abs. 1 Satz 2 Nr. 1, 33 Abs. 1 Satz 1 KWG.

262 *D. Schneider*, DB 1987, 185, 186; *Bieg/Krämer/Waschbusch*, Bankenaufsicht in Theorie und Praxis, 4. Aufl. 2011, S. 1; *Baums*, ZHR 175 (2011), 160, 164.

263 So § 10 Abs. 1 Satz 1 KWG.

264 *Burghof*, Eigenkapitalnormen in der Theorie der Finanzintermediation, 1998, S. 110.

kapitalisiert zu gelten (sog. *deleveraging*).[265] Eigenkapital steht der Bank jedoch nicht unbegrenzt zur Verfügung und die Bank könnte ihr Eigenkapital etwa durch die Bildung zusätzlicher Rücklagen oder aber die Ausgabe neuer Anteile, z.B. im Fall einer als Aktiengesellschaft geführten Bank durch die Emission neuer Aktien, erhöhen.[266] Rücklagen binden jedoch Kapital und rauben der Bank damit Investitionsmöglichkeiten.[267] Eine Kapitalerhöhung durch die Ausgabe neuer Anteile ist wiederum mit verhältnismäßig hohem Aufwand verbunden. Weiterhin können kapitalerhöhende Maßnahmen vom Markt als Zeichen der Schwäche aufgefasst werden und den Druck auf die Bank zusätzlich erhöhen.[268] So wird es der Bank in der Regel zunächst leichter fallen, kurzfristig die Risikomesszahl zu senken als zusätzliches Eigenkapital zu erheben.[269]

Aufgrund der Kosten, die mit der Erhöhung der Eigenkapitalquote einhergehen, wirken Eigenmittelvorschriften als „Stellschrauben" im Bankenaufsichtsrecht und entfalten so mittelbar risikobegrenzende Effekte, was sie *de facto* auch als Risikobegrenzungsnormen qualifiziert.[270] Sie lassen sich weiterhin danach differenzieren, welche Risikoart, also Ausfall-, Markt- oder operationelle Risiken, konkret begrenzt werden soll.

2. Eigenmittelquoten nach Basel III

Auch unter Basel III gilt das bereits im Rahmen der Umsetzung von Basel I eingeführte Mindestverhältnis vom aufsichtsrechtlichen Eigenkapital (Eigenmittel) zu den risikogewichteten Aktiva einer Bank in Höhe von 8%. Die sukzessive Erweiterung der berücksichtigten Risikoarten hat zu der folgenden Berechnungsformel geführt:[271]

---

265 *Burghof/Rudolph*, Bankenaufsicht, 1996, S. 123; *Pollard/Daly*, Banking Law in the United States, Vol. 1, 3rd Ed. (Loseblatt, Stand: 2010), § 11.02, S. 3; *Baums* ZHR 175 (2011), 160, 191; *Waschbusch/Staub/Luck*, CFL 2012, 191, 193.

266 *Waschbusch/Staub/Luck*, CFL 2012, 191, 193; *Pollard/Daly*, Banking Law in the United States, Vol. 1, 3rd Ed. (Loseblatt, Stand: 2010), § 11.02, S. 3.

267 Vgl. *Waschbusch/Staub/Luck*, CFL 2012, 191, 193.

268 In diese Richtung *Basler Ausschuss für Bankenaufsicht*, Basel III, Dezember 2010, Tz. 27.

269 *Burghof/Rudolph*, Bankenaufsicht, 1996, S. 124.

270 Vgl. *Rudolph*, wisu 1991, 596, 600; *ders.*, ZHR 175 (2011), 284, 288 f.; *Burghof/Rudolph*, Bankenaufsicht, 1996, S. 121 ff.

271 *Basler Ausschuss für Bankenaufsicht*, Internationale Konvergenz der Eigenkapitalmessung und Eigenkapitalanforderungen, Juni 2006, Tz. 40 ff.; *Volkenner/Walter*, DStR 2004, 1399, 1399.

$$\frac{Eigenmittel}{\begin{array}{c} gewichtete\ Aktiva\ Kreditrisko \\ +12{,}5\,x\,(Anrechungsbeträge\ Marktrisiko + operationelles\ Risiko) \end{array}} \quad 8\%$$

Durch diese Eigenmittelunterlegungspflicht sollen folglich Kredit-, Markt-, und operationelle Risiken begrenzt werden.[272] Veränderungen ergeben sich durch Basel III nun allerdings für die Quoten der verschiedenen Eigenmittelklassen.

a) Kernkapitalquote

Zunächst sind Institute dazu verpflichtet, eine Mindest-Kernkapitalquote in Höhe von 6% zu halten, die wiederum zu 4,5% aus hartem Kernkapital bestehen muss und damit den anteiligen Schwerpunkt des regulatorischen Eigenkapitals einer Bank bildet.[273] Dagegen nimmt das zusätzliche Kernkapital im Verhältnis betrachtet einen geringeren Anteil ein, denn ihm fällt lediglich die Rolle zu, die Differenz zu der Mindestkernkapitalquote in Höhe von 6% aufzufüllen, die nicht vom harten Kernkapital abgedeckt wird.[274] Damit wird die mit Basel III verfolgte generelle Qualitätssteigerung der Eigenmittel hervorgehoben.[275]

b) Ergänzungskapital

Das Ergänzungskapital muss nur mindestens 2% der risikogewichteten Aktiva abdecken,[276] was die präventive Stoßrichtung der Eigenmittelvorschriften unterstreicht, die primär auf die Verlustabsorption durch das Kernkapital ausgerichtet ist, um dadurch die Unternehmensfortführung sicherzustellen und den Eintritt der Insolvenz zu verhindern. Wie die Bezeichnung bereits andeutet, wird dem Ergänzungskapital letztlich nur eine Auffangfunktion zuteil, um im Liquidationsfall eine Mindest-Haftungsmasse zur Befriedigung der Gläubiger bereitzuhalten.[277]

---

272 *Volkenner/Walter*, DStR 2004, 1399, 1399 f.

273 *Basler Ausschuss für Bankenaufsicht*, Basel III, Dezember 2010, Tz. 94. Das harte Kernkapital wird von 3,5% im Jahr 2013 bis zur Zielgröße von 4,5% im Jahr 2019 schrittweise aufgebaut, *Becker/Peppmeier*, Bankbetriebslehre, 9. Aufl. 2013, S. 72 f.

274 *Deutsche Bundesbank*, Basel III – Leitfaden zu den neuen Eigenkapital- und Liquiditätsregeln für Banken, 2011, S. 18.

275 *Basler Ausschuss für Bankenaufsicht*, Basel III, Dezember 2010, Tz. 8.

276 Vgl. *Basler Ausschuss für Bankenaufsicht*, Basel III, Dezember 2010, Tz. 94.

277 Vgl. *Deutsche Bundesbank*, Basel III – Leitfaden zu den neuen Eigenkapital- und Liquiditätsregeln für Banken, 2011, S. 18.

c) Umsetzung in Europa und den USA

Auch wenn die von Basel I bereits im Jahr 1988 eingeführte Eigenkapitalquote in Höhe von 8% von Basel III unangetastet bleibt, kommt es doch zu einer erheblichen qualitätsbezogenen Verschiebung in Richtung des harten Kernkapitals, das schrittweise von 2% auf 4,5% angehoben werden soll. Entscheidend ist allerdings, ob die Staaten die vorgegebenen Quoten auch tatsächlich in das nationale Recht umsetzen und den jüngsten Empfehlungen des Basler Ausschusses so zur Rechtsverbindlichkeit verhelfen.

In *Europa* sind die strengeren Eigenkapitalquoten ein Hauptbestandteil der CRR, so dass alle europäische Institute den Quoten im Sinne von Basel III nach einer Übergangszeit entsprechen müssen, Art. 92 CRR. Auch in den *USA* haben die Bankenaufsichtsbehörden auf Bundesebene eine Verordnung erlassen, die die Umsetzung der von Basel III verschärften Eigenkapitalquoten für alle U.S.-amerikanische Banken zum Gegenstand hat.[278] Die einheitliche Umsetzung in Europa und den USA ist essentiell, um eine international harmonisierte Eigenkapitalausstattung von Banken zu erreichen und die Krisenanfälligkeit der global immer stärker zusammenwachsenden Finanzsysteme für die Zukunft herabzusetzen.

D. Zusammenfassende Würdigung

Die von Banken in ihrer Funktion als Finanzintermediäre übernommenen Risiken werden im Bankenaufsichtsrecht von sog. Risikobegrenzungsnormen aufgegriffen.[279] Die Wirkung der Risikobegrenzung kann auf unterschiedliche Weise erreicht werden und so differenziert die bankbetriebliche Literatur zwischen

278 S. die *final rule* des *Office of the Comptroller of the Currency* (OCC) und des *Board of Governors of the Federal Reserve System*, Regulatory Capital Rules, 2.7.2013, S. 50 f.; vorangegangen war ein gemeinsamer Verordnungsentwurf von *OCC*, *Federal Reserve* und der *Federal Deposit Insurance Corporation* (FDIC), Regulatory Capital Rules: Regulatory Capital, Implementation of Basel III, Minimum Regulatory Capital Ratios, Capital Adequacy, Transition Provisions, and Prompt Corrective Action, 77 Fed. Reg. 52792 (30. August 2012).

279 *Rudolph*, wisu 1991, 596, 599 f.; *Volkenner/Walter*, DStR 2004, 1399, 1399; *Auerbach/Fischer* in Schwennicke/Auerbach, KWG, 2009, § 10, Rn. 2; *Burghof/Rudolph*, Bankenaufsicht, 1996, S. 51 ff.; *Hartmann-Wendels/Pfingsten/Weber*, Bankbetriebslehre, 5. Aufl. 2010, S. 389 ff.; *Grill/Perczynski*, Wirtschaftslehre des Kreditwesens, 44. Aufl. 2010, S. 534.

quantitativen und qualitativen Normen.[280] Während quantitative Normen die einzelnen Risiken exakt abbilden und deshalb auf Messverfahren zu deren Quantifizierung angewiesen sind, nehmen qualitative Normen durch die Formulierung weiter gefasster Vorgaben auf die Geschäftsorganisation von Banken Einfluss.[281] Zu den quantitativen Normen zählen die großen Regelungskomplexe des Bankenaufsichtsrechts, also Eigenmittel- und Liquiditätsvorschriften sowie Obergrenzen für Großkredite.[282] Dabei lässt sich weiterhin zwischen selektiven und umfassenden quantitativen Normen unterscheiden, abhängig davon, ob lediglich eine einzelne Risikoart erfasst wird oder mehrere Risikoarten zu einer Gesamtrisikomesszahl aggregiert und anschließend begrenzt werden.[283] Die Schwachstellen der immer komplexeren Messverfahren bergen jedoch die Gefahr, dass Risiken abseits der Methoden von Banken und Aufsichtsbehörden schlichtweg unerkannt bleiben, weshalb sich qualitative Normen als wichtiges Korrektiv im aufsichtsrechtlichen Gefüge etabliert haben und z.B. die Anforderungen an das Risikomanagement stetig an Umfang zunehmen.[284] Dennoch bilden die Eigenmittelvorschriften nach wie vor das Zentrum der aufsichtsrechtlichen Risikobegrenzung und machen sich dazu in erster Linie die Verlustausgleichs- und Haftungsfunktion des Eigenkapitals von Banken zunutze. Die Empfehlungen des Basler Ausschusses für Bankenaufsicht haben sich als Motor der risikobasierten Ausgestaltung der Eigenmittelvorschriften erwiesen, wobei die Risikosensitivität der Vorgaben sukzessive erhöht wurde. War Basel I zunächst noch auf die Begrenzung von Ausfallrisiken beschränkt und später auf Marktrisiken aus dem wachsenden Wertpapiergeschäft der Institute ausgedehnt, hat Basel II bereits die zusätzliche Begrenzung von operationellen Risiken zum Gegenstand. Durch Basel III werden schließlich auch Liquiditäts- und systemische Risiken erfasst. Dieser Entwicklungsprozess hat im Ergebnis dazu geführt, dass sich die rechtlichen Rahmenbedingungen für den Bankensektor immer stärker an die ökonomischen Risiken dieses Geschäftsfeldes anlehnen.

---

280 *Rudolph*, wisu 1991, 596, 599 f.; *Burghof/Rudolph*, Bankenaufsicht, 1996, S. 51 f.; s. auch *Markel*, Qualitative Bankenaufsicht, 2010, S. 47; *Waschbusch*, Bankenaufsicht, 2000, S. 218.

281 *Rudolph*, wisu 1991, 596, 599 f.; *Burghof/Rudolph*, Bankenaufsicht, 1996, S. 51 ff.

282 *Burghof/Rudolph*, Bankenaufsicht,1996, S. 51 f.; *Markel*, Qualitative Bankenaufsicht, 2010, S. 47.

283 *Rudolph*, wisu 1991, 596, 600; *ders.*, ZHR 175 (2011), 284, 286; *Burghof/Rudolph*, Bankenaufsicht,1996, S. 53 f.

284 Vgl. *Meyer zu Selhausen*, FS Rudolph, 2009, S. 495, 503 ff.; *Burghof/Rudolph*, Bankenaufsicht,1996, S. 53 f.

Basel III lässt das Verhältnis zwischen Eigenmitteln und risikogewichteten Aktiva in Höhe von 8% im Grundsatz unangetastet und konzentriert sich stattdessen darauf, die Qualität der vorzuhaltenden Eigenmittel zu erhöhen. So sollen Institute verpflichtet werden, eine Mindest-Kernkapitalquote (Tier 1) in Höhe von 6% zu halten, die wiederum zu 4,5% aus hartem Kernkapital bestehen muss. Für das Ergänzungskapital (Tier 2) ist folglich nur noch eine Quote in Höhe von 2% vorgesehen. Dadurch verschiebt sich auch der Fokus des Eigenmittelregimes auf die Fähigkeit der Bank, Verluste im laufenden Geschäftsbetrieb (*going concern*) absorbieren zu können, um Einleger und andere Gläubiger vor Verlusten infolge eines Zusammenbruchs der Bank bestmöglich zu schützen.[285] Die Eigenmittelquoten werden in Europa durch die CRR und in den USA durch eine gemeinsame Verordnung des OCC, der Federal Reserve und der FDIC in das nationale Recht übernommen.

---

285 *Schäfer*, ZHR 175 (2011), 319, 335; *Rudolph*, ZHR 175 (2011), 284, 317; *Schelm* in Kümpel/Wittig, Bank- und Kapitalmarktrecht, 4. Aufl. 2011, Rn. 2.152 ff.

4. Teil Mikroperspektive: Aufsichtsrechtliche Begrenzung von bankbetrieblichen Risiken

Im folgenden Abschnitt soll mikroperspektivisch untersucht werden, wie das Bankenaufsichtsrecht die einzelnen bankbetrieblichen Risikoarten, also Ausfall-, Markt-, Liquiditäts- und operationelle Risiken, aufgreift und schließlich begrenzt. Vorgeschaltet ist zunächst ein institutioneller Überblick über die Organisation der Bankenaufsicht in Deutschland, Europa und den USA, die sich auf die einzelnen Institute konzentriert (Mikroaufsicht) und regelmäßig strukturellen Veränderungen unterworfen ist.[286]

A. Institutioneller Überblick

In den Zuständigkeitsbereich der Bankenaufsichtsbehörden fallen die Erteilung der Erlaubnis zum Bertreiben von Bankgeschäften und die sich daran anschließende laufende Aufsicht über den Geschäftsbetrieb. Zu der laufenden Aufsicht zählt u.a. die Zulassung von komplexen Messverfahren zur Eigenmittelunterlegung der risikogewichteten Aktiva. Weiterhin sind Banken im Tätigkeitsstadium verschiedenen Anzeige- und Berichtspflichten unterworfen, beispielsweise müssen Großkredite gegenüber der jeweils zuständigen Behörde offengelegt werden.[287] Schließlich gibt es auch Überschneidungen mit Behörden, denen die Kapitalmarktaufsicht obliegt. Dieser Überblick soll zum einen die strukturellen Unterschiede zwischen der Bankenaufsicht in Deutschland und Europa sowie den Vereinigten Staaten verdeutlichen, zum anderen das notwendige Gefühl für das Ineinandergreifen der Zuständigkeitsbereiche der verschiedenen Aufsichtsbehörden vermitteln.

---

286 Vgl. *Pan*, 19 Transnat'l L. & Contemp. Probs. 796 (2011); *Mülbert/Wilhelm*, 26 B.F.L.R. 187 (2011); *Heun*, JZ 2012, 235; *Heppe/Tielmann*, WM 2011, 1883.

287 *Lindemann* in Boos/Fischer/Schulte-Mattler, KWG, 4. Aufl. 2012, § 7, Rn. 19.

I. Deutschland und Europa

1. Deutschland

Auf nationaler Ebene wird die Bankenaufsicht institutionell von der Bundesanstalt für Finanzdienstleistungsaufsicht (BaFin) in Zusammenarbeit mit der Deutschen Bundesbank wahrgenommen, was als sog. „Zweispurigkeit“ bezeichnet wird.[288] Ein weiteres prägendes Merkmal der deutschen Bankenaufsicht ist das Konzept der Allfinanzaufsicht.[289]

a) Allfinanzaufsicht

Mit Errichtung der BaFin zum 1. Mai 2002 durch das Artikelgesetz über die integrierte Finanzdienstleistungsaufsicht[290] mit dem Kerngesetz Finanzdienstleistungsaufsichtsgesetz (FinDAG) wich die sektoralgegliederte Finanzaufsicht der „Vorgänger-Behörden“[291] dem Konzept der Allfinanzaufsicht, § 1 Abs. 1 Satz 1 FinDAG.[292] Unter dem Dach der BaFin, die als bundesunmittelbare, rechtsfähige Anstalt des öffentlichen Rechts organisiert ist, sind damit Banken-, Versicherungs-, und Kapitalmarktaufsicht gebündelt.[293] Den Anstoß zu der Reform gab vor allem der im Jahr 2001 erfolgte Zusammenschluss der Allianz AG[294] und der Dresdner Bank AG[295] zu einem Finanzkonglomerat, das alle drei Finanzsektoren umspannte.[296] Die Antwort des Gesetzgebers war die Errichtung einer entsprechend ausgerichteten Behörde, um so von Synergieeffekten bei der laufenden Aufsicht profitieren zu können.[297]

---

288 *Hagemeister*, WM 2002, 1773, 1779.

289 *Fischer* in Schimansky/Bunte/Lwowski, Bankrechts-Handbuch, Band. II, 4. Aufl. 2011, § 125, Rn. 63; *Heun*, JZ 2012, 235, 239.

290 Vom 22.4.2002, BGBl. I S. 1310.

291 Bundesaufsichtsamt für das Kreditwesen (BAKred), Bundesaufsichtsamt für das Versicherungswesen (BAV) und Bundesaufsichtsamt für den Wertpapierhandel (BAWe).

292 *Fischer* in Schimansky/Bunte/Lwowski, Bankrechts-Handbuch, Band II, 4. Aufl. 2011, § 125, Rn. 63. Als Vorbild des Allfinanz-Konzeptes diente die bereits 1997/1998 gegründete FSA des Vereinigten Königreiches, *Hagemeister*, WM 2002, 1773, 1774.

293 *Hagemeister*, WM 2002, 1773,1773 f.; *Heun*, JZ 2012, 235, 238.

294 Heute organisiert in der Rechtsform Societas Europaea (SE).

295 Mittlerweile von der Commerzbank AG übernommen.

296 So ausdrücklich Begr. RegE. Gesetz über die integrierte Finanzdienstleistungsaufsicht, BT-Drucks. 14/7033, S. 31 f.; *Hagemeister*, WM 2002, 1773.

297 Begr. RegE. Gesetz über die integrierte Finanzdienstleistungsaufsicht, BT-Drucks. 14/7033, S. 31 f.; *Hagemeister*, WM 2002, 1773, 1773 f.; *Heun*, JZ 2012, 235, 239 mit kritischen Anmerkungen zur orgnisatorischen Struktur der BaFin, die tatsächlich wenig an der „Drei-Säulen-Struktur der deutschen Finanzaufsicht“ geändert habe.

b) Zusammenarbeit von BaFin und Bundesbank

Die zentrale gesetzliche Grundlage für die Zusammenarbeit von BaFin und Bundesbank bei der Bankenaufsicht bildet § 7 KWG, wie dessen Abs. 1 Satz 1 klarstellt. Der Bundesbank ist gemäß § 7 Abs. 1 Satz 2 und 3 KWG vor allem die laufende Überwachung der Institute zugewiesen, wovon der bankaufsichtliche Überprüfungs- und Evaluierungsprozess (*Supervisory Review and Evaluation Process*) als Säule 2 von Basel II umfasst ist.[298] Bei der laufenden Überwachung der Institute hat die Bundesbank die Richtlinien der BaFin zu beachten,[299] die im Einvernehmen mit der Bundesbank erlassen werden.[300] Auf dieser Grundlage beruht schließlich die sog. Aufsichtsrichtline (AufsichtsRL), durch die die Zusammenarbeit von BaFin und Bundesbank im Rahmen der laufenden Bankenaufsicht näher geregelt ist.[301] Daneben dient die AufsichtsRL der Konkretisierung des *risikoorientierten Ansatzes* der Bankenaufsicht auf nationaler Ebene.[302] Im Rahmen eines risikoorientierten Ansatzes konzentrieren sich die Behörden bei der Überwachung von Instituten auf Felder, die die größte Gefahr für die von der Bankenaufsicht verfolgten Ziele darstellen.[303] Bei der Überwachung und Abwehr dieser Gefahren setzen die Behörden die ihnen zur Verfügung stehenden Ressourcen, z.B. bei der Durchführung von Prüfungen, gebündelt ein und machen ggf. von ihren Eingriffsbefugnissen Gebrauch, während weniger gravierendere Verstöße in strategisch unwichtigen Feldern nicht weiter verfolgt werden.[304] Eine solche risikoorientierte Ausrichtung ist jedoch keineswegs auf

298 *Haug* in Schimansky/Bunte/Lwowski, Bankrechts-Handbuch, Band II, 4. Aufl. 2011, § 123, Rn. 99; *Lindemann* in Boos/Fischer/Schulte-Mattler, KWG, 4. Aufl. 2012, § 7, Rn. 31; s. auch schon *Hagemeister*, WM 2002, 1773, 1779.

299 § 7 Abs. 2 Satz 1 KWG.

300 § 7 Abs. 2 Satz 2 KWG.

301 Richtlinie zur Durchführung und Qualitätssicherung der laufenden Überwachung der Kredit- und Finanzdienstleistungsinstitute durch die Deutsche Bundesbank (Aufsichtsrichtlinie – AufsichtsRL) in der Fassung vom 21.5.2013, abrufbar unter http://www.bafin.de/SharedDocs/Aufsichtsrecht/DE/Richtlinie/rl_130521_aufsichtsrichtlinie.html (zuletzt abgerufen am 14.9.2013).

302 So ausdrücklich die Präambel der AufsichtsRL. S. ausführlich zum risikoorientierten Ansatz der laufenden Aufsicht unten S. 339 ff.

303 *Baldwin/Black*, 71 Modern Law Review, 59, 65 f. (2008); *Ferran* in Tison/de Wulf/van der Elst/Steennot, Perspectives in Company Law and Financial Regulation, 2009, 427, 429; *Gola/Roselli*, The UK Banking System and Its Regulatory and Supervisory Framework, 2009, S. 134. S. aus U.S.-amerikanischer Sicht *Schotland*, 9 Admin. L.J. Am. U. 43, 51 (1995).

304 *Ferran* in Tison/de Wulf/van der Elst/Steennot, Perspectives in Company Law and Financial Regulation, 2009, 427, 429.

die behördliche Überwachung beschränkt, sondern wird auch im Rahmen von Kontrollen durch die interne Revision oder externe Prüfer verfolgt.[305]

Im Verhältnis zu den beaufsichtigten Instituten ist jedoch zu berücksichtigen, dass ein Ergreifen konkreter Maßnahmen, d.h. insbesondere der Erlass von (belastenden) Verwaltungsakten, grundsätzlich der BaFin vorbehalten ist, § 7 Abs. 2 Satz 4 KWG. Das ist darauf zurückzuführen, dass die BaFin, anders als die grundsätzlich „unabhängige" Bundesbank,[306] gemäß § 2 FinDAG der Rechts- und Fachaufsicht des Bundesministeriums für Finanzen unterliegt und somit als festes Glied der demokratischen Legitimationskette[307] agiert. Durch diese gesetzliche Konstruktion entspricht die als Eingriffsverwaltung in Erscheinung tretende deutsche Finanzaufsicht letztlich dem verfassungsrechtlich im Demokratieprinzip verankertem Grundsatz der Ministerverantwortung.[308] Die „Regie in der Bankenaufsicht" ist demnach der BaFin zugewiesen,[309] der Bundesbank obliegt hingegen maßgeblich die operative Aufsichtstätigkeit.[310]

Dieser Aufgabenverteilung wird gelegentlich eine „Doppelarbeit" unterstellt, die zwangsläufig zu Reibungsverlusten führe.[311] Zuweilen wird gar die vollständige Integration der Bankenaufsicht in die Bundesbank gefordert.[312] Daran entzündet sich

---

305 Vgl. *Cox/Hillman/Langevoort*, Securities Regulation, 6th Ed. 2009, S. 564 ff.

306 Vgl. § 12 Satz 1 BBankG. Die Unabhängigkeit ergibt sich auch aus der europarechtlichen Kodifizierung der Weisungsfreiheit der EZB und der nationalen Zentralbanken in Art. 130 S. 1 AEUV und Art. 7 ESZB-Satzung, was nach ganz h.M. insoweit auch auf Art. 88 S. 2 GG „durchschlägt", s. nur *Remmert* in Epping/Hillgruber, GG, 2009, Art. 88, Rn. 15; *Pernice* in Dreier, GG, Band III, 2. Aufl. 2008, Art. 88, Rn. 20 jeweils m.w.N.

307 S. zum Begriff BVerfG, Beschl. v. 15.2.1978 – 2 BvR 134/76, 2 BvR 268/76, BVerfGE 47, 253; *Huster/Rux* in Epping/Hillgruber, GG, 2009, Art. 20, Rn. 57.

308 So *Heun*, JZ 2012, 235, 240; *Brocker* in Derleder/Knops/Bamberger, Handbuch zum deutschen und europäischen Bankrecht, 2. Aufl. 2009, § 65, Rn. 5.

309 *Brocker* in Derleder/Knops/Bamberger, Handbuch zum deutschen und europäischen Bankrecht, 2. Aufl. 2009, § 65, Rn. 7; vgl. auch *Lindemann* in Boos/Fischer/Schulte-Mattler, KWG, 4. Aufl. 2012, § 7, Rn. 39.

310 *Heun*, JZ 2012, 235, 239 f.; *Brocker* in Derleder/Knops/Bamberger, Handbuch zum deutschen und europäischen Bankrecht, 2. Aufl. 2009, § 65, Rn. 7; *Lindemann* in Boos/Fischer/Schulte-Mattler, KWG, 4. Aufl. 2012, § 7, Rn. 5.

311 S. die Nachweise bei *Hagemeister*, WM 2002, 1773, 1773.

312 S. Entschließungsantrag der Fraktion der FDP, BT-Drucks. 16/10660, S. 2, worin „[…] eine grundlegende Reform der nationalen Bankenaufsicht, die eine Eingliederung der Bundesanstalt für Finanzdienstleistungsaufsicht in die Deutsche Bundesbank vorsieht […]", gefordert wird. Zuletzt war eine solche Integration der Bankenaufsicht in die Bundesbank im Koalitionsvertrag der 17. Legislaturperiode zwischen CDU, CSU und FDP vorgesehen, S. 54. Nachweis auch bei *Heun*, JZ 2012, 235, 240 Fn. 61.

jedoch ein verfassungsrechtlicher Streit,[313] in dessen Zentrum das für die laufende Überwachung der Institute so wichtige Netz an Hauptverwaltungen[314] und Filialen[315] der Bundesbank, d.h. deren Verwaltungsunterbau, steht. Die Integration der Bankenaufsicht in die Bundesbank könnte auf Art. 87 Abs. 3 GG gestützt werden, von dessen Satz 1 allerdings nur die zentrale Aufgabenwahrnehmung für das gesamte Bundesgebiet erfasst wird.[316] Soll die Behörde hingegen mit einem Verwaltungsunterbau ausgestattet werden oder verfügt sie, wie die Bundesbank, bereits über einen solchen Unterbau, müssen zum Schutz der grundgesetzlich vorgesehenen Verwaltungshoheit der Länder (Art. 83, 30 GG) die strengeren Voraussetzungen des Art. 87 Abs. 3 Satz 2 GG erfüllt sein.[317] Das BVerfG hat zwar entschieden, dass im Hinblick auf die Errichtung der Bundesbank als Währungs- und Notenbank Art. 88 Satz 1 GG als *lex specialis* Art. 87 Abs. 3 Satz 2 GG vorgeht und die Bundesbank folglich mit Mittel- und Unterbehörden ausgestattet werden durfte, ohne dabei den Voraussetzungen des Art. 87 Abs. 3 Satz 2 GG entsprechen zu müssen.[318] Die Integration der Bankenaufsicht auf Grundlage von Art. 88 Satz 1 GG würde jedoch voraussetzen, dass auch das bankaufsichtliche Aufgabenspektrum der Funktion der Bundesbank als Währungs- und Notenbank zugerechnet werden könnte, was zumindest bei einer völligen Integration überwiegend abgelehnt wird.[319]

Ein weiteres Problem stellt die Unabhängigkeit der Bundesbank dar, die zumindest im Rahmen der aufsichtsrechtlichen Eingriffsbefugnisse wegen des Grundsatzes der Ministerverantwortung wohl nicht aufrecht gehalten werden könnte.[320]

---

313 S. *Hagemeister*, WM 2002, 1773, 1773; *Herdegen*, WM 2000, 2121, 2121; *Häde*, JZ 2001, 105, 108; *Höfling*, Gutachten F zum 68. DJT, 2010, S. 49 ff., der eine Verfassungsänderung vorschlägt; *Heun*, JZ 2012. 235, 240; ausführlich *ders.*, Rechtsgutachten, 2000; *Höhns*, Die Aufsicht über Finanzdienstleister, 2002, S. 266 ff.

314 § 8 Abs. 1 BBankG.

315 § 10 BBankG.

316 BVerfG v. 24.7.1962 – 2 BvF 4/61, BVerfGE 14, 197, 211.

317 *Hermes* in Dreier, GG, Band III, 2. Aufl. 2008, Art. 87, Rn. 95 f.; *Pieroth* in Jarass/Pieroth, GG. 12. Aufl. 2012, Art. 87, Rn. 9; *Suerbaum* in Epping/Hillgruber, GG, 2009, Art. 87, Überblick.

318 BVerfGE 14, 197, 215.

319 *Heun*, Rechtsgutachten, 2000, S. 18 f.; *Herdegen*, WM 2000, 2121, 2123; *Höhns*, Die Aufsicht über Finanzdienstleister, 2002, S. 268 f.; *Häde*, JZ 2001, 105, 108 f.; *Hagemeister*, WM 2002, 1773, 1773. Anders zu beurteilen ist hingegen die bloße *Mitwirkung* an der Bankenaufsicht, die nach Urteil des BVerfG von Art. 88 Satz 1 GG abgedeckt ist, „[...] da währungspolitische und ordnungspolitische Gesichtspunkte häufig ineinander [flössen]“, BVerfGE 14, 197, 216.

320 *Weber-Rey/Horak*, VersR 2011, 452, 453.

Vor dem Hintergrund, dass eine Umsetzung einer solchen Eingliederung derzeit nicht absehbar ist,[321] soll das Problem und mögliche Lösungsmöglichkeiten hier nicht weiter vertieft werden.

2. Europäische Ebene

Die institutionelle Organisation der Bankenaufsicht auf europäischer Ebene steht vor einem tiefgreifenden, geradezu historischen Wandel. Die Aufsicht über Kreditinstitute der Eurozone wird zukünftig bei der Europäischen Zentralbank konzentriert sein, was zugleich den Grundstein für die sog. Bankenunion legen soll.[322] Dabei sind seit der Errichtung des europäischen Finanzaufsichtssystems erst wenige Jahre vergangen.[323]

a) Entwicklung

Ein echtes Finanzaufsichtssystem existierte auf europäischer Ebene bis zum Jahr 2011 nicht. Die institutionelle Organisation beschränkte sich maßgeblich auf das Bestehen sog. Level-3-Ausschüsse,[324] die entsprechend der dreigliedrig-sektoralen Aufteilung des Finanzmarktes ausgerichtet waren. So bestand für den Bankensektor das Committee of European Banking Supervisors (CEBS), für den

321 Vgl. *Heun*, JZ 2012, 235, 240; *Weber-Rey/Horak*, VersR 2011, 452, 453 f.

322 S. grundlegend das Memorandum der Europäischen Kommission, The Banking Union v. 6.6.2012, abrufbar unter http://europa.eu/rapid/press-release_MEMO-12-413_en.htm (zuletzt abgerufen am 14.9.2013); *Deutsche Bundesbank*, Monatsbericht Juli 2013, S. 16. Neben der Bankenaufsicht durch die EZB beinhaltet die Bankenunion insbesondere die Schaffung eines besonderen Abwicklungsrechts auf europäischer Ebene, *Deutsche Bundesbank*, a.a.O., S. 33 f.

323 S. dazu *Lehmann/Manger-Nestler*, ZBB 2011, 2, 3; *Hopt*, NZG 2009, 1401, 1404 ff.; *Partsch*, ZBB 2010, 72, 73 ff.

324 Nach dem vierstufigen sog. *Lamfalussy*-Verfahren, benannt nach *Alexandre Baron de Lamfalussy*. S. grundlegend den Schlussbericht (sog. „Lamfalussy-Bericht") des *Ausschusses der Weisen über die Regulierung der europäischen Wertpapiermärkte*, 15.2.2001. *Lehmann/Manger-Nestler*, ZBB 2011, 2, 4 f. *Wymeersch*, ZGR 2011, 443, 451. Die erste Stufe bilden Verordnungen und Richtlinien von Rat und Parlament. Auf zweiter Stufe werden diese Rechtsakte durch Durchführungsverordnungen der Kommission konkretisiert. Auf der besagten dritten Stufe gaben die hierzu gebildeten Ausschüsse Empfehlungen und Leitlinien zur Auslegung, Anwendung und Umsetzung durch die mitgliedstaatlichen Behörden vor. Die vierte Stufe beinhaltet die Kontrolle der Umsetzung durch die Kommission, *Lehmann/Manger-Nestler*, a.a.O.; *Hupka*, WM 2009, 1351, 1352 f.; ausführlich *Schmolke*, NZG 2005, 912.

Wertpapiersektor das Committee of European Securities Supervisors (CESR) und für den Versicherungssektor schließlich das Committee of European Insurance and Occupational Pensions Supervisors (CEIOPS).[325] Die Rolle dieser Ausschüsse erschöpfte sich allerdings darin, rechtlich unverbindliche Empfehlungen und Leitlinien (*soft law*) zu erlassen, die den Harmonisierungsprozess voran treiben und die Tätigkeit der nationalen Aufsichtsbehörden koordinieren sollten.[326] Lediglich durch die Umsetzung in den Mitgliedstaaten bzw. die Berücksichtigung dieser Leitlinien in der Verwaltungspraxis der nationalen Aufsichtsbehörden kam es zu einer faktischen mittelbaren Bindungswirkung.[327] In der Praxis zeichnete sich jedoch ein anderes Bild ab und die Umsetzung erfolgte vielfach uneinheitlich, was letztlich zu abweichenden Aufsichtsstandards auf dem europäischen Finanzmarkt führte.[328] Darüber hinaus lähmten fehlende Befugnisse zum Erlass von Maßnahmen auf europäischer Ebene die Finanzaufsicht bei der Bewältigung grenzüberschreitender Krisen.[329]

b) Europäisches Finanzaufsichtssystem

Um den aufgezeigten Schwachstellen abzuhelfen und den weitgehend grenzüberschreitend tätigen Finanzmarktteilnehmern organisatorisch auf „Augenhöhe“ begegnen zu können, wurde zum 1. Januar 2011 das europäische Finanzaufsichtssystem (ESFS) implementiert, das sich aus mehreren Ebenen zusammensetzt.[330] Grundlegend ist zwischen der institutsbezogenen Finanzaufsicht (Mikroaufsicht) und dem darüber gespannten Schirm mit Blick auf den europäischen Finanzmarkt

---

325 *Lehmann/Manger-Nestler*, ZBB 2011, 2, 4 f.; *Hopt*, NZG 2009, 1401, 1405.

326 *Lehmann/Manger-Nestler*, ZBB 2011, 2, 4; *Wymeersch*, ZGR 2011, 443, 451; *Baur/Boegl*, BKR 2011, 177, 177 f.

327 *Wymeersch*, ZGR 2011, 443, 451 f.; *Baur/Boegl*, BKR 2011, 177; näher dazu *Hupka*, WM 2009, 1351.

328 *Wymeersch*, ZGR 2011, 443, 452; *Kohtamäki*, Die Reform der Bankenaufsicht in der Europäischen Union, 2012, S. 92 ff.

329 *Wymeersch*, ZGR 2011, 443, 452; vgl. *The High-Level Group on Financial Supervision in the EU*, Report, 25.2.2009, S. 46 ff.

330 *Heun*, JZ 2012, 235, 238; *Lehmann/Manger-Nestler*, ZBB 2011, 2; 3; *Baur/Boegl*, BKR 2011, 177, 178 f.; *Wymeersch*, ZGR2011, 443, 453 f. Die Verordnungen beruhen in weiten Teilen auf den Ergebnissen der Expertengruppe unter dem Vorsitz von *Jaque de Larosière*, die mit dem Ziel gebildet wurde, ein effizienteres und nachhaltigeres europäisches Aufsichtssystem zu schaffen, S. Fn. 329. S. ausführlich zum Hintergrund der Reform *Kohtamäki*, Die Reform der Bankenaufsicht in der Europäischen Union, 2012, S. 96 ff.

in Gänze (Makroaufsicht) zu unterscheiden.[331] Hier steht zunächst die europäische Mikroaufsicht im Vordergrund.

An die Stelle der Ausschüsse, d.h. CEBS, CESR und CEIOSP, treten künftig europäische Aufsichtsbehörden (European Supervisory Authorities/ESA), namentlich die European Banking Authority mit Sitz in London (EBA),[332] die European Securities and Markets Authority mit Sitz in Paris (ESMA)[333] und die European Insurance and Occupational Pensions Authority mit Sitz in Frankfurt am Main (EIOPA).[334] Für die sektorübergreifende Zusammenarbeit wird ein gemeinsamer Ausschuss der Europäischen Finanzaufsichtsbehörden gebildet.[335] Auf einer weiteren Ebene sind schließlich die bestehenden Aufsichtsbehörden der Mitgliedstaaten an dieses Netz geknüpft, die auch weiterhin den Schwerpunkt der laufenden Aufsichtstätigkeit tragen sollen.[336] Die geschaffenen Instanzen sollen nicht nur eine Schlüsselrolle bei der Setzung technischer Standards im Rahmen der europäischen Regelwerke spielen, in ihren Zuständigkeitsbereich fallen zusätzlich konkrete Bereiche der Bankenaufsicht und ihrer Rahmenbedingungen, etwa das Registrierungsverfahren von Ratingagenturen oder die Aufsicht über den Derivate-Markt.

---

331 *Hopt*, NZG 2009, 1401, 1404 f.; *Lehmann/Manger*-Nestler, ZBB 2011, 2, 3; *Baur/Boegl*, BKR 2011, 177, 179; *Heun*, JZ 2012, 235, 238 f.; *Langenbucher*, ZBB 2013, 16, 18; *Fischer* in Schimansky/Bunte/Lwowski, Bankrechtshandbuch, 4. Aufl. 2011, § 126, Rn. 15 f.; *Kohtamäki*, Die Reform der Bankenaufsicht in der Europäischen Union, 2012, S. 115 f. S. zur Makroaufsicht ausführlich unten 5. Teil, Abschnitt B.

332 Verordnung (EU) Nr. 1093/2010 des Europäischen Parlaments und des Rates vom 24.11.2010 zur Errichtung einer Europäischen Aufsichtsbehörde (Europäische Bankenaufsichtsbehörde), zur Änderung des Beschlusses Nr. 716/2009/EG und zur Aufhebung des Beschlusses 2009/78/EG der Kommission, ABl. EU Nr. L 331 v. 15.12.2010, S. 12.

333 Verordnung (EU) Nr. 1095/2010 des Europäischen Parlaments und des Rates vom 24.11.2010 zur Errichtung einer Europäischen Aufsichtsbehörde (Europäische Wertpapier- und Marktaufsichtsbehörde), zur Änderung des Beschlusses Nr. 716/2009/EG und zur Aufhebung des Beschlusses 2009/77/EG der Kommission, ABl. EU Nr. L 331 v. 15.12.2010, S. 84.

334 Verordnung (EU) Nr. 1094/2010 des Europäischen Parlaments und des Rates vom 24.11.2010 zur Errichtung einer Europäischen Aufsichtsbehörde (Europäische Aufsichtsbehörde über das Versicherungswesen und die betriebliche Altersvorsorge), zur Änderung des Beschlusses Nr. 716/2009/EG und zur Aufhebung des Beschlusses 2009/79/EG der Kommission, ABl. EU Nr. L 331 v. 15.12.2010, S. 48. S. zum Ganzen *Wymeersch*, ZGR 2011, 443, 454 f.

335 Art. 55 und 56 VO (EU) Nr. 1093/2010; *Lehmann/Manger*-Nestler, ZBB 2011, 2, 4.

336 *Baur/Boegl*, BKR 2011, 177, 181; *Heun*, JZ 2012, 235, 239.

aa) European Banking Authority (EBA)

Der EBA ist im Anwendungsbereich der CRD IV an vielen Stellen die Kompetenz eingeräumt, der Kommision Entwürfe technischer Regulierungs- und Durchführungsstandards von Einzelfragen zu unterbreiten, um die einheitliche Anwendung in der Aufsichtspraxis der Mitgliedstaaten sicherzustellen.[337] Für Bereiche der Bankenaufsicht, die nicht von den technischen Standards abgedeckt werden, kann die EBA von ihrer Befugnis nach Art. 16 Abs. 1 VO (EU) Nr. 1093/2010 Gebrauch machen, Leitlinien und Empfehlungen zu erlassen.[338] Die eigentliche Aufsichtstätigkeit der EBA konzentriert sich jedoch auf die nationalen Aufsichtsbehörden und umfasst beispielsweise die Streitschlichtung im Fall von Meinungsverschiedenheiten zwischen den Behörden einzelner Mitgliedstaaten.[339] Nur in eng umgrenzten Ausnahmefällen hat die EBA die Befugnis, als *ultima ratio* Entscheidungen gegenüber den Instituten zu treffen, etwa im Angesicht einer Krise gemäß Art. 18 Abs. 4 VO (EU) Nr. 1093/2010.[340] An dieser Stelle zeigt sich, dass die EBA nicht als Aufsichtsbehörde für die laufenden Aufsicht und Überwachung der europäischen Institute konzipiert wurde, sondern in diesem Bereich lediglich über Rückgriffszuständigkeiten verfügt. Vor diesem Hintergrund ist auch der Plan zur Errichtung einer zusätzlichen „echten" Bankenaufsicht auf der Ebene der EZB zu sehen. So wird das Bestehen eines wirksamen europäischen Aufsichtsmechanismus vorausgesetzt, um angeschlagenen Banken direkten Zugang zu den Liquiditätshilfen des Europäischen Stabilitätsmechanismus (ESM) mit gutem Gewissen gewähren zu können,[341] was die EBA mit ihren eingeschränkten Kompetenzen allein offensichtlich nicht gewährleisten kann.

bb) European Securities and Markets Authority (ESMA)

Wichtige Funktionen am Randbereich des Bankenaufsichtsrechts nimmt schließlich die ESMA wahr, zu deren Zuständigkeiten die Registrierung von Ratingagenturen sowie deren spätere Beaufsichtigung auf Grundlage der europäischen

---

337 *Lehmann/Manger-Nestler*, ZBB 2011, 2, 10 f.

338 Erwägungsgrund 26 VO (EU) Nr. 1093/2010; *Lehmann/Manger-Nestler*, ZBB 2011, 2, 12.

339 *Lehmann/Manger-Nestler*, ZBB 2011, 2, 9.

340 *Lehmann/Manger-Nestler*, ZBB 2011, 2, 9 und 14 f.; *Kohtamäki*, Die Reform der Bankenaufsicht in der Europäischen Union, 2012, S. 186 ff.

341 Vgl. die Gipfelerklärung der Mitglieder des Euro-Währungsgebiets v. 29. Juni 2012, abrufbar unter http://www.consilium.europa.eu/uedocs/cms_data/docs/pressdata/de/ec/131365.pdf (zuletzt abgerufen am 14.9.2013).

Rating-Verordnung[342] und der Derivate-Handel im Anwendungsbereich der European Market Infrastructure Regulation (EMIR)[343] zählen. Die Zentralisierung auf europäischer Ebene ist hier bereits weiter fortgeschritten.

c) Einheitlicher Europäischer Aufsichtsmechanismus (Single Supervisory Mechanism)

Durch die europäische Verordnung zur Übertragung besonderer Aufgaben im Zusammenhang mit der Aufsicht über Kreditinstitute auf die EZB (Aufsichts-VO)[344] sollen die Kreditinstitute der Eurozone unter die einheitliche Aufsicht der EZB gestellt werden.[345] Zwar steht die EZB an der Spitze dieses neuen Aufsichtsmechanismus, die Behörden der teilnehmenden Mitgliedstaaten sind aber weiterhin in die Wahrnehmung der Aufgaben eingebunden, Art. 6 Abs. 1 Aufsichts-VO. Im Gegensatz zum Aufsichtsregime der EBA sind der EZB aber unmittelbare Eingriffsbefugnisse gegenüber den erfassten Banken eingeräumt, z.B. Vor-Ort-Prüfungen nach Art. 12 Aufsichts-VO oder die Anordnung zum Vorhalt zusätzlicher Eigenmittel (Art. 16 Abs. 2 lit.a Aufsichts-VO), so dass der EZB zukünftig die Rolle der „Herrin" der Bankenaufsicht im Euroraum zuteil wird.

Allerdings ist der Geltungsbereich der Aufsichts-VO sowohl sachlich als auch räumlich eingeschränkt.[346] Sachlich werden grundsätzlich nur Kreditinstitute nach

---

342 Verordnung (EG) Nr. 1060/2009 des Europäischen Parlaments und des Rates v. 16.9.2009 über Ratingagenturen, ABl. EU Nr. L 302 v. 17.11.2009, S. 1, Verordnung (EU) Nr. 513/2011 v. 11.5.2011 zur Änderung der Verordnung (EG) Nr. 1060/2009 über Ratingagenturen, ABl. EU Nr. L 145 v. 31.5.2011, S. 30 und Verordnung (EU) Nr. 462/2013 des Europäischen Parlaments und des Rates vom 21.5.2013, ABl. EU Nr. L 146 v. 31.5.2013, S. 1.

343 Verordnung (EU) Nr. 648/2012 des Europäischen Parlaments und des Rates v. 4.7.2012 über OTC-Derivate, zentrale Gegenparteien und Transaktionsregister, ABl. EU Nr. L 201 v. 27.7.2012, S. 1.

344 Verordnung (EU) Nr. 1024/2013 des Rates v. 15.10.2013, ABl. EU Nr. L 287 v. 29.10.2013, S. 63. Ein erster Verordnungsvorschlag wurde von der Europäischen Kommission bereits am 12. September 2012 veröffentlicht. S. dazu *von Rom/Tusch*, Börsen-Zeitung, 13.9.2012, S. 4. Die Verordnung soll auf Artikel 127 Abs. 6 AEUV gestützt werden, wogegen bereits erhebliche rechtliche Bedenken geäußert wurden, s. *Herdegen*, WM 2012, 1889, 1891 f., der sich im Ergebnis aus Gründen der Rechtssicherheit für eine Änderung des AEUV ausspricht, *Herdegen*, a.a.O., S. 1989; *Kämmerer*, NVwZ 2013, 830, 832 ff.; im Ergebnis auch *Deutsche Bundesbank*, Monatsbericht Juli 2013, S. 31.

345 Erwägungsgrund 9 ff. Aufsichts-VO; *Deutsche Bundesbank*, Monatsbericht Juli 2013, S. 15 ff.

346 *Deutsche Bundesbank*, Monatsbericht Juli 2013, S. 18.

unionsrechtlichem Verständnis erfasst, also Unternehmen, die das Einlagen- und Kreditgeschäft betreiben[347] und somit Banken im engsten Sinn darstellen.[348] Hingegen ist die Aufsicht durch die BaFin und die Bundesbank nach dem KWG aufgrund der umfassenderen Begriffsbestimmung des Kreditinstituts in § 1 Abs. 1 KWG und dem Einbezug von Finanzdienstleistern (§ 1 Abs. 1a KWG) von vornherein weiter gefasst, was einen autonomen Anwendungsbereich für die nationale Bankenaufsicht zur Folge hat.[349] Damit wird evident, dass der SSM trotz des Bestrebens nach Einheitlichkeit auch eine Zersplitterung nach sich zieht, was dem in Deutschland verfolgten Konzept der Allfinanzaufsicht deutlich zuwiderläuft. Räumlich ist die Aufsicht durch die EZB zunächst auf Kreditinstitute beschränkt, die ihre Niederlassung im Euroraum haben.[350] Andere Mitgliedstaaten können aber freiwillig im Wege eines Opt-In-Modells[351] eine enge Zusammenarbeit eingehen, Art. 7 Aufsichts-VO. Auch hier zeichnet sich eine künftige Zersplitterung ab, die nur schwer mit dem Harmonisierungsgedanken in Einklang zu bringen ist, aber aufgrund politischer Widerstände derzeit nicht zu überwinden ist.[352] Somit ist auch die Institution der EBA keinesfalls obsolet, vielmehr kommt ihrer Funktion als Schlichterin bei unterschiedlichen Auffassungen der Aufsichtsbehörden dann eine besondere Bedeutung zu.[353]

Der SSM folgt dem Grundsatz der Gesamtverantwortung der EZB für die Aufsicht über sämtliche Kreditinstitute der Eurozone.[354] Diese Gesamtverantwortung beginnt mit der Zuständigkeit für die Zulassung, erstreckt sich über die Wahrnehmung der laufenden Aufsicht (z.B. die Einhaltung der Eigenmittelvorschriften) und endet mit dem Entzug der Bank-Erlaubnis.[355] Insbesondere dem Widerstand der deutschen Sparkassen und Genossenschaftsbanken, die sich bis zuletzt gegen ein solches Einheitsmodell gestemmt haben, ist jedoch eine Kompromisslösung geschuldet.[356] Zwar sind kleinere Banken nicht vom Anwendungsbereich der

347 Art. 2 Nr. 3 Aufsichts-VO in Verbindung mit Art. 4 Abs. 1 Nr. 1 CRR.

348 Vgl. zum Bankbegriff bereits oben 1. Teil, Abschnitt B, I.

349 *Deutsche Bundesbank*, Monatsbericht Juli 2013, S. 18.

350 Art. 4 Abs. 1 in Verbindung mit Art. 2 Nr. 1 Aufsichts-VO.

351 *Deutsche Bundesbank*, Monatsbericht Juli 2013, S. 18.

352 *Herdegen*, WM 2012, 1889, 1890; *Kämmerer*, NVwZ 2013, 830, 835 f.; *Deutsche Bundesbank*, Monatsbericht Juli 2013, S. 28.

353 *Deutsche Bundesbank*, Monatsbericht Juli 2013, S. 32; krit. für das Verhältnis zur EZB *Herdegen*, WM 2012, 1889, 1890.

354 *Deutsche Bundesbank*, Monatsbericht Juli 2013, S. 18 f. und 29.

355 S. im Einzelnen Art. 4 Abs. 1 Aufsichts-VO.

356 Vgl. etwa Börsen-Zeitung v. 13.9.2012, S. 4.

Verordnung ausgenommen, es bestehen aber einige Einschränkungen im Hinblick auf die Aufgabenverteilung bei der laufenden Aufsicht.[357] Maßgebliches Unterscheidungskriterium ist dabei die konkrete Bedeutung einer Bank, wie Art. 6 Abs. 4 Aufsichts-VO klarstellt. Während die EZB die laufende Aufsicht über bedeutende Kreditinstitute wahrnimmt, bleibt die laufende Aufsicht über weniger bedeutende Kreditinstitute grundsätzlich den Aufsichtsbehörden der Mitgliedstaaten vorbehalten, Art. 6 Abs. 6 Aufsichts-VO. Der Grundsatz der Gesamtverantwortung der EZB bleibt dadurch jedoch unangetastet, so dass die EZB innerhalb eines Rahmenwerks durch Verordnungen, Leitlinien oder allgemeine Weisungen für eine einheitliche Aufgabenwahrnehmung durch die nationalen Behörden Sorge trägt (Art. 6 Abs. 5 und 7 Aufsichts-VO) und auch einzelne Eingriffsbefugnisse gegenüber den weniger bedeutenden Kreditinstituten selbst ausüben kann.[358] Von der Aufgabenverteilung in jedem Fall ausgenommen sind jedoch Entscheidungen über die Erteilung oder den Entzug von Zulassungen, die allein in die Kompetenz der EZB fallen.[359]

II. USA

Die Bankenaufsicht in den Vereinigten Staaten ist Teil eines komplexen Aufsichtssystems über den gesamten Finanzmarkt, das sich wiederum grob in die drei Sektoren Bankenaufsicht, Wertpapieraufsicht und Versicherungsaufsicht unterteilt lässt.[360] Darüber hinaus ist die Aufsicht der einzelnen Sektoren stark von föderalen Einflüssen geprägt. Grundsätzlich ist die Aufsichtszuständigkeit daher entweder Bundesbehörden oder bundesstaatlichen Behörden zugewiesen, kann in Einzelfällen aber auch Überschneidungen der Zuständigkeitsbereiche aufweisen.[361] So

357 Vgl. *Deutsche Bundesbank*, Monatsbericht Juli 2013, S. 19.

358 *Deutsche Bundesbank*, Monatsbericht Juli 2013, S. 19 f. Die Aufsicht über bedeutende Kreditinstitute wird im 5. Teil, Abschnitt B, II. dargestellt.

359 S. Art. 6 Abs. 4 Unterabs. 1 und 6 in Verbindung mit Art. 14 Aufsichts-VO. Die Folgen werden allerdings durch eine Widerspruchslösung (vgl. *Deutsche Bundesbank*, Monatsbericht Juli 2013, S. 23) abgemildert, wonach der Antrag auf Zulassung an die jeweilige nationale Aufsichtsbehörde zu richten ist, die der EZB einen Beschlussentwurf vorlegt. Dieser Beschlussentwurf gilt als angenommen, wenn die EZB nicht innerhalb einer Frist widerspricht.

360 *Pan*, 19 Transnat'l L. & Contemp. Probs. 796, 837 (2011).

361 *Jackson* in Tison/de Wulf/van der Elst/Steennot, Perspectives in Company Law and Financial Regulation, 2009, 523, 524; *Pan*, 19 Transnat'l L. & Contemp. Probs. 796, 837 (2011).

ist die Wertpapieraufsicht mit der Securities and Exchange Commission (SEC) primär einer Bundesbehörde zugewiesen, kann jedoch auch unter die sog. *blue sky laws* und damit bundesstaatliche Kompetenz fallen.[362] Die Versicherungsaufsicht ist hingegen im Grundsatz unter bundesstaatliche Aufsicht gestellt.[363]

Mit einer Vielzahl unterschiedlicher Aufsichtsbehörden sowohl auf Bundes- als auch auf bundesstattlicher Ebene weist die Bankenaufsicht den höchsten Grad an Komplexität im Bereich der amerikanischen Finanzaufsicht auf. Diese Untergliederung des Bankensektors in verschiedene Sektoren, die in die Zuständigkeit unterschiedlicher Aufsichtsbehörden fallen, ist als Produkt eines historischen Entwicklungsprozesses zu verstehen, in dem verschiedene Ereignisse dauerhaft Spuren in der Ausgestaltung der amerikanischen Bankenaufsicht hinterlassen haben.[364] Die folgende Darstellung skizziert die institutionelle Struktur der amerikanischen Bankenaufsicht auf Bundesebene im Hinblick auf behördliche Zuständigkeiten und wesentliche Organisationsmerkmale.

1. Comptroller of the Currency

Das Office of the Comptroller of the Currency (OCC) ist die älteste Bankenaufsichtsbehörde der USA auf Bundesebene und wurde bereits im Jahr 1863 durch den National Currency Act mit der Zielsetzung gegründet, eine einheitlich Währung zu schaffen.[365] Das OCC hat sich mit der Zeit allerdings von seiner Rolle als Währungshüter gelöst und so erschöpft sich die Zuständigkeit des OCC heute in der Erteilung der Erlaubnis zum Betreiben von *national banks* und der daran

---

362 *Carnell/Macey/Miller*, The Law of Banking and Financial Institutions, 4th Ed. 2009, S. 501; ausführlich *Cox/Hillman/Langevoort*, Securities Regulation, 6th Ed. 2009, S. 3 ff.

363 *Spong*, Banking Regulation, 5th Ed. 2000, S. 20; *Pan*, 19 Transnat'l L. & Contemp. Probs. 796, 840 ff. (2011), mit Hinweis auf Reformvorschläge. Durch Sec. 502 Dodd-Frank Act wurde zwar das Federal Insurance Office im Department of Treasury eingerichtet, die Aufgaben erschöpfen sich allerdings in beobachtenden und beratenden Tätigkeiten.

364 Die historische Entwicklung ist an verschiedener Stelle bereits ausführlich behandelt worden. S. dazu nur die Darstellungen bei *Carnell/Macey/Miller*, The Law of Banking and Financial Institutions, 4th Ed. 2009, S. 61 ff.; *Spong*, Banking Regulation, 5th Ed. 2000, S. 15 ff.; aus rechtsvergleichender Sicht *Träm*, Neue Entwicklungen in der staatlichen Bankenaufsicht in Deutschland und den USA sowie der Einfluss von Basel II, 2006, S. 47 ff.

365 *Pollard/Daly*, Banking Law in the United States, Vol. 1, 3rd Ed. (Loseblatt, Stand: 2010), § 4.07, S. 11; *Spong*, Banking Regulation, 5th Ed. 2000, S. 51.

anknüpfenden laufenden Aufsicht der Institute.[366] Staatsorganisatorisch ist das OCC eine unabhängige Bundesbehörde, die dem Finanzministerium der Vereinigten Staaten (Department of the Treasury) zugeordnet ist.[367] Von den mit einer *federal charter* ausgestatteten *national banks* sind die *state banks* zu unterscheiden, denen die Erlaubnis weiterhin auf Ebene der einzelnen Bundesstaaten erteilt wird und somit das *dual banking system* der Vereinigten Staaten prägen.[368]

Neben den *national* und *state banks* bestehen weiterhin sog. *thrifts*. Darunter werden vor allem *savings and loan associations* zusammengefasst, die ursprünglich auf dem Prinzip der Gegenseitigkeit (*mutuality*) basierten, wonach Einleger zugleich als Mitglieder mit Stimmrechten organisiert waren.[369] Bis zur Reform durch den Dodd-Frank Act waren *thrifts* dem Office of Thrift Supervision (OTS) unterstellt, fallen nunmehr jedoch primär in die Zuständigkeit des OCC.[370]

2. Board of Governors of the Federal Reserve System

Das Federal Reserve System wurde im Jahr 1913 durch den Federal Reserve Act gegründet und füllt seit dem eine Art Doppelrolle aus. Zum einen fungiert das Federal Reserve System als Zentralbank und nimmt dabei klassische währungs- und geldpolitische Aufgaben wahr.[371] Zum anderen nimmt das Federal Reserve

---

366 *Pollard/Daly*, Banking Law in the United States, Vol. 1, 3rd Ed. (Loseblatt, Stand: 2010), § 4.07, S. 11; *Carnell/Macey/Miller*, The Law of Banking and Financial Institutions, 4th Ed. 2009, S. 61.

367 *Pollard/Daly*, Banking Law in the United States, Vol. 1, 3rd Ed. (Loseblatt, Stand: 2010), § 4.07, S. 11.

368 *Carnell/Macey/Miller*, The Law of Banking and Financial Institutions, 4th Ed. 2009, S. 9. Die verschiedenen Aufsichtsbehörden auf bundesstaatlicher Ebene tragen in der Regel die Bezeichnung „Department-“ bzw. „Division of Banking“, *Felsenfeld*, Banking Regulation in the United States, 2nd Ed. (Loseblatt, Stand: 2004), S. 7.

369 *Carnell/Macey/Miller*, The Law of Banking and Financial Institutions, 4th Ed. 2009, S. 12.

370 *Savings and loan associations* und *savings banks* die mit einer *state charter* betrieben werden unterfallen auf Bundesebene zukünftig der Aufsicht durch die FDIC und die entsprechenden Holding-Gesellschaften sind dem Zuständigkeitsbereich des Board of Governors of the Federal Reserve zugewiesen. Eine separate Aufsicht über den Thrift-Sektor gehört mit diesen Änderungen der Vergangenheit an, *Omarova*, 15 N.C. Banking Inst. 83, 88 (2011).

371 *Felsenfeld*, Banking Regulation in the United States, 2nd Ed. (Loseblatt, Stand: 2004), S. 8. Zielsetzung ist dabei ein Dreiklang aus maximaler Beschäftigung, Preisstabilität und langfristig angemessener Zinssätze, s. *Federal Reserve System*, Purposes and Functions, 9th Ed. 2005, S. 15.

System Schlüsselrollen bei der Regulierung des Bankensystems durch Normsetzung, sowie bei der Aufsicht über bestimmte Institute ein.[372] Das Federal Reserve System besteht aus drei Hauptelementen, die sich über drei Ebenen erstrecken. An der Spitze steht das Board of Governors of the Federal Reserve, das rechtlich als unabhängige Bundesbehörde organisiert ist.[373]

Auf zweiter Ebene sind die zwölf regionalen Zweigstellen, die Federal Reserve Banks, angesiedelt, deren Anteile schließlich auf dritter Ebene von den sogenannten *member banks* gehalten werden.[374] Hinsichtlich der Mitgliedschaft im Federal Reserve System ist zwischen *national* und *state banks* zu unterscheiden. Auch wenn die Mitgliedschaft für *national banks* obligatorisch ist, fällt die Aufsicht primär in die Zuständigkeit des OCC, das Board of Governors hat jedoch eine Art Rückgriffszuständigkeit inne.[375] Hingegen steht den *state banks* ein Wahlrecht zu, ob sie dem Federal Reserve System beitreten oder nicht.[376] Dementsprechend ist zwischen *state member banks* und *state non-member banks* zu differenzieren. *State member banks* fallen ab dem Zeitpunkt ihrer Aufnahme in das Federal Reserve System unter die Aufsichtszuständigkeit des Board of Governors, wobei der Schwerpunkt der operativen Aufsichtstätigkeit an die regionalen Federal Reserve Banks delegiert ist.[377] Für *state non member banks* bleibt es hingegen bei der Aufsicht durch die FDIC auf der Bundesebene und die jeweilige bundesstaatliche Behörde, die die Erlaubnis erteilt hat. Schließlich ist das Board of Governors die primäre Aufsichtsbehörde für die Schwergewichte des Bankensektors: *Bank holding companies*, *financial holding companies* sowie *savings and loan holding companies*.[378]

---

372 *Felsenfeld*, Banking Regulation in the United States, 2nd Ed. (Loseblatt, Stand: 2004), S. 8; *Carnell/Macey/Miller*, The Law of Banking and Financial Institutions, 4th Ed. 2009, S. 62.

373 *Federal Reserve System*, Purposes and Functions, 9th Ed. 2005, S. 4.

374 *Federal Reserve System*, Purposes and Functions, 9th Ed. 2005, S. 12.

375 *Felsenfeld*, Banking Regulation in the United States, 2nd Ed. (Loseblatt, Stand: 2004), S. 8.

376 *Felsenfeld*, Banking Regulation in the United States, 2nd Ed. (Loseblatt, Stand: 2004), S. 8.

377 *Pollard/Daly*, Banking Law in the United States, Vol. 1, 3rd Ed. (Loseblatt, Stand: 2010), § 4.07, S. 11; *Carnell/Macey/Miller*, The Law of Banking and Financial Institutions, 4th Ed. 2009, S. 62.

378 *Federal Reserve System*, Purposes and Functions, 9th Ed. 2005, S. 59; *Carnell/Macey/Miller*, The Law of Banking and Financial Institutions, 4th Ed. 2009, S. 62.

3. Federal Deposit Insurance Corporation

Gegründet im Jahr 1933 durch den Banking Act, als Antwort auf die um sich greifenden Bank Runs während der Bankenkrise der 1930er Jahre, diente die FDIC zunächst primär der Verwaltung der zur Sicherung der Einlagen bereitgestellten Mittel, sollte sich jedoch schnell zu einer der einflussreichsten amerikanischen Bankaufsichtsbehörden entwickeln.[379] Die Rolle als Aufsichtsbehörde ist dabei als Folge der gewährten Einlagensicherung zu verstehen, deren Schutz vor Verlusten im amerikanischen Verständnis oberste Priorität eingeräumt ist.[380] Zum einen ist der FDIC damit ein Kontrollinstrumentarium an die Hand gegeben, das es ihr ermöglicht, Verlustgefahren, die von den unter die Einlagensicherung fallenden Instituten ausgehen, besser einschätzen zu können.[381] Darüber hinaus kann die FDIC präventiv und risikosteuernd durch die ihr eingeräumten Rechtsetzungsbefugnisse auf die Institute einwirken und so die Einlagen bereits im Vorfeld schützen.[382]

In die Zuständigkeit der FDIC als Aufsichtsbehörde fallen zunächst *state non-member banks*, d.h. alle *state banks*, die sich entschieden haben, nicht dem Federal Reserve System beizutreten.[383] Dennoch erteilt die FDIC keine Erlaubnis zum Betreiben einer *state bank*, was weiterhin in der Hand der zuständigen Behörde des jeweiligen Bundesstaates liegt.[384] Die FDIC hat ferner die Befugnis, jedes Institut zu prüfen, das unter die Einlagensicherung fällt, wenn eine Prüfung im Hinblick auf die Sicherheit der dem Institut anvertrauten Einlagen notwendig erscheint.[385] Versäumt es die dem Institut primär zugewiesene Aufsichtsbehörde, notwendige Eingriffsmaßnahmen zu ergreifen, hat die FDIC die Befugnis, entsprechende Schritte einzuleiten. Auch wenn die *national banks* eigentlich dem OCC

---

379 *Felsenfeld*, Banking Regulation in the United States, 2nd Ed. (Loseblatt, Stand: 2004), S. 69; *Carnell/Macey/Miller*, The Law of Banking and Financial Institutions, 4th Ed. 2009, S. 18; *Spong*, Banking Regulation, 5th Ed. 2000, S. 23.

380 *Felsenfeld*, Banking Regulation in the United States, 2nd Ed. (Loseblatt, Stand: 2004), S. 9.

381 *Felsenfeld*, Banking Regulation in the United States, 2nd Ed. (Loseblatt, Stand: 2004), S. 9.

382 *Felsenfeld*, Banking Regulation in the United States, 2nd Ed. (Loseblatt, Stand: 2004), S. 9; *Spong*, Banking Regulation, 5th Ed. 2000, S. 23.

383 *Spong*, Banking Regulation, 5th Ed. 2000, S. 55; *Carnell/Macey/Miller*, The Law of Banking and Financial Institutions, 4th Ed. 2009, S. 62.

384 Vgl. *Carnell/Macey/Miller*, The Law of Banking and Financial Institutions, 4th Ed. 2009, S. 63.

385 *Carnell/Macey/Miller*, The Law of Banking and Financial Institutions, 4th Ed. 2009, S. 62; *Spong*, Banking Regulation, 5th Ed. 2000, S. 56.

unterstellt sind, kommt der FDIC folglich zumindest eine Art Rückgriffszuständigkeit zu, da die Einlagensicherung für alle *national banks* obligatorisch ist.[386]

4. Wertpapieraufsichtsbehörden

Einige Bereiche, die wesentliche Rahmenbedingungen für den Bankensektor setzen, fallen in die Zuständigkeit der Wertpapieraufsichtsbehörden, d.h. der Securities and Exchange Commission (SEC) und der Commodity Futures Trading Commission (CFTC).[387] Die SEC wurde im Jahr 1934 durch den Securities Exchange Act gegründet, um den bis dahin auf bundesebene unregulierten Wertpapierhandel, angefangen bei der Wertpapieremission bis hin zum Handel auf den Sekundärmärkten, und die daran beteiligten Akteure zu überwachen.[388] Zu diesen Akteuren zählen auch Ratingagenturen, die in einem Registrierungsverfahren von der SEC als Nationally Recognized Statistical Rating Organization anerkannt (NRSRO) werden.[389] Im Hinblick auf den Derivate-Markt teilen sich SEC und CFTC die Aufsichtszuständigkeit.[390]

5. Zusammenfassung

Die institutionelle Organisation der U.S.-amerikanischen Bankenaufsicht lässt sich somit wie folgt zusammenfassen: In einem ersten Schritt ist zwischen *national banks* und *state banks* zu unterscheiden. *National banks* erhalten ihre Erlaubnis zum Betreiben von Bankgeschäften vom OCC (*federal charter*), während *state banks* ihre Erlaubnis von der zuständigen Behörde des jeweiligen Bundesstaates erhalten (*state charter*). An die *charter* ist fortan auch die laufende Aufsicht geknüpft. So ist die primäre Aufsichtsbehörde aller *national banks* das OCC. Anderen Aufsichtsbehörden kommt ggf. eine Art Auffangzuständigkeit zu. Für *state banks* gilt indes eine Zuständigkeitsüberschneidung zwischen der bundesstattlichen Behörde und einer weiteren Behörde auf Bundesebene, die sich anhand der

---

386 Vgl. *Felsenfeld*, Banking Regulation in the United States, 2nd Ed. (Loseblatt, Stand: 2004), S. 9.

387 *Carnell/Macey/Miller*, The Law of Banking and Financial Institutions, 4th Ed. 2009, S. 501.

388 *Cox/Hillman/Langevoort*, Securities Regulation, 6th Ed. 2009, S. 3 ff.

389 *Frankel/Fagan*, Law and the Financial System, 2009, S. 169. S. dazu ausführlich unten 4. Teil, Abschnitt B, II., 3.

390 *Omarova*, 15 N.C. Banking Inst. 83, 96 (2011); *Heppe/Tielmann*, WM 2011, 1883, 1888. S. dazu 4. Teil, Abschnitt C, VI. (Regulierung von OTC-Kreditderivaten).

folgenden Schritte (2) und (3) ergibt. Auch hier sind ggf. Auffangzuständigkeiten zu beachten.

In einem zweiten Schritt ist anhand der Mitgliedschaft im Federal Reserve System zu differenzieren. Auch wenn die Mitgliedschaft für *national banks* obligatorisch ist, ändert dies nichts an der primären Zuständigkeit des OCC. Dem Board of Governors kommt insoweit nur eine Auffangzuständigkeit zu. *State banks* steht die Mitgliedschaft hingegen frei und folglich ist entsprechend der Ausübung ihres Wahlrechts zwischen *state member banks* und *state non-member banks* zu unterscheiden. *State member banks* fallen auf Bundesebene in die Zuständigkeit des Board of Governors.

In einem dritten Schritt ist nach der Einlagensicherung der betroffenen Bank zu unterscheiden. Für *state non-Member banks* gilt, dass mangels anderer Zuständigkeiten auf Bundesebene die FDIC primäre Aufsichtsbehörde auf Bundesebene ist.

Besondere Zuständigkeiten sind für die Ebene der Bankengruppen zu beachten. *Bank holding companies*, *financial holding companies* sowie *savings and loan holding companies* unterstehen der Aufsicht durch das Board of Governors. Schließlich fallen Teilbereiche des Marktumfelds des Bankgewerbes in den Zuständigkeitsbereich der Wertpapieraufsicht, etwa das Registrierungsverfahren für Ratingagenturen bei der SEC oder die Überwachung des Derivate-Handels durch SEC und CFTC. Diese „Zersplitterung" ist ein großer Unterschied zu dem in Deutschland verfolgten Prinzip der Allfinanzaufsicht. Die notwendige Beteiligung der verschiedenen U.S.-amerikanischen Aufsichtsbehörden an den Gesetzgebungsverfahren zur Regulierung des Finanzmarktes hat oft Kompromisslösungen zur Folge, wodurch auch die effektive Umsetzung internationaler Standards, wie z.B. der Empfehlungen des Basler Ausschusses, behindert werden kann.[391]

6. Laufende Aufsicht und Überwachung

Um trotz der zersplitterten Zuständigkeiten der verschiedenen Aufsichtsbehörden einen kohärenten Aufsichts- und Überwachungsprozess der einzelnen Banken sicherzustellen, verwenden die Aufsichtsbehörden ein einheitliches Ratingverfahren (*Uniform Financial Institutions Rating System*), das aber nichts mit den externen

391 Vgl. *Jackson* in Tison/de Wulf/van der Elst/Steennot, Perspectives in Company Law and Financial Regulation, 2009, 523, 524 ff.

Ratings privatrechtlicher Ratingagenturen gemein hat.[392] Dieses sog. CAMELS Ratingsystem hat seine gesetzliche Grundlage in 12 U.S.C. § 3305(a) und beinhaltet zunächst sechs Komponenten (*component ratings*), die im Rahmen des laufenden Überwachungsprozesses von der zuständigen Aufsichtsbehörde bewertet werden: (1) Angemessen Kapitalausstattung, (2) Qualität der Aktiva, (3) Management, (4) Erträge, (5) Liquidität und (6) Sensitivität gegenüber Marktrisiken.[393] Jede einzelne Prüfungskomponente wird anhand einer Skala von 1 (stark – *strong*) bis 5 (kritisch mangelhaft – *critically deficient*) bewertet.[394]

Auf der zweiten Stufe des CAMELS Ratingsystems wird der jeweiligen Bank von der Aufsichtsbehörde ein Gesamt-Rating (*composite rating*) verliehen, das nicht nur eine Zusammenfassung der einzelnen Bewertungen der Komponenten beinhaltet, sondern weitere Faktoren im Hinblick auf die Stabilität der Bank berücksichtigt.[395] Auch für das Gesamt-Rating wird eine Skala von 1 (in jeder Hinsicht „gesund“ – *sound in every aspect*) bis 5 (extrem unsicher – *extremely unsafe and unsound*) herangezogen.[396]

Am CAMELS Ratingsystem wird auch vor dem Hintergrund der nur partiellen Umsetzung von Basel II in den Vereinigten Staaten festgehalten. Säule 2 des Basler Akkords ist zum Teil an die nationalen Aufsichtsbehörden adressiert und enthält den bankaufsichtlichen Überprüfungs- und Evaluierungsprozess (*Supervisory Review and Evaluation Process*). Dieses Verfahren wird von den Aufsichtsbehörden in

---

392 *Carnell/Macey/Miller*, The Law of Banking and Financial Institutions, 4th Ed. 2009, S. 633.

393 *Carnell/Macey/Miller*, The Law of Banking and Financial Institutions, 4th Ed. 2009, S. 633; s. dazu auch *Träm*, Neue Entwicklungen in der staatlichen Bankenaufsicht in Deutschland und den USA sowie der Einfluss von Basel II, 2006, S. 87. Der Name „CAMELS“ geht dabei auf die Initialen der englischen Bezeichnungen der sechs Prüfungskomponenten zurück: *Capital adequacy*, *Asset quality*, *Management*, *Earnings*, *Liquidity und Sensitivity to market risk*, *Carnell/Macey/Miller*, a.a.O., S. 633.

394 *Comptroller of the Currency Administrator of National Banks*, Bank Supervision Process, September 2007, S. 11; *Carnell/Macey/Miller*, The Law of Banking and Financial Institutions, 4th Ed. 2009, S. 633. Eine Bewertung mit 2 gilt als „befriedigend“ (*satisfactory*), mit 3 bedeutet „weniger als befriedigend“ (*less than satisfactory*) und mit 4 bedeutet „mangelhaft“ (*deficient*), *Carnell/Macey/Miller*, a.a.O., S. 633.

395 *Comptroller of the Currency Administrator of National Banks*, Bank Supervision Process, September 2007, S. 53.

396 *Carnell/Macey/Miller*, The Law of Banking and Financial Institutions, 4th Ed. 2009, S. 633. Die weiteren Bewertungsstufen bedeuten 2 „grundlegend gesund“ (*fundamentally sound*), 3 „Grund zur Beunruhigung“ (*some cause for concern*), 4 „unsicher“ (*unsafe and unsound*), *Carnell/Macey/Miller*, a.a.O., S. 633.

den Vereinigten Staaten bei der Überwachung der international tätigen Großbanken verwendet, die unter die fortgeschrittenen Ansätze zur Berechnung der Eigenmittel (*advanced approaches*) fallen.[397]

Die U.S.-amerikanischen Aufsichtsbehörden folgen daneben auch einem *risikobasierten Ansatz*.[398] Mikroperspektivisch ist der Aufsichts- und Überwachungsprozess damit eng an die einzelnen Risikoarten und das Risikoprofil der einzelnen Bank geknüpft.[399] Makroperspektivisch ist die behördliche Überwachung auf solche Banken konzentriert, die ein höheres Systemrisiko und damit die größte Gefahr für die Stabilität des Finanzsystems darstellen.[400] In den Vereinigten Staaten besteht die laufende Aufsicht und Überwachung der Banken demnach aus verschiedenen Ansätzen, die von den Behörden kombiniert eingesetzt werden.

B. Ausfallrisiko

Den Kern des Bankgeschäfts bildet noch immer die Vergabe von Fremdkapital in Form von Krediten oder der Übernahme von Schuldverschreibungen.[401] Bilanziell bilden diese Positionen Aktiva, die eine Zahlungsanwartschaft gegenüber dem Schuldner bzw. Emittenten beinhalten.[402] Im Rahmen des Entscheidungsprozesses der Bank über die Vergabe des Kapitals wird diese von der Erwartung geleitet, dass diese Zahlungsanwartschaft vom Schuldner bzw. Emittenten erfüllt wird und ihr daher der ausgezahlte Kapitalbetrag zurückfließt. Gleichwohl besteht die Gefahr, dass die Zahlungsanwartschaft aufgrund von finanziellen Schwierigkeiten auf Seiten des Vertragspartners der Bank nicht oder nicht in vollem Umfang erfüllt werden kann, was als Ausfallrisiko bezeichnet

---

397 S. den Supervisory Guidance: Supervisory Review Process of Capital Adequacy (Pillar 2) Realted to the Implementation of the Basel II Advanced Capital Framework, 73 Fed. Reg. 44620 (31. Juli 2008).

398 S. für das OCC: *Comptroller of the Currency Administrator of National Banks*, Bank Supervision Process, September 2007, S. 22 f.

399 Vgl. *Comptroller of the Currency Administrator of National Banks*, Bank Supervision Process, September 2007, S. 22 f. Für das Board of Governors: *The Federal Reserve System*, Purposes and Functions, 9th Ed. 2005, S. 63.

400 *Comptroller of the Currency Administrator of National Banks*, Bank Supervision Process, September 2007, S. 23.

401 *Gleeson*, International Regulation of Banking, 2nd Ed. 2012, Rn. 1.12.

402 *Hartmann-Wendels/Pfingsten/Weber*, Bankbetriebslehre, 5. Aufl. 2010, 416; *Gleeson*, International Regulation of Banking, 2nd Ed. 2012, Rn. 1.12.

wird.[403] Nach der Art des jeweiligen Vertragsverhältnisses ist weiterhin zwischen verschiedenen Subkategorien unter dem Oberbegriff des Ausfallrisikos zu unterscheiden. So entspricht Darlehensverträgen das Kreditausfallrisiko, während sich im Kontrahentenausfallrisiko der Ausfall der Gegenpartei eines derivativen Finanzinstruments abbildet.[404] Das Kreditrisiko bildet als Kehrseite des bankbetrieblichen Kerngeschäfts zugleich die volumenmäßig bedeutendste Risikoart[405] und soll hier zunächst den Schwerpunkt der Darstellung bilden.

I. Ökonomischer Hintergrund

1. Erwarteter Verlust

Der Ausgangspunkt für die Messung des Kreditrisikos einer einzelnen Position[406] ist die Formel zur Abbildung erwarteter Verluste (*expected losses*, EL):

$$EL = EAD \times LGD \times PD$$

---

403 *Hartmann-Wendels/Pfingsten/Weber*, Bankbetriebslehre, 5. Aufl. 2010, S. 499; *Greenbaum/Thakor*, Contemporary Financial Intermediation, 2nd Ed. 2007, S. 129; *Duffie/Singleton*, Credit Risk, 2003, S. 4; *Henke/Burghof/Rudolph*, CFS Working Paper Nr. 98/07, S. 3; *Apostolik/Donohue/Went*, Foundations of Banking Risk, 2009, S. 81; *Büschgen*, Bankbetriebslehre, 5. Aufl. 1998, S. 922 f. Dabei herrscht keine einheitliche Terminologie in Bankbetriebslehre und Praxis. Bei dem hier zugrunde gelegten Verständnis vom Kreditrisiko als Ausfall eines Schuldners wird auch vom Kreditrisiko i.e.S. oder Bonitätsrisiko gesprochen, während das Kreditrisiko i.w.S. auch andere Risiken im Zusammenhang mit dem Kreditgeschäft umfasst, z.B. Zinsänderungs- und ggf. Wechselkursrisiken, s. *Büschgen*, a.a.O.

404 *Hartmann-Wendels/Pfingsten/Weber*, Bankbetriebslehre, 5. Aufl. 2010, S. 416; *Burghof/Paul/Rudolph* in Burghof/Henke/Rudolph/Schönbucher/Sommer, Kreditderivate, 2. Aufl. 2005, S. 4; s. mit abweichender Terminologie auch *Büschgen*, Bankbetriebslehre, 5. Aufl. 1998, S. 923.

405 Nach *Gleeson*, International Regulation of Banking, 2nd Ed. 2012, Rn. 1.12 etwa 25%–75% aller Aktiva; *Hull*, Risk Management and Financial Institutions, 3rd Ed. 2012, S. 37; *Apostolik/Donohue/Went*, Foundations of Banking Risk, 2009, S. 14.

406 Im Rahmen von Portfolien kommen Kreditportfoliomodelle zum Einsatz, um Aussagen über die Wahrscheinlichkeit zukünftiger Wertentwicklungen insbesondere unter Berücksichtigung von Korrelationen zwischen den einzelnen Forderungen zu treffen, *Hartmann-Wendels/Pfingsten/Weber*, Bankbetriebslehre, 5. Aufl. 2010, S. 542 f. Bekannte Kreditportfoliomodelle sind z.B. CreditMetrics, CreditRisk und PorfolioView, s. *Hartmann-Wendels/Pfingsten/Weber* a.a.O. und *Hull*, Risk Management and Financial Institutions, 3rd Ed. 2012, S. 402 ff.

Der erwartete Verlust ist danach das Produkt dreier Kennzahlen bzw. Risikoparametern: Der erwarteten Höhe der Forderung zum Zeitpunkt des Ausfalls (*exposure at default*, EAD), der Verlustquote bei Ausfall (*loss given default*, LGD) und der Ausfallwahrscheinlichkeit (*probability of default*, PD).[407]

Die einzelnen Faktoren geben zugleich den Rahmen für die Eigenmittelvorschriften zur Begrenzung von Kreditrisiken vor, wobei grundsätzlich drei Alternativen zur tatsächlichen Ermittlung der jeweiligen Größe existieren: Die Kennzahl kann zunächst von den aufsichtsrechtlichen Regelungen vorgegeben werden; die Kennzahl wird intern von der Bank selbst ermittelt; oder die Kennzahl beruht auf den Bonitätsurteilen von Ratingagenturen.[408]

a) Höhe der Forderung zum Zeitpunkt des Ausfalls (exposure at default, EAD)

Die Höhe der Forderung zum Zeitpunkt des Ausfalls (EAD) bestimmt sich einerseits nach den aktuellen Außenständen und andererseits nach der voraussichtlichen Inanspruchnahme von Kreditzusagen von Seiten der Bank, z.B. im Rahmen von eingeräumten Kreditlinien.[409] EAD bildet damit die absolute Größe der Position gegenüber dem jeweiligen Schuldner ab, gibt aber noch keine Auskunft über den im Ausfall tatsächlich betroffenen Teil.[410]

b) Verlustquote (loss given default, LGD)

Der tatsächlich im Insolvenzfall betroffene Anteil der Forderung lässt sich der Verlustquote (LGD) entnehmen.[411] Die Verlustquote kann im Vorfeld freilich nicht

---

407 *Gleeson*, International Regulation of Banking, 2nd Ed. 2012, Rn. 7.09; *Hartmann-Wendels/Pfingsten/Weber*, Bankbetriebslehre, 5. Aufl. 2010, S. 499; *Burghof/Paul/Rudolph* in Burghof/Henke/Rudolph/Schönbucher/Sommer, Kreditderivate, 2. Aufl. 2005, S. 6; *Berger*, 30 No. 1 Banking & Fin. Services Pol'y Report, 6, 10 (2011); s. auch *Greenbaum/Thakor*, Contemporary Financial Intermediation, 2nd Ed. 2007, S. 234 und *Hull*, Risk Management and Financial Institutions, 3rd Ed. 2012, S. 273.

408 Vgl. *Gleeson*, Regulation of Banking, 2nd Ed. 2012, Rn. 7.08 ff. S. dazu unten 4. Teil, Abschnitt B, II, 1., und 4.

409 *Hartmann-Wendels/Pfingsten/Weber*, Bankbetriebslehre, 5. Aufl. 2010, S. 508, wonach auch das „Gegenstück" zur Verlustquote, die Wiedereinbringungsquote (*recovery rate*), häufig Verwendung findet; *Gleeson*, International Regulation of Banking, 2nd Ed. 2012, Rn. 7.08; *Duffie/Singleton*, Credit Risk, 2003, S. 38 f.

410 *Hartmann-Wendels/Pfingsten/Weber*, Bankbetriebslehre, 5. Aufl. 2010, S. 508.

411 *Hartmann-Wendels/Pfingsten/Weber*, Bankbetriebslehre, 5. Aufl. 2010, S. 508; *Burghof/Paul/Rudolph* in Burghof/Henke/Rudolph/Schönbucher/Sommer, Kreditderivate, 2. Aufl. 2005, S. 6; *Berger*, 30 No. 1 Banking & Fin. Services Pol'y Report, 6, 10 (2011).

exakt bestimmt werden, sondern muss unterstellt werden. Die für eine solche Schätzung erforderlichen Informationen lassen sich z.B. historischen Ausfalldaten entnehmen, die sich entweder im Bestand der jeweiligen Bank selbst befinden oder aber von Dritten, z.B. Ratingagenturen, zur Verfügung gestellt werden.[412] Wichtige, die Verlustquote beeinflussende Faktoren, stellen die Besicherung der Forderung sowie deren Rangstellung dar.[413] So werden vorrangige Kredite (*senior loans*) regelmäßig eine niedrigere Verlustquote aufweisen als nachrangige Forderungen (*subordinated debt*).

Inwieweit die Besicherung einer Forderung die Verlustquote konkret herabsetzen kann, hängt maßgeblich von den Verwertungsmöglichkeiten ab.[414] Existiert für die gestellte Sicherheit kein liquider Sekundärmarkt, wird die Bank auch geringere Erlöse bei der Verwertung erzielen und damit mit einer deutlich höheren Verlustquote zu rechnen haben als dies bei günstigeren Begleitumständen der Fall wäre.[415] Makroökonomische Entwicklungen nehmen über die Sekundärmärkte Einfluss auf die Berechnung der Verlustquote, denn ein allgemeiner Preisverfall bestimmter Klassen von Sicherheiten wird die erzielbaren Erlöse deutlich herabsetzen.[416] So hat das Platzen der Subprime-Blase in den USA ab 2007 zu einem allgemeinen Absturz der Preise von Immobilien geführt und damit zugleich die Verlustquote der entsprechend hypothekenbesicherten Forderungen (*mortgages*) nach oben schnellen lassen. Bereits an dieser Stelle lassen sich gefahrträchtige prozyklische Zusammenhänge erkennen, werden sich Banken doch parallel zu verschlechterten Marktbedingungen mit höheren Ausfallquoten ihrer ausstehenden Forderungen konfrontiert sehen, wodurch letztlich eine makroökonomische „Abwärtsspirale" in Gang gesetzt werden kann.[417]

---

412 *Apostolik/Donohue/Went*, Foundations of Banking Risk, 2009, S. 85; *Hartmann-Wendels/Pfingsten/Weber*, Bankbetriebslehre, 5. Aufl. 2010, S. 508; vgl. auch *Gleeson*, International Regulation of Banking, 2nd Ed. 2012, Rn. 9.36 f.

413 *Hartmann-Wendels/Pfingsten/Weber*, Bankbetriebslehre, 5. Aufl. 2010, S. 509; *Apostolik/Donohue/Went*, Foundations of Banking Risk, 2009, S. 95.

414 *Hartmann-Wendels/Pfingsten/Weber*, Bankbetriebslehre, 5. Aufl. 2010, S. 511; *Apostolik/Donohue/Went*, Foundations of Banking Risk, 2009, S. 96.

415 *Hartmann-Wendels/Pfingsten/Weber*, Bankbetriebslehre, 5. Aufl. 2010, S. 511.

416 *Gleeson*, International Regulation of Banking, 2nd Ed. 2012, Rn. 9.36; *Hartmann-Wendels/Pfingsten/Weber*, Bankbetriebslehre, 5. Aufl. 2010, S. 511 f.; *Apostolik/Donohue/Went*, Foundations of Banking Risk, 2009, S. 95.

417 *Whitehead*, 96 Cornell L. Rev. 323, 351 (2011).

c) Ausfallwahrscheinlichkeit (probability of default, PD)

Die Schätzung der Ausfallwahrscheinlichkeit (PD) einer Forderung basiert primär auf Ratings, die entweder als externe Ratings von Ratingagenturen abgegeben werden oder aber als interne Ratings auf bankeigenen Berechnungen beruhen.[418] Eine Alternative zu den Ratings stellt die Verwendung von Marktdaten dar, z.B. in Gestalt von Kursen der jeweiligen Unternehmensanleihen, die letztlich die vom Markt unterstellte Ausfallwahrscheinlichkeit des Emittenten abbilden.[419] Durch den Rückgriff auf externe Ratings als Größe für die Ausfallwahrscheinlichkeit einer Forderung nehmen Ratingagenturen zugleich eine Schlüsselstellung bei der Berechnung des Ausfallrisikos ein. Dabei stößt die Verwendung von externen Ratings in jüngerer Zeit zunehmend auf Kritik, die vor allem an dem Geschäftsmodell der Ratingagenturen ansetzt, ihre Bewertungsleistung von dem Schuldner selbst vergüten zu lassen. Dieser inhärente Interessenkonflikt hat sowohl in den USA als auch Europa zu weitrechenden Regulierungsansätzen geführt und den Ruf nach einer stärkeren Verlagerung auf bankinterne Berechnungen lauter werden lassen.[420] Ferner können sich auch im Rahmen der Ausfallwahrscheinlichkeit in Zeiten allgemeiner konjunktureller Schwäche prozyklische Wirkungen entfalten, berücksichtigt man, dass die wirtschaftlichen Schwierigkeiten auf Seiten der Schuldner eine Herabstufung des jeweiligen Ratings zur Folge haben werden, unabhängig davon, ob es sich dabei um die Bonitätseinschätzung einer Ratingagentur oder der Bank selbst handelt.[421]

2. Unerwarteter Verlust

Allerdings stellt der erwartete Verlust noch kein rechtes Maß für das hier im Fokus stehende Ausfall*risiko* dar. Wie bereits oben ausgeführt, handelt es sich bei erwarteten Verlusten strenggenommen um eine Form des materiellen Risikos, denn

---

418 *Duffie/Singleton*, Credit Risk, 2003, S. 9; *Büschgen*, Bankbetriebslehre, 5. Aufl. 1998, S. 940 f.; *Burghof/Paul/Rudolph* in Burghof/Henke/Rudolph/Schönbucher/Sommer, Kreditderivate, 2. Aufl. 2005, S. 5; *Hull*, Risk Management and Financial Institutions, 3rd Ed. 2012, S. 347 ff.; *Gleeson*, International Regulation of Banking, 2nd Ed. 2012, Rn. 9.34.

419 *Hartmann-Wendels/Pfingsten/Weber*, Bankbetriebslehre, 5. Aufl. 2010, S. 503.

420 S. ausführlich zu Ratings und der Regulierung von Ratingagenturen unten 4. Teil, Abschnitt B, II., 3.

421 Vgl. *Whitehead*, 96 Cornell L. Rev. 323, 351 (2011).

gerade aufgrund der Erwartungshaltung im Hinblick auf ihren Eintritt bilden diese Verluste keine Gefahr für die Bank, da diese bereits im Vorfeld eingepreist und damit abgegolten werden können.[422] *Echtes Risiko* ergibt sich vielmehr aus der Unsicherheit im Hinblick auf den Verlusteintritt, also den zufälligen Schwankungen um den Erwartungswert. Unerwartete Verluste (*unexpected losses*) müssen folglich zusätzliche Berücksichtigung finden, um die Stabilität der Bank zu gewährleisten.[423] Für diese Unsicherheit sind im Bereich des Kreditrisikos die Risikomaße der Standardabweichung und die Value at Risk (VaR)-Kennzahl heranzuziehen, wobei sich zum Erfassen unerwarteter Verluste sowohl auf Seiten der Banken als auch der Aufsichtsinstanzen das Konzept des VaR etabliert hat.[424]

a) Value at Risk (VaR)

Unter VaR ist die Differenz zwischen dem erwarteten Kreditrückfluss bzw. Portfoliowert am Ende eines festgelegten Zeitraums – dem Risikohorizont – und demjenigen Rückfluss bzw. Portfoliowert, der mit einer bestimmten Wahrscheinlichkeit – dem Konfidenzniveau – innerhalb dieses Zeitraums nicht unterschritten wird, zu verstehen.[425] Vereinfacht und anhand eines Beispiels ausgedrückt, lässt sich dem VaR die Wahrscheinlichkeit entnehmen, dass die Verluste eines Portfolios oder einer Position innerhalb eines bestimmten Zeitraums, z.B. zwei Wochen, mit einer bestimmten Wahrscheinlichkeit, etwa 99%, nicht höher liegen als beispielsweise 150.000 Euro. *Vice versa* heißt dies, die Bank geht in ihren Berechnungen

---

422 *Büschgen*, Bankbetriebslehre, 5. Aufl. 1998, S. 866; *Rolfes*, Gesamtbanksteuerung, 2. Aufl. 2008, S. 11. S. zum Unterschied zwischen dem materiellen und dem formellen Risiko bereits oben S. 17 ff.

423 *Gleeson*, International Regulation of Banking, 2nd Ed. 2012, Rn. 9.03; *Döhring*, Gesamtrisiko-Management von Banken, 1996, S. 23 ff. und 69; *Büschgen*, Bankbetriebslehre, 5. Aufl. 1998, S. 931 f.

424 Nach Wegbereitung durch J.P. Morgan, *Hull*, Risk Management and Financial Institutions, 3rd Ed. 2012, S. 183 f.; *Burghof/Paul/Rudolph* in Burghof/Henke/Rudolph/Schönbucher/Sommer, Kreditderivate, 2. Aufl. 2005, S. 6; *Hartmann-Wendels/Pfingsten/Weber*, Bankbetriebslehre, 5. Aufl. 2010, S. 338 ff.; *Büschgen*, Bankbetriebslehre, 5. Aufl. 1998, S. 931; *Duffie/Singleton*, Credit Risk, 2003, S. 31.

425 *Hull*, Risk Management and Financial Institutions, 3rd Ed. 2012, S. 183 f., 399 f. und 410; *Büschgen*, Bankbetriebslehre, 5. Aufl. 1998, S. 1004; *Duffie/Singleton*, Credit Risk, 2003, S. 31; *Hartmann-Wendels/Pfingsten/Weber*, Bankbetriebslehre, 5. Aufl. 2010, S. 341 f. Dabei erfolgt die Berechnung in der Regel nach der Historischen Simulation, dem Varianz-Kovarianz-Ansatz oder der Monte-Carlo-Simulation, s. *Hartmann-Wendels/Pfingsten/Weber*, a.a.O.

lediglich mit einer 1%igen Wahrscheinlichkeit davon aus, dass die Verluste binnen zwei Wochen den Betrag von 150.000 Euro überschreiten.[426]

b) Kritik und Ergänzung durch qualitative Instrumente (Stresstests)

Der weit verbreitete Einsatz von VaR-Ansätzen ist jedoch nicht unproblematisch.[427] So speist sich die Berechnung primär aus einem Pool historischer Daten, so dass noch nicht eingetretene, aber durchaus mögliche Ereignisse in der Kennzahl schlichtweg nicht abgebildet werden.[428] Diese zunächst rein konzeptionelle Unzulänglichkeit wird dadurch verstärkt, dass Banken, aber auch deren Aufseher, Gefahr laufen, den Ergebnissen dieser quantitativen Risikomessverfahren „blind" zu vertrauen und dadurch den Blick für Verlustgefahren jenseits des VaR-Ansatzes verlieren.[429] Als Ergänzung werden sog. Stresstests als qualitative Instrumente eingesetzt, deren regelmäßige Durchführung zunehmend auch verbindlich in den aufsichtsrechtlichen Regelwerken vorgeschrieben wird.[430] Unter dem Begriff „Stresstest" werden von der Deutschen Bundesbank Analysetechniken zusammengefasst, „[...] die auf die Bestimmung und Bewertung von Risikoquellen und Schwachstellen im Portfolio von Finanzinstitutionen für den Fall abzielen, dass sich das makroökonomische Umfeld gravierend ändert oder andere außergewöhnliche, aber plausible Situationen (Schocks) eintreten."[431]

Stresstests können dabei aus der Mikroperspektive, d.h. institutsbezogen, eingesetzt werden, aber auch als „Makro-Stresstest" mit Blick auf die Stabilität des

---

426 Beispiel nach *Gleeson*, International Regulation of Banking, 2nd Ed. 2012, Rn. 1.28 f.; *Duffie/Singleton*, Credit Risk, 2003, S. 31; *Apostolik/Donohue/Went*, Foundations of Banking Risk, 2009, S. 169 f.

427 *Hannemann/Schneider*, MaRisk, 3. Aufl. 2011, S. 244; *Meyer zu Selhausen*, FS Rudolph, 2009, 495, 496 f.; vgl. auch *Sanio*, FS Rudolph, 2009, 15, 22.

428 *Hannemann/Schneider*, MaRisk, 3. Aufl. 2011, S. 244.

429 *Meyer zu Selhausen*, FS Rudolph, 2009, 495, 503 ff.; *Hellwig*, Gutachten E zum 68. DJT, 2010, S. 45; *Whitehead*, 96 Cornell L. Rev. 323, 341 (2011).

430 S. nur §§ 6b Abs. 2, 25c Abs. 4a Nr. 3 lit. f KWG, Art. 177 CRR (Kreditrisiko), Art. 290 CRR (Kontrahentenrisiko), Art. 368 Abs. 1 lit. g CRR (Marktrisiko). *Deutsche Bundesbank*, Finanzstabilitätsbericht 2007, November 2007, S. 99; *Hannemann/Schneider*, MaRisk, 3. Aufl. 2011, S. 244 f.; *Angermüller/Ramke*, Kreditwesen 2011, 486, 487; *Braun/Wolfgarten* in Boos/Fischer/Schulte-Mattler, KWG, 4. Aufl. 2012, § 25a, Rn. 250; *Whitehead*, 96 Cornell L. Rev. 323, 345 (2011). S. auch *CEBS*, Guidelines on Stress Testing, 26.8.2010.

431 *Deutsche Bundesbank*, Finanzstabilitätsbericht 2007, November 2007, S. 100.

Finanzsystems.[432] Weiterhin lässt sich zwischen Sensitivitätsanalysen und Szenarioanalysen unterscheiden, wobei im Einzelfall die Grenzen fließend sein können.[433] Im Rahmen von Sensitivitätsanalysen wird lediglich die extreme Veränderung eines einzelnen Risikofaktors isoliert betrachtet, weshalb hier auch von univariaten Methoden die Rede ist.[434] Hingegen simulieren die komplexeren Szenarioanalysen die Veränderung mehrerer Risikofaktoren (multivariate Methoden), wodurch auch Wechselwirkungen zwischen einzelnen Risikoarten Berücksichtigung finden und somit ein wirklichkeitsnäheres Abbild eines Krisenverlaufs geschaffen werden kann.[435] Sind die Stresstests auf Ausfallrisiken bezogen, kommen vor allem extreme Veränderungen der dargestellten Kennzahlen EAD, LGD und PD in Betracht.[436] Das durchgespielte Szenario kann dazu historische Datensätze, etwa aus der jüngsten Subprime-Krise, oder hypothetische Annahmen verwenden.[437] Eine Kombination von historischen und hypothetischen Szenarien ist freilich auch möglich (sog. „Hybridszenario").[438] Die Durchführung von Szenarioanalysen stellt Institute und Aufseher in der Regel vor größere Herausforderungen als es bei Sensitivitätsanalysen der Fall ist, beispielsweise im Hinblick auf die Kalibrierung der benötigten Datensätze.[439]

II. Risikobegrenzung durch Eigenmittelvorschriften

Ursprünglich wurden unter Basel I vier risikogewichtete Kategorien zur Quantifizierung des Ausfallrisikos geschaffen, denen jeweils Forderungsklassen pauschal zugewiesen wurden. Jeder Forderungsklasse wurde dabei ein antizipiertes Risikogewicht von 0% (z.B. für Forderungen an OECD Staaten), 20% (z.B. für

---

432 *Deutsche Bundesbank*, Finanzstabilitätsbericht 2007, November 2007, S. 99; *Hannemann/Schneider*, MaRisk, 3. Aufl. 2011, S. 262.

433 *Deutsche Bundesbank*, Finanzstabilitätsbericht 2007, November 2007, S. 100; *Hannemann/Schneider*, MaRisk, 3. Aufl. 2011, S. 247 f.; *Braun/Wolfgarten* in Boos/Fischer/Schulte-Mattler, KWG, 4. Aufl. 2012, § 25a, Rn. 252.

434 *Deutsche Bundesbank*, Finanzstabilitätsbericht 2007, November 2007, S. 100; *Hannemann/Schneider*, MaRisk, 3. Aufl. 2011, S. 247.

435 *Deutsche Bundesbank*, Finanzstabilitätsbericht 2007, November 2007, S. 100; *Hannemann/Schneider*, MaRisk, 3. Aufl. 2011, S. 247 f.

436 *Hannemann/Schneider*, MaRisk, 3. Aufl. 2011, S. 253

437 *Hannemann/Schneider*, MaRisk, 3. Aufl. 2011, S. 247 f.; *Deutsche Bundesbank*, Finanzstabilitätsbericht 2007, November 2007, S. 100 f.

438 *Hannemann/Schneider*, MaRisk, 3. Aufl. 2011, S. 270 f.

439 *Deutsche Bundesbank*, Finanzstabilitätsbericht 2007, November 2007, S. 100.

Forderungen an OECD Banken), 50% (für grundpfandrechtlich besicherte Forderungen) oder 100% (z.B. für Forderungen an den Privatsektor) unterstellt.[440]

Zwar wurden dadurch Ausfallrisiken bei der Berechnung der Eigenmittelanforderungen berücksichtigt, die Einteilung ganzer Bündel von Forderungen in risikogewichtete Kategorien bildet jedoch ein sehr starres System, das Besonderheiten einzelner Positionen weitgehend außer Acht lässt.[441] So wurde einem Kredit an einen OECD Staat grundsätzlich ein Risikogewicht in Höhe von 0% beigemessen, unabhängig von der tatsächlichen Bonität des jeweiligen Staates.[442] Nicht zuletzt vor dem Hintergrund der jüngsten staatlichen Schuldenkrise sollte ein pauschales niedriges Risikogewicht zugunsten von staatlichen Schuldnern auf Bedenken stoßen.

Basel II und in dessen Weiterentwicklung Basel III brechen dieses starre Berechnungsmodell für Ausfallrisiken auf, indem zwei unterschiedliche Ansätze zur risikobasierten Berechnung des Eigenkapitals den Banken zur Wahl gestellt werden, die das tatsächliche Risiko der Bank widerspiegeln sollen: Der Kreditrisiko-Standardansatz (KSA) und der auf internen Ratings basierende Ansatz (IRBA).[443] Der IRBA untergliedert sich weiterhin in einen Basis- und einen fortgeschrittenen Ansatz.[444]

Der maßgebliche Unterschied der Ansätze zur Kreditrisikomessung ist darin zu sehen, inwieweit die Größen der einzelnen Kreditrisiko-Parameter, sprich: PD, LGD und EAD, von der Bank selbst bestimmt oder aufsichtsrechtlich vorgegeben werden.[445] Im Ergebnis bedeutet dies, je mehr Parameter-Größen aus internen Berechnungen der Bank hervorgehen, desto höher sind die Anforderungen an deren Risikomanagement.[446]

Im KSA fließen PD und LGD in ein vorgegebenes Risikogewicht zusammen und sind deshalb nur mittelbar enthalten. Das Risikogewicht einer Position ergibt sich dabei aus der Kombination der Bonitätsstufe, die vom jeweiligen externen

---

440 *Berger*, 30 No. 1 Banking & Fin. Services Pol'y Report, 6, 9 (2011); *Schooner/Taylor*, Global Bank Regulation, 2010, S. 140.

441 *Schooner/Taylor*, Global Bank Regulation, 2010, S. 141 ff.

442 *Schooner/Taylor*, Global Bank Regulation, 2010, S. 150.

443 *Basler Ausschuss für Bankenaufsicht*, Internationale Konvergenz der Eigenkapitalmessung und Eigenkapitalanforderungen, Juni 2006, Tz. 50 f.

444 *Basler Ausschuss für Bankenaufsicht*, Internationale Konvergenz der Eigenkapitalmessung und Eigenkapitalanforderungen, Juni 2006, Tz. 245.

445 Vgl. *Basler Ausschuss für Bankenaufsicht*, Internationale Konvergenz der Eigenkapitalmessung und Eigenkapitalanforderungen, Juni 2006, Tz. 245; *Gleeson*, International Regulation of Banking, 2nd Ed. 2012, Rn. 7.11 f.; s. ausführlich zu den einzelnen Parametern bereits unten S. 75 ff.

446 *Hartmann-Wendels/Pfingsten/Weber*, Bankbetriebslehre, 5. Aufl. 2010, S. 608 f.

Rating des Schuldners abhängig ist, und der Forderungsklasse, der die Position pauschal zugeordnet ist.[447] Das EAD von Bilanzaktiva (z.B. Darlehen) wird als Nettobetrag gemessen und für traditionelle außerbilanzielle Geschäfte (z.B. Garantien und Bürgschaften) anhand eines vorgegebenen Konversionsfaktors (*credit conversion factor*).[448]

Im IRBA ist zwischen der Basisvariante und der fortgeschrittenen Variante zu unterscheiden. Während im Basis-IRBA im Grundsatz lediglich PD auf bankinternen Berechnungen, d.h. internen Ratings, beruht und alle anderen Risikoparameter aufsichtsrechtlich vorgegeben werden, entspringen im fortgeschrittenen IRBA schließlich sämtliche Parameter-Größen den internen Berechnungsverfahren bzw. Schätzungen der Bank.[449] Die Risikosensitivität steigt folglich parallel zu dem Fortschrittsgrad des verwendeten Ansatzes an, wodurch auch die Höhe der vorzuhaltenen Eigenmittel beeinflusst wird. Zugleich verschiebt sich damit auch die Verantwortung zur korrekten Abbildung des Ausfallrisikos der einzelnen Positionen verstärkt auf die Seite der Bank, die im Gegenzug den justierten Aufsichtsprozessen der zuständigen Behörden untersteht.

1. Der Kreditrisiko-Standardansatz (KSA)

Der Standardansatz greift letztlich auf das Grundmodell von Basel I zurück, das anschließend durch Modifikationen fortentwickelt wird.[450] Danach werden Bankaktiva bestimmten risikogewichteten Kategorien zugewiesen, die das den Positionen unterstellte Ausfallrisiko widerspiegeln sollen.[451] Dabei ist in einem ersten Schritt zwischen bestimmten Forderungsklassen zu unterscheiden.[452] Auf Grundlage von

---

447 *Gleeson*, International Regulation of Banking, 2nd Ed. 2012, Rn. 7.11; *Becker/Peppmeier*, Bankbetriebslehre, 9. Aufl. 2013, S. 58.

448 *Hartmann-Wendels/Pfingsten/Weber*, Bankbetriebslehre, 5. Aufl. 2010, S. 604; *Gleeson*, International Regulation of Banking, 2nd Ed. 2012, Rn. 7.11.

449 *Berger*, 30 No. 1 Banking & Fin. Services Pol'y Report 6, 10 (2011); *Hartmann-Wendels/Pfingsten/Weber*, Bankbetriebslehre, 5. Aufl. 2010, S. 603; *Gleeson*, International Regulation of Banking, 2nd Ed. 2012, Rn. 7.11.

450 *Apostolik/Donohue/Went*, Foundations of Banking Risk, 2009, S. 140; *Gleeson*, International Regulation of Banking, 2nd Ed. 2012, Rn. 8.02 f.

451 *Gleeson*, International Regulation of Banking, 2nd Ed. 2012, Rn. 8.02; *Rutova/Volkheimer*, 19 U. Miami Bus. L. Rev. 83, 89 (2011).

452 *Rutova/Volkheimer*, 19 U. Miami Bus. L. Rev. 83, 89 (2011); *Schelm* in Kümpel/Wittig, Bank- und Kapitalmarktrecht, 4. Aufl. 2011, Rn. 2.194; *Fischer* in Schimansky/Bunte/Lwowski, Bankrechts-Handbuch, Band II, 4. Aufl. 2011, § 129, Rn. 64.

Basel II[453] sieht die CRR in Art. 112 für europäische Institute z.B. die folgenden Kategorien vor: Risikopositionen[454] gegenüber Zentralstaaten und Zentralbanken, Gebietskörperschaften, Instituten, Unternehmen sowie Retail-Forderungen[455] und Verbriefungspositionen.

Innerhalb der jeweiligen Kategorien wird den Positionen ein Risikogewicht zugewiesen, was – anders als noch unter Basel I – nicht nach einem starren Prinzip erfolgt, sondern grundsätzlich an ein externes Rating des jeweiligen Schuldners geknüpft ist.[456] Während für OECD Staaten[457] unter Basel I beispielsweise noch ein pauschales Risikogewicht von 0% galt, ergibt sich unter Basel II innerhalb der Kategorie „Forderungen an Zentralstaaten und Zentralbanken" ein deutlich verändertes Bild:

Bei einem Rating des jeweiligen Staates von AAA bis AA- beträgt das Risikogewicht der Forderung zwar weiterhin 0%, bei A+ bis A- gilt allerdings bereits ein Risikogewicht in Höhe von 20%, bei BBB+ bis BBB- ein Risikogewicht in Höhe von 50%, bei BB+ bis B- ein Risikogewicht in Höhe von 100%, unterhalb von B- beträgt das Risikogewicht schließlich 150% und ohne Rating 100%.[458]

Tabelle 1: Ratings von Staaten und zugewiesene Risikogewichte im KSA

Rating [Beispiel nach Skala langfristiger Ratings von S&P]	Risikogewichte
AAA bis AA-	0%
A+ bis A-	20%
BBB+ bis BBB-	50%
BB+ bis B-	100%
B- und darunter	150%
ohne Rating	100%

Quelle: Basler Ausschuss für Bankenaufsicht, Internationale Konvergenz der Eigenkapitalmessung und Eigenkapitalanforderungen, Juni 2006, Tz. 53

453 *Basler Ausschuss für Bankenaufsicht*, Internationale Konvergenz der Eigenkapitalmessung und Eigenkapitalanforderungen, Juni 2006, Tz. 53 ff.

454 Davon sind gemäß Art. 5 Abs. 1 CRR Aktivposten (Vermögenswerte), also insbesondere Darlehensforderungen, oder außerbilanzielle Posten erfasst.

455 Sog. Risikopositionen aus dem Mengengeschäft, Art. 112 lit. h CRR.

456 *Rutova/Volkheimer*, 19 U. Miami Bus. L. Rev. 83, 89 (2011); *Schelm* in Kümpel/Wittig, Bank- und Kapitalmarktrecht, 4. Aufl. 2011, Rn. 2.195.

457 Die Unterscheidung zwischen OECD und Nicht-OECD Staaten wurde unter Basel II aufgegeben, *Schooner/Taylor*, Global Bank Regulation, 2010, S. 150.

458 *Basler Ausschuss für Bankenaufsicht*, Internationale Konvergenz der Eigenkapitalmessung und Eigenkapitalanforderungen, Juni 2006, Tz. 53. Das Beispiel bezieht sich auf die Ratingskala von Standard & Poor's.

Vergleichbare Zuordnungssysteme gelten auch für andere Forderungsklassen, beispielsweise „Forderungen an Institute“ oder „Forderungen an Unternehmen.“[459] Für bestimmte Forderungsklassen gelten indes Besonderheiten. So wird Retail-Forderungen ein einheitliches Risikogewicht von 75% zugewiesen, so dass dort nicht auf externe Ratings zurückgegriffen wird.[460]

Somit nimmt Basel II bereits im KSA eine dynamischere und risikosensitivere Gewichtung der einzelnen Position vor als noch unter Basel I, denn mit abnehmender Bonität des jeweiligen Schuldners steigt zugleich das unterlegungspflichtige Eigenkapital für die Forderungen auf der Seite der kreditgebenden Bank.[461] Unter dem Standardansatz können Banken externe Ratings, die von privaten, kommerziellen Ratingagenturen vergeben werden, verwenden, sofern diese ein an gewisse Voraussetzungen gebundenes Anerkennungsverfahren durchlaufen haben.[462] Basel II selbst nimmt zwar Bezug auf die Rating-Skala der Ratingagentur Standard & Poor's, hebt aber zugleich hervor, dass dies nur als Beispiel diene und keinerlei Präferenz des Ausschusses darstellen solle.[463]

2. Umsetzung des KSA in nationales Recht

a) Europa und Deutschland

In Europa wurde der KSA bereits in die Bankenrichtlinie[464] sowie die Kapitaladäquanzrichtlinie[465] aufgenommen, die in Deutschland durch die SolvV umgesetzt wurden.[466] Die entsprechenden Vorschriften werden nunmehr in die CRR

---

459 S. für eine ausführliche Übersicht *Gleeson*, International Regulation of Banking, 2nd Ed. 2012, Rn. 8.04 ff.

460 S. *Basler Ausschuss für Bankenaufsicht*, Internationale Konvergenz der Eigenkapitalmessung und Eigenkapitalanforderungen, Juni 2006, Tz. 69 und Art. 123 CRR.

461 *Schooner/Taylor*, Global Bank Regulation, 2010, S. 149.

462 Vgl. *Basler Ausschuss für Bankenaufsicht*, Internationale Konvergenz der Eigenkapitalmessung und Eigenkapitalanforderungen, Juni 2006, Tz. 90 ff.

463 *Basler Ausschuss für Bankenaufsicht*, Internationale Konvergenz der Eigenkapitalmessung und Eigenkapitalanforderungen, Juni 2006, Tz. 50 Fn. 14.

464 Richtlinie 2006/48/EG des Europäischen Parlaments und des Rates v. 14.6.2006 über die Aufnahme und Ausübung der Tätigkeit der Kreditinstitute (Neufassung), ABl. EU v. 30.6.2006 Nr. L 177, S. 1.

465 Richtlinie 2006/49/EG des Europäischen Parlaments und des Rates v. 14.6.2006 über die angemessene Eigenkapitalausstattung von Wertpapierfirmen und Kreditinstituten (Neufassung), ABl. EU v. 30.6.2006 Nr. L 177, S. 201.

466 *Schulte-Mattler* in Boos/Fischer/Schulte-Mattler, KWG, 4. Aufl. 2012, § 24 SolvV, Rn. 1.

überführt, die gegenüber den Instituten unmittelbar anwendbar ist.[467] Für die Anwendung des KSA bedarf es keiner gesonderten Erlaubnis durch die Aufsichtsbehörde (Art. 107 CRR), so dass der KSA bei allen europäischen Banken von kleiner und mittlerer Größe für die Berechnung der Eigenmittelanforderungen für Ausfallrisiken Anwendung findet.

b) USA

In den Vereinigten Staaten war der KSA zunächst Gegenstand eines gemeinsamen Verordnungsvorschlags der Bankenaufsichtsbehörden auf Bundesebene, d.h. OCC, Federal Reserve, FDIC und zu diesem Zeitpunkt noch OTS.[468] Allerdings gelangte die Verordnung über das Entwurfsstadium nie hinaus.[469] Mit Blick auf den Dodd-Frank Act ist eine bindende Umsetzung des KSA bislang nicht nur ausgeblieben, sie ist mittlerweile sogar ausgeschlossen. Bedenkt man, dass der KSA vom regulatorischen Rückgriff auf externe Ratings zur Bestimmung des Risikogewichts von Forderungen lebt, steht gerade dieses Kernelement im direkten Widerspruch zu Sec. 939 und 939A Dodd-Frank Act, wonach die Aufsichtsbehörden dazu angehalten sind, Bezugnahmen auf externe Ratings zu vermeiden und zu revidieren.[470] Vielmehr bleibt es für die Masse der Banken grundsätzlich bei den allgemeinen Eigenmittelanforderungen (*generally applicable risk-based capital requirements*).[471] Die konkrete Ausgestaltung dieser allgemeinen Eigenmittelanforderungen erfolgt durch entsprechende Verordnungen der Bankenaufsichtsbehörden auf Bundesebene, die auf Grundlage der sog. *prompt corrective action* Regelungen des Federal Deposit Insurance Act erlassen werden.[472] Danach werden in Anlehnung an Basel I die Vermögensgegenstände einer Bank nach wie vor in

467 S. Art. 111 ff. CRR.

468 Verordnungsentwurf, Risk-Based Capital Guidelines; Capital Adequacy Guidelines: Standardized Framework, 73 Fed. Reg. 43982 (29. Juli 2008).

469 *IMF*, Technical Note on Basel II Implementation Preparedness in the United States, IMF Country Report No. 10/124, Mai 2010, S. 15.

470 *Delahaye*, Basel III: Capital Adequacy and Liquidity after the Financial Crisis, S. 4; vgl. auch *Altman*/*Öncü*/*Richardson*/*Schmeits*/*White* in Acharya/Cooley/Richardson/Walter, Regulating Wall Street, 2011, S. 455; *Gleeson*, International Regulation of Banking, 2nd Ed. 2012, Rn. 413; *Hull*, Risk Management and Financial Institutions, 3rd Ed. 2012, S. 297.

471 Vgl. *Delahaye*, Basel III: Capital Adequacy and Liquidity after the Financial Crisis, S. 4; *Basler Ausschuss für Bankenaufsicht*, Basel III regulatory consistency assessment (Level 2) – Preliminary report: United States of America, Oktober 2012, S. 8.

472 12 U.S.C. § 1831o(c)(1).

risikogewichtete Kategorien eingeteilt, um das Ausfallrisiko abzubilden und anschließend mit Eigenkapital zu unterlegen.[473]

Um eine höhere Risikosensitivität und zumindest partiell eine mit dem KSA vergleichbare Wirkung zu erzielen, werden für bestimmte Forderungsklassen abweichende Methoden zum 1. Januar 2015 eingeführt (sog. *standardized approach*).[474] Handelt es sich bei den Schuldnern z.B. um Staaten, ist vorgesehen, die Risikogewichte der Forderungen nicht an externe Ratings der privatwirtschaftlichen Ratingagenturen, sondern an OECD Country Risk Classifications (CRCs) zu knüpfen.[475] Die CRCs werden von der OECD genutzt, um das Ausfallrisiko von Staaten (sog. Länderrisiko) zu bestimmen.[476]

Tabelle 2: CRCs von Staaten und zugewiesene Risikogewichte nach dem standardized approach

CRC	Risikogewicht
0–1	0%
2	20%
3	50%
4–6	100%
7	150%
OECD-Mitgliedstaat ohne CRC	0%
andere Staaten ohne CRC	100%
Ausfall	150%

Quelle: OCC/Federal Reserve System, Regulatory Capital Rules (Table 17 – Risk Weights for Sovereign Exposures), 2.7.2013.

---

473 *Basler Ausschuss für Bankenaufsicht*, Basel III regulatory consistency assessment (Level 2) – Preliminary report: United States of America, Oktober 2012, S. 8 f.; *Carnell/Macey/Miller*, The Law of Banking and Financial Institutions, 4th Ed. 2009, S. 259.

474 S. die gemeinsame Verordnung von *OCC* und *Federal Reserve*, Regulatory Capital Rules, 2.7.2013, S. 237 f. Vorangegangen war ein gemeinsamer Verordnungsentwurf von *OCC*, *Federal Reserve* und *FDIC*, Regulatory Capital Rules: Standardized Approach for Risk-Weighted Assets; Market Discipline and Disclosure Requirements, 77 Fed. Reg. 52888 (30. August 2012).

475 *OCC/Federal Reserve*, Regulatory Capital Rules, 2.7.2013, S. 243 f.

476 *OCC/Federal Reserve*, Regulatory Capital Rules, 2.7.2013, S. 242; s. allgemein auch *Janus* in Schimansky/Fischer/Lwowski, Bankrechts-Handbuch, Band II, 4. Aufl. 2011, § 122, Rn. 137.

Ausgenommen sind jedoch Forderungen gegenüber den Vereinigten Staaten selbst, bzw. Forderungen, die von den Vereinigten Staaten garantiert werden. Hier wird pauschal ein Risikogewicht in Höhe von 0% veranschlagt.[477] Ein ähnliches Bild zeichnet sich für Banken als Schuldner ab. Während das Risikogewicht ausländischer Banken an die CRC des Staates geknüpft ist, in dem die jeweilige Bank ihre Zulassung hat, gilt für U.S.-Banken in dem Verordnungsentwurf der Bankenaufsichtsbehörden ein pauschales Risikogewicht in Höhe von 20%.[478] Forderungen mit Bezug zu den Vereinigten Staaten werden bei der Umsetzung des *standardized approach* folglich weitläufig mit niedrigen Risikogewichten begünstigt. Für Unternehmen bleibt es schließlich bei der starren Einteilung, die, wie unter Basel I, bei 100% liegt. Dieses Risikogewicht gilt auch für Retail-Forderungen.[479]

3. Anerkennung von Ratingagenturen für die Eigenmittelvorschriften

Durch den Rückgriff auf externe Ratings bei der Risikogewichtung einzelner Positionen halten diese Bonitätseinschätzungen unmittelbar Einzug in die Berechnung der Eigenkapitalanforderungen von Banken und damit hat Basel II zu einer Zäsur in der regulatorischen Bedeutung von Ratingagenturen geführt.[480] Der Hintergedanke einer solchen Implementierung ist die gezielte Nutzung von privatwirtschaftlicher Expertise zu Gunsten einer „schlanken" und kosteneffizienten Regulierung.[481] Insbesondere vor dem Hintergrund der jüngeren Kritik, die an Vergabemodell und Vergabepraxis der Agenturen ansetzt, ist stets im Hinterkopf zu behalten, dass dieser „Bedeutungssprung" von Ratings im Bankenaufsichtsrecht von den im Basler Ausschuss zusammengefassten Vertretern der nationalen Aufsichtsbehörden maßgeblich mitgetragen und selbst aktiv vorangetrieben wurde.[482]

a) Ratingagenturen

Unter Ratingagenturen sind private, auf gewerbsmäßige Bonitätsanalysen spezialisierte Unternehmen zu verstehen, die sich letztlich nach ihrer Tätigkeit, der

---

477 *OCC/Federal Reserve*, Regulatory Capital Rules, 2.7.2013, S. 241.

478 *OCC/Federal Reserve*, Regulatory Capital Rules, 2.7.2013, S. 248.

479 *OCC/Federal Reserve*, Regulatory Capital Rules, 2.7.2013, S. 253 ff.

480 *Spindler*, AG 2010, 601, 609; *Becker*, DB 2010, 941, 943.

481 *Schwarcz*, U. Ill. L. Rev. 1, 26 (2002); in diese Richtung auch *Becker*, DB 2010, 941, 942 f.

482 Krit. auch *Spindler*, AG 2010, 601, 609.

Vergabe von Ratings, definieren lassen.[483] Ein Rating, oftmals auch als *credit rating* bezeichnet,[484] ist die durch Symbole einer festgelegten Skala ausgedrückte Meinung der Ratingagentur über die wirtschaftliche Fähigkeit, rechtliche Verpflichtung sowie Willigkeit eines Schuldners, seinen fälligen Zahlungsversprechungen stets vollständig und rechtzeitig nachzukommen.[485] Eine Art Sollbruchstelle innerhalb der Rating-Skala stellt die Unterscheidung zwischen Investment-Grade- und Non-Investment-Grade-Ratings dar. Dadurch wird die Meinung der Agentur widergespiegelt, ob sich das Ausfallrisiko noch in einem investitionswürdigen Rahmen bewegt oder aber als so hoch anzusetzen ist, dass ein bestimmtes Investment als spekulativ zu bewerten ist.[486]

Bezieht sich die Einschätzung der Ratingagentur lediglich auf einen einzelnen Finanztitel, beispielsweise eine bestimmte Anleihe, wird von einem Emissionsrating (*issue rating*) gesprochen.[487] Dabei werden Finanztitel mit einer Laufzeit von unter einem Jahr in einem kurzfristigen Rating beurteilt, was insbesondere kurzfristige Bankdepositen und andere Geldmarktpapiere betrifft.[488] Erstreckt sich die Laufzeit des Finanztitels hingegen über die Dauer eines Jahres hinaus, wie bei Bankschuldverschreibungen, Pfandbriefen,

---

483 *Becker*, DB 2010, 941, 941; *Schooner/Taylor*, Global Bank Regulation, 2010, S. 151; *Bieg/Krämer/Waschbusch*, Bankenaufsicht in Theorie und Praxis, 4. Aufl. 2011, S. 341; *Lenenbach*, Kapitalmarktrecht, 2. Aufl. 2010, Rn. 2.279.

484 Hier wird der Bezug zum Kreditrisiko unmittelbar hergestellt und verdeutlicht, s. *Stemper*, Rechtliche Rahmenbedingungen des Ratings, 2010, S. 32; *Bieg/Krämer/Waschbusch*, Bankenaufsicht in Theorie und Praxis, 4. Aufl. 2011, S. 341.

485 *Schwarcz*, U. Ill. L. Rev. 1, 6 (2002); *Bieg/Krämer/Waschbusch*, Bankenaufsicht in Theorie und Praxis, 4. Aufl. 2011, S. 341; *Eisen*, Haftung und Regulierung internationaler Rating-Agenturen, 2008, S. 55; *Stemper*, Rechtliche Rahmenbedingungen des Ratings, 2010, S. 32.

486 *Bieg/Krämer/Waschbusch*, Bankenaufsicht in Theorie und Praxis, 4. Aufl. 2011, S. 341. Abhängig von der jeweiligen Ratingagentur ist die Einstufung als Non-Investment-Grade/Speculative-Grade unterhalb von BBB- (Standard & Poor's und Fitch Ratings) oder Baa3 (Moody's) der Skala für langfristige Ratings vorgesehen, *Hannöver* in Schimansky/Bunte/Lwowski, Bankrechts-Handbuch, Band II, 4. Aufl. 2011, § 110, Fn. 133; *Baur* in Assmann/Schütze, Handbuch des Kapitalanlagerechts, 3. Aufl. 2007, § 20, Rn. 98.

487 *Hartmann-Wendels/Pfingsten/Weber*, Bankbetriebslehre, 5. Aufl. 2010, S. 613; *Stemper*, Rechtliche Rahmenbedingungen des Ratings, 2010, S. 34.

488 *Bieg/Krämer/Waschbusch*, Bankenaufsicht in Theorie und Praxis, 4. Aufl. 2011, S. 346; *Gleeson*, International Regulation of Banking, 2nd Ed. 2012, Rn. 8.09; *Stemper*, Rechtliche Rahmenbedingungen des Ratings, 2010, S. 37.

Unternehmens- oder Staatsanleihen üblich, erfolgt die Erfassung in einem langfristigen Rating.[489]

Ist die Bonität eines Schuldners ganzheitlich, z.B. eines Unternehmens oder auch eines Staates, Gegenstand des Ratings, handelt es sich um ein Emittentenrating (*issuer rating*), das letztlich die allgemeine Ausfallwahrscheinlichkeit des jeweiligen Schuldners unabhängig von einzelnen Finanzinstrumenten widerspiegelt.[490] Bei der Vergabe von Krediten wird regelmäßig ein solches Emittentenrating als Grundlage herangezogen, da der Bank an einer Gesamtwürdigung aller die Zahlungsfähigkeit des Schuldners betreffenden Informationen gelegen sein wird, unabhängig von den das Rating einzelner Finanztitel beeinflussenden Faktoren, wie z.B. der konkreten vertraglichen Ausgestaltung von verbrieften Forderungen.[491]

In ein Rating fließen somit alle einer Agentur zur Verfügung stehenden Informationen ein, aus denen sie sich schließlich ein Urteil über das Ausfallrisiko eines einzelnen Finanztitels oder eines Emittenten bildet und anschließend in einem einfachen Symbol abbildet. Bei diesen Bonitätsurteilen handelt es sich keineswegs um eine neuartige Erscheinung. Bereits Anfang des 20. Jahrhunderts begann *John Moody* Informationen über die Kreditwürdigkeit von amerikanischen Eisenbahngesellschaften in einem Rating nach heutigem Verständnis zusammenzufassen.[492] Parallel zu der fortschreitenden Entwicklung der Kapitalmärkte in den Vereinigten Staaten haben auch Ratings als generelle Bewertung von Fremdkapitalinstrumenten an Bedeutung gewonnen.[493] Das Tätigkeitsfeld der Ratingagenturen wird dabei

---

489 *Bieg/Krämer/Waschbusch*, Bankenaufsicht in Theorie und Praxis, 4. Aufl. 2011, S. 346; *Eisen*, Haftung und Regulierung internationaler Rating-Agenturen, 2008, S. 56; *Stemper*, Rechtliche Rahmenbedingungen des Ratings, 2010, S. 37. Die Bewertungsskalen von kurzfristigen und langfristigen Ratings sind nicht deckungsgleich, sondern weichen voneinander ab. Im Folgenden wird grundsätzlich auf die Skala der langfristigen Ratings Bezug genommen.

490 *Hartmann-Wendels/Pfingsten/Weber*, Bankbetriebslehre, 5. Aufl. 2010, S. 613; *Bieg/Krämer/Waschbusch*, Bankenaufsicht in Theorie und Praxis, 4. Aufl. 2011, S. 345; *Strunz-Happe*, WM 2004, 115, 115; *Schmidtke*, Die kapitalmarktrechtliche Regulierung von Finanzanalyse und Rating-Urteil durch das Wertpapierhandelsgesetz, 2010, S. 31 f.; *Eisen*, Haftung und Regulierung internationaler Rating-Agenturen, 2008, S. 55 f.

491 *Bieg/Krämer/Waschbusch*, Bankenaufsicht in Theorie und Praxis, 4. Aufl. 2011, S. 346.

492 „Moody's Analyses of Railroad Investments" aus dem Jahr 1909, s. *West*, 16 J. L. & Econ. 159, 160 (1973).

493 *Brownlow*, 15 N.C. Banking Inst. 111, 114 (2011); *Devine*, 16 Fordham J. Corp. & Fin. L. 177, 179 f. (2011); *Deipenbrock*, WM 2007, 2218.

seit jeher von drei großen Unternehmen dominiert, die ein Oligopol begründet und bislang aufrechterhalten konnten: Moody's, Standard & Poor's (S&P) sowie Fitch Ratings (Fitch).[494]

b) Kritik

Die regulatorische Implementierung von externen Ratings durch private Ratingagenturen ist nicht zuletzt infolge der Subprime-Krise und später auch im Zusammenhang mit der staatlichen Schuldenkrise zunehmend in Verruf geraten.[495] Kern der Kritik ist zunächst ein dem Geschäftsmodell inhärenter Interessenkonflikt, dem die Ratingagenturen bei der Bonitätsanalyse unterliegen sollen.[496] Ein zweiter wesentlicher Kritikpunkt betrifft qualitative Unzulänglichkeiten bei der Vergabe von Ratings.[497]

aa) Interessenkonflikt

Ein Rating ist stets im Lichte des Drei-Personen-Verhältnisses zu betrachten, um das jedes einzelne Bonitätsurteil kreist und das aus der Ratingagentur, dem Schuldner bzw. Emittenten eines Fremdkapitalinstruments und dem am Erwerb des Instruments interessierten Investor besteht. Um sein Ausfallrisiko bestimmen zu können, d.h. die Wahrscheinlichkeit eines Zahlungsausfalls des Schuldners, benötigt der Investor Informationen, was durch Informationsasymmetrien zwischen Investor und Schuldner erschwert wird.[498] Zudem würde die Vielzahl potentieller Investoren individuelle Verhandlungen und Informationsflüsse kostspielig machen.[499] Ratingagenturen hingegen sind auf die Evaluation bonitätsbezogener Informationen spezialisiert und fungieren als Intermediäre zwischen Emittenten

---

494 *Devine*, 16 Fordham J. Corp. & Fin. L. 177, 179 f. (2011); *Möllers*, JZ 2009, 861, 861; die sog. „Big Three" kontrollieren zusammen etwa 95% des Marktes, wobei Moody's und S&P alleine bereits 80% der Marktanteile halten, s. *Dennis*, 63 U. Miami L. Rev. 1111, 1114 (2009); *Lerch*, BKR 2010, 403.

495 *Deipenbrock*, WM 2011, 1829, 1829 ff.

496 S. nur *Möllers*, JZ 2009, 861; *Devine*, 16 Fordham J. Corp. & Fin. L. 177, *Dennis*, 63 U. Miami L. Rev. 1111 (2009); *Stemper*, Rechtliche Rahmenbedingungen des Ratings, 2010, S. 26 ff.; *Lerch*, BKR 2010, 402; *Spindler*, AG 2010, 601, 609.

497 *Devine*, 16 Fordham J. Corp. & Fin. L. 177, 190 f. (2011); *Cortez/Schön*, Kreditwesen 2010, 226, 227; *Deipenbrock*, WM 2011, 1829, 1829; *Frankel/Fagan*, Law and the Financial System, 2009, S. 171.

498 S. dazu ausführlich oben S. 23 ff.

499 Vgl. *Schwarcz*, U. Ill. L. Rev. 1, 12 (2002).

und Investoren.[500] Durch die Vergabe ihrer Ratings können sie grundsätzlich einen Beitrag zur Ausgabe standardisierter und somit kostengünstiger Fremdkapitalinstrumente leisten.[501]

Da es sich bei den Ratingagenturen um private gewinnorientierte Unternehmen handelt, erhalten diese für die Vergabe eine vertraglich vereinbarte Vergütung.[502] Naheliegend wäre an sich die Leistung der Vergütung durch den Investor, dem durch das Rating schließlich Zugang zu bonitätsbezogenen Informationen über den Emittenten gewährt wird, die zudem in einem einfachen Symbol zusammengefasst und dargestellt werden. Seit den 1970er Jahren hat sich jedoch ein Modell etabliert, das in die entgegengesetzte Richtung zielt und wonach das Rating grundsätzlich vom Emittenten in Auftrag gegeben und von diesem am Ende auch vergütet wird.[503] Als Begründung wurde im älteren Schrifttum zum einen angeführt, dass aufgrund der modernen Kommunikationskanäle von den Ratingagenturen kaum noch gesteuert werden könne, dass tatsächlich nur der Investorenkreis Zugang zu den Ratings erhalte, der auch für deren aufwendige Erstellung bezahlt habe (*„collective action problem“*).[504] Die Verbreitung durch die Investoren lasse den Anreiz entfallen, für die Ratings zu zahlen, so dass die Agenturen auf die Zahlung durch den Emittenten ausweichen müssten.[505] Als weiteres Argument für dieses Modell wurde ins Feld geführt, die Angst der Ratingagenturen vor Reputationsverlusten

---

500 *Schwarcz*, U. Ill. L. Rev. 1, 12 (2002); *Frankel/Fagan*, Law and the Financial System, 2009, S. 162; *Habersack*, ZHR 169 (2005), 185, 186; *von Schweinitz*, WM 2008, 953, 953; *Freixas/Rochet*, Microeconomics of Banking, 2nd Ed. 2008, S. 30.

501 *Schwarcz*, U. Ill. L. Rev. 1, 8 (2002); *von Randow*, ZBB 1995, 140, 141; *Becker*, DB 2010, 941, 941; *Bieg/Krämer/Waschbusch*, Bankenaufsicht in Theorie und Praxis, 4. Aufl. 2011, S. 350.

502 *Altman/Öncü/Richardson/Schmeits/White* in Acharya/Cooley/Richardson/Walter, Regulating Wall Street, 2011, S. 448; *Brownlow*, 15 N.C. Banking Inst. 111, 124 (2011); *Devine*, 16 Fordham J. Corp. & Fin. L. 177, 188. (2011).

503 Sog. *„issuer pays model“* als Gegensatz zum sog. *„investor pays model“*; *Möllers*, JZ 2009, 861, 863; *Spindler*, AG 2010, 601, 610; *Cortez/Schön*, Kreditwesen 2010, 226, 226. Diese Ratings im Auftrag des Unternehmens werden als *„solicited ratings“* bezeichnet, während bei unaufgeforderten Ratings auf Eigeninitiative der Agentur selbst oder eines außenstehenden Investors von *„unsolicited rating“* gesprochen wird, s. *Bieg/Krämer/Waschbusch*, Bankenaufsicht in Theorie und Praxis, 4. Aufl. 2011, S. 346; *Stemper*, Rechtliche Rahmenbedingungen des Ratings, 2010, S. 37 und 109.

504 *Rhodes*, 20 Seton Hall Legis. J. 293, 308 f. (1996); *Schwarcz*, U. Ill. L. Rev. 1, 15 f. (2002).

505 Vgl. *Rhodes*, 20 Seton Hall Legis. J. 293, 308 f. (1996); *Schwarcz*, U. Ill. L. Rev. 1, 15 f. (2002).

als Folge von Fehlurteilen sei geeignet, Interessenkonflikte im Keim zu ersticken und so die Qualität der Ratings zu sichern.[506] Weiterhin sei eine Einflussnahme der Emittenten auf das Rating durch die Androhung eines Abbruchs der Geschäftsbeziehungen und des Wechsels zu einem Konkurrenten begrenzt, da die Vielzahl von zahlungswilligen Emittenten auf den Finanzmärkten die Bündelung von Marktmacht in den Händen Einzelner als Druckmittel verhindere.[507]

Indes hat die Subprime-Finanzkrise die Vergabepraxis zunehmend in Verruf gebracht, nicht zuletzt weil die Agenturen selbst ihre Ratings für Asset Backed Securities (ABS) massiv und ohne Vorwarnung um mehrere Stufen herabsetzen mussten.[508] Im Zusammenhang mit Kreditverbriefungen ist hervorzuheben, dass Ratingagenturen über die bloße Vergabe von Ratings hinausgehende Leistungen erbracht haben und Originatoren bei der Strukturierung von ABS und besonders von Collateralized Debt Obligations (CDOs) beraten und unterstützt haben, um so das vom Originator jeweils angestrebte Rating auch vergeben zu können.[509] Beispielsweise können dem Originator von Seiten der Ratingagentur gezielt bestimmte Credit-Enhancement-Techniken vorgeschlagen werden, um schließlich das für die jeweilige Tranche einer CDO begehrte Rating, etwa „AAA" für die Senior Tranche, von der Agentur tatsächlich zu erhalten. Der ohnehin in der Beziehung zwischen Emittent und Ratingagentur angelegte Interessenkonflikt wurde durch diese Beratungstätigkeit verschärft, da sich die Agenturen die zusätzlich

---

506 So etwa noch *Schwarcz*, U. Ill. L. Rev. 1, 14 f. (2002); *von Randow*, ZBB 1995, 140, 147 f.

507 *Altman/Öncü/Richardson/Schmeits/White* in Acharya/Cooley/Richardson/Walter, Regulating Wall Street, 2011, S. 448 im Hinblick auf den Markt für Unternehmensanleihen.

508 *The High-Level Group on Financial Supervision in the EU*, Report, 25.2.2009, S. 12; *Rudolph*, ZGR 2010, 18; *Frankel/Fagan*, Law and the Financial System, 2009, S. 170 ff.; *Hellwig*, 157 De Economist, 129, 155 (2009); *Deipenbrock*, WM 2011, 1829, 1829. Der IMF schließt aus Daten, die von S&P veröffentlicht wurden, dass von allen von S&P zwischen 2005 und 2007 mit einem AAA-Rating versehenen U.S.-ABS und -CDOs Ende Juni 2009 nur noch ca. 10% das selbe Rating getragen haben, ca. 60% hingegen zu einem Rating schlechter als B herabgestuft wurden, *IMF*, Global Financial Stability Report, Oktober 2009, S. 93. S. für eine ausführliche Darstellung und Analyse von Verbriefungstransaktionen unten 4. Teil, Abschnitt C, III., 1.

509 *Becker*, DB 2010, 941, 941 f.; *Möllers*, JZ 2009, 861, 863; *Hellwig*, 157 De Economist 129, 159 (2009); *Lerch*, BKR 2010, 402, 405 *Gomille*, GPR 2011, 186, 189; *Frankel/Fagan*, Law and the Financial System, 2009, S. 148 ff.

erbrachten Leistungen auch vergüten ließen.[510] Gegensteuernde Faktoren, wie sie im Bereich der Unternehmensanleihen durch die schiere Zahl potentieller Emittenten gegeben sind, fehlen im Markt für ABS und CDOs, der auf der einen Seite durch die vergleichsweise geringe Zahl von Originatoren, auf der anderen Seite durch große Volumina und hohe Margen geprägt ist, so dass Ratingagenturen von dem Verlust einzelner Kunden empfindlich getroffen worden wären.[511] Ferner war es dem Originator freigestellt, Ratings von verschiedenen Agenturen einzuholen und allein das zu verwenden, das die angestrebte Bewertung für die Wertpapiere auch erhalten hat, während die anderen, mit schlechteren Bewertungen versehenen Ratings, schlicht zurückgehalten wurden.[512] Eine empirische Stütze erfahren diese Kritikpunkte durch korrespondierende Aussagen früherer Mitarbeiter der Ratingagenturen, die im Zuge der von Aufsichtsbehörden und anderen offiziellen Stellen eingeleiteten Ermittlungen zur Aufklärung der Ursachen der Subprime-Krise abgegeben wurden.[513]

Durch diese Beratungstätigkeit bei der Ausgestaltung von ABS und CDOs im Rahmen von Verbriefungstransaktionen verschwamm zusehends die Grenze zwischen Originator und Ratingagentur. Durch die uniforme Strukturierung nach den Vorgaben der Agenturen selbst, haben diese am Ende ihr eigenes Produkt bewertet und dadurch die Sensitivität für risikoerhöhende Umstände verloren.[514]

bb) Ratingqualität

Ein weiterer Kritikpunkt setzt bei der Qualität der Ratings an. Ratingagenturen waren durch die Strukturierung des Verbriefungsprozesses von den Vermögensgegenständen, die die Zahlungsströme der ABS generieren, d.h. den zugrunde liegenden Darlehensbeziehungen zwischen Bank und Schuldner, zwangsläufig „weit" entfernt. Dadurch wurden Bewertungen der Ausfallrisiken erschwert und am

---

510 *Altman/Öncü/Richardson/Schmeits/White* in Acharya/Cooley/Richardson/Walter, Regulating Wall Street, 2011, S. 449; *Devine*, 16 Fordham J. Corp. & Fin. L. 177, 188 f. (2011); *Stemper*, Rechtliche Rahmenbedingungen des Ratings, 2010, S. 112.

511 *Altman/Öncü/Richardson/Schmeits/White* in Acharya/Cooley/Richardson/Walter, Regulating Wall Street, 2011, S. 448 f.

512 *Zimmer*, FS Hopt, 2010, 2689, 2694; *Deipenbrock*, WM 2011, 1829, 1831; *Altman/Öncü/Richardson/Schmeits/White* in Acharya/Cooley/Richardson/Walter, Regulating Wall Street, 2011, S. 449, sog. „*rating shopping*".

513 *Altman/Öncü/Richardson/Schmeits/White* in Acharya/Cooley/Richardson/Walter, Regulating Wall Street, 2011, S. 450.

514 So auch *Becker*, DB 2010, 941, 942.

Ende falsche Einschätzungen abgegeben.[515] Auch bei den eingesetzten Messverfahren zur Bestimmung der Ausfallwahrscheinlichkeit bestanden Schwachstellen, etwa in einer unzureichenden Qualität der verwendeten Daten.[516] Verstärkt wurde dieser Umstand schließlich dadurch, dass den Agenturen bei der Bewertung der zugrunde liegenden Darlehensforderungen oftmals die Erfahrung oder das Verständnis zur Auswertung der von den Originatoren zur Verfügung gestellten Informationen fehlte.[517]

cc) Zwischenfazit

Als Zwischenfazit kann an dieser Stelle gezogen werden, dass die Kombination von Interessenkonflikten, die das *issuer pays model* mit sich bringt, und zweifelhafter Qualität der externen Ratings die Notwendigkeit eines Regulierungsrahmens für Ratingagenturen offenbart. Diese Einsicht gilt besonders dann, wenn das Aufsichtsrecht eine Symbiose mit den privatwirtschaftlichen Ratingagenturen eingeht und für die Zwecke der Eigenmittelberechnung nach dem KSA die Risikogewichte der Bank-Aktiva ausdrücklich an diese Bonitätseinschätzungen knüpft. So hat sich heute die Frage nach dem „ob" eines solchen regulatorischen Korrektivs faktisch erübrigt und wird konsequenterweise auch nicht mehr bestritten.[518] Lediglich das „wie", d.h. die konkrete Ausgestaltung des Ordnungsrahmens, ist nach wie vor Gegenstand von Diskussionen und wird unterschiedlich beantwortet.

c) Anerkennungsverfahren nach Basel II und Basel III

Die Implementierung externer Ratings in das Herz von Basel II, d.h. die Berechnung des Mindesteigenkapitals nach dem KSA, offenbart das Vertrauen, das die Vertreter der nationalen Aufsichtsbehörden bei Abgabe ihrer Empfehlungen in die Bonitätseinschätzungen der Ratingagenturen gesetzt haben.[519] Weitere

515 *Devine*, 16 Fordham J. Corp. & Fin. L. 177, 190 f. (2011); *Cortez/Schön*, Kreditwesen 2010, 226, 227; *Frankel/Fagan*, Law and the Financial System, 2009, S. 171.

516 Vgl. *Frankel/Fagan*, Law and the Financial System, 2009, S. 171

517 Vgl. *Frankel/Fagan*, Law and the Financial System, 2009, S. 171

518 S. nur *Deipenbrock*, WM 2011, 1829, 1830; *Spindler*, AG 2010, 601, 609; *Thiele*, ZG 2010, 127, 146 f.; *Cortez/Schön*, Kreditwesen 2010, 226, 226 f.; *Altman/Öncü/Richardson/Schmeits/White* in Acharya/Cooley/Richardson/Walter, Regulating Wall Street, 2011, S. 452 f.; *Lampe*, Die Regulierung von Ratingagenturen, 2010, S. 144 ff.

519 So auch *Schooner/Taylor*, Global Bank Regulation, 2010, S. 151; *Gomille*, GPR 2011, 186, 186.

Verweise auf externe Ratings lassen sich in den Bestimmungen zur Risikogewichtung von Verbriefungspositionen oder Schuldtiteln im Handelsbuch finden. Basel II sieht jedoch vor, dass bei der Zuweisung eines Risikogewichts nicht jedes Rating als Maßstab herangezogen werden kann, sondern nur solche einer *anerkannten* Ratingagentur.[520] Dabei wird den nationalen Aufsichtsbehörden die Kompetenz zugewiesen, ein entsprechendes Anerkennungsverfahren durchzuführen.[521] Nach Ermessen der Aufsichtsbehörde muss die jeweilige Agentur die Kriterien (1) Objektivität, (2) Unabhängigkeit, (3) Internationaler Zugang/Transparenz, (4) Offenlegung, (5) Ressourcen und (6) Glaubwürdigkeit kumulativ erfüllen, damit Banken die abgegebenen Ratings im KSA verwenden können.[522] Basel III übernimmt diese Anerkennungskriterien im Wesentlichen unverändert, lediglich die Kriterien „Internationaler Zugang/Transparenz" und „Offenlegung" werden erweitert und verschärft.[523] Zudem soll der IOSCO-Verhaltenskodex[524] in den mitgliedstaatlichen Anerkennungsverfahren Berücksichtigung finden, dem sich die Agenturen im zuvor verfolgten Selbstregulierungskonzept bereits auf freiwilliger Basis unterworfen haben.[525]

Das *Objektivitäts-Kriterium* setzt als Grundlage der Rating-Methodik u.a. ein Validierungsverfahren voraus, das auf historischen Erwartungswerten beruht. Als *unabhängig* gilt eine Ratingagentur, wenn sie keinem politischen oder

---

520 *Basler Ausschuss für Bankenaufsicht*, Internationale Konvergenz der Eigenkapitalmessung und Eigenkapitalanforderungen, Juni 2006, Tz. 90.

521 Die folgende Darstellung konzentriert sich auf die Regulierung von Ratingagenturen durch das in Basel II und III angelegte Anerkennungsverfahren und die vergleichbaren Regelungskomplexe in Europa und den USA. Der Frage nach einer haftungsrechtlichen Verantwortung von Ratingagenturen für Fehleinschätzungen wird hier nicht nachgegangen. S. dazu etwa *Brownlow*, 15 N.C. Banking Inst. 111; *Altman/Öncü/Richardson/Schmeits/White* in Acharya/Cooley/Richardson/Walter, Regulating Wall Street, S. 456; aus deutscher Sicht *Spindler/Brandt/Raapke*, RIW 2010, 746, 751 und *Wojcik*, NJW 2013, 2385 zur Einführung eines Haftungsregimes durch die Verordnung (EU) Nr. 462/2013 zur Änderung der Verordnung (EG) Nr. 1060/2009 über Ratingagenturen des Europäischen Parlaments und des Rates vom 21.5.2013, ABl. EU Nr. L 146 v. 31.5.2013, S. 1 (dort Art. 35a).

522 *Basler Ausschuss für Bankenaufsicht*, Internationale Konvergenz der Eigenkapitalmessung und Eigenkapitalanforderungen, Juni 2006, Tz. 90 f.

523 *Basler Ausschuss für Bankenaufsicht*, Basel III, Dezember 2010, Tz. 120.

524 *The Technical Committee of the International Organization of Securities Commissions* (IOSCO), Code of Conduct Fundamentals for Rating Agencies, Mai 2008.

525 *Deipenbrock*, WM 2007, 2217, 2217; *Becker*, DB 2010, 941, 942; *Lerch*, BKR 2010, 402, 404; *Frankel/Fagan*, Law and the Financial System, 2009, S. 169 f.

wirtschaftlichen Druck unterworfen und ihre Unternehmensstruktur nicht Auslöser von Interessenkonflikten ist.[526]

„*Transparenz*“ verlangt in seiner von Basel III geänderten Fassung von den Agenturen nunmehr, über das schlichte Erfordernis des Zugänglichmachens von Ratings und der generell angewandten Methodik hinausgehend, zusätzlich die Angabe, ob der Emittent an dem Ratingprozess beteiligt war.[527] Hatten Ratingagenturen bislang lediglich Schlüsselinformationen, wie z.B. die Beurteilungsmethode, tatsächliche Ausfallraten und Wanderungsbewegungen zwischen den Ratingklassen, offenzulegen, treten unter Basel III der Verhaltenskodex sowie Vergütungsvereinbarungen mit den Emittenten hinzu.[528]

Eine ausreichende Ausstattung mit *Ressourcen* soll als Grundlage für qualitativ hochstehende Bonitätsbeurteilungen dienen. Nach den Vorstellungen des Baseler Ausschusses soll sich die *Glaubwürdigkeit* einer Ratingagentur bereits maßgeblich aus der Erfüllung der genannten Kriterien ergeben; sie wird zusätzlich durch die Verwendung der abgegebenen Ratings durch unabhängige Investoren gestützt.[529]

d) Europa und Deutschland

Nach der CRR dürfen Institute insbesondere für die Bestimmung der Risikogewichte von Forderungen im Rahmen des KSA ausschließlich auf die Bonitätseinschätzungen anerkannter externer Ratingagenturen (*external credit assessment institutions*) zurückgreifen, Art. 135 Abs. 1 CRR. Diesen rechtlichen Status erhalten Ratingagenturen, die im Einklang mit der Verordnung (EG) Nr. 1060/2009[530] (Rating-Verordnung) zugelassen oder zertifiziert wurden, Art. 4 Abs. 1 Nr. 98 CRR. Dieses zentrale europäische Registrierungsverfahren löst das Anerkennungsverfahren ab,

---

526 *Basler Ausschuss für Bankenaufsicht*, Internationale Konvergenz der Eigenkapitalmessung und Eigenkapitalanforderungen, Juni 2006, Tz. 91.

527 *Basler Ausschuss für Bankenaufsicht*, Basel III, Dezember 2010, Tz. 120.

528 *Basler Ausschuss für Bankenaufsicht*, Basel III, Dezember 2010, Tz. 120.

529 *Basler Ausschuss für Bankenaufsicht*, Internationale Konvergenz der Eigenkapitalmessung und Eigenkapitalanforderungen, Juni 2006, Tz. 91.

530 Verordnung (EG) Nr. 1060/2009 des europäischen Parlaments und des Rates v. 16.9.2009 über Ratingagenturen, ABl. EU Nr. L 302 v. 17.11.2009, S. 1; ausführlich zum Entstehungsprozess *Stemper*, Rechtliche Rahmenbedingungen des Ratings, 2010, S. 211 ff. Vorangetrieben wurde der Vorstoß durch die Verordnung (EU) Nr. 513/2011 des Europäischen Parlaments und des Rates vom 11.5.2011 zur Änderung der Verordnung (EG) Nr. 1060/2009 über Ratingagenturen, ABl. EU Nr. L 145 v.31.5.2011, S. 30 und zuletzt durch die Verordnung (EU) Nr. 462/2013 des Europäischen Parlaments und des Rates vom 21.5.2013, ABl. EU Nr. L 146 v. 31.5.2013, S. 1.

das zuvor in der Bankenrichtlinie und der Kapitaladäquanzrichtline enthalten und an die zuständigen Aufsichtsbehörden der Mitgliedstaaten delegiert war.[531] Umgesetzt wurden die Vorgaben der Richtlinien in Deutschland durch §§ 52, 53 SolvV.

Auf europäischer Ebene wurden die wachsende Bedeutung von Ratings und die offensichtliche Unzulänglichkeit des bisherigen Regulierungsrahmens zum Anlass für eine weitergehende Rechtsetzungsmaßnahme in Gestalt einer unmittelbar gegenüber den Ratingagenturen wirkenden Verordnung (Art. 288 Abs. 2 AEUV) genommen.[532] Die Rating-Verordnung (Rating-VO) umfasst im Kern ein zentrales europäisches Registrierungsverfahren, legt den Agenturen gegenüber Organisations- und Verhaltenspflichten auf und gibt der insoweit zuständigen ESMA ein Eingriffsinstrumentarium zur Durchsetzung an die Hand,[533] ohne dazu den Umweg einer Richtlinie zu gehen, die eine Umsetzung in das jeweilige nationale Recht erforderlich machen würde.

aa) Geltungsbereich der Europäischen Rating-Verordnung

Der Geltungsbereich der Rating-Verordnung erstreckt sich auf alle Ratings, die von in der Gemeinschaft registrierten Agenturen abgegeben und der Öffentlichkeit bekannt oder an Abonnenten weitergegeben werden, Art. 2 Abs. 1 Rating-VO. Somit statuiert die Verordnung keineswegs eine als Erlaubnisvorbehalt wirkende Registrierungspflicht für die Rating-Tätigkeit an sich.[534] Es ist vielmehr die Registrierung selbst, die den Pflichtenkatalog unter der Rating-VO auslöst.[535] Auf den ersten Blick mag man sich nun die Frage stellen, warum eine Ratingagentur die Registrierung beantragen sollte, wenn sie doch erst dadurch unter den Ordnungsrahmen der Rating-VO fällt. Die Antwort auf diese Frage lässt sich allerdings

---

531 Dazu *Deipenbrock*, WM 2006, 2237, 2237; *Fischer* in Boos/Fischer/Schulte-Mattler, KWG, 4. Aufl. 2012, Einf., Rn. 71; *Stemper*, Rechtliche Rahmenbedingungen des Ratings, 2010, S. 184. Anders noch Erwägungsgrund 44 Verordnung (EG) Nr. 1060/2009 und § 52 Abs. 1 Satz 5 SolvV, wonach beide Verfahren grundsätzlich nebeneinander stehen. Im Anwendungsbereich der CRR dürfte es aber allein auf die Registrierung bzw. Zertifizierung nach dem europäischen Verfahren ankommen; anders wohl *Bauer*, BB 2013, 363, 365.

532 S. Erwägungsgrund 1 VO (EG) Nr. 1060/2009.

533 S. auch *Deipenbrock*, WM 2011, 1829, 1829 ff.; *Spindler*, AG 2010, 601, 609; *Haar*, ZBB 2010, 187, 188; *Möllers*, NZG 2010, 285, 286; *Becker*, DB 2010, 941, 943; *Gomille*, GPR 2011, 186, 187; *Lerch*, BKR 2010, 402, 405; *Cortez/Schön*, Kreditwesen 2010, 226, 227; *Zimmer* in FS Hopt, 2010, 2689.

534 *Gomille*, GPR 2011, 186, 188.

535 *Gomille*, GPR 2011, 186, 188.

durch einen Blick in Art. 4 Abs. 1 Rating-VO schnell beantworten. Danach dürfen Kreditinstitute und andere bestimmte Finanzmarktteilnehmer für aufsichtsrechtliche Zwecke (Art. 3 Abs. 1 lit. g Rating-VO) nur Ratings von Ratingagenturen mit Sitz in der europäischen Gemeinschaft verwenden, die sich dem Registrierungsverfahren unterworfen haben. Ein solcher aufsichtsrechtlicher Zweck stellt insbesondere die Verwendung externer Ratings zur Risikogewichtung im KSA dar.[536] Möchte eine Ratingagentur demnach Ratings für dieses Marktsegment abgegeben, muss sie sich nach der Rating-VO registrieren lassen und fällt damit auch in deren Geltungsbereich.[537]

Ratingagenturen haben jedoch oft keinen Sitz in der Europäischen Gemeinschaft bzw. sind in Gruppen organisiert, innerhalb derer die Ratings oft von einem Zweig außerhalb der Gemeinschaft, in der Regel in den USA, vergeben werden.[538] Um den tatsächlichen Marktbedingungen gerecht zu werden, dürfen registrierte Agenturen Ratings, die in einem Drittland unter vergleichbar qualitätssichernden Voraussetzungen abgegeben wurden, verwenden, Art. 4 Abs. 3 Rating-VO. Ähnliches gilt unter den engen Voraussetzungen von Art. 5 Rating-VO auch für die Verwendung „gemeinschaftsfremder" Ratings durch Banken und andere besondere Finanzmarktteilnehmer, wenn die Ratingagenturen zuvor von der ESMA zertifiziert wurden.[539]

bb) Verhaltens- und Organisationspflichten

Im Zentrum der Rating-VO steht ein unmittelbar an die Ratingagenturen adressierter Pflichtenkatalog, dessen Zweck die Qualitätssicherung der Ratings bzw. der ihnen zugrunde liegenden Bewertungsmethoden ist.[540] Das Fundament bilden auch hier die aus dem Anerkennungsverfahren von Basel II bekannten Grundpfeiler: Unabhängigkeit, Offenlegung, Transparenz und finanzielle Ressourcen. Einzig die Bezugnahme auf das Anerkennungskriterium der „Glaubwürdigkeit" fehlt.[541] Bemerkenswert ist, dass seit der Änderung der Rating-VO im Jahr 2013 besondere Anforderungen für die Bewertung von öffentlichen Schuldnern (sog. Länderratings)

---

536 *Lerch*, BKR 2010, 402, 405.

537 *Zimmer*, FS Hopt, 2010, 2689, 2696; *Gomille*, GPR 2011, 186, 188.

538 Vgl. Erwägungsgrund 2 VO (EG) Nr. 1060/2009; *Gomille*, GPR 2011, 186, 188.

539 *Gomille*, GPR 2011, 186, 188; *Cortez/Schön*, Kreditwesen 2010, 226, 227.

540 Erwägungsgrund 2 VO (EG) Nr. 1060/2009; *Haar*, ZBB 2010, 185, 188: „Input-orientierter Regulierungsansatz".

541 Ebenso *Lerch*, BKR 2010, 402, 406.

gelten.[542] Diese Regelungen sind im Lichte der europäischen Staatsschuldenkrise zu betrachten und dienen zuvörderst dem Schutz der betroffenen Staaten vor Herabstufungen durch die Ratingagenturen und die damit regelmäßig einhergehenden negativen Folgen für die Kurse der gehandelten Staatsanleihen.[543]

(1) Unabhängigkeit

Nach Art. 6 Abs. 1 Rating-VO sind Ratingagenturen zunächst der *Unabhängigkeit* verpflichtet, was insbesondere die Vermeidung von Interessenkonflikten betrifft. Dieser allgemein gehaltene Grundsatz wird durch die in Anhang I Abschnitte A und B der Rating-VO enthaltenen Anforderungskataloge näher konkretisiert. Dabei umfasst Abschnitt A organisatorische Anforderungen an die Unternehmensstruktur der jeweiligen Ratingagentur, während Abschnitt B operationelle Anforderungen an die Tätigkeit beinhaltet. Im Hinblick auf die Unternehmensstruktur müssen Ratingagenturen zunächst über ein Verwaltungs- bzw. Aufsichtsorgan verfügen, das mindestens zu einem Drittel mit unabhängigen Mitgliedern (nicht weniger als zwei) besetzt ist.[544] Weiterhin sind von der Agentur interne Kontrollverfahren einzurichten (Art. 6 Abs. 4 Rating-VO in Verbindung mit Anhang I Abschnitt A Nr. 4), an deren Kopf eine für die Einhaltung des umfangreichen Pflichtenkatalogs verantwortliche Compliance-Funktion sowie ein Compliance-Beauftragter stehen (Anhang I Abschnitt A Nr. 5 und Nr. 6 lit. b). Im Rahmen der Anforderungen an die operationelle Tätigkeit ist die in Anhang I Abschnitt B Nr. 2 enthaltene Offenlegungspflicht aller bewerteten Unternehmen oder verbundenen Dritten, deren Vergütungen mehr als 5% der Jahreseinnahmen einer Agentur ausmachen, hervorzuheben.[545] Ferner ist Ratingagenturen nach Anhang I Abschnitt B Nr. 4 nunmehr ausdrücklich verwehrt, Beratungsleistungen für die von ihnen bewerteten Unternehmen zu erbringen.[546] Ausgenommen sind indes sog. Nebendienstleistungen, womit Analyse- und Prognosetätigkeiten, etwa zur wirtschaftlichen- oder preislichen Entwicklung, gemeint sind.[547] Gleichwohl wird Umgehungen

---

542 Art. 8a Rating-VO. Die Legaldefinition von „Länderrating" findet sich in Art. 3 Abs. 1 lit. v Rating-VO.

543 Vgl. Erwägungsgründe 42 bis 45 VO (EU) Nr. 462/2013.

544 Anhang I Abschnitt A Nr. 1 und 2 Rating-VO.

545 So auch *Haar*, ZBB 2010, 185, 190.

546 Diese Regelung heben auch *Cortez/Schön*, Kreditwesen 2010, 226, 228, *Haar*, ZBB 2010, 185, 190 und *Spindler*, AG 2010, 601, 609 hervor.

547 Krit. zur unscharfen Trennung zwischen verbotenen Beratungstätigkeiten und erlaubten Nebendienstleistungen *Zimmer*, FS Hopt, 2010, 2689, 2700; diesem zust. *Gomille*, GPR 2001, 186, 189; *Bauer*, BB 2013, 363, 364.

durch „beratungsähnliche“ Nebendienstleistungen durch Anhang I Abschnitt B Nr. 4 Unterabs. 3 vorgebeugt, wonach sämtliche, für ein bewertetes Unternehmen erbrachte Nebendienstleistungen im Abschlussbericht zu dem jeweiligen Rating offenzulegen sind.[548]

Die Rating-VO verschließt letztendlich die Hintertür zu den scharf kritisierten Empfehlungen zu strukturierten Finanzprodukten, mit deren Hilfe Ratingagenturen ihren Auftraggebern gezielt die konzeptionelle Ausgestaltung ihrer Produkte vorgeschlagen haben, um so das begehrte „AAA“ -Rating auch tatsächlich vergeben zu können. Solche Vorschläge oder Empfehlungen sind, unabhängig davon, ob formell oder informell erteilt, nach Anhang I Abschnitt B Nr. 5 nunmehr ausdrücklich verboten.

Weiterhin haben Ratingagenturen im Hinblick auf die Bewertungstätigkeit für eine ausreichende Zahl qualifizierte Mitarbeiter Sorge zu tragen, Art. 7 Abs. 1 Rating-VO. Die operativ tätigen Mitarbeiter sind darüber hinaus von Entgeltverhandlungen mit den Auftraggebern und verbundenen Dritten ausgenommen, Art. 7 Abs. 2 Rating-VO. Die Vergütung der einzelnen Mitarbeiter darf auch nicht von den Einkünften abhängig gemacht werden, die die Ratingagentur von den bewerteten Unternehmen erhält, Art. 7 Abs. 5 Rating-VO. Durch diese Beschränkungen der Vergütungsmodelle wird Fehlanreizen (*moral hazard*) auf Ebene der einzelnen Mitarbeiter gegengesteuert.[549] Diese „mitarbeiterbezogenen Anforderungen“ werden wiederum durch Art. 7 Abs. 3 in Verbindung mit Anhang 1 Abschnitt C Rating-VO konkretisiert. Die im operationellen Geschäft tätigen Mitarbeiter unterliegen im Fall eines Wechsels von der Ratingagentur zu einem vormals bewerteten Unternehmen einer Cooling-Off-Periode, was auch für den umgekehrten Fall gilt. Ein an der Rating-Tätigkeit beteiligter Mitarbeiter darf in dem bewerteten Unternehmen erst nach sechs Monaten eine Schlüsselposition in der Geschäftsführung einnehmen, Anhang 1 Abschnitt C Nr. 7. Über diesen Verbotstatbestand hinausgehend, hat die Ratingagentur die Pflicht, die Arbeit des vormaligen Mitarbeiters im Verhältnis zu dem jeweiligen Unternehmen für die dem Wechsel vorangegangenen zwei Jahre zu überprüfen, Anhang 1 Abschnitt C Nr. 6. Im umgekehrten Fall, d.h. bei einem Wechsel von einem bewerteten Unternehmens zu der Ratingagentur, ist der jeweils betroffene Mitarbeiter von der Rating-Vergabe ausgeschlossen, wenn er „bis vor kurzem“ bei dem zu bewertenden Unternehmen beschäftigt war, Anhang 1 Abschnitt C Nr. 2 lit c. Schließlich sieht die Rating-VO ein abgestuftes Rotationsprinzip vor, das die Ratingtätigkeit im Verhältnis zu einem einzelnen Kunden für führende Ratinganalysten auf vier Jahre, für sonstige

548 So auch *Stemper*, Rechtliche Rahmenbedingungen des Ratings, 2010, S. 272.
549 Vgl. auch *Becker*, DB 2010, 941, 943.

Ratinganalysten auf fünf Jahre sowie für die das Rating genehmigenden Mitarbeiter auf sieben Jahre begrenzt.[550] An die jeweilige Höchstgrenze schließt sich dann wiederum eine zweijährige Cooling-Off-Periode an, Anhang 1 Abschnitt C Nr. 8 Abs. 2. Ein solches Rotationsprinzip verfolgt den Zweck, eine übermäßige Bewertungs-Routine gegenüber einzelnen Unternehmen zu verhindern, die zu einem Verlust der Unabhängigkeit bei den beteiligten Mitarbeiter führen könnte.[551]

Indes hat sich dieser Maßnahmenkatalog als unzureichend erwiesen, um Interessenkonflikte in Gestalt von „Gefälligkeitsratings" infolge einer mehrjährigen Vertragsbeziehung zwischen einer Ratingagentur und einem Emittenten endgültig zu beseitigen. Als Lösung wird nun die zeitliche Begrenzung dieser Vertragsbeziehung ins Auge gefasst, wodurch der Emittent gesetzlich gezwungen ist, die Ratingagentur nach Ablauf einer festgelegten Höchstlaufzeit zu wechseln (sog. Rotationssystem).[552] Ein vorgeschriebener Wechsel kann jedoch auch höhere Kosten nach sich ziehen, denn die Überwachung eines Ratings im Rahmen einer bereits bestehenden Vertragsbeziehung wird in aller Regel günstiger sein als die Beauftragung mit einer komplett neuen Bewertung. Daneben ist keinesfalls gesichert, dass die neue Ratingagentur auch qualitativ gleichwertige Ratings abgibt.[553] In Anbetracht dieser Unwägbarkeiten wird das Rotationssystem zunächst auf das Marktsegment der besonders komplexen Wiederverbriefungen[554] beschränkt, das damit als „Testballon" für eine mögliche Ausweitung auf andere Finanzinstrumente dient.[555] Nach Art. 6b Abs. 1 Rating-VO darf eine Ratingagentur Wiederverbriefungen, denen Aktiva desselben Originators zugrunde liegen, nicht länger als vier Jahre bewerten und ist anschließend für maximal vier Jahre gesperrt, Art. 6b Abs. 3 Rating-VO. Eine Ausnahme von der Beschränkung ist für Fälle vorgesehen, in denen mindestens vier Agenturen Ratings für mehr als 10% aller zu bewertenden Instrumente abgeben (Art. 6b Abs. 2 Unterabs. 2 Rating-VO), denn dann ist die Gefahr von „Gefälligkeitsratings" bereits durch den bestehenden Wettbewerb weitgehend gebannt.[556] Eine zusätzliche Ausnahmeregelung kommt kleinen Ratingagenturen zugute, (Art. 6b Abs. 5 Rating-VO).

---

550 Art. 7 Abs. 4 Rating-VO i.V.m. Anhang 1 Abschnitt C Nr. 8 Rating-VO.

551 S. Erwägungsgrund 33 VO (EG) Nr. 1060/2009; krit. dazu *Haar*, ZBB 2010, 185, 190; *dies.* in Hopt/Wohlmannstetter, Handbuch Corporate Governance von Banken, 2011, S. 229; *Möllers*, JZ 2009, 861, 865.

552 Erwägungsgründe 12 und 13 VO (EU) Nr. 462/2013.

553 Erwägungsgrund 13 VO (EU) Nr. 462/2013.

554 S. dazu ausführlich unten 4. Teil, Abschnitt C.

555 Vgl. Art. 39 Abs. 4 lit. a, Abs. 5 lit. c und Erwägungsgrund 13 VO (EU) Nr. 462/2013.

556 Erwägungsgrund 15 VO (EU) Nr. 462/2013.

(2) Transparenz und Offenlegung

Die Rating-Methodik ist Gegenstand einer *Offenlegungspflicht*, Art. 8 Abs. 1 Rating-VO. Ferner statuiert Abs. 2 eine Sorgfaltspflicht im Hinblick auf die angewandten Verfahren. Bestehen für ein strukturiertes Finanzprodukt mehrere Ratings, d.h. Ratings unterschiedlicher Agenturen, und weichen die Ratings voneinander ab, sind die Agenturen nach Art. 8 Abs. 4 Rating-VO verpflichtet, die Abweichung zu dokumentieren und zu begründen. Sind strukturierte Finanzinstrumente, z.B. CDOs, Gegenstand des Ratings, muss dies durch ein zusätzliches Symbol von der Agentur klar zum Ausdruck gebracht werden, so dass andere Marktteilnehmer diese fehleranfälligen komplexen Bewertungen von herkömmlichen Ratings, beispielsweise für traditionelle Unternehmensanleihen, unterscheiden können, Artikel 10 Abs. 3 Rating-VO.[557] Die Anforderungen an die Bewertung von strukturierten Finanzinstrumenten wurden durch die letzte Änderung der Rating-VO im Jahr 2013[558] deutlich verschärft. So muss der Emittent mindestens zwei Ratingagenturen unabhängig voneinander mit der Abgabe eines solchen Ratings beauftragen, Art. 8c Abs. 1 Rating-VO. Zusätzlich muss der Emittent nach Art. 8d Abs. 1 Rating-VO prüfen, ob bei dieser Doppelbewertung zumindest eine Agentur mit einem Marktanteil in Höhe von maximal 10% zur Abgabe des in Rede stehenden Ratings imstande ist, wodurch der Wettbewerb in dem noch immer verhältnismäßig abgeschotteten Markt gefördert werden soll.[559] Eine negative Entscheidung ist entsprechend zu dokumentieren. Die Emittenten, Originatoren und Sponsoren sind gemeinsam dazu verpflichtet, die für eine Bewertung von strukturierten Finanzinstrumenten erforderlichen Informationen auf einer Website der ESMA zu veröffentlichen, Art. 8b Abs. 1 und 4 Rating-VO. Dadurch soll zum einen die Abhängigkeit der Anleger von den Ratings verringert werden, zum anderen wird einem weiteren Kreis von Agenturen die Möglichkeit eröffnet, ihre Bewertungen auch ohne Auftrag des Emittenten auf eine halbwegs verlässliche Informationsgrundlage zu stützen.[560] Dahinter steht letztlich die Förderung der *unsolicited ratings*,[561] die zwar weitgehend frei von Interessenkonflikten sind, deren größtes Problem bislang aber in einer fragwürdigen

557 Die Einführung einer solchen Rating-Kategorie für strukturierte Finanzinstrumente begrüßt *Möllers*, JZ 2009, 861, 868.

558 VO (EU) Nr. 462/2013.

559 Erwägungsgrund 11 VO (EU) Nr. 462/2013.

560 Vgl. Erwägungsgrund 30 VO (EU) Nr. 462/2013.

561 Vgl. Erwägungsgrund 30 VO (EU) Nr. 462/2013.

Zuverlässigkeit bestand, bedingt durch einen mangelhaften Informationszugang der Agenturen.[562]

Weitere Offenlegungspflichten sollen zu einem höheren Maß an *Transparenz* im Marktsegment der Ratingagenturen führen, um Marktkräfte zu mobilisieren, die hervortretenden Missständen entgegenwirken können.[563] Dazu zählen Vorschriften zur Bekanntgabe und Präsentation eines Ratings bzw. einer Entscheidung zum Abbruch eines Ratings (Art. 10 Abs. 1 Rating-VO) sowie die regelmäßige Unterrichtung der Öffentlichkeit (Art. 11 Abs. 1 in Verbindung mit Anhang I Abschnitt E Teil 1 Rating-VO). Weiterhin sind Ratingagenturen verpflichtet, Informationen in einem von der ESMA bereit gestellten und öffentlich zugänglich gemachten „zentralen Datenspeicher" zur Verfügung zu stellen (Art. 11 Abs. 2 Rating-VO), wovon insbesondere Angaben über die Häufigkeit der Änderungen von Ratings umfasst sind. Dadurch werden die Marktteilnehmer in die Lage versetzt, den *„track record"* der Agenturen nachzuzeichnen, d.h. sich ein Bild von der Zuverlässigkeit der vergebenen Ratings über einen längeren Zeitraum verschaffen zu können.[564] Die Ratinginformationen – mit Ausnahme solcher mit Bezug zu *investor pays* Ratings – werden von der ESMA gesammelt und auf einer gesonderten Website, der „Europäischen Ratingplattform", veröffentlicht, in die auch der genannte zentrale Datenspeicher integriert ist, Art. 11a Rating-VO. Schließlich rundet ein jährlicher Transparenzbericht die umfangreichen Offenlegungspflichten ab (Art. 12 Abs. 1 in Verbindung mit Anhang I Abschnitt E Teil III Rating-VO).

cc) Registrierungsverfahren

Der Antrag auf Registrierung ist gemäß Art. 15 Abs. 1 Rating-VO an die ESMA zu richten, die den Antrag innerhalb von 20 Werktagen auf Vollständigkeit überprüft, Art. 15 Abs. 4 Satz 1 Rating-VO. Die ESMA fällt in der Regel innerhalb von weiteren 45 Werktagen einen Beschluss über die Registrierung der Ratingagentur oder deren Ablehnung, Art. 15 Abs. 1 und 3 Rating-VO. Die ESMA hat zudem die Befugnis, eine bestehende Registrierung zu widerrufen, Art. 20 Abs. 1 Rating-VO. Ein Widerruf der Registrierung wird von der ESMA auch nach Aufforderung einer mitgliedstaatlichen Aufsichtsbehörde geprüft, Art. 20 Abs. 2 Satz 1 Rating-VO.

---

562 Dieser Gedanke liegt wohl auch der von Art. 10 Abs. 5 Rating-VO verfolgten Warnfunktion zugrunde.

563 *Haar*, ZBB 2010, 185, 189; jeweils mit kritischen Anmerkungen: *Lerch* BKR 2010, 402, 406; *Möllers*, JZ 2009, 861, 869, der vor einem „Information Overkill" warnt.

564 *Deipenbrock*, WM 2011, 1829, 1831; *dies.*, WM 2007, 2217, 2220 f.

dd) Aufsichtsrechtliches Instrumentarium

Auch die Zuständigkeit für die laufende Überwachung der Ratingagenturen im Anwendungsbereich der Rating-VO liegt bei der ESMA, Art. 21 Abs. 1 Rating-VO. Generell ist jedoch eine enge Zusammenarbeit mit den anderen europäischen Finanzaufsichtsbehörden, d.h. EBA und EIOPA, sowie mit den Aufsichtsbehörden der Mitgliedstaaten vorgesehen, Art. 26 Rating-VO. Die Aufsicht über die *Verwendung* der Ratings durch regulierte Marktteilnehmer bleibt weiterhin in der Zuständigkeit der mitgliedstaatlichen Aufsichtsbehörden, in Deutschland mithin der BaFin.[565] Daneben kann die ESMA auch einzelne Aufsichtsaufgaben an die zuständigen Behörden der Mitgliedstaaten delegieren, Art. 30 Rating-VO.

Durch die Art. 21 ff. Rating-VO ist der ESMA ein aufsichtsrechtliches Instrumentarium an die Hand gegeben, das zahlreiche und zum Teil einschneidende Eingriffsbefugnisse beinhaltet.[566] Die ESMA hat die Befugnis, Informationsersuchen an die Agenturen zu richten (Art. 23b Rating-VO) Die ESMA kann weiterhin allgemeine Untersuchungen einleiten, Art. 23c Rating-VO, ggf. auch vor Ort und ohne vorherige Ankündigung, Art. 23d Rating-VO. Qualifizierte Verstöße können Aufsichtsmaßnahmen nach Art. 24 Rating VO nach sich ziehen, die vom Widerruf der Registrierung, über ein Verbot der Rating-Vergabe bis hin zur Aussetzung der Verwendung von Ratings der betroffenen Agentur reichen. Vor allem die Aussetzung der Verwendung eines Ratings für aufsichtsrechtliche Zwecke kann gravierende Folgen für Banken haben, deren Eigenkapitalberechnungen nach dem KSA auf den Ratings der betroffenen Agentur beruhen. Entsprechende Ratings dürfen höchstens für weitere zehn Tage ab dem Zeitpunkt der Bekanntmachung der Maßnahme verwendet werden, soweit andere Ratings von registrierten Ratingagenturen zur Verfügung stehen, Art. 24 Abs. 4 lit. a Rating-VO. Andernfalls beträgt die Frist für die Aussetzung drei Monate ab dem Zeitpunkt der Bekanntmachung, Art. 24 Abs. 4 lit. b Rating-VO. Im Ausnahmefall kann die ESMA diese Frist um bis zu drei Monate verlängern, wenn die Möglichkeit von Störungen des Marktes oder der finanziellen Instabilität besteht. Der Ratingagentur steht es zwar frei, gegen den Beschluss Beschwerde einzulegen, diese zeitigt jedoch keine aufschiebende Wirkung.

Die qualifizierten Verstöße, die Maßnahmen nach dem in Art. 24 Rating-VO kodifizierten Katalog nach sich ziehen können, sind enumerativ in Anhang III aufgeführt. Das erscheint vor dem Hintergrund der Schwere dieser Eingriffe in

565 Art. 25a Rating-VO i.V.m. Art. 3 Abs. 1 lit. r Rating-VO.

566 So auch *Deipenbrock*, WM 2011, 1829, 1834; bereits zum Entwurf der Verordnung (EU) Nr. 513/2011 *Möllers*, NZG 2010, 285, 289.

das europäische Registrierungsverfahren gilt auch hier, dass nach Sec. 15E Securities Exchange Act keine allgemeine Registrierungspflicht der Rating-Tätigkeit besteht, sondern die Aufsicht über die Ratingagentur erst *Folge* ihrer Anerkennung als NRSRO ist.[581]

bb) Verhaltens- und Organisationspflichten

Auch Sec. 15E Securities Exchange Act greift das im Zusammenhang mit Ratingagenturen stetig auftauchende Regulierungskonzept bestehend aus Unabhängigkeit, Offenlegung, Transparenz, finanzielle Ressourcen und auch Glaubwürdigkeit auf.[582] Dabei sind der SEC, wie im U.S.-amerikanischen Aufsichtsrecht generell üblich, weitreichende Rechtsetzungsbefugnisse eingeräumt, um so den an die NRSROs adressierten Pflichtenkatalog und auch einzelne Registrierungskriterien zu konkretisieren.[583] Von diesen Befugnissen hat die SEC im Jahr 2009 als Reaktion auf die Subprime-Krise extensiv Gebrauch gemacht und strengere Verordnungen erlassen.[584]

Offenlegungs- und Transparenzvorschriften (*disclosure*) nehmen im Aufsichtsrecht der USA traditionell eine Schlüsselstellung ein. Diesen Regulierungsansatz greift auch Sec. 15E Securities Exchange Act auf und richtet umfangreiche Offenlegungspflichten an die NRSROs.[585] Danach sind registrierte Ratingagenturen verpflichtet, neben den im Registrierungsantrag enthaltenen Informationen,[586] die Bonitätsurteile, ggf. deren Veränderungen und eine Performance-Historie der Öffentlichkeit auf ihrer Website zugänglich zu machen.[587] So sollen andere Finanzmarktteilnehmer in die Lage versetzt werden, die Zuverlässigkeit und Beständigkeit einzelner Ratingagenturen zu evaluieren und schließlich miteinander vergleichen zu können.[588] Ziel der Transparenzvorschriften ist offenkundig die Förderung regulierender Marktkräfte, um die Ratingqualität aus Angst vor Reputationsverlusten langfristig auszubauen.

---

581 Vgl. *Möllers*, JZ 2009, 861, 863; *Deipenbrock*, WM 2007, 2217, 2220.

582 S. für das Merkmal ausreichender finanzieller Ressourcen Sec. 15E(a)(2)(C)(ii)(I) und (k) Securities Exchange Act.

583 S. nur Sec. 15E(n) Securities Exchange Act.

584 *Frankel/Fagan*, Law and the Financial System, 2009, S. 169.

585 *Frankel/Fagan*, Law and the Financial System, 2009, S. 169.

586 Ausnahmen bilden insoweit die nur gegenüber der SEC offenzulegenden Angaben über die zwanzig größten Abnehmer einer Ratingagentur sowie die Nutzungsbestätigungen von sog. *qualified institutional buyers*, Sec. 15E(a)(3) Securities Exchange Act.

587 Sec. 15E(q) Securities Exchange Act.

588 Vgl. *Frankel/Fagan*, Law and the Financial System, 2009, S. 169.

Einen weiteren Eckpfeiler stellen Regelungen zur Vermeidung von Interessenkonflikten (*conflicts of interest*) dar.[589] Bereits im Registrierungsantrag sind potentielle Interessenkonflikte von Seiten der Ratingagentur offenzulegen[590] und auch später in der operationellen Tätigkeit tunlichst zu vermeiden.[591] Die SEC hat darüber hinaus einen Katalog von Verbotstatbeständen geschaffen (*prohibited conflicts*), die besonders konfliktträchtiges Verhalten im Zusammenhang mit der Ratingtätigkeit adressieren und nicht nur dessen Offenlegung bzw. schlichte Vermeidung fordern, sondern grundsätzlich untersagen, Rule 17g-5(c). So haben Ratingagenturen bereits im Registrierungsantrag die 20 größten Abnehmer offenzulegen, allerdings nur gegenüber der SEC und auf vertraulicher Basis.[592] Weitaus schärfer stellt sich dagegen die von der SEC aufgestellte Verbotsregel dar, wonach eine Ratingagentur grundsätzlich nicht mehr als 10% ihrer Jahreseinkünfte von einem bewerteten Unternehmen erhalten darf, Rule 17g-5(c)(1).[593] Allerdings gewährt die SEC im Rahmen ihrer Aufsichtspraxis kleineren Ratingagenturen Ausnahmen von diesem Verbotstatbestand, um so den Marktzugang zu erleichtern.[594] Des Weiteren werden Beratungstätigkeiten von dem Verbotskatalog adressiert[595] und Mitarbeiter des operationellen Bewertungsgeschäfts von den Vergütungsverhandlungen mit potentiellen Kunden gebannt.[596]

Weitere Pflichten betreffen die *Organisation* der NRSROs, die danach über interne Kontrollstrukturen,[597] einen von der operationellen Ratingvergabe ausgeschlossenen *compliance officer*[598] sowie ein mindestens zur Hälfte mit unabhängigen Mitgliedern (nicht weniger als zwei) besetztes *board of directors*[599] verfügen müssen. An die *Rating-Methodik* werden zunächst qualitätssichernde Anforderungen gestellt, etwa die Pflicht zur Verwendung sowohl quantitativer als auch

---

589 17 C.F.R. § 240.17g-5 (Rule 17g-5).

590 Sec. 15E(a)(1)(B)(vi) Securities Exchange Act.

591 Sec. 15E(h) Securities Exchange Act.

592 Sec. 15E(a)(1)(B)(viii) Securities Exchange Act; s. auch 17 C.F.R. § 240.17g-3(5) (Rule 17g-3(5)).

593 Dazu *Möllers*, JZ 2009, 861, 865.

594 S. zuletzt *SEC*, Release No. 34-65339 v. 14.9.2011, Order Granting Temporary Exemption of Kroll Bond Rating Agency, Inc. from the Conflict of Interest Prohibition in Rule 17g-5(c)(1) of the Securities Exchange Act of 1934, S. 4 ff.

595 Rule 17g-5(c)(5).

596 Rule 17g-5(c)(6).

597 Sec. 15E(c)(3)(A) Securities Exchange Act.

598 Sec. 15E(j)(1) Securities Exchange Act.

599 Sec. 15E(t)(1) und (2)(A) Securities Exchange Act.

qualitativer Daten und Modelle bei der Bewertung.[600] Darüber hinaus treffen NRSROs wiederum weitreichende Offenlegungspflichten im Zusammenhang mit den verwendeten Rating-Methoden, Sec. 15E(s) Securities Exchange Act, wobei zwischen quantitativen und qualitativen Schlüsselinformationen differenziert werden kann. Zum qualitativen Inhalt zählen insbesondere die Grenzen der Aussagekraft eines Ratings, etwa die fehlende Berücksichtigung von Liquiditäts-, Markt-, und anderen Risiken.[601] In Hinblick auf quantitative Elemente hat die Ratingagentur die potentielle Volatilität eines Ratings und alternative Szenarien darzulegen sowie die exakte Angabe der Ausfallwahrscheinlichkeit (PD).[602]

cc) Registrierungsverfahren

Ratingagenturen, die eine Anerkennung als NRSRO ersuchen, müssen einen entsprechend standardisierten Antrag an die SEC richten.[603] In der Regel entscheidet die SEC innerhalb von 90 Tagen nach dem Eingang des Antrags über die Registrierung.[604] Zieht die SEC allerdings eine negative Entscheidung in Betracht, leitet sie innerhalb der 90-Tage-Frist zunächst eine Art „Ablehnungsverfahren“[605] ein, das wiederum spätestens 120 Tage nach Eingang des Antrags abgeschlossen werden muss.[606] Ihrem Antrag hat die Ratingagentur die schriftlichen Bestätigungen von mindestens zehn sog. *qualified institutional buyers* beizubringen, bei denen die Ratings mindestens für die Dauer der letzten drei Jahre Verwendung gefunden haben müssen.[607] Ferner muss die Ratingagentur Schuldnerklassen benennen, die von (1) Finanzinstituten, über (2) Versicherungen und (3) Unternehmen bis hin zu Emittenten von (4) ABS oder (5) Staatsanleihen reichen.[608] Für jede benannte Schuldnerklasse müssen wiederum mindestens zwei entsprechende Bestätigungen von *qualified institutional buyers* vorgebracht werden.[609] Aus diesem Merkmal wird man wohl das auch in Basel II enthaltene Kriterium der „Glaubwürdigkeit“

---

600 Sec. 15E(r)(1) Securities Exchange Act.
601 Sec. 15 E(s)(3)(A)(iii) Securities Exchange Act.
602 Sec. 15E (s)(3)(B)(ii) Securities Exchange Act.
603 Sec. 15E(a)(1)(A) Securities Exchange Act. S. zu dem Verfahren auch *Deipenbrock*, WM 2007, 2217.
604 Sec. 15E(a)(2)(A) Securities Exchange Act.
605 So *Deipenbrock*, WM 2007, 2217, 2221.
606 Sec. 15E (a)(2)(B)(i)(II) Securities Exchange Act.
607 Sec. 15E (a)(C)(i) und (iv)(II) Securities Exchange Act.
608 Sec. 15E(a)(C)(ii) und Sec. 3(a)(62)(A)(i) bis (v) Securities Exchange Act.
609 Sec. 15E(a)(C)(iii) Securities Exchange Act.

herauszulesen haben, das eine entsprechende Marktakzeptanz der Ratings einer Agentur voraussetzt.[610]

dd) Aufsichtsrechtliches Instrumentarium

Auch die laufende Aufsicht über NRSROs fällt in die Zuständigkeit der SEC,[611] bei der im Zuge des Dodd-Frank Act zusätzlich das Office of Credit Ratings eingerichtet wurde.[612] In die besondere Zuständigkeit des Office of Credit Ratings fällt eine mindestens einmal jährlich durchzuführende genaue Überprüfung von jeder NRSRO, deren Ergebnis in zusammengefasster Form auch der Öffentlichkeit zugänglich gemacht wird.[613] Der aufsichtsrechtliche Eingriffskatalog umfasst insbesondere die Befugnis, die Tätigkeit der betroffenen Ratingagentur zu beschränken, die Registrierung für eine Dauer von bis zu 12 Monaten auszusetzen oder gar dauerhaft zu widerrufen.[614] Entsprechende Eingriffsbefugnisse stehen der SEC auch gegenüber einzelnen Personen im Tätigkeitsfeld der NRSROs zu. Flankiert werden die Eingriffsbefugnisse der SEC durch einen Bußgeldkatalog.[615]

f) Analyse und rechtsvergleichender Befund

Bereits dem von Basel II aufgestellten und von Basel III aufgegriffenen Anerkennungsverfahren für Ratingagenturen liegt die Einsicht zugrunde, dass Banken nicht jedes beliebige Rating zur Risikogewichtung der Aktiva im Berechnungsverfahren ihres Mindesteigenkapitals verwenden sollten.[616] Offenkundig wiegen die dem *issuer pays model* inhärenten Interessenkonflikte zu schwer, um diese Bonitätseinschätzungen ungeprüft für die Zuweisung von Risikogewichten im Rahmen der Eigenmittelvorschriften zu verwenden. Ein eng umgrenzter Regulierungsansatz war demnach bereits in Basel II enthalten.[617]

---

610 Ähnlich *Deipenbrock*, WM 2007, 2217, 2220 f.

611 Sec. 15E(c) Securities Exchange Act.

612 Sec. 932(a)(8) Dodd-Frank Act nunmehr kodifiziert als Sec. 15E(p)(1) Securities Exchange Act.

613 Sec. 15E(p)(1) Securities Exchange Act.

614 Sec. 15E(d)(1) Securities Exchange Act.

615 Sec. 15E(p)(4)(A) Securities Exchange Act.

616 S. *Basler Ausschuss für Bankenaufsicht*, Internationale Konvergenz der Eigenkapitalmessung und Eigenkapitalanforderungen, Juni 2006, Tz. 90 f.

617 Vgl. *Deipenbrock*, WM 2006, 2237, 2237 ff.

aa) Rückgriff auf externe Ratings als Grundsatzfrage

Diesem Grundkonzept folgt auch (noch) das europäische Bankenaufsichtsrecht. Im KSA der CRR ergeben sich die Risikogewichte der Aktiva, die mit Ausfallrisiken behaftet sind, anhand der Ratings anerkannter externer Ratingagenturen, worunter Agenturen zu verstehen sind, die auf Grundlage der europäischen Rating-VO registriert oder zertifiziert wurden und dadurch fortlaufend unter die zentrale behördliche Aufsicht der ESMA gestellt sind.[618] Hingegen sind die USA von diesem Weg bereits abgerückt und streichen die Rückgriffe auf externe Ratings langfristig aus dem Aufsichtsrecht, Sec. 939 und 939A Dodd-Frank Act.[619] Für die Berechnung der Eigenmittelanforderungen bleibt es für die breite Masse der U.S.-amerikanischen Banken in weiten Teilen bei der Zuweisung starrer Risikogewichte für Aktiva (z.B. 100% für Darlehen an Unternehmen), wie es Basel I bereits seit dem Jahr 1988 vorgibt. Um in einigen Bereichen eine höhere Risikosensitivität der Eigenmittelanforderungen zu erreichen, werden zukünftig alternative Verfahren zur Messung des Ausfallrisikos herangezogen, etwa OECD Country Risk Classifications (CRCs) für Kreditforderungen gegenüber Staaten oder ausländische Banken. Zwar verweisen die U.S.-amerikanischen Aufsichtsbehörden darauf, dass den CRCs kein vergleichbarer Interessenkonflikt zugrunde liege, wie es bei den externen Ratings der privatrechtlich organisierten und kommerziell ausgerichteten Ratingagenturen der Fall sei.[620] Ob die CRCs für die Zwecke des Bankenaufsichtsrechts tatsächlich zuverlässiger sind, bleibt jedoch abzuwarten. Fraglich erscheint vor allem die Knüpfung des Risikogewichts von Forderungen gegenüber ausländischen Banken an die CRC des Staates, in dem die jeweils betroffene Bank ihren Sitz hat. Die CRCs spiegeln das Länderrisiko von Staaten anhand makroökonomischer Modelle wider,[621] ohne die wirtschaftliche Lage einzelner Banken zu berücksichtigen.

---

618 Art. 135 Abs. 1 CRR in Verbindung mit Art. 4 Abs. 1 Nr. 98 CRR. Vergleichbares gilt für die Risikogewichtung von Verbriefungspositionen und Schuldtiteln im Handelsbuch, s. dazu unten S. 142 ff. (Verbriefungspositionen) und S. 199 (Schuldtitel im Handelsbuch).

619 *Delahaye*, Basel III: Capital Adequacy and Liquidity after the Financial Crisis, S. 4; *Altman/Öncü/Richardson/Schmeits/White* in Acharya/Cooley/Richardson/Walter, Regulating Wall Street, 2011, S. 455.

620 So der gemeinsamen Verordnungsentwurf von *OCC*, *Federal Reserve* und *FDIC*, Regulatory Capital Rules: Standardized Approach for Risk-Weighted Assets; Market Discipline and Disclosure Requirements, 77 Fed. Reg. 52888, 52895 (30. August 2012).

621 *Janus* in Schimansky/Fischer/Lwowski, Bankrechts-Handbuch, Band II, 4. Aufl. 2011, § 122, Rn. 137.

Hingegen hat sich die EU in dieser Hinsicht bislang deutlich zurückhaltender gezeigt. In der jüngsten Änderung der europäischen Rating-VO aus dem Jahr 2013 wird nun aber der übermäßige Rückgriff auf externe Ratings thematisiert.[622] Dabei verfolgt die EU einen mehrstufigen Ansatz. Zunächst soll in einem ersten Schritt geprüft werden, ob die Bezugnahmen auf externe Ratings im Unionsrecht den Finanzmarktteilnehmern einen Anreiz geben, ausschließlich oder automatisch auf die Bonitätseinschätzungen der Ratingagenturen zurückzugreifen. In einem zweiten Schritt sollen die Bezugnahmen zu aufsichtsrechtlichen Zwecken überprüft und bis 2020 gestrichen werden, sofern geeignete Alternativen für die Bewertung des Ausfallrisikos gefunden und umgesetzt sind.[623] Mit Blick auf den KSA ist zumindest auf die erste Frage schnell eine Antwort gefunden: Natürlich bietet die rechtliche Verknüpfung von externen Ratings mit den maßgeblichen Risikogewichten im Rahmen von Säule 1 der Basler Rahmenvereinbarungen einen Anreiz zum automatischen Rückgriff auf die Bonitätseinschätzungen der Ratingagenturen.[624] Im Gegensatz zum IRBA sind im KSA gerade keine internen Berechnungen durch die Banken vorgesehen. Gleichwohl müssen Institute nach Art. 5a Abs. 1 Rating-VO nunmehr unterschiedslos eigene Kreditrisikobewertungen vornehmen und dürfen sich bei der Bewertung der Bonität eines Unternehmens oder eines Finanzinstruments jedenfalls nicht mehr ausschließlich oder automatisch auf Ratings stützen. In dieselbe Kerbe schlägt auch die CRD IV. Die Art. 77 und 79 CRD IV richten sich an die Aufsichtsbehörden und sind damit der Säule 2, genauer: dem *Supervisory Review and Evaluation Process*, zuzuordnen. Nach Art. 77 CRD IV sollen die Institute verstärkt zur Entwicklung und Verwendung interner Ansätze zur Berechnung der Eigenmittelanforderungen für das Kreditrisiko angehalten werden.[625] Allerdings stehen die Regelungen hier noch unter dem Vorbehalt der Berücksichtigung der Art, des Umfangs und der Komplexität der Geschäfte des jeweiligen Instituts, so dass im Anwendungsbereich von Art. 77 CRD IV vor allem kleine Institute durch das Raster fallen dürften.[626] Allerdings fordert Art. 79 lit. b CRD IV ohne einen entsprechenden Vorbehalt, dass die Aufsichtsbehörden sicherzustellen haben, dass Institute über interne Methoden verfügen, um das Kreditrisiko sowohl für einzelne Schuldner, Wertpapiere oder Verbriefungspositionen als auch für das gesamte Portfolio bewerten zu können. Dabei wird hervorgehoben, dass sich diese internen Methoden nicht ausschließlich oder automatisch auf externe

622 Art. 5a bis 5c Rating-VO.

623 Art. 5c und Erwägungsgrund 6 VO (EU) Nr. 462/2013.

624 So auch *Bauer*, BB 2013, 363, 364 f.

625 S. auch *Bauer*, BB 2013, 363, 365.

626 Vgl. insbesondere Art. 77 Abs. 2 CRD IV.

Bonitätsbeurteilungen stützen dürfen. Auch wenn die Eigenmittelanforderungen auf externen Ratings beruhen, sind die Institute dadurch nicht von der Pflicht befreit, „[...] darüber hinaus andere einschlägige Informationen zur Bewertung der Allokation ihres internen Kapitals in Betracht zu ziehen;“ Art. 79 lit. b CRD IV.

Zumindest haftungsrechtlich ist dieser Weg in Deutschland bereits durch die Rechtsprechung vorgezeichnet.[627] Bank-Vorstände, die bei ihren Anlageentscheidungen einzig auf die Urteile von Ratingagenturen vertraut haben, haften unter Umständen gegenüber der Gesellschaft gemäß § 93 Abs. 2 Satz 1 AktG und können sich nicht auf den „sicheren Hafen“ der sog. *business judgement rule,* § 93 Abs. 1 Satz 2 AktG, berufen, denn allein externe Ratings stellen nach Ansicht des OLG Düsseldorf keine angemessene Informationsgrundlage für eine unternehmerische Entscheidung dar.[628] Blickt man auf den Ausgangspunkt der Untersuchung zurück, der in der Determination des ökonomischen Risikobegriffs durch die Entscheidungslehre zu sehen ist, schließt sich an dieser Stelle der Kreis, denn Bankmanager stehen an der Spitze aller bankbetrieblichen Entscheidungen und tragen damit zugleich eine zivil- bzw. gesellschaftsrechtliche Verantwortung, die letztlich in haftungsrechtliche Konsequenzen umschlagen kann. Entscheidung, Risiko und Verantwortung fügen sich dann zu einem Gesamtbild zusammen. Zudem enthalten die MaRisk die Vorgabe, dass sich Institute trotz der Verwendung externer Bonitätseinschätzungen ein eigenes Urteil über das Ausfallrisiko bilden und dabei eigene Erkenntnisse und Informationen in die Kreditentscheidung einfließen lassen müssen.[629] Die Stärkung der individuellen Verantwortlichkeit der Institute könnte sich auch im Hinblick auf die Stabilität des Finanzsystems als richtungsweisend erweisen. Bewertet ein Institut bei der Investition in eine Anleihe das spezifische Risiko falsch, ist zunächst nur das einzelne Institut von seiner Fehlentscheidung betroffen. Institute, die auf Grundlage der verfügbaren Informationen eine korrekte Beurteilung des Risikos vorgenommen haben, werden davon nicht tangiert. Ist das Risikogewicht hingegen an ein externes Rating geknüpft, sind von einer falschen Bonitätseinschätzung der Ratingagentur alle Investor-Institute gleichermaßen betroffen, was einem aufsichtsrechtlich angeordneten Herdenverhalten nahe kommt.[630]

---

627 Vgl. *Spindler*, NZG 2010, 281, 284; *Fleischer*, NJW 2010, 1504, 1505; *P. Schaub/ M. Schaub*, ZIP 2013, 656, 660 f.; s. auch zu dem Problemkreis „Komplexität als Haftungsrisiko“ bereits oben 11 f.

628 OLG Düsseldorf, Beschl. v. 9.12.2009 – I–6 W 45/09, CCZ 2010, 117, 119.

629 MaRisk BTO 1.2, Tz. 4.

630 *Whitehead* verwendet den Begriff *„destructive coordination“*, 96 Cornell L. Rev. 323 (2011).

Für den Rückgriff auf externe Ratings wird man daher in Zukunft zwischen Säule 1 und Säule 2 differenzieren müssen: Während im KSA (Säule 1) nach wie vor ein automatischer Rückgriff auf Ratings gesetzlich vorgegeben ist, müssen Institute bei ihrem Risikomanagement (Säule 2) ergänzend interne Methoden entwickeln und verwenden, um eine Unterlegung des Kreditrisikos mit *internem* Kapital sicherzustellen und so den aufsichtsrechtlichen Organisationspflichten zu entsprechen. Dieser strukturelle Wertungswiderspruch ließe sich nur dann beheben, wenn die EU nach dem Vorbild der USA die Bezugnahmen auf externe Ratings konsequent streichen würde.

bb) Regulierungsansätze

Den Anerkennungsverfahren in Europa und den USA ist zunächst gemeinsam, dass keine allgemeine Registrierungspflicht für Ratingagenturen statuiert wird. Die Pflichten ergeben sich vielmehr als Folge der freiwilligen Unterwerfung einer Agentur unter das Aufsichtsregime.[631] Sollen die abgegebenen Ratings allerdings für aufsichtsrechtliche Zwecke Verwendung finden, führt kein Weg an einer behördlichen Registrierung vorbei.[632]

Materiell kreisen die Regulierungsansätze grundsätzlich um die Kriterien Objektivität, Unabhängigkeit, Transparenz, Offenlegung und Ressourcen, im Fall der U.S.-amerikanischen Regeln zusätzlich auch um die Glaubwürdigkeit der Ratingagentur. Die vom Basler Ausschuss zu diesen einzelnen Eckpunkten getroffenen Ausführungen können dabei lediglich als grobe Schablone angesehen werden.[633] So wird etwa für das Unabhängigkeitskriterium skizzenhaft gefordert, dass die Unternehmensstruktur nicht Auslöser von Interessenkonflikten sein solle.[634] Gewonnen ist mit einer solchen generalklauselartigen Formulierung freilich nichts. Zwar ist seit Basel III zusätzlich die Offenlegung von Vergütungsvereinbarungen gefordert,[635] konkrete Verbotstatbestände ergeben sich daraus allerdings immer noch nicht.

Weitaus konkretere Vorgaben enthalten demgegenüber die Verfahren nach der europäischen Rating-VO und den parallelen U.S.-amerikanischen Regeln in Sec. 15E

631 Vgl. *Möllers*, JZ 2009, 861, 863; *Deipenbrock*, WM 2007, 2217, 2220; *Gomille*, GPR 2011, 186, 188.

632 *Zimmer*, FS Hopt, 2010, 2689, 2696; *Gomille*, GPR 2011, 186, 188; *Lerch*, BKR 2010, 402, 405.

633 S. auch *Herfurth*, Die Regulierung von Ratingagenturen unter Basel II, 2010, S. 151.

634 *Basler Ausschuss für Bankenaufsicht*, Internationale Konvergenz der Eigenkapitalmessung und Eigenkapitalanforderungen, Juni 2006, Tz. 91.

635 *Basler Ausschuss für Bankenaufsicht*, Basel III, Dezember 2010, Tz. 120.

Securities Exchange Act. Im Hinblick auf die Verhaltens- und Organisationspflichten, die sich der behördlichen Registrierung anschließen, verfolgen die Rating-VO und das U.S.-amerikanische Registrierungsverfahren – abgesehen von Abweichungen im Detail – dieselbe Stoßrichtung: Die Grundpfeiler bilden weitreichende Offenlegungspflichten, Anforderungen an die Unternehmensstruktur und an die operationelle Tätigkeit sowie an die Mitarbeiter, wobei die Vermeidung von Interessenkonflikten in einer Gesamtschau eine hervorgehobene Stellung einnimmt.[636] Vorab sei aber bereits darauf hingewiesen, dass beide Regulierungsansätze nicht den radikalen Weg beschreiten und das *issuer pays model* (vorerst) unangetastet lassen.[637] Eine tiefergehende Veränderung könnte sich in den USA dann ergeben, wenn die SEC von der in Sec. 939F Dodd-Frank enthaltenen Möglichkeit Gebrauch macht, ein Zuordnungsverfahren für Ratings von strukturierten Finanzprodukten, beispielsweise CDOs, durch eine Verordnung einzusetzen.[638] Danach wäre es Emittenten zukünftig untersagt, eine Ratingagentur für die Bewertung strukturierter Finanzprodukte selbst auszuwählen. Vielmehr würde ein Komitee den Bewertungsauftrag einer NRSRO in Eigenregie zuweisen.[639] Mit der verbindlichen Einführung des Rotationsprinzips für die Ratings von Wiederverbriefungen und der Pflicht zur Doppelbewertung von strukturierten Finanzprodukten hat die EU nun partiell vergleichsweise strenge Regelungen auf den Weg gebracht. Das Rotationsprinzip wird den anhaltenden Interessenkonflikten zumindest im Bereich der komplexen Wiederverbriefungen entgegen wirken können. Die Pflicht zur Doppelbewertung von strukturierten Finanzprodukten ist geeignet, die Rating-Qualität zumindest in diesem Marktsegment zu erhöhen. Zweifellos werden dadurch die Kosten solcher Emissionen in die Höhe getrieben. Im Ergebnis überwiegt aber der positive Effekt der Pflicht zur Doppelbewertung, denn dadurch lässt sich die Gefahr von Fehlbewertungen dieser komplexen Produkte signifikant verringern. Indes sollte einer zukünftigen Ausweitung dieser Pflicht auf einfache Schuldtitel oder einzelne Emittenten und Kreditnehmer mit Zurückhaltung begegnet werden. Bei vergleichsweise einfachen Finanzprodukten

---

636 Vgl. *Möllers*, JZ 2009, 861, 864 ff.; *Haar*, ZBB 2010, 187, 189 ff.

637 Für die Änderungen von Sec. 15E Securities Exchange Act durch den Dodd-Frank Act: *Altman/Öncü/Richardson/Schmeits/White* in Acharya/Cooley/Richardson/Walter, Regulating Wall Street, 2011, S. 456; für die europäische Rating-VO: *Deipenbrock*, WM 2011, 1829, 1834 f.; *Spindler*, AG 2010, 601, 610; *Gomille*, GPR 2011, 186, 189; *Haar*, ZBB 2010, 187, 190.

638 *Altman/Öncü/Richardson/Schmeits/White* in Acharya/Cooley/Richardson/Walter, Regulating Wall Street, 2011, S. 456 ff.

639 Sec. 939F(b) bis (d) Dodd-Frank Act.

fallen die Bewertungsprobleme eben nicht so stark ins Gewicht, dass die mit einer Doppelbewertung verbundenen Kosten wieder aufgewogen würden. Die gleichen Bedenken gelten auch im Hinblick auf die Ausweitung des Rotationsprinzips.

Ein Kernproblem ist und bleibt dabei letztlich die mangelnde Auswahl im oligopolistischen Rating-Markt.[640] Vor diesem Hintergrund ist besonders das Glaubwürdigkeitskriterium kritisch zu hinterfragen, das maßgeblich an die Marktakzeptanz einer Ratingagentur anknüpft und für neue Agenturen faktisch eine Marktzugangsschwelle setzt.[641] Aus diesem Grund ist zu begrüßen, dass die europäische Rating-VO auf das Kriterium der Glaubwürdigkeit verzichtet.[642] Hingegen sind Ratingagenturen im U.S.-amerikanischen Registrierungsverfahren dazu verpflichtet, ihrem Antrag schriftliche Verwendungsbestätigungen von *qualified institutional buyers* (QIBs) für die letzten drei Jahre beizubringen.[643]

Schließlich sind Offenlegungs- und Transparenzvorschriften zwar grundsätzlich zu begrüßen, versetzen sie doch andere Marktteilnehmer in die Lage, sich ein eigenes Bild von der Zuverlässigkeit der jeweiligen Ratings zu machen.[644] In diesem Zusammenhang scheint die europäische Ratingplattform bei der ESMA und der darin integrierte zentrale Datenspeicher gegenüber der in den USA vorgesehenen fragmentarischen Veröffentlichung auf den Websites der einzelnen Ratingagenturen der effizientere und damit vorzugswürdige Weg.[645] Allgemein bestehen dennoch begründete Zweifel an der Effizienz von solchen auf extensiven Offenlegungsvorschriften basierenden Regulierungsansätzen.[646] Letztlich liegt diesen Ansätzen die Vermutung zugrunde, dass andere Finanzmarktteilnehmer die so zur Verfügung gestellten Informationen auswerten und anschließend entsprechend rationale Entscheidungen fällen.[647] Überträgt man diese Annahme auf den Markt für Ratings, werden die offengelegten Interessenkonflikte oder Ungenauigkeiten

---

640 *Altman/Öncü/Richardson/Schmeits/White* in Acharya/Cooley/Richardson/Walter, Regulating Wall Street, 2011, S. 456 ff.; *Deipenbrock*, WM 2011, 1829, 1835.

641 *Lerch*, BKR 2010, 402, 406; s. auch schon *Deipenbrock*, WM 2007, 2217, 2220 ff.; vorsichtiger *Herfurth*, Die Regulierung von Ratingagenturen unter Basel II, 2010, S. 166 ff.

642 *Lerch*, BKR 2010, 402, 406.

643 Sec. 15E(a)(C)(i) und (iv)(II) Securities Exchange Act.

644 Ablehnend im Hinblick auf die *investor-paid* Ratings, *Zimmer*, Gutachten G zum 68. DJT, 2010, S. 75 ff.

645 *Möllers*, JZ 2009, 861, 869.

646 *Möllers*, JZ 2009, 861, 869; *Haar*, ZBB 2010, 187, 189.

647 Theorie von der Effizienz der Kapitalmärkte, s. *Gilson/Kraakman*, 70 Va. L. Rev. 549 (1984).

der betroffenen Agentur zukünftig durch Verzicht auf weitere Bewertungsaufträge oder Nutzung der Ratings geahndet. In der Theorie entfaltet der Markt somit selbstregulierende Kräfte, die ein hoheitliches Eingreifen nicht mehr erforderlich machen. Allerdings zeigen Erfahrungen, dass selbst die als hoch entwickelt geltenden, institutionellen Finanzmarktteilnehmer nicht in der Lage waren, Informationen dergestalt auszuwerten, dass sie tatsächlich rationale Entscheidungen treffen konnten.[648] Der Grund mag zum einen in der schieren Informationsfülle zu sehen sein, die das „Filtern" von insoweit wesentlichen, entscheidungserheblichen Informationen erschwert,[649] zum anderen an der notwendigen Einsicht, dass selbst institutionelle Finanzmarktteilnehmer trotz verfügbarer Informationen zu irrationalen Entscheidungen neigen können.[650] Diese Probleme sind aus der Verhaltensökonomik (*behavioral economics*) hinlänglich bekannt. Vor diesem Hintergrund erscheint es auch fraglich, ob und inwieweit die Kleidung in ein neues Gewand, wie in der europäischen Rating-VO durch die zusätzliche Kennzeichnung von Ratings für strukturierte Finanzprodukte vorgesehen, tatsächlich zielführend ist. Denn diese Produkte sind ohnehin an institutionelle Investoren adressiert von denen angenommen werden sollte, dass sie zwischen simplen Unternehmensanleihen und ungleich komplexeren CDOs zu unterscheiden wissen.[651] Letztlich tragen sowohl die europäischen als auch die U.S.-amerikanischen Regelungen diesen Bedenken Rechnung, indem der SEC und der ESMA ein umfangreiches aufsichtsrechtliches Instrumentarium an die Hand gegeben ist, flankiert durch einen Bußgeldkatalog, um die Durchsetzung der getroffenen Maßnahmen zu gewährleisten. Offenbar vertrauen beide Rechtsordnungen nicht mehr ausschließlich auf die gegenüber Missständen im Ratingwesen auto-korrektiv wirkende Macht des Marktes.

4. Der auf internen Ratings basierende Ansatz (IRBA)

Während der Standardansatz das Grundmodell von Basel I, d.h. die Einteilung von Aktiva in risikogewichtete Kategorien, übernimmt und durch die zusätzliche Berücksichtigung externer Rating modifiziert, ist der IRBA von dem herkömmlichen Berechnungsmodell für die Eigenkapitalunterlegung von Positionen mit

648 *Zimmer*, FS Hopt, 2010, 2689, 2689 ff.

649 *Möllers*, JZ 2009, 861, 869 „Information Overkill"; s. auch *Haar*, ZBB 2010, 187, 189.

650 *Schooner/Taylor*, Global Bank Regulation, 2010, S. 285; s. grundlegend *Black*, 41. J. Fin. 529 (1986) zum sog. „*noise trading*".

651 A.A. *Möllers*, JZ 2009, 861, 868; *Haar*, ZBB 2010, 187, 189.

Kreditrisiken weitgehend losgelöst.[652] Im Rahmen des IRBA erfolgt die Berechnung des Mindesteigenkapitals für das Kreditrisiko anhand von Risikokomponenten, deren Werte auf bankinternen Schätzungen beruhen.[653]

a) Risikokomponenten

Bei den von Basel II zugrundegelegten Risikokomponenten handelt es sich um die Kennzahlen, die bereits oben bei der Formel zur Berechnung des erwarteten Verlusts von Kreditrisiken dargestellt wurden: Die Ausfallwahrscheinlichkeit (*probability of default*, PD), die Verlustausfallquote (*loss given default*, LGD) sowie die ausstehende Forderung bei Ausfall (*exposure at default*, EAD). Hinzu kommt die effektive Restlaufzeit der Forderung (*maturity*, M).[654] Die Grundannahme lautet dabei, dass mit längerer Laufzeit auch das Ausfallrisiko des Engagements steigt.[655] Diese einzelnen Risikokomponenten fungieren als Eingabeparameter für Risikogewichtungsfunktionen, die für verschiedene Forderungsklassen unterschiedlich ausgestaltet sind.[656]

Da sich die Risikokomponenten dynamisch verändern können, wird ein sprunghafter Anstieg der Eigenkapitalanforderungen vermieden.[657] Hingegen führt die Verschlechterung des Ratings eines Schuldners im KSA unter Umständen dazu, dass die Forderungen einer anderen Kategorie zuzuordnen sind und sich damit plötzlich das Risikogewicht z.B. von 20% auf 50% erhöht. Dadurch verändert sich auch das Mindesteigenkapital sprunghaft und weniger risikosensitiv als im IRBA.[658]

---

652 *Schooner/Taylor*, Global Bank Regulation, 2010, S. 152.

653 *Basler Ausschuss für Bankenaufsicht*, Internationale Konvergenz der Eigenkapitalmessung und Eigenkapitalanforderungen, Juni 2006, Tz. 211. *Thiele*, ZG 2010, 127, 142 f. bemängelt grundlegend den unkritischen Rückgriff auf finanzmathematische Modelle für die bankinternen Berechnungen, obwohl diese Risikomodelle von der Wissenschaft zunehmend in Frage gestellt werden. Es bestehe die Gefahr der „Ergebnisfixierung", ohne das zugrunde liegende Modell zu berücksichtigen, *Thiele*, a.a.O.

654 *Basler Ausschuss für Bankenaufsicht*, Internationale Konvergenz der Eigenkapitalmessung und Eigenkapitalanforderungen, Juni 2006, Tz. 211. S. zu den einzelnen Parametern bereits oben S. 75 ff.

655 *Schooner/Taylor*, Global Bank Regulation, 2010, S. 154.

656 *Wittig*, ZHR 169 (2005), 212, 219.

657 *Schooner/Taylor*, Global Bank Regulation, 2010, S. 155.

658 *Schooner/Taylor*, Global Bank Regulation, 2010, S. 155.

b) Behandlung von erwarteten und unerwarteten Verlusten

Aus Sicht der Banken bietet die Berechnung der vorzuhaltenden Eigenmittel unter dem IRBA einen weiteren gewichtigen Vorteil. Im Rahmen des IRBA wird zwischen erwarteten Verlusten und unerwarteten Verlusten unterschieden.[659] Von der Unterlegungspflicht ist grundsätzlich nur der unerwartete Verlust betroffen, nicht jedoch der erwartete Verlust.[660] Damit wird dem ökonomischen Grundsatz entsprochen, dass erwartete Verluste bereits von Seiten der Bank berücksichtigt werden und grundsätzlich durch die Erhebung materieller Risikoprämien abgegolten sind, während unerwartete Verluste das *echte* Risiko darstellen.[661] Dennoch sind Banken, die den IRBA verwenden, zur separaten Berechnung der erwarteten Verluste verpflichtet (sog. erwartete Verlustbeträge).[662] Die erwarteten Verlustbeträge sind anschließend mit den von der Bank zur Risikovorsorge bereits getroffenen Wertberichtigungen und Rückstellungen zu vergleichen. Wenn die erwarteten Verluste die Wertberichtigungen und Rückstellungen der Bank übersteigen, muss der Differenzbetrag vom Kapital abgezogen werden. Übersteigen indes die Wertberichtigungen und Rückstellungen die erwarteten Verluste, kann der Überschuss als Ergänzungskapital anerkannt werden.[663] Die differenzierte Behandlung von erwarteten und unerwarteten Verlusten trägt folglich in hohem Maße zur Risikosensitivität des IRBA bei.

c) Fortgeschrittener- und Basis-IRBA

Die Unterscheidung zwischen den zwei Varianten des IRBA, dem *Basis-IRBA* und dem *fortgeschrittenen IRBA*, knüpft an den Umfang der zur Bestimmung der Risikokomponenten verwendeten bankinternen Schätzungen an.[664] Beim Basis-IRBA beruht grundsätzlich ausschließlich der Wert PD auf bankinternen Schätzungen, alle anderen Risikokomponenten werden hingegen

659 *Basler Ausschuss für Bankenaufsicht*, Internationale Konvergenz der Eigenkapitalmessung und Eigenkapitalanforderungen, Juni 2006, Tz. 212; *Schooner/Taylor*, Global Bank Regulation, 2010, S. 152 f.; *Wittig*, ZHR 169 (2005), 212, 231.

660 *Schelm* in Kümpel/Wittig, Bank- und Kapitalmarktrecht, 4. Aufl. 2011, Rn. 2.203.

661 S. dazu ausführlich oben S. 17 ff.

662 *Winkler* in Boos/Fischer/Schulte-Mattler, KWG, 4. Aufl. 2012, § 104 SolvV, Rn. 2.

663 *Winkler* in Boos/Fischer/Schulte-Mattler, KWG, 4. Aufl. 2012, § 104 SolvV, Rn. 2.

664 *Fischer* in Schimansky/Bunte/Lwowski, Bankrechts-Handbuch, Band II, 4. Aufl. 2011, § 129, Rn. 68; *Schooner/Taylor*, Global Bank Regulation, 2010, S. 154; *Gleeson*, International Regulation of Banking, 2nd Ed. 2012, Rn. 7.11.

aufsichtsrechtlich vorgegeben. Eine Ausnahme besteht nur für Retail-Forderungen, bei denen auch LGD und EAD von der Bank selbst geschätzt werden.[665] Bei der Verwendung des fortgeschrittenen IRBA erfolgt die Berechnung des Mindesteigenkapitals für Kreditrisiko-Positionen vollumfänglich durch bankinterne Schätzungsverfahren für alle Risikokomponenten, also PD, LGD, EAD sowie M.[666]

Abhängig von der Verwendung des Basis-IRBA oder des fortgeschrittenen IRBA kommt es folglich zu einer mehr oder weniger ausgeprägten Verschiebung der Verantwortlichkeit für eine möglichst exakte quantitative Begrenzung von Ausfallrisiken auf die Seite der Banken. Damit gehen vor allem zwei grundlegende Gefahren einher: Zum einen muss die jeweilige Bank über ein entsprechend entwickeltes Risikomanagement verfügen, da andernfalls Fehlbewertungen drohen, die sich in einer unzureichenden Eigenmittelausstattung niederschlagen können. Zum anderen unterliegen Banken durch die im IRBA eingeräumte Autonomie dem Anreiz, Kreditrisiken durch großzügige Berechnungsmodelle unterzubewerten, um so eine Bindung des wertvollen Eigenkapitals zu verhindern.[667]

Diesen potentiellen Schwachstellten begegnet Basel II dadurch, dass die Verwendung des IRBA unter den Vorbehalt der Erlaubnis durch die jeweils zuständige Aufsichtsbehörde gestellt wird und Banken sowohl quantitative als auch qualitative Mindestvoraussetzungen erfüllen müssen.[668] Dazu zählt in quantitativer Hinsicht vor allem ein Mindestbestand historischer Daten (Mindestdatenhistorie), um überhaupt eine fundierte Bewertung der Risikokomponenten vornehmen zu können.[669] Als qualitative Voraussetzung muss beispielsweise im sog. „Use-Test“ nachgewiesen werden, dass das interne Ratingsystem nicht nur „kosmetisch“ [670] zur Ermittlung der Eigenkapitalunterlegung eingesetzt wird, sondern auch für

---

665 *Basler Ausschuss für Bankenaufsicht*, Internationale Konvergenz der Eigenkapitalmessung und Eigenkapitalanforderungen, Juni 2006, Tz. 252.

666 *Basler Ausschuss für Bankenaufsicht*, Internationale Konvergenz der Eigenkapitalmessung und Eigenkapitalanforderungen, Juni 2006, Tz. 245.

667 Vgl. *Schooner/Taylor*, Global Bank Regulation, 2010, S. 158 f.

668 *Basler Ausschuss für Bankenaufsicht*, Internationale Konvergenz der Eigenkapitalmessung und Eigenkapitalanforderungen, Juni 2006, Tz. 213.

669 *Gaumert* in Boos/Fischer/Schulte-Mattler, KWG, 4. Aufl. 2012, § 56 SolvV, Rn. 4; *Schooner/Taylor*, Global Bank Regulation, 2010, S. 156 f.; *Gleeson*, International Regulation of Banking, 2nd Ed. 2012, Rn. 9.39.

670 Sog. „*cosmetic compliance*“, *Langevoort*, Colum. Bus. L. Rev. 71, 106 (2002); *Krawiec*, 51 Ariz. L. Rev. 127, 146 (2009), *Bamberger*, 88 Tex. L. Rev. 669, 672 f. (2010).

interne Zwecke, beispielsweise im Rahmen von Entscheidungen zur Kreditvergabe, eine tragende Rolle spielt.[671]

d) Asset Value Correlation

Schließlich bleibt anzumerken, dass Basel III auch den IRBA nicht unangetastet lässt. Eine wichtige Änderung betrifft den Vermögenswertkorrelationsfaktor (Asset Value Correlation, AVC).[672] Dieser Faktor soll die Korrelation einzelner Schuldner eines Portfolios abbilden.[673] Die Erhöhung des AVC-Faktors führt zu höheren Risikogewichten der Forderungen gegenüber diesem Schuldnerkreis und damit zu strengeren Eigenmittelanforderungen, denen sich die Bank am Ende ausgesetzt sieht.[674] Basel III sieht hierzu eine Erhöhung des AVC-Faktors um 25% für Geschäfte zwischen bestimmten Finanzmarktteilnehmern vor.[675] Auf der einen Seite sind davon Forderungen gegenüber großen Instituten betroffen, die der Bankenaufsicht unterliegen und eine konsolidierte Bilanzsumme von mindestens 100 Mrd. USD aufweisen. Die andere Seite bilden unbeaufsichtigte Finanzunternehmen, unabhängig von ihrer Größe.[676] Im Fokus der Änderung stehen vor allem bilaterale Verbindungen aufgrund von derivativen Finanzinstrumenten zwischen großen Banken bzw. zwischen Banken und Unternehmen, die selbst keinen Eigenmittelanforderungen unterliegen. Derivate sind mit dem *Kontrahenten*ausfallrisiko behaftet, das dadurch stärker begrenzt werden soll.[677] Zudem wird der Interkonnektivität dieser Finanzmarktteilnehmer Rechnung getragen und das daraus entspringende Systemrisiko eingedämmt.[678]

---

671 *Gaumert* in Boos/Fischer/Schulte-Mattler, KWG, 4. Aufl. 2012, § 56 SolvV, Rn. 4; *Schooner/Taylor*, Global Bank Regulation, 2010, S. 156 f.; *Gleeson*, International Regulation of Banking, 2nd Ed. 2012, Rn. 9.28 f.

672 *Basler Ausschuss für Bankenaufsicht*, Basel III, Dezember 2010, Tz. 102; *Deutsche Bundesbank*, Basel III – Leitfaden zu den neuen Eigenkapital- und Liquiditätsregeln für Banken, 2011, S. 23.

673 *Deutsche Bundesbank*, Basel III – Leitfaden zu den neuen Eigenkapital- und Liquiditätsregeln für Banken, 2011, S. 23.

674 *Schulte-Mattler/Manns*, WM 2011, 2069, 2074.

675 *Basler Ausschuss für Bankenaufsicht*, Basel III, Dezember 2010, Tz. 102; *Schulte-Mattler/Manns*, KWG 2011, 2069, 2074.

676 *Basler Ausschuss für Bankenaufsicht*, Basel III, Dezember 2010 Tz. 102.

677 *Schulte-Mattler/Manns*, WM 2011, 2069, 2074.

678 So ausdrücklich *Deutsche Bundesbank*, Basel III – Leitfaden zu den neuen Eigenkapital- und Liquiditätsregeln für Banken, 2011, S. 23 f. Zur Begrenzung des Systemrisikos s. ausführlich unten den 5. Teil.

5. Umsetzung des IRBA in nationales Recht

a) *Europa und Deutschland*

In Europa war der IRBA wie auch der KSA Teil der Bankenrichtlinie und der Kapitaladäquanzrichtlinie, die in Deutschland wiederum durch die SolvV umgesetzt wurden.[679] Im Zuge der Novellierung des europäischen Bankenaufsichtsrechts werden die entsprechenden Vorschriften in die CRR überführt.[680] Für die Verwendung des IRBA ist jedoch zu berücksichtigen, dass eine Eigenkapitalentlastung durch die bankinternen Berechnungen und Schätzungen der Risikokomponenten vorübergehend begrenzt ist und die Eigenkapitalanforderungen grundsätzlich nicht geringer als 80% der Anforderungen nach Basel I sein dürfen (sog. „Basel-I-Floor").[681]

b) USA

In den USA wurde zwar von einer Umsetzung des KSA abgesehen, der IRBA ist jedoch Gegenstand gemeinsamer Verordnungen der Aufsichtsbehörden auf Bundesebene (*advanced approaches rules*).[682]

aa) Advanced approaches rules

Für den Anwendungsbereich der *advanced approaches rules* ist grundlegend zwischen *core banks*, *opt-in banks* und *general banks* zu unterscheiden.[683] Zunächst sind alle *core banks* verpflichtet, den fortgeschrittenen IRBA zur Berechnung der Eigenmittelunterlegung von Ausfallrisiken zu verwenden. Als *core banks* gelten große oder international tätige Banken, mit konsolidierten Aktiva in Höhe von

---

679 Gesetz zur Umsetzung der neu gefassten Bankenrichtlinie und der neu gefassten Kapitaladäquanzrichtlinie v. 17.11.2006, BGBl. I S. 2606; s. dazu *Mielk* WM 2007, 621; *Deutsche Bundesbank*, Monatsbericht Januar 2009, S. 60.

680 S. Art. 142 ff. CRR.

681 Art. 500 Abs. 1 CRR, wonach diese Basel-I-Untergrenze von den Instituten bis zum 31.12.2017 erfüllt werden muss. In Ausnahmefällen kann sich der Floor aber auch nach den Standardverfahren bemessen oder ausgesetzt werden, Art. 500 Abs. 2, 3 und 5 CRR. S. auch schon *Becker/Voigt*, Kreditwesen, 2012, 754.

682 12 C.F.R. part 3, appendix C.

683 Vgl. *Basler Ausschuss für Bankenaufsicht*, Basel III regulatory consistency assessment (Level 2) – Preliminary report: United States of America, Oktober 2012, S. 8; so zu dem Verordnungsvorschlag der U.S.-Aufsichtsbehörden schon *Volk/Schäfer*, ZBB 2007, 159, 164.

mindestens 250 Mrd. USD oder Bilanzpositionen mit grenzüberschreitendem Bezug (*on-balance sheet foreign exposure*) in Höhe von mindestens 10 Mrd. USD. Schließlich ist die Anwendung des fortgeschrittenen IRBA für Banken verbindlich, die Tochtergesellschaften einer *bank holding company* oder Bank sind, die ihrerseits zum Kreis der *core banks* zählt.[684] Zudem steht es anderen sog. *opt-in banks*, die zwar die genannten Schwellen nicht erreichen, aber dennoch den fortgeschrittenen IRBA verwenden möchten und die Zulassungsvoraussetzungen erfüllen, frei, eine Zulassung bei der jeweils zuständigen Aufsichtsbehörde zu beantragen.[685] Für alle anderen *general banks* ergeben sich die Eigenmittelanforderungen hingegen anhand der *generally applicable risk-based capital requirements*.[686]

bb) Collins Amendment

Allerdings hat der Dodd-Frank Act auch im Rahmen des IRBA zu tiefgreifenden Veränderungen geführt. Nach dem sog. Collins Amendment[687] müssen die Bankenaufsichtsbehörden auf Bundesebene sicherstellen, dass *alle* Banken den Eigenmittelanforderungen der allgemeinen Vorschriften (*generally applicable risk-based capital requirements*) genügen, Sec. 171(b)(2) Dodd-Frank Act. Dieser Verpflichtung sind die Aufsichtsbehörden durch eine entsprechende Verordnung nachgekommen, so dass auch Banken, die im Zuge der *advanced approaches rules* eigentlich zur Anwendung des IRBA zugelassen oder gar verpflichtet wurden, ihre Eigenmittelanforderungen zusätzlich nach den derzeit noch immer in weiten Teilen auf Basel I beruhenden allgemeinen Vorschriften berechnen müssen.[688] Hinter dieser Regelung steht die Erwägung, dass gerade diese großen, international tätigen *core banks* ein höheres Gefährdungspotential für die Stabilität des Finanzsystems darstellen und deshalb im Verhältnis zu kleineren Banken nicht weniger Eigenkapital vorhalten sollen.[689]

Im Ergebnis müssen *core banks* und *opt-in banks* das Verhältnis zwischen Eigenmitteln und risikogewichteten Aktiva sowohl nach dem IRBA als auch den

---

684 12 C.F.R. part 3, appendix C.

685 *Volk/Schäfer*, ZBB 2007, 159, 164.

686 S. dazu *Carnell/Macey/Miller*, The Law of Banking and Financial Institutions, 4th Ed. 2009, S. 257 ff. und oben S. 86 ff.

687 Benannt nach Senatorin *Susan Collins*, die den Vorschlag zu der Ergänzung unterbreitet hat, *Heppe/Tielmann*, WM 2011, 1883, 1885 dort Fn. 42.

688 12 C.F.R. part 3, appendix C § 3. S. ausführlich zur *final rule* von *OCC*, *Federal Reserve* und *FDIC*, Risk-Based Capital Standards: Advanced Capital Adequacy Framework – Basel II; Establishment of a Risk-Based Capital Floor, 76 Fed. Reg. 37620 (28. Juni 2011).

689 Vgl. 76 Fed. Reg. 37620, 37622 (28. Juni 2011).

allgemeinen Vorschriften vierteljährlich berechnen und die Ergebnisse anschließend miteinander vergleichen. Fördert dieser Vergleich unterschiedliche Ergebnisse zu Tage, ist die betroffene Bank nach dem Collins Amendment und den darauf beruhenden Verordnungen dazu verpflichtet, mit dem niedrigeren Verhältnis zwischen Eigenmitteln und risikogewichteten Aktiva den Mindestanforderungen zu entsprechen.[690] Durch diese Regelung soll die Grundlage für einen höheren Verlustpuffer (*permanent floor*) geschaffen werden, der das U.S.-Bankensystem stärker vor schlagenden Ausfallrisiken schützt.[691] D.h. selbst wenn die Berechnungen anhand der komplexen internen Ratingsysteme nach dem IRBA im Einzelfall ein niedrigeres Ausfallrisiko ergeben und die Bank im Grunde weniger Eigenmittel vorhalten müsste, blieben die strengeren Anforderungen der allgemeinen Vorschriften für die Bank verbindlich. Als Konsequenz wird das von Basel II verfolgte Anreizsystem, wonach die fortschreitende Entwicklung interner Berechnungsmodelle ggf. durch niedrigere Eigenmittelanforderungen belohnt werden soll, faktisch zunichte gemacht, denn die stärkere Risikosensitivität kann sich nach dem Collins Amendment nur noch zulasten der Bank auswirken.[692]

Zwar sind in den Anwendungsbereich des Collins Amendment ausländische Banken nicht ausdrücklich einbezogen und auch die Verordnung gilt zunächst nicht für U.S.-Zweigstellen von ausländischen Banken.[693] Die Aufsichtsbehörden sind sich allerdings bewusst, dass ausländische Banken mit einer Geschäftstätigkeit in den Vereinigten Staaten, die zur Berechnung der Eigenmittelanforderungen nach dem jeweils anwendbaren nationalen Recht ausschließlich auf den IRBA zurückgreifen dürfen, Wettbewerbsvorteile aufgrund geringerer Eigenmittelanforderungen gegenüber ihren U.S.-Konkurrenten genießen könnten. Die Aufsichtsbehörden schließen daher Anpassungen und eine entsprechende Erweiterung des Anwendungsbereichs für die Zukunft nicht aus.[694] Für europäische Banken, die vollumfänglich den auf Basel II beruhenden Eigenmittelregime der CRD IV unterfallen, würde dies schlimmstenfalls bedeuten, dass sich die Eigenmittelanforderungen für ihre amerikanischen Zweigstellen zusätzlich nach den allgemeinen U.S.-amerikanischen Vorschriften und somit nach einem modifizierten Basel I richten würden.

690 76 Fed. Reg. 37620, 37622 (28. Juni 2011).

691 76 Fed. Reg. 37620, 37622 (28. Juni 2011).

692 So auch die geäußerten Bedenken der betroffenen Banken, s. 76 Fed. Reg. 37620, 37622 f. (28. Juni 2011).

693 76 Fed. Reg. 37620, 37623 (28. Juni 2011).

694 Vgl. 76 Fed. Reg. 37620, 37623 f. (28. Juni 2011).

III. Zusammenfassende Würdigung

Durch die Basler Vereinbarungen verfolgen die Vertreter der nationalen Aufsichtsinstanzen das Ziel, ein international harmonisiertes Regelwerk anzustoßen und damit einheitliche Wettbewerbsbedingungen (*level playing field*) für Banken zu schaffen.[695] Im Hinblick auf die quantitative Begrenzung von Ausfallrisiken durch Eigenkapitalvorschriften muss an dieser Stelle jedoch das Fazit gezogen werden, dass dieses Ziel bislang nicht erreicht wurde und auch zukünftig wohl nicht erreicht werden wird.[696] Während in Europa sowohl der KSA als auch der IRBA in beiden Varianten (Basis-IRBA und fortgeschrittener IRBA) mit Wirkung zum 1. Januar 2007 vollumfänglich umgesetzt wurden, gilt dies in den Vereinigten Staaten mit Einschränkungen nur für den fortgeschrittenen IRBA. Anstelle des KSA gelten weitgehend noch immer die auf Basel I gestützten *generally applicable risk-based capital requirements*, die zur Erzielung einer höheren Risikosensitivität lediglich in Teilbereichen durch einen *standardized approach* modifiziert werden. Handelt es sich bei den Schuldnern beispielsweise um Staaten oder ausländische Banken, werden die Bonitätsgewichte an OECD Country Risk Classifications (CRCs) geknüpft. Für andere Forderungsklassen, z.B. Darlehensforderungen gegen Unternehmen, bleibt es bei einem starren Risikogewicht in Höhe von 100%.

Von diesen unterschiedlichen Regelungsstandards ist allerdings die breite Masse der Banken betroffen. So haben in Deutschland im Jahr 2010 insgesamt 1846 Institute und Institutsgruppen den KSA angewendet. Demgegenüber berechnen 47 Institute und Institutsgruppen ihre Eigenmittelanforderungen anhand des IRBA.[697] In den Vereinigten Staaten ist die Verwendung interner Ratingsysteme nicht nur als Wahlrecht ausgestaltet, sog. *core banks* sind zur Anwendung des fortgeschrittenen IRBA sogar verpflichtet, wovon derzeit die zehn größten Banken bzw. Bankengruppen betroffen sind.[698] Gemessen an der Bilanzsumme aller Banken decken Banken, die von dem IRBA Gebrauch machen, freilich den größten Teil ab, so dass vor allem für die im internationalen Wettbewerb stehenden

---

695 Vgl. *Blaurock*, JZ 2012, 226, 230.

696 Vgl. auch *Delahaye*, Basel III: Capital Adequacy and Liquidity after the Financial Crisis, S. 3 f.; *Schäfer*, Bankenaufsichtsrecht in Deutschland, dem Vereinigten Königreich und den Vereinigten Staaten, 2011, S. 220 f.; *Becker/Voigt*, Kreditwesen 2012, 754.

697 *BaFin*, Jahresbericht 2010, S. 164 f.

698 *Delahaye*, Basel III: Capital Adequacy and Liquidity after the Financial Crisis, S. 4 m.w.N.

Großbanken augenscheinlich ein vergleichbares Regelwerk besteht.[699] Im Hinblick auf U.S.-Banken wird aufgrund des Collins Amendment zum Dodd-Frank Act der zugedachten Risikosensitivität des IRBA allerdings nur noch eine beschränkte Wirkung zuteil, denn danach müssen Banken das Verhältnis zwischen Eigenmitteln und risikogewichteten Aktiva sowohl nach dem IRBA als auch den allgemeinen Vorschriften berechnen und mit dem niedrigeren Verhältnis die Mindestanforderungen erfüllen.[700] Auch bei der Verwendung der komplexen internen Ratingsysteme ist es Banken in den Vereinigten Staaten folglich verwehrt, die vorzuhaltenden Eigenmittel zu reduzieren. Eine vergleichbare Regelung ist in der Europäischen Union nur vorübergehend bis zum 31. Dezember 2017 geplant und in ihrer Wirkung zudem auf 80% der Anforderungen nach Basel I begrenzt.[701]

C. Transfer von Kreditrisiken (Kreditrisikotransfer)

Durch ihr Hauptgeschäftsfeld, der Vergabe von Fremdkapital, sind Banken faktisch gezwungen, Kreditrisiken zu übernehmen.[702] Ein effektives Management der übernommenen Kreditrisiken ist folglich ein essentieller Bestandteil der Geschäftsorganisation und umfasst eine Vielzahl unterschiedlicher Steuerungsinstrumente.[703] Die Überwälzung von Risiken auf Dritte stellt augenscheinlich eine einfache Möglichkeit dar, sich ein Stück Sicherheit zurückzukaufen. Aus ähnlichen Erwägungen werden schließlich auch Millionen Menschen dazu veranlasst, für alle Lebenslagen Versicherungsverträge abzuschließen.[704] Muss der Akteur infolge des Risikotransfers allerdings nicht mehr die Konsequenzen seines Handelns tragen, kann er künftig Anreizproblemen (*moral hazard*) unterliegen.[705] Nach

---

699 Für die USA: *Basler Ausschuss für Bankenaufsicht*, Basel III regulatory consistency assessment (Level 2) – Preliminary report: United States of America, Oktober 2012, S. 8. In Deutschland erreichen IRBA-Institute etwa eine Abdeckung von ca. zwei Drittel der Bilanzsumme aller Banken, *Deutsche Bundesbank*, Monatsbericht Januar 2009, S. 62.

700 S. die *final rule* von *OCC*, *Federal Reserve* und *FDIC*, Risk-Based Capital Standards: Advanced Capital Adequacy Framework – Basel II; Establishment of a Risk-Based Capital Floor, 76 Fed. Reg. 37620 (28. Juni 2011).

701 S. Art. 500 Abs. 1 CRR und ergänzend Fn. 681; *Becker/Voigt*, Kreditwesen, 2012, 754.

702 *Gleeson*, International Regulation of Banking, 2nd Ed. 2012, Rn. 1.12 f.

703 *Hartmann-Wendels/Pfingsten/Weber*, Bankbetriebslehre, 5. Aufl. 2010, S. 585.

704 Vgl. *Heun*, Rechtswissenschaft 2011, 376, 383 f.; *Siepmann*, Selbstbehalt bei Verbriefungen, 2011, S.40 f.

705 Vgl. *Büschgen*, Bankbetriebslehre, 5. Aufl. 1998, S. 37.

einer Einordnung des Kreditrisikotransfers in das Risikomanagement von Banken und einer Darstellung der modernen kapitalmarktorientierten Transferinstrumente, sollen die rechtlichen Rahmenbedingungen in Europa und den USA untersucht werden.

I. Kreditrisikotransfer als Teil des Kreditrisikomanagements

Im Rahmen des Managements von Kreditrisiken lassen sich die Instrumente zur Risikosteuerung in solche passiver- und solche aktiver Natur unterteilen.[706] Während passive Instrumente auf die Begrenzung von Ausfallrisiken abzielen, ohne die Darlehensforderungen oder das inhärente Kreditrisiko zu übertragen, ist Kern des aktiven Kreditrisikomanagements die Übertragung von Krediten bzw. Kreditrisiken.[707]

1. Passive Steuerungsinstrumente

Die passiven Steuerungsinstrumente setzen zeitlich bereits vor dem Entstehen des eigentlichen Darlehensverhältnisses an, denn bereits die Kreditwürdigkeitsprüfung des potentiellen Kreditnehmers dient letztlich der Begrenzung von Ausfallrisiken.[708] Weiterhin kann die Bank durch die Vertragsgestaltung, insbesondere mittels zusätzlich vereinbarter Covenants, Einfluss auf das Darlehensverhältnis nehmen und sich etwa durch vorzeitige Kündigungsrechte vor unerwarteten Verlusten schützen.[709] Nach Abschluss des Darlehensvertrags treten an die Stelle der genannten vorvertraglichen passiven Steuerungsinstrumente die laufende Überwachung des Kreditnehmers (*monitoring*) sowie ggf. die Sanierung notleidender Kredite, z.B. durch Zinsverzicht oder einer Umwandung der Forderungen in eine gesellschaftsrechtliche Beteiligung durch

---

706 *Hartmann-Wendels/Pfingsten/Weber*, Bankbetriebslehre, 5. Aufl. 2010, S. 585

707 *Hartmann-Wendels/Pfingsten/Weber*, Bankbetriebslehre, 5. Aufl. 2010, S. 594; s. auch *Rudolph/Hofmann/Schaber/Schäfer*, Kreditrisikotransfer, 2. Aufl. 2012, S. 24 f.

708 *Hartmann-Wendels/Pfingsten/Weber*, Bankbetriebslehre, 5. Aufl. 2010, S. 587; s. auch *Gleeson*, International Regulation of Banking, 2nd Ed. 2012, Rn. 1.20 f.

709 *Greenbaum/Thakor*, Contemporary Financial Intermediation, 2nd Ed. 2007, S. 212 f.; *Hartmann-Wendels/Pfingsten/Weber*, Bankbetriebslehre, 5. Aufl. 2010, S. 174 f.; *Whitehead*, 1 Harv. Bus. L. Rev. 39, 58 f. (2011).

die die Eigenkapitalquote des Schuldners erhöht wird (Debt-Equity-Swap).[710] Schließlich kann die Verlustquote durch die Abwicklung des Darlehensverhältnisses, d.h. die Fälligstellung und anschließende Verwertung der Sicherheiten, begrenzt werden.[711]

2. Aktive Steuerungsinstrumente

Die aktiven Instrumente der Kreditrisikosteuerung erweitern den Handlungsspielraum der Bank erheblich, indem ihr die Möglichkeit an die Hand gegeben wird, den Kredit bzw. ein Kreditportfolio einschließlich des innewohnenden Ausfallrisikos zu übertragen oder aber das Risiko isoliert zu transferieren.[712] Im letztgenannten Fall spricht man daher auch vom sog. Kreditrisikotransfer.[713] Zunächst existieren eine Reihe traditioneller Methoden wie Kreditversicherungen, Garantien oder Bürgschaften, bei denen ein Dritter dem Kreditverhältnis als Sicherungsgeber zugeschaltet wird und somit das Kreditrisiko zumindest teilweise übernimmt.[714] Weiterhin kann durch den Zusammenschluss mehrerer Kreditgeber zu einem Konsortium großer Kapitalbedarf in Form von syndizierten Krediten erfüllt werden, wobei das Ausfallrisiko für die einzelne Bank durch die Lastenverteilung innerhalb des Konsortiums reduziert wird.[715]

Die Bank kann bei dem Management ihrer Kreditrisiken jedoch auch einen Schritt weiter gehen und sog. notleidendende Kredite (*non-performing loans*) an Investoren veräußern, die sich auf die Verwertung von Sicherheiten spezialisiert

---

710 *Hartmann-Wendels/Pfingsten/Weber*, Bankbetriebslehre, 5. Aufl. 2010, S. 587 ff.; *Tetzlaff* in Schimansky/Bunte/Lwowski, Bankrechts-Handbuch, Band I, 4. Aufl. 2011, § 88, Rn. 109; *van Greuning/Brajovic Bratanovic*, Analyzing and Managing Banking Risk, 2nd Ed. 2003, S. 135 ff.; *Apostolik/Donohue/Went*, Foundations of Banking Risk, 2009, S. 117 ff.

711 *Hartmann-Wendels/Pfingsten/Weber*, Bankbetriebslehre, 5. Aufl. 2010, S. 587 ff.; *Apostolik/Donohue/Went*, Foundations of Banking Risk, 2009, S. 117 ff.

712 *Hartmann-Wendels/Pfingsten/Weber*, Bankbetriebslehre, 5. Aufl. 2010, S. 594.

713 *Burghof*, Bankkredit und Kreditrisikotransfer, 2004, S. 71 ff.; *Rudolph*, Kredit und Kapital 2007, 1; *Deutsche Bundesbank*, Monatsbericht April 2004, S. 28; *Rudolph/Hofmann/Schaber/Schäfer*, Kreditrisikotransfer, 2. Aufl. 2012, S. 15.

714 *Deutsche Bundesbank*, Monatsbericht April 2004, S. 28; ausführlich *Büschgen*, Bankbetriebslehre, 5. Aufl. 1998, S. 951 ff.

715 *Burghof*, Bankkredit und Kreditrisikotransfer, S. 66 ff.; *Hartmann-Wendels/Pfingsten/Weber*, Bankbetriebslehre, 5. Aufl. 2010, S. 597 f.; *Rudolph/Hofmann/Schaber/Schäfer*, Kreditrisikotransfer, 2. Aufl. 2012, S. 16 f., mit dem Hinweis, dass Intention der Syndizierung auch der begrenzende Rahmen der Großkreditvorschriften ist.

haben.[716] Bei notleidenden Krediten handelt es sich um Darlehensforderungen, bei denen Zinszahlungen ausbleiben und Bonitätsverschlechterungen auf Seiten der jeweiligen Kreditnehmer eine vollständige Tilgung unwahrscheinlich machen und der zugrunde liegende Darlehensvertrag daher von der Bank entweder bereits gekündigt oder zumindest außerordentlich kündbar ist.[717]

Indes soll hier Augenmerk auf bestimmte Instrumente des kapitalmarktorientierten Kreditrisikotransfers gelegt werden, bei dem nicht die Veräußerung der Darlehensforderungen im Vordergrund steht, sondern die Ausfallrisiken von den ursprünglichen Vertragsbeziehungen zwischen Kreditgeber und Kreditnehmer gelöst und an Märkten handelbar gemacht werden, was letztlich zum Entstehen von Sekundärmärkten für Kreditrisiken geführt hat.[718] Bei diesen alternativen Instrumenten handelt es sich um spezielle Derivate und Verbriefungsprozesse,[719] deren rasante Entwicklung in den letzten Jahren *die* zentrale Herausforderung für die internationale Regulierung und Aufsicht der Finanzmärkte war.

II. Kreditderivate

Derivate sind Finanzinstrumente, deren Wert sich unmittelbar oder mittelbar vom Preis oder Maß eines Basiswertes (*underlying*) ableitet.[720] In ihrer speziellen Ausprägung als Kreditderivate handelt es sich bei den Basiswerten um einzelne Kredite, ganze Portfolios, aber auch Anleihen oder Indizes.[721] Kreditderivate

---

716 S. nur *Nobbe*, ZIP 2008, 97; *Eisele*, ZIS 2011, 354; *Jostarndt/Rodt*, FS Rudolph, 2009, 765; *Reifner*, BKR 2008, 142. Im Jahr 2009 hat das Volumen notleidender Kredite in Deutschland ca. 204 Mrd. Euro betragen, s. *BaFin*, Jahresbericht 2010, S. 169.

717 *Nobbe*, ZIP 2008, 97, 97; *Eisele*, ZIS 2011, 354, 357.

718 *Hartmann-Wendels/Pfingsten/Weber*, Bankbetriebslehre, 5. Aufl. 2010, S. 594; *Rudolph*, ZGR 2010, 1, 4 ff.; *Whitehead*, 1 Harv. Bus. L. Rev. 39, 56 f. (2011).

719 *Henke/Burghof/Rudolph*, CFS Working Paper Nr. 98/07, S. 5 ff.; *Rudolph*, Kredit und Kapital 2007, 1; *Deutsche Bundesbank*, Monatsbericht April 2004, S. 28; *Lehmann*, Finanzinstrumente, 2009, S. 53 f.; *Rudolph/Hofmann/Schaber/Schäfer*, Kreditrisikotransfer, 2. Aufl. 2012, S. 26 f.; *Zahn/Lemke*, WM 2002, 1536, 1537.

720 S. die Legaldefinition in § 2 Abs. 2 Nr. 1 WpHG.

721 *Burghof/Henke* in Burghof/Henke/Rudolph/Schönbucher/Sommer, Kreditderivate, 2. Aufl. 2005, S. 33; *Burghof*, Bankkredit und Kreditrisikotransfer, 2004, S. 73 f.; *Hartmann-Wendels/Pfingsten/Weber*, Bankbetriebslehre, 5. Aufl. 2010, S. 307; *Zahn/Lemke*, WM 2002, 1536, 1536 f. Die Legaldefinitionen in § 1 Abs. 11 Satz 3 Nr. 4 KWG und § 2 Abs. 2 Nr. 4 WpHG knüpfen an das mit dem Einsatz des Derivats verfolgte Ziel, dem Transfer von Kreditrisiken, an.

treten erst seit Anfang der 90er Jahre des 20. Jahrhunderts auf und weisen seitdem stetig steigende Volumina auf.[722] Dabei sind die drei bedeutsamsten Gruppen von Kreditderivaten Total Return Derivate, Credit Default Derivate und Credit Spread Derivate.[723] Ein gruppenübergreifendes Merkmal stellt dabei der Umstand dar, ob das Derivategeschäft an einer Börse oder aber außerbörslich (*over the counter*, OTC) geschlossen wird.[724] Bei den außerbörslichen Geschäften werden individuelle Kontrakte zwischen den Parteien via Telefon oder Computer geschlossen.[725]

1. Klassifizierung von Kreditderivaten

Durch die Gestaltung der zugrundliegenden Verträge lassen sich Kreditrisiken auf unterschiedliche Art und Weise von dem Risikoverkäufer (Sicherungsnehmer) auf den Risikokäufer (Sicherungsnehmer) übertragen.[726] Im Rechtsverkehr greifen die Marktteilnehmer dabei in aller Regel auf standardisierte Rahmenverträge (*master agreements*) zurück, die von der International Swaps and Derivatives Association (ISDA) veröffentlicht werden.[727] Im Folgenden werden die bedeutendsten Kategorien von Kreditderivaten dargestellt.

a) Total Return Derivate

Aus der Gruppe der Total Return Derivate bildet der Total Return Swap die wichtigste Geschäftsart.[728] Hierbei transferiert der Risikoverkäufer alle Erträge,

---

722 *Henke/Burghof/Rudolph*, CFS Working Paper Nr. 98/07, S. 8; *Rudolph/Hofmann/Schaber/Schäfer*, Kreditrisikotransfer, 2. Aufl. 2012, S. 66 ff.; s. ausführlich *Burghof/Henke* in Burghof/Henke/Rudolph/Schönbucher/Sommer, Kreditderivate, 2. Aufl. 2005, S. 31 ff.

723 *Hartmann-Wendels/Pfingsten/Weber*, Bankbetriebslehre, 5. Aufl. 2010, 309; *Rudolph/Hofmann/Schaber/Schäfer*, Kreditrisikotransfer, 2. Aufl. 2012, S. 73 f.; in diese Richtung auch *Deutsche Bundesbank*, Monatsbericht April 2004, S. 28 ff.; zu den sog. „exotischen“ Kreditderivaten s. *Posthaus* in Burghof/Henke/Rudolph/Schönbucher/Sommer, Kreditderivate, 2. Aufl. 2005, S. 71 ff.

724 *Hull*, Options, Futures And Other Derivatives, 8th Ed. 2012, S. 3; *Schüwer/Steffen* in Zerey, Finanzderivate, 3. Aufl. 2013, § 1 Rn. 9 f.

725 *Schüwer/Steffen* in Zerey, Finanzderivate, 3. Aufl. 2013, § 1 Rn. 10.

726 *Deutsche Bundesbank*, Monatsbericht April 2004, S. 28 ff.; *Jahn* in Schimansky/Bunte/Lwowski, Bankrechts-Handbuch, Band II, 4. Aufl. 2011, § 114, Rn. 24.

727 *Jahn* in Schimansky/Bunte/Lwowski, Bankrechts-Handbuch, Band I, 4. Aufl. 2011, § 114, Rn. 24; *Zahn/Lemke*, WM 2002, 1536, 1537.

728 *Henke/Burghof/Rudolph*, CFS Working Paper Nr. 98/07, S. 8 f.

einschließlich Marktwertsteigerungen, aus dem zugrunde liegenden Referenzaktivum einmalig oder periodisch auf den Risikokäufer.[729] Im Gegenzug verpflichtet sich der Risikokäufer zum Ausgleich von Marktwertminderungen sowie zur Zahlung eines – in der Regel variablen – Zinssatzes gegenüber dem Risikoverkäufer.[730] Neben dem Ausfallrisiko übernimmt der Risikokäufer daher auch das Marktrisiko, so dass letztlich das gesamte wirtschaftliche Risiko einer Kreditbeziehung auf den Risikokäufer transferiert wird.[731]

b) Credit Default Derivate

Mit Abschluss eines Credit Default Swap, dem volumenmäßig bedeutsamsten Kreditderivat,[732] übernimmt der Risikokäufer die Verpflichtung, bei Eintritt eines vorab spezifizierten Kreditereignisses (*credit event*) eine Ausgleichszahlung an den Risikoverkäufer zu leisten.[733] Als Gegenleistung erhält der Risikokäufer vom Risikoverkäufer eine einmalige oder periodische Prämie.[734] Entscheidend für die Ausgleichszahlung ist demnach die Definition des Kreditereignisses, wobei das Verständnis, wann ein Kreditausfall tatsächlich vorliegt, divergiert,[735] was Unsicherheiten zur Folge hat und sich in einem Rechtsrisiko niederschlägt.[736] Um

---

729 *Neske* in Burghof/Henke/Rudolph/Schönbucher/Sommer, Kreditderivate, 2. Aufl. 2005, S. 61; *Rudolph/Hofmann/Schaber/Schäfer*, Kreditrisikotransfer, 2. Aufl. 2012, S. 76; *Deutsche Bundesbank*, Monatsbericht April 2004, S. 30.

730 *Deutsche Bundesbank*, Monatsbericht April 2004, S. 30; *Rudolph/Hofmann/Schaber/Schäfer*, Kreditrisikotransfer, 2. Aufl. 2012, S. 76.

731 *Henke/Burghof/Rudolph*, CFS Working Paper Nr. 98/07, S. 9; *Hartmann-Wendels/Pfingsten/Weber*, Bankbetriebslehre, 5. Aufl. 2010, S. 309; *Deutsche Bundesbank*, Monatsbericht April 2004, S. 28.

732 *Deutsche Bundesbank*, Monatsbericht April 2004, S. 28; *Rudolph/Hofmann/Schaber/Schäfer*, Kreditrisikotransfer, 2. Aufl. 2012, S. 74.

733 *Deutsche Bundesbank*, Monatsbericht April 2004, S. 30; *Henke/Burghof/Rudolph*, CFS Working Paper Nr. 98/07, S. 8 f.

734 *Lehman*, Finanzinstrumente, 2009, S. 136 f.; *Neske* in Burghof/Henke/Rudolph/Schönbucher/Sommer, Kreditderivate, 2. Aufl. 2005, S. 56; *Burghof*, Bankkredit und Kreditrisikotransfer, 2004, S. 74 f.; *Deutsche Bundesbank*, Monatsbericht April 2004, S. 30.

735 So kann von den Parteien bereits der bloße Zahlungsverzug als Kreditausfall definiert werden; enger ist dagegen ein Kreditereignis, das an die Insolvenz des Referenzschuldners anknüpft, *Rudolph/Hofmann/Schaber/Schäfer*, Kreditrisikotransfer, 2. Aufl. 2012, S. 71.

736 *Deutsche Bundesbank*, Monatsbericht April 2004, S. 38; *Rudolph*, Kredit und Kapital 2007, 1,11.

solchen Problemen vorzubeugen, unterliegt der Handel mit Credit Default Swaps einem hohen Standardisierungsgrad.[737]

Ebenfalls an ein Kreditereignis geknüpft sind die Credit Linked Notes, eine Kombination aus Anleihe und Credit Default Swap.[738] Der Risikokäufer erwirbt durch Zahlung eines Nominalpreises vom Risikoverkäufer emittierte Schuldverschreibungen, bei denen am Laufzeitende nur dann die Rückzahlung erfolgt, wenn bis dahin das vereinbarte Kreditereignis *nicht* eingetreten ist.[739] Credit Linked Notes befreien den Risikoverkäufer zudem vom Ausfallrisiko der Gegenpartei, denn der Risikokäufer zahlt bereits bei Erwerb der Schuldverschreibung, so dass dessen spätere Insolvenz für die Bank ohne Belang ist.[740] Credit Linked Notes stellen aus Sicht der risikoauslagernden Bank somit ein besonders sicheres Finanzinstrument zum Transfer von Kreditrisiken dar.

c) Credit Spread Derivate

Bei Credit-Spread Derivaten verpflichtet sich der Risikokäufer zu Ausgleichszahlungen für den Fall, dass sich die Zinsdifferenz zu einem Referenzwert verändert.[741] Die Zahlung ist somit dem Ausfall des Kreditnehmers vorgeschaltet und erfolgt bereits bei dessen Bonitätsverschlechterung, die sich in der wachsenden Zinsdifferenz gegenüber risikolosen, aber im Übrigen gleichen Finanztiteln (sog. Benchmark), wie etwa einer Anleihe, niederschlagen.[742] Der Credit Spread bildet

---

737 *Deutsche Bundesbank*, Monatsbericht April 2004, S. 30; *Hartmann-Wendels/Pfingsten/Weber*, Bankbetriebslehre, 5. Aufl. 2010, S. 311; ausführlich zur Vertragsdokumentation und Standardisierung *Nordhues/Benzler* in Burghof/Henke/Rudolph/Schönbucher/Sommer, Kreditderivate, 2. Aufl. 2005, S. 219 ff.

738 *Neske* in Burghof/Henke/Rudolph/Schönbucher/Sommer, Kreditderivate, 2. Aufl. 2005, S. 67; *Lehman*, Finanzinstrumente, 2009, S. 138; *Rudolph/Hofmann/Schaber/Schäfer*, Kreditrisikotransfer, 2. Aufl. 2012, S. 78 f.; ausführlich *Zahn/Lemke*, WM 2002, 1536.

739 *Deutsche Bundesbank*, Monatsbericht April 2004, S. 30; *Hartmann-Wendels/Pfingsten/Weber*, Bankbetriebslehre, 5. Aufl. 2010, S. 309; *Zahn/Lemke*, WM 2002, 1536, 1537.

740 *Deutsche Bundesbank*, Monatsbericht April 2004, S. 31; *Hartmann-Wendels/Pfingsten/Weber*, Bankbetriebslehre, 5. Aufl. 2010, S. 309; *Henke/Burghof/Rudolph*, CFS Working Paper Nr. 98/07, S. 10.

741 *Lehmann*, Finanzinstrumente, 2009, S. 137; *Burghof/Henke* in Burghof/Henke/Rudolph/Schönbucher/Sommer, Kreditderivate, 2. Aufl. 2005, S. 33; *Rudolph/Hofmann/Schaber/Schäfer*, Kreditrisikotransfer, 2. Aufl. 2012, S. 77; *Hartmann-Wendels/Pfingsten/Weber*, Bankbetriebslehre, 5. Aufl. 2010, S. 309.

742 *Hartmann-Wendels/Pfingsten/Weber*, Bankbetriebslehre, 5. Aufl. 2010, S. 309; *Rudolph/Hofmann/Schaber/Schäfer*, Kreditrisikotransfer, 2. Aufl. 2012, S. 77.

somit den Aufschlag ab, den der Markt vom Kreditnehmer für dessen spezifisches Ausfallrisiko verlangen würde (Ausfallrisikoprämie).[743]

2. Grundlagen der aufsichtsrechtlichen Behandlung von Kreditderivaten

Kreditderivate bilden eine wichtige Säule des kapitalmarktorientierten Transfers von Kreditrisiken auf Dritte. In einem ersten Schritt soll dargestellt werden, welchen Anreiz das Aufsichtsrecht für den Einsatz von Kreditderivaten *aus der Sicht der risikoauslagernden Bank*, also des Risikoverkäufers, setzt. Dabei wird der Transfer des Kreditrisikos im Zusammenhang mit einem Darlehen *im Anlagebuch* der Bank unterstellt. Anschließend werden die Regulierungsinitiativen des Derivate-Handels rechtsvergleichend analysiert.

a) Europa und Deutschland

aa) Eigenmittelabsenkung durch Kreditrisikominderung

Der Risikotransfer mittels Kreditderivate wird aufsichtsrechtlich ähnlich wie der Einsatz von anderen Sicherheiten, z.B. Finanzsicherheiten, Grundpfandrechten oder Nettingvereinbarungen, behandelt.[744] Zusammengefasst werden diese Sicherheiten unter dem auf Basel II zurückzuführenden Oberbegriff „Kreditrisikominderungstechniken,“[745] Art. 193 CRR. Wie bereits aus der Bezeichnung geschlossen werden kann, werden diese Techniken unter bestimmten Voraussetzungen als Minderung des Kreditrisikos berücksichtigt, was schließlich die Eigenmittelanforderungen der Bank herabsetzt.[746] Unterschiede bestehen jedoch im Hinblick auf die Mindestanforderungen der Berücksichtigungsfähigkeit und die Einzelheiten der Berechnung der Risikominderung.[747] Die folgende

---

743 *Lehmann*, Finanzinstrumente, 2009, S. 137; *Hartmann-Wendels/Pfingsten/Weber*, Bankbetriebslehre, 5. Aufl. 2010, S. 600.

744 *Glos/Sester*, BKR 2008, 315, 318; *Schulte-Mattler/Manns*, Die Bank 9/2006, 55; *Rudolph/Hofmann/Schaber/Schäfer*, Kreditrisikotransfer, 2. Aufl. 2012, S. 186.

745 *Basler Ausschuss für Bankenaufsicht*, Internationale Konvergenz der Eigenkapitalmessung und Eigenkapitalanforderungen, Juni 2006, Tz. 109 ff.; *Glos/Sester*, BKR 2008, 315, 316.

746 *Schulte-Mattler/Manns*, Die Bank 9/2006, 55; *Hartmann-Wendels/Pfingsten/Weber*, Bankbetriebslehre, 5. Aufl. 2010, S. 627.

747 *Glos/Sester*, BKR 2008, 315, 317 ff. Einen guten Überblick liefern *Hartmann-Wendels/Pfingsten/Weber*, Bankbetriebslehre, 5. Aufl. 2010, S. 627 ff.

Darstellung beschränkt sich insoweit auf die risikomindernde Wirkung von Kreditderivaten.[748]

Die Risikominderung, die durch den Einsatz von Kreditderivaten erzielt wird, beruht auf dem antizipierten Zahlungsversprechen des Risikokäufers, das an das vertraglich vereinbarte Kreditereignis geknüpft ist und die Verluste der Bank bei Eintritt des definierten Kreditereignisses verringert.[749] Aus der Sicht der Banken in ihrer Rolle als Risikoverkäufer ist die Kreditrisikominderung lukrativ, weil sich dadurch die sonst zur Unterlegung des Kreditrisikos erforderlichen Eigenmittel herabsetzen lassen.[750] Die Stellung des Risikoverkäufers (Sicherungsnehmers) ist strikt von der des Risikokäufers (Sicherungsgebers) zu unterscheiden. Während der Risikoverkäufer die Eigenmittelabsenkung durch die risikominderende Wirkung des Kreditderivats verfolgt, muss der Risikokäufer das synthetisch übernommene Kreditrisiko mit Eigenmitteln unterlegen. Das gilt freilich nur, wenn es sich bei dem Risikokäufer um ein Institut handelt, das in den Anwendungsbereich der Eigenmittelvorschriften fällt.[751]

bb) Überblick über die Mindestanforderungen für die Berücksichtigungsfähigkeit

Bei den Kreditderivaten, die aufsichtsrechtlich als Instrumente zur Risikominderung anerkannt sind, handelt es sich um Credit Default Swaps (Kreditausfallswaps), Total Return Swaps (Gesamtrendite-Swaps), Credit Linked Notes sowie Instrumente, die sich aus den vorgenannten Typen zusammensetzen oder wirtschaftlich die gleiche Wirkung haben, Art. 204 Abs. 1 CRR.[752] Für Credit Linked Notes gilt zudem die Besonderheit, dass diese als Barsicherheit behandelt werden können, Art. 218 CRR. Der Grund ist darin zu sehen, dass bei Credit Linked Notes der Risikoverkäufer bereits bei Zeichnung der Anleihe den fälligen Betrag an die

---

748 Garantien werden wie Kreditderivate behandelt und beide Typen von Sicherheiten werden unter dem Oberbegriff „Gewährleistungen" zusammengefasst, *Glos/Sester*, BKR 2008, 315, 319.

749 *Schulte-Mattler/Manns*, Die Bank 9/2006, 55, 59; *Litten/Bell*, BKR 2011, 314, 319; *Achtelik* in Boos/Fischer/Schulte-Mattler, KWG, 4. Aufl. 2012, § 165 SolvV, Rn. 1.

750 *Litten/Bell*, BKR 2011, 314, 319; *Schulte-Mattler/Manns*, Die Bank 9/2006, 55, 55; aus Sicht des vergleichbaren Bankenaufsichtsrechts der Schweiz: *Haeberli* in Zerey, Finanzderivate, 3. Aufl. 2013, § 32, Rn. 43.

751 S. zur aufsichtsrechtlichen Behandlung des Risikokäufers unten S. 180 f.

752 Für sog. n^{th}-to-default-Kreditderivate (Basket- und Portfolio-Derivate), bei denen Zahlungen erst beim „n-ten" Kreditereignis aus dem Referenzportfolio erfolgen, bestehen besondere Regelungen, auf die hier nicht weiter eingegangen wird, s. *Achtelik* in Boos/Fischer/Schulte-Mattler, KWG, 4. Aufl. 2012, § 168 SolvV, Rn. 1.

Bank zahlt, ohne auf den Eintritt des Kreditereignisses zu warten.[753] Zudem ist nur ein bestimmter Kreis von Sicherungsgebern als Risikokäufer zugelassen.[754] Zu diesem Kreis zählen z.B. Zentralstaaten und Zentralbanken, Institute sowie bonitätsstarke Unternehmen.

Die Mindestanforderungen an die Berücksichtigungsfähigkeit ergeben sich aus den Art. 213 und 216 CRR. Das Aufsichtsrecht setzt dadurch zugleich den Rahmen für die Vertragsgestaltung der Kreditderivate, um sicherzustellen, dass es zu einem wirksamen Risikotransfer kommt und die Bank auch tatsächlich von dem Kreditrisiko befreit ist. So muss die Absicherung unmittelbar sein und der Absicherungsumfang von den Parteien eindeutig festgelegt werden.[755] Ferner darf der Absicherungsvertrag keine Klauseln enthalten, die es dem Risikokäufer ermöglichen würden, das Vertragsverhältnis einseitig zu kündigen.[756] Die Vereinbarung muss zudem in allen relevanten Rechtsordnungen wirksam und durchsetzbar sein.[757]

Ein Katalog schreibt abschließend die aufsichtsrechtlich zulässigen Kreditereignisse vor[758] und es muss eindeutig vereinbart sein, wer über den tatsächlichen Eintritt des Kreditereignisses entscheidet, wobei diese Entscheidung nicht allein dem Risikokäufer zugewiesen sein darf.[759] Erst wenn *alle* Mindestvoraussetzungen erfüllt sind, wird das Kreditderivat bei der Ermittlung der für das Kreditrisiko vorzuhaltenden Eigenmittel risikomindernd berücksichtigt.

cc) Berechnung der Risikominderung

Für die exakte Berechnung der Risikominderung ist danach zu unterscheiden, ob das jeweilige Institut den KSA, den Basis-IRBA oder den fortgeschrittenen IRBA verwendet.[760] Im Einzelnen handelt es sich bei der Berechnung um ein sehr technisches Verfahren, für die Zwecke einer juristischen Darstellung ist ein grober Überblick aber ausreichend.

---

753 *Schulte-Mattler/Manns*, Die Bank 9/2006, 55, 59; *Achtelik* in Boos/Fischer/Schulte-Mattler, KWG, 4. Aufl. 2012, § 165 SolvV, Rn. 2. S. dazu bereits oben S. 133 f.

754 Vgl. Art. 201 CRR.

755 Art. 213 Abs. 1 lit. a und b CRR.

756 Art. 213 Abs. 1 lit. c i) CRR.

757 Art. 213 Abs. 1 lit. d CRR.

758 Art. 216 Abs. 1 lit. a CRR.

759 Art. 216 Abs. 1 lit. d und e CRR.

760 *Glos/Sester*, BKR 2008, 315, 317 f.; *Hartmann-Wendels/Pfingsten/Weber*, Bankbetriebslehre, 5. Aufl. 2010, S. 627 ff.; *Fischer* in Schimansky/Bunte/Lwowski, Bankrechts-Handbuch, Band II, 4. Aufl. 2011, § 129, Rn. 70.

Im KSA schlägt sich der Einsatz von Kreditderivaten in einer Reduzierung des Risikogewichts der Position nieder, die als Referenzwert dient. Hierzu wird für den besicherten Teil der Forderung das Risikogewicht des Risikokäufers anstelle des Risikogewichts des Kreditnehmers verwendet.[761] Das Risikogewicht des Risikokäufers dient demnach als Substitut für das Risikogewicht des Schuldners.[762] Dieser sog. „Substitutionsansatz"[763] ist konsequent, da das Institut das Ausfallrisiko des Schuldners durch das Kreditderivat auf den Risikokäufer auslagert und stattdessen das Ausfallrisiko des Risikokäufers zu tragen hat. Handelt es sich bei dem Schuldner beispielsweise um ein Unternehmen, für das kein externes Rating existiert, bestimmt der KSA ein Risikogewicht von 100%. Schließt die kreditgebende Bank nun einen Credit Default Swap mit einer anderen Bank, die als Risikokäufer fungiert und ein AAA-Rating aufweist, ist nur noch ein Risikogewicht in Höhe von 20% für den abgesicherten Teil der Forderung einschlägig.[764] Bereits dieses Beispiel zeigt deutlich, dass der Kreditrisikotransfer zu einer signifikanten Risikominderung und damit Absenkung der Eigenmittelanforderungen führen kann.

Vergleichbar mit der Berücksichtigung von Credit Default Swaps im KSA, wird im Basis-IRBA für den besicherten Teil der Forderung die Ausfallwahrscheinlichkeit des Schuldners (PD) durch die des Risikokäufers ersetzt.[765] Der Unterschied ist darin zu sehen, dass im Basis-IRBA die PD ausgetauscht wird, die auf den internen Berechnungen der Bank beruht, wohingegen im KSA das Bonitätsgewicht des Schuldners ersetzt wird, das in der Regel an die externen Ratings von Ratingagenturen geknüpft ist. Eine komplexere Berechnung gilt indes für den fortgeschrittenen IRBA. Nach der Wahl des Instituts kann der Einsatz von Kreditderivaten im fortgeschrittenen IRBA, insoweit parallel zum Basis-IRBA, zum einen zu einer Anpassung der PD führen. Zum anderen kann sich die Risikominderung in einer Reduzierung des LGD-Wertes niederschlagen.[766]

---

761 *Hartmann-Wendels/Pfingsten/Weber*, Bankbetriebslehre, 5. Aufl. 2010, S. 628; *Glos/Sester*, BKR 2008, 315, 317.

762 Vgl. *Schulte-Mattler/Manns*, Die Bank 9/2006, 55, 59 f.

763 *Basler Ausschuss für Bankenaufsicht*, Internationale Konvergenz der Eigenkapitalmessung und Eigenkapitalanforderungen, Juni 2006, Tz. 141.

764 Vgl. *Glos/Sester*, BKR 2008, 315, 317.

765 *Schulte-Mattler/Manns*, Die Bank 9/2006, 55, 59; *Sievers*, Kreditderivate, 2009, S. 184; *Hartmann-Wendels/Pfingsten/Weber*, Bankbetriebslehre, 5. Aufl. 2010, S. 629.

766 *Hartmann-Wendels/Pfingsten/Weber*, Bankbetriebslehre, 5. Aufl. 2010, S. 629; *Schulte-Mattler/Manns*, Die Bank 9/2006, 55, 60 mit Hinweisen zu den technischen Einzelheiten der Berechnung.

Schließlich kann alternativ der sog. Doppelausfalleffekt (*double-default-effect*) berücksichtigt werden.[767] Von einem Doppelausfall wird gesprochen, wenn sowohl der ursprüngliche Schuldner einer Forderung als auch der spätere Risikokäufer ausfallen.[768] Die Bank erleidet also erst im Fall des gemeinsamen Ausfalls von Schuldner und Risikokäufer Verluste, was durch die Schätzung einer gemeinsamen Ausfallwahrscheinlichkeit in die Eigenmittelunterlegungspflicht einfließt.[769]

b) USA

Der Einsatz von Kreditderivaten ist auch im U.S.-Aufsichtsrecht als Kreditrisikominderungstechnik (*credit risk mitigation technique*) anerkannt.[770] Die Gruppe der Berücksichtigungsfähigen Instrumente bilden CDS und TRS[771] sowie jede andere Form, die von der zuständigen Aufsichtsbehörde zugelassen wird.[772] Die Mindestvoraussetzungen für die Berücksichtigungsfähigkeit der eingesetzten Kreditderivate stimmen weitgehend mit denen der CRR überein, so dass hier von einer ausführlichen Darstellung abgesehen wird, um Wiederholungen zu vermeiden. Gleiches gilt für die Berechnung der Minderungswirkung, denn auch hier können der Substitutionsansatz, die LGD-Anpassung oder der Doppelausfalleffekt zur Anwendung kommen.[773]

III. Verbriefung (*securitization*)

Eine weitere Möglichkeit zum Transfer von Kreditrisiken ist die Verbriefung der zugrunde liegenden Forderungen (*securitization*).[774] Die Wurzeln dieser kapitalmarkt-

---

767 *Schulte-Mattler/Manns*, Die Bank 9/2006, 55, 60.

768 *Schulte-Mattler*, Die Bank 7/2006, 52, 52; *Schulte-Mattler/Manns*, Die Bank 9/2006, 55, 60.

769 *Schulte-Mattler/Manns*, Die Bank 9/2006, 55, 60; *Hartmann-Wendels/Pfingsten/Weber*, Bankbetriebslehre, 5. Aufl. 2010, S. 629; s. ausführlich zur Berechnung *Schulte-Mattler*, Die Bank 7/2006, 52 und *Sievers*, Kreditderivate, 2009, S. 188 ff.

770 12 C.F.R. part 3, appendix C § 31(d)(5); s. dazu *Hugi/Kravitt/Hitselberger*, 12 N.C. Banking Inst. 45, 91 ff. (2008).

771 Zulässig sind wiederum n^{th}-to-default-Kreditderivate, auf die hier nicht gesondert eingegangen wird. S. dazu bereits oben Fn. 752.

772 *Hugi/Kravitt/Hitselberger*, 12 N.C. Banking Inst. 45, 94 (2008).

773 12 C.F.R. part 3, appendix C § 31(d)(5).

774 *Deutsche Bundesbank*, Monatsbericht April 2004, S. 29; *Frankel/Fagan*, Law and the Financial System, 2009, S. 17.

orientierten Form des Kreditrisikotransfers reichen bis in die siebziger Jahre des 20. Jahrhunderts in den Vereinigten Staaten zurück, die Volumenentwicklung ist jedoch erst in den folgenden achtziger Jahren sprunghaft angestiegen.[775] Den Oberbegriff bilden Asset Backed Securities (ABS), als Wertpapiere, die durch eine Vermögensmasse besichert sind.[776] Bei dieser Vermögensmasse handelt es sich um Forderungen, die unterschiedlicher Natur und Herkunft sein können.[777] Die konkrete Art der Forderungen, die einer Verbriefungstransaktion zugrunde liegen, dienen zugleich der Konkretisierung der emittierten ABS. Handelt es sich bei dem Forderungspool um grundpfandrechtlich besicherte Darlehensforderungen (*mortgages*), spricht man von Mortgage Backed Securities (MBS), die die bekannteste Variante der ABS darstellen und vor allem bei der Subprime-Krise die Hauptrolle gespielt haben.[778] Ein Teilsegment der MBS bilden wiederum Residential Mortgage Backed Securities (RMBS), bei denen das Grundpfandrecht auf einer Wohnimmobilie aus dem Retail-Geschäft lastet.[779] Sind hingegen Gewerbeimmobilien Sicherungsgegenstand der Forderungen, werden die damit besicherten Wertpapiere als Commercial Mortgage Backed Securities (CMBS) bezeichnet.[780] Die an den Transaktionen beteiligten Akteure haben sich bei der Erschließung neuer Geschäftsfelder für den Verbriefungsmarkt über die Jahre einfallsreich gezeigt und nahezu alle Forderungen, die sich im Bestand von Banken und anderen Finanzintermediären finden lassen, zum Gegenstand von ABS gemacht, beispielsweise Darlehensforderungen zur Finanzierung von Kraftfahrzeugen oder des Studiums und Kreditkartenforderungen.[781]

---

775 Die ersten Verbriefungsprozesse in Gestalt von Mortage Backed Securities sind dabei auf die Government National Mortgage Association („Ginnie Mae" – GNMA) zurückzuführen, *Greenbaum/Thakor*, Contemporary Financial Intermediation, 2nd Ed. 2007, S. 346 f.; s. auch *Rudolph*, ZGR 2010, 1, 4 f.; *Henke/Burghof/Rudolph*, CFS Working Paper Nr. 98/07, S. 5.

776 *Lenenbach*, Kapitalmarktrecht, 2. Aufl. 2010, Rn. 9.8; *Rudolph/Hofmann/Schaber/Schäfer*, Kreditrisikotransfer, 2. Aufl. 2012, S. 48; *Hartmann-Wendels/Pfingsten/Weber*, Bankbetriebslehre, 5. Aufl. 2010, S. 207; *Hull*, Risk Management and Financial Institutions, 3rd Ed. 2012, S. 124 ff.; *Baums*, WM 1993, 1, 2.

777 *Frankel/Fagan*, Law and the Financial System, 2009, S. 34.

778 *Frankel/Fagan*, Law and the Financial System, 2009, S. 33 f.; *Rudolph/Hofmann/Schaber/Schäfer*, Kreditrisikotransfer, 2. Aufl. 2012, S. 41; *Rudolph*, ZGR 2010, 1, 4; *Lehmann*, Finanzinstrumente, 2009, S. 128.

779 *Wilmarth*, 89 Or. L. Rev. 951, 964 (2011).

780 *Wilmarth*, 89 Or. L. Rev. 951, 964 (2011).

781 *Frankel/Fagan*, Law and the Financial System, 2009, S. 34; *Wilmarth*, 89 Or. L. Rev. 951, 964 (2011).

1. Grundstruktur einer Verbriefungstransaktion

Die von der Bank mit der Verbriefung verfolgten Ziele ergeben sich jedoch erst aus der typischen Ausgestaltung des Verbriefungsvorgangs und im Zusammenspiel mit dem aufsichtsrechtlichen Regelwerk.[782] Die Bank in ihrer klassischen Rolle als Kapitalgeberin ist zunächst Inhaberin einer Vielzahl von Forderungen gegenüber ihren Darlehensnehmern. Als sog. Originator[783] steht sie zugleich am Beginn des Verbriefungsprozesses und überträgt die Darlehensforderungen (*assets*) auf eine eigens als Sammelstelle für die zu verbriefenden Forderungen gegründete Gesellschaft (sog. Zweckgesellschaft; *special purpose vehicle*, SPV).[784] Um einen Schutz vor Ausfällen einzelner Forderungen zu erzielen, übersteigt der Forderungspool oftmals den Wert der ausgegebenen Wertpapiere, was zu einer (gewollten) Übersicherung (*overcollateralization*) führt und zudem die Möglichkeit beinhaltet, die überschüssigen Mittel in besonders liquide Finanztitel zu investieren und so zusätzliche Erträge zu generieren.[785] Sind die Forderungen selbst Gegenstand der Übertragung auf die Zweckgesellschaft, handelt es sich um eine sog. traditionelle Verbriefung (*true sale*).[786] Eine sog. synthetische Verbriefung liegt dagegen vor, wenn an Stelle der Darlehensforderungen

---

782 S. *Deutsche Bundesbank*, Monatsbericht April 2004, S. 29 ff.; *Rudolph/Hofmann/Schaber/Schäfer*, Kreditrisikotransfer, 2. Aufl. 2012, S. 48 ff.; *Rudolph*, zfbf 2008, 713, 717 ff.; *ders.*, ZGR 2010, 1, 8 ff.; *Burghof*, Bankkredit und Kreditrisikotransfer, 2004, S. 71 ff.; *Lehmann*, Finanzinstrumente, 2009, S. 125 ff.; *Gleeson*, International Regulation of Banking, 2nd Ed. 2012, Rn. 8.42 ff. und 18.07 ff.; auch schon *Baums*, WM 1993, 1, 2 ff.; aus der Makroperspektive *Hellwig*, 157 De Economist 129, 138 ff. (2009). Zur aufsichtsrechtlichen Behandlung von Verbriefungspositionen in den USA und Europa s. ausführlich unten S. 142 ff.

783 Bei einer einzelnen Bank in der Rolle des Originators handelt es sich um eine sog. Single-Seller-Struktur, wohingegen bei gemeinsamer Poolbildung durch mehrere Originatoren eine sog. Multi-Seller-Struktur gegeben ist, *Rudolph/Hofmann/Schaber/Schäfer*, Kreditrisikotransfer, 2. Aufl. 2012, S. 53.

784 *Rudolph/Hofmann/Schaber/Schäfer*, Kreditrisikotransfer, 2. Aufl. 2012, S. 48; *Lehmann*, Finanzinstrumente, 2009, S. 126; *Hellwig*, 157 De Economist 129, 139 (2009); *Hartmann-Wendels/Pfingsten/Weber*, Bankbetriebslehre, 5. Aufl. 2010, S. 209.

785 *Lenenbach*, Kapitalmarktrecht, 2. Aufl. 2010, Rn. 9.32. *Overcollateralization* ist Bestandteil des sog. *credit enhancement*, das beim Verbriefungsprozess verwendete Sicherungsmittel zugunsten der Investoren bezeichnet und auch Instrumente wie zusätzliche Garantien oder Kreditversicherungen umfasst, *Henke/Burghof/Rudolph*, CFS Working Paper Nr. 98/07, S. 6; *Rudolph/Hofmann/Schaber/Schäfer*, Kreditrisikotransfer, 2. Aufl. 2012, S. 60.

786 *Rudolph*, ZGR 2010, 1, 10; *ders.*, zfbf 2008, 713, 717 f.; *Lehmann*, Finanzinstrumente, 2009, S. 126, 128.

ein Pool aus Kreditderivaten gebildet wird, der das Kreditrisiko der Referenzaktiva lediglich abbildet.[787] Schließlich emittiert die Zweckgesellschaft ABS, denen der Forderungspool als Sicherheit zugrunde liegt.

Die Zahlungen aus den Forderungen in Gestalt von Zins- und Tilgungszahlungen der Schuldner fließen über die Zweckgesellschaft den Investoren zu, wobei entweder die Pass-Through-Variante oder die Pay-Through Variante verfolgt wird.[788] Im Rahmen des Pass-Through werden die Zahlungen nach Abzug von Gebühren unverändert an die Investoren weitergeleitet, wohingegen bei der die Praxis dominierenden Pay-Through-Variante die Zahlungen von der Zweckgesellschaft oder einem zugeschalteten Treuhänder verwaltet werden und die Investoren am Ende der Transaktion zuvor festgelegte Beträge erhalten.[789]

Allerdings weisen nicht alle emittierten Klassen von ABS die gleiche zugrunde liegende Besicherungsstruktur auf, d.h. nicht jedes einzelne Wertpapier ist auch tatsächlich durch alle im SPV zusammengefassten Darlehensforderungen gedeckt. Die Forderungen werden vielmehr entsprechend ihrer Ausfallwahrscheinlichkeit strukturiert und in mehrere sog. Tranchen unterteilt, wobei nach dem sog. Wasserfall- oder Subordinationsprinzip die „besseren" Tranchen vorrangig bedient werden.[790] Die so strukturierten und klassifizierten ABS werden dann als Collateralized Debt Obligations (CDOs) bezeichnet.[791] Ratingagenturen, als weitere Protagonisten des Verbriefungsprozesses, stellen durch ihr Rating letztlich die Weichen für die Klassifikation und Rangfolge der einzelnen Tranchen, signalisieren sie den Investoren doch das unterstellte Ausfallrisiko der jeweiligen Wertpapierkategorie und des Emittenten, d.h. der Zweckgesellschaft.[792]

---

787 *Rudolph*, zfbf 2008, 713, 717 f.; *Lehmann*, Finanzinstrumente, 2009, S. 126, 128.

788 *Frankel/Fagan*, Law and the Financial System, 2009, S. 156 f.

789 *Greenbaum/Thakor*, Contemporary Financial Intermediation, 2nd Ed. 2007, S. 351 ff.; *Rudolph/Hofmann/Schaber/Schäfer*, Kreditrisikotransfer, 2. Aufl. 2012, S. 51 f.; *Lehmann*, Finanzinstrumente, 2009, S. 126 f.; *Rudolph*, ZGR 2010, 1, 9; *Frankel/Fagan*, Law and the Financial System, 2009, S. 156 ff.

790 Der Rangfolge nach werden diese als Senior-, Mezzanine- und Junior bzw. Equity Tranche bezeichnet; *Rudolph*, zfbf 2008, 713, 719; *Hellwig*, 157 De Economist 129, 139 (2009).

791 *Lehmann*, Finanzinstrumente, 2009, S. 128; *Herrmann* in Burghof/Henke/Rudolph/Schönbucher/Sommer, Kreditderivate, 2. Aufl. 2005, S. 87; einen Teilmarkt der CDOs stellen wiederum die sog. Collateralized Loan Obligations (CLOs) dar, denen Forderungen aus Unternehmenskrediten zugrunde liegen.

792 *Henke/Burghof/Rudolph*, CFS Working Paper Nr. 98/07, S. 6; *Lehmann*, Finanzinstrumente, 2009, S. 126; *Hellwig*, 157 De Economist 129, 155 ff. (2009); *Möllers*, JZ 2009, 861, 861 f.; s. dazu bereits ausführlich die kritische Würdigung oben 4. Teil, Abschnitt B, II., 3.

Ursprünglich übernahm der Originator die sog. Erstverlusttranche (*first loss piece*) in der Regel selbst, um durch diesen „Selbstbehalt" eine positive Signalwirkung für die Qualität der ausgegebenen ABS zu erzielen.[793] Allerdings wurde von dieser Praxis aufgrund der hohen Nachfrage nach unterrangigen und damit risikoreicheren Tranchen abgerückt, denn aufgrund des Abhängigkeitsverhältnisses zwischen Risiko und Rendite besteht bei ABS mit einem höheren Ausfallrisiko entsprechend die Möglichkeit, höhere Gewinne zu erzielen.[794] Als Kehrseite steigt freilich auch die Gefahr eines Totalverlusts, was in den letzten Jahren von zu vielen risikoaffinen Investoren außer Acht gelassen wurde.

2. Grundlagen der aufsichtsrechtlichen Behandlung von Verbriefungen

Die aufsichtsrechtliche Behandlung von Verbriefungen wirft zwei grundlegende Fragestellungen auf:[795] *Erstens* stellt sich aus der Sicht des Originators zunächst die Frage, unter welchen Voraussetzungen eine Verbriefungstransaktion aufsichtsrechtlich als Kreditrisikotransfer anerkannt wird und sich die ausplatzierten Risiken folglich in einer Eigenkapitalentlastung niederschlagen. *Zweitens* ist für den Originator im Hinblick auf zurückbehaltene Postionen und Investor-Institute im Hinblick auf erworbene Beteiligungen von Bedeutung, wie diese Verbriefungspositionen mit Eigenmitteln zu unterlegen sind.

Die folgende Darstellung beantwortet die aufgeworfenen Fragen auf der Grundlage der CRR und der vergleichbaren U.S.-amerikanischen Regelungen und soll einen Überblick über den aufsichtsrechtlichen Umgang mit Verbriefungstransaktionen verschaffen. Der Schwerpunkt wird anschließend auf das sog. *originate-to-distribute* Problem und der rechtsvergleichenden Analyse des Lösungsansatzes in Form eines verbindlichen Kreditrisikoselbstbehalts (*credit risk retention*) gelegt.

---

793 *Hellwig*, 157 De Economist 129, 142 (2009); *Rudolph*, Kredit und Kapital 2007, 1, 8.

794 *Hellwig*, 157 De Economist 129, 145 (2009); *Rudolph*, Kredit und Kapital 2007, 1, 10, der dort aber anmerkt, Banken als Verkäufer von Erstverlusttranchen verlören dennoch nicht das Interesse am Monitoring der Kreditrisiken, da diese ihre Reputation am CDO-Markt nicht aufs Spiel setzen würden und zumindest einen Teil selbst behielten, so auch *Rudolph/Hofmann/Schaber/Schäfer*, Kreditrisikotransfer, 2. Aufl. 2012, S. 37 f.

795 Vgl. *Arlt*, True Sale Securitisation, 2009, S. 301; *Gerth* in Boos/Fischer/Schulte-Mattler, KWG, 4. Aufl. 2012, § 225 SolvV, Rn. 2.

aa) Eigenkapitalentlastung zugunsten des Originators

Aus Sicht der Banken in ihrer Rolle als Originatoren ist der Kreditrisikotransfer durch die Verbriefung von Forderungen lukrativ, weil damit unter bestimmten, aufsichtsrechtlich vorgegebenen Voraussetzungen eine Eigenkapitalentlastung einhergeht.[796] Für traditionelle und synthetische Verbriefungen muss hierzu in erster Linie ein mit den verbrieften Forderungen verbundenes *signifikantes Kreditrisiko* als auf Dritte übertragen gelten (signifikanter bzw. wesentlicher Kreditrisikotransfer), Art. 243 Abs. 1 lit. a und 244 Abs. 1 lit. a CRR. Dabei knüpft die Schwelle der Signifikanz jeweils am Risikogehalt der durch den Originator zurückbehaltenen Positionen an.[797]

Aufsichtsrechtlich werden zwei Regelbeispiele vorgegeben, wann von einem solchen signifikanten bzw. wesentlichen Kreditrisikotransfer zugunsten des Originators auszugehen ist:[798] *Erstens* darf der vom Originator gehaltene Anteil an den mezzaninen Verbriefungspositionen nicht über 50% hinausgehen, Art. 243 Abs. 2 lit. a und 244 Abs. 2 lit. a CRR. *Zweitens* darf der Originator im Rahmen einer Verbriefungstransaktion ohne mezzanine Verbriefungspositionen höchstens 20% der Erstverlustposition halten, Art. 243 Abs. 2 lit. b und 244 Abs. 2 lit. b CRR.

Den Aufsichtsbehörden ist im Einzelfall allerdings ein Ermessensspielraum eingeräumt. Zum einen kann die jeweils zuständige Behörde selbst bei Vorliegen der Voraussetzungen eines Regelbeispiels entscheiden, dass ein signifikanter Kreditrisikotransfer nicht stattgefunden hat. Zum anderen kann die Behörde einem Originator auch unabhängig von den beiden Regelbeispielen gestatten, einen signifikanten Teil des Kreditrisikos als übertragen zu betrachten (Nachweis des erheblichen Kreditrisikotransfers in Einzelfallabstimmung[799]).[800]

Neben den Regelbeispielen bzw. dem Nachweis des signifikanten Kreditrisikotransfers in Einzelfallabstimmung steht ein weiterer Voraussetzungskatalog, der für traditionelle und synthetische Verbriefungen teilweise unterschiedlich ausfällt.[801]

---

796 Nach der SolvV: „Mindestanforderungen an einen wesentlichen und wirksamen Risikotransfer", § 232 SolvV.

797 *Deutsche Bundesbank*, Monatsbericht März 2006, S. 46; krit. *Siepmann*, Selbstbehalt bei Verbriefungen, 2011, S. 228 ff.

798 *Gerth* in Boos/Fischer/Schulte-Mattler, KWG, 4. Aufl. 2012, § 232 SolvV, Rn. 9 ff.

799 Vgl. *Gerth* in Boos/Fischer/Schulte-Mattler, KWG, 4. Aufl. 2012, § 232 SolvV, Rn. 16.

800 Art. 243 Abs. 4 und 244 Abs. 4 CRR.

801 Vgl. jeweils Art. 243 Abs. 5 und Art. 244 Abs. 5 CRR. Ausführlich *Gerth* in Boos/Fischer/Schulte-Mattler, KWG, 4. Aufl. 2012, § 232 SolvV, Rn. 17 ff.

Eine traditionelle Verbriefungstransaktion muss beispielsweise insolvenzfest sein, d.h. weder der Originator noch dessen Gläubiger dürfen im Insolvenzfall auf die verbrieften Forderungen zurückgreifen können, Art. 243 Abs. 5 lit. b CRR. Wurden im Rahmen der Transaktion Rückführungsoptionen (*clean-up call options*) vereinbart, unterliegen diese bei traditionellen und synthetischen Verbriefungen den gleichen Voraussetzungen. Unter einer Rückführungsoption ist eine vertragliche Option zu verstehen, bei deren Ausübung der Originator die Verbriefungspositionen vor der vollständigen Rückzahlung aller zugrunde liegenden Forderungen zurückkauft oder aufhebt, wenn der Restbetrag der ausstehenden Forderungen unter einen festgelegten Grenzwert fällt.[802] Eine solche Rückführungsoption dient dazu, am Ende der Transaktion die auf dem Markt verbliebenden Wertpapieremissionen zu tilgen.[803] Die Ausübung der Rückführungsoptionen (*clean-up call*) darf nach den Vorgaben der CRR nur im Ermessen des Originators stehen und muss an die Schwelle geknüpft sein, dass höchstens 10% der verbrieften Forderungen ungetilgt bleiben. Die Rückführungsoption darf schließlich nicht so strukturiert sein, die Zuweisung von Verlusten an die Investoren zu verhindern oder sonstige Bonitätsverbesserungen zur Verfügung zu stellen.[804]

Sind alle Voraussetzungen erfüllt, handelt es sich bei der Verbriefung um einen aufsichtsrechtlich anerkannten Kreditrisikotransfer und der Originator kann im Hinblick auf das verbriefte Portfolio eine Anrechnungserleichterung in Anspruch nehmen.[805] Für den Originator bedeutet dies, dass nur die zurückgehaltenen Positionswerte, z.B. die Erstverlusttranche, in die Ermittlung der risikogewichteten Positionswerte einzubeziehen sind, nicht jedoch der verbriefte Teil des Portfolios, so dass der Risikotransfer eine Eigenkapitalentlastung nach sich zieht.[806] Durch diese Begünstigung schafft das Aufsichtsrecht letztlich einen Anreiztatbestand für Banken, Kreditrisiken auf Dritte auszulagern.

bb) Eigenkapitalunterlegung von Verbriefungspositionen

Die Eigenkapitalunterlegung von Verbriefungspositionen betrifft Originatoren, die Positionen im Rahmen einer Transaktion zurückbehalten, und Investor-Institute

802 S. die Legaldefinition in Art. 242 Nr. 2 CRR.

803 *Gerth* in Boos/Fischer/Schulte-Mattler, KWG, 4. Aufl. 2012, § 232 SolvV, Rn. 26.

804 Art. 243 Abs. 5 lit. f und Art. 244 Abs. 5 lit. f CRR.

805 Art. 245 Abs. 1 CRR; *Gerth* in Boos/Fischer/Schulte-Mattler, KWG, 4. Aufl. 2012, § 225 SolvV, Rn. 13.

806 *Gerth* in Boos/Fischer/Schulte-Mattler, KWG, 4. Aufl. 2012, § 225 SolvV, Rn. 13.

gleichermaßen.[807] Im Gleichlauf mit den Ansätzen zur Berechnung der vorzuhaltenden Eigenmittel für Ausfallrisiken ist auch im Hinblick auf Verbriefungspositionen zwischen KSA- und IRBA-Transaktionen zu unterscheiden.[808] Maßgeblich ist dabei, auf welchen Berechnungsansatz das Institut für die zugrunde liegende Forderung zurückgreift; dieser Ansatz gilt dann auch im Hinblick auf die davon abgeleitete Verbriefungsposition (sog. „Akzessorietätsprinzip“).[809] Zur Berechnung des risikogewichteten Positionsbetrags einer Verbriefungsposition haben die Institute das relevante Gesamtrisikogewicht auf den Risikopositionswert anzuwenden, Art. 246 Abs. 5 CRR. Die maßgeblichen Risikogewichte ergeben sich dabei anhand des jeweils einschlägigen Ansatzes für die Transaktion.

(1) KSA-Transaktionen

Beim KSA hängt das Risikogewicht einer Verbriefungsposition von deren Bonitätsstufe ab, die wiederum an ein externes Rating einer anerkannten Ratingagentur geknüpft ist.[810] Bei einem Risikogewicht von 1250% kann der Forderungswert der Position ggf. auch von den Eigenmitteln abgezogen werden, Art. 258 Abs. 3 CRR.

Tabelle 3: Risikogewichte von KSA-Verbriefungen

Externes Rating [Beispiel nach Skala langfristiger Ratings von S&P]	Bonitätsstufe	KSA-Verbriefungsgewicht	
		Verbriefungsposition	Wiederverbriefungsposition
AAA bis AA-	1	20%	40%
A+ bis A-	2	50%	100%
BBB+ bis BBB-	3	100%	225%
BB+ bis BB-	4	350%	650%
B+ und darunter	5	1250%	1250%

Nach BaFin, Liste der für die bankaufsichtliche Risikogewichtung anerkannten Ratingagenturen samt Mapping.[811]

807 *Arlt*, True Sale Securitisation, 2009, S. 303; *Gerth* in Boos/Fischer/Schulte-Mattler, KWG, 4. Aufl. 2012, § 227 SolvV, Rn. 3; *Hugi/Kravitt/Hitselberger*, 12 N.C. Banking Inst. 45, 59 (2008); *Deutsche Bundesbank*, Monatsbericht März 2006, S. 46 Fn. 23; *Rudolph/Hofmann/Schaber/Schäfer*, Kreditrisikotransfer, 2. Aufl. 2012, S. 189.

808 *Deutsche Bundesbank*, Monatsbericht März 2006, S. 46; *Arlt*, True Sale Securitisation, 2009, S. 303; *Gerth* in Boos/Fischer/Schulte-Mattler, KWG, 4. Aufl. 2012, § 226 SolvV, Rn. 2.

809 *Gerth* in Boos/Fischer/Schulte-Mattler, KWG, 4. Aufl. 2012, § 226 SolvV, Rn. 10.

810 Vgl. Art. 251 CRR.

811 Abrufbar unter http://www.bafin.de/SharedDocs/Veroeffentlichungen/DE/Auslegungsentscheidung/BA/ae_110509_ratingagenturen.html (zuletzt abgerufen am 14.9.2013).

Dabei werden Wiederverbriefungspositionen deutlich restriktivere Risikogewichte zugewiesen.[812] Nach der Legaldefinition in Art. 4 Abs. 1 Nr. 63 CRR ist unter einer Wiederverbriefung eine Verbriefung zu verstehen, „[...] bei der das mit einem zugrunde liegenden Pool von Risikopositionen verbundene Risiko in Tranchen unterteilt wird und mindestens eine der zugrunde liegenden Forderungen eine Verbriefungsposition ist[.]“ Durch den mehrfachen Verbriefungsvorgang handelte es sich bei dem endgültigen Finanzprodukt, z.B. CDOs auf CDOs (sog. CDO^2), um ein vielschichtiges, hochkomplexes Gebilde, dessen tatsächlicher Risikogehalt für alle Beteiligte nur schwer zu durchschauen ist.[813] Dieser Intransparenz soll durch eine höhere Risikogewichtung Rechnung getragen werden.[814]

(2) IRBA-Transaktionen

Für die Bestimmung der Risikogewichte ist im IRBA zwischen drei verschiedenen Ansätzen zu differenzieren, deren Anwendung durch eine gesetzlich festgelegte Hierarchie bestimmt ist.[815] Maßgebliches Kriterium ist dabei, ob ein externes Rating für die Verbriefungsposition besteht oder abgeleitet werden kann.[816] Liegt eine solche Bonitätseinschätzung einer anerkannten Ratingagentur vor, muss der *ratingbasierte Ansatz* (RBA) angewendet werden (Art. 259 Abs. 1 lit. a CRR), der jedoch nicht mit dem herkömmlichen KSA verwechselt werden darf. Andernfalls muss zur Berechnung vom aufsichtlichen Formelansatz (*Supervisory Formula Approach*)[817] oder – für Postionen eines ABCP-Programms – dem internen Bemessungsansatz (*Internal Assessment Approach*, IAA) Gebrauch gemacht werden, Art. 259 Abs. 1 lit. b und c CRR.[818] Die Verwendung des IAA steht dabei unter dem Erlaubnisvorbehalt durch die jeweils zuständige Aufsichtsbehörde, die an die Erfüllung verschiedener Voraussetzungen geknüpft ist, Art. 259 Abs. 3 CRR.

Anders als im Rahmen von KSA-Verbriefungen bemisst sich die Risikogewichtung der Positionen im RBA nicht allein nach dem externen Rating der Tranche, sondern

---

812 Die verschärften Regelungen beruhen auf Vorschlägen des *Basler Ausschusses für Bankenaufsicht*, Enhancements to the Basel II framework, Juli 2009, S. 4 f.

813 *Basler Ausschuss für Bankenaufsicht*, Enhancements to the Basel II framework, Juli 2009, S. 2; *Frese/Uhl*, Kreditwesen 2009, 935, 937 f.; *Wilmarth*, 89 Or. L. Rev 951, 964 f. (2011); *Rudolph/Hofmann/Schaber/Schäfer*, Kreditrisikotransfer, 2. Aufl. 2012, S. 195 f.; *Gerth* in Boos/Fischer/Schulte-Mattler, KWG, 4. Aufl. 2012, § 1b, Rn. 23.

814 Vgl. *Frese/Uhl*, Kreditwesen 2009, 935, 937 f.

815 *Deutsche Bundesbank*, Monatsbericht Januar 2009, S. 69.

816 *Gerth* in Boos/Fischer/Schulte-Mattler, KWG, 4. Aufl. 2012, § 255 SolvV, Rn. 10.

817 Dazu Art. 262 CRR.

818 S. zum Ganzen *Deutsche Bundesbank*, Monatsbericht Januar 2009, S. 69 f.

grundsätzlich auch nach deren Granularität und Seniorität.[819] Die Eigenmittelunterlegung im RBA fällt somit weitaus risikosensitiver aus als in dem einfacheren KSA. Wiederverbriefungspositionen schlagen allerdings auch hier mit deutlich höheren Risikogewichten zu Buche, zumal nur die Seniorität Berücksichtigung findet, nicht jedoch die Granularität der jeweiligen Tranche, aus der die Position stammt.[820]

Die Implementierung von RBA und KSA in die CRR hebt deutlich hervor, dass die europäischen Gesetzgeber zur Bestimmung der Eigenmittelunterlegung von Verbriefungspositionen auch weiterhin auf die großflächige Inkorporation von externen Ratings setzen. Echte Alternativen zu diesem Ansatz finden sich in dem europäischen Regelwerk auch vor dem Hintergrund der Subprime-Krise und der öffentlichen Kritik an der Zuverlässigkeit der Agenturen derzeit noch nicht.[821]

Tabelle 4: Risikogewichte von IRBA-Verbriefungen nach dem RBA[822]

<table>
<tr><th rowspan="2">Externes Rating [Beispiel nach Skala langfristiger Ratings von S&P]</th><th rowspan="2">Bonitätsstufe</th><th colspan="3">Verbriefungspositionen</th><th colspan="2">Wiederverbriefungspositionen</th></tr>
<tr><th>granular & höchstrangig</th><th>granular & nicht-höchstrangig</th><th>nicht-granular</th><th>höchstrangig & keine Forderung im Pool ist selbst Neuverbriefung</th><th>nicht-höchstrangig</th></tr>
<tr><td>AAA</td><td>1</td><td>7%</td><td>12%</td><td>20%</td><td>20%</td><td>30%</td></tr>
<tr><td>AA+ bis AA-</td><td>2</td><td>8%</td><td>15%</td><td>25%</td><td>25%</td><td>40%</td></tr>
<tr><td>A+</td><td>3</td><td>10%</td><td>18%</td><td>35%</td><td>35%</td><td>50%</td></tr>
<tr><td>A</td><td>4</td><td>12%</td><td>20%</td><td></td><td>40%</td><td>65%</td></tr>
<tr><td>A-</td><td>5</td><td>20%</td><td>35%</td><td></td><td>60%</td><td>100%</td></tr>
<tr><td>BBB+</td><td>6</td><td>35%</td><td colspan="2">50%</td><td>100%</td><td>150%</td></tr>
<tr><td>BBB</td><td>7</td><td>60%</td><td colspan="2">75%</td><td>150%</td><td>225%</td></tr>
<tr><td>BBB-</td><td>8</td><td colspan="3">100%</td><td>200%</td><td>350%</td></tr>
<tr><td>BB+</td><td>9</td><td colspan="3">250%</td><td>300%</td><td>500%</td></tr>
<tr><td>BB</td><td>10</td><td colspan="3">425%</td><td>500%</td><td>650%</td></tr>
<tr><td>BB-</td><td>11</td><td colspan="3">650%</td><td>750%</td><td>850%</td></tr>
<tr><td>BB- und darunter</td><td>12</td><td colspan="5">1250%</td></tr>
</table>

Nach Gerth in Boos/Fischer/Schulte-Mattler, KWG, 4. Aufl. 2012, § 257 SolvV, Rn. 4 (Tabelle 2).

---

819 *Gerth* in Boos/Fischer/Schulte-Mattler, KWG, 4. Aufl. 2012, § 257 SolvV, Rn. 3.

820 Vgl. *Rudolph/Hofmann/Schaber/Schäfer*, Kreditrisikotransfer, 2. Aufl. 2012, S. 195 f.

821 S. für eine ausführliche Diskussion bereits oben 4. Teil, Abschnitt B, II., 3.

822 Nachdem das Risikogewicht auf den Forderungswert angewendet wurde, ist das Ergebnis mit dem sog. bankaufsichtlichen Skalierungsfaktor von 1,06 zu multiplizieren, Art. 261 Abs. 1 CRR; *Gerth* in Boos/Fischer/Schulte-Mattler, KWG, 4. Aufl. 2012, § 257 SolvV, Rn. 5.

b) USA

aa) Eigenkapitalentlastung zugunsten des Originators

Erfüllt eine Verbriefungstransaktion eines U.S.-Originators die aufsichtsrechtlichen Mindestvoraussetzungen, zählen die verbrieften Forderungen nicht zu den risikogewichteten Aktiva und der Originator kann so seine Eigenmittelanforderungen herabsetzen.[823] Ob ein wesentlicher Risikotransfer auf einen oder mehrere Dritte vorliegt, wird bei einer *traditionellen Verbriefung* vor allem an die U.S.-Rechnungslegungsvorschriften (Generally Accepted Accounting Principles, GAAP) geknüpft.[824] Danach dürfen die verbrieften Aktiva nicht in der konsolidierten Bilanz des Originators auftauchen.[825]

Für *synthetische Verbriefungen* gelten strengere Regeln.[826] Das zum Risikotransfer eingesetzten Instrument muss einen wirksamen Risikotransfer auf dritte Personen sicherstellen. Dazu darf der Vertrag beispielsweise keine Vereinbarungen enthalten, die den Originator verpflichten würden, nach dem Vollzug der Transaktion zusätzliche Sicherheiten zu stellen oder die einbehaltene Erstverlusttranche nachträglich aufzustocken. Ein Rechtsberater muss zudem in einem Gutachten (*legal opinion*) bestätigen, dass die zugrunde liegende Vereinbarung in allen relevanten Rechtsordnungen durchsetzbar ist.[827]

Gemeinsame Voraussetzung für traditionelle und synthetische Verbriefungen ist schließlich, dass nur eine *zulässige* Rückführungsoption (*eligible clean-up call*) vereinbart wurde.[828] Die Zulässigkeit bemisst sich im Kern nach den gleichen Voraussetzungen wie sie die CRR aufstellt. Die Ausübung der Option muss in das Ermessen des Originators oder aber des Servicers gestellt und an die Schwelle geknüpft sein, dass höchstens 10% der verbrieften Forderungen ungetilgt bleiben.

---

823 *OCC/Federal Reserve*, Regulatory Capital Rules, 2.7.2013, S. 253 f. Die Behandlung von Verbriefungspositionen ist in den Vereinigten Staaten jüngst reformiert worden. Die Verordnung folgt weitgehend den vorangegangenen Entwürfen von *OCC*, *Federal Reserve* und *FDIC*, Regulatory Capital Rules: Standardized Approach for Risk-Weighted Assets; Market Discipline and Disclosure Requirements, 77 Fed. Reg. 52888 (30. August 2012) und Regulatory Capital Rules: Advanced Approaches Risk-Based Capital Rule; Market Risk Capital Rule, 77 Fed. Reg. 52978 (30. August 2012).

824 S. schon *Hugi/Kravitt/Hitselberger*, 12 N.C. Banking Inst. 45, 66 (2008).

825 12 C.F.R. § 3.41(a).

826 *OCC/Federal Reserve*, Regulatory Capital Rules, 2.7.2013, S. 255; s. auch schon *Hugi/Kravitt/Hitselberger*, 12 N.C. Banking Inst. 45, 96 f. (2008).

827 12 C.F.R. § 3.41(b).

828 12 C.F.R. § 3.41(a) und (b).

Schließlich darf die Option nicht zu dem Zweck strukturiert sein, die Zuweisung von Verlusten an die Investoren zu verhindern oder sonstige Bonitätsverbesserungen zur Verfügung zu stellen.[829]

bb) Eigenkapitalunterlegung von Verbriefungspositionen

Im Hinblick auf die Eigenmittelunterlegung von Verbriefungspositionen ist zwischen den *generally applicable risk-based capital rules* und den *advanced approaches rules* zu unterscheiden. Wie bereits an anderer Stelle ausführlich dargestellt, verbietet Section 939A des Dodd-Frank Act die Bezugnahme auf Ratings externer Ratingagenturen im Bankenaufsichtsrecht der USA.[830] Eine ratingbasierte Zuweisung von Risikogewichten kommt damit auch für Verbriefungspositionen nicht mehr in Betracht.[831] Die Vorschriften zur Berechnung der Eigenkapitalunterlegung von Verbriefungspositionen unterscheiden sich daher zwangsläufig von den in der europäischen CRR enthaltenen Regeln.[832] Wegen der größeren Überschneidung mit den Basler Regelwerken und den darauf basierenden europäischen Vorschriften, soll an dieser Stelle mit der Eigenmittelunterlegung nach den *advanced approaches rules* begonnen werden.

(1) *Advanced approaches rules*

Für Institute, die in den Anwendungsbereich der *advanced approaches rules* fallen, gilt nunmehr grundsätzlich die folgende Hierarchie bei der Berechnung der Eigenkapitalunterlegung der von ihnen gehaltenen Verbriefungspositionen:[833]

- Ggf. Abzug vom Eigenkapital bzw. Anwendung eines Risikogewichts in Höhe von 1250%.
- Grundsätzlich müssen Institute die Eigenkapitalunterlegung anhand des aufsichtlichen Formelansatzes (*supervisory formula approach,* SFA) berechnen.
- Genügt das Institut den Anforderungen zur Verwendung des komplexeren SFA nicht, kann ausnahmsweise anstelle des SFA auf einen vereinfachten aufsichtlichen Formelansatz zurückgegriffen werden (*simplified supervisory formula approach*, SSFA).

---

829 *OCC/Federal Reserve*, Regulatory Capital Rules, 2.7.2013, S. 256 f.

830 S. dazu oben S. 86 ff.

831 S. bereits 77 Fed. Reg. 52888 (30. August 2012).

832 So auch im Verhältnis zu den Basler Rahmenvereinbarungen: *Basler Ausschuss für Bankenaufsicht*, Basel III regulatory consistency assessment (Level 2) – Preliminary report: United States of America, Oktober 2012, S. 13.

833 *OCC/Federal Reserve*, Regulatory Capital Rules, 2.7.2013, S. 445 f.

Die bei der Berechnung nach den Formelansätzen zu berücksichtigenden Inputs umfassen u.a. die risikogewichtete Eigenkapitalanforderung, der das Institut entsprechen müsste, wenn es die zugrunde liegende Position direkt halten würden, und die Subordination der jeweiligen Tranche.[834]

Schließlich wird dem höheren Risiko von Wiederverbriefungspositionen (*resecruritization exposures*) auch in den Formelansätzen des U.S.-amerikanischen Aufsichtsrechts Rechnung getragen. Im Ergebnis gelten somit für Wiederverbriefungspositionen höhere Eigenkapitalanforderungen als für herkömmliche Verbriefungspositionen.[835]

(2) *Generally applicable risk-based capital rules*

Für Institute, die unter die allgemeinen Regeln fallen, sind die folgenden Berechnungsmethoden vorgesehen, wobei in jedem Fall ein Mindest-Risikogewicht von 20% eingehalten werden muss:[836]

- Zunächst gilt der vereinfachte aufsichtliche Formelansatz (SSFA), der mit dem Modell unter den *advanced approaches rules* identisch ist.
- Alternativ können die Institute den sog. *gross-up approach* verwenden.[837]
- Wird von keinem der zuvor genannten Ansätze Gebrauch gemacht, gilt grundsätzlich ein Risikogewicht von 1250%.

Wiederverbriefungen werden im SSFA wiederum mit höheren Eigenmittelanforderungen veranschlagt.[838]

---

834 *OCC/Federal Reserve*, Regulatory Capital Rules, 2.7.2013, S. 446.

835 Vgl. *OCC/Federal Reserve*, Regulatory Capital Rules, 2.7.2013, S. 340 ff. und bereits 77 Fed. Reg. 52978, 52989 f. (30. August 2012).

836 *OCC/Federal Reserve*, Regulatory Capital Rules, 2.7.2013, S. 358 f., 368.

837 Dieser Ansatz setzt sich aus vier Inputs zusammen: (1) Der verhältnismäßige Nennwert des Anteils der Bank an der Tranche, z.B. 10% (*pro rata share*); (2) der Betrag der offenen Verbriefungspositionen (*exposure amount*); (3) der Wert aller höherrangigen Tranchen (*enhanced amount*); (4) das gewichtete Durchschnittsrisiko der zugrunde liegenden Aktiva (*applicable risk weight*). Für die Berechnung gilt: Kredit Äquivalent (*credit equivalent*) = (*exposure amount* + *pro rata share*) x *enhanced amount*. Das gewichtete Durchschnittsrisiko der zugrunde liegenden Aktiva wird anschließend auf das Kredit Äquivalent angewendet, um so das Risikogewicht für die Verbriefungspositionen zu erhalten, 77 Fed. Reg. 52888, 52922 (30. August 2012).

838 Vgl. das instruktive Berechnungsbeispiel in *OCC/Federal Reserve*, Regulatory Capital Rules, 2.7.2013, S. 373 ff.

IV. Analyse der Vor- und Nachteile des Kreditrisikotransfers

Der Einsatz von Kreditderivaten und Verbriefungstransaktionen sollte nicht pauschal verteufelt werden, sondern anhand einer Abwägung von Vor- und Nachteilen einer fundierten Bewertung zugeführt werden. Dabei klingt bereits an, dass dem modernen kapitalmarktorientierten Kreditrisikotransfer durchaus positive Erwägungen zugrunde liegen, die nicht nur die übertragenden Banken und renditeorientierte Investoren begünstigen, sondern auch zu gesamtwirtschaftlichen Vorteilen einen Beitrag leisten können.

1. Vor- und Nachteile auf der Ebene einzelner Marktteilnehmer

Aus Sicht der beteiligten Akteure ist der Vorteil derivativer Instrumente gegenüber anderen Instrumenten zur Risikosteuerung zunächst vor allem in der Ersparnis von Transaktionskosten zu sehen.[839] Die Veräußerung von notleidenden Krediten erfordert einen erheblichen Aufwand, der bei der Suche nach entsprechenden Investoren beginnt und über langwierige, da individualisierte, Vertragsverhandlungen und Due-Dilgence-Phasen, bis hin zu der tatsächlichen Veräußerung der einzelnen Forderungen reicht. Bei dem Einsatz von Derivaten dienen die Darlehensbeziehungen zwischen Bank und Kunde hingegen allein als Bezugsgröße und bleiben im Wesentlichen unangetastet. Aufgrund der Transaktionskostenersparnis ergibt sich bei Derivaten daher eine hohe Hebelwirkung (*leverage effect*),[840] was im Ergebnis dem Prinzip entspricht „wenig Aufwand, große Wirkung". Hier deutet sich jedoch bereits die Kehrseite derivativer Instrumente an, denn die „große Wirkung" ist nicht allein auf ihren positiven Gehalt begrenzt. Aus dem Einsatz von Kreditderivaten können sich wiederum eigene Risiken entwickeln, die nicht durch Reibungskräfte in Gestalt von Transaktionskosten, wie sie im Rahmen herkömmlicher Transaktionen entstehen, gebremst werden.[841] Im Gegensatz zu herkömmlichen Forderungsveräußerungen bewegen sich derivative Transaktionen bildlich gesprochen im luftleeren Raum, bedarf es doch hier gerade keiner physischen Übertragungsakte, verglichen etwa mit dem dinglichen Bestimmtheitsgrundsatz im Zusammenhang mit der Übertragung von Forderungsportfolien. Durch den Kreditrisikotransfer entledigt sich die Bank zwar – zumindest teilweise – des

839 *Whitehead*, 1 Harv. Bus. L. Rev. 39, 63 ff. (2011); vgl. allgemein zu den Vorteilen durch den Einsatz von Derivaten *Büschgen*, Bankbetriebslehre, 5. Aufl. 1998, S. 999.

840 *Büschgen*, Bankbetriebslehre, 5. Aufl. 1998, S. 999.

841 Krit. auch *Stout*, 1 Harv. Bus. L. Rev. 1, 7 f. (2011).

Ausfallrisikos ihrer Darlehensnehmer, zugleich sieht sie sich jedoch der Gefahr des Ausfalls ihres Handelspartners ausgesetzt, dem Kontrahentenrisiko.[842] Das Risiko wird folglich ausgetauscht, was die Intransparenz der tatsächlich eingegangenen Risikopositionen erhöht und deren Messung erschwert.[843]

Auch der Kreditrisikotransfer mittels Verbriefungsprozesse ist ein zweischneidiges Schwert. Bereits die geraffte Darstellung einer typischen Kreditverbriefung zeigt deren hohe Komplexität, die sich letztlich auch in entsprechenden Kosten niederschlägt und diesen Prozess erst ab einem genügend hohen Kapitalbedarf wirtschaftlich sinnvoll erscheinen lässt.[844] Dennoch bergen auch Kreditverbriefungen Vorteile, die nicht nur auf die Risikosteuerung der einzelnen Bank beschränkt bleiben.[845] Die positive Seite zeigt sich wiederum im Vergleich mit der Veräußerung eines Forderungsportfolios und lässt die wirtschaftliche Attraktivität der Kreditverbriefung sowohl für den Originator als auch die Investoren hervortreten. Der Verkauf und die Übertragung von Darlehensforderungen lässt den Investor in das Kreditverhältnis mit dem Darlehensnehmer eintreten, was Erfahrungen hinsichtlich der damit verbundenen Überwachungs-, Sanierungs- und Abwicklungsprozesse voraussetzt und daher nur von einem verhältnismäßig kleinen Kreis potentieller Investoren mit entsprechender Expertise im Bereich der Kreditvergabe in Betracht gezogen wird. Dagegen eröffnet der Erwerb von den am Ende des Verbriefungsprozesses emittierten Wertpapieren für außerhalb des Kreditgewerbes stehende Investoren die Möglichkeit, an Erwerbschancen aus diesem Marktsegment über den Umweg der ABS zu partizipieren, so dass aus anfänglich illiquiden Darlehensforderungen letztlich fungible Finanztitel werden.[846] Die erhöhte Handelbarkeit eröffnet dem Originator damit einen beträchtlich größeren Abnehmerkreis, während auf Seiten der Investoren neue Märkte erschlossen werden, die

---

842 *Deutsche Bundesbank*, Monatsbericht April 2004, S. 38 f.

843 Vgl. *Rudolph/Hofmann/Schaber/Schäfer*, Kreditrisikotransfer, 2. Aufl. 2012, S. 243 f.

844 *Hartmann-Wendels/Pfingsten/Weber*, Bankbetriebslehre, 5. Aufl. 2010, S. 211; tatsächlich stellt sich der Verbriefungsprozess als Geflecht verschiedener Gesellschaften dar, die an der Emission der ABS beteiligt sind; hier sollen jedoch die risikotransferbezogenen Eckpfeiler im Vordergrund stehen.

845 *Deutsche Bundesbank*, Monatsbericht, April 2004, S. 36 ff.; *Rudolph*, Kredit und Kapital 2007, 1, 1 ff.; *Hartmann-Wendels/Pfingsten/Weber*, Bankbetriebslehre, 5. Aufl. 2010, S. 211 ff.; *Rudolph/Hofmann/Schaber/Schäfer*, Kreditrisikotransfer, 2. Aufl. 2012, S. 235 ff.

846 *Rudolph/Hofmann/Schaber/Schäfer*, Kreditrisikotransfer, 2. Aufl. 2012, S. 26 ff.; *Burghof*, Bankkredit und Kreditrisikotransfer, 2004, S. 78; *Whitehead*, 1 Harv. Bus. L. Rev. 39, 63 ff. (2011).

sie beispielsweise in die Lage versetzen, durch die niedrige Korrelation zwischen den Verbriefungspositionen und den Aktiva des eigentlichen Kerngeschäfts gezielt Diversifikationseffekten zu nutzen und so die Bildung von Klumpenrisiken zu vermeiden.[847] Eine aus Sicht des Originators weitere gewichtige Intention für den Transfer des Ausfallrisikos bildet die Steuerung der Eigenmittelunterlegung, denn das durch die abgebauten Ausfallrisiken nunmehr ungebundene Eigenkapital kann zu neuen Investitionen genutzt werden.[848]

2. Vor- und Nachteile auf gesamtwirtschaftlicher Ebene

Neben den Vorteilen auf bankbetrieblicher Ebene lassen sich schließlich auch makroökonomisch vorteilhafte Auswirkungen des Kreditrisikotransfers verorten. So kann die aufgrund der handelbaren Finanztitel gesteigerte Zahl der Marktteilnehmer zur Verbesserung von Transparenz und Qualität der Preisbildung führen, was im Zusammenspiel mit den breiteren Diversifikationsmöglichkeiten letztlich die Allokation von Kreditrisiken fördert und damit einen wesentlichen Beitrag zu einer erhöhten Effizienz und Widerstandsfähigkeit des Banken- und Finanzsystems leisten kann.[849] Der Einfluss auf den Abbau von Informationsasymmetrien lässt sich vor allem anhand von CDS aufzeigen, deren Marktpreise mittlerweile von Finanzmarktteilnehmern weltweit als Indikator für Ausfallrisiken herangezogen werden, unabhängig ob auf private oder öffentliche Schuldner, wie z.B. Kommunen oder ganzen Staaten, bezogen.[850]

Die Kehrseite bilden jedoch die mit dem Einsatz von Verbriefungsprozessen und Kreditderivaten verbundenen Gefahren, die sich zuletzt in der im Jahr 2007

---

847 *Rudolph/Hofmann/Schaber/Schäfer*, Kreditrisikotransfer, 2. Aufl. 2012, S. 222 ff.; *Deutsche Bundesbank*, Monatsbericht, April 2004, S. 35.

848 *Hartmann-Wendels/Pfingsten/Weber*, Bankbetriebslehre, 5. Aufl. 2010, S. 212; *Rudolph/Hofmann/Schaber/Schäfer*, Kreditrisikotransfer, 2. Aufl. 2012, S. 225; *Richardson/Ronen/Subrahmanyam* in Acharya/Cooley/Richardson/Sylla/Walter, Regulating Wall Street, 2011, S. 470 f.

849 *Deutsche Bundesbank*, Monatsbericht April 2004, S. 36 f.; *Rudolph*, zfbf 2008, 713, 719; ausführlich *ders.*, Kredit und Kapital 2007, 1, 2 ff.

850 *Deutsche Bundesbank*, Monatsbericht April 2004, S. 37; *Wallison*, 32 Regulation, 35, 36 (2009); krit. *Gordon/Muller*, 28 Yale J. on Reg. 151, 174 f. (2011), die die negativen Effekte der Indikation von Ausfallwahrscheinlichkeiten durch CDS-Preise auf die Stabilität von Investmentbanken herausstellen. Auch *Stout*, Harv. Bus. L. Rev. 1, 30 f. (2011) lehnt das „*efficiency and price-discovery argument*“ vor allem mit dem Hinweis auf die Intransparenz des OTC-Marktes ab.

von den USA ausgehenden weltweiten Finanzkrise manifestiert haben.[851] So erweitern die Instrumente des Kreditrisikotransfers zwar den Investorenkreis, dies führt jedoch auch zu einer Abwanderung von Kreditrisiken zu Marktteilnehmern, die aufsichtsrechtlich kein Eigenkapital unterlegen müssen, was im Fall schlagender Risiken Schieflagen verursachen kann.[852] Als Katalysator wirkt sich in diesem Zusammenhang vor allem der Umstand aus, dass die Investoren, wie z.B. Hedge Fonds, über wenig Erfahrung im Management von Kreditrisiken verfügen.[853] Auf Seiten der Banken können die erweiterten Möglichkeiten des Risikotransfers schließlich auch ein *moral hazard* nach sich ziehen, denn das Abwälzen der Ausfallrisiken bietet zugleich den Anreiz, Kredite an Kreditnehmer mit schlechter Bonität zu vergeben oder die intensive Kreditwürdigkeitsprüfung zu verschlanken, was zur Häufung von Kreditausfällen führen kann.[854] Weiterhin begünstigt der Kreditrisikotransfer Verflechtungen zwischen verschiedenen Finanzmarktteilnehmern und löst damit abschirmende Grenzen zwischen einzelnen Sektoren der Märkte auf, etwa zwischen Banken, Versicherungen, Pensions- und Hedge Fonds.[855] Die Komplexität der Produkte macht es Entscheidungsträgern zudem immer schwieriger, notwendige Informationen zu erfassen und so die den Risikobegriff bestimmende Wahrscheinlichkeitsverteilung möglicher Abweichungen vom eigentlichen Erwartungswert korrekt abzubilden.[856] Risiko nähert sich damit im Ergebnis der Ungewissheit an und wird damit für Finanzmarktteilnehmer

---

851 S. nur *BaFin*, Jahresbericht 2007, S. 9; *The High-Level Group on Financial Supervision in the EU*, Report, 25.2.2009, S. 7 f.; *Hellwig*, 157 De Economist 129, 143 ff. (2009); *Rudolph*, zfbf 2008, 713, 717 ff.; *ders.*, ZGR 2010, 1, 4 ff.; *Stout*, 1 Harv. Bus. L. Rev. 1, 24 ff. (2011).

852 *Deutsche Bundesbank*, Monatsbericht April 2004, S. 40.

853 *Deutsche Bundesbank*, Monatsbericht April 2004, S. 44; *Rudolph*, Kredit und Kapital 2007, 1, 13.

854 Sog. Originate-to-Distribute-Konzept, *Richardson/Ronen/Subrahmanyam* in Acharya/Cooley/Richardson/Sylla/Walter, Regulating Wall Street, 2011, S. 472; *BaFin*, Jahresbericht 2007, S. 9; *Hellwig*, 157 De Economist 129, 145 (2009) sieht in der Veräußerung der Erstverlusttranchen und dem damit einhergehenden Moral-Hazard-Problem des Originators eine Hauptursache der Subprime-Krise; *Meyer zu Selhausen*, FS Rudolph, 2009, 495, 498; vgl. auch *Rudolph/Hofmann/Schaber/Schäfer*, Kreditrisikotransfer, 2. Aufl. 2012, S. 35; a.A. *Arlt*, WM 2012, 107, 108 f. (nachlässige Kreditvergabe nicht aufgrund, sondern *trotz* Verbriefungstransaktionen).

855 *Deutsche Bundesbank*, Monatsbericht, April 2004, S. 36 ff.

856 Vgl. *Deutsche Bundesbank*, Monatsbericht, April 2004, S. 38; *P. Schaub/M. Schaub*, ZIP 2013, 656, 660 f.

unbemerkt zur unkalkulierbaren Gefahr.[857] In diesem Zusammenhang hat die Deutsche Bundesbank bereits in ihrem Monatsbericht April 2004 treffend vor „einer systematischen Ex-ante-Fehleinschätzung des Risiko-Ertrags-Profils" gewarnt.[858] Ist davon gar die Mehrzahl der finanzwirtschaftlichen Protagonisten betroffen, aggregiert sich dieses Entscheidungsproblem zu einer *systemischen* „Ex-ante-Fehleinschätzung".

Abschließend bleibt hervorzuheben, dass weder der Einsatz von Kreditderivaten noch Verbriefungen imstande ist, das zugrunde liegende Ausfallrisiko in Gänze aus dem Markt zu nehmen. Der Begriff *Transfer* impliziert bereits, dass Risiken lediglich von einem Teilnehmer auf einen anderen übertragen, folglich bloß verschoben und nicht ausgeschaltet werden. Wie ausgeführt, können zwar die mit der Lastenverteilung einhergehenden Diversifikationseffekte das Gesamtrisiko herabsetzen. Die aus gesamtwirtschaftlicher Sicht begrüßenswerte Diversifikation wird jedoch dann konterkariert, wenn durch den Kreditrisikotransfer Fehlanreize dergestalt begünstigt werden, dass am Ende die positiven Effekte durch die Schaffung zusätzlicher Risiken wieder aufgewogen werden.[859]

3. Zwischenfazit

Neben den Vorteilen, die der Einsatz von Kreditderivaten und Verbriefungstransaktionen auf den Ebenen der einzelnen Marktteilnehmer und auch der Gesamtwirtschaft bietet, bestehen einige gravierende Probleme, deren Lösung sich das Aufsichtsrecht zum Ziel setzen sollte:

- Die Verbriefung von Darlehensforderungen bietet Banken in ihrer Rolle als Originatoren die Möglichkeit, sich der Kreditrisiken in ihren Büchern durch die Überwälzung auf Dritte zu entledigen. Somit müssen Banken die Folgen eines Ausfalls der Schuldner nicht mehr vollumfänglich tragen. Der rechtliche Rahmen sollte sicherstellen, dass dabei kein Anreiz entsteht, Kredite an Darlehensnehmer mit schlechter Bonität zu vergeben (sog. *originate-to-distribute* Problem).
- Der Abschluss von Kreditderivaten ist davon gekennzeichnet, dass beide Parteien das Ausfallrisiko der Gegenseite übernehmen (Kontrahentenausfallrisiko), was

857 In diese Richtung argumentiert auch *Engelen* in Clark/Dixon/Monk, Managing Financial Risks: From Global to Local, 2009, 120, 128 ff.

858 *Deutsche Bundesbank*, Monatsbericht, April 2004, S. 38.

859 Vgl. auch *Stout*, 1 Harv. Bus. L. Rev. 1, 10 und 14 (2011) zum spekulativen Einsatz von Derivaten.

die Marktteilnehmer sektorübergreifend miteinander verflechtet. Daher erscheint es notwendig, den Markt für Kreditderivate in Zukunft einer strengeren Regulierung und Aufsicht zu unterwerfen.

- Schließlich tragen Kreditderivate und Verbriefungstransaktionen maßgeblich zu einer höheren Komplexität der Finanzmärkte bei, die es allen Beteiligten erschwert, Risiken angemessen zu bewerten. Zum Abbau von Informationsasymmetrien im Verhältnis zwischen den einzelnen Marktteilnehmern und auch gegenüber den Aufsichtsinstanzen können Offenlegungsvorschriften und Pflichten zum Handel an regulierten Märkten beitragen.

Die Lösung dieser Problemkreise wird im Folgenden rechtsvergleichend untersucht.

V. Verbriefungen, das *originate-to-distribute* Problem und der Kreditrisikoselbstbehalt (*credit risk retention*)

Die Möglichkeit, Kreditrisiken durch die Emission von Wertpapieren über Sekundärmärkte auf Investoren zu übertragen und so die sonst zur Unterlegung gebundenen Eigenmittel freizustellen, hat vielfach zu laxen Standards bei der Kreditvergabe geführt. Als Folge hat dieses *originate-to-distribute* Modell zu massenhaften Kreditausfällen geführt, die über die Verbriefungsstrukturen bis zu den Investoren durchgeschlagen sind, gleichwohl diese sich in der trügerischen Sicherheit der oftmals überzogenen Ratings der erworbenen Tranchen wogen. Diese Erfahrungen haben die Regierungsvertreter der G-20 Staaten im Jahr 2009 dazu veranlasst, neue Regulierungsinitiativen zu ergreifen.[860] Der Basler Ausschuss für Bankenaufsicht wurde mit der Aufgabe betraut, mögliche Lösungsansätze, in deren Zentrum ein vorgeschriebener Selbstbehalt (*credit risk retention – „skin in the game*") sowie Instrumente zum Abbau von Informationsasymmetrien zwischen Originatoren und Investoren standen, auszuarbeiten.[861] Durch einen solchen Selbstbehalt sollen die hinter den Verbriefungsstrukturen stehenden Originatoren bzw. Sponsoren gesetzlich zur Risiko- und Verlustpartizipation verpflichtet werden, um dadurch einen Anreiz zu schaffen, Kredite nur bei ausreichender Zahlungswürdigkeit der

---

860 S. G-20-Vertreter, The Global Plan for Recovery and Reform (London Summit), 2.4.2009, und als Anhang die Declaration on Strengthening the Financial System, 2.4.2009.

861 S. *Basler Ausschuss für Bankenaufsicht*, Report on Special Purpose Entities, September 2009.

Kreditnehmer zu vergeben und diese im daran anschließenden Darlehensverhältnis fortlaufend zu überwachen.[862] Der Abbau von Informationsasymmetrien soll Investoren zudem in die Lage versetzen, sich ein eigenes Bild von den hinter den erworbenen Wertpapieren (ABS) stehenden Kreditrisiken machen zu können, um nicht „blind" auf das Urteil der Ratingagenturen angewiesen sein zu müssen.[863] Letztlich haben sich die Gesetzgeber mit diesen beiden Ansätzen, d.h. Selbstbehalt und Verbesserung der Informationslage, nicht begnügt, sondern zudem unmittelbar durch zusätzliche Regelungen den Standard bei der Kreditvergabe gehoben.[864] Nachfolgend werden die Lösungsansätze auf Seiten von Europa und Deutschland solchen der USA gegenübergestellt.

1. Europa und Deutschland

a) Anwendungsbereich

Nach Art. 405 Abs. 1 CRR dürfen Institute, wenn sie *nicht* Originator, Sponsor oder ursprünglicher Kreditgeber sind, das Kreditrisiko von Verbriefungspositionen nur dann eingehen, wenn der Originator, Sponsor oder ursprüngliche Kreditgeber erklärt hat, dass er kontinuierlich einen materiellen Selbstbehalt (*net economic interest*) von mindestens 5% halten wird.[865]

Der Anwendungsbereich von Art. 405 CRR bezieht sich folglich auf die Investor-Seite der Verbriefungskette und legt dieser ein *faktisches* Investitionsverbot

---

862 *Schwarcz*, 93 Minn. L. Rev. 373, 388 (2008); *ders.*, 41 Conn. L. Rev. 1313, 1315 (2009); *Kreppel/Baierlein*, BKR 2011, 228, 229; *Richardson/Ronen/Subrahmanyam* in Acharya/Cooley/Richardson/Sylla/Walter, Regulating Wall Street, 2011, S. 469; *Siepmann*, Selbstbehalt bei Verbriefungen, 2011, S. 93 f. und 120 f.; krit. *Arlt*, WM 2012, 107, 108 f.; *Levitin/Pavlov/Wachter*, 29 Yale J. on Reg. 155, 162 f. (2012).

863 *Basler Ausschuss für Bankenaufsicht*, Report on Special Purpose Entities, 2009, S. 34 ff.; *Kreppel/Baierlein*, BKR 2011, 228, 229.

864 S. insbesondere die „Mortgage Reform" nach Dodd-Frank Act, Title XIV.

865 Die CRR ersetzt damit die Vorgängerregelungen der CRD II, Art. 122a Richtlinie 2009/111/EG des Europäischen Parlaments und des Rates v. 16.9.2009 zur Änderung der Richtlinien 2006/48/EG, 2006/49/EG und 2007/64/EG hinsichtlich Zentralorganisationen zugeordneter Banken, bestimmter Eigenmittelbestandteile, Großkredite, Aufsichtsregelungen und Krisenmanagement, ABl. EU Nr. L 302 v. 17.11.2009, S. 97 und deren nationale Umsetzung durch §§ 18a und 18b KWG. In Deutschland sieht § 18a Abs. 1 Satz 2 KWG ab dem Jahr 2014 einen Selbstbehalt in Höhe von 10% vor. S. zu diesem nationalen Alleingang *Kreppel/Baierlein*, BKR 2011, 228, 229 f.; *Siepmann*, Selbstbehalt bei Verbriefungen, 2011, S. 198.

für Produkte auf, bei denen der Originator keinen materiellen Selbstbehalt im Sinne der Verordnung hält.[866] Flankiert wird der obligatorische Selbstbehalt durch zusätzliche Erkundigungspflichten der Investor-Institute (Art. 406 CRR) und korrespondierende Offenlegungspflichten der Originatoren (Art. 409 CRR). Die Regelungen sollen schließlich durch die Sicherung der Kreditvergabestandards bei den zugrunde liegenden Forderungen abgerundet werden (Art. 408 CRR).

Die sorgfältige Differenzierung zwischen den einzelnen Risikoarten macht sich auch hier bezahlt, denn erfasst wird ausdrücklich nur ein Investor-Institut, das dem *Kreditrisiko* einer Verbriefungsposition ausgesetzt ist. Damit fallen andere Beteiligte, die z.B. als Hedging-Kontrahenten durch entsprechende Derivate Preisrisiken übernehmen, von vornherein aus dem Anwendungsbereich heraus. Weiter gefasst ist indes der Wortlaut der Vorgängerregelung § 18a Abs. 1 Satz 1 KWG, der pauschal auf das Halten von „Verbriefungspostionen" abstellt.[867] Erst der Blick in Art. 122a CRD II sowie die hierzu erlassenen CEBS-Leitlinien,[868] die jeweils ausschließlich auf das Kreditrisiko abstellen, führt dort zum gleichen Ergebnis.[869] Eine Rest-Unsicherheit besteht allerdings insoweit, als es dem nationalen Gesetzgaber bei der Umsetzung der Richtlinien grundsätzlich unbenommen bliebe, weitergehende Regelungen zu erlassen. Diese Bedenken werden infolge der unmittelbaren Anwendbarkeit der CRR zukünftig ausgeräumt.

Vom Anwendungsbereich ausgenommen sind weiterhin ausdrücklich Forderungen gegenüber bestimmten Schuldnern bzw. Forderungen, die von diesen Schuldnern garantiert werden und denen ein geringes Kreditrisiko zugesprochen wird, etwa Forderungen gegen Zentralstaaten und Zentralbanken oder Gebietskörperschaften der Mitgliedstaaten, Art. 405 Abs. 3 CRR.[870] Vor dem Hintergrund

---

866 So für § 18a KWG Begr. RegE. Gesetz zur Umsetzung der geänderten Bankenrichtlinie und der geänderten Kapitaladäquanzrichtlinie, BT-Drucks. 17/1720, S. 32 und 41. Vereinfachend wird hier auf den Originator Bezug genommen, auch wenn zugleich Sponsor und/oder ursprünglicher Kreditgeber erfasst werden. S. die Legaldefinitionen Artikel 4 Abs. 1 Nr. 13 CRR (Originator) und Nr. 14 CRR (Sponsor). Der Begriff „ursprünglicher Kreditgeber" stellt einen Auffangtatbestand für Fälle dar, in denen Kreditgeber und Originator nicht identisch sind, so zum § 18a KWG Begr. RegE. Gesetz zur Umsetzung der geänderten Bankenrichtlinie und der geänderten Kapitaladäquanzrichtlinie, BT-Drucks. 17/1720, S. 41; *Kreppel/Baierlein*, BKR 2011, 228, 231.

867 *Kreppel/Baierlein*, BKR 2011, 228, 230.

868 S. *CEBS*, Guidelines to Article 122a of the Capital Requirements Directive, 31.12.2010, Tz. 12 und 13.

869 Nur auf die CEBS-Guidelines abstellend *Kreppel/Baierlein*, BKR 2011, 228, 230.

870 *Kreppel/Baierlein*, BKR 2011, 228, 230.

der staatlichen Schuldenkrise in Europa erscheint diese großzügige Privilegierung allerdings fragwürdig.

b) Selbstbehalt

In Art. 405 Abs. 1 Unterabs. 2 lit. a – e CRR sind fünf Alternativen vorgegeben, die abschließend die Wege beschreiben, auf denen Originatoren Anteile an den Verbriefungspositionen halten können, um dem Risikoselbstbehalt im Sinne der Verordnung zu entsprechen. Der Selbstbehalt muss bei der „Origination", d.h. zu Beginn der Verbriefungstransaktion (in der Regel der Emission der ABS) und nicht etwa zum Zeitpunkt der Begründung der zugrunde liegenden Forderungen,[871] bestehen und kontinuierlich aufrechterhalten werden, Art. 405 Abs. 1 Unterabs. 3 CRR.

Zunächst kann ein Anteil in Höhe von 5% des Nominalwerts jeder einzelnen Tranche vom Originator gehalten werden („*‚vertical slice' retention*"[872]). Handelt es sich bei den besichernden Aktiva um revolvierende Forderungen, z.B. aus dem Kreditkartengeschäft,[873] gilt ein Selbstbehalt in Höhe von mindestens 5% des Nominalwerts aller verbrieften Forderungen als ausreichend („*‚originator interest' retention*"[874]). Eine weitere Alternative besteht in einer Zufallsauswahl der verbrieften Forderungen in Höhe von 5% des Nominalwerts („*‚on-balance sheet' retention*"[875]). Schließlich können nachrangige Tranchen, insbesondere die sog. Erstverlusttranche, gehalten werden, wenn deren Anteil mindestens 5% des Nominalwerts der verbrieften Forderungen entspricht („*‚first loss' retention*"[876]) oder die Erstverlust-Risikoposition von 5% einer jeden verbrieften Forderung.[877]

---

871 Die CRR enthält keine Legaldefinition des Begriffs „Origination". Ein Anhaltspunkt lässt sich insoweit § 18a Abs. 1 Satz 3 KWG entnehmen sowie CEBS-Guidelines Tz. 43. S. auch *Kreppel/Baierlein*, BKR 2011, 228, 232.

872 *CEBS*, Guidelines to Article 122a of the Capital Requirements Directive, 31.12.2010, Tz. 46; s. auch *Gerth* in Boos/Fischer/Schulte-Mattler, KWG, 4. Aufl. 2012, § 18, Rn. 11; krit. zur *vertical slice* und der Zufallsauswahl *Siepmann*, Selbstbehalt bei Verbriefungen, 2011, S. 126 ff.

873 *CEBS*, Guidelines to Article 122a of the Capital Requirements Directive, 31.12.2010, Tz. 48.

874 *CEBS*, Guidelines to Article 122a of the Capital Requirements Directive, 31.12.2010, Tz. 48.

875 *CEBS*, Guidelines to Article 122a of the Capital Requirements Directive, 31.12.2010, Tz. 49.

876 *CEBS*, Guidelines to Article 122a of the Capital Requirements Directive, 31.12.2010, Tz. 54.

877 Art. 405 Abs. 1 Unterabs. 2 lit. e CRR.

Das dem Selbstbehalt innewohnende Kreditrisiko darf dabei nicht Gegenstand von weiteren Absicherungen sein und muss demnach vom Originator tatsächlich übernommen werden, Art. 405 Abs. 1 Unterabs. 3 CRR. Der Risikotransfer auf Dritte durch den Abschluss zusätzlicher Kreditderivate ist durch diese Vorschrift ausgeschlossen. Die Gefahr eines Wiederauflebens des *moral hazard* Problems durch Umgehungen des vorgeschriebenen Selbstbehalts hatte zuvor bereits der Basler Ausschuss für Bankenaufsicht in seinen Empfehlungen ausgeführt.[878]

c) Informationspflichten

Im Hinblick auf Informationspflichten verfolgt die Verordnung einen zweigleisigen Ansatz.[879] Zunächst treffen die Investor-Institute weitreichende Erkundigungspflichten, die sowohl für das Vorfeld der Investitionsentscheidung als auch für die Dauer des Bestands der Verbriefungspositionen in den Büchern gelten, Art. 406 CRR. Auf der anderen Seite werden den Originatoren korrespondierende Offenlegungspflichten auferlegt, die letztlich die Informationsgrundlage für die Investor-Institute bilden, Art. 409 CRR.

aa) Investor-Institute: Erkundigungspflichten (Due-Diligence-Prüfung)

Die weitreichenden Erkundigungspflichten, denen das jeweilige Institut vor der Investition entsprechen muss, erschöpfen sich nicht nur in dem vom Originator gehaltenen Anteil an der Verbriefung, sondern betreffen auch Risikomerkmale der einzelnen Position und der zugrunde liegenden Forderungen sowie historische Daten im Hinblick auf erlittene Verluste früherer Verbriefungen des Originators, Art. 406 Abs. 1 CRR.

Schließlich zählen auch „geeignete“ Stresstests zu dem Pflichtenkatalog, bei denen die Institute auf Modelle von anerkannten Ratingagenturen zurückgreifen dürfen, „sofern sie auf Anfrage nachweisen können, dass sie […] Methoden, Annahmen und Ergebnisse verstanden haben“, Art. 406 Abs. 1 Unterabs. 2 CRR. Einer Übernahme im „blinden“ Vertrauen auf die Expertise der Ratingagenturen soll somit offenkundig vorgebeugt werden.[880]

Die „umfassende und gründliche Kenntnis“ im Hinblick auf jede einzelne Verbriefungsposition müssen die Investor-Institute gemäß Art. 406 Abs. 1 CRR auch

878 *Basler Ausschuss für Bankenaufsicht*, Report on Special Purpose Entities, September 2009, S. 37.

879 Vgl. *Kreppel/Baierlein*, BKR 2011, 228, 233.

880 Vgl. *Kreppel/Baierlein*, BKR 2011, 228, 234 f.

gegenüber den zuständigen Aufsichtsbehörden, in Deutschland mithin der BaFin, nachweisen können. Wie ein solcher Nachweis über die Entsprechung dieser weitreichenden Erkundigungspflichten konkret erbracht werden kann, bleibt jedoch offen.[881] In diesem Zusammenhang ist auch fraglich wie das „Verständnis" der Stresstest-Modelle von Ratingagenturen auf Anfrage der Aufsichtsbehörde signalisiert werden kann.[882] Diese Fragen werden sich letztlich erst in der Aufsichtspraxis in enger Zusammenarbeit mit den Behörden beantworten lassen.[883] Extensive Prüfungen sind jedoch unvermeidlich, um Verstöße zu vermeiden, so dass Institute im Ergebnis ein erheblicher Aufwand bei der Investition in ABS trifft.[884] Auch nach Abschluss der Investition können die Institute die Positionen nicht in den Büchern ruhen lassen, sondern müssen gemäß Art. 406 Abs. 2 CRR für eine laufende Beobachtung (*monitoring*) Sorge tragen.[885]

bb) Originatoren: Offenlegungspflichten

Als Spiegelbild der Erkundigungspflichten auf Seiten der Investor-Institute unterliegen Originatoren von Verbriefungspositionen korrespondierenden Offenlegungspflichten, die sich aus Art. 409 CRR ergeben. Danach sind Originatoren und Sponsor-Institute dazu verpflichtet, die Höhe des materiellen Nettoanteils, einschließlich der für den Selbstbehalt gewählten Alternative,[886] gegenüber den Investoren offenzulegen und Zugang zu allen „wesentlichen einschlägigen Daten" über die zugrunde liegenden Forderungen, wie z.B. die Bonität der Darlehensnehmer, Sicherheiten und Cashflows der Verbriefungspositionen, zu gewähren. Als wesentliche einschlägige Daten sollen am Markt akzeptierte, standardisierte Berichts- und Offenlegungsformulare ausreichen.[887]

---

881 *Kreppel/Baierlein*, BKR 2011, 228, 233.

882 Zwar lassen sich die Anforderungen an einen „geeigneten" Stresstest *CEBS*, Guidelines to Article 122a of the Capital Requirements Directive, 31.12.2010, Tz. 92 i.V.m. *CEBS*, Guidelines on Stress-Testing (GL 32), 26.8.2010, entnehmen. Was zur Darlegung des tatsächlichen Verständnisses erforderlich sein soll, ist indes nicht erläutert.

883 *Kreppel/Baierlein*, BKR 2011, 228, 233 ff.

884 *Prüm/Thomas*, BKR 2011, 133, 140; krit. *Kreppel/Baierlein*, BKR 2011, 228, 233.

885 Krit. im Hinblick auf die konkrete Monitoring-Anforderungen in der Praxis wiederum *Kreppel/Baierlein*, BKR 2011, 228, 233 f.

886 *CEBS*, Guidelines to Article 122a of the Capital Requirements Directive, 31.12.2010, Tz. 123.

887 *CEBS*, Guidelines to Article 122a of the Capital Requirements Directive, 31.12.2010, Tz. 125.

d) Kreditvergabestandards

Die Vorschriften zum Selbstbehalt und den Informationspflichten sollen schließlich durch die Hebung der Kreditvergabestandards abgerundet werden (Art. 408 Abs. 1 CRR), um so die Qualität der zugrunde liegenden Forderungen auch im Fall eines späteren Kreditrisikotransfers zu sichern. Anders als in den USA,[888] konnte zumindest in Deutschland bislang keine Erosion solcher Standards festgestellt werden. Außerdem unterliegen Institute bei der Darlehensvergabe ohnehin Pflichten zur Kreditwürdigkeitsprüfung, unabhängig ob deren Risiken gehalten oder transferiert werden.[889] So sind deutsche Banken gemäß § 18 KWG gesetzlich grundsätzlich dazu verpflichtet, eine Kreditwürdigkeitsprüfung durchzuführen, wenn es sich um einen Kredit handelt, der 750 000 Euro bzw. 10% des haftenden Eigenkapitals überschreitet (Abs. 1 Satz 1) oder der an einen Verbraucher vergeben wird (Abs. 2 Satz 1). Danach muss das Institut prüfen, mit welcher Wahrscheinlichkeit der Darlehensnehmer seinen Zahlungsverpflichtungen aus dem Darlehensvertrag nachkommen wird.[890] Zwar ist der Umfang der einzuholenden Informationen gesetzlich nicht geregelt, das Institut muss eine Kreditentscheidung aber auf einer fundierten Grundlage fällen können und eine „risikobewusste Kreditvergabe" gewährleisten.[891]

Weitere Vorgaben für das Kreditgeschäft lassen sich den Mindestanforderungen an das Risikomanagement (MaRisk) entnehmen.[892] Für das Kreditgeschäft verlangen die MaRisk zunächst eine organisatorische Trennung der Bereiche Markt, also Geschäftsanbahnung und Kreditentscheidung,[893] und Marktfolge bis einschließlich der Ebene der Geschäftsleitung.[894] In die Prozesse des Kreditgeschäfts ist ein

---

888 S. dazu unten S. 169 ff.

889 So auch *Arlt*, WM 2012, 107, 108; *Frese/Uhl*, Kreditwesen 2009, 935, 938 f.; *Siepmann*, Selbstbehalt bei Verbriefungen, 2011, S. 158.

890 Begr. RegE. Gesetz zur Umsetzung der Verbraucherkreditrichtlinie, des zivilrechtlichen Teils der Zahlungsdiensterichtlinie sowie zur Neuordnung der Vorschriften über das Widerrufs- und Rückgaberecht, BT-Drucks. 16/11643, S. 96; *Merz* in Kümpel/Wittig, Bank- und Kapitalmarktrecht, 4. Aufl. 2011, Rn. 10.167.

891 *Merz* in Kümpel/Wittig, Bank- und Kapitalmarktrecht, 4. Aufl. 2011, Rn. 10.167; *H. Bock* in Boos/Fischer/Schulte-Mattler, KWG, 4. Aufl. 2012, § 18, Rn. 1.

892 MaRisk BTO 1 (Kreditgeschäft). S. zum Ganzen *Becker*, BKR 2003, 316 (zu dem in die MaRisk aufgegangenen Rundschreiben „Mindestanforderungen an das Kreditgeschäft – MaK").

893 *Fischer* in Schimansky/Bunte/Lwowski, Bankrechts-Handbuch, Band II, 4. Aufl. 2011, § 130, Rn. 47.

894 BTO 1.1 (Funktionstrennung und Votierung). Bei kleinen Instituten sind unter bestimmten Voraussetzungen Ausnahmen möglich, BTO 1.1 Tz. 1.

Klassifizierungsverfahren zur Beurteilung der Ausfallrisiken der Engagements einzubinden, das quantitative und, soweit möglich, qualitative Kriterien umfasst.[895] Bei Kreditentscheidungen sind grundsätzlich zwei zustimmende Voten der Bereiche Markt und Marktfolge erforderlich, für nicht-risikorelevante Kreditentscheidungen ist hingegen grundsätzlich ein Votum ausreichend.[896] Durch das „Zwei-Voten-Prinzip“ wird Interessenkonflikten bei der Kreditentscheidung vorgebeugt und so die Qualität der vergebenen Darlehen gesichert.[897] Weitere Anforderungen betreffen die Einrichtung von Prozessen für die verschiedenen Stufen der Kreditbeziehungen zwischen dem Institut und seinen Kunden, angefangen bei der Kreditgewährung über die Weiterbearbeitung bis hin zur Intensivbetreuung.[898] Für die Kreditvergabeentscheidung verlangen die MaRisk u.a. die besondere Berücksichtigung der Kapitaldienstfähigkeit des Kreditnehmers oder Objekts bzw. Projekts.[899] Sicherheiten sind im Hinblick auf Werthaltigkeit und rechtlichen Bestand zu überprüfen,[900] was für die Ermittlung des LGD essentiell ist. Die Kreditweiterbearbeitung umfasst die laufende Überwachung (*monitoring*) des Kreditnehmers, deren Intensität vom Risikogehalt des konkreten Engagements abhängig ist und schließlich zur Intensivbetreuung erstarken kann.[901] Für Problemkredite hat das Institut schließlich Kriterien festzulegen, die eine Übertragungen der Sanierung oder Abwicklung auf dafür spezialisierte Mitarbeiter regeln.[902]

Vor dem Hintergrund der bestehenden Regelungen und Vorgaben im nationalen Recht handelt es sich bei Art. 408 Abs. 1 CRR – zumindest aus deutscher Sicht – um eine rein deklaratorische Programmvorschrift, die damit überflüssig ist und *de lege ferenda* ersatzlos gestrichen werden könnte. Lediglich die an Verstöße der Vorschrift geknüpfte Sanktion in Gestalt des Verlusts der aufsichtsrechtlichen Berücksichtigung des Kreditrisikotransfers für die Eigenmittelberechnung ist von Relevanz.[903]

---

895 BTO 1.4 (Kreditklassifizierungsverfahren).

896 MaRisk BTO 1.1 Tz. 2 und 4. Ausnahmen gelten grundsätzlich für Kreditentscheidungen von Geschäftsleitern, s. MaRisk BTO 1.1 Tz. 5.

897 *Hannemann/Schneider*, MaRisk, 3. Aufl. 2011, S. 477.

898 MaRisk BTO 1.2.

899 MaRisk BTO 1.2.1 Tz. 1.

900 MaRisk BTO 1.2.1 Tz. 2.

901 MaRisk BTO 1.2.2 (Kreditweiterbearbeitung), BTO 1.2.4 (Intensivbetreuung) und BTO 1.3 (Verfahren zur Früherkennung von Risiken).

902 BTO 1.2.5 Tz. 1 (Behandlung von Problemkrediten).

903 S. dazu sogleich unten.

e) *Aufsichtsrechtliche Sanktionen*

Die aufsichtsrechtlichen Sanktionen bei Verstößen gegen die Vorschriften der CRR können beide Seiten der Verbriefungstransaktion treffen. Kommt es auf der Seite des Investor-Instituts zu einem Verstoß, d.h. investiert das Investor-Institut in Produkte, bei denen der Originator keinen (ausreichenden) Selbstbehalt hält oder die Offenlegungspflichten verletzt oder kommt das Investor-Institut seinen Erkundigungs- und Monitoringpflichten nicht nach, kann die BaFin als zuständige Behörde gemäß Art. 407 Abs. 1 CRR empfindliche Aufschläge bei der Risikogewichtung der betroffenen Verbriefungspositionen vornehmen (bis zu 1250%), die sich in einem entsprechend höheren Eigenkapitalbedarf niederschlagen. Verletzt der Originator die Kreditvergabestandards, verliert er die risikomindernden Effekte des Kreditrisikotransfers[904] und muss ebenfalls zusätzliche Eigenmittel zur Unterlegung vorhalten, Art. 408 Abs. 2 CRR.

2. USA

a) *Anwendungsbereich*

Durch Sec. 941(b) Dodd-Frank Act wurde in den Securities Exchange Act eine neue Sec. 15G eingefügt, wonach sog. *securitizer* durch Verordnungen der zuständigen U.S.-amerikanischen Aufsichtsbehörden grundsätzlich dazu verpflichtet werden sollen, einen Selbstbehalt (*economic interest*) in Höhe von 5% des Kreditrisikos der einer Verbriefungstransaktion zugrunde liegenden Forderungen zu halten. Die auf Grundlage von Sec. 15G Securities Exchange Act erlassenen Verordnungsentwürfe der U.S.-amerikanischen Aufsichtsbehörden[905] nehmen indes Bezug auf den Sponsor der Verbriefungsstruktur, worunter Personen zu verstehen sind, die eine ABS-Transaktion durch den direkten oder indirekten Verkauf oder Transfer der zugrunde liegenden Aktiva auf den späteren Emittenten der ABS

---

904 S. zu der aufsichtsrechtlichen Behandlung von Verbriefungstransaktionen ausführlich oben S. 142 ff.

905 *OCC*, *Federal Reserve*, *FDIC*, *SEC*, *Federal Housing Finance Agency* (FHFA) und *Department of Housing and Urban Development* (HUD), Credit Risk Retention, März 2011, abrufbar unter http://sec.gov/rules/proposed/2011/34-64148.pdf (zuletzt abgerufen am 15.9.2013). Zwischenzeitlich ist am 28.8.2013 eine überarbeitete Fassung des Verordnungsentwurfs veröffentlicht worden, abrufbar unter http://www.sec.gov/rules/proposed/2013/34-70277.pdf (zuletzt abgerufen am 15.9.2013). Im Folgenden wird auf *SEC*, Release No. 34-64138 (ursprünglicher Verordnungsentwurf) oder *SEC*, Release No. 34-70277 (überarbeiteter Verordnungsentwurf) Bezug genommen.

organisieren oder initiieren.[906] Der ursprüngliche Originator selbst ist somit nicht unmittelbar Adressat der Pflicht zur Bildung eines Selbstbehalts, allerdings ist es dem Sponsor gestattet, entsprechende Verteilungsvereinbarungen mit Originatoren zu treffen, die mindestens 20% der Forderungen einer Verbriefungstransaktion generiert haben. Begrenzt wird die Vereinbarungsfreiheit zwischen Originatoren und Sponsoren insoweit, als der Originator keinen größeren Anteil halten darf, als er dem Foderungspool selbst beigesteuert hat.[907] Erfasst wird von Sec. 15G Securities Exchange Act und den darauf beruhenden Verordnungen der Aufsichtsbehörden, im direkten Gegensatz zu Art. 405 CRR, jedenfalls die *generierende Seite* von Verbriefungstransaktionen.

b) Ausnahmen

In den U.S.-amerikanischen Regelungen sind zahlreiche Ausnahmen von der Pflicht zum Risikoselbstbehalt bei Verbriefungstransaktionen vorgesehen. So sind zunächst ABS privilegiert, die von den staatlich geförderten Institutionen Federal National Mortgage Association (Fannie Mae, FNMA) und Federal Home Loan Mortgage Corporation (Freddie Mac, FHLMC)[908] garantiert werden, solange sie unter *conservatorship*, einer insolvenzähnlichen externen Verwaltung mit *going concern* Ausrichtung,[909] der Federal Housing Finance Agency stehen.[910] Weitere Ausnahmen betreffen insbesondere ABS, die mit staatlichen Garantien versehen sind oder denen Forderungen gegen U.S.-Hoheitsträger zugrundeliegen.[911]

---

906 *Securitizer* im Verständnis des Dodd-Frank Act sind eigentlich sowohl der Emittent von ABS, Sec. 15G(a)(3)(A) Securities Exchange Act, als auch – in einer zweiten Variante – die Personen, die eine ABS-Transaktion durch den direkten oder indirekten Verkauf oder Transfer der zugrunde liegenden Aktiva auf den späteren Emittenten organisieren oder initiieren, Sec. 15G (a)(3)(B) Securities Exchange Act. Der Verordnungsentwurf nimmt folglich Bezug auf die zweite Variante der Securitizer-Definition und bezeichnen diesen als Sponsor, um insoweit einen Gleichklang mit anderen kapitalmarktrechtlichen Regelungen herzustellen, *SEC*, Release No. 34-64148, S. 19 f.

907 *SEC*, Release No. 34-70277, S. 167 ff.

908 S. dazu ausführlich *Frankel/Fagan*, Law and the Financial System, 2009, S. 33 ff.

909 *Carnell/Macey/Miller*, The Law of Banking and Financial Institutions, 4th Ed. 2009, S. 694.

910 *SEC*, Release No. 34-70277, S. 135 ff. Fannie Mae und Freddie Mac sind im Jahr 2008 zusammengebrochen und mussten durch Stabilisierungsmaßnahmen aufgefangen werden, *Wilmarth*, 89 Or. L. Rev 951, 977 (2011).

911 *SEC*, Release No. 34-70277, S. 176 ff.

Hervorzuheben ist jedoch, dass über die Privilegierung einzelner Schuldner hinaus ganze Klassen von Vermögensgegenständen von dem Pflicht-Selbstbehalt ausgenommen sind, wenn sie bestimmte Voraussetzungen erfüllen und damit einen qualitativen Mindeststandard aufweisen, der sich in einem entsprechend geringeren Kreditrisiko manifestieren soll (sog. *qualified assets*).[912] Zu diesen Klassen von Vermögensgegenständen zählen *qualified residential mortgages, qualifying commercial loans, qualifying commercial real estate loans* sowie *qualifying auto loans*.[913] Bemerkenswert ist in diesem Zusammenhang, dass der Dodd-Frank Act eine solche vollständige Ausnahme von dem Pflicht-Selbstbehalt lediglich für *qualified residential mortgages* vorsieht[914] und für die anderen Forderungsklassen lediglich fordert, dass die Aufsichtsbehörden in ihren Regelungen einen Selbstbehalt von weniger als 5% berücksichtigen sollen.[915] Durch den Erlass einer umfassenden Ausnahmeregelung für sämtliche qualifizierten Aktiva gehen die Aufsichtsbehörden damit deutlich über die Forderung des Gesetzgebers im Dodd-Frank Act hinaus, was unterstreicht, welche wirtschaftliche Bedeutung der *securitization* in den USA eingeräumt wird.[916] Der Sponsor muss dann keinen Anteil in der Höhe zurückhalten, zu der die emittierten ABS mit diesen qualifizierten Aktiva besichert sind.[917]

Um gewährleisten zu können, dass es sich bei den qualifizierten Aktiva auch tatsächlich um Forderungen handelt, die nur mit einem geringen Ausfallrisiko

912 Vgl. *Richardson/Ronen/Subrahmanyam* in Acharya/Cooley/Richardson/Sylla/Walter, Regulating Wall Street, 2011, S. 477. *SEC*, Release No. 34-70277, S. 249 ff. für *qualified residential mortgages* und *SEC*, a.a.O., S. 214 ff. für *qualifying commercial loans, qualifying commercial real estate loans* sowie *qualifying auto loans*.

913 *SEC*, Release No. 34-70277, S. 214 ff.

914 Sec. 15G(e)(4)(A) Securities Exchange Act.

915 Sec. 15G(c)(1)(B)(ii) und (2)(A) Securities Exchange Act.

916 Vgl. die Begründung zu dem ursprünglichen Verordnungsvorschlag *SEC*, Release No. 34-64148, S. 10 und dem überarbeiteten Entwurf *SEC*, Release No. 34-70277, S. 241 ff. sowie allgemein *Frankel/Fagan*, Law and the Financial System, 2009, S. 34 und *Richardson/Ronen/Subrahmanyam* in Acharya/Cooley/Richardson/Sylla/Walter, Regulating Wall Street, 2011, S. 469 f.

917 S. *SEC*, Release No. 34-70277, S. 242 ff. und das Berechnungsbeispiel S. 244 Fn. 129. In der ursprünglichen Fassung war noch eine deutlich strengere Regelung enthalten. Danach galt die Ausnahmeregelung nur zugunsten von ABS, die *ausschließlich* mit qualifizierten Aktiva besichert sind, *SEC*, Release No. 34-64148, S. 135. Hingegen erlaubt die neue Regelung eine Mischung von qualifizierten und nicht qualifizierten Aktiva innerhalb derselben Forderungsklasse. Dadurch soll die Liquidität des Verbriefungsmarktes gefördert werden, *SEC*, Release No. 34-70277, S. 243 f.

behaftet sind, müssen bestimmte Voraussetzungen erfüllt werden. Zu diesen Mindeststandards zählen u.a. festgelegte Einkommensverhältnisse der Schuldner,[918] die Begrenzung der maximalen Laufzeiten der Darlehen[919] sowie fixe Zinssätze.[920]

c) Selbstbehalt (credit risk retention)

Bei der konkreten Ausgestaltung des Selbstbehalts sollte der Sponsor nach der ursprünglichen Fassung des Verordnungsentwurfs grundsätzlich zwischen fünf Alternativen wählen können.[921] *Erstens* war ein Anteil von 5% an jeder Tranche vorgesehen (*„vertical slice retention"*).[922] *Zweitens* sollte der Sponsor den Selbstbehalt aus einer Erstverlusttranche in Höhe von 5% der gesamten zugrunde liegenden Forderungen bilden können (*„horizontal first loss slice retention"*).[923] *Drittens* wäre als „Spielart" des horizontalen Selbstbehalts auch die Bildung eines von einem Treuhänder verwalteten sog. *horizontal cash reserve account* aus Barmitteln möglich gewesen. Der Wert der Barmittel hätte 5% der gepoolten Forderungen entsprechen müssen, womit letztlich ein Abbild der Erstverlusttranche entstanden wäre.[924] *Viertens* war eine Kombination von der *vertical slice* Alternative und der *horizontal slice* Alternative vorgesehen (*„L-shaped risk retention"*).[925] Dieser „L-förmige" Risikoselbstbehalt hätte allerdings nur in Form eines Anteils gebildet werden können, der sich gleichmäßig zu 50% aus der vertikalen Komponente und zu 50% aus der horizontalen Komponente zusammengesetzt hätte.[926] Als *fünfte* Variante enthielt der Verordnungsentwurf schließlich die Möglichkeit des Rückhalts einer Zufallsauswahl der gepoolten Forderungen in Höhe von 5% (*„representative sample option"*).[927]

---

918 Z.B. für *qualified residential mortgages*: *total debt-to-income ratio* in Höhe von max. 43%.

919 Z.B. 30 Jahre bei *qualified residential mortgages* und fünf Jahre bei *qualifying commercial loans*.

920 S. für *qualified residential mortgages SEC*, Release No. 34-70277, S. 249 ff. und für die anderen Aktiva-Klassen *SEC*, Release No. 34-70277, S. 214 ff.

921 *SEC*, Release No. 34-64148, Entwurf von 17 C.F.R. § 246.4 ff.

922 Entwurf von 17 C.F.R. § 246.4.

923 Entwurf von 17 C.F.R. § 246.5(a); *SEC*, Release No. 34-64148, S. 27 ff.

924 Entwurf von 17 C.F.R. § 246.5(b); *SEC*, Release No. 34-64148, S. 29 f.

925 Entwurf von 17 C.F.R. § 246.6.

926 D.h. 2,5% jeder einzelnen Tranche (*vertical component*) und 2,564% aller Forderungen (*horizontal component*). Der Anteil der horizontalen Komponente war kalibriert, um eine doppelte Berücksichtigung von Forderungen zu vermeiden, s. *SEC*, Release No. 34-64148, S. 31.

927 Entwurf von 17 C.F.R. § 246.8; *SEC*, Release No. 34-64148, S. 33 ff.

In der überarbeiteten Fassung schlagen die Aufsichtsbehörden einen deutlich liberaleren Weg ein und fassen die Hauptvarianten (*horizontal-*, *vertical-* und *L-shaped risk retention*) in einer einzigen Regelung zusammen, um so den Sponsoren eine möglichst flexible Lösung zur Erfüllung ihrer Selbstbehalt-Pflicht an die Hand zu geben.[928] Nach dieser sog. *„standard risk retention option"* kann ein Sponsor seiner Pflicht wahlweise durch einen horizontalen Selbstbehalt,[929] einen vertikalen Selbstbehalt oder aber in Form einer Kombination der beiden Varianten entsprechen, vorausgesetzt, im Ergebnis werden mindestens 5% des Marktwerts aller ABS der Transaktion gehalten.[930] Der jeweils einschlägige Anteil ist zum Zeitpunkt des Closings der Verbriefungstransaktion zu halten.[931] Die Flexibilisierung würde sich etwa dadurch bemerkbar machen, dass bei dem „L-förmigen" Risikoselbstbehalt kein verbindliches Verhältnis zwischen der horizontalen und vertikalen Komponente bestehen würde.[932]

Neben den genannten Basis-Alternativen stehen für besondere Verbriefungsstrukturen, die in der Praxis für bestimmte Forderungsklassen gewählt werden, zusätzliche Ausgestaltungsmöglichkeiten zur Bildung des Selbstbehalts zur Verfügung. Zu diesen besonderen Forderungsklassen bzw. Verbriefungsstrukturen zählen *revolving asset master trusts*, ABCP-Conduits und CMBS.[933]

Wie im Rahmen der europäischen Regelungen ist es auch nach den U.S.-amerikanischen Vorschriften verwehrt, die zurückbehaltenen Positionen im Hinblick auf das enthaltene *Kreditrisiko* direkt oder indirekt abzusichern, etwa durch den Abschluss von Derivaten, wodurch eine Freizeichnung vom Kreditrisiko durch die „Hintertür" unterbunden wird, Sec. 15G(c)(1)(A) Securities Exchange Act. Absicherungen gegen andere Risikoarten, insbesondere Preisrisiken, sind wiederum zulässig.

d) Offenlegung (disclosure)

Zum Abbau von Informationsasymmetrien zwischen Sponsoren und Investoren bei Verbriefungstransaktionen greift das U.S.-amerikanische Recht auf Offen-

---

928 *SEC*, Release No. 34-70277, S. 43 ff.

929 Als Variante des horizontalen Selbstbehalts bleibt auch die Bildung eines *horizontal cash reserve account* zulässig, *SEC*, Release No. 34-70277, S. 52.

930 *SEC*, Release No. 34-70277, S. 44. Der Marktwert bemisst sich nach US-GAAP, *SEC*, a.a.O.

931 Vgl. S. *SEC*, Release No. 34-70277, S. 54 ff.

932 Vgl. *SEC*, Release No. 34-70277, S. 45. Die *representative sample option* soll hingegen gestrichen werden, *SEC*, a.a.O., S. 84.

933 *SEC*, Release No. 34-70277, S. 62 ff.

legungspflichten zurück. Dadurch werden Sponsoren verpflichtet, Schlüsselinformationen im Zusammenhang mit den ABS und den zugrunde liegenden Vermögensgegenständen gegenüber Investoren bereits im Vorfeld einer Transaktion offenzulegen.[934] So muss der Emittent von ABS die tatsächliche Höhe des zurückbehaltenen Kreditrisikos offenlegen und so allen potentiellen Investoren und auf Nachfrage auch den zuständigen Aufsichtsbehörden anzeigen, dass den regulatorischen Vorschriften entsprochen und damit Fehlanreizen bei der Kreditvergabe und späteren Überwachung der Kreditnehmer effektiv begegnet wurden. Jede für die Bildung des Selbstbehalts gewählte Alternative wird von besonderen Offenlegungspflichten begleitet, so dass der Sponsor jeweils bestimmten Anforderungen genügen muss.[935] In jedem Fall müssen den Investoren die wesentlichen Annahmen und Methoden, die zur Bestimmung des jeweiligen Anteils verwendet wurden, zur Verfügung gestellt werden.[936] Die an die Investor-Institute adressierten Due-Diligence-Pflichten finden sich in den Verordnungen zur Konkretisierung der Eigenmittelvorschriften, beispielsweise der *market risk rule*.[937]

e) Standards bei der Kreditvergabe (Mortgage Reform)

Niedrige Kreditvergabestandards haben in den USA zur Ausgabe von sog. *subprime mortgages* geführt, d.h. von hypothekenbesicherten Darlehen, die aufgrund geringer Einkommens- und Vermögensverhältnisse der Darlehensnehmer eine hohe Ausfallwahrscheinlichkeit aufweisen.[938] In der Regel wurde die Immobilie dabei ohne eine Anzahlung durch die Darlehensnehmer und somit ausschließlich über das Darlehen finanziert.[939] Die entsprechend hohen Zinssätze ließen dieses Geschäftsmodell für alle Beteiligten, die auf der Seite der Kapitalgeber zu finden waren, äußerst lukrativ erscheinen.[940] Letztlich war das gesamte Marktsegment auf dem Fundament stetig steigender Immobilienpreise aufgebaut. Hieran knüpften zum einen die Verwertungsmöglichkeiten der Originatoren im Fall des

---

934 Sec. 942 und Sec. 945 Dodd-Frank Act wodurch der Securities Exchange Act und der Securities Act entsprechend ergänzt werden.

935 *SEC*, Release No. 34-70277, S. 54 ff.

936 *SEC*, Release No. 34-70277, S. 55.

937 12 C.F.R. part 3 appendix B.

938 *Singer*, 30 No. 3 Banking & Fin. Services Pol'y Rep. 1, 2 (2011); *Schwarcz*, 41 Conn. L. Rev. 1313, 1317 ff. (2009).

939 *Singer*, 30 No. 3 Banking & Fin. Services Pol'y Rep. 1, 2 (2011); *D'Souza/Ellis/Faichild*, 12 U. Pa. J. Bus. L. 473, 489 f. (2010). Am Ende wurden sogar sog. „*NINJA* (*no income, no job, no assets*) *loans*" ausgegeben, s. *D'Souza/Ellis/Faichild*, a.a.O., S. 490.

940 *Frankel/Fagan*, Law and the Financial System, 2009, S. 88 ff.

Kreditausfalls an, eine Art „doppelter Boden", um Verluste doch noch begrenzen zu können. Zum anderen waren die steigenden Immobilienpreise auch die Grundlage für die Hoffnungen der Darlehensnehmer, den periodisch steigenden (*adjustable*) Zinssätzen ihrer Eigenheimfinanzierung zu entkommen, denn darauf beruhten potentielle Refinanzierungsangebote zu niedrigeren Zinssätzen.[941]

Der Dodd-Frank Act verfolgt durch Title XIV, der die Mortgage Reform und den Anti-Predatory Lending Act enthält, das Ziel, diesen Auswüchsen ein Ende zu setzen.[942] Wie der Name des Titels schon andeutet, soll eine Hebung der Kreditvergabestandards nicht nur die exzessive Übernahme von Kreditrisiken auf Seiten der Banken unterbinden, sondern auch zum Verbraucherschutz beitragen.[943] Bevölkerungsgruppen mit niedrigeren Einkommen oder angespannten Vermögensverhältnissen sollen, etwa durch weitreichende Offenlegungspflichten, vor der Übernahme erdrückender Schulden durch aggressive Vergabe- und Vermittlungspraktiken geschützt werden. Verstöße ahndet der Dodd-Frank Act etwa durch Ansprüche gegen die Originatoren und durch Schutz vor Zwangsvollstreckungen.[944]

Ferner führt Sec. 1411(a)(2) Dodd-Frank Act Mindeststandards für grundpfandrechtlich besicherte Darlehen zur Eigenheimfinanzierung (*minimum standards for residential mortgage loans*) als Sec. 129C in den Truth in Lending Act[945] ein, wonach Kapitalgeber bei der Kreditvergabe dazu verpflichtet sind, solche Darlehen nur dann zu vergeben, wenn eine sorgfältige Überprüfung der Darlehensnehmer im Vorfeld ergibt, dass diese eine nachvollziehbare Möglichkeit haben werden, das Darlehen zurückzahlen zu können.[946] Berücksichtigung finden bei der Prüfung etwa historische Daten (*credit history*), das aktuelle sowie das erwartete Einkommen und Vermögensgegenstände auf Seiten der potentiellen Darlehensnehmer.[947]

Schließlich hat die systematische Überbewertung von Kreditsicherheiten (*appraisals*) infolge von Interessenkonflikten ebenfalls zu hohen unerwartete Verlusten beigetragen, die über die Verbriefungskette letztlich auch die Investoren

941 *Singer*, 30 No. 3 Banking & Fin. Services Pol'y Rep. 1, 2 (2011); *Schwarcz*, 41 Conn. L. Rev. 1313, 1317 ff. (2009).

942 *Singer*, 30 No. 3 Banking & Fin. Services Pol'y Rep. 1, 2 (2011); *Levitin/Pavlov/Wachter*, 29 Yale Yale J. on Reg. 155, 160 f. (2012); *Richardson/Ronen/Subrahmanyam* in Acharya/Cooley/Richardson/Sylla/Walter, Regulating Wall Street, 2011, S. 481.

943 Vgl. *Spindler/Brandt/Raapke*, RIW 2010, 746, 753.

944 *Singer*, 30 No. 3 Banking & Fin. Services Pol'y Rep. 1, 6 ff. (2011).

945 Ursprünglich beschlossen als Title I of the Consumer Credit Protection Act, Pub.L. 90-321, 82 Stat. 146.

946 Sec. 129C(a)(1) Truth in Lending Act

947 Sec. 129C(a)(3) Truth in Lending Act.

von ABS erreicht haben.[948] Diese Bewertungsaufträge werden in den USA von den Originatoren, z.B. Banken, an darauf spezialisierte Unternehmen (*appraisers*) vergeben. Interessenkonflikte können etwa darin bestehen, dass sich wichtige Auftraggeber vertraglich eine Neubewertung zusichern lassen, wenn die Auftraggeber mit dem Ergebnis einer ersten Prüfung nicht einverstanden sind.[949] Sec. 1472 Dodd-Frank Act fügt in diesem Zusammenhang eine neue Sec. 129E in den Truth in Lending Act ein, wonach solche *appraisals* unabhängig sein müssen und nicht auf Grundlage von Fehlanreizen, z.B. Weisungsabhängigkeiten oder an die Höhe der Bewertung geknüpfte Zahlungen, vorgenommen werden dürfen.[950]

3. Analyse und rechtsvergleichender Befund

Die europäischen und U.S.-amerikanischen Regelungen, die den Selbstbehalt von Kreditrisiken bei Verbriefungen zum Gegenstand haben, weisen einen gemeinsamen Kern auf, der in einem grundsätzlich vom Originator bzw. Sponsor zu haltenden Anteil in Höhe von 5% zu verorten ist. Die Gemeinsamkeiten beschränken sich jedoch auf diesen ersten oberflächlichen Blick, denn im Detail enthalten die Regelungen fundamentale Unterschiede.[951]

Während der Anwendungsbereich der europäischen Regelungen (Art. 405 ff. CRR) primär an die Investor-Seite einer Verbriefungskette adressiert ist und Investor-Instituten bei dem Fehlen einer Entsprechungserklärung des Originators bzw. Sponsors mit der Selbstbehalt-Pflicht einem faktischen Investitionsverbot für dessen Produkte unterliegen, nehmen die U.S.-amerikanischen Regelungen unmittelbar den Sponsor einer Verbriefungstransaktion in die Pflicht. Hierin manifestiert sich nicht zuletzt eine unterschiedliche Problemwahrnehmung der Subprime-Krise. Während Europa die Verwerfungen auf dem ABS-Markt aus der Perspektive der Investoren erfahren hat,[952] lag der Ursprung des *originate-to-distribute*

---

948 *Frankel/Fagan*, Law and the Financial System, 2009, S. 174 f.

949 *Frankel/Fagan*, Law and the Financial System, 2009, S. 185 ff. mit ausführlicher Darstellung der Beziehungen zwischen Washington Mutual und First American eAppraiseIT unit, die im Jahr 2007 an die Öffentlichkeit gedrungen sind.

950 *Singer*, 30 No. 3 Banking & Fin. Services Pol'y Rep. 1, 4 f. (2011).

951 S. dazu auch die Synopse von *Mayer Brown*, Overview of the Proposed Credit Risk Retention Rules for Securitization, April 2011, S. 52 ff.

952 So hat die IKB über ihre Investment-Vehicle in Produkte aus den USA investiert, *Hellwig*, 157 De Economist, 129, 171 (2009); s. auch *Möllers*, JZ 2009, 861, 862.

Modells in den USA.[953] Die divergierenden Erfahrungen zeigen sich auch darin, dass es an einer Entsprechung der umfangreichen Mortgage Reform, wie sie der Dodd-Frank Act vorsieht, auf der europäischen Seite fehlt und es einer solchen im Ergebnis wohl auch gar nicht bedarf.[954]

Neben dieser diametral unterschiedlichen Stoßrichtung der Regulierungsansätze bestehen zahlreiche weitere Abweichungen. So ist in den USA eine Koppelung des Selbstbehalts an festgelegte Kreditvergabestandards vorgesehen, so dass Sponsoren, deren Verbriefungen auf bestimmten qualitativ hochwertigen Forderungsklassen beruhen, von der Selbstbehalt-Pflicht ausgenommen sind. Eine im Ansatz vergleichbare Ausnahmeregelung ist in der europäischen Verordnung indes nicht enthalten.[955] Eine weitere gewichtige Abweichung lässt sich bei den jeweils vorgegebenen Alternativen zur Ausgestaltung des Selbstbehalts aufzeigen. Der abschließend formulierte Katalog von Art. 405 CRR lässt lediglich fünf Alternativen zu, die insbesondere kein Pendant zu der in den Verordnungen der U.S.-Aufsichtsbehörden vorgesehenen sog. „L-förmigen" Variante, also einer Kombination von *vertical slice* und *horizontal slice*, enthalten.[956] Vor diesem Hintergrund sollte erwogen werden, eine Kombination der Selbstbehalt-Alternativen, die in Art. 405 Abs. 1 lit. a – e CRR vorgesehen sind, zuzulassen.[957] Durch die Unterschiede ergeben sich zudem Folgeprobleme, die durch das Zusammenspiel der grundlegend gegenläufig ausgerichteten Regelungen in Europa und den USA entstehen.[958] Als Hauptunterschied konnte bereits ausgemacht werden, dass der Anwendungsbereich von Art. 405 CRR auf die Investor-Seite von Verbriefungstransaktionen zugeschnittenen ist, während die U.S.-amerikanischen Vorschriften unmittelbar an die generierende Seite, also die Sponsoren, adressiert sind. Zwar kann der

---

953 *Richardson/Ronen/Subrahmanyam* in Acharya/Cooley/Richardson/Sylla/Walter, Regulating Wall Street, 2011, S. 469.

954 Vgl. *Arlt*, WM 2012, 107, 108; *Frese/Uhl*, Kreditwesen 2009, 935, 938 f.

955 *Mayer Brown*, Overview of the Proposed Credit Risk Retention Rules for Securitization, April 2011, S. 57.

956 *Mayer Brown*, Overview of the Proposed Credit Risk Retention Rules for Securitization, April 2011, S. 52 ff.

957 Nach den CEBS-Guidelines, ist eine Kombination derzeit nicht möglich, s. *CEBS*, Guidelines to Article 122a of the Capital Requirements Directive, 31.12.2010, Tz. 36. CEBS deutet allerdings selbst an, die Vorteile von Kombinationen zu prüfen und zukünftig ggf. auf deren Zulassung hinzuwirken, *CEBS*, a.a.O., Tz. 36, Fn. 7. Zum Ergebnis, dass auch ein „L-förmiger" Anteil zur Ausgestaltung des Selbstbehalts geeignet ist, kommt auch *Siepmann*, Selbstbehalt bei Verbriefungen, 2011, S. 129 ff.

958 S. *Kreppel/Baierlein*, BKR 2011, 228, 230.

Vorteil eines (faktischen) Investitionsverbots darin gesehen werden, dass dadurch sämtliche EU-Institute erfasst werden, die in Verbriefungspositionen investieren, und zwar unabhängig davon, wo die zugrunde liegenden Vermögensgegenstände konkret generiert wurden und wo die Transaktionsstruktur aufgesetzt wurde.[959] Damit ist zugleich der tatsächlich gefährdete Teil einer Verbriefungskette reguliert, nämlich die Marktteilnehmer, bei denen sich das transferierte Kreditrisiko am Ende realisieren kann.[960]

Auf der anderen Seite kann aber die unterschiedliche Ausgestaltung der Regelungen zum Risikoselbstbehalt in anderen Rechtsordnungen zu einem Investitionsverbot für EU-Institute führen und damit das Gleichgewicht der Finanzplätze gefährden. Die Crux liegt vor allem darin, dass europäischen Instituten der Weg zu Investitionen in höherwertige und damit risikoärmere U.S.-Produkte abgeschnitten wird, denn aufgrund der Ausnahmeregelungen in den Vereinigten Staaten müssen U.S.-Sponsoren bei der Verbriefung von qualifizierten Aktiva gerade keinen Anteil des Kreditrisikos halten. Als Folge können die Sponsoren keine Erklärung abgegeben, dass dem Selbstbehalt-Erfordernis gemäß Art. 405 CRR entsprochen wurde. Europäische Institute können in die auf Grundlage dieser qualifizierten Aktiva emittierten ABS nur unter hohen Aufschlägen bei der Eigenkapitalunterlegung investieren, was einem faktischen Investitionsverbot gleichkommt. Eine nachträgliche Harmonisierung der Regelungen in den USA und Europa ist folglich unabdingbar.

Schließlich liegen auch die an Investor-Institute gerichteten Erkundigungs- und Monitoringpflichten in einem Spannungsverhältnis. Zum einen erscheint es grundsätzlich begrüßenswert, dass sich Institute bei ihrer Investitionsentscheidung nicht mehr bloß auf eine Prüfung des emittierten Produkts einer Verbriefungstransaktion oder gar nur auf dessen Rating beschränkten dürfen, sondern die einzelnen „Schichten“ bis hin zu den zugrundliegenden Forderungen durchdringen müssen. Die erhöhten Anforderungen an die Investitionsentscheidung tragen der Komplexität der Produkte Rechnung, die tatsächlich bestehende Risiken verschleiern können und in ihrer Aggregation bei einer Vielzahl von Einzelentscheidungen unterschiedlicher Finanzmarktteilnehmer zum Entstehen von Systemrisiken beitragen können. Auf der anderen Seite werden zahlreiche unbestimmte Begriffe und

---

959 Entsprechende Kompetenz-Bedenken der europäischen Gesetzgeber bestanden hingegen bei der Erfassung von Drittland-Originatoren, s. *Kreppel/Baierlein*, BKR 2011, 228, 230 Fn. 14; *Siepmann*, Selbstbehalt bei Verbriefungen, S. 226 f.

960 *Kreppel/Baierlein*, BKR 2011, 228, 230 Fn. 14.

Formulierungen für erhebliche Rechtsunsicherheit in der Praxis sorgen.[961] Auch Leitlinien der Aufsichtsbehörden können bei der schieren Zahl der in der Praxis auftauchenden unterschiedlich ausgestalteten Verbriefungsstrukturen nur begrenzt Abhilfe schaffen und so werden Institute in Zukunft einen hohen Beratungsbedarf haben und im Einzelfall auf die Korrespondenz mit den Aufsichtsbehörden angewiesen sein.[962] Vergleichbares gilt auch für die korrespondierenden Offenlegungspflichten der Originatoren bzw. Sponsoren.

VI. Regulierung von OTC-Kreditderivaten

Die Regierungsvertreter der G-20 Staaten haben als unmittelbare Reaktion auf die Finanzkrise im September 2009 die Regulierung von OTC-Derivaten und damit der zweiten tragenden Säule des Kreditrisikotransfers vereinbart. Die Eckpunkte der Reform umfassen den obligatorischen Handel standardisierter Derivate an regulierten Märkten oder elektronischen Handelsplattformen, die Abwicklung über eine zentrale Gegenpartei, die Einrichtung von Transaktionsregistern sowie höhere Eigenkapitalanforderungen für Derivate, die von der Clearingpflicht ausgenommen sind.[963] In Europa und den USA haben sich die Gesetzgeber diesem Reformprogramm angenommen und die Ergebnisse sollen im Folgenden analysiert und verglichen werden.

1. Europa

Bei dem Einsatz von Kreditderivaten fallen Banken als sog. „finanzielle Gegenparteien" grundsätzlich in den Anwendungsbereich der europäischen Verordnung (EU) Nr. 648/2012 über OTC-Derivate, zentrale Gegenparteien und Transaktionsregister (European Market Infrastructure Regulation – EMIR)[964], Art. 1 Abs. 2 in Verbindung mit Art. 2 Nr. 8 EMIR. „Derivat" im Sinne der EMIR

---

961 *Kreppel/Baierlein*, BKR 2011, 228, 232 ff.; s. aus U.S.-amerikanischer Sicht *Richardson/Ronen/Subrahmanyam* in Acharya/Cooley/Richardson/Sylla/Walter, Regulating Wall Street, 2011, S. 481.

962 *Prüm/Thomas*, BKR 2011, 133, 141; *Kreppel/Baierlein*, BKR 2011, 228, 232 ff.

963 S. die Erklärung der G-20-Vertreter, Final Statement at Pittsburgh Summit: Framework for Strong, Sustainable and Balanced Growth, 25.9.2009.

964 Verordnung (EU) Nr. 648/2012 des Europäischen Parlaments und des Rates vom 4.7.2012 über OTC-Derivate, zentrale Gegenparteien und Transaktionsregister, ABl. EU Nr. L 201 v. 27.7.2012, S. 1.

meint gemäß Art. 2 Nr. 5 in Verbindung mit Anhang I Abschnitt C Nr. 8 Richtlinie 2004/39/EG[965] insbesondere „derivative Instrumente zum Transfer von Kreditrisiken". Die Regulierung von OTC-Derivaten verfolgt zwei grundlegende Stoßrichtungen. Zum einen soll die Abwicklung (*clearing*) des Derivatekontrakts über eine zwischengeschaltete zentrale Gegenpartei (*central counterparty*, CCP) das der Position inhärente Ausfallrisiko herabsetzen.[966] Zum anderen wird durch Meldepflichten das Ziel verfolgt, Informationsasymmetrien abzubauen, die insbesondere den Aufsichtsbehörden einen Überblick über diese rein außerbörslich gehandelten und bilateral abgewickelten Derivate verwehrt haben.[967] Kumuliert und aggregiert hat der verbreitete Einsatz dieser OTC-Derivate daneben zu einer intransparenten Verflechtung verschiedener Marktteilnehmer geführt und damit Kanäle zur Weiterleitung finanzwirtschaftlicher Schocks als Nährboden für systemische Risiken bereitgestellt.[968] Die Clearingpflicht unterbricht diese Kanäle und die Meldepflicht gewährleistet die zur Identifikation systemischer Risiken nötige Transparenz.[969]

a) Clearingpflicht und Handel an regulierten Märkten

Die Clearingpflicht nach Art. 4 Abs. 1 EMIR trifft nur qualifizierte Derivate im Sinne von Art. 5 Abs. 2 EMIR. Neben der Derivatekategorie hängt die Clearingpflicht vor allem von den beteiligten Parteien ab. Für diese Untersuchung sind die folgenden beiden Konstellationen relevant: Der Abschluss eines qualifizierten Derivatekontrakts zwischen zwei finanziellen Gegenparteien im Sinne von Art. 2 Nr. 8 EMIR löst eine Clearingpflicht in jedem Fall aus.[970] Von dieser Alternative

---

965 Richtlinie 2004/39/EG des Europäischen Parlaments und des Rates v. 21.4.2004 über Märkte für Finanzinstrumente, zur Änderung der Richtlinien 85/611/EWG und 93/6/EWG des Rates und der Richtlinie 2000/12/EG des Europäischen Parlaments und des Rates und zur Aufhebung der Richtlinie 93/22/EWG des Rates (MiFID), ABl. EU Nr. L 145 v. 30.4.2004, S. 1.

966 Vorschlag der Europäischen Kommission für eine Verordnung des Europäischen Parlaments und des Rates über OTC-Derivate, zentrale Gegenparteien und Transaktionsregister v. 15.9.2010, KOM(2010) 484 endg., S. 7; *Diekmann/Fleischmann*, WM 2011, 1105, 1105; *Fried* in Zerey, Finanzderivate, 3. Aufl. 2013, § 16, Rn. 3; nur auf operationelle Risiken abstellend *Möllers/Christ/Harrer*, NZG 2010, 1124, 1125.

967 KOM(2010) 484 endg., S. 8; *Möllers/Christ/Harrer*, NZG 2010, 1124, 1126; *Ariail*, 15 N.C. Banking Inst. 175, 180 (2011).

968 Vgl. Erwägungsgrund 4 EMIR; *Zimmer/Fuchs*, ZGR 2010, 597, 646; s. ausführlich zum Systemrisiko den 5. Teil dieser Untersuchung.

969 Vgl. *Zimmer/Fuchs*, ZGR 2010, 597, 646 ff.

970 Art. 4 Abs. 1 lit. a i) EMIR.

wird der Risikotransfer durch Kreditderivate zwischen allen institutionellen Finanzmarktteilnehmern erfasst, also insbesondere Instituten, Versicherungsunternehmen und alternativen Investmentfonds. Schließt eine finanzielle Gegenpartei einen qualifizierten Derivatekontrakt hingegen mit einem Unternehmen außerhalb des Finanzsektors ab, d.h. mit einer nicht-finanziellen Gegenpartei im Sinne von Art. 2 Nr. 9 EMIR, besteht eine Clearingpflicht nur, wenn dieses Unternehmen die zusätzlichen Voraussetzungen von Art. 10 Abs. 1 lit. b EMIR erfüllt.[971] Diese Alternative betrifft wohl in erster Linie den Abschluss von Derivaten zwischen Banken und ihren Geschäftskunden. Maßgeblich ist dabei, dass ein Unternehmen Positionen in OTC-Derivaten eingeht, die eine von der ESMA zu erarbeitende Clearingschwelle für einen Zeitraum von 30 Tagen übersteigen. Bei der Berechnung der Positionen sind allerdings OTC-Derivate ausgenommen, die objektiv messbar zur Reduzierung von Risiken beitragen, die unmittelbar mit der Geschäftstätigkeit oder dem Liquiditäts- und Finanzmanagement des Unternehmens verbunden sind.[972] Dazu dürften z.B. Derivate zur Absicherung gegen Währungsrisiken aus den laufenden Geschäftsbeziehungen eines Unternehmens zählen.

Die am Einsatz dieser qualifizierten Derivate beteiligten Parteien müssen dann als Clearingmitglieder an einer CCP beteiligt sein, Kunde eines solchen Clearingmitglieds werden oder zumindest eine indirekte Clearingvereinbarung mit einem Clearingmitglied treffen, Art. 4 Abs. 3 Unterabs. 2 EMIR.[973] Ein OTC-Derivat wird clearingpflichtig, wenn eine CCP die Zulassung zum Clearing dieser Derivatekategorie bei der jeweils zuständigen Behörde auf nationaler Ebene beantragt (sog. *bottom-up* Ansatz[974]). Die Behörde schaltet wiederum die ESMA ein und informiert diese unverzüglich über die Zulassung, Art. 5 Abs. 1 EMIR. Sodann hat die ESMA innerhalb von sechs Monaten Entwürfe für technische Regulierungsstandards zu erarbeiten und der Kommission zur Billigung zu übermitteln, Art. 5 Abs. 2 Unterabs. 1 EMIR. In diesen technischen Regulierungsstandards ist insbesondere festzulegen, welche Kategorien von OTC-Derivaten der Clearingpflicht unterfallen sollten, Art. 5 Abs. 2 Unterabs. 1 lit. a EMIR. Bei ihrer Entscheidung hat die ESMA bestimmte Kriterien zu berücksichtigen, beispielsweise den Grad der Standardisierung einer Derivatekategorie, das Volumen und die Liquidität.[975] Dabei gilt als übergeordnetes Ziel der Clearingpflicht das Herabsetzen des

---

971 Art. 4 Abs. 1 lit. a ii) EMIR.

972 Umkehrschluss aus Art. 10 Abs. 3 EMIR.

973 S. dazu *Köhling/Adler*, WM 2012, 2125, 2132 f.

974 KOM(2010) 484 endg., S. 7.

975 Art. 5 Abs. 4 Unterabs. 1 lit. a bis c EMIR.

Systemrisikos, Art. 5 Abs. 4 Unterabs. 1 EMIR. Der Kommission ist schließlich die Befugnis übertragen, die technischen Regulierungsstandards der ESMA zu erlassen.[976]

Probleme können jedoch dann entstehen, wenn mit Blick auf die Stabilität des Finanzsystems für bestimmte, risikoreiche Kategorien von Derivaten eine Clearingpflicht wünschenswert erscheint, sich aber keine CCP finden lässt, die von sich aus diese Kontrakte abwickeln kann oder will.[977] Aus diesem Grund kann die EMSA auch selbst tätig werden und nach Durchführung verschiedener Anhörungen Kategorien von Derivaten ermitteln, die der Clearingpflicht unterliegen sollten (sog. *top-down* Ansatz[978]), Art. 5 Abs. 3 Unterabs. 1 EMIR. Die ESMA setzt die Kommission über die ermittelten Derivatekategorien in Kenntnis und veröffentlicht schließlich eine Aufforderung zur Ausarbeitung von Vorschlägen für das Clearing, Art. 5 Abs. 3 Unterabs. 2 EMIR. Dadurch ist der ESMA ein rechtliches Instrument an die Hand gegeben, aktiv auf ein Clearing hinzuwirken. Die zugelassenen CCPs sowie alle clearingpflichtigen Derivatekategorien und alle Derivatekategorien, die der Clearingpflicht unterliegen sollten, werden in einem von der ESMA geführten Register veröffentlicht, Art. 6 Abs. 1 und 2 EMIR.

Für den Clearingprozess geeignet sind in jedem Fall nur Derivatekontrakte mit einem hohen Standardisierungsgrad, wohingegen individuell vertragliche Ausgestaltungen weiterhin bilateral abgewickelt werden sollen.[979] Aber auch im Hinblick auf Derivate, die nicht der Clearingpflicht unterfallen, müssen die beteiligten Parteien gewährleisten, dass das operationelle Risiko und das Kontrahentenausfallrisiko Gegenstand eines angemessenen Risikomanagements sind, d.h. entsprechend gemessen, beobachtet und gemindert werden, Art. 11 Abs. 1 EMIR.

Flankiert werden soll die Clearingpflicht durch die Verlagerung des Handels dieser standardisierten Derivate auf regulierte Märkte oder elektronische Plattformen im Rahmen der geplanten Verordnung des Europäischen Parlaments und des Rates über Märkte für Finanzinstrumente und zur Änderung der Verordnung über OTC-Derivate, zentrale Gegenparteien und Transaktionsregister (MiFIR),[980]

976 Art. 5 Abs. 2 Unterabs. 2 EMIR.

977 *Sigmundt*, BaFin Journal, Januar 2012, S. 14.

978 KOM(2010) 484 endg., S. 7.

979 Vgl. Erwägungsgrund 5 und 13 EMIR; *Diekmann/Fleischmann*, WM 2011, 1105, 1105 f.; s. auch *Ariail*, 15 N.C. Banking Inst. 175, 186 (2011).

980 Vorschlag für eine Verordnung des Europäischen Parlaments und des Rates über Märkte für Finanzinstrumente und zur Änderung der Verordnung [EMIR] über OTC-Derivate, zentrale Gegenparteien und Transaktionsregister, KOM(2011) 652 endgültig.

Art. 24 MiFIR-E.[981] Die beteiligten Parteien entsprechend qualifizierter Kreditderivate müssen zukünftig folglich die ineinandergreifenden Regelungen der EMIR und der geplanten MiFIR beachten.[982]

b) Risikobegrenzung durch Clearing

Als zwischengeschalteter Intermediär tritt die CCP in die Vertragsbeziehung zwischen Risikoverkäufer und Risikokäufer ein und löst diese jeweils als Vertragspartner ab.[983] Im Verhältnis zum Risikoverkäufer fungiert die CCP somit als Risikokäufer und *vice versa*. Damit übernimmt die CCP das Ausfallrisiko beider Parteien, was sie unmittelbar zur risikotragenden Schlüsselfigur werden lässt. Ziel des Clearingprozess ist es nun, das Ausfallrisiko herabzusetzen, doch dazu muss die CCP selbst bzw. deren Abwicklungsmechanik an besondere risikomindernde Elemente geknüpft werden.[984]

Die Begrenzung des Risikos durch den Ausfall einzelner Clearingmitglieder soll auf einer ersten Stufe durch Einschussanforderungen (sog. Marginanforderungen) sichergestellt werden, Art. 41 EMIR, worunter Sicherheitsleistungen (*„cash balance"* oder *„security deposits"*) zu verstehen sind.[985] Zusätzlich zu den Marginanforderungen müssen die Mitglieder risikojustierte Beiträge zahlen, die einem von der CCP unterhaltenen Ausfallfonds zufließen und auf einer zweite Stufe der Deckung von Verlusten infolge schlagender Ausfallrisiken dienen.[986] Um die Absorptionsfähigkeit der bereitgestellten Sicherheiten zu gewährleisten, müssen diese selbst ein niedriges Markt- und Kreditrisikoprofil aufweisen und hochliquide sein, Art. 46 EMIR. Die der CCP auf diesem Weg zugeflossenen Finanzmittel dürfen zwar angelegt werden, um zusätzliche Erträge zu generieren, allerdings muss die CCP bei ihrer Anlageentscheidung ebenfalls risikomindernde Grundsätze berücksichtigen, Art. 47 EMIR.

Im Fall des Ausfalls eines Clearingmitglieds legt Art. 45 EMIR die Reihenfolge der zur Absorption von Verlusten zur Verfügung stehenden Instrumente fest (sog.

981 *Sigmundt*, BaFin Journal, Januar 2012, S. 12; *Funke*, CCZ 2012, 54, 56 f.

982 *Funke*, CCZ 2012, 54, 57.

983 *Diekmann/Fleischmann*, WM 2011, 1105, 1105; *Zimmer/Fuchs*, ZGR 2010, 597, 647 f.; s. auch *Ariail*, 15 N.C. Banking Inst. 175, 185 (2011); *Hull*, Options, Futures, And Other Derivatives, 8th Ed. 2012, S. 32.

984 Vgl. *Zimmer/Fuchs*, ZGR 2010, 597, 648; *Fried* in Zerey, Finanzderivate, 3. Aufl. 2013, § 16, Rn. 3.

985 *Hull*, Options, Futures, and Other Derivatives, 8th Ed. 2012, S. 809.

986 Art. 42 Abs. 1 und 2 EMIR.

„Wasserfallprinzip"). Danach müssen zunächst die Margins und subsidiär die dem Ausfallfonds zugeflossenen Beiträge des jeweils ausfallenden Mitglieds zur Deckung der eintretenden Verluste herangezogen werden.[987] Erst wenn weder die individuell entrichteten Margins noch die Beiträge zur Verlustdeckung ausreichen, ist es der CCP gestattet, generell auf die im Ausfallfonds gesammelten Beiträge zurückzugreifen.[988] Die Verwendung von Margins anderer Clearingmitglieder ist generell untersagt.[989]

Neben den von den Clearingmitgliedern zur unmittelbaren Risikobegrenzung erhobenen Margins und Beiträgen muss die CCP selbst über ein eigenes „letztes Sicherheitsnetz" verfügen.[990] Als CCP kommen folglich nur Marktteilnehmer in Betracht, die in einem speziellen Verfahren zugelassen werden und die besonders strenge Eigenkapitalanforderungen erfüllen.[991] So muss eine CCP gemäß Art. 16 Abs. 1 EMIR über ein ständiges und verfügbares Anfangskapital in Höhe von mindestens 7,5 Mio. Euro verfügen. Das Eigenkapital muss nach Art. 16 Abs. 2 EMIR zudem ausreichen, um eine geordnete Abwicklung oder Restrukturierung zu gewährleisten und vor schlagenden Risiken zu schützen. Durch diese Voraussetzungen wird letztlich ein Intermediär geschaffen, der im Idealfall eine höhere Risikotragfähigkeit aufweist und damit im Ergebnis das Ausfallrisiko herabsetzt. Diese quantitativen Eigenmittelstandards werden durch qualitative Anforderungen in Gestalt von Organisations- und Wohlverhaltenspflichten ergänzt, denen jede CCP entsprechen muss.[992]

c) Meldepflichten zum Abbau von Informationsasymmetrien

Gegenparteien und CCPs sind gemäß Art. 9 Abs. 1 EMIR dazu verpflichtet, alle von ihnen geschlossenen Derivatekontrakte an ein registriertes Transaktionsregister zu melden, was die Identität der Parteien und die wesentlichen Merkmale des Derivatekontrakts, d.h. Art, Fälligkeit, Nominalwert, Preis und Abwicklungsdatum, beinhaltet.[993] Die Meldepflicht versetzt die ESMA, die Aufsichtsbehörden der Mitgliedstaaten und den ESRB in die Lage, sich ein Bild über den Derivate-Markt zu verschaffen und die inhärenten Risiken bewerten zu

987 Art. 45 Abs. 1 und 2 EMIR.
988 Art. 45 Abs. 3 EMIR.
989 Art. 45 Abs. 4 Satz 2 EMIR.
990 KOM(2010) 484 endg., S. 11.
991 S. Art. 14 bis Art. 21 EMIR.
992 Art. 26 bis Art. 40 EMIR.
993 Art. 9 Abs. 5 Unterabs. 2 lit. a und b EMIR.

können.[994] Die Transaktionsregister tragen somit zum Abbau von Informationsasymmetrien auf den Finanzmärkten bei.

d) Eigenmittelunterlegung

Die quantitative Begrenzung der vom *Risikokäufer* (Sicherungsgeber) synthetisch übernommenen Kreditrisiken basiert wiederum auf deren Eigenmittelunterlegung. Da in den Anwendungsbereich der Eigenmittelvorschriften nur Institute fallen, gelten die im Folgenden dargestellten Regelungen nur, wenn es sich bei dem Risikokäufer um ein Institut im Sinne des Aufsichtsrechts handelt.

Aus der Sicht des Risikokäufers werden die von ihm gehaltenen Kreditderivate *im Anlagebuch* aufsichtsrechtlich als außerbilanzielle Positionen behandelt und somit in die Berechnung der Eigenmittelanforderungen für Kreditrisiken nach den Regeln des KSA oder IRBA einbezogen.[995] Der Risikokäufer wird für die Zwecke der Eigenmittelanforderungen folglich als Kreditgeber behandelt und das übernommene Kreditrisiko aufsichtsrechtlich auf seiner Seite begrenzt.[996] Hinzukommt ggf. die Unterlegung des Ausfallrisikos der Gegenpartei des jeweiligen Derivats (Kontrahentenrisiko) und der Marktpreisrisiken für Derivate, die *im Handelsbuch* gehalten werden.[997]

Die Unterbewertung des Kontrahentenrisikos im Rahmen der Eigenmittelvorschriften wird als ein „Schlüsselfaktor" der Subprime-Krise betrachtet.[998] Als Konsequenz verschärft der Basler Ausschuss in Basel III seine Empfehlungen zur Begrenzung des Kontrahentenrisikos.[999] Wie bereits dargestellt, steigen durch die Erhöhung des AVC-Faktors im IRBA die Eigenmittelanforderungen für Forderungen

994 Vgl. Erwägungsgrund 41 EMIR.

995 Vgl. Anhang 1 CRR. S. zur Behandlung nach der SolvV *Sievers*, Kreditderivate, 2009, S. 182.

996 Vgl. *Sievers*, Kreditderivate, 2009, S. 182; *Gehrmann*, Gesamtrisikosteuerung, 2008, S. 226.

997 *Gehrmann*, Gesamtrisikosteuerung, 2008, S. 240 ff.; *Hartmann-Wendels/Pfingsten/Weber*, Bankbetriebslehre, 5. Aufl. 2010, S. 630. S. zur Begrenzung von Marktpreisrisiken ausführlich unten 4. Teil, Abschnitt D, II.

998 *Basler Ausschuss für Bankenaufsicht*, Basel III, Dezember 2010, Tz. 97.

999 *Basler Ausschuss für Bankenaufsicht*, Basel III, Dezember 2010, Tz. 97; *Banh/Cluse/Schwake*, Kreditwesen 2011, 499, 499; *Schulte-Mattler/Manns*, WM 2011, 2069, 2073; *Deutsche Bundesbank*, Basel III – Leitfaden zu den neuen Eigenkapital- und Liquiditätsregeln für Banken, 2011, S. 23.

gegenüber großen Banken und unregulierten Finanzmarktteilnehmern.[1000] Die AVC wird jedoch nur im IRBA berücksichtigt, die somit nur bei großen Instituten mit einem entsprechend entwickelten Risikomanagement zur Anwendung kommt. Hingegen betrifft eine weitere Änderung durch Basel III alle Institute. Durch kreditrisikobezogene Bewertungsanpassungen (Credit Valuation Adjustments, CVA) finden neben dem eigentlichen Kontrahenten*ausfall*risiko auch drohende Marktwertverluste infolge von Bonitätsverschlechterungen der Gegenpartei Berücksichtigung.[1001] Als Folge sind Eigenmittel nicht mehr allein für den Ausfall der Gegenpartei eines derivativen Finanzinstruments vorzuhalten, sondern bereits im Vorfeld für das Risiko sukzessiver *downgradings*. Die Berechnung kann mittels einer Standard- oder einer komplexeren fortgeschrittenen Methode erfolgen.[1002]

Wenn eine CCP in die Vertragsbeziehungen eines Derivats eintritt, wird sie die Gegenpartei sowohl im Verhältnis zum Risikoverkäufer als auch zum Risikokäufer. Als Folge tragen Risikokäufer und Verkäufer nicht mehr das Ausfallrisiko des ursprünglichen Vertragspartners, sondern der CCP. Für die Forderungen aus der Vertragsbeziehung (*trade exposures*) gilt dann ein privilegiertes Risikogewicht von 2%[1003] anstatt des maßgeblichen Risikogewichts für Forderungen gegenüber dem ursprünglichen Vertragspartner.[1004] Durch diese Begünstigung soll ein zusätzlicher Anreiz geschaffen werden, Derivate über eine CCP abzuwickeln.[1005] Die mit Blick auf die Eigenmittelanforderungen entlastende Wirkung eines zentral abgewickelten Derivats ist vor dem Hintergrund zu sehen, dass die Unterlegungspflicht von Kontrahentenrisiken gegenüber anderen Marktteilnehmern durch AVC und CVA signifikant verschärft wird.[1006]

2. USA

Der regulatorische Umgang mit Derivaten hat in den USA bereits mehrmals Kehrtwendungen vollzogen, die im Ergebnis als Wechselspiel zwischen Regulierung und

---

1000 S. dazu oben S. 122.

1001 *Manns/Schulte-Mattler*, WM 2010, 1577, 1581; *Deutsche Bundesbank*, Basel III – Leitfaden zu den neuen Eigenkapital- und Liquiditätsregeln für Banken, 2011, S. 23.

1002 *Schulte-Mattler/Manns*, WM 2011, 2069, 2074.

1003 Zuvor wurde für Forderungen gegenüber CCPs sogar nur ein Risikogewicht in Höhe von 0% veranschlagt, *Schulte-Mattler/Manns*, WM 2011, 2069, 2075.

1004 *Schulte-Mattler/Manns*, WM 2011, 2069, 2075.

1005 *Deutsche Bundesbank*, Basel III – Leitfaden zu den neuen Eigenkapital- und Liquiditätsregeln für Banken, 2011, S. 23; *Schulte-Mattler/Manns*, WM 2011, 2069, 2074 f.

1006 *Schulte-Mattler/Manns*, WM 2011, 2069, 2074 f.

Deregulierung zusammengefasst werden können.[1007] Nach einer kurzen Darstellung dieser Entwicklung wird der Schwerpunkt auf die Reform durch den Dodd-Frank Act gesetzt.

a) Vom Commodity Exchange Act bis zur Deregulierung durch den Commodity Futures Modernization Act

Bereits durch den Erlass des Commodity Exchange Act von 1936 (CEA)[1008] wurde der außerbörsliche Handel von Derivaten in Form bestimmter Warentermingeschäfte grundsätzlich verboten, so dass der Abschluss derartiger Geschäfte auf die Terminmärkte beschränkt blieb.[1009] Kennzeichnend für die Terminmärkte war dabei, dass den Vertragsparteien der Marktzugang erst über institutionelle Teilnehmer ermöglicht wurde, die eine Garantie für die Leistungen der beteiligten Parteien abgeben mussten und somit eine notwendige Vertrauensgrundlage schufen.[1010] Diese Intermediäre unterlagen verschiedenen Anforderungen, wie z.B. Eigenkapital- und Marginanforderungen, die dem Ausfallrisiko der Parteien eine Absorptionsmasse gegenhielten.[1011]

Durch das verstärkte Auftreten von Kreditderivaten und Zinsswaps im Zuge der 1980er Jahre wurde schließlich die Frage aufgeworfen, ob auch diese Finanzinstrumente in den Anwendungsbereich des CEA mit den daran geknüpften Restriktionen fielen.[1012] Die Deregulierung des OTC-Derivate-Marktes läutete die CFTC als zuständige Aufsichtsbehörde auf Bundesebene durch eine Bereichsausnahme für bestimmte Derivate-Klassen dann selbst ein.[1013] Fälle wie die Zahlungsunfähigkeit der kalifornischen Gebietskörperschaft Orange County von

---

1007 S. für einen ausführlichen historischen Überblick *Stout*, 1 Harv. Bus. L. Rev. 1 (2011) und *Greenberger*, 6 J. Bus. & Tech. L. 127, 128 ff. (2011).

1008 7 U.S.C. § 1.

1009 *Stout*, 1 Harv. Bus. L. Rev. 1, 17 f. (2011); *dies.*, 48 Duke L.J. 701, 721 f. (1999). Zu den ältesten und auch bedeutendsten Terminbörsen zählen etwa der Chicago Board of Trade (CBOT) und der Chicago Mecantile Exchange (CME), die mit der New York Mercantile Exchange (NYMEX) zur CME Group zusammengeschlossen sind, *Schüwer/Steffen* in Zerey, Finanzderivate, 3. Aufl. 2013, § 1 Rn. 9; *D'Souza/Ellis/Faichild*, 12 U. Pa. J. Bus. L. 473, 481 (2010).

1010 *Stout*, 1 Harv. Bus. L. Rev. 1, 14 f. (2011).

1011 *Stout*, 32 Regulation 30, 32 (2009); *Greenberger*, 6 J. Bus. & Tech. L. 127, 131 (2011).

1012 *Greenberger*, 6 J. Bus. & Tech. L. 127, 133 (2011); *Stout*, 1 Harv. Bus. L. Rev. 1, 19 (2011).

1013 *Stout*, 1 Harv. Bus. L. Rev. 1, 19 f. (2011); *Ariail*, 15 N.C. Banking Inst. 175, 181 f. (2011); *Greenberger*, 6 J. Bus. & Tech. L. 127, 133 ff. (2011).

1994, die im Ruf steht, u.a. durch Fehlspekulationen mit OTC-Derivaten ausgelöst worden zu sein, veranlasste die CFTC gegen den Widerstand von anderen Aufsichtsbehörden, insbesondere der SEC, im Jahr 1998 ihre liberale Haltung zu überdenken und dieses Marktsegment wieder stärker zu regulieren.[1014] Der Gesetzgeber entschloss sich jedoch, den eingeschlagenen Weg der Deregulierung weiter zu verfolgen und so wurden durch den Erlass des Commodity Futures Modernization Act (CFMA)[1015] im Jahr 2000 derivative Instrumente weitgehend von der Pflicht zum börslichen Handel befreit und damit auch der Aufsicht entzogen.[1016]

b) Dodd-Frank Act

In den USA werden die Auswirkungen des Zusammenbruchs der Investmentbank Lehman Brothers und die Schieflage von Bear Stearns auf den OTC-Derivate-Markt im Jahr 2008 gerne als empirische Belege für die fatale Wirkung des unregulierten Einsatzes dieser Finanzinstrumente herangezogen.[1017] So soll allein Lehman Brothers Vertragspartei von über 930.000 OTC-Derivaten gewesen sein.[1018] Schließlich wurde der Beinahe-Zusammenbruch des Versicherungsunternehmens American International Group (AIG) im selben Jahr durch die Bereitstellung staatlicher Finanzhilfen abgewendet, um einen weiteren Ausfall eines Haupt-Risikokäufers zu verhindern.[1019] Unter Titel VII „Wall Street Transparency and Accountability“ nimmt sich nun der Dodd-Frank Act der Regulierung von Swaps an. Dem Begriff „Swap“ ist dabei ein weites Verständnis zugrundegelegt, so dass

---

1014 *Baker*, 85 Notre Dame L. Rev. 1287, 1313 (2010); *Greenberger*, 6 J. Bus. & Tech. L. 127, 136 f. (2011); *Stout*, 1 Harv. Bus. L. Rev. 1, 20 f. (2011). Einen weiteren „Höhepunkt“ stellt in diesem Zusammenhang die Schieflage des Hedge Fund Long Term Capital Management im Jahr 1998 dar, *Schwarcz*, 97 Geo. L.J. 193, 201 (2008).

1015 Commodity Futures Modernization Act of 2000, Pub. L. No. 106-554, 114 Stat. 2763 (2000).

1016 *D'Souza/Ellis/Faichild*, 12 U. Pa. J. Bus. L. 473, 493 (2010); *Stout*, 1 Harv. Bus. L. Rev. 1, 21 (2011); *Ariail*, 15 N.C. Banking Inst. 175, 181 (2011); *Frankel/Fagan*, Law and the Financial System, 2009, S. 197 f.

1017 S. nur *Duffie/Zhu*, 1 Review of Asset Pricing Studies 74, 74 (2011); *Greenberger*, 6 J. Bus. & Tech. L. 127, 149 f. (2011); *Baker*, 85 Notre Dame L. Rev. 1287, 1306 (2010); *Stout*, 1 Harv. Bus. L. Rev. 1, 26 (2011); *Fowler*, 15 N.C. Banking Inst. 205, 214 (2011).

1018 *Charles*, 13 N.Y. Bus. L. J. 14, 16 (2009) unter Bezugnahme auf entsprechendes Vorbringen von Lehman Brothers im Insolvenzverfahren.

1019 *Baker*, 85 Notre Dame L. Rev. 1287, 1299 (2010); *Stout*, 1 Harv. Bus. L. Rev. 1, 26 (2011).

alle wichtigen Kreditderivate, mithin CDS, Total Return Swaps und Credit Spread Derivate, in den Anwendungsbereich fallen.[1020]

Die Aufsicht über den OTC-Markt fällt dabei in die Zuständigkeit von beiden Wertpapieraufsichtsbehörden auf Bundesebene, der CFTC und der SEC, wobei die konkrete Aufteilung von der Ausgestaltung der Swaps abhängig ist.[1021] Während der SEC die Aufsicht über Swaps zugewiesen ist, denen Wertpapiere als Basiswerte zugrundeliegen (*security-based swaps*), beaufsichtigt die CFTC alle anderen Swaps.[1022] Da eine Trennlinie nicht immer klar gezogen werden kann, erlassen beide Behörden gemeinsame Verordnungen für sog. *mixed swaps*.[1023] Die Zersplitterung der institutionellen Organisation der Finanzmarktaufsicht tritt in dieser geteilten Zuständigkeit deutlich hervor, die für Banken dadurch verstärkt wird, dass zusätzliche Kapital- und Marginanforderungen, die an den Einsatz von Swaps geknüpft sind, von den jeweils zuständigen Bankenaufsichtsbehörden festgelegt werden.[1024]

aa) Clearing- und Meldepflichten sowie Handel an regulierten Märkten

Der Dodd-Frank Act führt in Sec. 723(a) und Sec. 763(a) eine allgemeine Clearingpflicht für Swaps ein und ändert damit den CEA:

> „*It shall be unlawful for any person to engage in a swap unless that person submits such swap for clearing to a derivatives clearing organization that is registered under this Act* […].“

Zugleich setzt der Dodd-Frank Act der Deregulierung durch den CFMA damit einen Schlusspunkt.[1025] Die Clearingpflicht knüpft an bestimmte Kategorien von Derivaten an, wobei die erforderliche Qualifikation auf zwei unterschiedlichen Wegen erfolgen kann.[1026] *Erstens* können SEC und CFTC Derivate bestimmen, die

1020 Vgl. Sec. 721(a)(21) Dodd-Frank Act.

1021 *Omarova*, 15 N.C. Banking Inst. 83, 96 (2011); *Heppe/Tielmann*, WM 2011, 1883, 1888 f.; krit. *D'Souza/Ellis/Faichild*, 12 U. Pa. J. Bus. L. 473, 511 (2010).

1022 Vgl. Sec. 712 Dodd-Frank Act.

1023 Sec. 712(a)(8) Dodd-Frank Act.

1024 *D'Souza/Ellis/Faichild*, 12 U. Pa. J. Bus. L. 473, 481 (2010) befürworten daher einen Zusammenschluss von SEC und CFTC. S. auch schon *Jackson* in Tison/de Wulf/van der Elst/Steennot, Perspectives in Company Law and Financial Regulation, 2009, 523, 525.

1025 *Stout*, 1 Harv. Bus. L. Rev. 1, 34 (2011).

1026 Missverständlich insoweit *Heppe/Tielmann*, WM 2011, 1883, 1889, die von einer Vorlage der Derivate durch die Clearinghäuser ausgehen, über die *im Gegenzug* von CFTC und SEC entschieden wird. Dabei können CFTC und SEC auch ohne vorherige Vorlage, also auf Eigeninitative, tätig werden. S. dazu sogleich.

dann der Clearingpflicht unterfallen (*commission-initiated review*).[1027] Anders als die ESMA auf der Grundlage der EMIR können SEC und CFTC nicht nur auf ein Clearing bestimmter Derivatekategorien hinwirken, sondern unmittelbar in das Marktgeschehen eingreifen.

Zweitens steht es den Clearingstellen frei, Derivate, die zur Abwicklung angenommen werden sollen, SEC und CFTC zur Entscheidung vorzulegen (*swap submission*).[1028] Die Entscheidung ist dabei grundsätzlich innerhalb von 90 Tagen zu fällen.[1029] Gemäß Sec. 723(a) und Sec. 763(a) Dodd-Frank Act werden als Clearingstellen sog. *derivatives clearing organizations* für Swaps und *clearing agencies* für wertpapierbezogene Swaps zwischen die Vertragspartner eines derivativen Instruments geschaltet, die somit den CCPs der EMIR entsprechen. Die U.S.-amerikanischen CCPs unterliegen einer Registrierungspflicht bei der CFTC bzw. SEC, die an die Erfüllung verschiedener Voraussetzungen geknüpft ist.[1030] Zu diesen sog. *core principles* zählen u.a. eine angemessene finanzielle Ausstattung, die Einrichtung eines Risikomanagements und Marginanforderungen gegenüber den angebundenen Kunden.[1031]

Derivate, die der Clearingpflicht unterfallen, müssen gemäß Sec. 723(a) und Sec. 763(a) Dodd-Frank Act darüber hinaus von den Parteien über eine Börse oder eine *swap execution facility* geschlossen werden. Eine wichtige Ausnahme von der statuierten Clearingpflicht bildet die sog. *end-user exception*,[1032] die allerdings nur für Geschäfte gilt, bei denen zumindest eine Partei kein Finanzinstitut[1033] ist und die einen Swap zur Absicherung oder Reduzierung ihres Geschäftsrisikos (*commercial risk*) einsetzt.[1034] Als Beispiel wird etwa die Absicherung von Fluggesellschaften gegen Ölpreisschwankungen herangezogen.[1035] Für den

1027 Sec. 2(h)(2)(A) CEA.

1028 Sec. 2(h)(2)(B) CEA.

1029 Sec. 2(h)(2)(C) CEA. S. für den der Entscheidung zugrunde liegenden Kriterienkatalog Sec. 2(h)(2)(D)(ii) CEA.

1030 Sec. 725 Dodd-Frank Act.

1031 S. den vollständigen Katalog in Sec. 725(c) Dodd-Frank Act.

1032 *Greenberger*, 6 J. Bus. & Tech. L. 127, 153 (2011); *Ariail*, 15 N.C. Banking Inst. 175, 189 (2011).

1033 Als *„financial entity"* gilt nach dem Dodd-Frank Act, der durch Sec. 723(a) den CEA entsprechend ändert, insbesondere „[...] *a person predominantly engaged in activities that are in the business of banking or financial in nature* [...]", Sec. 2(h)(7)(C)(i)(VIII) CEA.

1034 Sec. 2(h)(7)(A) CEA.

1035 *Greenberger*, 6 J. Bus. & Tech. L. 127, 153 f. (2011).

Kreditrisikotransfer zwischen institutionellen Finanzmarktteilnehmern bleibt im Rahmen dieses Ausnahmetatbestands somit grundsätzlich kein Raum. Zur Förderung der Transparenz des gesamten Derivate-Markts müssen unabhängig von der Clearingpflicht alle Swap-Geschäfte an ein Transaktionsregister (*data repository*) gemeldet werden.[1036]

bb) Regulierungsrahmen für Hauptakteure: *Swap dealers*, *major swap participants* und *swap entities*

Ein besonders enges Korsett hält der Dodd-Frank Act für bestimmte Hauptakteure auf den Derivate-Märkten bereit.[1037] Zunächst sind Swap-Händler (*swap dealers*) und bedeutende Marktteilnehmer (*major swap participants*) verpflichtet, sich bei der CFTC und/oder der SEC zu registrieren, Sec. 731 und 764 Dodd-Frank Act. In der Folge müssen die so registrierten Marktteilnehmer zunächst besonders strengen Eigenkapital- und Marginanforderungen sowie extensiven Berichtspflichten entsprechen. Des Weiteren dient die Registrierungspflicht als Anknüpfungspunkt für die sog. Swaps Push-Out Rule bzw. das Lincoln Amendment,[1038] die eine weitere Besonderheit im U.S.-amerikanischen Regulierungsansatz darstellt. Nach dieser Regelung sind sowohl Swap-Händler als auch bedeutende Marktteilnehmer, die gemeinsam unter dem Oberbegriff *swap entitiy* zusammengefasst werden, von staatlicher Unterstützung durch das Federal Reserve System und die FDIC ausgeschlossen.[1039] Für Banken, die der Einlagensicherung unterfallen, gilt dies allerdings nur, soweit sie als Swap-Händler registriert sind, nicht hingegen als bedeutende Marktteilnehmer.[1040] Mit dem Erlass der Push-Out Rule verdeutlicht der Gesetzgeber seine Sichtweise, dass ein exzessiver Einsatz von Derivaten zu spekulativen Zwecken mit dem Zugang zu öffentlichen Finanzierungsquellen unvereinbar ist.[1041] In die gleiche Richtung zielt auch die sog. Volcker Rule, die

---

1036 S. Sec. 727 ff. Dodd-Frank Act und Sec. 763 ff. Dodd-Frank Act.

1037 Vgl. *Greenberger*, 6 J. Bus. & Tech. L. 127, 160 (2011); *Omarova*, 15 N.C. Banking Inst. 83, 96 (2011); *Ariail*, 15 N.C. Banking Inst. 175, 198 (2011).

1038 Benannt nach Senator *Blanche Lincoln*, auf die der Vorschlag zur Aufnahme der Regel in den Dodd-Frank Act zurückzuführen ist, *Fowler*, 15 N.C. Banking Inst. 205, 215 (2011).

1039 Sec. 716(a) und (b) Dodd-Frank Act.

1040 Sec. 716(b)(2)(B) Dodd-Frank Act.

1041 *Fowler*, 15 N.C. Banking Inst. 205, 214 f. (2011); *Wilmarth*, 89 Or. L. Rev. 951, 1031 (2011); *Cooley/Schoenholtz/Smith/Sylla/Wachtel* in Acharya/Cooley/Richardson/Sylla/Walter, Regulating Wall Street, 2011, S. 71.

Marktrisiken im Zusammenhang mit dem Eigenhandel von Finanzinstrumenten einhegen soll.[1042]

Der massiven Lobby-Arbeit durch die betroffenen Banken während des Gesetzgebungsverfahrens sind jedoch einige Ausnahmetatbestände von der Push-Out Rule geschuldet.[1043] Zunächst steht es Banken offen, das Swap-Geschäft auf verbundene Unternehmen zu übertragen, die der selben Holdinggesellschaft angehören.[1044] Im Ergebnis wird erwartet, dass damit spezielle Risiko-Gesellschaften entstehen, die vom herkömmlichen Retail-Geschäft abgeschirmt sind.[1045] Um ein „Überspringen" dieser Risiken auf die Ebene der Banken zu verhindern, unterliegen die Transaktionen zwischen Banken und den mit ihnen verbundenen Unternehmen materiellen Einschränkungen, etwa nach Sections 23A und 23B des Federal Reserve Act, und zusätzlich wird die gesamte Gruppe besonders streng von der Federal Reserve überwacht.[1046]

Eine weitere Ausnahme setzt unmittelbar auf der Ebene der betroffenen Banken an und betrifft vor allem den Einsatz von Derivaten zum Risikotransfer.[1047] So ist es einlagenversicherten Banken auch unter der Push-Out Rule nicht verwehrt, Swaps einzusetzen, um Risiken abzusichern oder zu reduzieren, die in einem direkten Bezug zu ihrem Geschäftsfeld stehen.[1048] Somit müssen Kreditderivate nicht zwangsläufig auf die verbundenen Risiko-Gesellschaften verlagert werden, sondern können von der Bank selbst für Zwecke des Risikomanagements eingesetzt werden. Gleiches gilt für Swaps bei deren Basiswerten es sich um erlaubte Investitionen nach dem National Banking Act handelt.[1049] Allerdings ist der Einsatz von CDS im Rahmen dieser zweiten Ausnahmevariante, insbesondere beim Transfer des Ausfallrisikos von ABS, auf solche Swaps beschränkt, die über eine CCP abgewickelt werden.[1050]

c) Eigenmittelunterlegung

Auch in den USA wird zur Begrenzung der mit dem Einsatz von Derivaten verbundenen Risiken auf die Pflicht zur Eigenmittelunterlegung gesetzt.[1051] Strengere

1042 *Greenberger*, 6 J. Bus. & Tech. L. 127, 154 f. (2011). S. dazu ausführlich unten S. 206 ff.
1043 *Fowler*, 15 N.C. Banking Inst. 205, 216 (2011) m.w.N.
1044 Sec. 716(c) Dodd-Frank Act.
1045 Vgl. *Greenberger*, 6 J. Bus. & Tech. L. 127, 164 (2011).
1046 *Fowler*, 15 N.C. Banking Inst. 205, 220 f. (2011).
1047 Vgl. *Fowler*, 15 N.C. Banking Inst. 205, 222 f. (2011).
1048 Sec. 716(d)(1) Dodd-Frank Act.
1049 Sec. 716(d)(2) Dodd-Frank Act.
1050 Sec. 716(d)(3) Dodd-Frank Act.
1051 Vgl. *Fowler*, 15 N.C. Banking Inst. 205, 212 (2011).

Anforderungen sollen zukünftig vor allem für das Kontrahentenausfallrisiko gelten. Dazu setzen die U.S.-Aufsichtsbehörden die in Basel III enthaltenen Vorschläge um, die eine Erhöhung des AVC-Faktors, die CVA und die Privilegierung von Positionen gegenüber CCPs bei der Risikogewichtung zum Gegenstand haben.[1052]

3. Analyse und rechtsvergleichender Befund

Durch die Vereinbarungen auf der Ebene der G-20 Staaten wurde den Gesetzgebern auf beiden Seiten des Atlantiks bereits die „Marschrichtung" für die Regulierung der OTC-Derivate vorgegeben. So verwundert es wenig, dass sowohl der Dodd-Frank Act auf amerikanischer Seite als auch EMIR und MiFIR auf europäischer Seite vergleichbare Eckpunkte aufweisen. Dazu zählen die Clearing- und Meldepflichten und der obligatorische Handel standardisierter Derivate an regulierten Märkten. Die von Basel III angestoßene strengere Berücksichtigung von Kontrahentenausfallrisiken bei der Berechnung der Eigenmittelanforderungen soll sowohl in Europa als auch den USA umgesetzt werden, um Banken in die Lage zu versetzen, den Ausfällen der Gegenparteien von Derivate-Kontrakten besser standhalten zu können.

Neben einigen Unterschieden im Detail ist es vor allem der besondere Ordnungsrahmen für die Hauptakteure auf dem Derivate-Markt, durch den sich die USA gegenüber den europäischen Regelwerken hervorheben. In diesem Kontext stellt vor allem die sog. Swaps Push-Out Rule (Lincoln Amendment) eine Besonderheit dar, die Banken bei einem umfangreicheren Geschäft mit Derivaten vor besondere Herausforderungen stellt und zur Auslagerung in verbundene Risiko-Gesellschaften zwingt. Der Kreditrisikotransfer lässt sich wohl auf den Ausnahmetatbestand stützen, so dass die Push-Out Rule in diesem Bereich zu weniger tiefen Einschnitten führen wird.

Eine tragende Säule der international harmonisierten Regulierung des OTC-Derivate-Markts ist das Aufbrechen der bilateralen Geschäftsbeziehungen der beteiligten Parteien durch das Zwischenschalten einer zentralen Clearingstelle (CCP).[1053] Zwar können Derivate auf Basis individuell vereinbarter Verträge auch weiterhin bilateral abgewickelt werden, doch das Aufsichtsrecht setzt einen starken Anreiz zum Abschluss standardisierter Derivate, die über CCPs abgewickelt werden, indem

---

1052 S. die Verordnung von *OCC* und *Federal Reserve*, Regulatory Capital Rules, 2.7.2013, S. 289 ff. und 422 ff. S. zum AVC-Faktor oben S. 122 und den CVA oben S. 180 f.

1053 *Ariail*, 15 N.C. Banking Inst. 175, 185 (2011); *Diekmann/Fleischmann*, WM 2011, 1105, 1105; *Hull*, Options, Futures, And Other Derivatives, 8th Ed. 2012, S. 32; *Zimmer/Fuchs*, ZGR 2010, 597, 646 ff.

Forderungen gegenüber CCPs deutlich niedrigere Risikogewichte zugewiesen werden als Forderungen gegenüber großen Banken und unregulierten Marktteilnehmern als Gegenparteien von Derivaten.[1054] Um Reibungsverluste durch diesen Markteingriff zu vermeiden, sollte der Abwicklungsprozess durch die CCPs allerdings möglichst *effizient* ausgestaltet werden.[1055] So geben *Duffie/Zhu* anhand eines einfachen Beispiels in einer viel beachteten Veröffentlichung zu bedenken, dass der Risikobegrenzungseffekt bei dem Einsatz von CCPs nicht immer gleich ausfällt:

> „[...] *suppose that Dealer A is exposed to Dealer B by $100 million on CDS, while at the same time Dealer B is exposed to Dealer A by $150 million on interest rate swaps. The bilateral exposure is the net, $50 million. The introduction of central clearing dedicated to CDS eliminates the bilateral netting benefits and increases the exposure between these two dealers, before collateral, from $50 million to $150 million. In addition to any collateral posted by Dealer A to the CCP for CDS, Dealer A would need to post a significant amount of additional collateral to Dealer B. Collateral is a scarce resource, especially in a credit crisis.*“[1056]

Würden in der selben CCP indes neben CDS auch Zinsswaps zum Clearing zugelassen, stiege im obigen Beispiel die Effizienz des Clearingprozesses, da in diesem Fall keine offene Position mehr zwischen A und B bestehen bliebe.[1057] *Duffie/Zhu* kommen schließlich zu dem Ergebnis, dass der größte Nutzen bei dem Einsatz von CCPs erzielt werden könne, wenn alle bedeutenden Klassen von Derivaten gemeinsam in einer einzigen CCP abgewickelt würden.[1058]

Auf der anderen Seite muss jedoch Berücksichtigung finden, dass die Konzentration der Clearingprozesse auf eine einzige bzw. einige wenige CCPs ein erhöhtes Systemrisiko[1059] nach sich ziehen kann und auch wettbewerbsrechtlich[1060]

1054 *Deutsche Bundesbank*, Basel III – Leitfaden zu den neuen Eigenkapital- und Liquiditätsregeln für Banken, 2011, S. 23; *Zimmer/Fuchs*, ZGR 2010, 597, 652 (zur Rechtslage nach der SolvV).

1055 Vgl. *Ariail*, 15 N.C. Banking Inst. 175, 184 (2011).

1056 *Duffie/Zhu*, 1 Review of Asset Pricing Studies 74, 76 (2011).

1057 Vgl. *Duffie/Zhu*, 1 Review of Asset Pricing Studies 74, 76 (2011).

1058 *Duffie/Zhu*, 1 Review of Asset Pricing Studies 74, 90 (2011).

1059 Das geben *Duffie/Zhu*, 1 Review of Asset Pricing Studies 74, 81 (2011) selbst zu bedenken und führen in Fn. 6 drei historische Beispiele für den Ausfall von Clearinghäusern an: Caisse de Liquidation, Paris, im Jahr 1974, Kuala Lumpur Commodity Clearing House im Jahr 1983 und Hong Kong Futures Guarantee Corporation im Jahr 1987. Krit. auch *Scott*, 33 Harv. J.L. & Pub. Pol'y 671, 698 (2010); *Zimmer/Fuchs*, ZGR 2010, 597, 655.

1060 Wettbewerbsbezogene Bedenken äußern *Sigmundt*, BaFin Journal, Januar 2012, S. 14 und *Scott*, 33 Harv. J.L. & Pub. Pol'y 671, 698 f. (2010).

nicht unbedenklich erscheint. So würden bereits technische Störungen gravierende Auswirkungen auf die Märkte nach sich ziehen. Ziel sollte letztlich sein, einen Mittelweg zwischen einer zu großen Abhängigkeit von einzelnen CCPs und einer ineffizienten Fragmentierung des Marktes zu finden. Als möglicher Lösungsweg könnte in diesem Zusammenhang eine verstärkte Interoperabilität fungieren.[1061] Unter einer Interoperabilitätsvereinbarung ist eine Vereinbarung zwischen zwei oder mehr CCPs über die systemübergreifende Ausführung von Transaktionen zu verstehen, Art. 2 Nr. 12 EMIR. Dadurch wird eine technische Anbindung von CCPs geschaffen, so dass die Geschäfte der Clearing-Mitglieder eigentlich unabhängiger CCPs untereinander abgewickelt werden können.[1062] Nach Art. 54 Abs. 1 EMIR unterliegen derartige Interoperabilitätsvereinbarungen jedoch der vorherigen Genehmigung der für die beteiligten CCPs zuständigen Aufsichtsbehörde. Dabei ist bislang allerdings vorgesehen, Interoperabilitätsvereinbarungen nach den Art. 51 ff. EMIR zwischen CCPs auf übertragbare Wertpapiere und Geldmarktinstrumente zu beschränken (Art. 1 Abs. 3 EMIR), da eine solche Vernetzung der CCPs untereinander für den ohnehin komplexen Derivate-Markt zusätzliche Risiken berge.[1063] Aus ökonomischen Effizienzgesichtspunkten sollte die Möglichkeit einer Ausdehnung auf Derivate im Einzelfall, d.h. bei Erfüllung der Anforderungen an das Risikomanagement und der technischen Ausstattung von Seiten der jeweiligen CCP, hingegen vom Aufsichtsrecht offen gehalten und nicht *per se* ausgeschlossen werden.[1064]

D. Marktrisiken

Eine weitere wesentliche Risikoart auf bankbetrieblicher Ebene stellt das Marktrisiko dar.[1065] Ist die Unsicherheit nicht auf den Ausfall eines Vertragspartners bezogen, sondern die künftige Entwicklung der Marktpreise, spricht man vom Markt-,

---

1061 *Duffie/Zhu*, 1 Review of Asset Pricing Studies 74, 90 (2011); zurückhaltender *Sigmundt*, BaFin Journal, Januar 2012, S. 16 und *Scot*, 33 Harv. J.L. & Pub. Pol'y 671, 699 f. (2010).

1062 *Sigmundt*, BaFin Journal, Januar 2012, S. 16.

1063 So Erwägungsgrund 73 EMIR.

1064 Die ESMA soll bis zum 30. September 2014 der Kommission einen Bericht vorlegen, ob eine Ausdehnung des Anwendungsbereichs zweckmäßig wäre, Erwägungsgrund 73 a.E. EMIR.

1065 Vgl. *Gleeson*, International Regulation of Banking, 2nd Ed. 2012, Rn. 12.01; *Büschgen*, Bankbetriebslehre, 5. Aufl. 1998, S. 998.

Preis- oder Marktpreisrisiko.[1066] Die Abhängigkeit von Markbedingungen zeigt sich insbesondere in wirtschaftlich angespannten Zeiten, die mit einer größeren Unsicherheit in Bezug auf die Preisentwicklungen einhergehen und sich letztlich in einer stärkeren Volatilität und einem entsprechend höheren Risiko niederschlagen.[1067] Die Ausrichtung der Geschäfts- und Risikostrategie in einem krisenhaften Umfeld stellt die Geschäftsleitung zwangsläufig vor hohe Herausforderungen.

I. Ökonomischer Hintergrund

1. Subkategorien: Zinsänderungs-, Aktien- und Wechselkursrisiken

Die unterschiedlichen Positionen einer Bank unterliegen jeweils eigenen Kursschwankungen, was wiederum zu verschiedenen Kategorien unter dem Oberbegriff des Marktrisikos führt.[1068] Die bedeutsamsten Arten stellen Zinsänderungsrisiken, Aktienkursrisiken sowie Währungsrisiken dar.[1069] Als Risikomaß greifen Banken wiederum auf den VaR zurück, um die wahrscheinlich maximale Verlustgröße der eingegangenen Positionen, z.B. Wertpapierportfolien, für einen bestimmten Zeitraum zu beziffern.[1070] Da bei Verwendung des VaR die Gefahr besteht, dass Marktturbulenzen ausgeblendet werden und somit zu einem „blinden Fleck" werden, hat ein weiterentwickelter sog. stressed VaR Einzug in das Aufsichtsregime gehalten.[1071]

1066 *Büschgen*, Bankbetriebslehre, 5. Aufl. 1998, S. 998; *Hartmann-Wendels/Pfingsten/Weber*, Bankbetriebslehre, 5. Aufl. 2010, S. 417; *Freixas/Rochet*, Microeconomics of Banking, 2nd Ed. 2008, S. 265 f.; *Gleeson*, International Regulation of Banking, 2nd Ed. 2012, Rn. 1.26. Im Folgenden wird in Anlehnung an die englische Terminologie „*market risk*" von „Marktrisiko" gesprochen.

1067 Vgl. *van Greuning/Brajovic Bratanovic*, Analyzing and Managing Banking Risk, 2nd Ed. 2003, S. 232.

1068 *Hartmann-Wendels/Pfingsten/Weber*, Bankbetriebslehre, 5. Aufl. 2010, S. 417 und 639; *Apostolik/Donohue/Went*, Foundations of Banking Risk, 2009, S. 146.

1069 *Grill/Perczynski*, Wirtschaftslehre des Kreditwesens, 44. Aufl. 2010, S. 533; *Hartmann-Wendels/Pfingsten/Weber*, Bankbetriebslehre, 5. Aufl. 2010, S. 639; *Büschgen*, Bankbetriebslehre, 5. Aufl. 1998, S. 920. Daneben bestehen die Rohwarenrisiken, die hier jedoch von untergeordnetem Interesse sind und nicht separat dargestellt werden sollen.

1070 *Gleeson*, International Regulation of Banking, 2nd Ed. 2012, Rn. 1.28; *Hull*, Risk Management and Financial Institutions, 3rd Ed. 2012, S. 183 f.; s. zum VaR ausführlich bereits oben S. 79 f.

1071 S. nur *Deutsche Bundesbank*, Basel III – Leitfaden zu den neuen Eigenkapital- und Liquiditätsregeln für Banken, 2011, S. 21.

a) Zinsänderungsrisiken

Zinsänderungsrisiken ergeben sich aus der Veränderung von Zinssätzen, wovon Anleihen und Kredite auf der Aktivseite sowie Einlagen auf der Passivseite gleichermaßen betroffen sind.[1072] Banken sind somit bei einer Vielzahl ihrer geschäftlichen Kernaktivitäten von Zinsänderungsrisiken betroffen.[1073] Weiterhin nimmt auf die Bildung von Zinsänderungsrisiken die Intermediärsfunktion der Banken in Gestalt der Fristentransformation maßgeblich Einfluss, so dass es sich hierbei erneut um ein banktypisches Risiko handelt, dessen Übernahme letztlich zum gesamtwirtschaftlichen Nutzen erfolgt.[1074] Aufgrund des entsprechenden Bedarfs auf Kapitalnehmerseite erfolgt die Kapitalvergabe, insbesondere in Form von Krediten, mit langen Laufzeiten bei einem festen Zinssatz, wohingegen die Refinanzierung durch kurzfristige Einlagen erfolgt.[1075] Zinssteigerungen führen dann auf der Passivseite der Einlagen zu höheren Kosten, während es auf der Aktivseite bedingt durch die längeren Laufzeiten bei dem ursprünglichen Zinssatz bleibt, was letztlich in einem Abschmelzen der Margen münden kann.[1076]

Als einfachstes Modell zur Abbildung von Zinsrisiken und zugleich als Grundlage für deren Steuerung wird die Zinsbindungsbilanz[1077] oder das vergleichbare Gap-Model herangezogen, die jeweils an die Laufzeitenkongruenz von Aktiv- und Passivseite anknüpfen.[1078] Die Modelle folgen der Einsicht, dass bei gleich großen Volumina sowohl auf der Aktivseite als auch der Passivseite innerhalb einer

1072 *Hartmann-Wendels/Pfingsten/Weber*, Bankbetriebslehre, 5. Aufl. 2010, S. 652; *Greenbaum/Thakor*, Contemporary Financial Intermediation, 2nd Ed. 2007, S. 130; *Freixas/Rochet*, Microeconomics of Banking, 2nd Ed. 2008, S. 280; *Büschgen*, Bankbetriebslehre, 5. Aufl. 1998, S. 999; *Hull*, Risk Management and Financial Institutions, 3rd Ed. 2012, S. 159 ff.

1073 Vgl. *Gleeson*, International Regulation of Banking, 2nd Ed. 2012, Rn. 12.11.

1074 *Grill/Perczynski*, Wirtschaftslehre des Kreditwesens, 44. Aufl. 2010, S. 533.

1075 *Hartmann-Wendels/Pfingsten/Weber*, Bankbetriebslehre, 5. Aufl. 2010, S. 654; *Gleeson*, International Regulation of Banking, 2nd Ed. 2012, Rn. 1.35.

1076 *Hartmann-Wendels/Pfingsten/Weber*, Bankbetriebslehre, 5. Aufl. 2010, S. 652 f.

1077 Grundlegend *Scholz*, Kredit und Kapital 1979, 517, 518 ff.

1078 *Hartmann-Wendels/Pfingsten/Weber*, Bankbetriebslehre, 5. Aufl. 2010, S. 656; *Burghof/Rudolph*, Bankenaufsicht, 1996, S. 158 f.; *van Greuning/Brajovic Bratanovic*, Analyzing and Managing Banking Risk, 2nd Ed. 2003, S. 254 ff. Das Gap-Modell ist dabei sensitiver ausgestaltet, denn es berücksichtigt nicht bloß eine einzige Zeitspanne, sondern unterteilt Aktiva und Passiva nach den jeweiligen Laufzeiten und bildet so das „*gap*" für die verschiedenen Fälligkeitspunkte ab, *Hartmann-Wendels/Pfingsten/Weber* a.a.O., S. 656.

bestimmten Laufzeit Zinsveränderungen entsprechend ausgeglichen werden und ein Risiko zumindest während der berücksichtigten Zeitspanne ausgeschaltet ist. Erst bei einem volumenmäßigen Überhang einer Seite entsteht eine offene Position und die Bank geht ein Zinsänderungsrisiko ein.[1079]

Ein Problem dieser laufzeitabhängigen Betrachtungsweise ist allerdings darin zu sehen, dass auch im Fall einer geschlossenen Festzinsposition Risiken aus sog. zinsvariablen Geschäften, d.h. Positionen, die keiner oder nur einer sehr kurzen Zinsbindungsdauer unterliegen, resultieren können.[1080] Durch den starren Blick auf die Volumina innerhalb einer bestimmten Laufzeit wird der Einfluss dieser zinsvariablen Geschäfte von der Zinsbindungsbilanz hingegen ausgeblendet, so dass diese heute nur noch als vereinfachendes Grundmodell herangezogen wird.[1081] Weitergehende Modelle, wie das Elastizitätskonzept, die Duration oder Simulationsrechnungen führen indes zu einem realitätsnäheren Abbild von Zinsänderungsrisiken und werden oftmals miteinander kombiniert, um so eine umfassende Berücksichtigung der unterschiedlichen Risikoursachen zu gewährleisten.[1082]

b) Aktienkursrisiken

Ein weiteres Hauptelement und zugleich ein klassisches Beispiel für Marktrisiken bilden die Kursveränderungen von Aktien.[1083] Entscheidend ist hier, dass sich dieses Risiko erst realisiert, wenn die Bank die gehaltenen Aktien zu einem Preis veräußert, der unter dem ursprünglichen Erwerbspreis liegt.[1084] Zwar unterliegen sowohl Aktien, die als dauerhafte Beteiligung an Gesellschaften von der Bank gehalten werden, als auch solche, die zum kurzfristigen Eigenhandel erworben wurden, denselben Kursschwankungen. Allerdings realisiert sich das Risiko in

---

1079 *Hartmann-Wendels/Pfingsten/Weber*, Bankbetriebslehre, 5. Aufl. 2010, S. 656.

1080 *Hartmann-Wendels/Pfingsten/Weber*, Bankbetriebslehre, 5. Aufl. 2010, S. 658; *Büschgen*, Bankbetriebslehre, S. 1026.

1081 *Hartmann-Wendels/Pfingsten/Weber*, Bankbetriebslehre, 5. Aufl. 2010, S. 656; *van Greuning/Brajovic Bratanovic*, Analyzing and Managing Banking Risk, 2nd Ed. 2003, S. 256.

1082 *van Greuning/Brajovic Bratanovic*, Analyzing and Managing Banking Risk, 2nd Ed. 2003, S. 256 ff.; *Hartmann-Wendels/Pfingsten/Weber*, Bankbetriebslehre, 5. Aufl. 2010, S. 660 ff.; *Hull*, Risk Management and Financial Institutions, 3rd Ed. 2012, S. 164 ff.

1083 *Apostolik/Donohue/Went*, Foundations of Banking Risk, 2009, S. 168; *Hartmann-Wendels/Pfingsten/Weber*, Bankbetriebslehre, 5. Aufl. 2010, S. 690 „klassisches Marktrisiko".

1084 *Hartmann-Wendels/Pfingsten/Weber*, Bankbetriebslehre, 5. Aufl. 2010, S. 689.

Form von Verlusten erst bei der Veräußerung, zu der es im Fall von dauerhaften Beteiligungen gar nicht kommt, so dass bei dieser Investitionsform zumindest kurzfristige negative Kursentwicklungen von der Bank besser „ausgesessen" werden können.[1085]

c) Währungsrisiko

Neben den Geschäften in ihrer Heimatwährung tätigen Banken zudem Transaktionen in Fremdwährungen.[1086] Das damit verbundene Risiko besteht in der Gefahr von Schwankungen des Wechselkurses von verschiedenen Währungen um den erwarteten Mittelwert, was sich in Verlusten bzw. Gewinnschmälerungen auf Seiten der Bank niederschlagen kann.[1087] Zugleich versuchen Banken, wie andere Finanzmarktteilnehmer auch, im Eigenhandel diese Wechselkursschwankungen gezielt durch kurzfristig eingegangene Positionen auszunutzen und so Gewinne zu generieren.[1088] Maßgeblich ist wiederum der Saldo von Fremdwährungsforderungen auf der einen Seite und Fremdwährungsverbindlichkeiten auf der anderen Seite, der bei Inkongruenz zu offenen Währungspositionen führt und somit das Wechselkursrisiko begründet.[1089] Die Bank geht somit trotz Geschäften in ausländischen Währungen kein Wechselkursrisiko ein, wenn die jeweiligen Positionen insgesamt ausgeglichen sind und kein „Überhang" einer bestimmten Währung besteht.

Besonders die fortschreitende Globalisierung konfrontiert Banken immer stärker mit grenzüberschreitenden Transaktionen, was auch zu einem Anstieg von Positionen, die auf andere Währungen lauten, führt.[1090] Des Weiteren schlägt sich die Tendenz zur Bildung grenzüberschreitender Konzerne bzw. Gruppen mittels ausländischer Zweigniederlassungen, Tochter- und Beteiligungsgesellschaften in Währungsumrechnungen in den konsolidierten Konzernabschlüssen nieder,

---

1085 *Hartmann-Wendels/Pfingsten/Weber*, Bankbetriebslehre, 5. Aufl. 2010, S. 689.

1086 *Apostolik/Donohue/Went*, Foundations of Banking Risk, S. 149. Begrifflich ist dabei zwischen Devisen und Sorten zu unterscheiden: Devisen sind auf ausländische Währungen lautende Forderungen, wohingegen als Sorten ausländische Zahlungsmittel in Form von Banknoten und Münzen bezeichnet werden, *Hartmann-Wendels/Pfingsten/Weber*, Bankbetriebslehre, 5. Aufl. 2010, S. 692 f.

1087 *Büschgen*, Bankbetriebslehre, 5. Aufl. 1998, S. 1054; *van Greuning/Brajovic Bratanovic*, Analyzing and Managing Banking Risk, 2nd Ed. 2003, S. 261.

1088 *van Greuning/Brajovic Bratanovic*, Analyzing and Managing Banking Risk, 2nd Ed. 2003, S. 273. Diese Praxis ist während der Euro-Krise auf scharfe Kritik gestoßen.

1089 *Hartmann-Wendels/Pfingsten/Weber*, Bankbetriebslehre, 5. Aufl. 2010, S. 693 f.; *Büschgen*, Bankbetriebslehre, 5. Aufl. 1998, S. 1054.

1090 *Büschgen*, Bankbetriebslehre, 5. Aufl. 1998, S. 1056.

was ebenfalls Nährboden für die mit Wechselkursschwankungen verbundenen Risiken ist.[1091]

2. Grundlagen des Managements von Marktrisiken

Wie keine zweite Risikoart sind Marktrisiken von einer Gesamtschau der verschiedenen gegenläufigen Positionen abhängig, denn erst eine offene Position birgt entsprechende Gefahren für die Bank. Die Risikosteuerung ist demnach primär von der Möglichkeit abhängig, eine entsprechend gegenläufige Position einzugehen oder zumindest eine vergleichbare ökonomische Wirkung durch ein Finanzinstrument zu schaffen, das eine solche Position abbildet.[1092] An dieser Stelle sei auf die unzähligen in der Praxis Verwendung findenden derivativen Instrumente hingewiesen, die von Banken zur Absicherung (*hedging*) von Zins-, Aktien- oder Währungsrisiken herangezogen werden, etwa in Form von Zins- oder Währungsswaps.[1093] Parallel zum Einsatz von Kreditderivaten gilt als Kehrseite auch hier, dass sich die Bank damit auf der einen Seite zwar des Preisrisikos entledigen kann, auf der anderen Seite aber den potentiellen Ausfall der jeweiligen Partei zu berücksichtigen hat und die Risiken somit letztlich tauscht. Darüber hinaus handelt es sich wiederum um einen Transfer, d.h. die Risiken werden nicht aus dem Markt genommen, sondern lediglich auf andere Marktteilnehmer verlagert. Zwar können Diversifikationseffekte im Saldo zu einer Herabsetzung des Gesamtrisikos führen, doch diese positiven Effekte laufen Gefahr, durch falsche Anreize im Ergebnis wieder aufgewogen zu werden. Schließlich geht der Einsatz dieser komplexen Strukturen mit der Gefahr einher, die Risikoerkennung zu erschweren und systemische Risiken zu begünstigen.[1094]

3. Eigenhandel als Risikotreiber

Für die Messung von Marktpreisrisiken fällt vor allem ins Gewicht, ob die Bank diese Positionen für Zwecke des Eigenhandels auf eigene Rechnung eingeht, also

1091 *Büschgen*, Bankbetriebslehre, 5. Aufl. 1998, S. 1056.

1092 *Apostolik/Donohue/Went*, Foundations of Banking Risk, 2009, S. 172; *Büschgen*, Bankbetriebslehre, 5. Aufl. 1998, S. 999.

1093 *Hartmann-Wendels/Pfingsten/Weber*, Bankbetriebslehre, 5. Aufl. 2010, S. 678; *van Greuning/Brajovic Bratanovic*, Analyzing and Managing Banking Risk, 2nd Ed. 2003, S. 274; krit. Im Hinblick auf den spekulativen Einsatz von Zinsswaps *Stout*, Harv. Bus. L. Rev. 1, 19 f. (2011).

1094 S. ausführlich zum Für und Wider derivativer Instrumente als Element des Risikotransfers oben 4. Teil, Abschnitt C, IV.

beispielsweise Finanztitel in ihrem Bestand hält, um diese unter Ausnutzung von Kursschwankungen mit Gewinn weiterzuveräußern.[1095] Erfüllt sich die Erwartung der Bank nicht und die Kursentwicklung nimmt einen anderen Verlauf als ursprünglich angenommen, realisiert sich das Marktrisiko und die Bank hat die anfallenden Verluste zu tragen. Dabei ist in jüngerer Zeit ein Trend zu beobachten, dass Banken und andere Finanzmarktteilnehmer durch den Einsatz moderner EDV-Systeme kurzfristige und oftmals marginale Schwankungen ausnutzen.[1096] Die Gewinne werden dann durch Transaktionen mit großen Volumina generiert, wie sie insbesondere durch die Hebelwirkung derivativer Instrumente erreicht werden. Die mit dem exzessiven Eigenhandel verbundene Gefahr hat sich in Deutschland bereits im Jahr 1974 in der Insolvenz der Herstatt-Bank manifestiert.[1097] Die Herstatt-Bank hatte zuvor auf einen steigenden Dollarkurs spekuliert, der sich jedoch wider Erwarten entgegengesetzt entwickelte und die damit verbundenen Wechselkursrisiken sind schließlich auf die Bank durchgeschlagen und haben deren Risikotragfähigkeit bis hin zu einem Zusammenbruch übertroffen.[1098] Die Kurzfristigkeit der eingegangen Positionen ist kennzeichnendes Element des Eigenhandels und belässt den Instituten nur begrenzte Möglichkeiten, auf unvorhergesehene Kursschwankungen zu reagieren. Den Positionen, die auf den Eigenhandel zurückzuführen sind, sollte im Aufsichtsrecht daher besondere Aufmerksamkeit geschenkt werden.

II. Risikobegrenzung

Seit dem sog. Market Risk Amendment zu Basel I aus dem Jahr 1996[1099] unterfallen auch Marktrisiken der Unterlegungspflicht mit Eigenkapital und werden

---

1095 *Hartmann-Wendels/Pfingsten/Weber*, Bankbetriebslehre, 5. Aufl. 2010, S. 649; *Hull*, Risk Management and Financial Institutions, 3rd Ed. 2012, S. 32 zu dem englischen Begriff *proprietary trading*. Diese Instrumente sind dann dem Handelsbuch zuzuordnen, s. *Rolfes*, Gesamtbanksteuerung, 2. Aufl. 2008, S. 19. S. dazu ausführlich unten S. 206 ff.

1096 Vgl. *van Greuning/Brajovic Bratanovic*, Analyzing and Managing Banking Risk, 2nd Ed. 2003, S. 232, 237 ff.; ausführlich *Bamberger*, 88 Tex. L. Rev. 669 (2010). Darauf hat der Gesetzgeber in Deutschland mit dem Gesetz zur Vermeidung von Gefahren und Missbräuchen im Hochfrequenzhandel (Hochfrequenzhandelsgesetz) v. 7.5.2013, BGBl. I S. 1162 reagiert.

1097 Vgl. *Sieg/Zeidler* in Hauschka, Corporate Compliance, 2. Aufl. 2010, § 3, Rn. 38.

1098 *Oehlrich/Baltes/Gelermann/Helmer/Hempel/Sautter*, ZRP 2011, 40, 42 f.

1099 S. *Basler Ausschuss für Bankenaufsicht*, Änderung der Eigenkapitalvereinbarung zur Einbeziehung der Marktrisiken, Januar 1996.

damit quantitativ begrenzt.[1100] Neben diesen spezifischen Eigenmittelanforderungen haben in den Vereinigten Staaten organisatorische Vorgaben zur Trennung von Investmentbanken und Geschäftsbanken (Glass-Steagall Act) eine lange Tradition, die den Bankensektor über Jahrzehnte geprägt haben und spätestens seit der Subprime-Krise eine Renaissance in der Diskussion über die Neuordnung der Bankenregulierung erfahren haben.[1101] Die Begrenzung von Marktrisiken durch das Bankenaufsichtsrecht in Europa, Deutschland und den USA werden im folgenden Abschnitt untersucht.

1. Europa und Deutschland

Wie im Rahmen der Eigenmittelunterlegung von anderen Risikoarten ist auch hier zwischen einem Standardverfahren und bankinternen Berechnungsmodellen zu unterscheiden.[1102]

a) Standardverfahren

Zunächst sind Instituten zur Quantifizierung der Marktrisiken aufsichtsrechtliche Standardverfahren an die Hand gegeben. Im Gleichklang mit der bereits oben gewonnenen ökonomischen Erkenntnis, dass bei marktpreisreagiblen Positionen ein Risiko grundsätzlich nur dann entsteht, wenn es aufgrund eines Überhangs auf der Aktiv- oder Passivseite zu einer offenen Position kommt, sind zunächst gegenläufige Positionen zu saldieren und dadurch Nettopositionen zu bilden.[1103] Anhand der anschließend aggregierten Gesamtrisikopositionen ist dann der Anrechnungsbetrag zu ermitteln.[1104] Im Hinblick auf die einzelnen Subkategorien, d.h. Zinsänderung-, Rohwaren-, Aktienkurs- und Währungsrisiken, ist wie folgt zu differenzieren: Während Währungs- und Rohwarenrisiken unabhängig davon, ob sie dem Eigenhandel des Instituts entspringen, unterlegungspflichtig sind, gilt

---

1100 *Rutova/Volkheimer*, 19 U. Miami Bus. L. Rev. 83, 91 (2011); *Apostolik/Donohue/Went*, Foundations of Banking Risk, 2009, S.176; *Gleeson*, International Regulation of Banking, 2nd Ed. 2012, Rn. 12.01; *Weber*, 62 Admin. L. Rev. 783, 822 f. (2010).

1101 Vgl. *Omarova*, 15 N.C. Banking Inst. 83, 91 f. (2011); *Whitehead*, 1 Harv. Bus. L. Rev. 39, 40 ff. (2011); aus deutscher Perspektive *Heppe/Tielmann*, WM 2011, 1883, 1887 f.; *Spindler/Brandt/Raapke*, RIW 2010, 746, 748 f.

1102 *Weber*, 62 Admin. L. Rev. 783, 823 (2010).

1103 *Hartmann-Wendels/Pfingsten/Weber*, Bankbetriebslehre, 5. Aufl. 2010, S. 645 ff.; *Gleeson*, International Regulation of Banking, 2nd Ed. 2012, Rn. 12.09 ff. jeweils mit Einzelheiten zur Berechnung.

1104 *Hartmann-Wendels/Pfingsten/Weber*, Bankbetriebslehre, 5. Aufl. 2010, S. 648.

dies für Zins- und Aktienkursrisiken nur, soweit sie zum Handelsbuch zählen (Handelsbuchrisikopositionen).[1105] Im Hinblick auf Fremdwährungsrisiken besteht eine Bagatellgrenze, wonach die Eigenkapitalunterlegungspflicht erst einsetzt, wenn der Nettogesamtbetrag 2% der Eigenmittel überschreitet, Art. 351 CRR.

aa) Handelsbuch

Alle Institute, die nicht unter eine Bagatellausnahme fallen, sind gesetzlich dazu verpflichtet, Eigenmittelanforderungen für die im Handelsbuch gehaltenen Risiken zu berechnen (sog. Handelsbuchinstitute[1106]). Die Bagatellausnahme greift, wenn die Handelsbuchtätigkeit eines Instituts *in der Regel* weniger als 5% der Gesamtaktiva ausmacht und unter 15 Mio. Euro liegt sowie *nie* 6% der Gesamtaktiva und 20 Mio. Euro übersteigt, Art. 94 Abs. 1 CRR (sog. Nichthandelsbuchinstitute[1107]). Dem Handelsbuch unterfallen gemäß Art. 4 Abs. 1 Nr. 86 CRR „[…] alle Positionen in Finanzinstrumenten und Waren, die ein Institut entweder mit Handelsabsicht oder zur Absicherung anderer mit Handelsabsicht gehaltener Positionen des Handelsbuchs hält[.]" Maßgeblich für die Zuordnungen von Positionen zum Handelsbuch ist demnach das aufsichtsrechtliche Verständnis von „Handelsabsicht,"[1108] was sich wiederum anhand der Legaldefinition des Art. 4 Abs. 1 Nr. 85 CRR ergibt. Danach werden die folgenden Positionen von einer Handelsabsicht umfasst: „[…] a) Eigenhandelspositionen und Positionen, die sich aus Kundenbetreuung und Marktpflege [Market Making] ergeben, b) Positionen, die zum kurzfristigen Wiederverkauf gehalten werden, c) Positionen, bei denen die Absicht besteht, aus bestehenden oder erwarteten kurzfristigen Kursunterschieden zwischen Ankaufs- und Verkaufskurs oder aus anderen Kurs- oder Zinsschwankungen Profit zu ziehen[.]" Alle anderen Positionen, die nicht dem Handelsbuch zuzuordnen sind, fallen hingegen in das Anlagebuch, das sich somit negativ abgrenzen lässt.[1109]

1105 *Hartmann-Wendels/Pfingsten/Weber*, Bankbetriebslehre, 5. Aufl. 2010, S. 648 f.; *Gleeson*, International Regulation of Banking, 2nd Ed. 2012, Rn. 12.09.

1106 *Boos* in Boos/Fischer/Schulte-Mattler, KWG, 4. Aufl. 2012, § 1a, Rn. 20.

1107 *Schäfer* in Boos/Fischer/Schulte-Mattler, KWG, 4. Aufl. 2012, § 2, Rn. 91.

1108 *Boos* in Boos/Fischer/Schulte-Mattler, KWG, 4. Aufl. 2012, § 1a, Rn. 3.

1109 *Boos* in Boos/Fischer/Schulte-Mattler, KWG, 4. Aufl. 2012, § 1a, Rn. 20 („bankaufsichtliche Restgröße"); *Fischer* in Schimansky/Bunte/Lwowski, Bankrechts-Handbuch, Band II, 4. Aufl. 2011, § 129, Rn. 38.

bb) Handelsbuchrisikopositionen

Ähnlich wie bereits im Rahmen der Portfoliotheorie dargestellt,[1110] ist im Handelsbuch weiterhin zwischen dem spezifischen und dem allgemeinen Risiko von Fremd- und Eigenkapitalinstrumenten zu differenzieren.[1111] Während zu den Fremdkapitalinstrumenten vor allem Anleihen jeglicher Art zählen, handelt es sich bei den wichtigsten Eigenkapitalinstrumenten um Aktien. Die spezifische und die allgemeine Risikokomponente sind jeweils voneinander getrennt sowohl für Eigenkapital- als auch Fremdkapitalinstrumente zu berechnen (sog. *building block approach*).[1112] Das *spezifische Risiko* ergibt sich aus Marktpreisschwankungen, die auf Umständen aus der Sphäre des jeweiligen Emittenten eines Finanzinstruments beruhen.[1113] So wirken sich Veränderungen der Bonität eines Emittenten nicht nur auf dessen Kreditrisiko aus, sondern auch auf die Marktpreise der von ihm begebenen Anleihen.[1114] Für die Zuordnung der aufsichtsrechtlichen Bonitätsgewichte kommt es neben der Person des Emittenten (z.B. Zentralstaaten und andere juristische Personen des öffentlichen Rechts) und der Restlaufzeit des Finanzinstruments wiederum maßgeblich auf das interne oder externe Rating des Emittenten an.[1115] Somit haben die Bonitätseinschätzungen anerkannter Ratingagenturen auch für die Eigenkapitalanforderungen für Marktrisiken entscheidende Bedeutung.

Das *allgemeine Risiko* spiegelt hingegen emittentenunabhängige Kurs- und Marktbewegungen wider.[1116] Für Fremdkapitalinstrumente stehen nach der CRR als Berechnungsmethoden die Jahresbandmethode oder die Durationsmethode zur Verfügung.[1117]

1110 *Hartmann-Wendels/Pfingsten/Weber*, Bankbetriebslehre, 5. Aufl. 2010, S. 649. S. ausführlich oben S. 20 f.

1111 Art. 326 CRR.

1112 *Schulte-Mattler* in Boos/Fischer/Schulte-Mattler, KWG, 4. Aufl. 2012, § 298 SolvV, Rn. 3.

1113 *Gleeson*, International Regulation of Banking, 2nd Ed. 2012, Rn. 12.13; *Schulte-Mattler* in Boos/Fischer/Schulte-Mattler, KWG, 4. Aufl. 2012, § 298 SolvV, Rn. 3.

1114 *Schulte-Mattler* in Boos/Fischer/Schulte-Mattler, KWG, 4. Aufl. 2012, § 298 SolvV, Rn. 4.

1115 *Schulte-Mattler* in Boos/Fischer/Schulte-Mattler, KWG, 4. Aufl. 2012, § 303 SolvV, Rn. 1.

1116 *Gleeson*, International Regulation of Banking, 2nd Ed. 2012, Rn. 12.13; *Schulte-Mattler* in Boos/Fischer/Schulte-Mattler, KWG, 4. Aufl. 2012, § 298 SolvV, Rn. 3.

1117 Art. 339 und 340 CRR. S. zu den Berechnungsmethoden *Fischer* in Schimansky/Bunte/Lwowski, Bankrechts-Handbuch, Band II, 4. Aufl. 2011, § 129, Rn. 73.

b) Bankinterne Risikomodelle

Wie auch im Rahmen anderer Risikoarten, besteht für Institute die Möglichkeit, auf eigene Modelle zur Berechnung der Eigenkapitalanforderungen zurückzugreifen. Die Genehmigung der Aufsichtsbehörde kann auf eine oder mehrere Risikokategorien[1118] bezogen sein und ist an eine Reihe quantitativer und qualitativer Voraussetzungen geknüpft, Art. 362 ff. CRR.

aa) Quantitative Voraussetzungen

Die internen Berechnungen sind nach dem VaR zu modellieren, Art. 365 CRR. Bei den täglichen Berechnungen sind eine Haltedauer von zehn Tagen und ein Konfidenzniveau von 99% zu unterstellen. Um Schwachstellen des VaR zukünftig ausgleichen zu können, sind Institute nunmehr verpflichtet, einen VaR zu berechnen, der Stressbedingungen, d.h. krisenhafte Szenarien, berücksichtigt (stressed VaR), Art. 365 Abs. 2 CRR.[1119]

bb) Qualitative Voraussetzungen

Die Verwendung bankinterner Berechnungsmodelle ist weiterhin an eine Reihe qualitativer Voraussetzungen geknüpft.[1120] Dazu zählt vor allem die Einrichtung einer vom Handelsbereich unabhängigen Abteilung zur Risikosteuerung und -überwachung, die unternehmensorganisatorisch direkt dem oberen Management unterstellt sein muss. Weiterhin hebt die Verordnung die Kardinalpflicht des Leitungsorgans sowie des oberen Managements zur Risikosteuerung und -überwachung hervor, was damit kraft Gesetzes zur „Chefsache" deklariert wird. Ferner müssen die internen Berechnungsmodelle regelmäßigen Stresstests unterzogen werden, deren Ergebnisse wiederum ausdrücklich vom oberen Management zu überprüfen sind. Das gesamte Risikomanagement ist schließlich einmal jährlich Gegenstand einer umfassenden Überprüfung.

1118 Dabei ist wiederum zwischen den einzelnen Risikokomponenten von Aktien bzw. Schuldtiteln zu unterscheiden, d.h. dem allgemeinen und spezifischen Risiko, Art. 362, 363 Abs. 1 lit a – d CRR.

1119 *Kolassa* in Schimansky/Bunte/Lwowski, Bankrechts-Handbuch, Band II, 4. Aufl. 2011, § 137, Rn. 24; *Deutsche Bundesbank*, Basel III – Leitfaden zu den neuen Eigenkapital- und Liquiditätsregeln für Banken, 2011, S. 21.

1120 S. hierzu den Katalog in Art. 368 CRR.

cc) Internes Modell für das zusätzliche Ausfall- und Migrationsrisiko

Institute, die zur Berechnung der Eigenmittelanforderungen für das spezifische Risiko von Schuldtiteln auf bankinterne Modelle zurückgreifen, sind zukünftig dazu verpflichtet, über ein internes Modell für das zusätzliche Ausfall- und Migrationsrisiko zu verfügen, Art. 372 CRR.[1121] Unter dem Migrationsrisiko sind Bonitätsverschlechterungen eines Emittenten zu verstehen, die sich in Abstufungen von internen oder externen Ratings ausdrücken und zu Wertverlusten von begebenen Schuldtiteln führen.[1122] Gemeinsam mit dem Ausfallrisiko der Schuldtitel soll das Migrationsrisiko im Handelsbuch bislang nicht ausreichend Berücksichtigung gefunden haben.[1123] Das interne Modell muss nun solche Ausfall- und Migrationsrisiken erfassen, die außerhalb der Reichweite des VaR liegen. Die Parameter, die Institute bei der Berechnung zu verwenden haben, fallen entsprechend streng aus: Die potentiellenVerluste müssen mit einem Konfidenzniveau von 99,9% über einen Zeithorizont von einem Jahr gemessen werden, Art. 374 Abs. 1 CRR.[1124] Die daraus resultierende zusätzliche Kapitalanforderung (sog. *incremental risk capital charge*) soll spezifische Risiken von Schuldtiteln im Handelsbuch von Banken zukünftig besser abdecken.[1125]

2. USA

a) Eigenmittel (market risk capital rules)

Auch in den Vereinigten Staaten sind Banken nach den Verordnungen der Aufsichtsbehörden (*market risk capital rules*) dazu verpflichtet, Eigenmittel als Verlustpuffer für Marktrisiken vorzuhalten.[1126] In den Anwendungsbereich fallen Banken, deren Handelsaktivitäten 10% der Gesamtaktiva ausmachen oder einen

1121 Die Vorschriften gehen dabei auf entsprechende Vorschläge des Basler Ausschusses zurück, s. *Basler Ausschuss für Bankenaufsicht*, Revisions to the Basel II market risk framework, Juli 2009, S. 20.

1122 Vgl. *Breidenbach/Ohliger*, Kreditwesen 2012, 86, 86.

1123 *Deutsche Bundesbank*, Basel III – Leitfaden zu den neuen Eigenkapital- und Liquiditätsregeln für Banken, 2011, S. 21; *Hull*, Risk Management and Financial Institutions, 3rd Ed. 2012, S. 287 f.

1124 Weitere Anforderungen enthalten Art. 375 und 376 CRR.

1125 *Deutsche Bundesbank*, Basel III – Leitfaden zu den neuen Eigenkapital- und Liquiditätsregeln für Banken, 2011, S. 21.

1126 Jeweils für das OCC: 12 C.F.R. part 3, appendix B.

Umfang von 1 Mrd. USD erreichen.[1127] Daneben steht es im Ermessen von OCC, Board of Governors of the Federal Reserve System oder FDIC, einzelne Banken unabhängig von diesen Schwellenwerten den Regeln zu unterwerfen bzw. von diesen auszunehmen.[1128]

aa) Bankinterne Modelle

Nach den *market risk capital rules* müssen Banken interne Berechnungsmodelle zur täglichen Berechnung des VaR einsetzen und dabei qualitative und quantitative Voraussetzungen erfüllen. Für die Berechnung gelten eine Haltedauer von zehn Tagen und ein Konfidenzniveau von 99%. Ein zusätzlicher stressed VaR als Puffer gegen erschwerte Marktbedingungen muss zukünftig ebenfalls berechnet werden.[1129]

bb) Standardverfahren

Für einzelne Komponente können Banken allerdings auch Standardverfahren verwenden. So ist das Marktrisiko auch im Rahmen der U.S.-amerikanischen Regeln in eine allgemeine und eine spezifische Risikokomponente zu unterteilen. Für die Messung des spezifischen Risikos können Banken anstelle eines internen Verfahrens auf eine solche Standardmethode zurückgreifen.[1130] Allerdings führt die sukzessive Umsetzung des Dodd-Frank Act durch neue Verordnungen der Aufsichtsbehörden auch im Rahmen der Eigenmittelanforderungen für Marktrisiken zu Veränderungen. Nach Section 939A Dodd-Frank Act sind die Aufsichtsbehörden dazu verpflichtet, Bezugnahmen auf externe Ratings zu vermeiden und in bestehenden Regelungen ggf. zu revidieren. Damit verhindert der Dodd-Frank Act aber nicht nur die Umsetzung des KSA zur Ermittlung der Eigenmittelanforderungen für Ausfallrisiken. Die Basler Rahmenvereinbarungen, auf denen die europäischen Vorschriften weitgehend beruhen, greifen auch bei der Zuordnung von Bonitätsgewichten für spezifische Risiken von Fremdkapitalinstrumenten auf die externen Ratings anerkannter Ratingagenturen zurück. Durch die Vorgaben des Dodd-Frank Act sehen sich die Aufsichtsbehörden nun gezwungen, durch Verordnungen alternative Modelle in das Aufsichtsrecht zu implementieren.[1131]

1127 12 C.F.R. part 3, appendix B § 1(b)(1)(i) und (ii).

1128 12 C.F.R. part 3, appendix B § 1(b)(2) und (3).

1129 12 C.F.R. part 3, appendix B §§ 4 bis 6.

1130 12 C.F.R. part 3, appendix B §§ 7(c) und 10.

1131 S. die Begründungen zu den Verordnungsentwürfen von *OCC*, *Federal Reserve* und *FDIC*, 76 Fed. Reg. 79380 (21. Dezember 2011).

Für öffentlich-rechtliche Emittenten bzw. Schuldner ist beispielsweise vorgesehen, die Bonitätsgewichte an OECD Country Risk Classifications (CRCs) zu knüpfen, die von der OECD genutzt werden, um das Ausfallrisiko von Staaten zu bestimmen.[1132] Als Alternative wurden von den Aufsichtsbehörden zuvor auch marktbasierte Ansätze in Betracht gezogen, bei denen die Risikoprämien (*credit spread*) für CDS oder (Staats-) Anleihen als Ersatz für externe Ratings herangezogen worden wären.[1133] Aus Sicht der Aufsichtsbehörden sind die marktbasierten Ansätze aber zur Zeit noch nicht genug ausgereift, um z.B. die natürliche Volatilität der Risikoprämien auszugleichen und so wurde im Ergebnis den CRCs der Vorzug gegeben.[1134] Das Risikogewicht für Schuldtitel, die von Banken ausgegeben werden, ist ebenfalls an die CRC geknüpft, die für den Staat gilt, in dem die jeweilige Bank ihre Zulassung hat.[1135]

Für Positionen gegenüber Unternehmen, deren Schuldtitel öffentlich gehandelt werden, muss das Institut feststellen, ob die gehaltene Position als investmentwürdig einzustufen ist (*investment grade methodology*).[1136] Als *investment grade* gilt die Position, wenn der Schuldner angemessene Mittel hat, um den Verbindlichkeiten während der Laufzeit des Finanzinstruments nachkommen zu können.[1137] Das Institut kann bei dieser Bonitätsbewertung *nicht* mehr auf das Urteil von Ratingagenturen zurückgreifen, sondern muss die Einschätzung anhand der verfügbaren Informationen selbst treffen. Da für Unternehmen, deren Finanzinstrumente nicht öffentlich gehandelt werden, die erforderlichen Informationen in der Regel nicht öffentlich verfügbar sind, wird hier ein starres Bonitätsgewicht zugewiesen.[1138] Bei der Suche nach Alternativmodellen zu der ratingbasierten Risikogewichtung haben OCC, Board of Governors und FDIC ihren Einfallsreichtum unter Beweis gestellt. Allerdings entfernen sich die Eigenmittelvorschriften der Europäischen Union und der Vereinigten Staaten im Detail damit auch immer weiter voneinander.

1132 12 C.F.R. part 3, appendix B § 10(b)(2)(i).

1133 76 Fed. Reg. 79380, 79385 (21. Dezember 2011).

1134 So die Begründung von *OCC*, *Federal Reserve* und *FDIC*, Risk-Based Capital Guidelines: Market Risk, Juni 2012, S. 37, abrufbar unter http://www.federalreserve.gov/newsevents/press/bcreg/bcreg20120607b1.pdf (zuletzt abgerufen am 15.9.2012).

1135 12 C.F.R. part 3, appendix B § 10(b)(2)(iv).

1136 12 C.F.R. part 3, appendix B § 10(b)(2)(vi).

1137 12 C.F.R. part 3, appendix B § 2.

1138 12 C.F.R. part 3, appendix B § 10(b)(2)(vi).

cc) Incremental Risk Capital Requirement

Auch die U.S.-Aufsichtsbehörden verpflichten Institute, die zur Berechnung der Eigenmittelanforderungen für das spezifische Risiko von Fremdkapitalinstrumenten auf bankinterne Modelle zurückgreifen, über ein zusätzliches Modell für das Ausfall- und Migrationsrisiko zu verfügen (*incremental risk capital requirement*).[1139] Die rechtlichen Vorgaben für die Berechnung beinhalten ein Konfidenzniveau von 99,9% über einen Zeithorizont von einem Jahr[1140] und entsprechen damit den europäischen Vorschriften.

b) Organisatorische Begrenzung von Marktrisiken: Vom Glass-Steagall Act zur Volcker-Rule

In der regulatorischen Behandlung von Marktrisiken haben die Vereinigten Staaten seit den Erfahrungen der Bankenkrise der 1930er Jahre einen Sonderweg eingeschlagen, der in einer organisatorischen Trennung handelsbezogener Geschäfte vom klassischen Bankbetrieb zu sehen ist. Diese Entwicklung, die ihren Ausgangspunkt in dem berühmten Glass-Steagall Act genommen hat, soll über den Gramm-Leach-Bliley Act bis hin zu ihrem vorläufigen Ende, der Volcker Rule des Dodd-Frank Act, nachgezeichnet werden.

aa) Glass-Steagall Act

Eine der wohl einschneidendsten rechtlichen Umgestaltungen der amerikanischen Bankenaufsicht hat der Börsencrash im Jahr 1929 und der anschließende Kollaps des U.S.-Bankensystems nach sich gezogen.[1141] Der Niedergang der Wirtschaft – the Great Depression – ist zum Synonym einer ganzen Ära geworden, die sich tief in das kollektive Gedächtnis der Vereinigten Staaten eingebrannt hat und noch heute als Grundlage vieler regulatorischer Initiativen herangezogen wird. Durch den Banking Act of 1933 als Teil des legislatorischen Reformprogramms „New Deal" wurde eine Trennung von Geschäfts- und Investmentbanken vollzogen, um die in den Augen des Gesetzgebers risikoreichen Wertpapiergeschäfte in Gestalt des Eigenhandels und der Wertpapieremission von der Annahme von Einlagen, dem nach herkömmlichen Verständnis eigentlichen Kerngeschäft der Geschäftsbanken,

---

1139 12 C.F.R. part 3, appendix B § 8.

1140 12 C.F.R. part 3, appendix B § 8(a).

1141 In den frühen 1930er brach etwa die Hälfte aller Banken in den USA zusammen, s. *Carnell/Macey/Miller*, The Law of Banking and Financial Institutions, 4th Ed. 2009, S. 17.

abzuschirmen (Glass-Steagall Act).[1142] Damit ging vor allem die Intention einher, Verluste infolge fehlgegangener Geschäfte nicht durch die Sicherheitsnetze, die zugunsten der Geschäftsbanken gespannt wurden, aufzufangen und den Eigenhandel damit sogar mittelbar zu fördern.[1143] Bei diesen Sicherungseinrichtungen handelt es sich um die Einlagensicherung und den Zugang zu Liquiditätsreserven des Federal Reserve System.[1144] Der Glass-Steagall Act zog damit eine organisatorische Wand zwischen den spezifischen Marktrisiken des Wertpapierhandels und dem traditionellen Betrieb der Geschäftsbanken, was die Struktur des U.S.-amerikanischen Bankensystems nachhaltig über Dekaden hinweg prägen sollte.[1145]

bb) Gramm-Leach-Bliley Act – Die Phase der Deregulierung

Das durch den Banking Act von 1933 gelegte regulatorische Fundament und die Erfahrungen der Bankenkrise führten zu einer Phase der Zurückhaltung und Stabilität, bis stetiges Wachstum in den 1980er Jahren dem Bankgewerbe zu neuem Selbstbewusstsein verhalf und das nachhaltig geänderte Klima den Ruf nach struktureller Deregulierung lauter werden ließ.[1146] In der Folge wurden einige regulatorische Eckpfeiler durch gesetzgeberische Vorstöße beseitigt. Ein Kernelement des Glass-Steagall Act schlechthin, die Trennung zwischen Investment- und Geschäftsbanken, wurde schließlich durch den Gramm-Leach-Bliley Act im Jahre 1999 aufgeweicht.[1147] Danach können Financial Holding Companies mittels Tochtergesellschaften Finanzgeschäfte aller Art durchführen, etwa die Emission von

---

1142 *Felsenfeld*, Banking Regulation in the United States, 2nd Ed. (Loseblatt, Stand: 2004), S. 142; *Carnell/Macey/Miller*, The Law of Banking and Financial Institutions, 4th Ed. 2009, S. 18; *Omarova*, 15 N.C. Banking Inst. 83, 91 (2011); s. allgemein zur Intention der organisatorischen Trennung von verschiedenen Geschäftsbereichen *Spindler*, Unternehmensorganisationspflichten, 2. Aufl. 2011, S. 187.

1143 *Cooley /Walter* in Acharya/Cooley/Richardson/Sylla/Walter, Regulating Wall Street, 2011, S. 41.

1144 *Carnell/Macey/Miller*, The Law of Banking and Financial Institutions, 4th Ed. 2009, S. 12 f. und 18.

1145 Vgl. *Omarova*, 15 N.C. Banking Inst. 83, 91 f. (2011), die in diesem Zusammenhang bildlich von *„statutory firewalls"* spricht; s. auch *Whitehead*, 1 Harv. Bus. L. Rev. 39 (2011): *„financial Maginot Line"*; *Burghof/Rudolph*, Bankenaufsicht, 1996, S. 87 f.

1146 *Carnell/Macey/Miller*, The Law of Banking and Financial Institutions, 4th Ed. 2009, S. 20; *Pollard/Daly*, Banking Law in the United States, Vol. 1, 3rd Ed. (Loseblatt, Stand: 2010), § 2.11, S. 26 ff.; *Spong*, Banking Regulation, 5th Ed. 2000, S. 28 ff.

1147 *Felsenfeld*, Banking Regulation in the United States, 2nd Ed. (Loseblatt, Stand: 2004), S. XV f.; *Carnell/Macey/Miller*, The Law of Banking and Financial Institutions, 4th Ed. 2009, S. 27.

Wertpapieren oder auch das Vertreiben von Versicherungen, was die sektoralen Grenzen des Finanzmarktes zunehmend verwischen ließ.[1148]

Trotz dieser partiellen Liberalisierung des Bankensektors durch den Gramm-Leach-Bliley Act sind einige Elemente des Glass-Steagall Act bis heute bestehen geblieben, so dass die Möglichkeiten von Banken, in Wertpapiere zu investieren, nach wie vor beschränkt sind.[1149] So ist es Banken grundsätzlich untersagt, in Aktien zu investieren, 12 U.S.C. § 24 (Seventh). Ausnahmen von diesem strengen Investitionsverbot sind nur in engen Grenzen eingeräumt, z.B. um Tochtergesellschaften zu gründen.[1150] Banken können weiterhin bis zu 5% ihres Eigenkapitals in Beteiligungen an kleinen Investmentgesellschaften (*small business investment companies*) investieren, 15 U.S.C. § 682(b). Durch diese Vorschriften ist das Aktienkursrisiko weitgehend begrenzt. Auch die Investitionsmöglichkeiten in Anleihen sind aufsichtsrechtlich eingeschränkt.[1151] Allerdings sind die Ausnahmen in diesem Bereich großzügiger bemessen und Banken steht es frei, in U.S.-Staatsanleihen und Anleihen anderer amerikanischer Gebietskörperschaften zu investieren oder die Anschaffung und die Veräußerung dieser Wertpapiere zu vermitteln.[1152] Eine weitere wichtige Ausnahme gilt zugunsten von Anleihen bonitätsstarker Emittenten (*investment securities*), wobei die Forderungshöhe gegenüber einem einzelnen Emittenten nicht 10% des Eigenkapitals der Bank überschreiten darf, 12 U.S.C. § 24 (Seventh). Die mit solchen Schuldtiteln zusammenhängenden Risiken spielen eine größere Rolle als die Aktienkursrisiken und müssen daher auf anderen Ebenen, z.B. durch Eigenmittelanforderungen, begrenzt werden.

cc) Die Volcker Rule

Nach der Subprime-Krise sind Marktrisiken erneut in den Fokus des U.S.-Gesetzgebers gerückt und so enthält der Dodd-Frank Act eine nach dem früheren Chairman des Board of Governors of the Federal Reserve System, *Paul Volcker*, benannte

---

1148 *Pollard/Daly*, Banking Law in the United States, Vol. 1, 3rd Ed. (Loseblatt, Stand: 2010, § 2.11, S. 28; *Spong*, Banking Regulation, 5th Ed. 2000, S. 33; *Whitehead*, 1 Harv. Bus. L. Rev. 39, 53 ff. (2011).

1149 *Carnell/Macey/Miller*, The Law of Banking and Financial Institutions, 4th Ed. 2009, S. 131; *Frankel/Fagan*, Law and the Financial System, 2009, S. 86 f.

1150 *Carnell/Macey/Miller*, The Law of Banking and Financial Institutions, 4th Ed. 2009, S. 133.

1151 *Carnell/Macey/Miller*, The Law of Banking and Financial Institutions, 4th Ed. 2009, S. 132 f.

1152 *Carnell/Macey/Miller*, The Law of Banking and Financial Institutions, 4th Ed. 2009, S. 133.

Regelung (sog. Volcker Rule), die in der Tradition des Glass-Steagall Act steht: Sec. 619 Dodd-Frank Act.[1153] Genaugenommen lässt sich die Volcker Rule in zwei Hauptkomponenten unterteilen: Zum einen sollen dem Eigenhandel (*proprietary trading*) von Banken neue Grenzen gesetzt werden.[1154] Zum anderen stehen Verflechtungen zwischen Banken und Hedge- bzw. Private Equity Fonds im Fokus der Regelung, die durch ein den Banken insoweit auferlegtes Investitionsverbot gelöst werden sollen.[1155] In dieser zweiten Stoßrichtung lässt sich die Zielsetzung erkennen, systemische Risiken durch das Schließen von potentiellen Übertragungskanälen zwischen einzelnen Sektoren des Finanzmarktes zu begrenzen.

Im Zusammenhang mit der Begrenzung von Marktrisiken soll an dieser Stelle das Augenmerk auf das statuierte Verbot des Eigenhandels gelegt werden, wonach grundsätzlich gilt: „[...] *a banking entity shall not engage in proprietary trading* [...]."[1156]

Die tatsächliche Reichweite dieses auf den ersten Blick unversöhnlich strikt anmutenden Verbotstatbestands erschließt sich jedoch erst durch genaueres Hinsehen und erfährt zudem einige gewichtige Ausnahmen.

(1) Anwendungsbereich und Reichweite

Der Anwendungsbereich der Volcker-Rule erhält seine Konturen vor allem durch den auf Grundlage des Dodd-Frank Act erlassenen gemeinsamen Verordnungsentwurf von OCC, Federal Reserve, FDIC und SEC.[1157] Danach ist der Eigenhandel grundsätzlich verboten, wenn *covered banking entities* auf eigene Rechnung bestimmte Positionen (*covered financial positions*) im Rahmen des *trading account* erwerben oder veräußern.[1158]

1153 *Wilmarth*, 35 Brook. J. Int'l L. 707, 764 (2010).

1154 *Omarova*, 15 N.C. Banking Inst. 83, 91 f. (2011); *Whitehead*, 1 Harv. Bus. L. Rev. 39, 40 ff. (2011); *Brissette*, 15 N.C. Banking Inst. 231, 232 (2011); aus deutscher Perspektive s. *Heppe/Tielmann*, WM 2011, 1883, 1887 f.; *Spindler/Brandt/Raapke*, RIW 2010, 746, 748 f.

1155 *Omarova*, 15 N.C. Banking Inst. 83, 91 f. (2011); *Wilmarth*, 35 Brook. J. Int'l L. 707, 764 f. (2010).

1156 Sec. 619 Dodd-Frank Act, wodurch Sec. 13(a)(1)(A) in den Bank Holding Company Act of 1956 eingeführt wird.

1157 76 Fed. Reg. 68846 (7. November 2011).

1158 „*Proprietary trading means engaging as principal for the trading account of the covered banking entity in any purchase or sale of one or more covered financial positions.*" Entwurf von 12 C.F.R. § 44.3(b)(1); vgl. auch die bereits vom Dodd-Frank Act an die Hand gegebene Definition in Sec. 619, die Sec. 13(h)(4) Bank Holding Company Act ändert.

Die konkrete Tragweite des Verbots wird folglich von den drei Kernelementen der Regelung bestimmt, namentlich: (1) *Covered banking entities*, (2) *covered financial positions*, und (3) *trading account*.

Adressaten der Volcker Rule sind damit alle *covered banking entities*, worunter im Kern Institute, die der Einlagensicherung unterfallen (*depository institutions*) sowie deren kontrollierende Gesellschaften und verbundene Unternehmen zu verstehen sind.[1159] In den Anwendungsbereich fallen zudem solche Unternehmen, die für Zwecke von Sec. 8 des International Banking Act of 1978 als Bank Holding Company behandelt werden, wovon ausländische Banken mit Zweigniederlassungen in den USA betroffen sind.

In einem zweiten Schritt werden vom Begriff der *covered financial positions* alle Positionen, d.h. Long-, Short-, Synthetische- oder andere Positionen, in Zusammenhang mit Wertpapieren, Derivaten und Warentermingeschäften in den Anwendungsbereich der Volcker Rule einbezogen.[1160] Schließlich ergibt sich der Eigenhandel-Begriff aus der Definition des *trading account*, der aufsichtsrechtlich primär dann anzunehmen ist, wenn die genannten Positionen von den betroffenen Banken eingegangen werden, um diese sodann kurzfristig wieder zu veräußern bzw. um von kurzfristigen Marktpreisbewegungen zu profitieren oder wenn entsprechende (Hedge-) Geschäfte zur Sicherung der vorgenannten Zwecke abgeschlossen werden.[1161]

Das Eigenhandel-Verbot zielt somit primär auf Investitionen ab, die von Seiten der Banken mit kurzer Halteabsicht eingegangen werden.[1162] Entscheidende Bedeutung wird demnach der konkreten Haltedauer zuteil, der aufsichtsrechtlich eine solche „Kurzfristigkeit" beigemessen wird.[1163] Nach dem Verordnungsentwurf gilt dabei eine für die Abgrenzung in der Praxis wichtige, widerlegbare Vermutungsregel, wonach eine Zuordnung zum *trading account* grundsätzlich immer dann anzunehmen ist, wenn die Haltedauer einer Position weniger als 60 Tage beträgt.[1164]

Auf der anderen Seite sind für Transaktionen, die von der Bank für bestimmte Zwecke abgeschlossen werden, von vornherein ganze Bereichsausnahmen

---

1159 Sec. 13(h)(1) Bank Holding Company Act.

1160 Entwurf von 12 C.F.R. § 44.3(b)(3)(i), wobei Optionen auf die erfassten Finanzinstrumente ebenfalls erfasst sind. Ausdrücklich ausgenommen sind indes Positionen in Bezug auf Kredite, Waren, Sorten und Devisen, Entwurf von 12 C.F.R. § 44.3(b)(3)(ii).

1161 Sec. 13(h)(6) Bank Holding Company Act; Entwurf von 12 C.F.R. § 44.3(b)(2)(i)(A).

1162 Vgl. 76 Fed. Reg. 68846, 68850 (7. November 2011); *Whitehead*, 1 Harv. Bus. L. Rev. 39, 48 (2011).

1163 Krit. *Whitehead*, 1 Harv. Bus. L. Rev. 39, 48 f. (2011).

1164 Entwurf von 12 C.F.R. § 44.3(b)(2)(ii).

eingeräumt.[1165] So können entsprechende Positionen zum Liquiditätsmanagement der Bank kurzfristig eingegangen und wieder veräußert werden, vorausgesetzt, die Transaktionen sind von einem zugrunde liegenden und dokumentierten Liquiditätsmanagement-Plan umfasst und dienen nicht der Umgehung des statuierten Verbots (*bona fide*).[1166] Dabei unterliegen die Banken der Aufsicht der jeweils zuständigen Behörden, die den Liquiditätsmanagement-Plan überprüfen und sicherstellen, dass der Handel mit Finanzinstrumenten auch tatsächlich in Einklang mit dem Plan steht und nicht zum Generieren kurzfristiger Gewinne genutzt wird.[1167] Eine weitere Bereichsausnahme gilt für die CCPs im Derivate-Handel.[1168]

(2) Ausnahmen (*permitted activities*)

Der Verbotstatbestand der Volcker-Rule wird jedoch durch weitere Ausnahmeregelungen zugunsten bestimmter Finanzaktivitäten entschärft, die bereits im Dodd-Frank Act angelegt sind und von dem Verordnungsentwurf der Aufsichtsbehörden aufgegriffen und präzisiert werden.[1169] Hierzu zählen der Handel mit Schuldverschreibungen bestimmter öffentlicher U.S.-Emittenten (*government obligations*), sog. Underwriting-[1170] und Market-Making-Aktivitäten,[1171] Transaktionen, die zum Zweck der Risikoabsicherung (*hedging*) erfolgen sowie Geschäfte auf Rechnung von Kunden der erfassten Banken.[1172]

1165 Vgl. Entwurf von 12 C.F.R. § 44.3(b)(2)(iii) für die einzelnen Ausnahmen.

1166 Entwurf von 12 C.F.R. § 44.3(b)(2)(iii)(C).

1167 76 Fed. Reg. 68846, 68862 (7. November 2011).

1168 Entwurf von 12 C.F.R. § 44.3(b)(2)(iii)(D). S. zur Clearingpflicht nach Sec. 723(a) und Sec. 763(a) Dodd-Frank Act oben S. 184 ff.

1169 Vgl. *Whitehead*, 1 Harv. Bus. L. Rev. 39, 49 (2011); *Brissette*, 15 N.C. Banking Inst. 231, 247 f. (2011).

1170 *Underwriting* meint Aktivitäten im Zusammenhang mit Wertpapieremissionen, wie z.B. den Kauf von Wertpapieren der Emittenten, um diese an Investoren zu veräußern, s. *Carnell/Macey/Miller*, The Law of Banking and Financial Institutions, 4th Ed. 2009, S. 130.

1171 *Market Making* beschreibt Kauf- und Verkaufsaktivitäten in Bezug auf Wertpapiere, wodurch deren Liquidität gesichert und letztlich der Markt und die Preisentwicklung stabilisiert werde soll, s. *Carnell/Macey/Miller*, The Law of Banking and Financial Institutions, 4th Ed. 2009, S. 528 f.; *Whitehead*, 1 Harv. Bus. L. Rev. 39, 50 (2011); ausführlich *Duffie*, Rock Center for Corporate Governance Working Paper Series No. 106, 2012.

1172 S. Sec. 13(d)(1)(A) – (J) Bank Holding Company Act sowie den Entwurf von 12 C.F.R. § 44.4 – 6.

An dem Ausnahmetatbestand zugunsten bestimmter öffentlicher U.S.-amerikanischer Emittenten wird bereits scharfe Kritik von anderen Staaten erhoben.[1173] Nach dieser Ausnahmeregelung stehen Banken nicht nur Investitionen in U.S.-Staatsanleihen auch weiterhin nahezu uneingeschränkt offen, sondern auch in Finanzinstrumente, die von den staatseigenen bzw. staatlich geförderten Eigenheim-Finanzierern Ginnie Mae,[1174] Fannie Mae,[1175] Freddie Mac[1176] etc. emittiert werden, selbst wenn die Investitionen nur mit einer kurzer Haltedauer verbunden sind und eigentlich unter das klassische Verständnis vom Eigenhandel fallen würden.[1177] Schuldverschreibungen anderer Staaten werden hingegen vom Anwendungsbereich der Volcker Rule erfasst und können von amerikanischen Banken nunmehr einzig als langfristige Investitionen außerhalb des *trading account* ins Auge gefasst werden, was deren Liquidität letztlich herabsetzen dürfte.[1178]

Um eine vollständige Erosion des Verbots des Eigenhandels über die Ausnahmeregelungen zu verhindern, werden die erlaubten Tätigkeiten nicht voraussetzungslos gewährt. Zunächst müssen die spezifischen Voraussetzungen der einzelnen Ausnahmetatbestände erfüllt werden. Beispielsweise dürfen Einnahmen aus Underwriting- und Market-Making-Aktivitäten primär nur aus erhobenen Gebühren oder anderen, vom Marktpreis unabhängigen Quellen stammen.[1179] Ein Hedgegeschäft muss den Zweck verfolgen, ein spezifisches Risiko, dem die jeweilige Bank ausgesetzt ist, herabzusetzen und zu diesem eine angemessene Korrelation aufweisen.[1180] Neben den spezifischen Voraussetzungen der einzelnen Ausnahmetatbestände, muss jedes Institut, das von den erlaubten Aktivitäten Gebrauch machen möchte, bestimmten Dokumentations- und Meldepflichten entsprechen.[1181] Des Weiteren ziehen Aktivitäten in den Bereichen Underwriting, Market Making

---

1173 *Duffie*, Rock Center for Corporate Governance Working Paper Series No. 106, 2012, S. 4 f., der auf geäußerte Bedenken von Seiten der Bank of Japan und der Japanese Financial Services Agency hinweist.

1174 Government National Mortgage Association (Ginnie Mae, GNMA).

1175 Federal National Mortgage Association (Fannie Mae, FNMA).

1176 Federal Home Loan Mortgage Corporation (Freddie Mac, FHLMC).

1177 Sec. 13(d)(1)(A) Bank Holding Company Act.

1178 *Duffie*, Rock Center for Corporate Governance Working Paper Series No. 106, 2012, S. 4 f.

1179 Entwurf von 12 C.F.R. § 44.5(a)(2)(vi).

1180 Entwurf von 12 C.F.R. § 44.5(b).

1181 Entwurf von 12 C.F.R. § 44.7 i.V.m. appendix A, wenn die jeweils betroffene Bank auf konsolidierter Basis Handelsaktiva und -passiva durchschnittlich (jeweils zum letzten Tag der letzten vier Quartale) in Höhe von 1 Mrd. USD oder höher aufweist.

und Hedging die Pflicht nach sich, zusätzliche Compliance-Strukturen zu implementieren, deren Umfang von dem jeweiligen Institut und dessen Geschäftsprofil abhängig ist.[1182]

(3) Gegenausnahmen (*limitations on permitted activities*)

Schließlich verfügt die Volcker-Rule über einen „doppelten Boden", der Aktivitäten, die grundsätzlich zwar zu den erlaubten Tätigkeiten zählen und damit von dem Verbot des Eigenhandels ausgenommen sind, dann eine Grenze setzt, wenn sie

- in einem wesentlichen Interessenkonflikt zwischen dem Institut und seinen Kunden oder Gegenparteien münden;
- zu einer wesentlichen offenen Position gegenüber einem *high-risk asset* oder einer *high-risk trading strategy* führen;
- die Stabilität des Instituts oder des U.S.-Finanzsystems gefährden.[1183]

Die Gegenausnahmen sind von unbestimmten Rechtsbegriffen geprägt, die selbst durch die in den Verordnungsentwurf zur weitergehenden Präzisierung aufgenommenen Legaldefinitionen kaum greifbarer gemacht werden. Das Vorliegen einer *high-risk trading strategy* soll beispielsweise dann angenommen werden, wenn durch diese die Wahrscheinlichkeit eines schweren Verlusts oder des Zusammenbruchs der Bank wesentlich erhöht würde.[1184] Im Ergebnis kann hierzu nur eine Prognose vorgenommen werden, die einen Spielraum belässt und Banken damit der Rechtsunsicherheit aussetzt, dass eine an sich erlaubte Form des Eigenhandels von den Aufsichtsbehörden letztlich doch mittels eines Rückgriffs auf die Gegenausnahmen verboten wird.

3. Die Volcker Rule – Ein Modell für Deutschland?

An dieser Stelle soll untersucht werden, ob und inwieweit die Implementierung einer der Volcker Rule entsprechenden Regelung für die Regulierung des deutschen Bankensektors sinnvoll erscheint.

1182 Entwurf von 12 C.F.R. § 44. 20, wobei die Anforderungen für Banken, die in größerem Umfang von den Ausnahmen Gebrauch machen, durch appendix C verschärft werden.

1183 Sec. 13(d)(2)(A)(i) – (iv) Bank Holding Company Act.

1184 Entwurf von 12 C.F.R. § 44.8(c)(2).

a) Trennbankengesetz

Deutschland ist zwischenzeitlich mit dem Gesetz zur Abschirmung von Risiken und zur Planung der Sanierung und Abwicklung von Kreditinstituten und Finanzgruppen (sog. Trennbankengesetz) vorgestoßen.[1185] Als Wegbereiter gilt der sog. Liikanen-Bericht,[1186] der auf eine von der Kommission unter dem Vorsitz von *Erkki Liikanen* eingesetzte Expertengruppe zurückzuführen ist.[1187] In ihrem Abschlussbericht empfiehlt diese Expertengruppe u.a. die rechtliche Trennung des Eigenhandels und anderer Handelsaktivitäten vor allem mit Bezug zu Wertpapieren und Derivaten vom bankbetrieblichen Kerngeschäft, soweit bestimmte Handelsvolumina überschritten werden.[1188]

aa) Anwendungsbereich und Reichweite der Verbotstatbestände

Das Trennbankengesetz enthält in dem hier im Vordergrund stehenden Art. 2 Regelungen, die im Grundsatz den Zielsetzungen der Volcker Rule entsprechen: Zum einen werden CRR-Kreditinstituten und Unternehmen, die mit einem CRR-Kreditinstitut im Gruppenverbund stehen, bestimmte Geschäfte verboten, denen hohe Marktrisiken unterstellt werden (§ 3 Abs. 2 Satz 1, Satz 2 Nr. 1 und Nr. 3 KWG).[1189] Zum anderen werden von dem Verbot auch Kredit- und Garantiegeschäfte mit Hedgefonds und ähnlichen Unternahmen erfasst (§ 3 Abs. 2 Satz 1, Satz 2 Nr. 2 KWG).

In Anlehnung an den Liikanen-Bericht wird der Adressatenkreis jedoch dadurch signifikant eingeschränkt, dass die Verbotsregelungen nur dann greifen, wenn die Handelsaktivitäten des CRR-Kreditinstituts bzw. der Gruppe gesetzlich festgelegte Schwellenwerte überschreiten.[1190] Dabei ist zwischen einem absoluten und einem relativen Schwellenwert zu unterscheiden.[1191] Die Verbotstatbestände greifen erst, wenn das CRR-Kreditinstitut bzw. die Gruppe zum letzten Abschlussstichtag mit

---

1185 Vom 7.8.2013, BGBl. I S. 3090.

1186 *High-level Expert Group on reforming the structure of the EU banking sector*, Final Report, 2.10.2012.

1187 *Alvater/von Schweinitz*, WM 2013, 625, 625. Für das Vereinigte Königreich wurde der vergleichbare Vickers-Report erstellt, *Independent Commission on Banking*, Final Report – Recommendations, September 2011, s. *Alvater/von Schweinitz*, a.a.O.

1188 *High-level Expert Group on reforming the structure of the EU banking sector*, Final Report, 2.10.2012, S. 100 ff.

1189 Allgemein auf „Risiken aus spekulativen Geschäften“ abstellend Begr. RegE. BT-Drucks. 17/12601, S. 2.

1190 Begr. RegE. BT-Drucks. 17/12601, S. 40 f.; *Brandi/Gieseler*, DB 2013, 741, 745; krit. *Alvater/von Schweinitz*, WM 2013, 625, 626 f. und *Schelo/Steck*, ZBB 2013, 227, 238 f.

1191 Begr. RegE. BT-Drucks. 17/12601, S. 40 f.; *Brandi/Gieseler*, DB 2013, 741, 745.

seinen Handelsaktivitäten den Wert von 100 Mrd. Euro überschritten hat (absoluter Schwellenwert) oder die Handelsaktivitäten mehr als 20% der Bilanzsumme ausmachen und die Bilanzsumme zum Abschlussstichtag der letzten drei Geschäftsjahre jeweils mindestens 90 Mrd. Euro erreicht hat (relativer Schwellenwert).[1192] Anders als in den USA im Zusammenhang mit der Volcker Rule, die unabhängig von solchen Schwellenwerten gilt, sind in Deutschland somit nur verhältnismäßig große Banken von der Trennung ihrer Geschäftsbereiche betroffen.[1193]

Im Fokus der Verbotstatbestände stehen Eigengeschäfte, also die Anschaffung und die Veräußerung von Finanzinstrumenten für eigene Rechnung (§ 1 Abs. 1a Satz 3 KWG), sowie der Eigenhandel im Sinne von § 1 Abs. 1a Satz 2 Nr. 4 lit. d KWG,[1194] womit im Wesentlichen das Kaufen oder Verkaufen von Finanzinstrumenten für eigene Rechnung als unmittelbarer oder mittelbarer Teilnehmer eines inländischen organisierten Marktes oder multilateralen Handelssystems mittels einer hochfrequenten algorithmischen Handelstechnik (sog. Hochfrequenzhandel) gemeint ist.[1195] Die Verbotswürdigkeit ergibt sich nach der Gesetzesbegründung grundsätzlich aus zwei Elementen: Die Geschäfte werden zu spekulativen Zwecken geschlossen und haben keinen Kundenbezug, d.h. sie weisen keinen Dienstleistungscharakter auf.[1196] Kennzeichnend für das Eigengeschäft ist gerade der fehlende Dienstleistungscharakter, d.h. hier handelt die Bank gänzlich auf eigene Rechnung ohne Dienstleistungen für einen Kunden zu erbringen.[1197] Zwar

---

1192 § 3 Abs. 2 Satz 1 Nr. 1 und 2 KWG; *Brandi/Gieseler*, DB 2013, 741, 745.

1193 *Alvater/von Schweinitz*, WM 2013, 625, 626.

1194 Eingeführt durch das Gesetz zur Vermeidung von Gefahren und Missbräuchen im Hochfrequenzhandel (Hochfrequenzhandelsgesetz) v. 7.5.2013, BGBl. I S. 1162.

1195 Auf das Verbot von Kredit- und Garantiegeschäfte mit Hedgefonds und ähnlichen Unternehmen wird hier nicht näher eingegangen. S. dazu etwa *Schelo/Steck*, ZBB 2013, 227, 239 f.

1196 Vgl. Begr. RegE. BT-Drucks. 17/12601, S. 41 f.

1197 Begr. RegE. BT-Drucks. 17/12601, S. 40 f. Das Eigengeschäft hielt bereits durch das Finanzmarktrichtlinie-Umsetzungsgesetz v. 16.7.2007 (BGBl. I S. 1330) Einzug in § 1 Abs. 1a Satz 3 KWG a.F.: „Als Finanzdienstleistung gilt auch eine Anschaffung oder Veräußerung von Finanzinstrumenten für eigene Rechnung, die keine Dienstleistung für andere [...] darstellt [...].“ Obwohl der letzte Halbsatz wegfiel, wurde die fehlende Dienstleistungskomponente beim Eigengeschäft stets vorausgesetzt. S. Begr. RegE. Gesetz zur Umsetzung der geänderten Bankenrichtlinie und der geänderten Kapitaladäquanzrichtlinie, BT-Drucks. 17/1720, S. 31; *BaFin*, Merkblatt – Hinweise zu den Tatbeständen des Eigenhandels und des Eigengeschäfts, 25.7.2013, Ziffer 1 lit. e; *Fischer* in Boos/Fischer/Schulte-Mattler, KWG, 4. Aufl. 2012, § 32 Rn. 53; im Ergebnis auch *Brandi/Gieseler*, DB 2013, 741, 745.

werden vom Begriff des Eigenhandels im Sinne von § 1 Abs. 1a Satz 2 Nr. 4 lit. d KWG nach dem Wortlaut nicht nur Transaktionen ohne Kundenbezug erfasst.[1198] Die Gesetzesbegründung hebt aber hervor, dass es auch bei der Variante des Eigenhandels um das Verbot spekulativer Geschäfte ohne Dienstleistungscharakter geht.[1199] Damit werden bestimmte Geschäfte schon von vornherein nicht von den Verbotstatbeständen erfasst, wozu beispielsweise Geschäfte im Kundenauftrag, Clearing und Zahlungsverkehr und Emissionsgeschäfte zählen.[1200]

bb) Ausnahmen

Bestimmte Handelsaktivitäten sind von den Verbotstatbeständen ausgenommen. So werden Market-Making-Tätigkeiten vom Verbot des Eigenhandels ausgeklammert.[1201] Außerdem bleiben Geschäfte zur Absicherung von Geschäften mit Kunden, zur Zins- Währungs- und Liquiditätssteuerung und im Zusammenhang mit langfristigen Beteiligungen erlaubt (§ 3 Abs. 2 Satz 3 Nr. 1 bis 3 KWG), denn hier fehlt es am spekulativen Charakter.[1202] Derselbe Gedanke liegt auch der breiten Bereichsausnahme zugrunde, wonach Geschäfte weiterhin betrieben werden dürfen, „[...] die nicht zu dem Zweck geschlossen werden, bestehende oder erwartete Unterschiede zwischen den Kauf- und Verkaufspreisen oder Schwankungen von Marktkursen, -preisen, -werten oder Zinssätzen kurzfristig zu nutzen, um so Gewinne zu erzielen." Allerdings wird der BaFin die Befugnis eingeräumt, unabhängig vom Erreichen der Schwellenwerte auch grundsätzlich erlaubte Geschäfte im Einzelfall zu verbieten, § 3 Abs. 4 KWG.

Wichtig ist aber, dass CRR-Institute und betroffene Gruppen die von den Verbotstatbeständen erfassten Geschäfte auf wirtschaftlich, organisatorisch und rechtlich eigenständige Unternehmen (sog. Finanzhandelsinstitute) ausgliedern und dort weiterbetreiben dürfen.[1203] Neben den allgemeinen aufsichtsrechtlichen Vorschriften müssen

---

1198 § 1 Abs. 1a Satz 2 Nr. 4 lit. d a.E. KWG (Hervorhebung durch den Verfasser): „[...] *auch* ohne Dienstleistung für andere (Eigenhandel)."

1199 Begr. RegE. BT-Drucks. 17/12601, S. 41 f.; *Brandi/Gieseler*, DB 2013, 741, 745.

1200 S. im Einzelnen Begr. RegE. BT-Drucks. 17/12601, S. 41 f.

1201 § 3 Abs. 2 Satz 2 Nr. 3 KWG. Vor allem diese Ausnahme war im Liikanen-Bericht nicht vorgesehen, *High-level Expert Group on reforming the structure of the EU banking sector*, Final Report, 2.10.2012, S. 102; *Baumann*, GWR 2013, 307, 308.

1202 S. Begr. RegE. BT-Drucks. 17/12601, S. 42.

1203 § 3 Abs. 2 Satz 1 Nr. 2 und 3 jeweils a.E. in Verbindung mit § 25f Abs. 1 Satz 1 KWG. S. zu den praktischen Umsetzungsmöglichkeiten der Übertragung *Alvater/von Schweinitz*, WM 2013, 625, 630 ff. und *van Kann/Rosak*, NZG 2013, 572, 574, die u.a. im Fall der Ausgliederung nach § 123 UmwG auf das Problem der gesetzlichen Nachhaftung hinweisen.

diese neuen Finanzhandelsinstitute allerdings besondere Anforderungen erfüllen,[1204] um die dort gebündelten Risiken zu begrenzen. Zur Sicherstellung der intendierten Trennung zwischen den Geschäftsbereichen muss das Finanzhandelsinstitut insbesondere seine Refinanzierung eigenständig sicherstellen.[1205] In dieser Ausgliederungsoption liegt ein wichtiger Unterschied zu Volcker Rule, denn dort ist das Betreiben des Eigenhandels in einer verbundenen Gesellschaft nicht möglich.[1206] Allerdings ähnelt die Regelung des deutschen Trennbankengesetzes der Swaps Push-Out Rule (Lincoln Amendment), wonach es amerikanischen Banken gestattet ist, Swap-Geschäfte in verbundenen Unternehmen als separierte Risiko-Gesellschaften unter dem Dach einer Holdinggesellschaft zu betreiben.[1207]

b) Konzeptionelle Bedenken

Die Volcker Rule wird als tragende Säule des Dodd-Frank Act betrachtet und steht doch zugleich in einem Spannungsfeld, das durchaus Gefahr läuft, sie zu zerreißen. Auf der einen Seite stehen Bedenken, dass Investitionen mit einem kurzfristigen Horizont schlichtweg von unregulierten Teilen des Finanzsystems übernommen werden.[1208] Nicht zuletzt diesem Umstand ist auch geschuldet, dass bestimmte Finanzaktivitäten, wie z.B. Underwriting, Market Making und Hedging, von dem Verbotstatbestand ausgenommen sind. Auf der anderen Seite entzündet sich gerade an der Reichweite der vorgesehenen Ausnahmetatbestände Kritik, die vor einer „Verwässerung" der Volcker Rule mit der Folge warnt, dass Banken zukünftig den Profit aus kurzfristigen Marktpreisschwankungen unter dem Deckmantel der *permitted activities* suchen werden.[1209] Bereits die erlaubten Tätigkeiten offenbaren,

---

1204 Durch die dort betriebenen Geschäfte sind die Finanzhandelsinstitute als Finanzdienstleistungsinstitute nach §§ 1 Abs. 1a, 32 Abs. 1 KWG erlaubnispflichtig und unterfallen dem allgemeinen Aufsichtsregime.

1205 S. für die besonderen Anforderungen § 25f Abs. 2 bis 6 KWG.

1206 *Alvater/von Schweinitz*, WM 2013, 625, 629 f.

1207 S. zur Swaps Push-Out Rule (Lincoln Amendment) ausführlich oben S. 186 f.

1208 *Whitehead*, 1 Harv. Bus. L. Rev. 39, 44 (2011); *Acharya/Cooley/Richardson/Sylla/Walter* in Acharya/Cooley/Richardson/Sylla/Walter, Regulating Wall Street, 2011, S. 24; für das Market Making *Duffie*, Rock Center for Corporate Governance Working Paper Series No. 106, 2012, S. 2; vgl. auch schon *Burghof/Rudolph*, Bankenaufsicht, 1996, S. 176.

1209 *Indiviglio*, the Atlantic, 25.6.2010; *Brissette*, 15 N.C. Banking Inst. 231, 238 f. (2011); s. auch *Omarova*, 15 N.C. Banking Inst. 83, 93 (2011); *Wilmarth* 89 Or. L. Rev 951, 1028 (2011); *Acharya/Cooley/Richardson/Sylla/Walter* in Acharya/Cooley/Richardson/Sylla/Walter, Regulating Wall Street, 2011, S. 7.

dass die Volcker Rule weit davon entfernt ist, das alte Trennbankensystem, wie es zu Zeiten des Glass-Steagall Act in den Vereinigten Staaten bestand, zu neuem Leben zu erwecken.

Der schmale Grat, der sich zwischen Verbotstatbestand, Ausnahmeregelungen und Gegenausnahmen bewegt, führt unweigerlich zu einem extrem komplexen Regelungswerk, das Rechtsunsicherheiten in sich birgt und hohe Anforderungen an Banken stellt, die von den Ausnahmen Gebrauch machen möchten. Die Umsetzung und Einhaltung der Regelungen ist auf Seiten der Banken zwangsweise mit hohen Kosten verbunden, die wohl auch auf andere Finanzmarktteilnehmer durchschlagen werden.[1210] Vor diesem Hintergrund ist auch die in der Volcker Rule eingeräumte Bereichsausnahme zugunsten zahlreicher öffentlicher U.S.-Emittenten kritisch zu hinterfragen, deutet sich dabei doch an, dass der U.S.-amerikanische Gesetzgeber den Markt in eigener Sache möglichst liquide halten möchte.[1211]

Ähnlichen Bedenken ist auch das deutsche Trennbankengesetz ausgesetzt, das spekulativen Geschäften ohne Kundebezug, also solchen ohne Dienstleistungscharakter, einen Riegel vorschieben möchte. Auch hier wird es im Einzelfall problematisch sein, die Aktivitäten einer Bank unter die Verbotstatbestände des Eigengeschäfts und Eigenhandels im Sinne des § 1 Abs. 1a Satz 2 Nr. 4 lit. d KWG oder aber einer der vorgesehenen Ausnahmen zu subsumieren.[1212] In Anbetracht der verschiedenen Ausnahmeregelungen und Einschränkungen der Verbotstatbestände wird auch in Deutschland keine strikte Trennung zwischen dem sog. Investment Banking und dem bankbetrieblichen Kerngeschäft, also dem Einlagen- und Kreditgeschäft, vollzogen.[1213] Insbesondere die weiterhin erlaubten Market-Making-Tätigkeiten und Emissionsgeschäfte sind mit erheblichen Marktrisiken behaftet und werden traditionell dem Investment Banking zugeordnet.[1214] Gerne werden im Hinblick auf ein Verbot des Eigenhandels auch die jüngeren Skandale rund um die exzessive Risikoübernahme durch einzelne Händler wie

---

1210 *Whitehead*, 1 Harv. Bus. L. Rev. 39, 73 (2011); für das Market Making wiederum *Duffie*, Rock Center for Corporate Governance Working Paper Series No. 106, 2012, S. 2 ff.

1211 *Duffie*, Rock Center for Corporate Governance Working Paper Series No. 106, 2012, S. 4 f.

1212 So auch *Schelo/Steck*, ZBB 2013, 227, 241 und 244. Im Hinblick auf die Market-Making-Tätigkeiten weist darauf schon ausdrücklich der Liikanen-Bericht hin, s. *High-level Expert Group on reforming the structure of the EU banking sector*, Final Report, 2.10.2012, S. 102.

1213 Vgl. *Baumann*, GWR 2013, 307, 308 ff.

1214 Vgl. nur *Carnell/Macey/Miller*, The Law of Banking and Financial Institutions, 4th Ed. 2009, S. 18; *Alvater/von Schweinitz*, WM 2013, 625, 627.

in den Fällen der Société Générale und der UBS, die wohl auch nur die Spitze des Eisbergs darstellen,[1215] herangezogen.[1216] Allerdings ist zu bedenken, dass die beteiligten Händler dabei gegen interne Richtlinien verstoßen haben, so dass keinesfalls ausgeschlossen werden kann, dass bei Missbräuchen dieser Art nicht auch die Verletzung eines statuierten Verbots des Eigenhandels in Kauf genommen wird oder zumindest dessen gezielte Umgehung unter Zuhilfenahme der Ausnahmetatbestände.

Gegen ein Verbot des Eigenhandels spricht zudem dessen konzeptionell bedingte Risikoinsensitivität. Das rechtlich auferlegte Verbot setzt bei der Eigenhandelsaktivität als solcher an, der pauschal eine Risikoträchtigkeit unterstellt wird und um die eine starre Grenzlinie gezogen wird, ohne dabei jedoch das tatsächlich eingegangene ökonomische Marktrisiko der Bank zu erfassen.[1217] So ist der Fokus der Volcker Rule auf den mit kurzer Haltedauer verbundenen Eigenhandel gelegt, obgleich zuletzt die langfristige Investition in ABS und MBS (bei oftmals kurzfristiger Refinanzierung) aber auch Staatsanleihen die Banken ins Wanken brachte.[1218]

Die von den jeweiligen Verbotstatbeständen erfassten Positionen unterfallen grundsätzlich ohnehin dem Handelsbuch,[1219] das ebenfalls eine „organisatorische Separierung" für die mit kurzer Haltedauer eingegangenen marktpreisreagiblen Positionen vorsieht.[1220] Nach den europäischen Vorschriften zur Regulierung der Handelsbuchrisikopositionen sind Handelsbuchinstitute verpflichtet, dem höheren Marktrisiko ihrer Finanzaktivitäten dadurch Rechnung zu tragen, dass sie gesteigerten Anforderungen an das Risikomanagement entsprechen und die Handelsbuchrisikopositionen mit Eigenmitteln unterlegen müssen.[1221] Idealerweise sollen die von den Instituten tatsächlich eingegangenen Marktrisiken

---

1215 S. *Krawiec*, 79 Or. L. Rev. 301, 302 f. (2000), die darauf hinweist, dass entsprechende Fälle nur ab einer bestimmten Größenordnung an die Öffentlichkeit dringen.

1216 *Brissette*, 15 N.C. Banking Inst. 231 (2011). S. zu den sog. *rogue traders* ausführlich unten S. 225 f.

1217 Ähnlich *Alvater/von Schweinitz*, WM 2013, 625, 629.

1218 *Acharya/Cooley/Richardson/Sylla/Walter* in Acharya/Cooley/Richardson/Sylla/Walter, Regulating Wall Street, 2011, S. 24; *Whitehead*, 1 Harv. Bus. L. Rev. 39, 41 Fn. 10 (2011).

1219 Vgl. 76 Fed. Reg. 68846, 68858 Fn. 97 (7. November 2011).

1220 Vgl. *Burghof/Rudolph*, Bankenaufsicht, 1996, S. 176; *Rolfes*, Gesamtbanksteuerung, 2. Aufl. 2008, S. 19; *Gleeson*, International Regulation of Banking, 2nd Ed. 2012, Rn. 12.04 ff.

1221 S. Art. 102 ff. CRR.

quantifiziert und potentielle Verluste durch die Absorptionsfunktion des vorgehaltenden Eigenkapitals aufgefangen werden.[1222] Hinzutreten qualitativ ausgerichtete Pflichten, denen europäische Institute entsprechen müssen. So muss den Handelsbuchrisikopositionen eine von der Geschäftsleitung klar dokumentierte Handelsstrategie zugrunde liegen, die auch die erwartete Haltedauer beinhaltet.[1223] Ferner sind Institute von vornherein zu einer bankinternen Begrenzung des Marktrisikos durch das Festlegen von Positionslimits im Rahmen von Regeln und Verfahrensweisen zur aktiven Steuerung der Handelsbuchpositionen verpflichtet.[1224] Die Überwachung der Positionen auf deren Konsistenz mit der Handelsstrategie hat ebenfalls im Rahmen klar definierter Regeln und Verfahren zu erfolgen.[1225] Schließlich unterliegt die institutsinterne Bewertung der Handelsbuchpositionen besonderen Anforderungen, wonach die Positionen etwa täglich neu zu bewerten und Gegenstand eines Berichterstattungsprozesses sind, der bis zur Geschäftsleitung reicht.[1226] Als Fazit kann demnach festgehalten werden, dass diesem risikosensitiveren Begrenzungsmechanismus gegenüber dem Ziehen einer starren organisatorischen Trennwand der Vorzug zu gewähren ist.

III. Zusammenfassende Würdigung

Das moderne Geschäftsfeld von Banken ist grenzüberschreitend ausgerichtet und zunehmend von kapitalmarktorientierten Tätigkeiten geprägt. Dieser Entwicklung ist auch geschuldet, dass Banken in einem immer größeren Umfang den verschiedenen Marktrisiken ausgesetzt sind. Seit der Umsetzung des Market Risk Amendment zu den Basler Rahmenvereinbarungen aus dem Jahr 1996 setzt das Aufsichtsrecht in Europa und den Vereinigten Staaten bei der Begrenzung der Marktrisiken zunächst auf deren Unterlegung mit Eigenkapital. Die zutage getretenen Schwachstellen der Berechnungsmethoden zur Quantifizierung der Marktrisiken in Zeiten angespannter Marktlage haben jedoch verschiedene Ergänzungen

1222 Diesen Lösungsweg bevorzugen ausdrücklich *Whitehead*, 1 Harv. Bus. L. Rev. 39, 71; *Duffie*, Rock Center for Corporate Governance Working Paper Series No. 106, 2012, S. 4; *Alvater/von Schweinitz*, WM 2013, 625, 629.

1223 Art. 103 lit. a CRR.

1224 Art. 103 lit. b ii CRR.

1225 Art. 103 lit. c CRR.

1226 Vgl. Art. 105 CRR.

nach sich gezogen.[1227] Die VaR-Modelle müssen zukünftig Stressbedingungen berücksichtigen (stressed VaR) und das bislang unterbewertete Ausfall- und Migrationsrisiko von Fremdkapitalinstrumenten, die im Handelsbuch gehalten werden, schlägt sich in höheren Aufschlägen bei den Eigenkapitalanforderungen nieder (*incremental risk capital requirement*).[1228] Positiv fällt ins Gewicht, dass diese Elemente sowohl in das europäische als auch das U.S.-amerikanische Aufsichtsrecht umgesetzt werden sollen.

In anderen Bereichen driften die Rechtsordnungen hingegen weiter auseinander. Während in der europäischen CRR bei der Zuordnung von Bonitätsgewichten für das spezifische Risiko von Anleihen und anderen Schuldtiteln im Rahmen der Eigenmittelanforderungen der Säule 1 weiterhin auf die externen Ratings anerkannter Ratingagenturen zurückgegriffen wird, sehen sich die U.S.-amerikanischen Aufsichtsbehörden durch Sec. 939 und 939A Dodd-Frank Act gezwungen, die Bezugnahmen auf externe Ratings aus den Vorschriften zur Eigenmittelunterlegung von Marktrisiken (*market risk capital rule*) zu streichen und alternative Quantifizierungsmodelle zu implementieren. Ob OECD Country Risk Classifications (CRCs) der OECD ein korrekteres Abbild des Ausfallrisikos von Staaten zeichnen, wird sich wohl erst in Zukunft zeigen. Bei Investitionen in öffentlich gehandelte Anleihen von Unternehmen gehen die Aufsichtsbehörden sogar einen Schritt weiter und Banken müssen eigenverantwortlich bewerten, ob diese Schuldtitel als investmentwürdig einzustufen sind. In Europa gilt das durch die Einführung von Art. 5a Abs. 1 Rating-VO und die zu erwartende Umsetzung der CRD IV bislang nur für die Organisationspflichten der Säule 2. In Deutschland hat sich diese Entwicklung bereits durch entsprechende Vorgaben der MaRisk[1229] und im Zusammenhang mit der Haftung von Bank-Vorständen bei Anlageentscheidungen auf der Grundlage von externen Ratings nach § 93 Abs. 2 Satz 1 AktG abgezeichnet.[1230]

1227 *Deutsche Bundesbank*, Basel III – Leitfaden zu den neuen Eigenkapital- und Liquiditätsregeln für Banken, 2011, S. 21; *Hannemann/Schneider*, MaRisk, 3. Aufl. 2011, S. 244; *Meyer zu Selhausen*, FS Rudolph, 2009, 495, 496 f.; *Kolassa* in Schimansky/Bunte/Lwowski, Bankrechts-Handbuch, Band II, 4. Aufl. 2011, § 137, Rn. 24; vgl. auch *Sanio*, FS Rudolph, 2009, 15, 22.

1228 *Deutsche Bundesbank*, Basel III – Leitfaden zu den neuen Eigenkapital- und Liquiditätsregeln für Banken, 2011, S. 21.

1229 BTO 1.2, Tz. 4.

1230 S. zum gesamten Problemkreis ausführlich oben S. 112 ff.

Schließlich konnte der Eigenhandel der Institute auf den Finanzmärkten als Risikotreiber identifiziert werden.[1231] In den Vereinigten Staaten soll Banken durch die in Sec. 619 Dodd-Frank Act enthaltene sog. Volcker Rule der Eigenhandel grundsätzlich untersagt werden. In Deutschland wurden durch das Trennbankengesetz vergleichbare Verbotstatbestände geschaffen, die auf spekulative Geschäfte ohne Dienstleistungscharakter abzielen. Wichtigste Unterschiede zur Volcker Rule sind jedoch die sachliche Einschränkung des Anwendungsbereichs durch Schwellenwerte sowie die Möglichkeit, die eigentlich verbotenen Geschäfte in wirtschaftlich, organisatorisch und rechtlich eigenständigen Finanzhandelsinstituten fortzuführen, was an die Swaps Push-Out Rule erinnert. Der von den Gesetzesinitiativen verfolgte Zweck wird jedoch weder von der Volcker Rule noch von dem Trennbankengesetz konsequent verfolgt; die gewährten Ausnahmen von den Verbotstatbeständen sind schlichtweg zu breit gefächert. Dabei tragen die Gesetzgeber letztlich nur den Herausforderungen Rechnung, denen sich Banken auf den Finanzmärkten gegenüber sehen. Im Rahmen ihres Liquiditäts- und Risikomanagements sind Banken gezwungen, kurzfristig auf Veränderungen der Marktbedingungen zu reagieren. In diese Richtung zielen auch die gestiegenen Ansprüche der Kunden, denn selbst mittelständische Unternehmen erwarten von Banken, dass diese kurzfristig als Gegenparteien von Derivaten zur Absicherung von Geschäftsrisiken zur Verfügung stehen.[1232] Der Bann sämtlicher kurzfristiger Transaktionen aus dem Bankbetrieb erscheint vor diesem Hintergrund weder möglich noch ökonomisch sinnvoll. Auf der anderen Seite sind es gerade diese Ausnahmeregelungen, die potentiellen Umgehungen des Verbotstatbestands Tür und Tor öffnen.[1233] Die Abgrenzung, ob eine Transaktion tatsächlich als Sicherungsgeschäft zulässig ist und die dabei erzielten Gewinne nur einen *windfall profit* darstellen oder aber gezielt Kursschwankungen ausgenutzt wurden, wird sich im Einzelfall als äußerst schwierig erweisen.[1234] Im Ergebnis erscheint der in den europäischen Vorschriften angelegte Regulierungsansatz für Handelsbuchrisikopositionen vorzugswürdig. Die Kombination von Pflichten zur Eigenkapitalunterlegung mit strengen Anforderungen an das Risikomanagement von Handelsbuchinstituten sollte vorangetrieben werden.

1231 Vgl. *Bamberger*, 88 Tex. L. Rev. 669 (2010); *Sieg/Zeidler* in Hauschka, Corporate Compliance, 2. Aufl. 2010, § 3, Rn. 38.

1232 Vgl. *Whitehead*, 1 Harv. Bus. L. Rev. 39, 50 f. (2011).

1233 *Brissette*, 15 N.C. Banking Inst. 231, 238 f. (2011) m.w.N.; s. auch *Omarova*, 15 N.C. Banking Inst. 83, 93 (2011); *Wilmarth* 89 Or. L. Rev 951, 1028 (2011); *Acharya/Cooley/Richardson/Sylla/Walter* in Acharya/Cooley/Richardson/Sylla/Walter, Regulating Wall Street, 2011, S. 7.

1234 Vgl. *Whitehead*, 1 Harv. Bus. L. Rev. 39, 50 (2011).

E. Operationelles Risiko

Die dritte bankbetriebliche Risikoart, die neben den Ausfall- und Marktrisiken von den Eigenmittelvorschriften erfasst wird, ist das operationelle Risiko. Operationelles Risiko dient als Überbegriff für Verlustgefahren, deren Ursachen zunächst grob in der Unternehmensorganisation oder aber externen Ereignissen zu verorten sind und somit nicht unbedingt der Kehrseite der bankbetrieblichen Geschäftstätigkeit entsprechen, wie es z.B. im Verhältnis zwischen Kreditrisiko und Darlehensvergabe der Fall ist.[1235] Somit handelt es sich grundsätzlich auch nicht um einen bankenspezifischen Problemkreis, denn Verluste infolge fehlerhafter Unternehmensorganisation oder etwa Naturkatastrophen betreffen wirtschaftszweigübergreifend nahezu alle Unternehmen.[1236] Entsprechend ist das Bewusstsein, operationelles Risiko als eigenständige bankbetriebliche Risikoart zu behandeln, noch nicht lange ausgeprägt und als Folge befand sich die Entwicklung von Messungs- und Überwachungssystemen noch im Jahr 1998, drei Jahre nach dem aufsehenerregenden Zusammenbruch der Barings Bank infolge unautorisierter Transaktionen des Händlers *Nick Leeson*, regelmäßig im Anfangsstadium.[1237] Zudem fehlte es auch inhaltlich an einer allgemeingültigen Definition, so dass parallel eine Vielzahl unterschiedlicher bankinterner Ansätze existierte.[1238] Ein verbreitetes Verständnis operationeller Risiken bestand in der bloßen Abgrenzung von anderen bankbetrieblich typischen Risiken, sprich: den Ausfall-, Preis-, und Liquiditätsrisiken.[1239] Es folgte jedoch die Einsicht, dass eine solche Negativdefinition für ein trennscharfes Risikoverständnis und vor allem als aufsichtsrechtlicher Anknüpfungspunkt ungeeignet ist.[1240] So hat der Basler Ausschuss für

1235 *Apostolik/Donohue/Went*, Foundations of Banking Risk, 2009, S. 181; *Duffie/Singleton*, Credit Risk, 2003, S. 3 ff.; *Hartmann-Wendels/Pfingsten/Weber*, Bankbetriebslehre, 5. Aufl. 2010, S. 712; s. auch schon *Büschgen*, Bankbetriebslehre, 5. Aufl. 1998, S. 869; als ältere Terminologie wurde weitgehend synonym von Betriebsrisiken gesprochen.

1236 S. *Apostolik/Donohue/Went*, Foundations of Banking Risk, 2009, S. 182.

1237 So der grundlegende Bericht der Risk Management Group, *Basler Ausschuss für Bankenaufsicht*, Management des Betriebsrisikos, 1998, S. 2, der den Stand der Steuerung von Betriebs- bzw. operationellen Risiken bei rund 30 weltweit führenden Banken zusammenfasst.

1238 *Hartmann-Wendels/Pfingsten/Weber*, Bankbetriebslehre, 5. Aufl. 2010, S. 710 f.

1239 *Basler Ausschuss für Bankenaufsicht*, Management des Betriebsrisikos, 1998, S. 4; *Hartmann-Wendels/Pfingsten/Weber*, Bankbetriebslehre, 5. Aufl. 2010, S. 710 f.

1240 *Stickelmann* in Eller/Gruber/Reif, Handbuch Operationelle Risiken, 2002, S. 11.

Bankenaufsicht eine nunmehr allgemein anerkannte Definition entwickelt,[1241] wonach unter operationellem Risiko „[…] die Gefahr von Verlusten, die infolge einer Unzulänglichkeit oder des Versagens von internen Verfahren, Menschen und Systemen oder infolge externer Ereignisse eintreten,“[1242] zu verstehen ist. Dabei sind Rechtsrisiken, die nicht nur Änderungen der Rechtslage, sondern auch aufsichtsrechtliche Maßnahmen oder Gerichtsverfahren umfassen, ausdrücklich unter die genannte Definition zu subsumieren, strategische und Reputationsrisiken[1243] sind dagegen ausgeschlossen.[1244] Verlustgefahren aufgrund von Verstößen gegen bestehende Gesetze soll durch die Implementierung von unternehmensinternen Compliance-Organisationen[1245] präventiv begegnet werden, die parallel zu der zunehmenden Regelungsdichte immer mehr an Bedeutung gewinnen.

I. Ökonomischer Hintergrund

1. Kategorisierung von Verlustereignissen

Operationelles Risiko wird somit als Oberbegriff für verschiedene Verlustursachen (interne Verfahren, Menschen, Systeme, externe Ereignisse sowie Rechtsverstöße) herangezogen, die entweder der internen Unternehmensorganisation zugeordnet werden können oder aber als externe Ereignisse gänzlich dem Einflussbereich der Bank entzogen sind. Dieser hohe „Abstraktionsgrad“, der gerade eine Erfassung möglichst vieler Risikounterarten bezweckt, führt auf der anderen

---

1241 So bereits 2002 *Stickelmann* in Eller/Gruber/Reif, Handbuch Operationelle Risiken, 2002, S. 15 (*„state oft the art“*); *Hartmann-Wendels/Pfingsten/Weber*, Bankbetriebslehre, 5. Aufl. 2010, S. 711.

1242 *Basler Ausschuss für Bankenaufsicht*, Internationale Konvergenz der Eigenkapitalmessung und Eigenkapitalanforderungen, Juni 2006, Tz. 644. Vgl. auch die Legaldefinition in Art. 4 Abs. 1 Nr. 52 CRR.

1243 Unter Reputation ist der öffentliche Ruf einer Bank im Hinblick auf ihre Kompetenz, Integrität und Vertrauenswürdigkeit zu verstehen, *Hannemann/Schneider*, MaRisk, 3. Aufl. 2003, S. 96.

1244 *Basler Ausschuss für Bankenaufsicht*, Management operationeller Risiken – Praxisempfehlungen für Banken und Bankenaufsicht, Februar 2003, Tz. 4; *Apostolik/Donohue/Went*, Foundations of Banking Risk, 2009, S. 187.

1245 Der Begriff „Compliance“ wird z.B. in Ziff. 4.1.3 des Deutschen Corporate Governance Kodex (DCGK) präzisiert: „Der Vorstand hat für die Einhaltung der gesetzlichen Bestimmungen und der unternehmensinternen Richtlinien zu sorgen und wirkt auf deren Beachtung durch die Konzernunternehmen hin (Compliance).“

Seite nahezu unweigerlich zu einer vagen und schwer greifbaren Begriffsbildung mit einem uferlos anmutenden Bezugsbereich.[1246] Um dem Definitionsansatz die erforderliche Trennschärfe zu vermitteln, hat der Basler Ausschuss eine Klassifizierung herausgearbeitet, anhand derer bestimmte Tatbestände dem operationellen Risiko zuzuordnen sind (sog. Klassifizierung von Verlustereignissen).[1247] Die in der Definition benannten Ursachen von operationellen Risiken finden jeweils ihre Entsprechung in dieser Verlustereignisklassifizierung, die einen guten Einblick in die Vielfältigkeit der auftretenden operationellen Risiken im Bankbetrieb bietet:

So umfassen die Ereigniskategorien mit personellem Bezug „interne- und externe Betrugsfälle", Verluste im Zusammenhang mit der „Beschäftigungspraxis und Arbeitsplatzsicherheit" sowie mit „Kunden, Produkten und Geschäftsgepflogenheiten". In den Bereich der sachlich-technischen Risiken fallen dagegen „Geschäftsunterbrechungen und Systemausfälle", z.B. auf Grund von Problemen mit Hard- oder Software und Telekommunikationseinrichtungen. Die Ereigniskategorie „Abwicklungen, Vertrieb und Prozessmanagement" ist dem Bereich „Verfahren" zuzuordnen und reicht von Verlusten infolge Buchführungsfehlern über die fehlerhafte Dateneingabe bis hin zu Fehlern bei der Kundenkontoführung oder der Nichteinhaltung von vorgeschriebenen Meldepflichten. Schließlich bilden Sachschäden aufgrund von Naturkatastrophen, Terrorismus oder Vandalismus die Kategorie für externe Ereignisse.

2. Grundlagen des Managements operationeller Risiken

Im Gegensatz zu anderen Risikoarten, die eng an das bankbetriebliche Tätigkeitsfeld geknüpft sind, gehen Banken operationelle Risiken nicht bewusst ein, vielmehr sind sie notwendiger Bestandteil jeder unternehmerischen Einheit.[1248] Das mit der Kreditvergabe an Darlehensnehmer mit schlechter Bonität einhergehende hohe Ausfallrisiko lässt sich die Bank durch entsprechend hohe Zinsen vergüten, so dass risikoträchtige Entscheidungen oftmals vor dem Hintergrund höherer Ertragschancen gefällt werden.[1249] Indes stehen operationellen Risiken keine

---

1246 Kritisch *Buchmüller*, Basel II, 2008, S. 96; *Hartmann-Wendels/Pfingsten/Weber*, Bankbetriebslehre, 5. Aufl. 2010, S. 711.

1247 S. *Basler Ausschuss für Bankenaufsicht*, Internationale Konvergenz der Eigenkapitalmessung und der Eigenkapitalanforderungen, Juni 2006, Anhang 9.

1248 *Steinhoff*, Quantifizierung operationeller Risiken in Kreditinstituten, 2008, S. 9; *Hull*, Risk Management and Financial Institutions, 3rd Ed. 2012, S. 429; *Hartmann-Wendels/Pfingsten/Weber*, Bankbetriebslehre, 5. Aufl. 2010, S. 712.

1249 *Hartmann-Wendels/Pfingsten/Weber*, Bankbetriebslehre, 5. Aufl. 2010, S. 712.

direkten Chancen gegenüber, wodurch die weitgehende Risikominimierung durch interne Kontrollverfahren in den Vordergrund gerückt wird.[1250]

Möglichkeiten zum Risikotransfer auf Dritte bestehen auch im Hinblick auf operationelle Risiken. Wichtigstes Instrument stellen dabei Versicherungen dar, die gegen Prämienzahlungen Verluste zumindest teilweise übernehmen.[1251] Des Weiteren können sich Banken wiederum des kapitalmarktorientierten Risikotransfers bedienen, der unterschiedlich ausgestaltete Derivate oder Anleihen (z.B. sog. „Katastrophenanleihen") beinhaltet, was in der Praxis allerdings (noch) von untergeordneter Bedeutung ist.[1252] Zumindest im Hinblick auf operationelle Risiken, die der internen Organisationssphäre entspringen, stehen einer vollständigen Übertragung auf Dritte, seien es Versicherungen oder Investoren, jedoch gravierende Bedenken gegenüber. Bleibt die Bank von der Konsequenz, die infolge fehlender Kontrollmechanismen und Vorkehrungen entstehenden Verluste auch selbst tragen zu müssen, verschont, wird ein Anreiz geschaffen, zu einer aus Perspektive der Bank kostensparenden laxen internen Organisationspraxis überzugehen.[1253] Zudem stehen den z.B. mit dem Zusammenbruch von IT-Systemen verbundenen Verlustgefahren keine direkten Chancen gegenüber, von denen die Gesamtwirtschaft profitieren könnte, was letztlich aus regulatorischer bzw. aufsichtsrechtlicher Sicht dafür spricht, operationelle Risiken soweit wie möglich auszuschalten und nicht durch einen Transfer im Markt zu belassen. Somit erscheinen flankierende Regelungen im Ergebnis nicht nur sinnvoll, sondern auch notwendig.

3. Eintrittswahrscheinlichkeit und Schadenshöhe

Die Vielfältigkeit der in der Verlustereignisklassifizierung genannten Bespiele macht sich auch im Hinblick auf deren Eintrittswahrscheinlichkeit und potentielle Schadenshöhe bemerkbar.[1254] Danach lässt sich grundlegend zwischen häufig

---

1250 *Krawiec*, 51 Ariz. L. Rev. 127, 136 f. (2009); *Steinhoff*, Quantifizierung operationeller Risiken in Kreditinstituten, 2008, S. 9; *Hartmann-Wendels/Pfingsten/Weber*, Bankbetriebslehre, 5. Aufl. 2010, S. 712; *Hull*, Risk Management and Financial Institutions, 3rd Ed. 2012, S. 429.

1251 *Hull*, Risk Management and Financial Institutions, 3rd Ed. 2012, S. 442; *Kaiser/Kasprowicz*, Kreditwesen 2009, 132, 134; *Krawiec,* 51 Ariz. L. Rev. 127, 140 (2009).

1252 *Wegener* in Boos/Fischer/Schulte-Mattler, KWG, 4. Aufl. 2012, § 292 SolvV, Rn. 2; *Hartmann-Wendels/Pfingsten/Weber*, Bankbetriebslehre, 5. Aufl. 2010, S. 729 f.

1253 Hier greifen letztlich wieder die grundlegenden Aussagen der Principal-Agent-Theorie durch; vgl. *Hull*, Risk Management and Financial Institutions, 3rd Ed. 2012, S. 442; *Hartmann-Wendels/Pfingsten/Weber*, Bankbetriebslehre, 5. Aufl. 2010, S. 729.

1254 *Krawiec,* 51 Ariz. L. Rev. 127, 136 (2009).

eintretenden Ereignissen mit jeweils geringer Schadenshöhe (*high-frequency, low-impact events*) und umgekehrt selten auftretenden Ereignissen mit ungleich großer Schadenshöhe (*low-frequency, high-impact events*) unterscheiden.[1255] Diese Differenzierung ist deshalb von Bedeutung, weil für die Risikosteuerung zunächst eine Quantifizierung erforderlich ist, die wiederum maßgeblich auf historischen Datensammlungen beruht. Entsprechende Referenzfälle werden zwar im Hinblick auf die *high-frequency, low-impact events* in der Regel mannigfaltig vorhanden sein, hingegen wird es oftmals an Erfahrungswerten für die sporadisch auftretenden *low-frequency, high-impact events* mangeln.[1256] Die erforderliche Sensibilisierung für die damit verbundenen und zum Teil existentiellen Verlustgefahren lässt sich anhand prägnanter Beispielsfälle erzielen.

a) Low-frequency, high-impact events

Selten auftretende Ereignisse verbunden mit großen Verlusten umfassen Fallgestaltungen von verbrecherischen Händlern, sog. *rogue traders*, bis hin zu Naturkatastrophen und terroristischen Anschlägen, die das Risikomanagement von Banken immer wieder vor Herausforderungen stellen.

aa) *Rogue trader*s: Barings Bank und Société Générale

Besonders die Insolvenz der britischen Barings Bank rückte die von diesen Ereignissen ausgehenden bestandgefährdenden Gefahren in den Fokus des öffentlichen Interesses und war damit ein gewichtiger Stein des Anstoßes für eine intensive Diskussion rund um den Problemkreis des Versagens interner Kontrollen.[1257] In diesem Fall führten jahrelange unautorisierte Spekulationen des Derivatehändlers *Nick Leeson*, die sich zu einem Gesamtverlust in Höhe von 827 Mio. Britische Pfund summierten, die Investmentbank Barings im Jahr 1995 in die Insolvenz und besiegelte damit deren Ende nach 233 jährigem Bestehen.[1258] Zwar gab es bereits im Vorfeld Ansätze zur internen Steuerung, doch erst die auf das Verhalten eines

---

1255 *Apostolik/Donohue/Went*, Foundations of Banking Risk, 2009, S. 187; *Hartmann-Wendels/Pfingsten/Weber*, Bankbetriebslehre, 5. Aufl. 2010, S. 712; *Krawiec*, 51 Ariz. L. Rev. 127, 136 (2009).

1256 *Krawiec*, 51 Ariz. L. Rev. 127, 145 (2009); *Hartmann-Wendels/Pfingsten/Weber*, Bankbetriebslehre, 5. Aufl. 2010, S. 712.

1257 *Krawiec*, 79 Or. L. Rev. 301, 302 (2000); *Schüwer/Steffen* in Zerey, Finanzderivate, 3. Aufl. 2013, § 1, Rn. 52.

1258 *Krawiec*, 79 Or. L. Rev. 301, 302 (2000); *Hull*, Risk Management and Financial Institutions, 2nd Ed. 2010, 3rd Ed. 2012, S. 509 f.

Händlers zurückzuführende Insolvenz der Barings Bank schärfte das Bewusstsein für die vom Versagen interner Kontrollen ausgehenden besonderen Gefahren für den Bestand einer Bank. Bemerkenswerterweise war *Leeson* neben seiner Funktion als Trader zugleich für das Settlement seiner eigenen Transaktionen zuständig, was es ihm einfach machte, die eingefahrenen Verluste auf dem Konto „88888" zu verbuchen und damit zu verdecken.[1259] Nach heutigem Verständnis kommt diese Doppelrolle Leesons einer Aushebelung der organisatorischen Gewaltenteilung im Unternehmen gleich.

In der jüngsten Zeit sah sich die französische Geschäftsbank Société Générale im Jahr 2008 mit Verlusten in Höhe von 4,9 Mrd. Euro konfrontiert, die auf Handelspositionen des Händlers *Jérôme Kerviel* zurückzuführen sein sollen, die unter Umgehung interner Kontrollsysteme aufgebaut wurden.[1260] Die eigenmächtig aufgebauten Handelspositionen sollen danach eine Höhe von bis zu 49 Mrd. Euro erreicht haben und wurden schließlich am 20. Januar 2008 aufgedeckt und von der Bank mit entsprechenden Verlusten geschlossen.[1261]

bb) Terrorismus: 11. September 2001

Ein weiteres Beispiel für *low-frequency, high-impact events* stellen die Terroranschläge vom 11. September 2001 dar.[1262] Neben dem schwerwiegenden Verlust ihrer Mitarbeiter haben einige Banken mit Sitz im World Trade Center zudem ihre Hauptgeschäftsstellen verloren.[1263] Besonders prekär wirkte sich dieser Umstand u.a. auf die U.S.-amerikanische Investmentbank Merill Lynch aus, die zwar, wie branchenüblich, im Rahmen von Notfallplänen Ersatzräume im Bestand hatte, diese allerdings aufgrund des verheerenden Ausmaßes und der räumlichen Nähe zum Anschlagsort nicht beziehen konnte, was letztlich zu höheren Verlusten geführt hat.[1264]

1259 S. *Krawiec,* 51 Ariz. L. Rev. 127, 159 Fn. 147 (2009); *Apostolik/Donohue/Went*, Foundations of Banking Risk, 2009, S. 181.

1260 S. die Übersetzung des lesenswerten internen Berichts *Société Générale General Inspection Department*, Mission Green Summary Report 2, 2008.

1261 *Société Générale General Inspection Department*, Mission Green Summary Report 2, 2008, S. 2.

1262 *Krawiec,* 51 Ariz. L. Rev. 127, 136 (2009); *Hartmann-Wendels/Pfingsten/Weber*, Bankbetriebslehre, 5. Aufl. 2010, S. 709.

1263 Vgl. *Apostolik/Donohue/Went*, Foundations of Banking Risk, 2009, S. 186 zur Investment Bank Cantor Fitzgerald.

1264 *Peachey* in Eller/Gruber/Reif, Handbuch Operationelle Risiken, 2002, S. 333 f. mit weiteren anschaulichen Beispielen zu schlagend gewordenen operationellen Risiken im Bankgewerbe.

b) High-frequency, low-impact events

High-frequency, low-impact events betreffen hingegen weniger öffentlichkeitswirksame Ereignisse, etwa technisches oder personelles Versagen im Zahlungsverkehr (sog. *„fat fingers errors"*[1265]), die in ihrer Gesamtheit zwar durchaus signifikante Verlustgefahren bergen, aufgrund der vorhandenen Datensammlungen aber leichter vom Risikomanagement oder Aufsehern adressiert werden können.[1266]

II. Risikobegrenzung durch Eigenmittelvorschriften

Seit der Umsetzung von Basel II müssen Banken nicht nur Ausfall- und Marktrisiken mit Eigenmitteln unterlegen, sondern einen solchen Puffer auch für das operationelle Risiko ihrer Geschäftstätigkeit vorhalten.[1267] Allerdings stellt die zur Berechnung der Eigenmittelquote erforderliche Quantifizierung des operationellen Risikos aufgrund der schieren Bandbreite der unter diesem Oberbegriff zusammengefassten Verlustursachen (interne Verfahren, Menschen, Systeme, externe Ereignisse sowie Rechtsverstöße) Banken, Aufsichtsbehörden und die Gesetzgeber vor besondere Herausforderungen.[1268]

Über dieses grundlegende Problem hinaus, ist die Unterscheidung zwischen den sog. *high-frequency, low-impact events* auf der einen Seite und den *low-frequency, high-impact events* auf der anderen Seite für die Quantifizierung entscheidend. Die bereits dargestellten prägnanten Beispiele[1269] im Bereich der *low-frequency, high-impact events*, wie die Verluste infolge unautorisierter Transaktionen sog. *rogue traders*, terroristischer Anschläge oder Naturkatastrophen, sind außerordentlich schwer zu messen, was sowohl für ihre Eintrittswahrscheinlichkeit als auch die tatsächliche Schadenhöhe gilt.[1270] Der Zusammenbruch einer etablierten Bank aufgrund der Transaktionen eines einzelnen Händlers war vor dem Fall der Barings Bank für die Finanzmarktteilnehmer und

---

1265 *Krawiec,* 51 Ariz. L. Rev. 127, 135 (2009).

1266 *Krawiec,* 51 Ariz. L. Rev. 127, 150 (2009); *Hartmann-Wendels/Pfingsten/Weber*, Bankbetriebslehre, 5. Aufl. 2010, S. 712.

1267 *Wegener* in Boos/Fischer/Schulte-Mattler, KWG, 4. Aufl. 2012, Vor § 269, Rn. 2; *Weber*, 62 Admin. L. Rev. 763, 828 (2010).

1268 *Krawiec,* 51 Ariz. L. Rev. 127, 149 ff. (2009).

1269 S. oben S. 225 f.

1270 Vgl. *Edwards*, U. Colo. L. Rev. 247, 276 (2010); s. auch *Krawiec,* 51 Ariz. L. Rev. 127, 145 (2009); *Hartmann-Wendels/Pfingsten/Weber*, Bankbetriebslehre, 5. Aufl. 2010, S. 712.

deren Aufseher schlichtweg nicht vorstellbar und auch die gravierenden Verluste der Société Générale in Höhe von 4,9 Mrd. Euro im Jahr 2008 oder der UBS im Jahr 2011 mussten diese Gefahr erst wieder in das kollektive Bewusstsein rufen. Die Regulierung solcher Verlustereignisse durch Eigenmittel stellt sich dann als gordischer Knoten dar: Wie sollen Risiken quantifiziert werden, um diese anschließend mit Eigenmitteln unterlegen zu können, wenn sie die Grenzen der Vorstellungskraft sprengen?

1. Berechnungsmethoden

Die Basler Empfehlungen warten mit drei unterschiedlichen Berechnungsmethoden für die Eigenkapitalunterlegung operationeller Risiken auf: Dem Basisindikatoransatz (*basic indicator approach*, BIA), dem Standardansatz (*standardized approach*, STA) sowie den fortgeschrittenen Messansätzen (*advanced measurement approaches*, AMA).[1271] Die Berechnungsmethoden sind abgestuft und an den Entwicklungsgrad des Risikomanagements der Banken geknüpft, so dass mit steigender Komplexität der gewählten Methode die Anforderungen an das Risikomanagement wachsen. Banken sind angehalten, ihr Risikomanagement entsprechend fortzuentwickeln, um die Stufen zu den komplexeren und zugleich risikosensitiveren Ansätzen heraufsteigen zu können.[1272] Vor allem von Banken mit einem international aufgestellten Geschäftsbetrieb, die einem erheblichen operationellen Risiko ausgesetzt sind, wird die Verwendung von STA oder AMA erwartet.[1273] Dennoch liegt die Wahl des Ansatzes im Ermessen der Institute.[1274] „Belohnt" werden sie allerdings dadurch, dass sich die höhere Risikosensitivität der komplexeren Berechnungsmethoden im Ergebnis in einer niedrigeren Eigenkapitalunterlegungspflicht niederschlagen soll.[1275] Haben STA oder AMA in einem Institut jedoch erstmals Verwendung gefunden, ist ein Weg zurück zu den jeweils einfacheren Ansätzen grundsätzlich versperrt und nur bei

---

1271 *Basler Ausschuss für Bankenaufsicht*, Internationale Konvergenz der Eigenkapitalmessung und der Eigenkapitalanforderungen, Juni 2006, Tz. 645.

1272 *Basler Ausschuss für Bankenaufsicht*, Internationale Konvergenz der Eigenkapitalmessung und der Eigenkapitalanforderungen, Juni 2006, Tz. 646.

1273 *Basler Ausschuss für Bankenaufsicht*, Internationale Konvergenz der Eigenkapitalmessung und der Eigenkapitalanforderungen, Juni 2006, Tz. 647.

1274 *Wegener* in Boos/Fischer/Schulte-Mattler, KWG, 4. Aufl. 2012, § 269 SolvV, Rn. 6.

1275 *Krawiec*, 51 Ariz. L. Rev. 127, 139 f. (2009); *Wegener* in Boos/Fischer/Schulte-Mattler, KWG, 4. Aufl. 2010, § 269 SolvV, Rn. 5; *Hartmann-Wendels/Pfingsten/Weber*, Bankbetriebslehre, 5. Aufl. 2010, S. 713.

Vorliegen besonderer Voraussetzungen und bei Genehmigung der Aufsichtsbehörde zulässig.[1276]

2. Europa und Deutschland

Die in Basel II vorgesehenen Berechnungsmethoden für die Eigenkapitalunterlegung von operationellen Risiken werden von Art. 312 ff. CRR aufgegriffen.

a) Basisindikatoransatz (BIA)

Der BIA bildet die einfachste Berechnungsmethode und stellt weder besondere Voraussetzungen an das Risikomanagement der Institute noch setzt die Verwendung eine Anzeige bei der Aufsichtsbehörde oder gar deren Erlaubnis voraus.[1277] Nach dem BIA sind Banken verpflichtet, Eigenkapital entsprechend 15% (sog. Alpha-Faktor[1278]) des Dreijahresdurchschnitts des positiven jährlichen Bruttoertrags (maßgeblicher Indikator) vorzuhalten.[1279] Der positive jährliche Bruttoertrag wird somit als Indikator herangezogen, um ein unterstelltes operationelles Risiko abzubilden, dem die Bank ausgesetzt sein soll.[1280] Wachsende Erträge und ein größerer Geschäftsumfang werden demnach pauschal mit einem höheren operationellen Risiko gleichgesetzt, das eigenkapitalunterlegungspflichtig ist. Da sich aus den jährlichen Bruttoerträgen jedoch keinesfalls auf das *tatsächlich* von einer Bank eingegangene operationelle Risiko schließen lässt, führt diese „wenig risikosensitive“[1281] Berechnungsmethode regelmäßig zu einer höheren Eigenkapitalunterlegungspflicht als die anderen Ansätze.[1282]

1276 *Basler Ausschuss für Bankenaufsicht*, Internationale Konvergenz der Eigenkapitalmessung und der Eigenkapitalanforderungen, Juni 2006, Tz. 648.

1277 *Krawiec*, 51 Ariz. L. Rev. 127, 139 (2009). In Deutschland nutzt mit ca. 2000 Instituten die breite Masse der Banken den BIA, s. *Deutsche Bundesbank*, Monatsbericht Januar 2009, S. 72.

1278 *Wegener* in Boos/Fischer/Schulte-Mattler, KWG, 4. Aufl. 2012, § 271 SolvV, Rn. 1.

1279 Art. 315 Abs. 1 CRR; *Basler Ausschuss für Bankenaufsicht*, Internationale Konvergenz der Eigenkapitalmessung und der Eigenkapitalanforderungen, Juni 2006, Tz. 649.

1280 *Wegener* in Boos/Fischer/Schulte-Mattler, KWG, 4. Aufl. 2012, § 271 SolvV, Rn. 2.

1281 *Wegener* in Boos/Fischer/Schulte-Mattler, KWG, 4. Aufl. 2012, § 271 SolvV, Rn. 2.

1282 Krit. *Krawiec*, 51 Ariz. L. Rev. 127, 139 ff. (2009); *Wegener* in Boos/Fischer/Schulte-Mattler, KWG, 4. Aufl. 2012, § 271 SolvV, Rn. 2 (BIA setze „falsche Steuerungsimpulse“); *Hartmann-Wendels/Pfingsten/Weber*, Bankbetriebslehre, 5. Aufl. 2010, S. 724 f.

b) Standardansatz (STA)

Die Verwendung des STA erfordert die vorherige Anzeige bei der zuständigen Aufsichtsbehörde, Art. 312 Abs. 1 Satz 2 CRR, und stellt erweiterte Anforderungen an das Risikomanagement des verwendenden Instituts, Art. 312 Abs. 1 Satz 1 CRR in Verbindung mit Art. 320 CRR und Art. 74 und 85 CRD IV, wobei letztere von § 25a KWG umgesetzt werden.[1283] Bereits unter dem STA tritt somit ein Regulierungsansatz hervor, der auf die Verflechtung von quantitativen und qualitativen Elementen zur Begrenzung operationeller Risiken setzt, was später unter den AMA noch weiter herausgestellt wird.

Unter dem STA wird die bankbetriebliche Tätigkeit in acht Geschäftsfelder (sog. Geschäftsfeldzuordnung[1284]) unterteilt, wie z.B. die Unternehmensfinanzierung und –beratung (*corporate finance*), der Handel (*trading and sales*), das Privatkundengeschäft (*retail banking*) oder der Zahlungsverkehr und die Abwicklung (*payment and settlement*).[1285] Für jedes der acht Geschäftsfelder wird der jeweilige positive jährliche Bruttoertrag als maßgeblicher Indikator[1286] mit einem für jedes Geschäftsfeld separat zugewiesenen Beta-Faktor multipliziert.[1287] Die Vorgabe des Beta-Faktors verläuft parallel zu der unterstellten Höhe des operationellen Risikos, dem die verschiedenen Geschäftsfelder ausgesetzt sein sollen. Ein höheres antizipiertes Risiko führt folglich zu einem entsprechend höheren Beta-Faktor.[1288] So ist der Beta-Faktor für das Privatkundengeschäft mit 12% vergleichsweise niedrig angesetzt, während die Felder Unternehmensfinanzierung, Handel sowie Zahlungsverkehr und Abwicklung mit 18% den höchsten Beta-Faktor aufweisen. Dazwischen liegen das Firmenkundengeschäft (*commercial banking*) und Depot- und Treuhandgeschäfte (*agency services*), die mit 15% gewichtet sind. Der Gesamtbetrag des zu unterlegenden Eigenkapitals ergibt sich

1283 In Deutschland greifen ca. 70 Institute auf den STA zurück, *Deutsche Bundesbank*, Monatsbericht 2009, S. 72.

1284 *Wegener* in Boos/Fischer/Schulte-Mattler, KWG, 4. Aufl. 2012, § 275 SolvV, Rn. 1.

1285 Art. 317 Abs. 1 und Abs. 4 CRR.

1286 Auf Antrag und mit Zustimmung der Aufsichtsbehörde können Institute für das Privat- und Firmenkundengeschäft alternative Indikatoren, die auf das Kreditvolumen abstellen, verwenden (alternativer Standardansatz, ASA), Art. 319 und Art. 312 Abs. 1 Unterabs. 2 CRR; s. dazu *Wegener* in Boos/Fischer/Schulte-Mattler, KWG, 4. Aufl. 2012, § 274 SolvV, Rn. 1 ff.

1287 Art. 317 Abs. 2 Satz 2 CRR.

1288 *Basler Ausschuss für Bankenaufsicht*, Internationale Konvergenz der Eigenkapitalmessung und der Eigenkapitalanforderungen, Juni 2006, Tz. 653; *Wegener* in Boos/Fischer/Schulte-Mattler, KWG, 4. Aufl. 2008, § 273 SolvV, Rn. 6.

schließlich als Dreijahresdurchschnitt der Summe der Eigenkapitalanforderungen der einzelnen Geschäftsfelder.[1289]

c) *Fortgeschrittene Messansätze (AMA)*

Unter den AMA werden fortgeschrittene Berechnungsmethoden zusammengefasst, die auf bankinternen Modellen zur Messung des operationellen Risikos basieren und damit deutliche Parallelen zu dem auf internen Ratings basierenden Ansatz (IRBA) für das Kreditrisiko aufweisen.[1290] Die Verwendung solcher fortgeschrittenen Messansätze bedarf der Erlaubnis der Aufsichtsbehörde, die wiederum an die Erfüllung bestimmter quantitativer und qualitativer Voraussetzungen von Seiten des beantragenden Instituts geknüpft ist, Art. 312 Abs. 2 CRR.[1291] Auch wenn die Begrenzung operationeller Risiken aufsichtsrechtlich im Kontext der (quantitativen) eigenmittelbasierten Regulierung erfolgt, ist sie im Rahmen der fortgeschrittenen Messansätze – mit Abstrichen auch beim STA – zugleich an qualitative Elemente geknüpft und ruht damit letztlich auf zwei Säulen: Der Eigenkapitalunterlegung und dem Risikomanagement. Darüber hinaus stellen die AMA, durch die behördliche Zulassungsvoraussetzungen und bankinterne Berechnungsmodelle vereint werden, ein Beispiel für die regulierte Selbstregulierung dar.[1292]

aa) Qualitative Voraussetzungen

Zu den qualitativen Zulassungsvoraussetzungen zählen nach Art. 321 CRR etwa ein in die laufenden Risikomanagementprozesse eingebundenes System zur Messung operationeller Risiken, ein unabhängiges Risikomanagement für operationelle Risiken, eine regelmäßige Berichterstattung über die Gefährdung sowie Verfahren zur angemessenen Korrektur.[1293] Da auch Rechtsrisiken unter die Definition des operationellen Risikos fallen, müssen Institute zudem über Verfahren

---

1289 Art. 317 Abs. 2 Satz 1 CRR.

1290 Vgl. *Hartmann-Wendels/Pfingsten/Weber*, Bankbetriebslehre, 5. Aufl. 2010, S. 719; *Krawiec*, 51 Ariz. L. Rev. 127, 138 (2009); *Weber*, 62 Admin. L. Rev. 783, 828 ff. (2010). S. zur Berechnung der Eigenkapitalanforderungen nach dem IRBA oben 4. Teil, Abschnitt B, II., 4.

1291 In Deutschland haben zehn Institute- und Institutsgruppen eine Zulassung zur Nutzung fortgeschrittener Berechnungsmethoden erhalten, die gemessen an ihrer Bilanzsumme aber 46% abdecken, *Deutsche Bundesbank*, Monatsbericht Januar 2009, S. 72.

1292 *Krawiec*, 51 Ariz. L. Rev. 127, 143 (2009): *„enforced self-regulation"*; vgl. auch *Schwarcz*, 26 Yale J. on Reg. 457, 469 (2009); *Omarova*, 159 U. Pa. L. Rev. 411, 439 (2011); *Bamberger*, 88 Tex. L. Rev. 669, 681 (2010).

1293 Art. 321 lit. a – c CRR.

zur Gewährleistung der Rechtsbefolgung (Compliance) und über Grundsätze für die Behandlung von Regelverstößen verfügen.[1294] Schließlich müssen Steuerungs- und Messverfahren regelmäßig durch die interne Revision oder externe Prüfer überprüft werden.[1295]

bb) Quantitative Voraussetzungen

Als quantitative Voraussetzungen müssen fortgeschrittene Messansätze nach Art. 322 CRR vier verschiede Informationsquellen verwenden: (1) interne Daten, die über einen mindestens fünfjährigen Beobachtungszeitraum in einer Geschäftsfeld-Ereigniskategorie-Matrix erfasst werden, (2) externe Daten, (3) Szenarioanalysen sowie (4) Faktoren, die das Geschäftsumfeld und die internen Kontrollsysteme betreffen.[1296] Die besonders verlustträchtigen *low-frequency, high-impact events* müssen ausdrücklich als „wichtigste Risikotreiber" erfasst werden.[1297] Neben den intern zur Verfügung stehenden Daten müssen Institute in ihren fortgeschrittenen Messansätzen vor allem auf externe Daten, z.B. Schadensfalldatenbanken von Drittanbietern, zurückgreifen und Szenarioanalysen einsetzen,[1298] um die Gefährdungslage zu bewerten, da diese selten eintretenden Verlustereignisse regelmäßig nicht in internen Verlustdatenbanken enthalten sein werden.[1299] Unterlegungspflichtig sind grundsätzlich sowohl erwartete als auch unerwartete Verluste, wobei erstere abgezogen werden dürfen, soweit sie durch interne Geschäftspraktiken bereits angemessen erfasst werden und damit bereits eingepreist sind.[1300] Wie der IRBA bei der Berechnung der Eigenmittelanforderungen für Kreditrisiken[1301] unterscheiden auch die AMA zwischen erwarteten und unerwarteten Verlusten und erhöhen dadurch die Risikosensitivität der aufsichtsrechtlichen Eigenmittelvorschriften.[1302] Um

---

1294 Art. 321 lit d Satz 2 CRR. Diese Voraussetzung ist so ausdrücklich noch nicht in Basel II enthalten.

1295 Art. 321 lit. e CRR.

1296 *Deutsche Bundesbank*, Monatsbericht Januar 2009, S. 72 ff.

1297 Art. 322 Abs. 2 lit. a und lit. c CRR; *Wegener* in Boos/Fischer/Schulte-Mattler, KWG, 4. Aufl. 2012, § 284 SolvV, Rn. 5.

1298 Art. 322 Abs. 4 lit. a, Abs. 5 sowie Abs. 6 lit. b CRR.

1299 *Wegener* in Boos/Fischer/Schulte-Mattler, KWG, 4. Aufl. 2012, § 289 SolvV, Rn. 1 ff. und § 290 SolvV, Rn. 1; *Hartmann-Wendels/Pfingsten/Weber*, Bankbetriebslehre, 5. Aufl. 2010, S. 723.

1300 Art. 322 Abs. 2 lit. a CRR.

1301 S. dazu oben 4. Teil, Abschnitt B, II, 4.

1302 *Wegener* in Boos/Fischer/Schulte-Mattler, KWG, 4. Aufl. 2012, § 284 SolvV, Rn. 2.

unerwartete Verluste angemessen begrenzen zu können, geben die Regelungen in Anlehnung an den VaR vor, dass das von dem Institut auf Grundlage der eingesetzten Berechnungsmethode ermittelte operationelle Risiko einem Konfidenzniveau von 99,9% bei einer einjährigen Halteperiode entsprechen muss,[1303] d.h. eintretende Verluste dürfen nur mit einer Wahrscheinlichkeit von 0,1% höher sein als der vom Institut ermittelte Betrag.[1304]

cc) Risikotransfer

Allein im Rahmen der AMA werden Instrumente zum Transfer operationeller Risiken bei der Berechnung der Eigenkapitalunterlegungspflicht berücksichtigt, Art. 323 CRR. Hingegen können Institute, die auf den BIA oder STA zurückgreifen, eine derartige Risikominderung nicht geltend machen.[1305] Dieser Umstand bietet einen weiteren Anreiz für Institute, eine Zulassung zur Verwendung der AMA zu beantragen. Die aufsichtsrechtlichen Regelungen erreichen jedoch nicht im Ansatz die Komplexität der Regelungen, wie sie im Zusammenhang mit dem Kreditrisikotransfer zu finden sind.[1306] Abgeschlossene Versicherungen und „andere Risikoübertragungsmechanismen" (z.B. Katastrophenbonds[1307]), sofern dabei ein nennenswerter Risikominderungseffekt erzielt wird, können bei Genehmigung der Aufsichtsbehörden zu einer Eigenkapitalerleichterung der gesamten Anforderungen für das operationelle Risiko von maximal 20% führen.[1308]

3. Rechtsvergleichender Blick auf die Umsetzung in den USA

Anders als in der europäischen Umsetzung der Basler Empfehlungen zur aufsichtsrechtlichen Behandlung von operationellen Risiken, die die Wahl der Berechnungsmethoden in das Ermessen der Institute stellt, sind in den USA große

---

1303 Art. 322 Abs. 2 lit. a CRR.

1304 *Wegener* in Boos/Fischer/Schulte-Mattler, KWG, 4. Aufl. 2012, § 284 SolvV, Rn. 6; *Deutsche Bundesbank*, Monatsbericht Januar 2009, S. 73.

1305 *Wegener* in Boos/Fischer/Schulte-Mattler, KWG, 4. Aufl. 2012, § 292 SolvV, Rn. 3; *Hartmann-Wendels/Pfingsten/Weber*, Bankbetriebslehre, 5. Aufl. 2010, S. 719.

1306 S. zur aufsichtsrechtlichen Behandlung des Kreditrisikotransfers durch Kreditderivate und Verbriefungstransaktionen oben S. 134 ff. (Kreditderivate) sowie S. 142 ff. (Verbriefungen).

1307 *Wegener* in Boos/Fischer/Schulte-Mattler, KWG, 4. Aufl. 2012, § 279 SolvV, Rn. 5.

1308 Art. 323 Abs. 1 und 5 CRR.

oder international tätige Banken, sog. *core banks*,[1309] dazu verpflichtet, die fortgeschrittenen Messansätze (AMA) zu verwenden.[1310] Zudem steht es anderen sog. *opt-in banks*, die zwar die genannten Schwellen nicht erreichen aber dennoch fortgeschrittene Messansätze verwenden möchten und die Zulassungsvoraussetzungen erfüllen, frei, die Zulassung zur Verwendung der AMA bei der jeweils zuständigen Aufsichtsbehörde zu beantragen.

Im Hinblick auf BIA und STA vertraten die U.S.-amerikanischen Aufsichtsbehörden zunächst noch die Auffassung, diesen Ansätzen würde es an Risikosensitivität mangeln und so wurden nicht nur *core banks* von vornherein zur Verwendung der AMA verpflichtet, sondern die einfacheren Berechnungsmodelle erst gar nicht in das Aufsichtsrecht implementiert.[1311] An dieser Stellte sickert erneut die grundlegende Auffassung der U.S.-amerikanischen Aufsichtsbehörden vom Zweck einer Umsetzung der Basler-Regelwerke durch, in deren Fokus sie nahezu isoliert die Regulierung eben solcher großer und international tätiger Banken sehen. Erst deutlich später wurden Vorschläge für die Umsetzung des BIA veröffentlicht,[1312] die bis zuletzt jedoch nicht in eine *final rule* überführt wurden und somit nicht rechtskräftig sind. Eine Implementierung des als leichte Modifikation des BIA zu wertenden STA stand dabei überhaupt nicht zur Diskussion. U.S.-Banken, die weder zu den *core banks* zählen noch von der Möglichkeit Gebrauch gemacht haben, für die Zulassung fortgeschrittener Messansätze zu optieren, müssen als sog. *general banks* demnach keinen eigens an das operationelle Risiko geknüpften Eigenkapitalbetrag vorhalten.[1313] Allerdings heben die Aufsichtsbehörden hervor, dass in einer Gesamtschau (*„supervisory assessment of overall capital quality“*) von den Banken erwartet wird, dass ihr Eigenkapital an dem tatsächlichen Risikoprofil ausgerichtet ist, wobei auch das operationelle Risiko zu berücksichtigen ist.[1314] Das kann jedoch nicht mit einer verbindlichen Unterlegungspflicht gleichgesetzt werden.

1309 Banken mit konsolidierten Aktiva in Höhe von mindestens 250 Mrd. USD oder Bilanzpositionen mit grenzüberschreitendem Bezug (*on-balance sheet foreign exposure*) in Höhe von mindestens 10 Mrd. USD.

1310 12 C.F.R. part 3 appendix C (*advanced approaches rul*es). S. dazu *Board of Governors of the Federal Reserve System/FDIC/OCC/OTS*, Interagency Guidance on the Advanced Measurement Approaches for Operational Risk, 3.6.2011.

1311 72 Fed. Reg. 69288, 69298 (7. Dezember 2007).

1312 73 Fed. Reg. 43982 (29. Juli 2008).

1313 Vgl. *Basler Ausschuss für Bankenaufsicht*, Basel III regulatory consistency assessment (Level 2) – Preliminary report: United States of America, Oktober 2012, Tz. 2.4.7; 73 Fed. Reg. 43982, 44020 (29. Juli 2008).

1314 *OCC/Federal Reserve*, Regulatory Capital Rules, 2.7.2013, S. 94 f.

III. Zusammenfassende Würdigung

1. BIA und STA: Kein Anreiz zur Risikobegrenzung

Für den BIA muss zunächst das Zwischenfazit gezogen werden, dass damit keine Begrenzung von operationellen Risiken im engeren Sinne einhergeht, denn die Institute werden bei Rückgriff auf diesen Ansatz lediglich dazu verpflichtet, einen an ihrem Geschäftsumgang justierten zusätzlichen Verlustpuffer aufzubauen, ohne die bestehenden operationellen Risiken auch nur ansatzweise in ihrem tatsächlichen Umfang zu erfassen.[1315] Aufgrund der pauschalen Berechnungsmethode aus dem starren und nahezu willkürlich[1316] festgelegten Alpha-Faktor in Höhe von 15% und dem Bruttoertrag wird gegenüber den Banken überhaupt kein Anreiz gesetzt, operationelle Risiken intern zu begrenzen.[1317] Einzig ein Beschneiden des Bruttoertrags würde zu einer Minderung des unterzulegenden Eigenkapitals führen, nicht jedoch Maßnahmen zur effektiven Senkung des operationellen Risikos.

Der STA soll der unterschiedlichen Risikoträchtigkeit einzelner Geschäftsfelder durch die Zuweisung individueller Beta-Faktoren in Höhe von 12%, 15% oder 18% Rechnung tragen, doch die Multiplikation dieser gleichwohl starren Faktoren mit den jeweiligen Bruttoerträgen der Geschäftsfelder führt – wie auch beim BIA – zu keinem Abbild der tatsächlichen Risikolage des Instituts.[1318] Zwar liegt auf der Hand, dass das Risiko eines Verbraucherdarlehens, das aufgrund bewusster Fehlinformationen von Seiten des Darlehensnehmers (externer Betrug) im Privatkundengeschäft vergeben wird, regelmäßig niedriger ausfallen wird als die mit unautorisierten Transaktionen am *trading desk* verbundenen Verlustgefahren. So lässt sich ein Beta-Faktor in Höhe von 18% im Bereich *trading and sales*

1315 Vgl. *Hartmann-Wendels/Pfingsten/Weber*, Bankbetriebslehre, 5. Aufl. 2010, S. 724.

1316 So waren ursprünglich 30% vorgesehen, von denen schrittweise wieder abgerückt wurde, vgl. *Hartmann-Wendels/Pfingsten/Weber*, Bankbetriebslehre, 5. Aufl. 2010, S. 724 f.

1317 *Krawiec*, 51 Ariz. L. Rev. 127, 140 (2009); *Wegener* in Boos/Fischer/Schulte-Mattler, KWG, 4. Aufl. 2012, § 271 SolvV, Rn. 2; so ausdrücklich auch die U.S.-amerikanischen Aufsichtsbehörden: „[...] [*T*]*he advanced approaches provide more substantial incentives for banks to improve their risk measurement and management practices than do the other approaches.*" 72 Fed. Reg. 69288, 69298 (7. Dezember 2007).

1318 Vgl. *Wegener* in Boos/Fischer/Schulte-Mattler, KWG, 4. Aufl. 2012, § 273 SolvV, Rn. 1; *Hartmann-Wendels/Pfingsten/Weber*, Bankbetriebslehre, 5. Aufl. 2010, S. 725; *Hellstern* in Becker/Gruber/Wohlert, Handbuch MaRisk und Basel III, 2. Aufl. 2012, S. 611.

gegenüber 12% im Retail-Geschäft durchaus rechtfertigen. Bei ausgewogenen Tätigkeitsbereichen einer in Deutschland typischen Universalbank kann unter dem STA jedoch leicht ein im Mittel dem Alpha-Faktor des BIA entsprechendes Ergebnis von 15% erzielt werden, was letztlich den verfolgten Anreiz von Basel II, das „Emporsteigen" zu komplexeren Messansätzen durch die Entlastung des Eigenkapitals zu belohnen, wieder zunichtemacht.[1319]

2. AMA und *low-frequency, high-impact events*

Indes verfolgen die fortgeschrittenen Messansätze das Ziel, operationelle Risiken, denen das jeweilige Institut ausgesetzt ist, möglichst exakt zu quantifizieren. Im Grundsatz soll dadurch ein Anreiz gesetzt werden, interne Modelle zu entwickeln und deren Verwendung zu beantragen, um wertvolles Eigenkapital auch nur im tatsächlich erforderlichen Umfang unterlegen zu müssen und nicht, wie es bei der Verwendung von BIA und STA der Fall ist, einen pauschalen Betrag ohne Relation zum gegebenen Risiko. Dieser Anreiz wird durch die privilegierte Berücksichtigung eingesetzter Instrumente zum Risikotransfer und der Abzugsfähigkeit erwarteter Verluste, die das jeweils zur Unterlegung erforderliche Eigenkapital herabsetzen, zusätzlich verstärkt.[1320]

In Hinblick auf *low-frequency, high-impact events* sehen sich jedoch auch die AMA strukturellen Problemen gegenüber.[1321] Ereignisse, die weder in internen noch externen Datensammlungen enthalten sind, können nur noch mittels Szenarioanalysen in die Berechnung einfließen. Und selbst diese auf Expertenmeinungen beruhenden Prognosen tragen keine Gewähr dafür, dass alle möglichen Fallkonstellationen berücksichtigt werden. Auch die Implementierung des VaR in die AMA darf Aufseher und Institute nicht in der trügerischen Sicherheit wiegen, für alle denkbaren Vorkommnisse gewappnet zu sein, denn Worst-Case-Szenarien können gerade in den Bereich der 0,1% Wahrscheinlichkeit fallen und müssen von den Instituten dann ohne ein eigens hierzu aufgespanntes Netz aus Eigenkapital

---

1319 In diese Richtung argumentieren *Hartmann-Wendels/Pfingsten/Weber*, Bankbetriebslehre, 5. Aufl. 2010, S. 725 und *Krawiec*, 51 Ariz. L. Rev. 127, 140 (2009); s. auch *Wegener* in Boos/Fischer/Schulte-Mattler, KWG, 4. Aufl. 2012, § 273 SolvV, Rn. 1.

1320 Vgl. *Deutsche Bundesbank*, Monatsbericht Januar 2009, S. 75, wonach jeweils sechs von zehn Instituten bzw. Institutsgruppen, die bis 2009 eine Zulassung zum AMA erhalten haben, von diesen Möglichkeiten Gebrauch gemacht haben.

1321 S. *Krawiec*, 51 Ariz. L. Rev. 127, 142 ff. (2009).

aufgefangen werden.[1322] Im Dunstkreis der *low-frequency, high-impact events* müssen sich alle Beteiligten folglich eher auf die qualitativen Regulierungselemente, also das Risikomanagement, verlassen.

3. Empfehlung

Im Ergebnis bietet sich eine ähnliche Lösung an, wie sie auch in den Vereinigten Staaten umgesetzt wurde. Anstatt an dem BIA und dem STA im Eigenkapitalregime festzuhalten, sollte das operationelle Risiko von kleinen und mittleren Instituten durch das Risikomanagement als Element der zweiten Säule von Basel II begrenzt werden.[1323] Sämtliche Institute unterliegen dabei ohnehin besonderen Organisationspflichten nach § 25a Abs. 1 KWG, wozu vor allem Mindestanforderungen an das Risikomanagement zählen. Im Rahmen des Risikotragfähigkeitskonzepts muss das operationelle Risiko mit *internem* Eigenkapital unterlegt werden, so dass eine Risikobegrenzungsfunktion auf dieser Ebene gewährleistet wäre.[1324] Ohne die starren Berechnungskonzepte des BIA und STA würde auch kleinen und mittleren Instituten ein Anreiz gesetzt, operationelle Risiken zu mindern und ihr Risikomanagement in diesem Bereich fortzuentwickeln. Große international ausgerichtete Institute sollten hingegen, parallel zu den U.S.-amerikanischen *advanced approaches rules*, zur Verwendung der AMA verpflichtet werden, um dem höheren operationellen Risiko ihrer Geschäftsaktivitäten Rechnung zu tragen.

F. Konzentrationsrisiken (Klumpenrisiken)

Konzentrationsrisiken stellen streng genommen keine eigenständige Risikoart dar, sondern entstehen aus der Verdichtung anderer bankbetrieblicher Risiken. Dabei klingt bereits an, dass eine solche Klumpenbildung keineswegs auf Ausfallrisiken beschränkt ist.[1325] So können auch Marktrisiken in konzentrierter Form auftreten, z.B. im Fall einzelner hoher Forderungen in einer bestimmten Währung oder aber im Zusammenhang mit operationellen Risiken, wenn der Geschäftsbetrieb einer

---

1322 Vgl. *Schwarcz*, 26 Yale J. on Reg. 457, 461 ff. (2009), der „*overreliance*" als Gefahr im Finanzsektor hervorhebt; *Bamberger*, 88 Tex. L. Rev. 669, 675, 718 ff. (2010).

1323 So im Ergebnis *Hartmann-Wendels/Pfingsten/Weber*, Bankbetriebslehre, 5. Aufl. 2010, S. 728 f.

1324 S. zum Risikomanagement ausführlich unten 4. Teil, Abschnitt H.

1325 *Deutsche Bundesbank*, Monatsbericht Juni 2006, S. 36.

Bank von einem bestimmten IT-System abhängig ist.[1326] Dennoch bilden Konzentrationen in Kreditportfolios in der Regel die bedeutendste Gefahrenquelle für Banken,[1327] so dass die Darstellung in diesem Zusammenhang erfolgt, aber auch für andere Risikoarten im Hinterkopf behalten werden sollte.

I. Ökonomischer Hintergrund

Bei der Zusammenfassung einzelner Kredite zu einem Kreditportfolio kann es zur Bildung von Konzentrationsrisiken bzw. sog. Klumpenrisiken kommen.[1328] Klumpenrisiken sind letztlich Folgeerscheinungen unterlassener Diversifikation und bilden sich auf Portfolioebene, wenn entweder nur wenige große Positionen eingegangen werden oder aber viele kleinere Einzelpositionen eine hohe positive Korrelation, d.h. einen Korrelationskoeffizienten nahe +1, aufweisen.[1329] Portfolien, bei denen im Rahmen der Anlageentscheidungen Diversifikationseffekte Berücksichtigung gefunden haben, weisen hingegen eine höhere Granularität auf.[1330] Risikokonzentrationen sind allerdings nicht nur als bloße Zufallsprodukte oder Folge ineffizienter Diversifikationsstrategien zu werten, sondern werden von Banken zum Teil aus geschäftsstrategischen Erwägungen bewusst eingegangen, etwa im Rahmen des Regionalprinzips von Sparkassen oder den U.S.-amerikanischen *savings and loan associations*.[1331] Klumpenrisiken lassen sich dabei in drei Kategorien unterteilen, die jeweils für die *causa* der Konzentration stehen: (1.) Adressenkonzentrationen,

---

1326 *Deutsche Bundesbank*, Monatsbericht Juni 2006, S. 36.

1327 *Deutsche Bundesbank*, Monatsbericht Juni 2006, S. 36; *Basler Ausschuss für Bankenaufsicht*, Internationale Konvergenz der Eigenkapitalmessung und Eigenkapitalanforderungen, Juni 2006, Tz. 770.

1328 *Apostolik/Donohue/Went*, Foundations of Banking Risk, 2009, S. 137; *van Greuning/Brajovic Bratanovic*, Analyzing and Managing Banking Risk, 2nd Ed. 2003, S. 137; *Deutsche Bundesbank*, Monatsbericht Juni 2006, S. 36.

1329 *Hartmann-Wendels/Pfingsten/Weber*, Bankbetriebslehre, 5. Aufl. 2010, S. 543; *Fleischer/Schmolke*, ZHR 173 (2009), 649, 656; s. zur Diversifikation ausführlich oben S. 19 ff.

1330 *Deutsche Bundesbank*, Monatsbericht Juni 2006, S. 40; *Hartmann-Wendels/Pfingsten/Weber*, Bankbetriebslehre, 5. Aufl. 2010, S. 586.

1331 *Deutsche Bundesbank*, Monatsbericht Juni 2006, S. 38; vgl. auch *Haasis*, FS Rudolph, 2009, 571, 578 f.; *Apostolik/Donohue/Went*, Foundations of Banking Risk, 2009, S. 137 und *van Greuning/Brajovic Bratanovic*, Analyzing and Managing Banking Risk, 2nd Ed. 2003, S. 137.

(2.) Sektorkonzentrationen und (3.) Konzentrationen in geschäftlich verbundene Unternehmen.[1332]

1. Adressenkonzentrationen

Unter Adressenkonzentration ist das firmenspezifische (idiosynkratrische) Risiko in einem Kreditportfolio zu verstehen, das durch das Ausfallrisiko einzelner großer Positionen, d.h. eines einzelnen Kreditnehmers oder einer rechtlich miteinander verbundenen Gruppe von Kreditnehmern, entsteht.[1333] Diese Variante stellt das klassische Klumpenrisiko dar.

2. Sektorkonzentrationen

Sektorkonzentrationen entstehen, wenn sich eine Bank bei ihren Kreditengagements auf Kreditnehmer beschränkt, die aus bestimmten Industriebranchen oder einzelnen Ländern bzw. Regionen stammen.[1334] Während die Konzentration von Kreditnehmern einer bestimmten Branche an die Vergabe von Darlehen zur Unternehmensfinanzierung geknüpft ist, umfasst die Länderkonzentration auch staatliche und private Schuldner.[1335] Der große Kapitalbedarf deutscher Unternehmen, der, anders als in den USA, nach wie vor primär von Bankkrediten gestillt wird, schlägt sich als Kehrseite in entsprechend höheren Branchenkonzentrationen nieder, die damit als „ernst zu nehmende Risikoquelle" zu qualifizieren sind.[1336]

Die mit einer geographischen Geschäftskonzentration verbundenen Gefahren sind in den Vereinigten Staaten Mitte der 1980er Jahre während der Krise der auf das regionale Verbraucherkreditgeschäft spezialisierten *thrifts* hervorgetreten.[1337]

1332 *Deutsche Bundesbank*, Monatsbericht Juni 2006, S. 36 f.; *Fleischer/Schmolke*, ZHR 173 (2009), 649, 657; *van Greuning/Brajovic Bratanovic*, Analyzing and Managing Banking Risk, 2nd Ed. 2003, S. 137.

1333 *Deutsche Bundesbank*, Monatsbericht Juni 2006, S. 39; *Fleischer/Schmolke*, ZHR 173 (2009), 649, 657.

1334 *Deutsche Bundesbank*, Monatsbericht Juni 2006, S. 43; *Fleischer/Schmolke*, ZHR 173 (2009), 649, 657; *van Greuning/Brajovic Bratanovic*, Analyzing and Managing Banking Risk, 2nd Ed. 2003, S. 158.

1335 *Deutsche Bundesbank*, Monatsbericht Juni 2006, S. 43; *Fleischer/Schmolke*, ZHR 173 (2009), 649, 657 f.

1336 So *Deutsche Bundesbank*, Monatsbericht Juni 2006, S. 49.

1337 *Felsenfeld*, Banking Regulation in the United States, 2nd Ed. (Loseblatt, Stand: 2004), S. 201 ff.; *Spong*, Banking Regulation, 5th Ed. 2000, S. 30; *Deutsche Bundesbank*, Monatsbericht Juni 2006, S. 38.

Diese *savings and loan associations* unterstützen traditionell besonders Angehörige der Mittel- und Arbeiterschicht beim Sparen eines Teils ihrer Löhne und vergeben Verbraucherkredite und hypothekenbesicherte Kredite zum Erwerb von Eigenheimen.[1338] Ab Mitte der 1980er Jahre steuerten die *thrifts* jedoch in eine tiefe Depression.[1339] *Thrifts* zehren, wie andere Banken grundsätzlich auch, primär von der Marge zwischen dem Zinssatz für Einlagen und den Zinssätzen für Kredite.[1340] Das Kerngeschäft der *thrifts* ist jedoch sowohl räumlich als auch im Hinblick auf die angebotenen Leistungen eng abgesteckt und daher weniger diversifiziert als bei überregional tätigen Banken.[1341] Zwangsläufig sind die Portfolien wenig granular und neigen zur Bildung von Klumpenrisiken. Steigende Zinssätze in den 1980er Jahren zogen höhere Kapitalkosten nach sich und ließen die Marge schmelzen, da Institute nun gezwungen waren, höhere Zinsen für die Einlagen zu zahlen, um so dem Abwandern der Einleger zu gewinnbringenderen Investitionsmöglichkeiten, wie z.B. Fondsanteilen, gegenzusteuern.[1342] Die unter Druck geratenen *thrifts* reagierten zunehmend durch die Vergabe von Krediten mit höheren Ausfallrisiken, um durch die daran geknüpften höheren Zinssätze die Gewinnmarge aufrechtzuerhalten.[1343] Die steigenden Kreditausfälle zogen jedoch den Zusammenbruch vieler *thrifts* bis Mitte der 1990er Jahre nach sich.[1344] Hier lassen sich durchaus

---

1338 Daneben bestehen zudem die vergleichbaren *savings banks* sowie die *credit unions*, *Pan*, 19 Transnat'l L. & Contemp. Probs. 796, 817 (2011); *Pollard/Daly*, Banking Law in the United States, Vol. 1, 3rd Ed. (Loseblatt, Stand: 2010), § 3.04, S. 19.

1339 *Felsenfeld*, Banking Regulation in the United States, 2nd Ed. (Loseblatt, Stand: 2004), S. 201 ff.; *Spong*, Banking Regulation, 5th Ed. 2000, S. 30.

1340 *Pollard/Daly*, Banking Law in the United States, Vol. 1, 3rd Ed. (Loseblatt, Stand: 2010), § 3.04, S. 11.

1341 *Spong*, Banking Regulation, 5th Ed. 2000, S. 30; *Pollard/Daly*, Banking Law in the United States, Vol. 1, 3rd Ed. (Loseblatt, Stand: 2010), § 3.04, S. 11.

1342 *Felsenfeld*, Banking Regulation in the United States, 2nd Ed. (Loseblatt, Stand: 2004), S. 202; *Carnell/Macey/Miller*, The Law of Banking and Financial Institutions, 4th Ed. 2009, S. 24.

1343 *Carnell/Macey/Miller*, The Law of Banking and Financial Institutions, 4th Ed. 2009, S. 29; *Felsenfeld*, Banking Regulation in the United States, 2nd Ed. (Loseblatt, Stand: 2004), S. 202.

1344 *Pollard/Daly*, Banking Law in the United States, Vol. 1, 3rd Ed. (Loseblatt, Stand: 2010), § 3.04, S. 11 f. Bereits 1989 war das Pendant zur FDIC, die Federal Savings and Loan Insurance Corporation (FSLIC), insolvent und nach erfolglosen Finanzhilfen wurde die Einlagensicherung der *savings and loan associations* schließlich durch den Financial Institutions Reform, Recovery, and Enforcement Act of 1989 (FIRREA) auf die FDIC übertragen, *Carnell/Macey/Miller*, The Law of Banking and Financial Institutions, 4th Ed. 2009. S. 29.

Parallelen zur Subprime-Krise ziehen, jedoch mit dem großen Unterschied, dass die Krise der *thrifts* weitgehend auf diesen Sektor beschränkt blieb und anders als im Fall der Subprime-Krise nicht durch global gehandelte ABS länder- und sektorübergreifend verbreitet wurde.[1345] Das Finanzsystem blieb daher von schlagenden Systemrisiken verschont.

3. Abhängigkeiten zwischen geschäftlich verbundenen Unternehmen

Schließlich führen auch Abhängigkeiten zwischen geschäftlich verbundenen Unternehmen zu Konzentrationsrisiken.[1346] Der gedankliche Standpunkt dieser Art des Konzentrationsrisikos ist zwischen der Adressenkonzentration und der Sektorkonzentration zu verorten: Im Gegensatz zu den Adressenkonzentrationen, die im Zusammenhang mit einzelnen Großkreditnehmern auftreten und sich dadurch auszeichnen, dass Konzernstrukturen als wirtschaftliche Einheit auftreten, stehen die Unternehmen hier in einer „losen" wechselseitigen Geschäftsbeziehung zueinander.[1347] Diese geschäftliche Verbundenheit ist dabei branchenübergreifend, d.h. nicht auf einen bestimmten Wirtschaftszweig beschränkt, was wiederum die Sektorkonzentrationen auszeichnet.[1348] Aufgrund der bestehenden Geschäftsbeziehungen kann es zu einem ansteckungsbedingten Ausfall (*micro contagion*) mehrerer einzelner Kreditnehmer kommen, die in ihrer Summe den Bestand einer Bank gefährden können.[1349] Die Ansteckungskanäle bilden somit die einzelnen Geschäftsbeziehungen, die den Ausfall einer Einheit auf andere Einheiten weiterleiten. Hier lassen sich deutliche Parallelen zum Systemrisiko aus der Makroperspektive ziehen, so dass die Konzentration in geschäftlich verbundenen Unternehmen durchaus als „Mikro-Systemrisiko" qualifiziert werden kann.[1350] Als Beispiel lassen sich die mit der Automobilindustrie eng verflochtenen und damit in einem Abhängigkeitsverhältnis stehenden Zulieferunternehmen heranziehen.

1345 Vgl. *Carnell/Macey/Miller*, The Law of Banking and Financial Institutions, 4th Ed. 2009. S. 30.

1346 *Deutsche Bundesbank*, Monatsbericht Juni 2006, S. 50; *Fleischer/Schmolke*, ZHR 173 (2009), 649, 658.

1347 *Deutsche Bundesbank*, Monatsbericht Juni 2006, S. 50; *Fleischer/Schmolke*, ZHR 173 (2009), 649, 658.

1348 *Deutsche Bundesbank*, Monatsbericht Juni 2006, S. 50; *Fleischer/Schmolke*, ZHR 173 (2009), 649, 658.

1349 *Deutsche Bundesbank*, Monatsbericht Juni 2006, S. 50; s. auch *CEBS*, Guidelines on the implementation of the revised large exposures regime, 11.12. 2009, Tz. 38 ff.

1350 In diese Richtung auch *Deutsche Bundesbank*, Monatsbericht Juni 2006, S. 50.

Aber auch die Abhängigkeiten rechtlich nicht verbundener Gesellschaften von einer gemeinsamen Haupt(re-)finanzierungsquelle fallen unter diese Variante des Konzentrationsrisikos, wie etwa der Fall der IKB Deutsche Industriebank, die im Jahr 2007 unter der Last von Liquiditätszusagen in Höhe von ca. 16 Mrd. Euro an drei von ihr gegründete Zweckgesellschaften fast zusammengebrochen wäre.[1351] Zuvor hatte die IKB eine Finanzierungsstruktur mit mehreren strukturierten Zweckgesellschaften (*structured investment vehicles*, SIVs oder auch Conduits)[1352] aufgesetzt, die in langfristige MBS investiert und sich über kurzfristige *asset-backed commercial papers* refinanziert hatten. Die IKB hatte jedoch großflächige Liquiditätsgarantien abgegeben,[1353] die durch Verluste der SIVs infolge der Verwerfungen auf den MBS Märkten schließlich fällig wurden.[1354]

4. Klumpenrisiken – Ein notwendiges Übel?

Einigkeit herrscht in der Wissenschaft und der Aufsichtspraxis darüber, dass kein Bedürfnis besteht, das Eingehen von Klumpenrisiken *per se* zu untersagen.[1355] Banken stehen der Konzentration bestimmter Positionen in ihren Büchern vielmehr in einem ambivalenten Verhältnis gegenüber. So gehören geographische Konzentrationen durchaus zum Geschäftsprinzip der dem Regionalprinzip verschriebenen Spar- und Genossenschaftsbanken und Branchenkonzentrationen können für Banken, die in diesem Wirtschaftszweig über eine besondere Expertise verfügen, zu qualitativ hochwertigen Portfolien führen.[1356] Die angeführten Beispiele der Thrift-Krise in den USA sowie der Fall der deutschen IKB bilden jedoch die Kehrseite von Klumpenrisiken und führen die Notwendigkeit eines regulatorischen Korrektivs vor Augen.[1357]

1351 *Hartmann-Wendels/Pfingsten/Weber*, Bankbetriebslehre, 5. Aufl. 2010, S. 586; *Rudolph*, ZGR 2010, S. 20; auf diesen Fall spielt wohl auch die *BaFin* in ihrem Rundschreiben 8/2011 (BA), 15.7.2011, Tz. 18 an.

1352 Etwa Rhineland Funding Capital Corp., Havenrock Ltd. oder Rhinebridge plc.

1353 Allein 8.1 Mrd. Euro für das SIV „Rhineland".

1354 Darstellung nach *Hellwig*, 157 De Economist 129, 170 (2009). S. auch *Lutter*, ZIP 2009, 197, 199 f.

1355 *Deutsche Bundesbank*, Monatsbericht Juni 2006, S. 38 f.; *Fleischer/Schmolke*, ZHR 173 (2009), 649, 658 f.; *Apostolik/Donohue/Went*, Foundations of Banking Risk, 2009, S. 137.

1356 *Deutsche Bundesbank*, Monatsbericht Juni 2006, S. 38 f.; *Fleischer/Schmolke*, ZHR 173 (2009), 649, 658 f.

1357 *Burghof/Rudolph*, Bankenaufsicht, 1996, S. 153; *Deutsche Bundesbank*, Monatsbericht Juni 2006, S. 39 und 52 ff.; *Fleischer/Schmolke*, ZHR 173 (2009), 649, 658.

II. Risikobegrenzung durch Großkreditvorschriften (*lending limits*)

Ausfallrisiken in Form von Konzentrations- bzw. Klumpenrisiken werden nicht allein durch die Unterlegungspflicht mit Eigenkapital begrenzt, sondern ihnen wird aufgrund ihres besonderen Gefährdungspotentials für die Stabilität von Banken zusätzlich durch das Ziehen konkreter Obergrenzen entgegengewirkt, wodurch aufsichtsrechtlich faktisch die Diversifikation von Kreditportfolien zu einem gewissen Mindestmaß angeordnet wird.[1358] Eben diese Stoßrichtung verfolgt das in der CRR angelegte Großkreditregime, Art. 387 ff.,[1359] und die parallelen Vorschriften (*lending limits*) in den Vereinigten Staaten, 12 U.S.C. § 84.[1360]

1. Europa und Deutschland

a) Erfasste Kategorien von Klumpenrisiken

Unter einem Großkredit ist nach der Legaldefinition von Art. 392 CRR ein Kredit an einen Kunden oder eine Gruppe verbundener Kunden zu verstehen, dessen Wert 10% der anrechenbaren Eigenmittel des kreditgebenden Instituts erreicht oder überschreitet. Neben der Risikokonzentration aufgrund des potentiellen Ausfalls eines einzelnen „großen" Kreditnehmers werden folglich miteinander verbundene Kreditnehmer aufsichtsrechtlich zu einer Gruppe zusammengefasst, die dann eine sog. „Risikoeinheit" bilden.[1361] Eine solche

---

1358 Vgl. *Fleischer/Schmolke*, ZHR 173 (2009), 649, 659 f.; *Burghof/Rudolph*, Bankenaufsicht, 1996, S. 40; *Carnell/Macey/Miller*, The Law of Banking and Financial Institutions, 4th Ed. 2009, S. 296; *Schooner/Taylor*, Global Bank Regulation, 2010, S. 184 f.

1359 Bislang national geregelt in §§ 13–13b KWG, die zwischen Nichthandelsbuchinstituten und Handelsbuchinstituten unterscheiden, dazu *Waschbusch*, Bankenaufsicht, 2000, S. 406; *Fleischer/Schmolke*, ZHR 173 (2009), 649, 659 f.; *Burghof/Rudolph*, Bankenaufsicht, 1996, S. 152 ff.

1360 S. die konkretisierende *regulation* 12 C.F.R. § 32.1(b); *Carnell/Macey/Miller*, The Law of Banking and Financial Institutions, 4th Ed. 2009, S. 296; *Spong*, Banking Regulation, 5th Ed. 2000, S. 76; *Pollard/Daly*, Banking Law in the United States, Vol. 1, 3rd Ed. (Loseblatt, Stand: 2010), § 9.01, S. 2; *Schooner/Taylor*, Global Bank Regulation, 2010, S. 185.

1361 *Dürselen*, ZBB 1996, 46, 48; *ders*, ZBB 1997, 24, 26; *Waschbusch*, Bankenaufsicht, 2000, 415; die *BaFin* schein ein engeres Verständnis von „Risikoeinheit" zu haben und den Begriff nur auf die wirtschaftliche Verbundenheit einzelner Kreditnehmer anzuwenden, *BaFin*, Rundschreiben 8/2011 (BA), 15.7.2011, Tz. 4 und 9 ff. S. mit weiteren Erläuterungen *BaFin*, Rundschreiben 8/2011 (BA), 15.7.2011, Tz. 4 und 9 ff.

Risikoeinheit wird nach der CRR in zwei Haupt-Konstellationen angenommen: Der Verbundenheit durch Kontrolle und der wirtschaftlichen Abhängigkeit zwischen einzelnen Kunden.[1362]

aa) Verbundenheit durch Kontrolle

Zunächst werden natürliche oder juristische Personen aufsichtsrechtlich wie ein einziger Kreditnehmer behandelt, wenn eine Person direkt oder indirekt Kontrolle über eine andere Person ausübt (Art. 4 Abs. 1 Nr. 39 lit. a CRR), womit insbesondere – freilich nicht ausschließlich – Konzernkonstellationen angesprochen sind.[1363] Ein solches Kontrollverhältnis stellt die *widerlegbare*[1364] Vermutung auf, dass es sich bei dem Personenkreis um eine Kreditnehmereinheit handelt.

bb) Wirtschaftliche Abhängigkeit

Daneben zieht die Verordnung nach Art. 4 Abs. 1 Nr. 39 lit. b CRR um natürliche oder juristische Personen einen Kreis, zwischen denen Abhängigkeiten bestehen, die es wahrscheinlich erscheinen lassen, dass finanzielle Schwierigkeiten eines Kunden auf andere Kunden durchschlagen und zwar sowohl im Hinblick auf die eigentliche Rückzahlung des Kredits als auch auf dessen (Re-) Finanzierung. Dieser Tatbestand zur Zusammenfassung von Risikoeinheiten hat einen weiten Anwendungsbereich, der sich in zwei weitere Fallkonstellationen unterteilen lässt.

(1) Geschäftlich verbundene Unternehmen

Unter diese Alternative lassen sich insbesondere wirtschaftliche Abhängigkeiten zwischen geschäftlich verbundenen Unternehmen subsumieren, die in einer loseren Verbindung zueinander stehen als es in einem Kontrollverhältnis der Fall wäre. Ausreichend ist dabei, entgegen der früheren Verwaltungspraxis der BaFin, eine einseitige Abhängigkeit, wie sie z.B. im Verhältnis zwischen einem Unternehmen und einem Großkunden entstehen kann.[1365] Hingegen sollen sektorale oder regionale Abhängigkeiten nicht vom Großkreditregime erfasst werden,

---

1362 S. Art. 4 Abs. 1 Nr. 39 lit. a und b CRR.

1363 Vgl. hierzu die Parallelnorm § 19 Abs. 2 KWG; ausführlich *CEBS*, Guidelines on the implementation of the revised large exposures regime, 11.12. 2009, Tz. 26 ff.

1364 Art. 4 Abs. 1 Nr. 39 lit. a CRR: „sofern nicht das Gegenteil nachgewiesen wird".

1365 S. mit weiteren Erläuterungen *BaFin*, Rundschreiben 8/2011 (BA), 15.7.2009, Tz. 4 und 9 ff.

diese Konzentrationsrisiken sollen vielmehr im Rahmen des bankinternen Risikomanagements berücksichtig werden.[1366]

(2) Haupt(re-)finanzierungsquelle

Berücksichtigung muss weiterhin die wirtschaftliche Abhängigkeit aufgrund einer gemeinsamen Haupt(re-)finanzierungsquelle finden, beispielsweise im Fall von Liquiditätsgarantien eines Instituts an einzelne, rechtlich unabhängige Einheiten (z.B. SPVs bzw. SIVs).[1367] So lassen sich auch Finanzierungsstrukturen als Risikoeinheit zusammenfassen, bei denen die einzelnen Conduits rechtlich unabhängig vom garantierenden Arrangeur aufgesetzt werden,[1368] wie es sich z.B. im Fall der IKB zugetragen hatte.[1369] Nach dieser neuen Regelung hätte die IKB die gewährten Garantien wohl als Großkredit melden und ggf. kappen müssen. Zumindest in dieser Hinsicht lässt sich die von *Lutter* aufgeworfene Frage (teilweise) beantworten, warum die BaFin nicht gegen die „[...] irrsinnig hohen Bürgschafts- und Garantie-Risiken eingeschritten ist [.]“[1370] Das Verhältnis zwischen der IKB und deren Conduits wurde von dem zu diesem Zeitpunkt geltenden Großkreditregime schlichtweg nicht als wirtschaftliche Abhängigkeit gewertet und stand damit außerhalb der Reichweite von gesetzlichen Meldepflichten und Obergrenzen.

cc) Bewertung von Abhängigkeiten bei Forderungen mit zugrunde liegenden Vermögenswerten

Eine wichtige Regelung für die Identifikation einer Gruppe verbundener Kunden kraft wirtschaftlicher Abhängigkeit ist außerhalb der allgemeinen Begriffsbestimmung in Art. 4 Abs. 1 Nr. 39 lit. b CRR zu finden. Risikopositionen, denen Vermögenswerte zugrunde liegen, womit insbesondere Positionen im Zusammenhang mit Verbriefungsstrukturen oder Anteile an Investmentfonds adressiert werden, müssen von Instituten im Hinblick auf potentielle Abhängigkeiten besonders

1366 So zur Änderung von § 19 KWG durch die Umsetzung der CRD II Begr. RegE. Gesetz zur Umsetzung der geänderten Bankenrichtlinie und der geänderten Kapitaladäquanzrichtlinie, BT-Drucks. 17/1720, S. 43.

1367 Erwägungsgrund 54 CRR; *BaFin*, Rundschreiben 8/2011 (BA), 15.7.2011, Tz. 14 ff., wohingegen die Finanzierung über denselben Markt, z.B. den Markt für Commercial Papers, nicht erfasst werden soll.

1368 *BaFin*, Rundschreiben 8/2011 (BA), 15.7.2011, Tz. 18; vgl. auch *Loeper*, Kreditwesen 2011, 550, 553.

1369 *Hellwig*, 157 De Economist 129, 170 (2009).

1370 *Lutter*, ZIP 2009, 197, 199.

bewertet werden, Art. 390 Abs. 7 CRR. Die Intention, die hinter dieser Vorschrift steht, ist darin zu sehen, dass Institute neben dem Ausfallrisiko gegenüber den einzelnen Gesellschaften eines sog. Konstrukts, z.B. einer aufgesetzten Verbriefungsstruktur, zusätzlich die Risiken der zugrunde liegenden Forderungen zu tragen haben, was eigene Ausfall- aber auch Marktrisiken beinhalten kann.[1371] Die daraus resultierende Gefahr besteht folglich darin, dass ein Investor-Institut die einzelnen Schichten der Struktur nicht ausreichend „durchleuchtet" und Risiken auf den unteren Ebenen, d.h. im Pool der zugrunde liegenden Vermögenswerte, nicht von den risikobegrenzenden Rechtsfolgen der Großkreditvorschriften erfasst werden.

Die Bewertung kann dabei auf drei Wegen erfolgen, deren Wahl jedoch nicht im Ermessen der Institute steht. Ausweislich der CEBS-Guidelines sowie des inhaltlich gleichlautenden Rundschreibens der BaFin hat das jeweilige Institut anhand der „wirtschaftlichen Substanz" und der „strukturinhärenten Risiken des Geschäfts" zu entscheiden, welcher Ansatz für das betreffende Konstrukt am meisten geeignet ist.[1372] Die Bewertung von Abhängigkeiten kann *erstens* das Gesamtkonstrukt, *zweitens* die zugrunde liegenden Forderungen, oder *drittens* beides betreffen.

Da die Bewertung des Gesamtkonstrukts und aller zugrunde liegenden Vermögensgegenstände im Einzelfall mit nur unverhältnismäßigem Aufwand oder auch gänzlich unmöglich sein kann, geben CEBS und BaFin den Instituten verschiedene Ansätze zur konkreten Durchführung der Bewertung vor (sog. Rückfalllösungen).[1373] Im Rahmen der sog. *vollständigen Durchschau* werden alle zugrunde liegenden Positionen identifiziert und ggf. bestehenden Kunden bzw. Kundengruppen zugeordnet. Die bei dieser Durchschau in den zugrunde liegenden Vermögensgegenständen identifizierten Schuldner müssen demnach mit bereits im Portfolio des Instituts enthaltenen Kunden zu einer Gruppe verbundener Kunden zusammengefasst werden.[1374]

Ist die Identifikation aller Schuldner innerhalb der zugrunde liegenden Vermögensgegenstände nicht möglich bzw. nicht praktikabel, werden im Rahmen der sog. *teilweisen Durchschau* nur die bekannten Positionen erfasst. Die verbleibenden

---

1371 *BaFin*, Rundschreiben 8/2011 (BA), 15.7.2011, Tz. 34.

1372 *BaFin*, Rundschreiben 8/2011 (BA), 15.7.2011, Tz. 36; *CEBS*, Guidelines on the implementation of the revised large exposures regime, 11.12.2009, Tz. 63. Im Folgenden wird auf das Rundschreiben der BaFin verwiesen.

1373 *BaFin*, Rundschreiben 8/2011 (BA), 15.7.2011, Tz. 43 ff.

1374 *BaFin*, Rundschreiben 8/2011 (BA), 15.7.2011, Tz. 47 lit. a.

Positionen gelten als sog. *unbekannte Kunden.*[1375] Erfolgt gar *keine Durchschau*, gelten alle Positionen als unbekannt. Eine Ausnahme gilt nur zugunsten von Konstrukten, die als hinreichend granular gelten, d.h. der größte Kredit weniger als 5% des Gesamtkonstrukts ausmacht.[1376] Im Ergebnis werden konstruktübergreifend *sämtliche* unbekannten Positionen als eine Gruppe verbundener Kunden zusammengefasst und infolgedessen aufsichtsrechtlich als nur ein „unbekannter Kunde“ behandelt; sprich: die einzelnen Forderungen werden zu einer Gesamtforderung addiert.[1377] Schließlich gelten nach dem *strukturbasierten Ansatz* Konstrukte als unabhängige Kunden, wenn deren zugrunde liegenden Vermögenswerte nicht mit direkten oder indirekten Positionen im Portfolio des Instituts verbunden sind, die mehr als 2% des haftenden Eigenkapitals ausmachen.[1378] Da das Risiko der zugrunde liegenden Vermögenswerte unabhängig vom Risiko des Konstrukts selbst zu bewerten ist, gilt nach den Großkreditregelungen faktisch eine allgemeine Investitionsgrenze für jedes einzelne Konstrukt in Höhe von 25% des anrechenbaren Eigenkapitals.[1379]

Hinter dem kryptischen Wortlaut des Art. 390 Abs. 7 CRR verbirgt sich folglich eine Regelung mit erheblicher Tragweite für Institute, die Verbriefungspositionen oder Anteile an Investmentfonds halten. Auf der einen Seite erscheint es sinnvoll, die in diesen vielschichtigen Strukturen „versteckten“ Abhängigkeiten zu Risikoeinheiten zusammenzufassen und damit den Begrenzungen der Großkreditvorschriften zu unterstellen. Auf der anderen Seite ergeben sich im Zusammenhang mit der Vorschrift tiefgreifende Anwendungs- und Auslegungsprobleme, so dass die Norm für die Adressaten erst durch die mit zahlreichen Beispielen und Abbildungen versehenen Erläuterungen der BaFin überhaupt und wohl auch nur im Ansatz beherrschbar ist. Hinzu kommt, dass eine Durchleuchtung mit erheblichem Aufwand für das Institut verbunden ist, was nur teilweise durch die Rückfalllösungen aufgefangen werden kann.

dd) Zwischenfazit

Von den dargestellten Kategorien von Konzentrationsrisiken werden folglich Adressenkonzentrationen (Verbundenheit durch Kontrolle), Abhängigkeiten zwischen geschäftlich verbundenen Kreditnehmern sowie Abhängigkeiten aufgrund

---

1375 *BaFin*, Rundschreiben 8/2011 (BA), 15.7.2011, Tz. 47 lit. b.
1376 *BaFin*, Rundschreiben 8/2011 (BA), 15.7.2011, Tz. 47 lit. c.
1377 Vgl. *BaFin*, Rundschreiben 8/2011 (BA), 15.7.2011, Tz. 47 lit. c und Tz. 49 ff.
1378 *BaFin*, Rundschreiben 8/2011 (BA), 15.7.2011, Tz. 47 lit. d und Tz. 50.
1379 *BaFin*, Rundschreiben 8/2011 (BA), 15.7.2011, Tz. 47 lit. d Unterabs. 2.

derselben Hauptfinanzierungsquelle (wirtschaftliche Abhängigkeit) durch die Großkreditvorschriften begrenzt, nicht jedoch Sektorkonzentrationen von Kreditnehmern bestimmter Branchen oder Regionen. Bei der Bewertung von Abhängigkeiten im Zusammenhang mit Forderungen, denen Vermögenswerte zugrunde liegen, haben Institute besonderen Anforderungen zu entsprechen. Die Prüfung, ob eine Gruppe von Kunden besteht, kann im Einzelfall komplexe Sachverhalte betreffen, deren Klärung erheblichen Informationsbedarf und damit internen Aufwand für die Bank mit sich bringt.[1380]

b) Rechtsfolgen der Qualifikation

Die aufsichtsrechtliche Berücksichtigung von Großkrediten erfolgt auf mehreren Stufen. Auf einer ersten Stufe soll eine Meldepflicht für die nötige Transparenz sorgen. Die Begrenzung von Konzentrationsrisiken erfolgt auf einer zweiten Stufe durch konkrete Obergrenzen für Forderungen an einen einzelnen Kunden oder eine Kundengruppe. Neben dieser quantitativen Risikobegrenzung müssen Institute gemäß Art. 393 CRR zudem über ein an die Ermittlung und Verwaltung von Großkrediten ausgerichtetes internes Risikomanagement verfügen, so dass auch im Großkreditregime quantitative und qualitative Elemente ineinander greifen. Auf nationaler Ebene ist zudem die Besonderheit zu beachten, dass auch im CRD IV-Umsetzungsgesetz an dem Erfordernis festgehalten wird, wonach ein Großkredit nur auf Grundlage eines einstimmigen Beschlusses sämtlicher Geschäftsleiter gewährt werden darf (§ 13 Abs. 2 Satz 1 KWG).

aa) Transparenz durch Berichtspflicht

Der Risikobegrenzung im engeren Sinne ist zunächst eine Meldepflicht vorgeschaltet, die bei jedem Engagement, das als Großkredit zu qualifizieren ist, ansetzt und die betroffenen Institute dazu verpflichtet, auf gesammelter Basis zwei Mal im Jahr *sämtliche* Großkredite gegenüber der zuständigen Aufsichtsbehörde offenzulegen, Art. 394 Abs. 1 und Abs. 3 CRR. Erst diese Meldepflicht versetzt die Aufsichtsbehörden in die Lage, sich abzeichnende Risikokonzentrationen im Bankensektor frühzeitig erkennen zu können.

bb) Risikozerfällung durch Obergrenzen für Ausfallrisiken

Auf einer nächsten Stufe setzen die Großkreditvorschriften Obergrenzen für das Volumen einzelner Engagements, d.h. Institute müssen große Positionen ggf.

1380 Vgl. *BaFin*, Rundschreiben 8/2011 (BA), 15.7.2011, Tz. 23 ff.

kappen und stattdessen kleinere Kredite vergeben. Die damit primär erzielte *Risikozerfällung* lässt, anders als die *Risikostreuung*, grundsätzlich die Korrelation zwischen den einzelnen Positionen außer Acht.[1381]

(1) Relative und absolute Obergrenze

Nach Art. 395 Abs. 1 Satz 1 CRR gilt für Forderungen gegenüber einem Kunden oder einer Kundengruppe eine Obergrenze von 25% der anrechenbaren Eigenmittel.[1382] Dadurch wird eine relative Obergrenze gezogen, denn die zulässige Größe der jeweiligen Position verläuft parallel zum vorhandenen Eigenkapital des Instituts.[1383] Im Interbankenverkehr gilt neben dieser relativen Begrenzung eine absolute Obergrenze, Art. 395 Abs. 1 Satz 2 CRR. Die zuvor im aufsichtsrechtlichen Regelwerk vorgesehene Privilegierung von Forderungen zwischen Instituten ist bereits mit der Umsetzung der Richtlinie 2009/111/EG[1384] entfallen und damit wird auch die mit der Bildung von Klumpenrisiken im Interbankenverkehr verbundene Gefahr von den Großkreditvorschriften adressiert.[1385] In Bezug auf Engagements gegenüber anderen Instituten tritt neben die relative Grenze eine absolute Obergrenze, so dass der Forderungswert im Einzelfall den jeweils höheren Wert von entweder 25% der anrechenbaren Eigenmittel oder den festen Betrag von 150 Mio. Euro nicht überschreiten darf. Kommt allerdings die Schwelle in Höhe von 150 Mio. Euro zur Anwendung, darf das Engagement auch eine vom Institut selbst festgelegte, angemessene Obergrenze im Verhältnis zum haftenden Eigenkapital nicht übersteigen. Bei der Festlegung dieser relativen Obergrenze dürfen wiederum 100% der

---

1381 *Fleischer/Schmolke*, ZHR 173 (2009), 649, 663 m.w.N.; *Dürselen*, ZBB 1996, 46, 50; *Burghof/Rudolph*, Bankenaufsicht, 1996, S. 153; *Waschbusch*, Bankenaufsicht, 2000, S. 405.

1382 Neben dieser sog. *Großkrediteinzelobergrenze* bestand früher eine *Großkreditgesamtobergrenze*, wonach alle Großkredite grundsätzlich nicht das Achtfache des haftenden Eigenkapitals eines Instituts überschreiten durften, die mit Umsetzung der Richtlinie 2009/111/EG jedoch entfallen ist, s. dazu *Fleischer/Schmolke*, ZHR 173 (2009), 649, 663; *Dürselen*, ZBB 1997, 24, 28.

1383 *Burghof/Rudolph*, Bankenaufsicht, 1996, S. 154; *Dürselen*, ZBB 1997, 24, 27.

1384 Richtlinie 2009/111/EG des Europäischen Parlaments und des Rates v. 16.9.2009 zur Änderung der Richtlinien 2006/48/EG, 2006/49/EG und 2007/64/EG hinsichtlich Zentralorganisationen zugeordneter Banken, bestimmter Eigenmittelbestandteile, Großkredite, Aufsichtsregelungen und Krisenmanagement, ABl. EU Nr. L 302 v. 17.11.2009, S. 97.

1385 Erwägungsgrund 56 CRR; Begr. RegE. Gesetz zur Umsetzung der geänderten Bankenrichtlinie und der geänderten Kapitaladäquanzrichtlinie, BT-Drucks 17/1720, S. 40. S. dazu ausführlich aus der Makroperspektive unten 5. Teil, Abschnitt C, II.

anrechenbaren Eigenmittel nur bei Erlaubnis der Aufsichtsbehörde überschritten werden (Art. 395 Abs. 1 Unterabs. 2 CRR in Verbindung mit Art. 396 Abs. 1 Unterabs. 2 CRR). Die genannten Obergrenzen gelten für alle Aktiva und außerbilanziellen Geschäfte (Art. 389 CRR), so dass neben Krediten im engeren Sinne auch Beziehungen aufgrund von Garantien, Derivaten etc. von den Großkreditvorschriften erfasst werden.[1386]

(2) Besonderheiten im Handelsbuch

Im Handelsbuch dürfen die Obergrenzen unter bestimmten Voraussetzungen überschritten werden, Art. 395 Abs. 5 CRR. Allerdings darf sich die Überschreitung allein aus dem Handelsbuch ergeben und das damit verbundene höhere Risiko wird teilweise durch verschärfte Eigenkapitalanforderungen wieder aufgefangen, Art. 395 Abs. 5 lit. a und b CRR. Dennoch können Institute auch im Handelsbuch nicht grenzenlos Positionen aufbauen. Es wird lediglich der Spielraum zugunsten der Institute erweitert. So bilden bei einer Überschreitung von höchstens zehn Tagen nunmehr 500% der anrechenbaren Eigenmittel gegenüber einem Kunden oder einer Kundengruppe die Obergrenze. Aggregiert dürfen Überschreitungen, die länger als zehn Tage dauern, nicht mehr als 600% der anrechenbaren Eigenmittel ausmachen, Art. 395 Abs. 5 lit. c und d CRR.

cc) Ausnahmen und Kreditrisikominderungstechniken

Von den Obergrenzen sind bestimmte Forderungen ausgenommen, die, wie üblich, insbesondere öffentlich-rechtliche Schuldner privilegieren aber beispielsweise auch Clearingstellen als zentrale Intermediäre im Derivate-Handel.[1387] Weiterhin kann sich die Forderungshöhe durch die Berücksichtigung von Kreditrisikominderungstechniken nach Art. 401 CRR reduzieren, was ein Greifen der Obergrenzen entsprechend hinausschiebt. Institute, die zur Verwendung des fortgeschrittenen IRBA zugelassen sind und somit eigene LGD-Schätzungen vornehmen, können nach Genehmigung der Aufsichtsbehörde bei der Berechnung der Forderungswerte bestellte Sicherheiten berücksichtigen, Art. 401 Abs. 2 CRR. Dabei müssen die Institute jedoch erschwerte Veräußerungs- und Verwertungsbedingungen auf den Sekundärmärkten im Rahmen von Stresstests in ihre Berechnungen einfließen lassen, Art. 401 Abs. 3 CRR.

1386 *H. Bock* in Boos/Fischer/Schulte-Mattler, KWG, 4. Aufl. 2012, § 19, Rn. 9; s. auch schon *Waschbusch*, Bankenaufsicht, 2000, S. 407 f.

1387 S. im Einzelnen den Katalog des Art. 400 CRR.

2. USA

Großkreditvorschriften können in den Vereinigten Staaten auf eine vergleichsweise lange Tradition zurückblicken, die bis in das Jahr 1863 zurückreicht.[1388] Neben der Begrenzung von Klumpenrisiken haben die Großkreditvorschriften historisch bedingt zudem eine wettbewerbsrechtliche Zielsetzung zum Gegenstand. Diese ist darin zu sehen, Kreditnehmern den freien Zugang zum (knappen) Fremdkapital zu gewährleisten,[1389] was durch die übermäßige Inanspruchnahme von einzelnen Personen in Gefahr gesehen wurde, heute jedoch allenfalls noch eine untergeordnete Rolle spielt.[1390]

Im Zentrum der Großkreditvorschriften stehen *loans and extensions of credit.*[1391] Darunter sind neben herkömmlichen Darlehen auch Garantien, der Standby Letter of Credit,[1392] der eine besondere Form der Bankgarantie darstellt,[1393] und seit dem Dodd-Frank Act auch derivative Instrumente zu subsumieren.[1394]

a) *Erfasste Kategorien von Klumpenrisiken*

Auch das U.S.-amerikanische Aufsichtsrecht kennt die Zusammenfassung von Engagements an verschiedene Kreditnehmer zu einer Risikoeinheit.[1395] Dem OCC

1388 Der National Bank Act of 1863 (ch. 58, 12 Stat. 665–82) hat mit der Einführung der *national banks*, des OCC und auch der *lending limits* Kernelemente des U.S.-amerikanischen Bankensystems geschafften, *Rojc*, 40 Bus. Law. 903, 903 Fn. 2 (1985); *Schooner/Taylor*, Global Bank Regulation, 2010, S. 185.

1389 12 C.F.R. § 32.1(b).

1390 *Carnell/Macey/Miller*, The Law of Banking and Financial Institutions, 4th Ed. 2009, S. 296; *Pollard/Daly*, Banking Law in the United States, Vol. 1, 3rd Ed. (Loseblatt, Stand: 2010), § 9.01, S. 2 f.

1391 In 12 C.F.R. § 32.2(q) definiert als „[…] *a* […] *bank's* […] *direct or indirect advance of funds to or on behalf of a borrower based on an obligation of the borrower to repay the funds or repayable from specific property pledged by or on behalf of the borrower* […]."

1392 *Schooner/Taylor*, Global Bank Regulation, 2010, S. 185; *Carnell/Macey/Miller*, The Law of Banking and Financial Institutions, 4th Ed. 2009, S. 296; *Rojc*, 40 Bus. Law. 903, 907 f. und 913 f. (1985).

1393 *T. Fischer* in Schimansky/Bunte/Lwowski, Bankrechts-Handbuch, Band II, 4. Aufl. 2011, § 121, Rn. 267.

1394 S. Sec. 610 Dodd-Frank Act und 12 C.F.R. § 32.2(q) a.E.

1395 *Carnell/Macey/Miller*, The Law of Banking and Financial Institutions, 4th Ed. 2009, S. 297; *Pollard/Daly*, Banking Law in the United States, Vol. 1, 3rd Ed. (Loseblatt, Stand: 2010), § 9.01. S. 4; *Schooner/Taylor*, Global Bank Regulation, 2010, S. 185 f.; *Träm*, Neue Entwicklungen in der staatlichen Bankenaufsicht in Deutschland und den USA sowie der Einfluss von Basel II, 2006, S. 185; höchstrichterlich anerkannt durch Urteil des Supreme Court in Corsicana National Bank v. Johnson, 251 U.S. 68 (1919).

ist als zuständige Aufsichtsbehörde die Befugnis eingeräumt, durch Erlass entsprechender Verordnungen die einzelnen Tatbestände, die zu einer solchen Zusammenfassung führen, näher zu regeln.[1396] Danach ist zwischen zwei Kategorien zu unterscheiden, dem sog. *direct benefit test* und dem sog. *common enterprise test*.[1397] Spezielle Vorschriften tragen den Besonderheiten von Konzernstrukturen[1398] und bestimmten Gesellschaftsformen[1399] Rechnung oder betreffen Kredite an ausländische hoheitliche Schuldner.[1400]

aa) Direct benefit test

Nach dem sog. *direct benefit test* müssen sich Personen als eine Kreditnehmereinheit behandeln lassen, wenn die Darlehensvaluta oder die damit erworbenen Vermögensgegenstände von dem eigentlichen Kreditnehmer an eine andere Person übertragen werden und die Transaktion dabei einem Fremdvergleich nicht standhält, also eine Art Umgehung erkennen lässt.[1401] Ein solcher Umgehungstatbestand wird etwa bei unentgeltlichen Übertragungen angenommen.[1402]

bb) Common enterprise test

Unter dem sog. *common enterprise test* sind drei konkrete Konstellationen und eine Generalklausel zusammengefasst, die unter bestimmten Voraussetzungen mehrere

---

1396 12 U.S.C. § 84(d)(2); *Rojc*, 40 Bus. Law. 903 (1985); *Carnell/Macey/Miller*, The Law of Banking and Financial Institutions, 4th Ed. 2009, S. 297; *Pollard/Daly*, Banking Law in the United States, Vol. 1, 3rd Ed. (Loseblatt, Stand: 2010), § 9.02, S. 5 ff.; *Träm*, Neue Entwicklungen in der staatlichen Bankenaufsicht in Deutschland und den USA sowie der Einfluss von Basel II, 2006, S. 185 f.

1397 12 C.F.R. § 32.5(a)(1) und (2); *Carnell/Macey/Miller*, The Law of Banking and Financial Institutions, 4th Ed. 2009, S. 297; *Schooner/Taylor*, Global Bank Regulation, 2010, S. 186; *Rojc*, 40 Bus. Law. 903, 919 (1985).

1398 12 C.F.R. § 32.5(d).

1399 12 C.F.R. § 32.5(e).

1400 12 C.F.R. § 32.5(f). S. zum Ganzen *Pollard/Daly*, Banking Law in the United States, Vol. 1, 3rd Ed. (Loseblatt, Stand: 2010), § 9.02, S. 8 ff. und *Rojc*, 40 Bus. Law. 903, 925 ff. (1985).

1401 12 C.F.R. § 32.5(a)(1) und (b), „[…] *other than in a bona fide arm's length transaction* […].“ S. auch *Pollard/Daly*, Banking Law in the United States, Vol. 1, 3rd Ed. (Loseblatt, Stand: 2010), § 9.02, S. 5 f.; *Carnell/Macey/Miller*, The Law of Banking and Financial Institutions, 4th Ed. 2009, S. 297; *Schooner/Taylor*, Global Bank Regulation, 2010, S. 186.

1402 *Rojc*, 40 Bus. Law. 903, 919 f. (1985); *Pollard/Daly*, Banking Law in the United States, Vol. 1, 3rd Ed. (Loseblatt, Stand: 2010), § 9.02, S. 5 f.

Personen zu einer Kreditnehmereinheit zusammenfassen.[1403] Wie auch nach den europäischen Vorschriften, wird eine solche Kreditnehmereinheit zunächst dann angenommen, wenn die einzelnen Kreditnehmer von einer gemeinsamen Finanzierungsquelle abhängig sind.[1404] Des Weiteren ist vom Vorliegen einer *common enterprise* auszugehen, wenn die verschiedenen Kreditnehmer direkt oder indirekt unter gemeinsamer Kontrolle stehen *und* wesentliche finanzielle Interdependenzen zwischen ihnen bestehen.[1405]

Die dritte konkret geregelte Zurechnungskonstellation betrifft Fälle, in denen mehrere Personen Kredite aufnehmen, um ein Unternehmen zu akquirieren und anschließend mehr als 50% der stimmberechtigten Anteile halten.[1406] Hinter dieser Regelung steht die Annahme, dass die Rückzahlung der verschiedenen Kredite maßgeblich von dem wirtschaftlichen Erfolg des gemeinsam akquirierten Unternehmens abhängt.[1407] Schließlich hat das OCC die Befugnis, anhand einer Generalklausel, unter Berücksichtigung des jeweiligen Sachverhalts und der konkreten Umstände einer Transaktion, von dem Vorliegen einer *common enterprise* für aufsichtsrechtliche Zwecke auszugehen.[1408] In der Aufsichtspraxis erhält diese sog. *facts and circumstances analysis* ihre inhaltlichen Konturen vor allem durch die Veröffentlichung von interpretierenden Anschreiben (*interpretive letters*) des OCC.[1409] Schlüsselstellung bei der Bewertung nimmt dabei die Annahme ein, ob aufgrund der Beziehungen und der finanziellen- und operationellen Interdependenzen zwischen einzelnen Kreditnehmern der Ausfall einer Einheit auf die anderen Einheiten direkt durchschlagen würde.[1410] Anerkannte Indizien sind etwa enge

1403 12 C.F.R. § 32.5(a)(2) i.V.m. (c); *Carnell/Macey/Miller*, The Law of Banking and Financial Institutions, 4th Ed. 2009, S. 297; *Pollard/Daly*, Banking Law in the United States, Vol. 1, 3rd Ed. (Loseblatt, Stand: 2010), § 9.02, S. 6 ff.; *Rojc*, 40 Bus. Law. 903, 921 (1985).

1404 12 C.F.R. § 32.5(c)(1).

1405 12 C.F.R. § 32.5(c)(2)(i) und (ii), wobei „wesentliche finanzielle Interdependenzen" dann vorliegen, wenn mehr als 50% der jährlichen Bruttoeinnahmen (*gross receipts*) oder Bruttoaufwendungen (*gross expenditures*) eines Kreditnehmers aus Transaktionen mit einem anderen Kreditnehmer stammen.

1406 12 C.F.R. § 32.5(c)(3).

1407 *Pollard/Daly*, Banking Law in the United States, Vol. 1, 3rd Ed. (Loseblatt, Stand: 2010), § 9.02, S. 8; *Träm*, Neue Entwicklungen in der staatlichen Bankenaufsicht in Deutschland und den USA sowie der Einfluss von Basel II, 2006, S. 186.

1408 12 C.F.R. § 32.5(4).

1409 S. *Rojc*, 40 Bus. Law. 903, 923 f. (1985); *Pollard/Daly*, Banking Law in the United States, Vol. 1, 3rd Ed. (Loseblatt, Stand: 2010), § 9.02, S. 6 f. jeweils mit m.w.N.

1410 Instruktiv *OCC*, Interpretive Letter #951, Februar 2003, S. 6 f.

Geschäftsbeziehungen, oder der Umfang der Transaktionen zwischen einzelnen Kreditnehmern,[1411] so dass wohl auch Abhängigkeiten zwischen einem Zulieferunternehmen und einem Großkunden erfasst sind. Im Ergebnis ist dem OCC durch die Generalklausel ein weiter Ermessensspielraum an die Hand gegeben, um im Einzelfall mehrere rechtlich unabhängige Kreditnehmer zu einer Risikoeinheit zusammenfassen zu können.

b) Rechtsfolgen

aa) Risikozerfällung durch Obergrenzen für Ausfallrisiken

Die Forderungshöhe gegenüber einem Kunden ist in den USA auf 15% des Eigenkapitals eines Instituts beschränkt, 12 U.S.C. § 84(a)(1). Allerdings kann die Bank eine einzelne Position um zusätzliche 10% ausbauen, wenn die Forderung mit liquiden Vermögensgegenständen (*readily marketable collateral*) besichert ist, deren Marktwert der Überschreitung entspricht.[1412] Nach der Legaldefinition ist Maßstab für die Liquidität der Vermögensgegenstände allerdings die Veräußerbarkeit unter gewöhnlichen Marktbedingungen,[1413] krisenhafte Bedingungen auf den Sekundärmärkten bleiben somit grundsätzlich unberücksichtigt. Der Höchstgrenze einer Position kann folglich wie nach den europäischen Vorschriften bis zu 25% des Eigenkapitals einer Bank betragen.[1414]

Überschreitet die Forderungshöhe die gesetzten Obergrenzen ist wie folgt zu unterscheiden:[1415] Ist die Überschreitung auf einen Wertverlust der bestellten Sicherheiten zurückzuführen, ist die Bank grundsätzlich dazu verpflichtet, die betroffene Position innerhalb von 30 Tagen anzupassen.[1416] Sind hingegen andere Gründe ausschlaggebend, z.B. eine Verringerung des Eigenkapitals als Bezugsgröße für die Berechnung, ist ausreichend, dass die Bank „angemessene Anstrengungen" unternimmt, um den Vorschriften zu entsprechen.[1417]

1411 *OCC*, Interpretive Letter #951, Februar 2003, S. 7.

1412 12 U.S.C. § 84(a)(2).

1413 S. 12 C.F.R. § 32.2(n) und dazu *Carnell/Macey/Miller*, The Law of Banking and Financial Institutions, 4th Ed. 2009, S. 297; *Rojc*, 40 Bus. Law. 903, 909 ff. (1985); *Schooner/Taylor*, Global Bank Regulation, 2010, S. 186 f.

1414 *Rojc*, 40 Bus. Law. 903, 911 (1985).

1415 *Pollard/Daly*, Banking Law in the United States, Vol. 1, 3rd Ed. (Loseblatt, Stand: 2010), § 9.04, S. 22 f.; *Carnell/Macey/Miller*, The Law of Banking and Financial Institutions, 4th Ed. 2009, S. 298.

1416 12 C.F.R. § 32.6(c).

1417 12 C.F.R. § 32.6(b).

bb) Besondere Regelungen zur Begrenzung von Investments

Investitionen in Schuldverschreibungen eines Emittenten werden im U.S.-amerikanischen Aufsichtsrecht von der Kreditvergabe losgelöst behandelt, d.h. die Forderungshöhe wird für beide Geschäftsbereiche getrennt berechnet und nicht aggregiert.[1418] Die Investitionsgrenze beträgt dabei 10% des Eigenkapitals einer Bank, 12 U.S.C. § 24 (Seventh).[1419] Der Bank bleibt es unabhängig davon jedoch ausdrücklich unbenommen, zusätzlich Kredite an dieselbe Person bis zur Obergrenze nach den Großkreditvorschriften, d.h. 15% bzw. 25% des Eigenkapitals, zu vergeben.[1420]

c) *Ausnahmen*

Wie auch nach den Großkreditvorschriften der europäischen CRR sind einige Forderungen von der Berechnung der Obergrenzen ausgenommen. Dadurch werden vor allem öffentlich-rechtliche Schuldner privilegiert, bzw. Forderungen, die von diesen garantiert oder mit Finanztiteln solcher öffentlich-rechtlichen Emittenten unterlegt sind.[1421]

III. Zusammenfassende Würdigung

In Europa werden Konzentrationsrisiken durch das Großkreditregime in Art. 387 ff. CRR und in den Vereinigen Staaten von den *lending limits* gemäß 12 U.S.C § 84 aufgegriffen. Der Kreditbegriff wird in beiden Rechtsordnungen weit ausgelegt, so dass neben herkömmlichen Darlehensverhältnissen und Garantien auch moderne Finanzinstrumente wie z.B. Derivate in den Anwendungsbereich der Vorschriften fallen. In ihrer klassischen Erscheinungsform treten Klumpenrisiken auf, wenn eine Bank große Engagements gegenüber einem einzelnen Kreditnehmer eingeht. Diese Großkredite sind verhältnismäßig einfach zu identifizieren und aufsichtsrechtlich zu

---

1418 *Pollard/Daly*, Banking Law in the United States, Vol. 1, 3rd Ed. (Loseblatt, Stand: 2010), § 9.04, S. 22; *Carnell/Macey/Miller*, The Law of Banking and Financial Institutions, 4th Ed. 2009, S. 299.

1419 S. dazu im Zusammenhang mit der Begrenzung von Marktrisiken bereits oben S. 206.

1420 12 C.F.R. § 32.1(c)(2).

1421 *Carnell/Macey/Miller*, The Law of Banking and Financial Institutions, 4th Ed. 2009, S. 297 f.; *Schooner/Taylor*, Global Bank Regulation, 2010, S. 187; *Pollard/Daly*, Banking Law in the United States, Vol. 1, 3rd Ed. (Loseblatt, Stand: 2010), § 9.03, S. 18 ff.; s. ausführlich die Liste bei *Rojc*, 40 Bus. Law. 903, 914 ff. (1985).

begrenzen. Komplizierter wird es hingegen, wenn einzelne Kreditnehmer in einer derart engen rechtlichen oder wirtschaftlichen Beziehung zueinander stehen, dass potentielle Ausfälle zusammenfallen würden.[1422] In den Regelwerken sind daher vergleichbare Tatbestände enthalten, die einzelne Kreditnehmer zu einer sog. Risikoeinheit zusammenfassen, so dass die Forderungen zu einer Position addiert werden können.[1423] Die europäischen Vorschriften erfassen Adressenkonzentrationen (Verbundenheit durch Kontrolle), Abhängigkeiten zwischen geschäftlich verbundenen Unternehmen sowie Abhängigkeiten aufgrund einer gemeinsamen Hauptfinanzierungsquelle. In den Vereinigten Staaten lassen sich Positionen gegenüber einzelnen Kreditnehmern durch den sog. *direct benefit test* und den sog. *common enterprise test* zusammenfassen.[1424] Während der *direct benefit test* primär darauf abzielt, Umgehungsversuche auszuschließen, werden vom *common enterprise test* Konstellationen erfasst, die auch im Fokus der europäischen Vorschriften stehen. Dazu zählen u.a. Abhängigkeiten aufgrund einer gemeinsamen Finanzierungsquelle und Kontrollverhältnisse zwischen den einzelnen Kreditnehmern. Der *common enterprise test* geht hier im direkten Vergleich mit Art. 4 Abs. 1 Nr. 39 lit. a CRR jedoch einen anderen Weg. Anstatt eine Vermutungsregel für das Kontrollmerkmal aufzustellen, was im Falle des Fehlens einer zusätzlichen finanziellen Verbundenheit von dem betroffenen Institut im Einzelfall widerlegt werden kann, müssen nach dem *common enterprise test* zu der Verbundenheit kraft Kontrolle *zwingend* wesentliche finanzielle Interdependenzen zwischen den Personen hinzukommen. Weiterhin ist dem OCC durch eine Generalklausel ein flexibles Instrument an die Hand gegeben, um Kreditnehmer im Einzelfall zu einer Risikoeinheit zusammenfassen zu können.

Klumpenrisiken in den Portfolien von Banken, die sich auf Sektorkonzentrationen in bestimmten Industriebranchen oder einzelnen Ländern bzw. Regionen zurückführen lassen, werden hingegen weder in Europa noch den Vereinigten Staaten durch die Großkreditvorschriften begrenzt, sondern müssen vom internen Risikomanagement der Banken berücksichtigt werden. Das Ausklammern von Sektorkonzentrationen ist vor dem Hintergrund der besonderen Geschäftsmodelle von Sparkassen, *thrifts* und Banken, die sich auf die Finanzierung bestimmter Wirtschaftszweige spezialisiert haben, angezeigt. Die gesetzliche Aggregation einzelner Forderungen, die aufgrund der Zugehörigkeit der

---

1422 Vgl. *Waschbusch*, Bankenaufsicht, 2000, S. 415.

1423 *Dürselen*, ZBB 1996, 46, 48; *ders*, ZBB 1997, 24, 26; *Waschbusch*, Bankenaufsicht, 2000, 415.

1424 12 C.F.R. § 32.5(a)(1) und (2).

Kreditnehmer zu einem gemeinsamen Sektor eine positive Korrelation aufweisen, zu einer Gesamtposition, würde einen massiven Eingriff in diese Geschäftsmodelle bedeuten. Da auch das Risikomanagement der Institute bestimmten Mindestanforderungen unterliegt, ist eine Risikobegrenzung auf dieser Ebene gewährleistet.[1425]

Liegt hingegen ein Großkredit im Sinne des Aufsichtsrechts vor, ordnen sowohl die U.S.-amerikanischen *lending limits* als auch die europäischen Großkreditvorschriften ab einer bestimmten Forderungshöhe die Risikozerfällung an.[1426] Zwar ist in beiden Rechtsordnungen eine relative Obergrenze von 25% des anrechenbaren Eigenkapitals einer Bank vorgesehen, bei den Einzelheiten bestehen allerdings Unterschiede. So setzt die Obergrenze für Großkredite in den Vereinigten Staaten bereits bei 15% des Eigenkapitals an, die nur dann um weitere 10% ausgebaut werden kann, wenn der übersteigende Teil der Forderung mit liquiden Vermögensgegenständen besichert ist, deren Marktwert der Überschreitung entspricht. Ferner gilt für Forderungen gegenüber den Emittenten von Schuldverschreibungen eine eigenständige Obergrenze in Höhe von 10%, die ggf. der Großkreditobergrenze hinzuzurechnen ist.

Schließlich enthält das Großkreditregime der CRR eine Pflicht, die Institute zu einer umfangreichen Bewertung von Abhängigkeiten bei Forderungen mit zugrunde liegenden Vermögenswerten zwingt. Davon sind in erster Linie Investitionen in ABS und Fondsanteile betroffen. Vergleichbare Due-Diligence-Pflichten finden sich im U.S.-amerikanischen Aufsichtsrecht an anderer Stelle, insbesondere den Verordnungen der Aufsichtsbehörden zur Konkretisierung der Eigenmittelanforderungen.

G. Liquiditätsrisiken

Banken müssen für eine zu jedem Zeitpunkt gewährleistete Zahlungsfähigkeit Sorge tragen, d.h. über eine ausreichende Liquidität verfügen (§ 11 Abs. 1 Satz 1 KWG). Dieser Grundsatz gilt eigentlich auch für alle anderen Unternehmen,[1427]

1425 S. dazu ausführlich unten 4. Teil, Abschnitt H.

1426 Vgl. *Fleischer/Schmolke*, ZHR 173 (2009), 649, 663 m.w.N.; *Dürselen*, ZBB 1996, 46, 50; *Burghof/Rudolph*, Bankenaufsicht, 1996, S. 153; *Waschbusch*, Bankenaufsicht, 2000, S. 405.

1427 *Hartmann-Wendels/Pfingsten/Weber*, Bankbetriebslehre, 5. Aufl. 2010, S. 468; *Büschgen*, Bankbetriebslehre, 5. Aufl. 1998, S. 895 f.

stellt doch die Zahlungsunfähigkeit und bei Antrag des Schuldners sogar die drohende Zahlungsunfähigkeit einen Eröffnungsgrund für das Insolvenzverfahren dar.[1428] Warum hebt § 11 KWG diese Regel als besondere Pflicht der Institute hervor? Anders als andere Unternehmen sind Banken stark von dem damit verbundenen Risiko betroffen, was wiederum eng an ihr Finanzierungsmodell über jederzeit abrufbare Einlagen und ihre volkswirtschaftliche Transformationsfunktion geknüpft ist.[1429]

I. Ökonomischer Hintergrund

Das Liquiditätsrisiko resultiert primär aus den divergierenden Fristen von überlassenem Kapital, insbesondere in Form von Einlagen, und ausgezahltem Kapital, vor allem in Gestalt von Krediten, denn der unerwartete Abruf der Einlagen führt schlimmstenfalls zur Illiquidität der Bank.[1430] Dabei ist für die gesicherte Finanzierung der Bank nicht nur der breite Zugang zu Einlegern von Bedeutung, sondern auch der Zufluss von Zahlungsströmen über den Interbankenmarkt.[1431] Schließlich steht das Liquiditätsrisiko in enger Wechselwirkung mit den anderen Risikoarten, insbesondere mit Ausfall- und Preisrisiken.[1432] So können schlagende Ausfallrisiken den erwarteten Zufluss von Mitteln (*cash flows*) herabsetzen, was wiederum die Gefahr der Illiquidität heraufsetzt.[1433] Des Weiteren üben vor allem Konzentrationsrisiken in beide Richtungen großen Einfluss auf die Liquidität einer Bank aus. Auf der Aktivseite bringt der geballte Ausfall von Kreditnehmern Zahlungsströme zum Erliegen, während

---

1428 §§ 17, 18 InsO. Darauf stellt auch *Baums*, ZGR 2011, 218, 257 ab.

1429 Vgl. van *Greuning/Brajovic Bratanovic*, Analyzing and Managing Banking Risk, 2nd Ed. 2003, S. 167 f.; *Schooner/Taylor*, Global Bank Regulation, 2010, S. 193.

1430 *Hartmann-Wendels/Pfingsten/Weber*, Bankbetriebslehre, 5. Aufl. 2010, S. 468; *Büschgen*, Bankbetriebslehre, 5. Aufl. 1998, S. 897 f.; *Freixas/Rochet*, Microeconomics of Banking, 2nd Ed. 2008, S. 266; *Greenbaum/Thakor*, Contemporary Financial Intermediation, 2nd Ed. 2007, S. 131; *Grill/Perczynski,* Wirtschaftslehre des Kreditwesens, 44. Aufl. 2010, S. 533; ausführlich zu einzelnen Teilbereichen *Ramke* in Everling/Theodore, Bankrisikomanagement, 2008, S. 254 ff.

1431 *van Greuning/Brajovic Bratanovic*, Analyzing and Managing Banking Risk, 2nd Ed. 2003, S. 168 f.

1432 *Baums*, ZGR 2011, 218, 259; *van Greuning/Brajovic Bratanovic*, Analyzing and Managing Banking Risk, 2nd Ed. 2003, S. 168.

1433 *Baums*, ZGR 2011, 218, 259; *van Greuning/Brajovic Bratanovic*, Analyzing and Managing Banking Risk, 2nd Ed. 2003, S. 168.

auf der Passivseite vor allem die Abhängigkeit von einigen wenigen Einlegern, z.B. einer bestimmten Region, die Finanzierung gefährden kann.[1434]

Die im Jahr 2007 von den USA ausgehende globale Finanzkrise hat insbesondere zu einem Vertrauensverlust im Interbankenmarkt geführt und den Teilnehmern die Möglichkeiten zur Refinanzierung abgeschnitten, was letztlich in einer weltumspannenden (systemischen) Liquiditätskrise gemündet ist.[1435] Diese Entwicklung hat allen Beteiligten, unabhängig ob Banken oder Aufsehern, die von Liquiditätsrisiken über die Grenzen des einzelnen Bankbetriebes hinausreichende Gefahr für das Bankensystem vor Augen geführt und zu einer verstärkten Sensibilisierung gegenüber Liquiditätsrisiken im systemischen Kontext geführt.[1436]

1. Banktheoretische Grundlagen

Die Berücksichtigung von Liquiditätsrisiken hat in der Banktheorie über die Zeit eine bemerkenswerte Wandlung vollzogen, die auch die Ausgestaltung des Bankenaufsichtsrechts beeinflusst hat.[1437] Während zunächst restriktive Ansätze wie die sog. Goldene Bankregel Theorie und Praxis des Bankwesens beherrschten, wurden diese Grundsätze zwischenzeitlich durch liberalere Sichtweisen eingeschränkt. Nicht zuletzt durch Basel III feiern strengere Liquiditätsvorschriften derzeit eine Renaissance. Einzelne Elemente dieser theoretischen Überlegungen zum Liquiditätsrisiko lassen sich noch heute in den aufsichtsrechtlichen Vorschriften wiederfinden. Die folgende Darstellung soll den Kreis zwischen den banktheoretischen Grundlagen und den aktuellen Regulierungsansätzen von Liquiditätsrisiken schließen.

1434 *van Greuning/Brajovic Bratanovic*, Analyzing and Managing Banking Risk, 2nd Ed. 2003, S. 181.

1435 *The High-Level Group on Financial Supervision in the EU*, Report, 25.2.2009, S. 7 f.; Begr. RegE., BT-Drucks. 16/10600, S. 15, zum später erlassenen Gesetz zur Umsetzung eines Maßnahmenpakets zur Stabilisierung des Finanzmarktes (Finanzmarktstabilisierungsgesetz – FMStG) vom 17.10.2008, BGBl. I S. 1982; *Rudolph*, ZGR 2010, 1, 22 („Liquiditätskrise"); *Heun*, JZ 2010, 53, 53. Das Liquiditätsrisiko auf Ebene des Einzelinstituts kann sich zum Systemrisiko auf Makroebene verdichten; s. zu diesen volkswirtschaftlichen Aspekten ausführlich unten den 5. Teil.

1436 *The High-Level Group on Financial Supervision in the EU*, Report, 25.2.2009, S. 8: „[…] *by financial institutions and supervisors substantially underestimating liquidity risk.*" *Hull*, Risk Management and Financial Institutions, 3rd Ed. 2012, S. 447, 455 f.; *Schooner/Taylor*, Global Bank Regulation, 2010, S. 202; *Waschbusch/Staub/Luck*, CFL 2012, 191, 195.

1437 S. dazu den Beitrag von *Körnert*, ZHR 176 (2012), 96.

a) Goldene Bankregel (Hübner)

Auf dem Verständnis von der Divergenz zwischen langfristiger Kapitalvergabe und kurzfristiger Refinanzierung als Ursprung von Liquiditätsrisiken fußt auch die oft zitierte sog. Goldene Bankregel. Die Goldene Bankregel besagt, dass Aktiv- und Passivgeschäfte im Hinblick auf Betrag und Qualität übereinstimmen müssen, d.h. Kreditengagements dürfen nicht längerfristig angelegt sein, als die ihnen gegenüberstehenden Einlagengeschäfte.[1438] Allerdings steht die Goldene Bankregel im Widerspruch zu der heute anerkannten Stellung von Banken als Finanzintermediäre und dabei konkret zu ihrer Funktion als Fristentransformatoren.[1439] Das prägende Merkmal der Fristentransformation ist gerade die Inkongruenz von kurzfristigen Einlagen und dem längerfristigen Kapitalbedarf auf Seiten der Kapitalnehmer.[1440] Demnach muss an dieser Stelle zunächst die Einsicht stehen, dass ein völliges Ausschalten von Liquiditätsrisiken mit dem Charakter des Bankgeschäfts schlichtweg unvereinbar ist. Liquiditätsrisiken sind der bankbetrieblichen Tätigkeit vielmehr – zumindest bis zu einem gewissen Grad – inhärent.[1441] Gleichwohl zeigt die Goldene Bankregel die mit der kurzfristigen Refinanzierung von langfristigen Engagements verbundenen Gefahren auf und dient somit zumindest der Schärfung des Problembewusstseins.

b) Bodensatztheorie (Wagner)

Einen Erklärungsansatz, dass es keines völligen Gleichlaufs von Fristen bedarf, liefert zunächst die Bodensatztheorie, wonach bei Einlagen ein Grundstock (Bodensatz) von Kapital bestehen bleibt, ungeachtet der Möglichkeit eines vereinbarungsgemäßen kurzfristigen Abzugs.[1442] Dieses bei der Bank belassene Kapital steht folglich für die Vergabe längerfristiger Kredite zur Verfügung, ohne dabei die

---

1438 Begründet von *Hübner*, Die Banken, 1854, S. 28; *Hartmann-Wendels/Pfingsten/Weber*, Bankbetriebslehre, 5. Aufl. 2010, S. 468 f.; *Körnert*, ZHR 176 (2012), 96, 98 f.

1439 *Körnert*, ZHR 176 (2012), 96, 99; *Hartmann-Wendels/Pfingsten/Weber*, Bankbetriebslehre, 5. Aufl. 2010, S. 469; *Büschgen*, Bankbetriebslehre, 5. Aufl. 1998, S. 898, 907 f.; *Burghof/Rudolph*, Bankenaufsicht, 1996, S. 180.

1440 *Hartmann-Wendels/Pfingsten/Weber*, Bankbetriebslehre, 5. Aufl. 2010, S. 469; *Büschgen*, Bankbetriebslehre, 5. Aufl. 1998, S. 898, 907 f.

1441 *Baums*, ZGR 2011, 218, 265; *Burghof/Rudolph*, Bankenaufsicht, 1996, S. 50 f. und S. 180.

1442 Grundlegend *Wagner*, Beiträge zur Lehre von den Banken, 1857; *Körnert*, ZHR 176 (2012), 96, 99; *Hartmann-Wendels/Pfingsten/Weber*, Bankbetriebslehre, 5. Aufl. 2010, S. 470.

Liquidität der Bank zu gefährden.[1443] Allerdings sieht sich die Bodensatztheorie auch dem Problem gegenüber, dass dieser Kapitalbetrag weder absolut noch relativ konstant sein muss, sondern vielmehr Schwankungen unterliegt und damit nur schwer messbar ist.[1444] Zudem spielt an dieser Stelle wiederum die Abhängigkeit der Banken vom Vertrauen ihrer Gläubiger eine hervorgehobene Rolle, denn im Rahmen von Vertrauenskrisen kann es durchaus zum Kapitalabzug über die von der Bodensatztheorie gezogenen Grenzen hinaus kommen.[1445]

c) Shiftability Theory (Knies, Moulton)

Ein weiterer Ansatz, auf eine formelle Fristenkongruenz verzichten zu können, fußt nach der sog. Shiftability Theory auf der Möglichkeit, Vermögensgegenstände zu liquidieren.[1446] Voraussetzung hierzu sind wiederum liquide Sekundärmärkte, was z.B. bei börsennotierten Wertpapieren in der Regel erfüllt sein wird, in Bezug auf Kreditforderungen als Kern-Aktiva einer Bank aber unter Umständen Probleme aufwerfen kann.[1447] Der Grundgedanke der Shiftability Theory ist somit, dass auch die Aktivseite für die Bestimmung des Liquiditätsrisikos von Relevanz ist, denn die Möglichkeit einzelne Aktiva veräußern zu können, versetzt die Bank in die Lage, einen Überhang abrufbarer Einlagen auszugleichen.[1448] Durch die eingeschränkte Umlauffähigkeit von Forderungen aus dem Kreditgeschäft ist dem Liquiditätsgewinn durch Veräußerung jedoch zugleich eine immanente Grenze gezogen, die im Rahmen der Gesamtbanksteuerung wiederum Berücksichtigung finden muss.

d) Maximalbelastungstheorie (Stützel) und Stresstests

Sowohl die Bodensatztheorie als auch die Shiftability Theory haben gezeigt, dass Banken nicht vollumfänglich an die von der Goldenen Bankregel geforderte

---

1443 *Hartmann-Wendels/Pfingsten/Weber*, Bankbetriebslehre, 5. Aufl. 2010, S. 470.

1444 *Hartmann-Wendels/Pfingsten/Weber*, Bankbetriebslehre, 5. Aufl. 2010, S. 470; *Körnert*, ZHR 176 (2012), 96, 99.

1445 Vgl. *Hartmann-Wendels/Pfingsten/Weber*, Bankbetriebslehre, 5. Aufl. 2010, S. 472 f.

1446 Der Grundgedanke findet sich bereits bei *Knies*, Geld und Credit, II. Abteilung 2, 2. Hälfte: Der Credit, 1879 und wird seit einem mehrteiligen Aufsatz von *Moulton*, 26 J. Pol. Econ. 484, 683 (1918), s. a.a.O., S. 499 ff., als Shiftability Theory geführt; *Hartmann-Wendels/Pfingsten/Weber*, Bankbetriebslehre, 5. Aufl. 2010, S. 470; *Körnert*, ZHR 176 (2012), 96, 99 f.

1447 *Hartmann-Wendels/Pfingsten/Weber*, Bankbetriebslehre, 5. Aufl. 2010, S. 471.

1448 *Büschgen*, Bankbetriebslehre, 5. Aufl. 1998, S. 908; *Körnert*, ZHR 176 (2012), 96, 100.

formelle Fristenkongruenz von Aktiv- und Passivgeschäft gebunden sein müssen, um eine ausreichende Liquidität zu gewährleisten.[1449] Gleichwohl beinhalten diese Einschränkungen der Goldenen Regel keine Abkehr von dem Grundsatz, dass Banken zu *jedem Zeitpunkt* für ihre Zahlungsfähigkeit Sorge zu tragen haben (§ 11 Abs. 1 Satz 1 KWG). Dabei sind abermals wirtschaftliche Schwankungen, denen Banken unterworfen sind, zu berücksichtigen. Auch „weiche" Faktoren, wie das Vertrauen der Einleger in die Sicherheit für ihre der Bank anvertrauten Vermögensgegenstände, spielen eine wichtige Rolle.[1450] Ein allgemeiner Vertrauensverlust der Einleger kann in einem sog. Bank Run, d.h. dem totalen Kapitalabzug, münden.[1451] Der totale Kapitalabzug bewirkt im Hinblick auf die Bodensatztheorie, dass die Annahme eines Kapitalsockels unter diesen extremen Bedingungen nicht mehr zutrifft und der „Bodensatz" schlimmstenfalls völlig abschmilzt.[1452] Darüber hinaus werden auch die Sekundärmärkte von einem wirtschaftlichen Abschwung beeinflusst, so dass der Verkauf von Vermögensgegenständen der Bank, wie von der Shiftability Theory zugrunde gelegt, unter solch widrigen Umständen nur unter hohen Abschlägen möglich sein wird.[1453] Folglich werden die von der Bodensatztheorie und der Shiftability Theory aufgestellten Einschränkungen der Goldenen Bankregel in Krisenzeiten wieder relativiert. Ziel muss daher sein, die Bestandsgefährdung durch Liquiditätsrisiken auch unter negativen Rahmenbedingungen zu gewährleisten, die letztlich zu den Forderungen der sog. Maximalbelastungstheorie führen.[1454]

Danach darf der Verlust bei der Veräußerung von Aktiva nie größer sein als das Eigenkapital.[1455] Bei liquiden Sekundärmärkten für die Aktiva ist Banken folglich eine größere Abkehr von der Goldenen Bankregel zuzugestehen als bei einer schlechteren Marktlage.[1456] Diese Grundgedanken der Maximalbelastungstheorie werden in jüngerer Zeit zunehmend von Stresstests aufgegriffen, die den Einfluss von Krisen auf die Eigenkapital- und Liquiditätsstruktur von Banken

---

1449 *Hartmann-Wendels/Pfingsten/Weber*, Bankbetriebslehre, 5. Aufl. 2010, S. 472.

1450 Vgl. *Hartmann-Wendels/Pfingsten/Weber*, Bankbetriebslehre, 5. Aufl. 2010, S. 472 f.

1451 Grundlegend *Diamond/Dybvig*, 91 J. of Pol. Econ. 401, 402 ff. (1983); s. zum Bank Run ausführlich unten S. 321 ff.

1452 *Hartmann-Wendels/Pfingsten/Weber*, Bankbetriebslehre, 5. Aufl. 2010, S. 473.

1453 *Hartmann-Wendels/Pfingsten/Weber*, Bankbetriebslehre, 5. Aufl. 2010, S. 473.

1454 *Körnert*, ZHR 176 (2012), 96, 111 ff.

1455 Grundlegend *Stützel* in Deutscher Sparkassen- und Giroverband, Vorträge für Sparkassenprüfer 1959, 34, 43; *Büschgen*, Bankbetriebslehre, 5. Aufl. 1998, S. 909.

1456 *Hartmann-Wendels/Pfingsten/Weber*, Bankbetriebslehre, 5. Aufl. 2010, S. 473; *Hull*, Risk Management and Financial Institutions, 3rd Ed. 2012, S. 454 ff.

simulieren.[1457] Die Berücksichtigung konjunktureller Abhängigkeiten von Sekundärmärkten für bankbetriebliche Vermögensgegenstände ist nicht nur von Relevanz für das Liquiditätsrisiko, sondern betrifft auch die Verwertbarkeit von Kreditsicherheiten. Dennoch hat die eingangs erörterte globale Liquiditätskrise die Aufsichtsinstanzen vor allem für das Bedürfnis nach *liquiditätsbezogenen Stresstests* sensibilisiert, die z.B. nach den MaRisk von den Instituten in jedem Fall regelmäßig durchzuführen sind.[1458] Die Maximalbelastungstheorie ist damit eine wichtige Erkenntnisgrundlage für die Regulierung und Aufsicht des Bankensektors.

2. Grundlagen des Managements von Liquiditätsrisiken

Der gezeichnete Spannungsbogen, der seinen Ausgangspunkt bei der restriktiven Goldenen Bankregel nimmt und über die Einschränkungen von Bodensatz- und Shiftability Theorie bis hin zu der Maximalbelastungstheorie reicht, findet in der modernen Steuerung von Liquiditätsrisiken Berücksichtigung. Im Zusammenhang mit der Shiftability Theory, die an den Verkauf von banktypischen Vermögensgegenständen anknüpft, ist an dieser Stelle erneut auf die voranschreitende Entwicklung der Kapitalmärkte hinzuweisen, die in Verbindung mit der Verbriefung von Forderungen den Banken die, freilich nicht risikolose, Möglichkeit eröffnet, aus relativ illiquiden Forderungen des Kreditgeschäfts marktfähige Aktiva zu schaffen und damit letztlich die Umlauffähigkeit dieser Vermögensgegenstände zu erhöhen.[1459]

II. Risikobegrenzung durch Liquiditätsvorschriften

Ziel von Basel III ist neben der Verbesserung der Eigenkapitalregelungen auch die Weichenstellung für einen „globalen Liquiditätsstandard.“[1460] Die im Hinblick auf ihre Gefahrträchtigkeit bislang chronisch unterbewerteten Liquiditätsrisiken sollen nach den Vorstellungen des Basler Ausschusses durch zwei liquiditätsbezogene

1457 S. zu Stresstests ausführlich oben S. 80 f.

1458 Vgl. MaRisk BTR 3.1 Tz. 8 und BTR 3.2 Tz. 3.

1459 *Hartmann-Wendels/Pfingsten/Weber*, Bankbetriebslehre, 5. Aufl. 2010, S. 477.

1460 S. *Basler Ausschuss für Bankenaufsicht*, Basel III, Dezember2010, Tz. 34 ff.; s. auch bereits *Basler Ausschuss für Bankenaufsicht*, Principles for Sound Liquidity Risk Management and Supervision, September 2008, die an das Risikomanagement der Banken gerichtet sind und damit die qualitative Risikobegrenzung verfolgen.

Kennziffern, die unterschiedliche Stoßrichtungen verfolgen, quantitativ begrenzt werden.[1461] Während die Liquidity Coverage Ratio (LCR) einen Liquiditätspuffer zum Gegenstand hat, der aus hochliquiden Aktiva aufgebaut werden soll, setzt die Net Stable Funding Ratio (NSFR) unmittelbar bei der Hauptursache von Liquiditätsrisiken an – der Fristentransformation.[1462]

1. Europa und Deutschland

Die nationalen Bestimmungen der auf der Grundlage von § 11 Abs. 1 Satz 2 KWG erlassenen Liquiditätsverordnung[1463] sollen durch die CRR ergänzt und erweitert werden. Der folgenden Darstellung sei vorausgeschickt, dass die beiden Kennzahlen (LCR und NSFR) nicht wortgetreu in die europäische CRR übernommen werden, dennoch sind die dort enthaltenen Regelungen den Empfehlungen von Basel III nachempfunden.[1464]

a) Liquidity Coverage Ratio (LCR)

Die Liquidity Coverage Ratio (LCR) hat einen Liquiditätspuffer zum Gegenstand, der aus liquiden Aktiva aufgebaut werden soll, um die Institute so während einer unterstellten 30-tägigen Stresssituation in die Lage zu versetzen, trotz Liquiditätsabflüssen ihren Nettozahlungsverpflichtungen nachkommen zu können.[1465] Der LCR liegen damit primär die Erkenntnisse der *Shiftability Theory* zugrunde,

---

1461 *Basler Ausschuss für Bankenaufsicht*, Basel III, Dezember 2010, Tz. 38.

1462 *Deutsche Bundesbank*, Basel III – Leitfaden zu den neuen Eigenkapital und Liquiditätsregeln für Banken, 2011, S. 30 ff.; *Schulte-Mattler/Manns*, WM 2011, 2069, 2075 f.; *Manns/Schulte-Mattler*, WM 2010, 1577, 1582; *Waschbusch/Staub/Luck*, CFL 2012, 191, 195. Zielvorgabe für die Umsetzung ist, dass die LCR im Anschluss an eine Beobachtungsphase am 1. Januar 2015 eingeführt wird (allerdings nur mit einer Mindestanforderung von 60%, die schrittweise bis 100% zum 1. Januar 2019 angehoben wird). Für die Einführung der NSFR ist der 1. Januar 2018 vorgesehen. Im Fall von unbeabsichtigten Folgen ist eine Revision möglich, s. *Basler Ausschuss für Bankenaufsicht*, Basel III, Dezember 2010, Tz. 44 ff.; *ders.*, Basel III: Mindestliquiditätsquote und Instrumente zur Überwachung des Liquiditätsrisikos, Januar 2013, Tz. 10.

1463 Verordnung über die Liquidität von Instituten (Liquiditätsverordnung – LiqV) v. 14.12.2006 (BGBl. I S. 3117), die durch Art. 27 Abs. 14 des Gesetzes v. 4.7.2013 (BGBl. I S. 1981) geändert worden ist.

1464 So *Schulte-Mattler/Manns*, WM 2011, 2069, 2075.

1465 *Loeper*, Kreditwesen 2011, 550, 551; *Manns/Schulte-Mattler*, WM 2010, 1577, 1582; *Waschbusch/Staub/Luck*, CFL 2012, 191, 195.

wonach die Aktiva durch deren Veräußerbarkeit in das Liquiditätsmanagement von Banken einbezogen werden.[1466] In Anlehnung an die *Maximalbelastungstheorie* fließen zugleich erschwerte Veräußerungsbedingungen in die Kennzahl ein. Bei dem Stressszenario handelt es sich jedoch keineswegs um ein simuliertes Worst-Case-Szenario.[1467] In die Berechnung der LCR fließen vielmehr institutsspezifische und systemische Schocks ein, worin sich die Erfahrungen der Finanzkrise des Ursprungsjahres 2007 widerspiegeln sollen.[1468] Dadurch wird unterstrichen, dass Gesetzgeber und Aufsichtsinstanzen Liquiditätsrisiken nicht mehr allein auf bankbetrieblicher Ebene erfassen, sondern zusätzlich die makroökonomische Bedeutung im Blick haben. Da durch den Liquiditätspuffer die Widerstandsfähigkeit in solch finanzwirtschaftlich krisenhaften Zeiten gestärkt werden soll, kommen für die Bildung des Puffers nur bestimmte hochliquide Aktiva in Betracht, die zumindest bis zu einem gewissen Grad gegenüber den Verwerfungen auf den Sekundärmärkten immun sind.[1469]

aa) LCR-Kennziffer als quantitative Grenze

Diesen Überlegungen trägt auch Art. 412 Abs. 1 CRR Rechnung und statuiert gegenüber den Instituten die Pflicht, stets über liquide Aktiva zu verfügen, deren Gesamtwert die Liquiditätsabflüsse abzüglich der Liquiditätszuflüsse (zusammen: Nettoabflüsse[1470]) unter Stressbedingungen abdeckt. Danach gilt folglich:

$$\text{LCR} = \frac{\textit{liquide Aktiva i.s.d.Verordnung}}{\textit{Nettoabflüsse}} \geq 1.$$ [1471]

Durch die LCR wird somit eine liquiditätsbezogene quantitative Risikobegrenzungsnorm in das Regelwerk der CRR implementiert. Erfüllt ein Institut diese Anforderungen nicht, muss das betroffene Institut die Aufsichtsbehörde informieren und zudem einen Wiedereinhaltungsplan vorlegen, Art. 414 Satz 1 CRR. Bis zum Einhalten der Regel unterliegt das Institut ferner einer strengen, grundsätzlich täglichen Meldepflicht gegenüber der Aufsichtsbehörde, Art. 414 Satz 2 CRR. Daneben müssen die Institute den zuständigen Aufsichtsbehörden die zur Berechnung

---

1466 S. zur Shiftability Theorie oben S. 261.

1467 *Basler Ausschuss für Bankenaufsicht*, Basel III, Dezember 2010, Tz. 40; *Manns/Schulte-Mattler*, WM 2010, 1577, 1582 f.

1468 *Manns/Schulte-Mattler*, WM 2010, 1577, 1582 f.

1469 Vgl. *Basler Ausschuss für Bankenaufsicht*, Basel III, Dezember 2010, Tz. 38 und 40.

1470 *Basler Ausschuss für Bankenaufsicht*, Basel III, Dezember 2010, Tz. 40.

1471 *Deutsche Bundesbank*, Basel III – Leitfaden zu den neuen Eigenkapital und Liquiditätsregeln für Banken, 2011, S. 31; *Schulte-Mattler/Manns*, WM 2011, 2069, 2075.

der Kennziffer notwendigen Informationen melden, d.h. die liquiden Aktiva sowie die Liquiditätszu- und -abflüsse.[1472]

bb) Liquide Aktiva

Die liquiden Aktiva bestimmen letztlich die Widerstandsfähigkeit der Institute gegenüber Liquiditätskrisen, so dass von entscheidender Bedeutung ist, welche Vermögenswerte in den Büchern der Banken aufsichtsrechtlich als solche erstklassigen Aktiva anerkannt werden und somit im Rahmen der Berechnung der LCR im Zähler den Nettoabflüssen im Nenner gegenübergestellt werden können.[1473] Als liquide Aktiva im Sinne der Verordnung gelten nach dem Katalog des Art. 416 Abs. 1 CRR beispielsweise Barmittel und Forderungen an Zentralbanken, übertragbare Aktiva von äußerst hoher Liquidität und Kreditqualität, Forderungen gegenüber bestimmten öffentlichen Schuldnern sowie übertragbare Aktiva von hoher Liquidität und Kreditqualität. Bei letzteren ist jedoch ein pauschaler Abschlag in Höhe von mindestens 15% auf den Marktwert vorzunehmen, Art. 418 Abs. 1 Satz 2 CRR. Eine Schlüsselrolle nehmen mithin die Definitionen der Begriffe der hohen bzw. äußerst hohen Liquidität und Kreditqualität ein, denn damit steht und fällt die Antwort auf die entscheidende Frage, welche Vermögensgegenstände in den Büchern der Banken neben den bereits festgelegten Aktiva für die Berechnung der LCR herangezogen werden dürfen (z.B. gehandelte Unternehmensanleihen).[1474] Bis einheitliche Definitionen aufsichtsrechtlich kodifiziert werden, obliegt es den Instituten, in Abstimmungen mit den Behörden entsprechende Vermögensgegenstände auf der Grundlage transparenter und objektiver Kriterien selbst zu ermitteln.[1475]

Die relevanten Aktiva müssen zudem gewisse Mindestvoraussetzungen erfüllen, wozu z.B. die Qualifikation als von Zentralbanken anerkannte Sicherheiten für geldpolitische Operationen oder die Notierung an einer anerkannten Börse zählen.[1476] Ferner sind gemäß Art. 416 Abs. 2 CRR bestimmte Positionen von vornherein von der Qualifizierung als liquide Aktiva ausgenommen, wovon insbesondere Vermögenswerte von Emittenten des Finanzsektors betroffen sind.

1472 Art. 415 Abs. 1 CRR.

1473 Vgl. *Haug* in Schimansky/Bunte/Lwowski, Bankrechts-Handbuch, 4. Aufl. 2011, § 133a, Rn. 59 f.

1474 Vgl. *Deutsche Bundebank*, Basel III – Leitfaden zu den neuen Eigenkapital und Liquiditätsregeln für Banken, 2011, S. 31; *Spitzer*, Kreditwesen 2011, 554, 556.

1475 Art. 416 Abs. 1 Unterabs. 2 CRR. Als Anhaltspunkte sollen dabei die Kriterien des an die EBA gerichteten Art. 509 Abs. 3–5 CRR herangezogen werden.

1476 Vgl. Art. 416 Abs. 3 CRR. Weitere operative Anforderungen finden sich in Art. 417 CRR.

Offen ist bislang, ob zukünftig zwischen zwei Stufen von Vermögensgegenständen zu unterscheiden sein wird, die in den Zähler der LCR einfließen können.[1477] Im Entwurf der CRR war noch vorgesehen, dass nur sog. „Level-I-Aktiva" uneingeschränkt zu den hochliquiden Aktiva gezählt werden dürfen, wovon Barmittel, Forderungen an Zentralbanken, übertragbare Aktiva von *äußerst hoher* Liquidität und Kreditqualität sowie Forderungen gegen bestimmte öffentliche Schuldner umfasst waren.[1478] Hingegen sollten die sog. „Level-II-Aktiva", also übertragbare Aktiva von lediglich *hoher* Liquidität und Kreditqualität, nur 40% des Gesamtbestandes ausmachen dürfen.[1479]

Eine solche pauschale Zuordnung hätte jedoch erneut eine aufsichtsrechtliche Bevorzugung von öffentlichen Schuldnern zur Folge.[1480] Wenn entsprechende Forderungen als Level-I-Aktiva uneingeschränkt als liquide Vermögensgegenstände in die Berechnung der LCR einfließen können, wird für Institute mittelbar ein insbesondere vor dem Hintergrund der staatlichen Schuldenkrisen bedenklicher Anreiz gesetzt, in Staatsanleihen zu investieren.[1481]

b) Strukturelle Liquiditätsquote – Net Stable Funding Ratio (NSFR)

Mit der Einsicht, dass die Fristentransformation eine wesentliche volkswirtschaftliche Funktion von Banken darstellt, kann die Rückkehr zu der vielzitierten Goldenen Bankregel nicht als regulatorische Option ins Auge gefasst werden.[1482] Auf der anderen Seite hat die Neigung vieler Institute zur Bildung exzessiver

---

1477 Erwägungsgrund 106 CRR. Die EBA hat eine enstprechende Beurteilung in einen Bericht über die Liquiditätsanforderungen aufzunehmen, Art. 509 Abs. 2 lit. c CRR.

1478 *Haug* in Schimansky/Bunte/Lwowski, Bankrechts-Handbuch, 4. Aufl. 2011, § 133a, Rn. 59; *Loeper*, Kreditwesen 2011, 550, 551; *Schulte-Mattler/Manns*, WM 2011, 2069, 2075.

1479 *Schulte-Mattler/Manns*, WM 2011, 2069, 2075; *Loeper*, Kreditwesen 2011, 550, 551.

1480 So ausdrücklich *Deutsche Bundesbank*, Basel III – Leitfaden zu den neuen Eigenkapital und Liquiditätsregeln für Banken, 2011, S. 31 „ordnungspolitisch problematische Bevorzugung öffentlicher Schuldner"; krit. auch *Manns/Schulte-Mattler*, WM 2010, 1577, 1583; *Waschbusch/Staub/Luck*, CFL 2012, 191, 196.

1481 Vgl. *Deutsche Bundesbank*, Basel III – Leitfaden zu den neuen Eigenkapital und Liquiditätsregeln für Banken, 2011, S. 31; *Manns/Schulte-Mattler*, WM 2010, 1577, 1583; *Waschbusch/Staub/Luck*, CFL 2012, 191, 196.

1482 So in diesem Zusammenhang ausdrücklich *Deutsche Bundesbank*, Basel III – Leitfaden zu den neuen Eigenkapital und Liquiditätsregeln für Banken, 2011, S. 32; s. allgemein auch *Körnert*, ZHR 176 (2012), 96, 99; *Hartmann-Wendels/Pfingsten/Weber*, Bankbetriebslehre, 5. Aufl. 2010, S. 469; *Büschgen*, Bankbetriebslehre, 5. Aufl. 1998, S. 898, 907 f.; *Burghof/Rudolph*, Bankenaufsicht, 1996, S. 180.

Fristeninkongruenzen als Folge kurzfristiger Refinanzierung von langfristigen Investitionen zu gravierenden Liquiditätsengpässen geführt.[1483] Als Lösung liegt naturgemäß ein Kompromiss nahe, der ein teilweises „Glattstellen" der Positionen aus Aktiv- und Passivgeschäft zum Gegenstand hat. Die in Basel III vorgesehene Net Stable Funding Ratio (NSFR) ist diesem Ziel verschrieben.[1484] Die NSFR spiegelt das Verhältnis zwischen der tatsächlich stabilen Refinanzierung eines Instituts und der eigentlich erforderlichen Refinanzierung über einen Zeithorizont von einem Jahr wider und legt damit exzessive Inkongruenzen zwischen dem Aktiv- und Passivgeschäft der Institute offen.[1485] Vereinfacht lässt sich die NSFR wie folgt darstellen:[1486]

$$\text{„NSFR} = \frac{\textit{verfügbarer Betrag stabiler Finanzierung}}{\textit{erforderlicher Betrag stabiler Finanzierung}} > 100\%.\text{“}$$

Indes verpflichtet die CRR die Institute nicht zur Berechnung dieser Kennzahl und setzt darüber hinaus auch keine rechtlich verbindliche quantitative Grenze.[1487] Die Vorschriften begnügen sich bislang mit einer Meldepflicht der Institute an die jeweils zuständige Aufsichtsbehörde (sog. „Rohdatenerhebung"[1488]), Art. 415 Abs. 1 in Verbindung mit Art. 427 Abs. 1 und Art. 428 Abs. 1 CRR. Danach muss jedes Institut auf der einen Seite zunächst Eigenkapital und Verbindlichkeiten melden, auf deren Grundlage eine Bewertung der Verfügbarkeit einer stabilen Finanzierung vorgenommen werden kann, Art. 427 Abs. 1 CRR. Auf der anderen Seite ist von der Berichterstattungspflicht ein Katalog von Vermögenswerten erfasst, woraus sich der Bedarf einer stabilen Finanzierung ermitteln lässt, Art. 428 Abs. 1 CRR.

1483 *Deutsche Bundesbank*, Basel III – Leitfaden zu den neuen Eigenkapital und Liquiditätsregeln für Banken, 2011, S. 32; *Hellwig*, Gutachten E zum 68. DJT, 2010, S. 38.

1484 *Deutsche Bundesbank*, Basel III – Leitfaden zu den neuen Eigenkapital und Liquiditätsregeln für Banken, 2011, S. 32.

1485 *Deutsche Bundesbank*, Basel III – Leitfaden zu den neuen Eigenkapital und Liquiditätsregeln für Banken, 2011, S. 31 f.; *Schulte-Mattler/Manns*, WM 2011, 2069, 2076; *Loeper*, Kreditwesen 2011, 550, 552; *Waschbusch/Staub/Luck*, CFL 2012, 191, 195.

1486 *Waschbusch/Staub/Luck*, CFL 2012, 191, 196.

1487 *Deutsche Bundesbank*, Basel III – Leitfaden zu den neuen Eigenkapital und Liquiditätsregeln für Banken, 2011, S. 32.

1488 *Schulte-Mattler/Manns*, WM 2011, 2069, 2076.

2. USA

a) Liquiditätausstattung im CAMELS-Ratingsystem

In den Vereinigten Staaten findet die ausreichende Liquiditätsausstattung von Banken im Rahmen der laufenden behördlichen Aufsicht nach der CAMELS-Methode Berücksichtigung.[1489] Dabei evaluieren die Behörden das Liquiditätsmanagement der Bank und setzen das Kapitalbedürfnis der Bank in Relation zur Möglichkeit, unter Stressbedingungen zusätzliche Mittel über Fremdkapitalquellen oder über die Veräußerung von Vermögensgegenständen zu heben.[1490] Die Erkenntnisse der Shiftability Theorie und der Maximalbelastungstheorie lassen sich somit auch in der CAMELS-Methode finden. Die Aufsichtsbehörden setzten dabei weniger auf „harte" quantitative Grenzen, sondern machen qualitative Vorgaben an das bankinterne Management von Liquiditätsrisiken.[1491] Allein solche „weichen" Anforderungen an das Risikomanagement von Banken konnten die letzten großen Liquiditätskrisen nicht verhindern und so stellt sich die Frage, ob die Vereinigten Staaten in ihrer exponierten Stellung auf den Finanzmärkten in Zukunft den Empfehlungen des Basler Ausschusses folgen werden und zusätzliche quantitative Risikobegrenzungsnormen einführen werden.

b) Umsetzung der Liquiditätsstandards nach Basel III

Die U.S.-amerikanischen Aufsichtsbehörden stellen eine schrittweise Umsetzung der in Basel III enthaltenen liquiditätsbezogenen Kennziffern LCR und NSFR für systemrelevante Institute im Sinne des Dodd-Frank Act in Aussicht.[1492] Nach einem Verordnungsentwurf des Federal Reserve System sollen in einem ersten

---

1489 *Carnell/Macey/Miller*, The Law of Banking and Financial Institutions, 4th Ed. 2009, S. 635; *Träm*, Neue Entwicklungen in der staatlichen Bankenaufsicht in Deutschland und den USA sowie der Einfluss von Basel II, 2006, S. 182. S. zur laufenden Aufsichts nach der CAMELS-Methode bereits oben S. 65 f.

1490 *Carnell/Macey/Miller*, The Law of Banking and Financial Institutions, 4th Ed. 2009, S. 635.

1491 S. *Board of Governors*, Supervision and Regulation Letter SR 10–6, Interagency Policy Statement on Funding and Liquidity Risk Management, 17.3.2010. Die Vorgaben sind im Einklang mit den anderen Aufsichtsbehörden (OCC, FDIC u.a.) erlassen worden und basieren auf den Empfehlungen des Basler Ausschusses, *Basler Ausschuss für Bankenaufsicht*, Principles for Sound Liquidity Risk Management and Supervision, September 2008.

1492 77 Fed. Reg. 594, 600 (5. Januar 2012). S. zur Begrenzung von Systemrisiken ausführlich unten den 5. Teil.

Schritt systemrelevante Institute zunächst dazu verpflichtet werden, in Anlehnung an die LCR einen Liquiditätspuffer aus bestimmten hochliquiden Aktiva zu bilden, um einer 30-tägigen Stresssituation widerstehen zu können.[1493] Die Aktiva müssen dabei bestimmte Mindestanforderungen erfüllen. Zu diesen Voraussetzungen zählen insbesondere ein niedriges Ausfall- und Marktrisiko, der Handel auf einem aktiven Sekundärmarkt und eine historisch bewährte Preisstabilität in Zeiten angespannter Marktbedingungen.[1494] Neben Barmitteln und Anleihen von öffentlich-rechtlichen U.S.-Emittenten kommen z.B. *plain vanilla* Schuldverschreibungen von Unternehmen außerhalb des Finanzsektors in Betracht.[1495]

III. Zusammenfassende Würdigung

Die quantitative Begrenzung des Liquiditätsrisikos steht seit Basel III erstmals im Fokus internationaler Bestrebungen zur Harmonisierung des Bankenaufsichtsrechts. Die Rahmenvereinbarungen beinhalten zu diesem Zweck zwei liquiditätsbezogene Kennzahlen, durch die ein Liquiditätspuffer aus hochliquiden Aktiva aufgebaut (Liquidity Coverage Ratio, LCR) und eine exzessive Fristentransformation unterbunden werden soll (Net Stable Funding Ratio, NSFR).

In der europäischen CRR ist vorgesehen, die LCR als quantitative Grenze für alle europäischen Institute einzuführen und anstelle einer verbindlichen NSFR zunächst eine Berichtspflicht zu statuieren, die es den Aufsichtsbehörden ermöglicht, Divergenzen zwischen den verfügbaren Finanzierungsmöglichkeiten eines Instituts und dem tatsächlichen Bedarf nach einer stabilen Finanzierung zu identifizieren. In den Vereinigten Staaten zeichnet sich hingegen das Bild ab, wonach die liquiditätsbezogenen Kennzahlen schrittweise für systemrelevante Institute umgesetzt werden sollen. Ein erster Verordnungsentwurf beinhaltet einen an die LCR angelehnten Liquiditätspuffer, der ausschließlich an systemrelevante Institute adressiert ist. Durch den unterschiedlichen Anwendungsbereich der Liquiditätsvorschriften manifestiert sich eine diametral verschiedene Ausrichtung der beiden Rechtsordnungen: Während die Europäische Union durch die CRR die Schaffung eines einheitlichen Regulierungsrahmens für *sämtliche* europäische Institute vorantreibt (*„single rule book“*),[1496] entwickelt sich das Aufsichtsrecht

1493 77 Fed. Reg. 594, 609 (5. Januar 2012).

1494 77 Fed. Reg. 594, 609 (5. Januar 2012).

1495 77 Fed. Reg. 594, 609 (5. Januar 2012).

1496 *Deutsche Bundesbank*, Monatsbericht Juni 2013, S. 64; *Schulte-Mattler/Manns*, WM 2011, 2069; vgl. auch *Baur/Boegl*, BKR 2011, 177, 182.

in den Vereinigten Staaten zu einer mehrschichtigen Rechtsmaterie, die abhängig von der Größe einer Bank, ihrer internationalen Ausrichtung und anderen Faktoren unterschiedliche Regelungskomplexe vorsieht, um den besonderen Risikoprofilen der Institute (*„systemic foot print“*[1497]) gerecht zu werden.

In Deutschland wächst die Kritik an diesem Regulierungsansatz der Europäischen Union zusehends, denn viele mittlere und kleine Institute aus den Sektoren der Sparkassen und Genossenschaftsbanken haben sich in den letzten Jahren als „Stabilitätsanker“ erwiesen. Aber vor allem dieses Segment des deutschen Bankensystems zeichnet sich durch die klassische Finanzierungsstruktur aus: Auf der Aktivseite werden Darlehen an mittelständische Unternehmen und Privatkunden mit längeren Laufzeiten vergeben und auf der Passivseite durch kurzfristige Einlagen refinanziert.[1498] Von einer Umsetzung der LCR und NSFR wird erwartet, dass alle deutschen Institute vor strengere Liquiditätsanforderungen gestellt werden als es nach den Bestimmungen der LiqV derzeit der Fall ist.[1499] Aus rechtsvergleichender Sicht sollten die europäischen Gesetzgebern überdenken, ob diese zusätzliche Belastung für mittlere und kleine Institute tatsächlich angezeigt ist.

H. Übergreifende Anforderungen an das Risikomanagement

Die Darstellung der verschiedenen quantitativen Normen zur Begrenzung der bankbetrieblichen Risiken hat bereits gezeigt, dass eine strikte Trennung von quantitativen und qualitativen Elementen im Bankenaufsichtsrecht nicht möglich ist.[1500] Wenngleich der Schwerpunkt auf der möglichst exakten Abbildung der einzelnen Risikoarten in einer Messzahl liegt, werden diese Regelungen oftmals durch besondere Anforderungen an die Geschäftsorganisation der Banken flankiert. Während der Vernetzungsgrad in den einzelnen aufsichtsrechtlichen Komplexen variiert, lässt sich am Beispiel der Eigenkapitalvorschriften jedoch eine klare Linie nachzeichnen. Bei zunehmender Komplexität der Ansätze verlagert sich die Verantwortung zur korrekten Abbildung des jeweiligen Risikos auf die

---

1497 77 Fed. Reg. 594, 596 (5. Januar 2012).

1498 *Waschbusch/Staub/Luck*, CFL 2012, 191, 196 f.

1499 *Waschbusch/Staub/Luck*, CFL 2012, 191, 196; *Beyer/Schäffler* in Becker/Gruber/Wohlert, Handbuch MaRisk und Basel III, 2. Aufl. 2012, S. 59 f.

1500 S. auch *Wundenberg*, Compliance und die prinzipiengeleitete Aufsicht über Bankengruppen, 2012, S. 77.

Seite der Bank und zugleich steigen die Anforderungen an das Risikomanagement. Daneben bestehen jedoch übergreifende qualitative Risikobegrenzungsnormen,[1501] die im Folgenden mit Blick auf die Anforderungen an das Risikomanagement von Banken analysiert werden sollen.

I. Unionsrechtliche Grundlagen

Anders als die besonderen Anforderungen an die Geschäftsorganisation und das Risikomanagement, die in den Regelungskomplexen zur quantitativen Risikobegrenzung eingebettet und damit in der CRR enthalten sind, finden sich übergreifende Vorschriften zum Risikomanagement und der Corporate Governance von Banken in der CRD IV. Die CRD IV soll die bisher in der Bankenrichtlinie und der Kapitaladäquanzrichtlinie enthaltenen Vorgaben zusammenfassen und ergänzen.[1502] Diese allgemeinen qualitativen Vorgaben beruhen auf dem sog. bankaufsichtlichen Überprüfungsverfahren (*Supervisory Review Process*) der Säule 2 von Basel II.[1503] Im Gegensatz zu den besonderen Regelungen im Verordnungsteil, finden diese allgemeinen Anforderungen an das Risikomanagement keine unmittelbare Anwendung gegenüber den beaufsichtigten Instituten, sondern müssen zunächst in nationales Recht transformiert werden. Durch das CRD IV-Umsetzungsgesetz sollen die gemeinschaftsrechtlichen Vorgaben in das KWG umgesetzt werden.[1504]

II. Organisationspflichten (§ 25a KWG)

Als zentrale Norm des qualitativ ausgerichteten Bankenaufsichtsrechts ist § 25a KWG an die Unternehmensorganisation der Institute gerichtet.[1505] § 25a KWG

1501 Bei *Markel*, Qualitative Bankenaufsicht, 2010, S. 142 f. werden diese Normen auch als „globale qualitative Maßnahmen" bezeichnet; s. auch *Braun/Wolfgarten* in Boos/Fischer/Schulte-Mattler, KWG, 4. Aufl. 2012, § 25a, Rn. 84; *Hannemann/Schneider*, MaRisk, 3. Aufl. 2011, S. 50.

1502 Vgl. Erwägungsgrund 1 CRD IV; Begr. RegE. CRD IV-Umsetzungsgesetz, BT-Drucks. 17/10974, S. 1.

1503 *Zimmermann*, BKR 2005, 208, 209; *Braun/Wolfgarten* in Boos/Fischer/Schulte-Mattler, KWG, 4. Aufl. 2012, § 25a, Rn. 82.

1504 Begr. RegE. CRD IV-Umsetzungsgesetz, BT-Drucks. 17/10974, S. 1.

1505 *Fischer* in Schimansky/Bunte/Lwowski, Bankrechtshandbuch, 4. Aufl. 2011, § 128, Rn. 58; *Braun/Wolfgarten* in Boos/Fischer/Schulte-Mattler, KWG, 4. Aufl. 2012, § 25a, Rn. 1; *Langen* in Schwennicke/Auerbach, KWG, 2009, § 25a, Rn. 3; *Sanio*, FS Rudolph, 2009, 15, 26.

wurde bereits mehrfach novelliert[1506] und ist auch Gegenstand des CRD IV-Umsetzungsgesetzes, was eine umfassende Neuregelung zur Folge hat. Im Zentrum der aufsichtsrechtlichen Organisationspflichten steht die Implementierung eines angemessenen und wirksamen Risikomanagements, § 25a Abs. 1 Satz 3 KWG. Wie dem Risikobegriff selbst, liegt auch dem Risikomanagement ein sehr weites Verständnis zugrunde, wobei sich im Hinblick auf die einzelnen Elemente weder in der Praxis noch in der Wissenschaft eine einheitliche Terminologie herausbilden konnte.[1507] Da im Fokus dieser Untersuchung die aufsichtsrechtlichen Anforderungen an das Risikomanagement stehen, liegt es nahe, die Begriffe in enger Anlehnung an § 25a KWG und die Mindestanforderungen an das Risikomanagement (MaRisk) zu verwenden.

Gemäß § 25a Abs. 1 Satz 3 KWG setzt sich das Risikomanagement eines Instituts aus der Festlegung von Strategien (Nr. 1), Verfahren zur Ermittlung und Sicherstellung der Risikotragfähigkeit (Nr. 2) sowie der Einrichtung von internen Kontrollverfahren (Nr. 3) zusammen.[1508] Hinter dem Oberbegriff „interne Kontrollverfahren" verbergen sich das interne Kontrollsystem und die interne Revision.[1509] Das interne Kontrollsystem setzt sich wiederum aus aufbau- und ablauforganisatorischen Regelungen, Prozessen zur Identifizierung, Beurteilung, Steuerung sowie Überwachung und Kommunikation von Risiken, einer Risikocontrolling-Funktion und einer Compliance-Funktion zusammen (§ 25a Abs. 1 Satz 3 Nr. 3 lit. a – c KWG). Weitere Elemente des Risikomanagements im Sinne von § 25a Abs. 1 Satz 3 KWG umfassen eine angemessene personelle und technisch-organisatorische Ausstattung (Nr. 4), die Festlegung eines Notfallkonzepts (Nr. 5) sowie auf eine nachhaltige Entwicklung des Instituts ausgerichtete Vergütungssysteme für Geschäftsleiter und Mitarbeiter (Nr. 6).

Die Geschäftsorganisation und damit auch die Einrichtung eines solchen Risikomanagements steht dabei in der Gesamtverantwortung aller Geschäftsleiter.[1510] Die wesentlichen Geschäftsleiterpflichten werden von § 25c Abs. 4a KWG

1506 Eine Nachzeichnung der Entwicklung findet sich bei *Braun/Wolfgarten* in Boos/Fischer/Schulte-Mattler, KWG, 4. Aufl. 2012, § 25a, Rn. 3 ff.

1507 *Braun/Wolfgarten* in Boos/Fischer/Schulte-Mattler, KWG, 4. Aufl. 2012, § 25a, Rn. 106; vgl. aus gesellschaftsrechtlicher Perspektive auch *Becker/Janker/Müller*, DStR 2004, 1578, 1579; *Kort*, ZGR 2010, 440, 442; *Hüffer*, AktG, 10. Aufl. 2012, § 91, Rn. 9.

1508 S. auch MaRisk AT 1 Tz. 1.

1509 Das ergibt sich wiederum aus § 25a Abs. 1 Satz 3 Nr. 3 KWG.

1510 § 25a Abs. 1 Satz 2 i.V.m. § 25c Abs. 4a KWG und MaRisk AT 3; s. dazu auch *Pietzke*, CCZ 2010, 45, 48 f.; *Hartmann* in Hopt/Wolhmannstetter, Handbuch Corporate Governance von Banken, 2011, S. 535.

(Einzelinstitutsebene) und § 25c Abs. 4b KWG (Gruppenebene) konkretisiert, womit ein Mindeststandard gesetzt werden soll.[1511] Neben dem Institut selbst sind somit auch die Geschäftsleiter unmittelbare Adressaten der aufsichtsrechtlichen Pflichten.[1512] Bei Verstößen kann die BaFin Maßnahmen gegenüber dem betroffenen Institut ergreifen und beispielsweise konkrete Anordnungen treffen, um eine ordnungsgemäße Geschäftsorganisation sicherzustellen[1513] oder Risiken zu reduzieren.[1514] Die BaFin kann aber auch gegenüber den Geschäftsleitern tätig werden und ihnen sogar die Tätigkeit untersagen.[1515] Auf der Ebene des Aufsichts- und Verwaltungsorgans, also insbesondere des Aufsichtsrats, muss bei Instituten zukünftig ab einem bestimmten Risikoprofil zudem ein Risikoausschuss zur Beratung und Kontrolle gebildet werden, § 25d Abs. 8 KWG.

Der qualitative Charakter der Norm, der durch Elastizität und Ermessenspielräume gekennzeichnet ist, wird vor allem durch den in § 25a Abs. 1 Satz 4 KWG verankerten Grundsatz der Proportionalität geprägt.[1516] Danach gibt es nicht *das* angemessene und wirksame Risikomanagement, was als abstrakte Schablone für jedes Institut herangezogen werden könnte, um den aufsichtsrechtlichen Anforderungen zu entsprechen. Vielmehr hängt die konkrete Ausgestaltung des Risikomanagements von Art, Umfang, Komplexität und Risikogehalt der Geschäftstätigkeit des einzelnen Instituts ab.[1517] Gemeinsam mit der oben dargestellten risikoorientierten

---

1511 Eingeführt durch das Gesetz zur Abschirmung von Risiken und zur Planung der Sanierung und Abwicklung von Kreditinstituten und Finanzgruppen v. 7.8.2013, BGBl. I S. 3090; Begr. RegE. BT-Drucks. 17/12601, S. 43 f.; *Tröger*, ZHR 177 (2013), 475, 493. Eine inhaltliche Änderung der Pflichten, die sich bislang aus § 25a i.V.m. den MaRisk ergeben haben, soll damit nicht einhergehen. Hintergrund der Kodifikation in Gesetzesrang ist vielmehr das strafrechtliche Bestimmtheitsgebot, denn § 25c Abs. 4a und 4b KWG dienen als Anknüpfungspunkt für neue strafrechtliche Sanktionen in § 54a KWG, s. Begr. RegE. BT-Drucks. 17/12601 a.a.O.

1512 *Wundenberg*, Compliance und die prinzipiengeleitete Aufsicht über Bankengruppen, 2012, S. 127 f.

1513 § 25a Abs. 2 Satz 2 KWG.

1514 § 45b Abs. 1 Satz 1 Nr. 1 KWG. S. für einen umfassenden Überblick möglicher Maßnahmen *Braun/Wolfgarten* in Boos/Fischer/Schulter-Mattler, KWG, 4. Aufl. 2012, § 25a, Rn. 76–80.

1515 § 36 Abs. 1 Satz 1, Abs. 2 KWG.

1516 *Langen* in Schwennicke/Auerbach, KWG, 2009, § 25a, Rn. 35; *Zimmermann*, BKR 2005, 208, 211. Daran soll auch der neue § 25c Abs. 4a KWG nichts ändern, s. Begr. RegE. BT-Drucks. 17/12601, S. 44; *Tröger*, ZHR 177 (2013), 475, 514.

1517 *Langen* in Schwennicke/Auerbach, KWG, 2009, § 25a, Rn. 35 („institutsindividuelles Risikomanagement"); *Braun/Wolfgarten* in Boos/Fischer/Schulte-Mattler, KWG, 4. Aufl. 2012, § 25a, Rn. 108 f.; *Blasche*, WM 2011, 343, 344.

Ausrichtung der behördlichen Aufsicht, die im Hinblick auf Intensität und Häufigkeit von Aufsichtsmaßnahmen demselben Grundsatz folgt,[1518] ergibt sich der Grundsatz der sog. doppelten Proportionalität.[1519]

1. Präzisierung durch die MaRisk

Präzisiert werden die Organisationspflichten durch die von der BaFin als Rundschreiben regelmäßig veröffentlichten und aktualisierten Mindestanforderungen an das Risikomanagement (MaRisk).[1520] Zuvor hatte das BAKred als Vorgänger-Behörde der BaFin jeweils separate Mindestanforderungen an die einzelnen Geschäfts- und damit Risikobereiche der Institute gestellt, insbesondere an das Kreditgeschäft (MaK), an das Handelsgeschäft (MaH) sowie die interne Revision (MaIR).[1521] Die Aufspaltung der organisatorischen Mindestanforderungen anhand der verschiedenen Geschäftsbereiche der Institute ist durch den Erlass der MaRisk einem integrativen Ansatz gewichen.[1522] So vereinen die MaRisk ausdrücklich Anforderungen an alle wesentlichen Risikobereiche im Bankensektor, d.h. Ausfall-, Markt-, Liquiditäts- und operationelle Risiken.[1523] Die MaRisk werden fortlaufend überarbeitet, um den gegenwärtigen Marktbedingungen gerecht werden zu können, so dass es sich dabei um eine dynamische Rechtsmaterie handelt.[1524] Die BaFin verfolgt im Rahmen der MaRisk einen modularen Aufbau, der grob zwischen einem „vor die Klammer gezogenen" allgemeinen Teil und besondere Anforderungen unterscheidet.[1525]

1518 S. oben S. 57 f.

1519 Vgl. Art. 12 Abs. 1 AufsichtsRL; *Zimmermann*, BKR 2005, 208, 211; *Langen* in Schwennicke/Auerbach, KWG, 2009, § 25a, Rn. 35; *Braun/Wolfgarten* in /Fischer/ Schulte-Mattler, KWG, 4. Aufl. 2012, § 25a, Rn. 118.

1520 *Fischer* in Schimansky/Bunte/Lwowski, Bankrechtshandbuch, 4. Aufl. 2011, § 128, Rn. 58. Zuletzt durch *BaFin*, Rundschreiben 10/2012 (BA) vom 14. Dezember 2012.

1521 *Langen* in Schwennicke/Auerbach, KWG, 2009, § 25a, Rn. 5; *Braun/Wolfgarten* in Boos/Fischer/Schulte-Mattler, KWG, 4. Aufl. 2012, § 25a, Rn. 87; s. ausführlich *Spindler*, Unternehmensorganisationspflichten, 2. Aufl. 2011, S. 189–207; *Hannemann/Schneider*, MaRisk, 3. Aufl. 2011, S. 5 ff.

1522 *Zimmermann*, BKR 2005, 208, 209.

1523 MaRisk AT 2.2 Tz. 1 („Risiken"); krit. zu der Auflistung *Zimmermann*, BKR 2005, 208, 212 f.

1524 *Braun/Wolfgarten* in Boos/Fischer/Schulte-Mattler, KWG, 4. Aufl. 2012, § 25a, Rn. 111.

1525 *Hannemann/Schneider*, MaRisk, 3. Aufl. 2011, S. 27.

2. Rechtsnatur der MaRisk

Die MaRisk werden nach der ganz herrschenden Meinung als norminterpretierende Verwaltungsvorschriften eingestuft.[1526] Durch die MaRisk gibt die BaFin ihre Auffassung zu Rechts- und Auslegungsfragen im Zusammenhang mit den Anforderungen an das Risikomanagement der beaufsichtigten Institute auf Grundlage von § 25a KWG wieder.[1527] Zwar sind diese Verwaltungsvorschriften für die Mitarbeiter der BaFin verbindlich, da sie nach dem Grundsatz der Selbstbindung der Verwaltung nicht willkürlich von den formulierten Grundsätzen abweichen dürfen.[1528] Gegenüber den Instituten, oder im Fall von Rechtsstreitigkeiten gegenüber den damit befassten Gerichten, entfalten die MaRisk jedoch keine „wie auch immer geartete Rechtsverbindlichkeit."[1529]

Aus Sicht der Institute stellen die MaRisk ein zweischneidiges Schwert dar. Auf der einen Seite bieten diese unverbindlichen Vorgaben den Vorteil, dass die in § 25a KWG enthaltenen weiten Formulierungen des Gesetzgebers von der BaFin präzisiert werden und damit eine erhebliche Umsetzungserleichterung erreicht wird.[1530] Auf der anderen Seite wird der Umsetzungsspielraum eingeschränkt, denn auch wenn den MaRisk in der Rechtstheorie keine verbindliche Außenwirkung zuteil wird, vermeiden die Institute in der Praxis Abweichungen, denn hierin wird die BaFin in aller Regel einen Verstoß gegen § 25a KWG sehen und ggf.

1526 S. nur *Mülbert*, BKR 2006, 349, 353 f.; *Langen*, BKR 2009, 309, 315 f.; *Hannemann/Schneider*, MaRisk, 3. Aufl. 2011, S. 43; *Braun/Wolfgarten* in Boos/Fischer/Schulte-Mattler, KWG, 4. Aufl. 2012, § 25a, Rn. 47; *Weber-Rey/Baltzer* in Hopt/Wohlmannstetter, Handbuch Corporate Governance von Banken, 2011, S. 456 f.; *Fischer* in Schimansky/Bunte/Lwowski, Bankrechts-Handbuch, Band II, 4. Aufl. 2011, § 126, Rn. 28; *Blasche*, WM 2011, 343; für die abgelösten Rundschreiben auch *Spindler*, Unternehmensorganisationspflichten, 2. Aufl. 2011, S. 195 f. Krit. zu den MaRisk für den Versicherungssektor (MaRisk VA) *Michael*, VersR 2010, 141, 142; diesem für die MaRisk BA im Ergebnis folgend: *Wundenberg*, Compliance und die prinzipiengeleitete Aufsicht über Bankengruppen, 2012, S. 97.

1527 *Braun/Wolfgarten* in Boos/Fischer/Schulte-Mattler, KWG, 4. Aufl. 2012, § 25a, Rn. 47; *Fischer* in Schimansky/Bunte/Lwowski, Bankrechts-Handbuch, Band II, 4. Aufl. 2011, § 126, Rn. 28.

1528 *Weber-Rey/Baltzer* in Hopt/Wohlmannstetter, Handbuch Corporate Governance von Banken, 2011, S. 457.

1529 So ausdrücklich das *obiter dictum* des VGH Kassel, Urt. v. 31.5.2006 – 6 UE 3256/05, WM 2007, 392, 393; *Langen*, BKR 2009, 309, 315 f.; *Braun/Wolfgarten* in Boos/Fischer/Schulte-Mattler, KWG, 4. Aufl. 2012, § 25a, Rn. 48.

1530 Vgl. *Braun/Wolfgarten* in Boos/Fischer/Schulte-Mattler, KWG, 4. Aufl. 2012, § 25a, Rn. 47.

aufsichtsrechtliche Maßnahmen ergreifen.[1531] Auf eine gerichtliche Überprüfung der eingeleiteten Maßnahmen wollen es viele Institute aus verschiedenen Gründen nicht ankommen lassen, wobei erneut eine bestimmte Risikoart von Relevanz ist: Das Reputationsrisiko. Durch öffentliche Gerichtsverfahren nehmen Medien von möglichen Missständen Kenntnis, was Vertrauensverluste der Kunden und anderer Finanzmarktteilnehmer nach sich ziehen kann.[1532]

3. Risikotragfähigkeitskonzept

Institute sind nach § 25a Abs. 1 Satz 3 Halbsatz 1 KWG dazu verpflichtet, auf Basis eines angemessenen und wirksamen Risikomanagements die Risikotragfähigkeit laufend sicherzustellen. Dieses sog. Risikotragfähigkeitskonzept lässt sich ursprünglich auf Art. 123 der Bankenrichtlinie zurückführen, die wiederum den *Internal Capital Adequacy Assessment Process* (ICAAP) der Säule 2 von Basel II umgesetzt hat.[1533] Art. 123 Bankenrichtlinie wird nun von Art. 73 CRD IV aufgegriffen und fortgeführt.[1534] Gemeinsam mit dem an die Aufsichtsbehörden adressierten *Supervisory Review and Evaluation Process* (SREP) lässt sich der ICAAP unter dem gemeinsamen Oberbegriff *Supervisory Review Process* (SRP) zusammenfassen.[1535]

Aus dem Risikotragfähigkeitskonzept ergibt sich die „zentrale Risikobegrenzungsfunktion" des auf § 25a KWG aufgebauten Risikomanagements der Institute.[1536] Das Risikotragfähigkeitskonzept ist nach § 25c Abs. 4a Nr. 2 KWG

1531 An diesem Punkt setzt auch die Kritik von *Michael* an, wonach die MaRisk VA „[...] von Versicherern aus strategischen und wirtschaftlichen Erwägungen faktisch wie eine Verordnung befolgt [wird]", *Michael*, VersR 2010, 141, 143. Im Ergebnis handele es sich bei der MaRisk VA um einen „Verwaltungsgrundsatz mit atypischer faktischer Außenwirkung", s. *Michael*, a.a.O., S. 148. Diesem wiederum zugeneigt: *Wundenberg*, Compliance und die prinzipiengeleitete Aufsicht über Bankengruppen, 2012, S. 97 und auch *Weber-Rey*, ZGR 2010, 543, 556 f.

1532 *Weber-Rey*, ZGR 2010, 543, 556 f.

1533 Begr. RegE. Gesetz zur Umsetzung der neu gefassten Bankenrichtlinie und der neu gefassten Kapitaladäquanzrichtline, BT-Drucks. 16/1335, S. 62; *Langen* in Schwennicke/Auerbach, KWG, 2009, § 25a, Rn. 56; *Zimmermann*, BKR 2005, 208, 209.

1534 S. Anhang II (Entsprechungstabelle) CRD IV.

1535 *Wimmer*, BKR 2006, 146, 146 f.; *T. Schneider*, Risikomanagement, 2009, S. 85; vgl. auch MaRisk AT 1 Tz. 2.

1536 *Langen* in Schwennicke/Auerbach, KWG, 2009, § 25a, Rn. 58; vgl. auch *Baums*, ZGR 2011, 218, 246 ff.

und den MaRisk[1537] von den Instituten bzw. der Geschäftsleitung in drei Schritten umzusetzen. Bei den einzelnen Teilschritten handelt es sich um (1) die Risikoinventur, (2) die Erstellung eines Gesamtrisikoprofils sowie (3) die Sicherstellung der Risikotragfähigkeit.

a) Risikoinventur

Vorgeschaltet ist eine sog. Risikoinventur, in deren Rahmen die Geschäftsleitung regelmäßig und anlassbezogen die wesentlichen Risiken des Instituts zu identifizieren und definieren hat, § 25c Abs. 4a Nr. 2 lit. a KWG.[1538] Als Vermutungsregel gilt, dass Ausfall-, Markt-, Liquiditäts- und operationelle Risiken grundsätzlich als wesentlich einzustufen sind. Dabei ist zu prüfen, „[...] welche Risiken die Vermögenslage (inklusive Kapitalausstattung), die Ertragslage oder die Liquiditätslage wesentlich beeinträchtigen können."[1539] Augenmerk ist auf Risikokonzentrationen (§ 25c Abs. 4a Nr. 2 lit. b KWG) zu legen und zwar nicht nur innerhalb einer Risikoart (Intra-Risikokonzentrationen), sondern auch im Hinblick auf Wechselwirkungen zwischen den einzelnen Risikoarten (Inter-Risikokonzentrationen).[1540] Wie oben bereits ausführlich dargestellt, werden Klumpenrisiken aus Sektorkonzentrationen nicht von den Großkreditvorschriften erfasst und begrenzt,[1541] sondern müssen vom internen Risikomanagement der betroffenen Banken berücksichtigt werden, was im Rahmen des SREP wiederum der Überwachung der Aufsichtsbehörden unterliegt. Die Begrenzung solcher Klumpenrisiken wird somit auf der Ebene von Säule 2 der Basler Rahmenvereinbarungen gewährleistet.

Des Weiteren darf sich die Risikoinventur nicht auf die Reichweite von Konsolidierungspflichten beschränken, sondern die Geschäftsleitung ist verpflichtet, Risiken aus außerbilanziellen Gesellschaftsstrukturen, insbesondere Zweckgesellschaften, Rechnung zu tragen.[1542] Damit werden Zweckgesellschaften, die außerhalb des Anwendungsbereichs der quantitativen Regelungen liegen, zumindest von der qualitativ ausgerichteten Aufsicht erfasst. Die Aufzählung der wesentlichen Risiken ist nicht abschließend, so dass andere Risikoarten (z.B. Reputationsrisiken), soweit sie die Wesentlichkeitsschwelle überschreiten, ebenfalls in den

1537 S. MaRisk AT 2.2 Tz 1 und 2 i.V.m. AT 4.
1538 S. auch MaRisk AT 2.2 Tz. 1 und 2.
1539 MaRisk AT 2.2 Tz. 2.
1540 *Hannemann/Schneider*, MaRisk, 3. Aufl. 2011, S. 87 ff.
1541 S. dazu oben S. 239 ff.
1542 § 25a Abs. 3 Satz 2 KWG; MaRisk AT 2.2 Tz. 2; *Hannemann/Schneider*, MaRisk, 3. Aufl. 2011, S. 97.

Anwendungsbereich der MaRisk fallen.[1543] Unwesentliche Risiken sind hingegen nicht in die Beurteilung der Risikotragfähigkeit einzubeziehen und liegen somit außerhalb des Anwendungsbereichs der MaRisk, aber Institute sind gleichwohl dazu verpflichtet, angemessene Vorkehrungen zu treffen.[1544]

b) Gesamtrisikoprofil und Risikotragfähigkeit

Am Ende der Risikoinventur ist ein *Gesamtrisikoprofil* des Instituts zu erstellen, auf dessen Grundlage schließlich die Risikotragfähigkeit sicherzustellen ist.[1545] Die *Risikotragfähigkeit* gilt als gesichert, wenn die wesentlichen Risiken des Instituts durch das Risikodeckungspotenzial, unter Berücksichtigung von Risikokonzentrationen, laufend abgedeckt sind.[1546] Das Risikodeckungspotenzial bezieht sich auf das interne Eigenkapital,[1547] dem die wesentlichen Risiken gegenübergestellt werden.[1548] Institute dürfen Risiken folglich nur eingehen, soweit sie von dem internen Eigenkapital auch tatsächlich abgedeckt sind. Daraus ergibt sich im Ergebnis auch die Risikobegrenzungsfunktion des aufsichtsrechtlich verlangten Risikomanagements, denn bei einer Gefährdung der Risikotragfähigkeit ist das Institut dazu verpflichtet, entweder einzelne Risikopositionen abzubauen oder das Risikodeckungspotenzial, also das interne Eigenkapital, zu erhöhen.[1549]

4. Geschäfts- und Risikostrategie

Die Geschäftsleitung hat ferner die Geschäftsstrategie und eine damit konsistente Risikostrategie festzulegen (§ 25a Abs. 1 Satz 3 Nr. 1 KWG in Verbindung mit

---

1543 *Hannemann/Schneider*, MaRisk, 3. Aufl. 2011, S. 81.

1544 MaRisk AT 2.2 Tz. 1; *Braun/Wolfgarten* in Boos/Fischer/Schulte-Mattler, KWG, 4. Aufl. 2012, § 25a, Rn. 131; *Hannemann/Schneider*, MaRisk, 3. Aufl. 2011, S. 81.

1545 § 25c Abs. 4a Nr. 2 lit. a KWG; MaRisk AT 4.1 Tz. 1 i.V.m. AT 2.2 Tz. 1.

1546 MaRisk AT 4.1 Tz. 1; s. auch schon Begr. RegE. Gesetz zur Umsetzung der neu gefassten Bankenrichtlinie und der neu gefassten Kapitaladäquanzrichtline, BT-Drucks. 16/1335, S. 62.

1547 Der Begriff „internes Eigenkapital“ geht wiederum auf den ICAAP zurück und ist in Abgrenzung zum regulatorischen Eigenkapital also den Eigenmitteln, zu verstehen (s. dazu ausführlich oben S. 39 ff.). Eine einheitliche bzw. aufsichtsrechtliche Definition, welche Posten dem interenen Eigenkapital konkret zuzuordnen sind, gibt es bislang nicht, s. *Hannemann/Schneider*, MaRisk, 3. Aufl. 2011, S. 139.

1548 *Langen* in Schwennicke/Auerbach, KWG, 2009, § 25a, Rn. 58; *Zimmermann*, BKR 2005, 208, 209; *Hannemann/Schneider*, MaRisk, 3. Aufl. 2011, S. 131.

1549 *Braun/Wolfgarten* in Boos/Fischer/Schulte-Mattler, KWG, 4. Aufl. 2012, § 25a, Rn. 142; vgl. auch *Langen* in Schwennicke/Auerbach, KWG, 2009, § 25a, Rn. 58.

MaRisk AT 4.2, § 25c Abs. 4a Nr. 1 KWG). Die Risikostrategie greift dazu die aus der Geschäftsstrategie resultierenden Risiken auf.[1550] Da auf der Risikotragfähigkeit neben den Risikosteuerungs- und -controllingprozessen auch die Geschäftsstrategien aufbauen,[1551] ist die Risikotragfähigkeit nicht nur Ausgangspunkt des Risikomanagements, sondern zugleich ein Leitprinzip der Gesamtbanksteuerung (gemeinsame Ertrags- und Risikosteuerung[1552]).[1553] Theoretisch kann die Geschäftsleitung das gesamte zur Verfügung stehende Risikodeckungspotential des Instituts „ausreizen", d.h. zur Abdeckung der wesentlichen Risiken heranziehen.[1554] In der Regel wird allerdings ein Puffer eingeräumt, um die Solvenz des Instituts auch im Fall von unvorhergesehenen Verlusten, d.h. insbesondere solchen, die außerhalb der VaR-Berechnung liegen, bis zu einem gewissen Grad zu sichern. Anhand der konkreten Höhe des jeweils eingeräumten Puffers lässt sich letztlich auch auf die Risikobereitschaft[1555] der Geschäftsleitung schließen.[1556]

5. Aufbau und wesentliche Elemente des Risikomanagements

Zentrales Element für den organisatorischen Aufbau des Risikomanagements eines Instituts ist die Einrichtung von internen Kontrollverfahren. Unter dem Oberbegriff „interne Kontrollverfahren" ist weiterhin zwischen dem internen Kontrollsystem[1557] und der internen Revision[1558] zu unterscheiden, § 25a Abs. 1 Satz 3 Nr. 3 KWG. Das interne Kontrollsystem umfasst mit den eigentlichen Risikosteuerungs- und -controllingprozessen[1559] zugleich das „Herzstück"[1560] des Risikomanagements, was

---

1550 *Braun/Wolfgarten* in Boos/Fischer/Schulte-Mattler, KWG, 4. Aufl. 2012, § 25a, Rn. 182; allgemein zum Verhältnis „Unternehmensstrategie/Risikostrategie" auch *Pampel/Glage* in Hauschka, Corporate Compliance, 2. Aufl. 2010, § 5, Rn. 23.

1551 MaRisk AT 4.1 Tz. 2.

1552 MaRisk AT 4.3.2 Tz. 1.

1553 *Braun/Wolfgarten* in Boos/Fischer/Schulte-Mattler, KWG, 4. Aufl. 2012, § 25a, Rn. 143; *Langen* in Schwennicke/Auerbach, KWG, 2009, § 25a, Rn. 58; vgl. auch *Hannemann/Schneider*, MaRisk, 3. Aufl. 2011, S. 159.

1554 *Hannemann/Schneider*, MaRisk, 3. Aufl. 2011, S. 133 f. und 141 f.

1555 Auch als „Risikoappetit" oder „Risikoneigung" bezeichnet, *Hannemann/Schneider*, MaRisk, 3. Aufl. 2011, S. 133.

1556 *Hannemann/Schneider*, MaRisk, 3. Aufl. 2011, S. 141 f.; *Wimmer*, BKR 2006, 146, 150.

1557 S. MaRisk AT 4.3.

1558 S. MaRisk AT 4.4.3.

1559 Der Begriff ergibt sich aus MaRisk AT 4.3.2 Tz. 1.

1560 *Elfgen/Sieler* in Lange/Wall, Risikomanagement nach dem KonTraG, 2001, § 5, Rn. 16; *Dreher*, FS Hüffer, 2010, 161, 173.

gemäß § 25a Abs. 1 Satz 3 Nr. 3 lit. b KWG die Identifikation, Beurteilung, Steuerung sowie Überwachung und Kommunikation der Risiken beinhaltet. Neben den Risikosteuerungs- und -controllingprozessen umfasst das interne Kontrollsystem zusätzliche aufbau- und ablauforganisatorische Regelungen, die sich vor allem an das Kredit- und Handelsgeschäft der Institute richten.[1561] Seit dem CRD IV-Umsetzungsgesetz ist zudem die Einrichtung einer Risikocontrolling-Funktion und einer Compliance-Funktion ausdrücklich gesetzlich vorgeschrieben (§ 25a Abs. 1 Satz 3 Nr 3 lit. c KWG).[1562]

Die zweite „große" Organisationseinheit im Rahmen der Kontrollverfahren ist die interne Revision, die eine unabhängige, institutseigene Kontrollinstanz zur Prüfung und Beurteilung der Wirksamkeit und Angemessenheit des Risikomanagements darstellt.[1563] Die Unabhängigkeit ist kennzeichnendes Element und setzt voraus, dass Mitarbeiter der internen Revision grundsätzlich nicht mit revisionsfremden Aufgaben betreut[1564] (Prozessunabhängigkeit) und bei der Berichterstattung und der Wertung der Prüfungsergebnisse weisungsfrei[1565] sind.[1566] Im Folgenden werden die für diese Untersuchung relevanten Elemente des internen Kontrollsystems dargestellt.

a) Stresstests

Ein zentrales Element des Risikomanagements bildet bereits seit der zweiten Novelle der MaRisk vom 14. August 2009 auch die Durchführung von Stresstests.[1567] Die Kodifikation in § 25c Abs. 4a Nr. 3 lit. f KWG und als eigener Abschnitt im allgemeinen Teil der MaRisk unterstreicht den Stellenwert, der diesem besonderen qualitativen Instrument für das interne Kontrollsystem beigemessen

---

1561 § 25a Abs. 1 Satz 3 lit. a i.V.m. MaRisk BTO. Die Anforderungen an das Kreditgeschäft wurden bereits oben S. 162 f. im Zusammenhang mit den Kreditvergabestandards dargestellt. Aufgrund des „strukturellen Gleichlaufs" zwischen den Anforderungen an das Kreditgeschäft und den Anforderungen an das Handelsgeschäft (*Hannemann/Schneider*, MaRisk, 3. Aufl. 2011, S. 611) wird von einer weiteren Darstellung abgesehen.

1562 S. auch MaRisk AT 4.4.1 (Risikocontrolling-Funktion) und 4.4.2 (Compliance-Funktion).

1563 MaRisk AT 4.4.3 Tz. 3; s. allgemein *Lück*, DB 1998, 8, 10.

1564 MaRisk BT 2.2 Tz. 2.

1565 MaRisk BT 2.2 Tz. 1.

1566 S. allgemein wiederum *Lück*, DB 1998, 8, 10.

1567 *Braun/Wolfgarten* in Boos/Fischer/Schulte-Mattler, KWG, 4. Aufl. 2012, § 25a, Rn. 250 Fn. 192; s. zu Stresstests bereits oben S. 72 f.

wird.[1568] Danach sind Institute bzw. deren Geschäftsleiter dazu verpflichtet, regelmäßig und anlassbezogen Stresstests für die wesentlichen Risiken sowie das Gesamtrisikoprofil durchzuführen (§ 25c Abs. 4a Nr. 3 lit. f KWG), wobei sowohl historische als auch hypothetische Szenarien durchzuspielen sind.[1569] Die Stresstests müssen über den Konsolidierungskreis hinausreichen und somit außerbilanzielle Gesellschaftsstrukturen und Verbriefungstransaktionen erfassen.[1570] Die Ergebnisse müssen auch in die Beurteilung der Risikotragfähigkeit einfließen,[1571] aber nicht zwangsläufig mit internem Eigenkapital unterlegt werden.[1572] Eine Begrenzung der aufgezeigten Risiken soll Instituten auch auf anderen Wegen offen stehen, beispielsweise durch verschärfte Überwachung oder direkte Limitierung.[1573]

Das Gesamtbild der Widerstandsfähigkeit eines Instituts soll schließlich durch *inverse Stresstests* abgerundet werden.[1574] Anders als im Rahmen herkömmlicher, ereignisgetriebener Stresstests werden bei inversen Stresstests keine extremen Veränderungen der Risikofaktoren vorgenommen, um die Auswirkungen von Krisen auf das Institut zu untersuchen.[1575] Inverse Stresstests gehen vielmehr den umgekehrten Weg und beginnen mit einem Portfolioverlust, der das Institut in seiner Überlebensfähigkeit gefährden könnte.[1576] Von diesem simulierten Verlust ausgehend, analysieren die Institute anschließend, wie sich die Risikofaktoren ändern müssten, um solche bestandsgefährdende Auswirkungen zur Folge zu haben.[1577] In ihren Erläuterungen geht die BaFin von einer Gefahr für die Überlebensfähigkeit eines Instituts aus, „[…] wenn sich das ursprüngliche Geschäftsmodell als nicht mehr durchführbar beziehungsweise tragbar erweist […].“[1578] Von einer weiteren Präzisierung hat die BaFin abgesehen, so dass von einer Gefahr für die Überlebensfähigkeit des Instituts auszugehen ist, wenn die aufsichtsrechtlichen

1568 Vgl. *Braun/Wolfgarten* in Boos/Fischer/Schulte-Mattler, KWG, 4. Aufl. 2012, § 25a, Rn. 250.

1569 MaRisk AT 4.3.3 Tz. 1 und 2

1570 MaRisk AT 4.3.3 Tz. 1.

1571 MaRisk AT 4.3.3 Tz. 5.

1572 *BaFin*, Erläuterungen MaRisk AT 4.3.3 Tz. 5 vom 14.12.2012.

1573 *BaFin*, Erläuterungen MaRisk AT 4.3.3 Tz. 5 vom 14.12.2012; *Hannemann/Schneider*, MaRisk, 3. Aufl. 2011, S. 280.

1574 MaRisk AT 4.3.3 Tz. 3 und *BaFin*, Erläuterungen MaRisk AT 4.3.3 Tz. 3 vom 14.12.2012; krit. *Grundke*, Kreditwesen 2012, 131, 131 ff.

1575 *Hannemann/Schneider*, MaRisk, 3. Aufl. 2011, S. 273.

1576 *Hannemann/Schneider*, MaRisk, 3. Aufl. 2011, S. 273.

1577 *Hannemann/Schneider*, MaRisk, 3. Aufl. 2011, S. 273.

1578 *BaFin*, Erläuterungen MaRisk AT 4.3.3 Tz. 3 vom 14.12.2012.

Eigenmittelanforderungen unterschritten werden oder das Deckungspotential des internen Kapitals überschritten wird und somit die Risikotragfähigkeit nicht mehr gewährleitet ist.[1579] Selbst wenn die durchgespielten historischen und hypothetischen Szenarien der herkömmlichen Stresstests im Ergebnis keine Bestandsgefährdung für das Institut aufzeigen würden, wären solche Ereignisse zwangsläufig Gegenstand der inversen Stresstests, so dass hier die „kritische Reflexion der Ergebnisse“[1580] im Vordergrund steht und bankbetrieblichen Entscheidungsträgern so die Augen für das Risikopotential geöffnet werden.[1581]

b) Risikosteuerungs- und -controllingprozesse

Die Risikosteuerungs- und -controllingprozesse nehmen eine zentrale Funktion bei der bankinternen Risikobegrenzung ein. Die MaRisk schärfen die Konturen dieses integralen Bestandteils des Risikomanagements und enthalten dazu allgemeine (MaRisk AT 4.3.2) und besondere Anforderungen (MaRisk BTR) für die Ausgestaltung der Risikosteuerungs- und -controllingprozesse.

aa) Allgemeine Anforderungen

Die allgemeinen Anforderungen an die Risikosteuerungs- und -controllingprozesse betreffen vor allem den Informationsfluss innerhalb der bankbetrieblichen Organisation (sog. Risikoberichterstattung).[1582] Ausgangspunkt ist die Berichterstattung des Risikomanagements an die Geschäftsleitung, wobei zwischen der regelmäßigen- und der *ad hoc*-Berichterstattung unterschieden werden kann.[1583] Die regelmäßige Berichterstattung (mindestens vierteljährig) beinhaltet eine Darstellung und Beurteilung der Risikosituation des Instituts einschließlich einer Beurteilung der Risiken.[1584] In den Berichten sind Risikokonzentrationen sowie die Ergebnisse der durchgeführten Stresstests darzustellen.[1585] Daneben bestehen

---

1579 *Hannemann/Schneider*, MaRisk, 3. Aufl. 2011, S. 273 m.w.N.; wohl auch *Grundke*, Kreditwesen 2012, 131, 131 f.

1580 *BaFin*, Erläuterungen MaRisk AT 4.3.3 Tz. 3 vom 14.12.2012.

1581 Vgl. *Hannemann/Schneider*, MaRisk, 3. Aufl. 2011, S. 273 f.; *Braun/Wolfgarten* in Boos/Fischer/Schulte-Mattler, KWG, 4. Aufl. 2012, § 25a, Rn. 260 f.

1582 § 25c Abs. 4a Nr. 3 lit. d und e KWG; MaRisk AT 4.3.2 Tz. 3.

1583 *Braun/Wolfgarten* in Boos/Fischer/Schulte-Mattler, KWG, 4. Aufl. 2012, § 25a, Rn. 234.

1584 § 25c Abs. 4a Nr. 3 lit. d KWG; MaRisk AT 4.3.2 Tz. 3; s. auch *Braun/Wolfgarten* in Boos/Fischer/Schulte-Mattler, KWG, 4. Aufl. 2012, § 25a, Rn. 234 ff.

1585 MaRisk AT 4.3.2 Tz. 4.

regelmäßige risikospezifische Berichte an die Geschäftsleitung.[1586] Die Geschäftsleitung selbst hat wiederum mindestens vierteljährig das Aufsichtsorgan über die Risikosituation zu informieren.[1587] Im Rahmen der ereignisgetriebenen sog. *ad hoc*-Berichterstattung sind wesentliche risikorelevante Informationen unverzüglich an die Geschäftsleitung weiterzuleiten.[1588]

bb) Risikospezifische Anforderungen

In den MaRisk ist neben den allgemeinen Anforderungen auch ein eigenes Modul an die Risikosteuerungs– und –controllingprozesse gerichtet (BTR). Das Modul greift wiederum die wesentlichen Risikoarten auf und formuliert besondere risikospezifische Anforderungen an den Umgang mit Ausfallrisiken (BTR 1), Marktrisiken (BTR 2), Liquiditätsrisiken (BTR 3) und operationellen Risiken (BTR 4).

(1) Ausfall- und Marktrisiken

Zur Begrenzung von Ausfall- und Marktrisiken müssen vor allem sog. Limite eingerichtet werden, wobei die Anforderungen unterschiedlich streng ausfallen. Diese direkten Begrenzungen von Risiken spielen im Risikomanagement eine zentrale Rolle und müssen innerhalb der Unternehmensstruktur „rabiat" umgesetzt werden.[1589] Für Handelsbuchrisikopositionen ergibt sich diese Pflicht bereits unmittelbar aus der europäischen CRR.[1590] Für die Kreditvergabe gilt zwingend, dass kein Geschäft ohne kreditnehmerbezogenes Limit abgeschlossen werden darf, was sowohl für einen einzelnen Kreditnehmer (Kreditnehmerlimit) als auch Kreditnehmereinheiten (Kreditnehmereinheitenlimit) gilt.[1591] Auch Kontrahentenlimite und Emittentenlimite sind grundsätzlich einzurichten.[1592]

1586 Für Ausfallrisiken: MaRisk BTR 1 Tz. 7; für Marktrisiken: MaRisk BTR 2 Tz. 5; für Liquiditätsrisiken: MaRisk BTR 3.1 Tz. 9; für operationelle Risiken: MaRisk BTR 4 Tz. 4; *Braun*/*Wolfgarten* in Boos/Fischer/Schulte-Mattler, KWG, 4. Aufl. 2012, § 25a, Rn. 235.

1587 § 25c Abs. 4a Nr. 3 lit. e KWG; MaRisk AT 4.3.2 Tz. 6.

1588 MaRisk AT 4.3.2 Tz. 5; *Braun*/*Wolfgarten* in Boos/Fischer/Schulte-Mattler, KWG, 4. Aufl. 2012, § 25a, Rn. 243 f.

1589 So *Schmittmann* in Hopt/Wohlmannstetter, Handbuch Corporate Governance von Banken, 2011, S. 487; s. auch *Fischer* in Schimansky/Bunte/Lwowski, Bankrechts-Handbuch, Band II, 4. Aufl. 2011, § 128, Rn. 68; *Wimmer*, BKR 2006, 146, 150.

1590 Art. 103 lit. b ii CRR.

1591 MaRisk BTR 1 Tz. 2.

1592 MaRisk BTR 1 Tz. 3 und 4.

Für weitere Anforderungen im Hinblick auf den Umgang mit Marktrisiken ist zwischen solchen im Handelsbuch (MaRisk BTR 2.2) und solchen im Anlagebuch (MaRisk BTR 2.3) zu differenzieren.[1593] Im Handelsbuch lauern besondere Gefahren, die auf die dort erfassten Positionen aus dem Eigenhandel zurückzuführen sind.[1594] Dieser Gefahrträchtigkeit wird bereits durch die Pflicht zur Eigenkapitalunterlegung und besondere qualitative Anforderungen für Handelsbuchinstitute in der CRR[1595] Rechnung getragen.[1596]

Zins- und Aktienkursrisiken als Subkategorien des Marktrisikos unterfallen den Eigenmittelvorschriften der Säule 1 allerdings nur, soweit sie dem Handelsbuch zuzuordnen sind.[1597] Die Begrenzung dieser Risikoarten im Rahmen des Anlagebuchs ist hingegen der Säule 2 zugewiesen, was sich folglich in besonderen Anforderungen an die Risikosteuerungs- und -controllingprozesse niederschlägt.[1598] Für plötzliche und unerwartete Zinsänderungen gelten besondere Vorgaben der BaFin, § 25a KWG Abs. 2 Satz 1 KWG.[1599] Nach dem präzisierenden Rundschreiben der BaFin ist unter einer plötzlichen und unerwarteten Zinsänderung eine *ad hoc*, d.h. über Nacht eintretende „[…] Parallelverschiebung der Zinsstrukturkurve um 200 Basispunkte nach oben (Szenario 1) und 200 Basispunkte nach unten (Szenario 2) […]“ zu verstehen.[1600] Damit korrespondiert auch die Anzeigepflicht nach § 24 Abs. 1 Nr. 14 KWG. Danach sind Institute verpflichtet, der BaFin und der Bundesbank unverzüglich anzuzeigen, dass bei der Ermittlung der Auswirkungen einer plötzlichen und unerwarteten Zinsänderung festgestellt wurde, dass der Barwert des Instituts um mehr als 20% seiner Eigenmittel absinkt (Kreditinstitute mit erhöhtem Zinsänderungsrisiko oder sog. „Ausreißer-Institute“[1601]). Die BaFin

---

1593 S. zur Definition des Handels- und Anlagebuchs oben S. 198.

1594 Vgl. *Burghof/Rudolph*, Bankenaufsicht, 1996, S. 176; *Braun/Wolfgarten* in Boos/Fischer/Schulte-Mattler, KWG, 4. Aufl. 2012, § 25a, Rn. 298.

1595 Art. 102 ff. CRR.

1596 S. dazu bereits ausführlich oben S. 217 f.

1597 *Hartmann-Wendels/Pfingsten/Weber*, Bankbetriebslehre, 5. Aufl. 2010, S. 648 f.; *Gleeson*, International Regulation of Banking, 2nd Ed. 2012, Rn. 12.09.

1598 MaRisk BTR 2.3; *Braun/Wolfgarten* in Boos/Fischer/Schulte-Mattler, KWG, 4. Aufl. 2012, § 25a, Rn. 307.

1599 Die BaFin hat auf Grundlage von § 25a KWG Abs. 1 Satz 7 KWG durch das Rundschreiben 11/2011 (BA) konkretisiert, wie eine plötzliche und unerwartete Zinsänderung und deren Auswirkungen auf den Barwert zu ermitteln sind. S. zum Ganzen *Braun/Wolfgarten* in Boos/Fischer/Schulte-Mattler, KWG, 4. Aufl. 2012, § 25a, Rn. 308.

1600 *BaFin*, Rundschreiben 11/2011 (BA), S. 3.

1601 *Braun/Wolfgarten* in Boos/Fischer/Schulte-Mattler, KWG, 4. Aufl. 2012, § 25a, Rn. 308.

prüft im Einzelfall das Ergreifen weitergehender Maßnahmen, insbesondere, ob sie erhöhte Eigenmittelanforderungen nach § 10 Abs. 1b Nr. 1, 1. Alt. KWG gegenüber dem „Ausreißer-Institut" anordnet.[1602]

(2) Liquiditätsrisiken

Für das Management von Liquiditätsrisiken differenzieren die MaRisk zwischen allgemeinen Anforderungen (BTR 3.1) und zusätzlichen Anforderungen an kapitalmarktorientierte Institute (BTR 3.2). Institute müssen bereits nach § 11 Abs. 1 Satz 1 KWG dafür Sorge tragen, dass den Zahlungsverpflichtungen jederzeit entsprochen werden kann. Über diese allgemeine Pflicht hinaus verlangen die MaRisk jedoch, dass eine ausreichende Diversifikation bei der Finanzierung eines Instituts gewährleistet ist,[1603] wodurch die Abhängigkeit von einzelnen Finanzierungsquellen verhindert wird und somit liquiditätsbezogenen Klumpenrisiken auf der Ebene des Risikomanagements gegengesteuert werden soll.[1604] Auch weitere ökonomische Erkenntnisse über die Fragilität der bankbetrieblichen Finanzierungsstruktur und der daraus resultierenden Anfälligkeit für Liquiditätsrisiken spiegeln sich in den allgemeinen Anforderungen wider.[1605] So sind für die frühzeitige Identifikation von Liquiditätsengpässen auch die Auswirkungen anderer Risikoarten auf die Liquidität des Instituts zu berücksichtigen,[1606] wie z.B. im Fall wegbrechender Zahlungsströme infolge schlagender Ausfallrisiken.[1607] In einer aussagekräftigen Liquiditätsübersicht sind Mittelzuflüsse und Mittelabflüsse einander gegenüberzustellen.[1608] Dabei haben Institute auch laufend zu überprüfen, ob der Liquiditätsbedarf bei angespanntem Marktumfeld gedeckt werden kann.[1609] Für kurzfristig eintretende Liquiditätskrisen sind ausreichende, nachhaltige Liquiditätsreserven vorzuhalten, womit insbesondere hochliquide Aktiva erfasst

---

1602 *BaFin*, Rundschreiben 11/2011 (BA), S. 8 f.

1603 MaRisk BTR 3.1 Tz. 1.

1604 *van Greuning/Brajovic Bratanovic*, Analyzing and Managing Banking Risk, 2nd Ed. 2003, S. 181; *Braun/Wolfgarten* in Boos/Fischer/Schulte-Mattler, KWG, 4. Aufl. 2012, § 25a, Rn. 327.

1605 S. hierzu ausführlich den ökonomischen Hintergrund des Liquiditätsrisikos oben 4. Teil, Abschnitt G, I.

1606 MaRisk BTR 3.1 Tz. 2.

1607 Vgl. *van Greuning/Brajovic Bratanovic*, Analyzing and Managing Banking Risk, 2nd Ed. 2003, S. 168 ff.

1608 MaRisk BTR 3.1 Tz. 3.

1609 MaRisk BTR 3.1 Tz. 4.

sind.[1610] Die Vorkehrungen zur Liquiditätssicherung schließen Notfallpläne[1611] sowie die Implementierung eines Verrechungssystems ein[1612] und werden durch liquiditätsbezogene Stresstests, die neben institutseigenen Ursachen (z.B. den Abzug von Einlagen) auch marktweite (z.B. Störungen des Interbankenmarkts) umfassen müssen, flankiert.[1613] Strengere, zusätzliche Anforderungen an das Management von Liquiditätsrisiken sind an kapitalmarktorientierte Institute gerichtet,[1614] wobei für die Zuordnung wohl auf § 264d HGB zurückzugreifen ist.[1615] Die umfangreichen Anforderungen an die Steuerung von Liquiditätsrisiken verdeutlicht erneut die Sensibilisierung der Aufsichtsinstanzen für diese Risikoart, die auf die Störungen des Interbankenmarktes während der Subprime-Krise zurückzuführen ist.[1616] Durch die Umsetzung der von Basel III vorgesehenen quantitativen Kennzahlen (LCR und NSFR) werden die Institute zukünftig aber auch diesen „harten" Standards entsprechen müssen.

(3) Operationelle Risiken

Die in den MaRisk enthaltenen Vorgaben für den Umgang mit operationellen Risiken sind im Vergleich mit den unter dem STA oder den AMA geltenden qualitativ ausgerichteten Pflichten nur sehr allgemein gehalten.[1617] Der in den MaRisk enthaltene Katalog ist damit in erster Linie für Institute relevant, die für die Berechnung der Eigenmittelanforderungen gegenüber operationellen Risiken lediglich von dem einfachen BIA Gebrauch machen, denn an den BIA sind keine besonderen Pflichten für die Ausgestaltung der Unternehmensorganisation geknüpft. Weitere Anforderungen an das Management von operationellen Risiken betreffen die technisch-organisatorische Ausstattung der Institute zur Begrenzung von Verlustgefahren infolge von Problemen mit den verwendeten IT-Systemen oder

---

1610 MaRisk BTR 3.1 Tz. 4.

1611 MaRisk BTR 3.1 Tz. 9.

1612 MaRisk BTR 3.1 Tz. 5 ff. (bei großen Instituten mit komplexen Geschäftsaktivitäten sog. Liquiditätstransferpreissystem).

1613 MaRisk BTR 3.1 Tz. 8; *BaFin*, Erläuterungen MaRisk BTR 3.1 Tz. 8; *Angermüller/Ramke*, Kreditwesen 2011, 486, 487.

1614 *Angermüller/Ramke*, Kreditwesen 2011, 486, 487.

1615 *Braun/Wolfgarten* in Boos/Fischer/Schulte-Mattler, KWG, 4. Aufl. 2012, § 25a, Rn. 347; vorsichtiger *Angermüller/Ramke*, Kreditwesen 2011, 486, 487.

1616 S. im Einzelnen die Nachweise in Fn. 1435 und 1436.

1617 So auch *Braun/Wolfgarten* in Boos/Fischer/Schulte-Mattler, KWG, 4. Aufl. 2012, § 25a, Rn. 359; *Wimmer*, BKR 2006, 146, 153. S. dazu den knappen Katalog in MaRisk BTR 4.

die Ausarbeitung von Notfallkonzepten, um das Ausmaß möglicher Schäden in krisenhaften Situationen zu reduzieren.[1618]

6. Risikomanagement auf Gruppenebene

a) Anwendungsbereich

§ 25a Abs. 3 Satz 1 KWG hebt die Pflicht zur Einrichtung einer ordnungsgemäßen Geschäftsorganisation zusätzlich auf die Gruppenebene und trägt damit dem Umstand Rechnung, dass die Aufsichtspraxis mittlerweile von Bankkonzernen dominiert wird. In den Anwendungsbereich von § 25a Abs. 3 Satz 1 KWG fallen Institutsgruppen, Finanzholding-Gruppen, gemischte Finanzholding-Gruppen und Institute im Sinne von Art. 22 CRR. Entsprechendes gilt gemäß § 25a Abs. 4 Satz 1 KWG auch für Finanzkonglomerate.[1619]

Das Begriffsverständnis der verschiedenen Gruppenkonstellationen ist im Einzelnen von den Konsolidierungsregeln zur Berechnung der Eigenmittelanforderungen geprägt. Bislang ergaben sich diese Konsolidierungsregeln unmittelbar aus § 10a KWG a.F. für Institutsgruppen und Finanzholding-Gruppen sowie aus § 10b KWG a.F. für Finanzkonglomerate. Durch die europäische CRR kommt es auch in diesem Bereich zu Veränderungen, denn in Teil 1, Titel II, Kapitel 2 CRR sind neue Konsolidierungsregeln enthalten, die in allen Mitgliedstaaten der Europäischen Union unmittelbar gelten.[1620] Der Anwendungsbereich und Umfang der Konsolidierung wird sich somit zukünftig aus der CRR ergeben, so dass §§ 10a und 10b KWG in weiten Teilen auf die Konsolidierungsregeln der CRR abstellen und umfassend angepasst werden müssen.[1621] Diesem Umstand trägt das CRD IV-Umsetzungsgesetz Rechnung, das neben den Änderungen von § 25a KWG im Hinblick auf die Anforderungen an das gruppenweite Risikomanagement auch neue Fassungen der Vorschriften zur Ermittlung der Eigenmittelausstattung von Institutsgruppen, (gemischten) Finanzholding-Gruppen sowie Finanzkonglomeraten enthält (§§ 10a und 10b KWG).

Kennzeichnendes Element für alle Gruppenkonstellationen ist dabei, dass eine Gruppe aufbauorganisatorisch jeweils aus einem übergeordneten Unternehmen und einem oder mehreren nachgeordneten Unternehmen besteht (§ 10a Abs. 1

1618 MaRisk AT 7.2 und 7.3.

1619 Die folgende Darstellung beschränkt sich auf die Reichweite von § 25a Abs. 3 KWG. Für § 25a Abs. 4 KWG gilt in der Regel aber Entsprechendes.

1620 Begr. RegE. CRD IV-Umsetzungsgesetz, BT-Drucks. 17/10974, S. 77.

1621 Vgl. Begr. RegE. CRD IV-Umsetzungsgesetz, BT-Drucks. 17/10974, S. 77.

Satz 1 KWG). Die Unterscheidung zwischen übergeordneten und nachgeordneten Unternehmen ist wichtig, da Anknüpfungspunkt der gruppenweiten Organisationspflichten allein die Geschäftsleitung des übergeordneten Unternehmens ist, §§ 25a Abs. 3 Satz 1, 25c Abs. 4b KWG.

aa) Institutsgruppen

Als übergeordnetes Unternehmen einer Institutsgruppe gilt gemäß § 10a Abs. 1 Satz 1 KWG ein Institut, das nach Art. 11 CRR die Konsolidierung vorzunehmen hat. Die Konsolidierungspflicht trifft gemäß Art. 11 Abs. 1 CRR die Mutterinstitute in einem Mitgliedstaat, worunter nach der Legaldefinition in Art. 4 Abs. 1 Nr. 28 CRR ein Institut zu verstehen ist, das ein Institut oder Finanzinstitut als Tochter[1622] hat oder eine Beteiligung an einem solchen Institut oder Finanzinstitut hält und nicht selbst Tochterunternehmen eines anderen im selben Mitgliedstaat zugelassenen Instituts oder einer im selben Mitgliedstaat errichteten (gemischten) Finanzholdinggesellschaft ist. Unter bestimmten Voraussetzungen kann die BaFin auch ein anderes Institut als übergeordnetes Unternehmen bestimmen.[1623] Nachgeordnete Unternehmen sind gemäß § 10a Abs. 1 Satz 3 KWG hingegen Unternehmen, die nach Art. 18 CRR zu konsolidieren sind oder freiwillig konsolidiert werden. Eine Institutsgruppe besteht auch im Fall einer horizontalen Unternehmensgruppe im Sinne von Art. 18 Abs. 3 CRR, wobei als übergeordnetes Unternehmen das gruppenangehörige Institut mit Sitz im Inland gilt, das die höchste Bilanzsumme aufweist (§ 10a Abs. 1 Satz 7 KWG).

bb) Finanzholding-Gruppen und gemischte Finanzholding-Gruppen

Bei einer Finanzholding-Gruppe oder gemischten Finanzholding-Gruppen ist die Bestimmung des übergeordneten Unternehmens komplizierter als es bei

---

1622 Bei „Tochterunternehmen" handelt es sich nach der Legaldefinition in Art. 4 Abs. 1 Nr. 16 CRR um Tochterunternehmen im Sinne von Art. 1 und 2 der Richtlinie 83/349/EWG (Siebente Richtlinie des Rates v. 13.6.1983 aufgrund von Artikel 54 Abs. 3 Buchstabe g) des Vertrages über den konsolidierten Abschluss, ABl. EG Nr. L. 193 v. 18.7.1983, S. 1 – Konzernabschlussrichtlinie), Tochterunternehmen im Sinne von Art. 1 Abs. 1 der Richtlinie 83/349/EWG sowie alle Unternehmen, auf das ein Mutterunternehmen tatsächlich einen beherrschenden Einfluss ausübt. Dabei werden Töchter der Tochterunternehmen auch dem Mutterunternehmen zugeordnet. In Deutschland sind die relevanten Vorschriften der Konzernabschlussrichtlinie in § 290 HGB umgesetzt worden, s. *Busse von Colbe* in MünchKommHGB, 3. Aufl. 2013, § 290, Rn. 1 ff.

1623 § 10a Abs. 1 Satz 5 und 6 KWG.

Institutsgruppen der Fall ist, denn bei der Spitze einer (gemischten) Finanzholding-Gruppe handelt es sich um ein eigentlich unbeaufsichtigtes Unternehmen – die (gemischte) Finanzholding-Gesellschaft.[1624] Für aufsichtsrechtliche Zwecke muss daher ein Institut als übergeordnetes Unternehmen bestimmt werden, das damit auch Anknüpfungspunkt für die gruppenweiten Organisationspflichten nach § 25a Abs. 3 Satz 1 KWG ist.[1625] Anstelle der Mutterfinanzholding-Gesellschaft oder der gemischten Mutterfinanzholding-Gesellschaft in einem Mitgliedstaat sind nach Art. 11 Abs. 2 CRR daher die kontrollierten Institute konsolidierungspflichtig. Als übergeordnetes Unternehmen gilt bei mehreren nachgeordneten Instituten das Institut mit Sitz im Inland, das die höchste Bilanzsumme aufweist (§ 10a Abs. 2 Satz 1 KWG).

Unter bestimmten Voraussetzungen kann die BaFin auch bei (gemischten) Finanzholding-Gruppen davon abweichend ein übergeordnetes Unternehmen bestimmen. So kann die BaFin u.a. gemäß § 10a Abs. 2 Satz 2 KWG auf Antrag entscheiden, dass die (gemischte) Finanzholding-Gesellschaft mit Sitz im Inland selbst als übergeordnetes Unternehmen zu behandeln ist, wenn diese über die zur Einhaltung der gruppenweiten Pflichten erforderliche Struktur und Organisation verfügt. Ohne Antrag ist eine solche Entscheidung zulässig, wenn dies aus bankaufsichtlichen Gründen erforderlich ist (§ 10a Abs. 2 Satz 3 KWG).

b) Aufsichtsrechtliche Organisationspflichten

§ 25a Abs. 3 Satz 1 KWG verpflichtet die Geschäftsleiter[1626] des übergeordneten Unternehmens für die ordnungsgemäße Geschäftsorganisation und damit für ein angemessenes und wirksames Risikomanagement auf der Gruppenebene Sorge zu tragen. Seit der zweiten Novelle der MaRisk aus dem Jahr 2009 lassen sich präzisierende Anforderungen für das Risikomanagement auf der Gruppenebene einem eigenen Abschnitt der MaRisk entnehmen (MaRisk AT 4.5).[1627] Ein Katalog der wesentlichen Pflichten der Geschäftsleiter des übergeordneten Unternehmens ist durch § 25c Abs. 4b KWG mittlerweile auch in Gesetzesrang erhoben worden, wodurch die Anforderungen des § 25a Abs. 3 KWG zusätzlich konkretisiert

---

1624 S. die Legaldefinitionen in Art. 4 Abs. 1 Nr. 20 und 21 CRR; *Binder* in Hopt/Wohlmannstetter, Handbuch Corporate Governance von Banken, 2011, S. 691; *Boos* in Boos/Fischer/Schulte-Mattler, KWG, 4. Aufl. 2012, § 10a, Rn. 30.

1625 *Boos* in Boos/Fischer/Schulte-Mattler, KWG, 4. Aufl. 2012, § 10a, Rn. 30; *Tröger*, ZHR 177 (2013), 475, 488 f.

1626 S. die Legaldefinition in § 1 Abs. 2 Satz 1 oder § 2d Abs. 1 KWG.

1627 *Langen*, BKR 2009, 309.

werden.[1628] Was für das Einzelinstitut gilt, muss danach in weiten Teilen auch von dem übergeordneten Unternehmen bzw. dessen Geschäftsleitung umgesetzt werden, wobei auch hier der Proportionalitätsgrundsatz Gültigkeit behält.[1629] Zu den Kernelementen zählen insbesondere die Festlegung gruppenweiter Strategien (§ 25c Abs. 4b Nr. 1 KWG), die Sicherstellung der Risikotragfähigkeit auf der Gruppenebene (§ 25c Abs. 4b Nr. 2 KWG), die Einrichtung aufbau- und ablauforganisatorischer Vorkehrungen, die Implementierung von Risikosteuerungs- und -controllingprozessen sowie die Einrichtung einer Konzernrevision (§ 25c Abs. 4b Nr. 3 KWG).[1630] Das Risikomanagement der zu einer Gruppe zusammengefassten Einzelinstitute wird von dem Risikomanagement bei dem übergeordneten Unternehmen grundsätzlich jedoch nicht ersetzt, sondern durch die zusätzliche Berücksichtigung gruppenweiter Risiken ergänzt und komplementiert.[1631]

Eine Ausnahme gilt nur im Anwendungsbereich der sog. „Waiver“ -Regelung[1632] des § 2a KWG, wonach Institute unter engen Voraussetzungen von der Einrichtung eines Risikomanagements nach § 25a Abs. 1 KWG, also insbesondere der Risikosteuerungs- und -controllingprozesse, absehen können.[1633] Die Reichweite der gruppenweiten Organisationspflichten ist nach § 25a Abs. 3 Satz 2 KWG nicht auf den Konsolidierungskreis beschränkt, sondern erstreckt sich auf alle wesentlichen Risiken für die Gruppe, womit auch Risiken erfasst werden, die von unkonsolidierten Zweckgesellschaften ausgehen (sog. „risikoorientierter Geltungsbereich“).[1634]

c) Gesellschaftsrechtliche Grenzen

Bei der Einrichtung des gruppenweiten Risikomanagements kann die Geschäftsleitung des übergeordneten Unternehmens jedoch an Grenzen stoßen, die sich aus

1628 S. dazu Fn. 1511.

1629 *Hannemann/Schneider*, MaRisk, 3. Aufl. 2011, S. 304 und 308 f. So ist wohl auch Begr. RegE. BT-Drucks. 17/12601, S. 44 im Hinblick auf den Katalog in § 25c Abs. 4b KWG zu verstehen; s. auch *Tröger*, ZHR 177 (2013), 475, 514.

1630 So auch schon *Hannemann/Schneider*, MaRisk, 3. Aufl. 2011, S. 303; *Langen*, BKR 2009, 309, 312 f.

1631 Vgl. *Hannemann/Schneider*, MaRisk, 3. Aufl. 2011, S. 304 f.; *Lautenschläger/Ketessidis* in Hopt/Wohlmannstetter, Handbuch Corporate Governance von Banken, 2011, S. 772; aus Sicht des Versicherungsaufsichtsrechts: *Dreher/Schaaf*, WM 2008, 1765, 1773.

1632 *Hannemann/Schneider*, MaRisk, 3. Aufl. 2011, S. 309.

1633 S. § 2a Abs. 2 und Abs. 4 KWG.

1634 Begr. RegE. CRD IV-Umsetzungsgesetz, BT-Drucks. 17/10974, S. 86; *Hannemann/Schneider*, MaRisk, 3. Aufl. 2011, S. 306; *Langen*, BKR 2009, 309, 311; *Tröger*, ZHR 177 (2013), 475, 494 f.

dem Gesellschaftsrecht ergeben.[1635] Das Konfliktpotential zwischen dem Aufsichtsrecht auf der einen Seite und dem Gesellschaftsrecht auf der anderen Seite liegt darin begründet, dass aus privatrechtlicher Sicht auch der Zusammenschluss zu einer Unternehmensgruppe nichts an der rechtlichen Selbständigkeit der dadurch verbundenen Gesellschaften ändert.[1636] So statuiert bereits § 15 AktG, dass es sich bei verbundenen Unternehmen um „rechtlich selbständige Unternehmen" handelt. Ein *wirksames* Risikomanagement, wie es vom Aufsichtsrecht in § 25a Abs. 1 Satz 3 KWG verlangt wird, steht und fällt jedoch mit der Möglichkeit zur *Durchsetzung* konkreter Maßnahmen, beispielsweise von Informationsrechten und der Beachtung von gruppenweiten Limitsystemen.[1637] Den Einflussmöglichkeiten der Geschäftsleitung eines übergeordneten Unternehmens auf die jeweils nachgeordneten Unternehmen können jedoch gesellschaftsrechtliche Grenzen gesteckt sein, die vom Grad des Beherrschungsverhältnisses abhängig sind.[1638] In der Literatur wird danach unterschieden, ob zwischen den einzelnen Unternehmen ein Unternehmensvertrag (§§ 291 ff. AktG) abgeschlossen bzw. eine Eingliederung (§§ 319 ff. AktG) beschlossen wurde oder nicht. Bei der ersten Konstellation handelt es sich bei dem Zusammenschluss aus gesellschaftsrechtlicher Sicht um einen Vertrags- bzw. Eingliederungskonzern und bei der zweiten um einen faktischen Konzern.[1639]

1635 *Langen*, BKR 2009, 309, 310; *Spindler*, WM 2008, 905, 916; eingehend *T. Schneider*, Risikomanagement, 2009, 3. und 4. Teil; so auch für den parallelen § 64a Abs. 2 VAG: *Dreher/Schaaf*, WM 2008, 1765, 1772.

1636 *Bälz*, FS L. Raiser,1974, 287, 288; *Raiser/Veil*, Recht der Kapitalgesellschaften, 5. Aufl. 2010, § 50, Rn. 1.

1637 *Lautenschläger/Ketessidis* in Hopt/Wohlmannstetter, Handbuch Corporate Governance von Banken, 2011, S. 771; *Tröger*, ZHR 177 (2013), 475, 486; s. auch *Spindler*, WM 2008, 905, 916.

1638 *Langen*, BKR 2009, 309, 310; *ders.* in Schwennicke/Auerbach, KWG, 2009, §25a, Rn. 113; *Lautenschläger/Ketessidis* in Hopt/Wohlmannstetter, Handbuch Corporate Governance von Banken, 2011, S. 771; *Spindler*, WM 2008, 905, 916; *Wundenberg*, Compliance und die prinzipiengeleitete Aufsicht über Bankengruppen, 2012, S. 178.

1639 *Langen*, BKR 2009, 309, 310; *Sethe*, ZBB 2012, 357, 360; *Spindler*, WM 2008, 905, 916; *Lautenschläger/Ketessidis* in Hopt/Wohlmannstetter, Handbuch Corporate Governance von Banken, 2011, S. 771 f.; s. allgemein *Altmeppen* in MünchKommAktG, 3. Aufl. 2010, Vorb. § 311, Rn. 3 f.; *Raiser/Veil*, Recht der Kapitalgesellschaften, 5. Aufl. 2010, § 50, Rn. 5 und § 55, Rn. 1.

aa) Vertrags- und Eingliederungskonzern

Im Vertragskonzern verleiht in erster Linie ein Beherrschungsvertrag dem herrschenden Unternehmen ein Weisungsrecht (§ 308 Abs. 1 Satz 1 AktG) und begründet eine damit korrespondierende Folgepflicht der Geschäftsleitung der Untergesellschaft (§ 308 Abs. 2 Satz 1 AktG). Entsprechendes gilt gemäß § 323 Abs. 1 AktG auch für die Eingliederung. Im Fall von Weisungen der herrschenden Gesellschaft stehen die konzernierten bzw. eingegliederten Gesellschaften nicht mehr in der eigenverantwortlichen Leitung ihrer Vorstände; § 76 Abs. 1 AktG findet im Vertrags- bzw. Eingliederungskonzern auf der Ebene der nachgeordneten Gesellschaften dann keine Anwendung.[1640] Dieses Weisungsrecht versetzt die Geschäftsleitung des übergeordneten Unternehmens somit in die Lage, die Anforderungen von §§ 25a Abs. 3 Satz 1, 25c Abs. 4b KWG gesellschaftsrechtlich gegenüber den nachgeordneten Unternehmen effektiv durchzusetzen und somit ein wirksames Risikomanagement auf der Gruppenebene zu implementieren.[1641]

bb) Faktischer Konzern

Im faktischen Konzern liegen die Dinge hingegen anders. Zwar steht die Untergesellschaft zu dem herrschenden Unternehmen in der Regel aufgrund einer Mehrheitsbeteiligung in einem Abhängigkeitsverhältnis, dennoch sind der Einflussnahme durch die §§ 311 ff. AktG Schranken gesetzt.[1642] So steht die Untergesellschaft im faktischen Konzern auch weiterhin in der eigenverantwortlichen Leitung durch ihren Vorstand gemäß § 76 Abs. 1 AktG.[1643] In der als faktischer Konzern organisierten Bankengruppe treten die aufsichtsrechtlichen Pflichten aus §§ 25a Abs. 3 Satz 1, 25c Abs. 4b KWG somit in einen Konflikt mit den gesellschaftsrechtlichen Grundsätzen. Aus der Perspektive des Aufsichtsrechts ist die Geschäftsleitung des übergeordneten Unternehmens zur Implementierung eines angemessenen

---

1640 *Dreher/Schaaf*, WM 2008, 1765, 1772 f.; *Hüffer*, AktG, 10. Aufl. 2012, § 76, Rn. 18; *Spindler* in MünchKommAktG, 3. Aufl. 2008, § 76, Rn. 45 f.

1641 *Langen*, BKR 2009, 309, 310; *Sethe*, ZBB 2012, 357, 361 f.; *Spindler*, WM 2008, 905, 916; *Lautenschläger/Ketessidis* in Hopt/Wohlmannstetter, Handbuch Corporate Governance von Banken, 2011, S. 771; *Tröger*, ZHR 177 (2013), 475, 503 f.

1642 *Langen*, BKR 2009, 309, 310; *Sethe*, ZBB 2012, 357, 361 f.; *Spindler*, WM 2008, 905, 916; *Binder* in Hopt/Wohlmannstetter, Handbuch Corporate Governance von Banken, 2011, S. 705 f.; aus Sicht des Versicherungsaufsichtsrechts auch *Dreher/Schaaf*, WM 2008, 1765, 1772 f.

1643 *Dreher/Schaaf*, WM 2008, 1765, 1773; *Langen*, BKR 2009, 309, 310; *Hüffer*, AktG, 10. Aufl. 2012, § 76, Rn. 19.

und wirksamen Risikomanagements auf der Gruppenebene verpflichtet, was mit den gesellschaftsrechtlichen Mitteln gegenüber den nachgeordneten Unternehmen kaum sichergestellt und durchgesetzt werden kann. Gleichwohl sieht sich die Geschäftsleitung bei Verstößen gegen §§ 25a Abs. 3 Satz 1, 25c Abs. 4b KWG den einschneidenden aufsichtsrechtlichen Konsequenzen gegenüber.

Eine Möglichkeit, im faktischen Konzern trotz der fehlenden Durchgriffsmöglichkeiten für ein angemessenes und wirksames Risikomanagement auf Gruppenebene zu Sorgen, kann in der Personalgewalt des übergeordneten Unternehmens bestehen.[1644] Eine Personalgewalt ergibt sich, wenn das Abhängigkeitsverhältnis im Einzelfall auf einer Mehrheitsbeteiligung beruht, wodurch das übergeordnete Unternehmen in der Hauptversammlung der Tochtergesellschaft die personelle Zusammensetzung des Aufsichtsrats und damit mittelbar auch des Vorstands bestimmen kann.[1645]

d) Spannungsverhältnis zwischen Aufsichts- und Gesellschaftsrecht

aa) Bisherige Rechtslage

Bislang hat § 25a Abs. 1a Satz 2 KWG a.F. versucht, das Spannungsverhältnis zwischen dem Gesellschaftsrecht und dem Aufsichtsrecht durch einen Verweis auf § 10a Abs. 12 Satz 2 KWG a.F. aufzulösen.[1646] Nach § 10a Abs. 12 Satz 2 KWG a.F. durfte das übergeordnete Unternehmen „[…] zur Erfüllung seiner Verpflichtungen […] auf die gruppenangehörigen Unternehmen nur einwirken, *soweit dem das allgemein geltende Gesellschaftsrecht nicht entgegensteht.*“[1647] Die begrenzten Einwirkungsmöglichkeiten auf die nachgeordneten Unternehmen konnten die Geschäftsleitung des übergeordneten Unternehmens im Hinblick auf mögliche Verstöße gegen die aufsichtsrechtlichen Pflichten zur Implementierung eines gruppenweiten Risikomanagements entlasten.[1648]

1644 Für § 64a Abs. 2 VAG: *Dreher/Schaaf*, WM 2008, 1765, 1773: „[…] Hebel, um die konzernspezifischen Vorgaben hinsichtlich des Risikomanagements im abhängigen Unternehmen umsetzen zu lassen.“ Dem für § 25a KWG folgend: *Langen*, BKR 2009, 309, 310.

1645 *Dreher/Schaaf*, WM 2008, 1765, 1773; dem wiederum folgend *Langen*, BKR 2009, 309, 310.

1646 *Langen*, BKR 2009, 309, 310; für den parallelen § 64a Abs. 2 VAG: *Dreher/Schaaf*, WM 2008, 1765, 1772.

1647 Hervorhebung durch den Verfasser.

1648 *Langen*, BKR 2009, 309, 310; für den parallelen § 64a Abs. 2 VAG: *Dreher/Schaaf*, WM 2008, 1765, 1772.

Zusätzliche Einwirkungsmöglichkeiten zugunsten des übergeordneten Unternehmens einer Bankengruppe ergaben sich zudem dadurch, dass § 25a Abs. 1a Satz 2 KWG a.F. auch auf § 10a Abs. 13 Satz 1 und 2 KWG a.F. verwies.[1649] Danach waren nachgeordnete Unternehmen dazu verpflichtet, eine ordnungsgemäße Organisation und angemessene Kontrollverfahren einzurichten, um dem übergeordneten Unternehmen die für die laufende Aufsicht auf Gruppenebene erforderlichen Angaben übermitteln zu können.[1650] Nach herrschender Meinung handelte es sich dabei um ein gerichtlich durchsetzbares Auskunftsrecht des übergeordneten Unternehmens gegenüber den nachgeordneten Gesellschaften innerhalb der Bankengruppe, um die Wahrnehmung der gruppenweiten Organisationspflichten abzusichern.[1651]

bb) Änderung durch das CRD IV-Umsetzungsgesetz

Durch die Neuregelungen des CRD IV-Umsetzungsgesetzes entfällt zwar das in § 10a Abs. 13 Satz 2 KWG a.F. kodifizierte Auskunftsrecht. Vergleichbare Regelungen sind aber nun in Art. 11 Abs. 1 Satz 2 und 3 CRR zu finden. Danach sind Mutter- und Tochterunternehmen gleichermaßen verpflichtet, eine angemessene Organisationsstruktur und geeignete interne Kontrollmechanismen zu errichten, um die Verarbeitung und Weiterleitung der für die Konsolidierung erforderlichen Daten sicherzustellen. Der Hinweis auf die gesellschaftsrechtlichen Grenzen für die Einwirkungsmöglichkeiten des übergeordneten Unternehmens bleibt hingegen als § 10a Abs. 8 Satz 2 KWG im nationalen Recht erhalten. Dennoch wird vom Gesetzgeber bewusst davon abgesehen, im Rahmen von § 25a Abs. 3 KWG auf § 10a Abs. 8 Satz 2 KWG zu verweisen. Dadurch soll im Einklang mit der CRD IV klargestellt werden, dass die Einwirkungsrechte des übergeordneten Unternehmens bei der Einrichtung eines gruppenweiten Risikomanagements uneingeschränkt gelten und auch nicht durch anderweitiges Gesellschaftsrecht beschnitten werden.[1652] Das nachgeordnete Unternehmen treffe aber die Pflicht, die Weisungen

---

1649 *Langen*, BKR 2009, 309, 310 f. Für Finanzkonglomerate galt entsprechendes durch den Verweis auf § 10b Abs. 7 Satz 1 und 2 KWG a.F.

1650 *Langen*, BKR 2009, 309, 310.

1651 *Langen*, BKR 2009, 309, 310 f.; *Senger*, Bankenaufsicht, 2004, S. 394; *Tröger*, ZHR 177 (2013), 475, 509 f., der insoweit von einem Gleichlauf des aufsichtsrechtlichen Kooperationsgebots und den verbandsrechtlichen Leitungspflichten der Geschäftsleiter der nachgeordneten Unternehmen ausgeht; ausführlich *Wundenberg*, Compliance und die prinzipiengeleitete Aufsicht über Bankengruppen, 2012, S. 184–197 („Doppelnatur“); a.A. *T. Schneider*, Risikomanagement, 2009, S. 138 f.

1652 So Begr. RegE. CRD IV-Umsetzungsgesetz, BT-Drucks. 17/10974, S. 86

des übergeordneten Unternehmens auf deren Rechtmäßigkeit zu überprüfen. Davon soll auch das Recht des nachgeordneten Unternehmens unberührt bleiben, Weisungen zum Abschluss nachteiliger – insbesondere existenzgefährdender Rechtsgeschäfte – oder zur Durchführung anderer nachteiliger Maßnahmen nicht auszuführen. Damit werde den Grundsätzen des deutschen Gesellschaftsrechts Rechnung getragen.[1653]

cc) Stellungnahme

Bereits auf der Basis der alten Rechtslage wurde von *Binder* vertreten, dass im Fall von „Ansteckungsgefahren" innerhalb einer Bankengruppe eine aufsichtsrechtliche Kooperationspflicht der nachgeordneten Unternehmen als *lex specialis* ggf. auch die Schranken aus § 311 AktG überlagern könne, wenn die gruppenangehörigen Unternehmen ihrerseits Adressaten entsprechender aufsichtsrechtlicher Anforderungen an das Risikomanagement seien.[1654] Dagegen ließ sich bislang in erster Linie der eindeutige Wortlaut von § 10a Abs. 13 Satz 2 KWG a.F. anführen, der auf die „Übermittlung von Angaben" abstellt und damit ausdrücklich Bezug auf Informationsrechte bzw. –pflichten zwischen übergeordneten und nachgeordneten Unternehmen nimmt, nicht jedoch auf weitergehende Eingriffsrechte.[1655] Für einen Vorrang der aufsichtsrechtlichen Gruppenverantwortung hat sich zuletzt aber auch *Tröger* ausgesprochen, der auf die Einwirkung der vom Aufsichtsrecht verfolgten Ziele auf die Geschäftsleiteraufgaben der abhängigen Gesellschaften abstellt.[1656] Das für das Schutzinteresse der §§ 311 ff. AktG bestimmende Verbandsinteresse sei dergestalt überlagert, dass die Einflussnahme zur Wahrnehmung von Gruppenverantwortung im aufsichtsunterworfenen Finanzsektor nicht gegen ein beachtliches Eigeninteresse der abhängigen Gesellschaften verstoße.[1657] Hiergegen ließe sich nun aber der Verweis in § 25a Abs. 1a Satz 2 KWG a.F. auf § 10a Abs. 12 Satz 2 KWG a.F. argumentativ ins Felde führen, dessen Existenz dann kaum noch zu erklären wäre und der überdies den Vorrang des Gesellschaftsrechts ausdrücklich anordnet, was auch einer Überlagerung durch die aufsichtsrechtlichen Zielsetzungen entgegenstünde.

1653 Begr. RegE. CRD IV-Umsetzungsgesetz, BT-Drucks. 17/10974, S. 86.

1654 *Binder* in Hopt/Wohlmannstetter, Handbuch Corporate Governance von Banken, 2011, S. 709.

1655 So *Wundenberg*, Compliance und die prinzipiengeleitete Aufsicht über Bankengruppen, 2012, S. 199 Fn. 148.

1656 *Tröger*, ZHR 177 (2013), 475, 511 f.

1657 *Tröger*, ZHR 177 (2013), 475, 512.

Die Auffassungen von *Binder* und *Tröger* erhalten auf den ersten Blick durch die Begründung zum Entwurf des CRD IV-Umsetzungsgesetzes Auftrieb. Darin heißt es ausdrücklich, die Einwirkungsrechte des übergeordneten Unternehmens sollen uneingeschränkt gelten und auch nicht durch anderweitiges Gesellschaftsrecht beschnitten werden.[1658] Zudem spricht auch ein Umkehrschluss zu § 25a Abs. 3 Satz 3 KWG und dem zugrunde liegenden Art. 109 Abs. 3 CRD IV durchaus für einen Vorrang des Aufsichtsrechts.[1659] Diese Tendenz wird jedoch dadurch relativiert, dass den nachgeordneten Unternehmen das Recht unbenommen bleiben soll, Weisungen zur Durchführung anderer *nachteiliger Maßnahmen* zu verweigern.[1660] Nachteile im Sinne von § 311 AktG können sich im faktischen Konzern aber bereits im Zusammenhang mit Risikosteuerungsmaßnahmen ergeben. So dürfen Limitsysteme von dem Vorstand einer abhängigen Gesellschaft nicht umgesetzt werden, weil damit nicht quantifizierbare Nachteile verbunden sind.[1661] Die rechtlichen Unsicherheiten im Spannungsfeld zwischen Aufsichts- und Gesellschaftsrecht werden von der Neufassung des § 25a Abs. 3 KWG und vor allem der mehrdeutigen Begründung somit nicht vollständig ausgeräumt. Begrenzte gesellschaftsrechtliche Einwirkungsrechte im faktischen Konzern vermögen die Geschäftsleitung der übergeordneten Unternehmens dann aber nicht mehr im Hinblick auf die aufsichtsrechtliche Pflicht zur Einrichtung eines angemessenen und wirksamen Risikomanagements auf der Gruppenebene zu entlasten. Der Geschäftsleitung des übergeordneten Unternehmens bleibt damit faktisch nur die Möglichkeit, sich vertragliche Durchgriffsrechte in der Gruppe zu sichern und dazu insbesondere Beherrschungsverträge abzuschließen.[1662]

7. Verhältnis zum Gesellschaftsrecht (§ 91 Abs. 2 AktG)

Berücksichtigt man die Erkenntnis, dass nahezu jede unternehmerische Entscheidung risikobehaftet ist, können entsprechende Vorkehrungen nicht allein zum Pflichtenkreis von Banken gehören, sondern müssen auch im Interesse anderer Unternehmen liegen. So ist auch der Vorstand einer Aktiengesellschaft gemäß

1658 Begr. RegE. CRD IV-Umsetzungsgesetz, BT-Drucks. 17/10974, S. 86.

1659 So *Tröger*, ZHR 177 (2013), 475, 511 f.

1660 Begr. RegE. CRD IV-Umsetzungsgesetz, BT-Drucks. 17/10974, S. 86.

1661 *T. Schneider*, Risikomanagement, 2009, S. 203.

1662 Vgl. schon *T. Schneider*, Risikomanagement, 2009, S. 203; *Binder* in Hopt/Wohlmannstetter, Handbuch Corporate Governance von Banken, 2011, S. 710; *Hannemann/Schneider*, MaRisk, 3. Aufl. 2011, S. 308; *Langen* in Schwennicke/Auerbach, KWG, 2009, § 25a, Rn. 113.

§ 91 Abs. 2 AktG dazu verpflichtet, ein Überwachungssystem einzurichten, damit Entwicklungen, die den Fortbestand der Gesellschaft gefährden, früh erkannt werden. Die Regelung wurde im Jahr 1998 durch das Gesetz zur Kontrolle und Transparenz im Unternehmensbereich (KonTrag)[1663] als Antwort auf Missstände in der Unternehmensorganisation in das Aktienrecht eingeführt.[1664] Nach allgemeiner Meinung wurden durch § 91 Abs. 2 AktG keineswegs neue Pflichten für den Vorstand begründet, sondern lediglich besondere organisatorische Pflichten aus § 76 Abs. 1 AktG durch den Gesetzgeber herausgegriffen und konkretisiert.[1665] Was genau unter einem solchen Überwachungssystem zu verstehen ist, lässt der Wortlaut jedoch offen und so sind viele Einzelheiten im Schrifttum teils heftig umstritten.[1666] Eine umfassende Darstellung des Meinungsspektrums würde den Rahmen dieser Untersuchung sprengen, die sich schließlich auf die Risikobegrenzung durch das Bankenaufsichtsrecht konzentriert. Dennoch soll ein Überblick über das Verhältnis zwischen § 25a KWG[1667] und § 91 Abs. 2 AktG die Darstellung der Anforderungen an das Risikomanagement abrunden. § 91 Abs. 2 AktG lässt sich in zwei Komponenten aufspalten, die anschließend mit den parallelen Bestimmungen im Aufsichtsrecht verglichen werden sollen: Eine Zielvorgabe („Früherkennung bestandsgefährdender Entwicklungen“) und eine Organisationsanforderung („Einrichtung eines Überwachungssystems“).[1668]

a) Zielvorgaben: Früherkennung bestandsgefährdender Entwicklungen/ Sicherstellung der Risikotragfähigkeit

Vergleicht man den Wortlaut von § 91 Abs. 2 AktG mit dem von § 25a Abs. 1 Satz 3 KWG und § 25c Abs. 4a Nr. 2 KWG, sticht dem Betrachter bereits ein

---

1663 BGBl. I 1998, S. 786.

1664 *Fleicher* in Spindler/Stilz, 2. Aufl. 2010, § 91, Rn. 29; *Mertens/Cahn* in KölnerKommAktG, 3. Aufl. 2010, § 91, Rn. 13; *Spindler* in MünchKommAktG, 3. Aufl. 2008, § 91, Rn. 1.

1665 *Fleicher* in Spindler/Stilz, 2. Aufl. 2010, § 91, Rn. 1; *Hüffer*, AktG, 10. Aufl. 2012, § 91, Rn. 1; *Kort* in GroßKommAktG, 4. Aufl. 2006, § 91, Rn. 1; *Spindler* in MünchKommAktG, 3. Aufl. 2008, § 91, Rn. 1.

1666 S. für einen Ausschnitt des Meinungsspektrums die Beiträge von *Dreher*, FS Hüffer, 2010, 161; *Kort*, ZGR 2010, 440; *Seibert*, FS Bezzenberger, 2000, 427; *Spindler*, FS Hüffer, 2010, 985 und *T. Schneider*, Risikomanagement, 2009, S. 27 ff.

1667 Konkretisiert durch § 25c Abs. 4a KWG und die MaRisk.

1668 *Fleicher* in Spindler/Stilz, 2. Aufl. 2010, § 91, Rn. 30. Die folgende Darstellung orientiert sich in Teilen an *Wundenberg*, Compliance und die prinzipiengeleitete Aufsicht über Bankengruppen, 2012, S. 118 ff.

erster Unterschied im Hinblick auf die verfolgten Zielvorgaben ins Auge. Während das Aufsichtsrecht die Sicherstellung der *Risikotragfähigkeit* verlangt, die bereits als „zentrale Risikobegrenzungsfunktion“[1669] von Säule 2 der Basler Rahmenvereinbarungen identifiziert werden konnte, steht die Früherkennung *bestandgefährdender Entwicklungen* im Fokus des Gesellschaftsrechts.[1670] Unter „Entwicklungen“ werden allgemein Veränderungen und Prozesse verstanden.[1671] Bei näherer Betrachtung stößt man jedoch auf unterschiedliche Auffassungen darüber, wie eng die Zielvorgabe von § 91 Abs. 2 AktG tatsächlich eingegrenzt ist. Während einige Vertreter die Identifikation „statischer Risikozustände“ nicht zum Pflichtenbündel des Vorstands hinzurechnen,[1672] betrachtet *Spindler* „[...] eine Bestandsaufnahme des Ist-Zustandes an Risikopotential und eine prognostische Einschätzung als unerlässlich; denn um von einer Veränderung Kenntnis zu erlangen, ist es logisch unabdingbar, den Ausgangszustand zu kennen.“[1673] Greift man zunächst die engere Ansicht auf, die eine Identifikation „statischer Risikozustände“ von der gesellschaftsrechtlichen Zielvorgabe ausnehmen möchte, und stellt sie § 25a Abs. 1 Satz 3 KWG gegenüber, tritt hervor, dass eine solche Risikoinventur ein erster wesentlicher Schritt zur Sicherstellung der Risikotragfähigkeit im Sinne von § 25a Abs. 1 Satz 3 KWG ist.[1674] Auch begrifflich lässt sich zwischen „Entwicklung“ und „Risiko“ unterscheiden.[1675] Während eine „Entwicklung“ nach der Definition Veränderungen und Prozesse umfasst, also etwas im Fluss befindliches beschreibt, ist unter „Risiko“ in seinem entscheidungstheoretischen Verständnis die *Möglichkeit* zu verstehen, dass eine Zielgröße von ihrem Erwartungswert abweicht („Risiko im weiteren Sinne“[1676]).[1677] Auch in

---

1669 *Langen* in Schwennicke/Auerbach, KWG, 2009, § 25a, Rn. 58.

1670 *Wundenberg*, Compliance und die prinzipiengeleitete Aufsicht über Bankengruppen, 2012, S. 118.

1671 *Spindler* in MünchKommAktG, 3. Aufl. 2008, § 91, Rn. 20; *ders.* in Fleischer, Handbuch Vorstandsrecht, 2006, § 19 Rn. 8; *Fleischer* in Spindler/Stilz, 2. Aufl. 2010, § 91, Rn. 31.

1672 So *Fleischer* in Spindler/Stilz, 2. Aufl. 2010, § 91, Rn. 31 m.w.N.; *Hüffer*, AktG, 10. Aufl. 2012, § 91, Rn. 6; *Kort*, ZGR 2010, 440, 443.

1673 *Spindler* in MünchKommAktG, 3. Aufl. 2008, § 91, Rn. 20.

1674 S. § 25c Abs. 4a Nr. 2 KWG und MaRisk AT 2.2 Tz 1 und 2 i.V.m. AT 4.

1675 Daran knüpfen an: *Seibert*, FS Bezzenberger, 2000, 427, 437; *T. Schneider*, Risikomanagement, 2009, S. 32, *Wundenberg*, Compliance und die prinzipiengeleitete Aufsicht über Bankengruppen, 2012, S. 118 f.

1676 *Kromschröder/Lück*, DB 1998, 1573.

1677 *Seibert*, FS Bezzenberger, 2000, 427, 437; *T. Schneider*, Risikomanagement, 2009, S. 32 und *Wundenberg*, Compliance und die prinzipiengeleitete Aufsicht über Bankengruppen, 2012, S. 118 f.

dem geläufigeren engen Begriffsverständnis, wonach „Risiko“ bloß negative Abweichungen von dem Erwartungswert meint („Risiko im engeren Sinne“),[1678] bleibt es dabei und es handelt sich um mathematisch mögliche Schwankungen und nicht um Entwicklungen. Diese begriffliche Divergenz zwischen „Risiko“ und „Entwicklung“ wird dadurch verdeutlicht, dass spontane Ereignisse von solchen Negativentwicklungen abgegrenzt werden sollen, wobei der Absturz eines Flugzeugs auf eine Fabrik als Beispiel herangezogen wird.[1679] Hingegen sind solche Katastrophen als externe Ereignisse ausdrücklich in die Definition des operationellen Risikos einbezogen und somit Gegenstand des vom Aufsichtsrecht geforderten Risikomanagements.[1680]

Aber selbst nach der weitergehenden Auffassung von *Spindler* wird man vom Vorstand auf Grundlage von § 91 Abs. 2 AktG grundsätzlich keine extensive Risikoinventur verlangen können, wie es § 25c Abs. 4a Nr. 2 KWG und die BaFin in den MaRisk von der Geschäftsleitung der beaufsichtigten Institute tut.[1681] Erst diese Risikoinventur ermöglicht es der Geschäftsleitung und den Aufsichtsbehörden im Rahmen des SREP, die wesentlichen Risiken, denen die Bank ausgesetzt ist, zu identifizieren. Die Organisationspflichten von § 25a Abs. 1 KWG setzen im Ergebnis somit zeitlich bereits vor § 91 Abs. 2 AktG an.[1682]

Eine noch deutlichere Eingrenzung der Reichweite von § 91 Abs. 2 AktG gegenüber § 25a Abs. 1 Satz 3 KWG lässt sich daraus schließen, dass die gesellschaftsrechtlich verlangte Früherkennung nur solche Entwicklungen betrifft, die zu einer *Bestandsgefährdung* der Gesellschaft führen können. Eine Bestandsgefährdung soll nach der Gesetzesbegründung vorliegen, wenn sich nachteilige Entwicklungen auf die Vermögens-, Finanz- und Ertragslage der Gesellschaft wesentlich auswirken.[1683] Nimmt man die herrschende Meinung der aktienrechtlichen Literatur als Ausgangspunkt der folgenden Überlegungen, erfordert eine Bestandsgefährdung darüber hinaus ein erhebliches Heraufsetzen

---

1678 *Kromschröder/Lück*, DB 1998, 1573; s. ausführlich zum Risikobegriff oben S. 16 ff.

1679 *Seibert,* FS Bezzenberger, 2000, 427, 437.

1680 Vgl. *Basler Ausschuss für Bankenaufsicht*, Internationale Konvergenz der Eigenkapitalmessung und Eigenkapitalanforderungen, Juni 2006, Tz. 644.

1681 MaRisk AT 2.2 Tz. 1 und 2; so auch *Baums*, ZGR 2011, 218, 250 f.; a.A. wohl *Preußner/Becker*, NZG 2002, 846, 848.

1682 So auch *Wundenberg*, Compliance und die prinzipiengeleitete Aufsicht über Bankengruppen, 2012, S. 118 f.

1683 Begr. RegE. BT-Drucks. 13/9712, S. 15; *Hüffer*, AktG, 10. Aufl. 2012, § 91 Rn. 6.

der Insolvenzgefahr für die Gesellschaft.[1684] Hier zeigt sich ein weiterer Unterschied zu den aufsichtsrechtlichen Organisationspflichten. Wie soeben festgestellt, dient die Risikoinventur der Identifikation der *wesentlichen* Risiken. Als Schwelle wird in den MaRisk die potentiell wesentliche Beeinträchtigung der Vermögenslage (inklusive Kapitalausstattung), der Ertragslage oder der Liquiditätslage festgelegt.[1685] Für die aus bankbetrieblicher Sicht typischen Risikoarten, d.h. Ausfall-, Markt-, Liquiditäts- und operationelle Risiken, wird die Wesentlichkeit zudem von vornherein vermutet.[1686] Gegenüber der Bestandsgefährdung nach § 91 Abs. 2 AktG, die nach dem Verständnis der herrschenden Meinung eine erhebliche Insolvenzgefahr beinhaltet, ist die Wesentlichkeitsschwelle im Aufsichtsrecht folglich herabgesetzt.[1687] Hinzu kommt, dass der Anwendungsbereich der MaRisk zwar auf das Management dieser als wesentlich identifizierten Risiken beschränkt ist, Institute aber dennoch dazu verpflichtet sind, angemessene Vorkehrungen auch gegenüber unwesentlichen Risiken zu treffen.[1688]

Schließlich bleiben auch die gesellschaftsrechtlich verlangten, geeigneten Maßnahmen zum Umgang mit diesen bestandsgefährdenden Entwicklungen in ihrer Reichweite hinter den aufsichtsrechtlichen Pflichten zurück. Der Vorstand einer Aktiengesellschaft kann sich zunächst darauf beschränken, geeignete Maßnahmen zur *Früherkennung* zu treffen und muss keine umfassenden Steuerungs- und Controllingprozesse anstrengen, wie es von § 25 Abs. 1 Satz 3 KWG und § 25c Abs. 4a Nr. 3 lit. b KWG gefordert wird.[1689] Die Zielvorgaben

---

1684 *Fleischer* in Spindler/Stilz, 2. Aufl. 2010, § 91, Rn. 32; *Kort* in GroßKommAktG, 4. Aufl. 2006, § 91, Rn. 35 f.; *Mertens/Cahn* in KölnerKommAktG, 3. Aufl. 2010, § 91, Rn. 23; *Seibert*, FS Bezzenberger, 2000, 427, 437; *Spindler* in MünchKommAktG, 3. Aufl. 2008, § 91, Rn. 20; a.A.: *Hüffer*, AktG, 10. Aufl. 2012, § 91, Rn. 6 (Relevanz für § 264 Abs. 2 HGB); *J. Hüffer*, FS Imhoff, 1998, 91, 100 und *T. Schneider*, Risikomanagement, S. 33 ff. (Entwicklungen genügen, die die dauerhafte Rentabilität der Gesellschaft gefährden.).

1685 MaRisk AT 2.2 Tz. 2.

1686 § 25c Abs. 4a Nr. 2 lit. a KWG; MaRisk AT 2.2 Tz. 1.

1687 Zu einem anderen Ergebnis kommt offenbar *Wundenberg*, Compliance und die prinzipiengeleitete Aufsicht über Bankengruppen, 2012, S. 119.

1688 So ausdrücklich MaRisk AT 2.2 Tz. 1; *Braun/Wolfgarten* in Boos/Fischer/Schulte-Mattler, KWG, 4. Aufl. 2012, § 25a, Rn. 131; *Hannemann/Schneider*, MaRisk, 3. Aufl. 2011, S. 81.

1689 *Wundenberg*, Compiance und die die prinzipiengeleitete Aufsicht über Bankengruppen, 2012, S. 119; s. auch *Kort*, ZGR 2010, 440, 442 f., *Seibert*, FS Bezzenberger, 2000, 427, 437; a.A. *Preußner/Becker*, NZG 2002, 846, 849 f.

gehen aus aufsichtsrechtlicher Sicht folglich in jeder Hinsicht über die von § 91 Abs. 2 AktG hinaus.[1690]

b) Organisationsanforderungen: Überwachungssystem / Risikomanagement

Neben der Zielvorgabe richtet § 91 Abs. 2 AktG die Organisationsanforderung an den Vorstand, geeignete Maßnahmen zu treffen und insbesondere ein Überwachungssystem einzurichten. Was konkret unter einem solchen Überwachungssystem zu verstehen ist, wird in der Literatur wiederum uneinheitlich beantwortet. Nach der herrschenden Meinung ist davon jedenfalls nicht die Pflicht zur Einrichtung eines umfassenden betriebswirtschaftlichen Risikomanagements umfasst.[1691] An dieser Auffassung wird auch nach einigen Änderungen durch das Bilanzrechtsmodernisierungsgesetz (BilMoG)[1692] festgehalten, das u.a. die Neufassungen der europäischen Bilanz-[1693] und Abschlussprüferrichtlinie[1694] umgesetzt hat.[1695] Die Änderungen betreffen die Lageberichterstattung (§ 289 Abs. 5 und § 315 Abs. 2 Nr. 5 HGB) und die Überwachung durch den Aufsichtsrat (§ 107 Abs. 3 Satz 2

1690 So im Ergebnis auch *Wundenberg*, Compiance und die die prinzipiengeleitete Aufsicht über Bankengruppen, 2012, S. 119.

1691 OLG Celle, Urt. v. 28.5.2008–9 U 184/07, WM 2008, 1745, 1746; *Hüffer*, AktG, 10. Aufl. 2012, § 91, Rn. 8; *Kort*, ZGR 2010, 440, 443; *Mertens/Cahn*, Kölner-KommAktG, 3. Aufl. 2010, § 91, Rn. 20; *Seibert*, FS Bezzenberger, 2000, 427, 437; *S. H. Schneider*, Informationspflichten, 2006, S. 261 ff.; *T. Schneider*, Risikomanagement, 2009, S. 40 f.; a.A. etwa *Lück*, DB 1998, 8, 9; *Kromschröder/Lück*, DB 1998, 1573; *Preußner/Becker*, NZG 2002, 846, 848.

1692 Gesetz zur Modernisieurng des Bilanzrechts (Bilanzrechtsmodernisierungsgesetz – BilMoG) vom 25.5.2009, BGBl. I 2009, S. 1102.

1693 Richtlinie 2006/46/EG des Europäischen Parlaments und des Rates v. 14.6.2006 zur Änderung der Richtlinien des Rates 78/660/EWG über den Jahresabschluss von Gesellschaften bestimmter Rechtsformen, 83/349/EWG über den konsolidierten Abschluss, 86/635/EWG über den Jahresabschluss und den konsolidierten Abschluss von Banken und anderen Finanzinstituten und 91/674/EWG über den Jahresabschluss und den konsolidierten Abschluss von Versicherungsunternehmen, ABl. EU Nr. L 224 v. 16.6.2006, S. 1.

1694 Richtlinie 2006/43/EG des Europäischen Parlaments und des Rates v. 17.5.2006 über Abschlussprüfungen von Jahresabschlüssen und konsolidierten Abschlüssen, zur Änderung der Richtlinien 78/660/EWG und 83/349/EWG des Rates und zur Aufhebung der Richtlinie 84/253/EWG des Rates, ABl. EU Nr. L 157 v. 9.6.2006, S. 87.

1695 *Dreher*, FS Hüffer, 2010, 161, 163–167; *Fleischer* in Spindler/Stilz, AktG, 2. Aufl. 2010, Rn. 35; *Kort*, ZGR 2010, 440, 447–471; *Mertens/Cahn*, KölnerKommAktG, 3. Aufl. 2010, § 91, Rn. 20; *Wundenberg*, Compliance und die prinzipiengeleitete Aufsicht über Bankengruppen, 2012, S. 121 ff.

AktG und § 171 Abs. 1 Satz 2 AktG) und nehmen dabei auf ein „Risikomanagementsystem" Bezug.[1696] Das wird von einigen Stimmen zum Anlass genommen, auch § 91 Abs. 2 AktG weiter auszulegen und eine Pflicht des Vorstands zur Einrichtung eines Risikomanagements, wenn auch keines im betriebswirtschaftlichen Sinne, anzunehmen.[1697] Für die herrschende Meinung spricht allerdings, dass der Gesetzgeber von einer Änderung des § 91 Abs. 2 AktG bewusst abgesehen hat und das Ermessen des Vorstands im Hinblick auf das „‚Ob' und ‚Wie'" der Implementierung eines Risikomanagements offenbar nicht beschneiden wollte.[1698] Vor diesem Hintergrund ist folglich zwischen den Publizitätspflichten in der Lageberichterstattung sowie den Überwachungspflichten des Aufsichtsrats auf der einen Seite und den Organisationspflichten des Vorstands auf der anderen Seite zu unterscheiden.[1699] Auch eine richtlinienkonforme Auslegung des „Überwachungssystems" in § 91 Abs. 2 AktG führt nicht zwingend zur Annahme einer Vorstandspflicht zur Einrichtung eines umfassenden Risikomanagements.[1700] Zwar lässt sich die Verwendung des Begriffs „Risikomanagementsystem" in § 289 Abs. 5 HGB auf Art. 46 Abs. 1 Satz 2 lit. c der geänderten Bilanzrichtlinie zurückführen und die Änderung von § 107 Abs. 3 Satz 2 AktG beruht insoweit auf Art. 41 Abs. 2 lit. b der Abschlussprüferrichtlinie.[1701] Beide Richtlinien verzichten jedoch auf eine Präzisierung oder gar Definition des Begriffs „Risikomanagementsystem", so dass weiterhin Raum für ein autonomes Verständnis im Rahmen von § 91 Abs. 2 AktG bleibt.[1702] An diesem Ergebnis kann schließlich auch der DCGK nichts ändern, der in Ziffer 4.1.4 die Begriffe „Risikomanagement" und „Risikocontrolling" verwendet. Dem DCGK lässt sich lediglich eine Beschreibung des geltenden Rechts entnehmen, nicht jedoch eine Erweiterung der gesetzlich kodifizierten Pflichten.[1703]

1696 *Kort*, ZGR 2010, 440, 445–450.

1697 So insbesondere *Spindler*, FS Hüffer, 985, 991 ff.

1698 Begr. RegE. zum BilMoG BT-Drucks. 16/10067, S. 76 und 102; darauf abstellend *Fleischer* in Spindler/Stilz, 2. Aufl. 2010, § 91, Rn. 32; *Kort*, ZGR 2010, 440, 451–469; *Mertens/Cahn*, KölnerKommAktG, 3. Aufl. 2010, § 91, Rn. 20; darauf weist auch *Spindler* hin, FS Hüffer, 2010, 985, 988 f.

1699 *Kort*, ZGR 2010, 440, 449 ff.; *Wundenberg*, Compliance und die prinzipiengeleitete Aufsicht über Bankengruppen, 2012, S. 123.

1700 *Kort*, ZGR 2010, 440, 464 ff.; *Fleischer* in Spindler/Stilz, AktG, 2. Aufl. 2010, § 91, Rn. 35; *Wundenberg*, Compliance und die prinzipiengeleitete Aufsicht über Bankengruppen, 2012, S. 123.

1701 Begr. RegE. zum BilMoG BT-Drucks. 16/10067, S. 76 und 102.

1702 *Kort*, ZGR 2010, 440, 464 f.; *Wundenberg*, Compliance und die prinzipiengeleitete Aufsicht über Bankengruppen, 2012, S. 123.

1703 *Kort*, ZGR 2010, 440, 454 m.w.N.

Trotz der Änderungen durch das BilMoG legt die herrschende Meinung § 91 Abs. 2 somit weiterhin zutreffend restriktiv aus. Auf dieser Grundlage lässt sich für die an den Vorstand gerichteten gesellschaftsrechtlichen Organisationsanforderungen zwischen zwei Stufen differenzieren: Auf einer ersten Stufe hat der Vorstand geeignete Maßnahmen zur Früherkennung bestandsgefährdender Entwicklungen zu treffen. Daran schließt sich auf einer zweiten Stufe die Überwachung der getroffenen Maßnahmen zur Früherkennung an.[1704] Das Überwachungssystem dient damit der unternehmensinternen Kontrolle, um feststellen zu können, ob das Veranlasste auch tatsächlich umgesetzt wird.[1705]

Korrespondierend mit den aufsichtsrechtlichen Organisationspflichten stellt auch das Gesellschaftsrecht auf die Gesamtverantwortung des Vorstands ab.[1706] Die konkrete Ausgestaltung des Früherkennungs- und Überwachungssystems ist in das Ermessen des Vorstands gestellt, der bei seiner Entscheidung jedoch bestimmte Faktoren zu berücksichtigen hat, die das individuelle Risikoprofil der Gesellschaft bestimmen, z.B. deren Größe, Branchenzugehörigkeit und Struktur.[1707] Diese Faktoren können sich im Einzelfall dergestalt verdichten, dass vom Vorstand erwartet werden kann, bestimmte organisatorische Vorkehrungen zu treffen, wozu beispielsweise eine interne Revision zählt.[1708] Hier lassen sich Parallelen zu dem im Aufsichtsrecht verankerten Proportionalitätsgrundsatz ziehen, denn weder § 91 Abs. 2 AktG noch § 25a Abs. 1 KWG verlangen die Umsetzung einer bestimmten Organisationsform. Der Unterschied liegt aber darin, dass §§ 25a Abs. 1 Satz 3, 25c Abs. 4a KWG wesentliche Eckpunkte des Risikomanagements unabhängig vom Risikoprofil eines Instituts verbindlich vorschreiben und damit dem Ermessen der Geschäftsleitung vollends entziehen, wovon u.a. die Festlegung von Strategien, die Einrichtung von Risikosteuerungs- und -controllingprozessen

---

1704 *Fleischer* in Spindler/Stilz, AktG, 2. Aufl. 2010, § 91, Rn. 35 f.; *Hüffer*, AktG, 10. Aufl. 2012, § 91, Rn. 8; *Kort* in GroßKommAktG, 4. Aufl. 2006, § 91, Rn. 51; s. auch LG Berlin, Urt. v. 3.7.2002–2 O 358/01, BKR 2002, 969, 970, das jedoch aus formalen Gründen aufgehoben wurde, KG, Urt. v. 27.9.2004–2 U 191/02, NZG 2004, 1165.

1705 *Hüffer*, AktG, 10. Aufl. 2012, § 91, Rn. 8; a.A. *Mertens/Cahn*, KölnerKommAktG, 3. Aufl. 2009, § 91, Rn. 26.

1706 Vgl. *Fleischer* in Spindler/Stilz, 2. Aufl. 2010, § 91, Rn. 37 m.w.N.

1707 Begr. RegE. BT-Drucks. 13/9712, S. 15; *Fleicher* in Spindler/Stilz, 2. Aufl. 2010, § 91, Rn. 36; *Kort*, ZGR 2010, 440, 443; *Mertens/Cahn*, KölnerKommAktG, 3. Aufl. 2010, § 91, Rn. 25; *Spindler*, FS Hüffer, 2010, 985, 993 f.

1708 Vgl. *Dreher*, FS Hüffer, 2010, 161, 167 f.; *Fleischer* in Spindler/Stilz, 2. Aufl. 2010, § 91, Rn. 36.

sowie einer internen Revision umfasst sind. Folglich reichen die aufsichtsrechtlichen Organisationsanforderungen – wie auch die Zielvorgabe – über die im Gesellschaftsrecht geltenden Pflichten hinaus.[1709]

c) Ausstrahlungswirkung von § 25a KWG auf § 91 Abs. 2 AktG?

Als Zwischenfazit kann somit gezogen werden, dass die aufsichtsrechtlichen Anforderungen an das Risikomanagement von Instituten deutlich über die Pflichten des Vorstands nach § 91 Abs. 2 AktG hinaus gehen. Durch diesen „Höhenunterschied" zwischen dem Aufsichtsrecht und dem Gesellschaftsrecht wird letztlich auch die Frage aufgeworfen, ob das Aufsichtsrecht dergestalt auf das Gesellschaftsrecht „ausstrahlt", dass es zu einer Angleichung der unterschiedlichen Pflichtenbündel kommt.[1710] Dabei wird zwischen zwei Problemkreisen unterschieden.[1711] *Erstens* wird diskutiert, ob die Organisationspflichten des § 25a KWG (konkretisiert durch § 25c Abs. 4a KWG) zur Auslegung der Pflichten von Vorstandsmitgliedern gemäß § 91 Abs. 2 AktG herangezogen werden können, obwohl es sich dabei um Gesellschaften handelt, die außerhalb des Bankensektors stehen.[1712] *Zweitens* wird die Frage erörtert, ob die gesellschaftsrechtlichen Pflichten eines Bankvorstandes vom Aufsichtsrecht dergestalt überlagert werden, dass im Innenverhältnis zwischen Vorstand und Gesellschaft der gleiche Maßstab gelten würde wie im Außenverhältnis.[1713]

aa) Aktiengesellschaften außerhalb des Bankensektors

Die Annahme einer Ausstrahlungswirkung auf Unternehmen außerhalb des Bankensektors verkennt, dass es sich bei diesen Organisationspflichten um *besondere* Anforderungen handelt, die auf die „zentrale Stellung"[1714] von Banken innerhalb der Volkswirtschaft zugeschnitten sind.[1715] So konnte bereits oben

---

1709 So auch *Preußner*, NZG 2004, 57, 58 f.

1710 *Dreher*, ZGR 2010, 497, 529–538; *Weber-Rey*, ZGR 2010, 543, 564–572.

1711 *Weber-Rey*, ZGR 2010, 543, 570 f.

1712 So etwa das Urteil des VG Frankfurt am Main, Urt. v. 8.7.2004 – 1 E 7363/03 (I), WM 2004, 2157, 2160 (sog. „Bruderhilfe-Urteil", *Weber-Rey*, ZGR 2010, 543, 570). Der Fall betraf den Vorstand eines Versicherungsunternehmens. *Preußner/Zimmermann*, AG 2002, 657, 659 f.; *Preußner*, NZG 2004, 57, 59; *ders.*, NZG 2004, 303, 305.

1713 So *Preußner/Zimmermann*, AG 2002, 657, 659 f. („Deckungsgleichheit"); *Preußner*, NZG 2004, 57, 58 f.; *Schäfer/Zeller*, BB 2009, 1706, 2707; *Hüffer*, AktG, 10. Aufl. 2012, § 92, Rn. 8.

1714 Begr. RegE. zum KWG 1961, BT-Drucks. 3/1114, S. 19.

1715 *Weber-Rey*, ZGR 2010, 543, 570; *Langenbucher*, ZHR 176 (2012), 652, 666 ff.

festgestellt werden,[1716] dass die Übernahme von Risiken kennzeichnendes Element der Transformationsfunktion von Banken ist, was sie als natürliche Risikoträger qualifiziert.[1717] Die Anforderungen an das Risikomanagement können als Kehrseite dieser Transformationsfunktion betrachtet werden, die bereits aus diesem Grund keiner Verallgemeinerung zugänglich sind.[1718] Das soll Unternehmen aber nicht daran hindern, das eigene Risikomanagement in Anlehnung an die aufsichtsrechtlichen Vorgaben auszurichten.[1719] Eine Pflicht dazu besteht jedenfalls nicht.

bb) Institute in der Rechtsform einer Aktiengesellschaft

Bei Instituten, die als Aktiengesellschaft organisiert sind, mag eine solche Ausstrahlungswirkung augenscheinlich näher liegen, schließlich werden dadurch die Pflichten zwischen Vorstand und Gesellschaft auf das gleiche Niveau „gehoben" wie sie im Außenverhältnis gegenüber den Aufsichtsbehörden gelten. Gegen eine solche Überlagerung des Gesellschaftsrechts durch das Aufsichtsrecht spricht jedoch bereits der Wortlaut von § 91 Abs. 2 AktG, der sowohl im Hinblick auf die Zielvorgabe als auch die Organisationsanforderung deutlich hinter § 25a KWG zurück bleibt.[1720] Das kann auch nicht etwa dadurch geheilt werden, dass die aufsichtsrechtlichen Vorschriften gegenüber dem Gesellschaftsrecht vorrangig heranzuziehen wären. Bei den aufsichtsrechtlichen Anforderungen an das Risikomanagement handelt es sich um öffentlich-rechtliche Pflichten der Institute und ihrer

---

1716 S. oben S. 30.

1717 Vgl. *Basler Ausschuss für Bankenaufsicht*, Grundsätze für eine wirksame Bankenaufsicht, Oktober 2006, S. 19; *Burghof/Rudolph*, Bankenaufsicht, 1996, S. 51; *Sieg/Zeidler* in Hauschka, Corporate Compliance, 2. Aufl. 2010, § 3, Rn. 29; *Freixas/Rochet*, Microeconomics of Banking, 2nd Ed. 2008, S. 266; *Hartmann-Wendels/Pfingsten/Weber*, Bankbetriebslehre, 5. Aufl. 2010, S. 332; *Greenbaum/Thakor*, Contemporary Financial Intermediation, 2nd Ed. 2007, S. 49; *Gleeson*, International Regulation of Banking, 2nd Ed. 2012, Rn. 1.03; *Döhring*, Gesamtrisiko-Management von Banken, 1996, S. 1; *Apostolik/Donohue/Went*, Foundations of Banking Risk, 2009, S. 82.

1718 Vgl. *Mertens/Cahn* in KölnerKommAktG, 3. Aufl. 2010, § 91, Rn. 30; *Schäfer/Zeller*, BB 2009, 1706, 1707; *S. H. Schneider*, Informationspflichten, 2006, S. 257 f.; *Sethe*, ZBB 2012, 357, 359; *Spindler* in MünchKommAktG, 3. Aufl. 2003, § 91, Rn. 31; *Weber-Rey*, ZGR 2010, 543, 570 f.; im Ergebnis ablehnend auch OLG Celle, Urt. v. 28.5.2008 – 9 U 184/07, WM 2008, 1745; a.A. VG Frankfurt am Main, Urt. v. 8.7.2004 – 1 E 7363/03 (I), WM 2004, 2157, 2160; *Preußner*, NZG 2004, 57, 59; *ders.*, NZG 2004, 303, 305.

1719 *Dreher*, ZGR 2010, 497, 534 f.; *Spindler* in MünchKommAktG, 3. Aufl. 2003, § 91, Rn. 32; *ders.* in Fleischer, Handbuch Vorstandsrecht, 2006, § 19, Rn. 19.

1720 So wohl auch *T. Schneider*, Risikomanagement, 2009, S. 81.

Geschäftsleiter. Eine Ausstrahlung auf das Gesellschaftsrecht erscheint gesetzessystematisch äußerst fragwürdig.[1721] Die Gesetzgebungsprozesse im Aufsichtsrecht sind besonders ereignisgetrieben und so schlagen sich die verschiedenen Krisen in einer Vielzahl neuer und immer detailreicherer Regelungskomplexe nieder, die das Gesellschaftsrecht „überholen."[1722] Durch diese Entwicklung wird dem Aufsichtsrecht auch eine „Schrittmacherrolle" zugesprochen, wodurch einzelne Vorschriften auch [...] auf die aktienrechtliche Legalverfassung zurückwirken."[1723] Diese Regelungsdichte wird gerade in Anbetracht der jüngsten Regulierungsinitiativen Basel III und CRD IV auch zukünftig in vielen Bereichen der Corporate Governance weit über das Gesellschaftsrecht hinausgehen, so dass es schwer sein wird, möglichen Ausstrahlungen Grenzen zu ziehen.[1724] An welchen Kriterien konkret festgemacht werden soll, dass bestimmte Normen in das Gesellschaftsrecht hineinwirken, andere aber nicht, ist methodisch noch nicht abschließend geklärt.[1725] Damit geht auch die Gefahr einher, dass die Grenzen und Konturen der unterschiedlichen Rechtsgebiete zunehmend verwischt werden. In einem nächsten Schritt wird zudem gezeigt, dass es einer solchen Konstruktion der „Ausstrahlungswirkung" im Hinblick auf die Pflichten zur Einrichtung eines Risikomanagements bzw. Überwachungssystems auch gar nicht bedarf.

d) Korrektur auf haftungsrechtlicher Ebene

Der „Höhenunterschied" zwischen dem Aufsichtsrecht und dem Gesellschaftsrecht wird nach zutreffender Ansicht nicht durch eine Ausstrahlungswirkung der aufsichtsrechtlichen Organisationspflichten auf § 91 Abs. 2 AktG ausgeglichen. Von diesem Standpunkt aus betrachtet, sind nun die folgenden Konstellationen denkbar: Wenn das Risikomanagement einer Bank, die als Aktiengesellschaft organisiert ist, den Anforderungen von § 25a Abs. 1 Satz 3 KWG entspricht, wird der Vorstand auch seine Pflichten aus § 91 Abs. 2 AktG erfüllen.[1726] Anders herum

1721 So zumindest für die Anwendung auf Aktiengesellschaften außerhalb des Bankgewerbes: *Schäfer/Zeller*, BB 2009, 1706, 1707.

1722 *Fleischer*, ZIP 2003, 1, 10; *Dreher*, ZGR 2010, 497, 540 f.

1723 Grundlegend für § 25a Abs. 2 KWG a.F. (§ 25b KWG): *Fleischer*, ZIP 2003, 1, 10; daran im Hinblick auf § 25a Abs. 1 KWG anknüpfend: *Preußner*, NZG 2004, 57, 58 ff.

1724 In diese Richtung auch *Weber-Rey*, ZGR 2010, 543, 564 f. und 571 („Rechtsunsicherheit").

1725 Vgl. *Weber-Rey*, ZGR 2010, 543, 564 ff.

1726 So auch *Binder* in Romeike, Rechtliche Grundlagen des Risikomanagements, 2008, S. 151; *T. Schneider*, Risikomanagement, 2009, S. 41 f.; *Mertens/Cahn*, Kölner-KommAktG, 3. Aufl. 2010, § 91, Rn. 31.

formuliert ist es jedoch denkbar, dass ein Risikomanagement den gesellschaftsrechtlichen Anforderungen entspricht, nicht jedoch die hohen Hürden des Aufsichtsrechts erreicht. Dieses Ergebnis wird jedoch dann korrigiert, wenn man die haftungsrechtliche Ebene in die Überlegungen einbezieht. Nach allgemeiner Meinung ist der Vorstand nach dem sog. Legalitätsprinzip als Teil seiner Sorgfaltspflicht nach § 93 Abs. 1 Satz 1 AktG an die Einhaltung von Recht und Gesetz gebunden.[1727] Wenn der Vorstand durch seine Entscheidungen einen Gesetzesverstoß herbeiführt, beispielsweise gegen § 25a KWG, ist darin zugleich eine objektive Pflichtverletzung gegenüber der Gesellschaft zu sehen.[1728] Der Vorstand kann sich in einem solchen Fall auch nicht auf die *business judgement rule* des § 93 Abs. 1 Satz 2 AktG zurückziehen, denn dieser „sichere Hafen" gilt *nicht* bei Verstößen gegen geltendes Recht.[1729] In der Begründung zum Regierungsentwurf des UMAG heißt es dazu eindeutig:

> „Die unternehmerische Entscheidung steht im Gegensatz zu rechtlich gebundenen Entscheidungen. Für illegales Verhalten gibt es keinen ‚sicheren Hafen' im Sinne einer haftungstatbestandlichen Freistellung, es kann hier im Einzelfall aber am Verschulden fehlen."[1730]

Dem Vorstand steht folglich kein Ermessen zu, inwieweit er den jeweils anwendbaren Rechtsnormen Beachtung zu schenken hat. Bei einem Verstoß gegen die aufsichtsrechtlichen Organisationspflichten kommt demnach eine Haftung des Vorstands im Innenverhältnis gegenüber der Gesellschaft nach § 93 Abs. 2 Satz 1 AktG für die daraus resultierenden Schäden in

---

1727 *Fleischer*, ZIP 2005, 141, 142 ff.; *ders.* in Spindler/Stilz, AktG, 2. Aufl. 2010, § 93, Rn. 23 f.; *Hopt*, in GroßKommAktG, 4. Aufl. 1999, § 93, Rn. 98 f.; *Mertens/Cahn*, KölnerKommAktG, 3. Aufl. 2010, § 93, Rn. 71; *Spindler* in MünchKommAktG, 3. Aufl. 2008, § 93, Rn. 63 f.; *Thole*, ZHR 173 (2009), 504, 509; *Armbrüster*, KSzW 2013, 10, 11.

1728 So auch *Wundenberg*, Compliance und die prinzipiengeleitete Aufsicht über Bankengruppen, 2012, S.136; allgemein für Verstöße gegen das KWG: *Blasche*, WM 2011, 343, 347. Für den parallelen 64a VAG: *Louven/Raapke*, VersR 2012, 257, 263.

1729 Begr. RegE. Gesetz zur Unternehmensintegrität und Modernisierung des Anfechtungsrechts (UMAG), BT-Drucks 15/5092, S. 11; *Fleischer*, ZIP 2004, 685, 690; *Lutter*, ZIP 2007, 841, 843; *Blasche*, WM 2011, 343, 346; *Spindler* in MünchKommAktG, 3. Aufl. 2008, § 93, Rn. 44 und 65.

1730 Begr. RegE. BT-Drucks 15/5092, S. 11.

Betracht.[1731] Für den Vorstand kommt erschwerend hinzu, dass ihn gemäß § 93 Abs. 2 Satz 2 AktG die Beweislast für ein fehlendes Verschulden trifft. Die Geltendmachung potentieller Ersatzansprüche gegen den Vorstand fällt in erster Linie in den Aufgabenbereich des Aufsichtsrats.[1732] Nach der richtungsweisenden „ARAG/Garmenbeck Entscheidung" des BGH ist der Aufsichtsrat zunächst dazu verpflichtet, Ersatzansprüche gegen den Vorstand zu prüfen und diese anschließend nach einer sorgfältigen Abwägung *grundsätzlich* auch geltend zu machen.[1733] Im Ergebnis wird die unterschiedliche Reichweite der aufsichtsrechtlichen und gesellschaftsrechtlichen Organisationspflichten mithin

---

1731 So wohl auch *Binder* in Romeike, Rechtliche Grundlagen des Risikomanagements, 2008, S. 152; vgl. allgemein für Verstöße gegen das KWG wiederum: *Blasche*, WM 2011, 343, 347 f.; ähnlich, aber zurückhaltender *Wundenberg*, Compliance und die prinzipiengeleitete Aufsicht über Bankengruppen, 2012, 136 ff. *Langenbucher*, ZBB 2013, 16, 22 f. vertritt eine „Optimierungsthese": Die Geschäftsleiter haben sich um die Ermittlung der aus ihrer Sicht am besten vertretbaren Rechtsmeinung zu bemühen. Erst im Anschluss an diese Form der Rechtsermittlung entfalte sich ein Handlungsspielraum mit der Folge, dass die *business judgement rule* beispielsweise bei der Entscheidung über die angemessen Form der Risikosteuerung greife. Andere möchten sogar § 93 Abs. 1 Satz 2 AktG von vornherein zumindest entsprechend heranziehen OLG Frankfurt am Main, Urt. v. 12.12.2007–17 U 111/07, AG 2008, 454, 455; *Louven/Raapke*, VersR 2012, 257, 264 f. (mit der Einschränkung, dass der Kontrollmaßstab aufgrund des aufsichtsrechtlichen Rahmens weniger eingeschränkt ist als bei ungebundenen Entscheidungen); enger *Armbrüster*, VersR 2009, 1293, 1296 ff., 1303 (§ 93 Abs. 1 Satz 2 AktG „in modifizierter Form") und *Eckhold*, ZBB 2012, 364, 367 f. Richtigerweise wird diese Frage aber bereits auf der Ebene des Aufsichtsrechts entschieden. Der dargelegte „Höhenunterschied" führt dazu, dass bei Erfüllung der aufsichtsrechtlichen Anforderungen an das Risikomanagement eine gesellschaftsrechtliche Pflichtverletzung des Bank-Vorstands von vornherein ausscheidet. Eines Rückgriffs auf die *business judgement rule* bedarf es dann folglich nicht mehr. Im Fall eines Verstoßes gegen das Aufsichtsrecht ist der Anwendungsbereich von § 91 Abs. 1 Satz 2 AktG bei konsequenter Geltung des Legalitätsprinzips hingegen versperrt. Der Grundsatz der doppelten Proportionalität belässt dem Bank-Vorstand wiederum auf der Ebene von § 25a KWG einen (freilich eingeschränkten) Handlungsspielraum. In diese Richtung wohl auch *Tröger*, ZHR 177 (2013), 475, 513 ff.

1732 *Fleischer* in Spindler/Stilz, AktG, 2. Aufl. 2010, § 93, Rn. 291.

1733 BGH, Urt. v. 21.4.1997 – II ZR 175/95, BGHZ 135, 244, 252 ff. Die Geltendmachung durch den Aufsichtsrat ist aber nicht als Automatismus aufzufassen, so dass im Einzelfall durchaus Ausnahmen angezeigt sein können, s. *Redeke*, ZIP 2008, 1549, 1550.

dadurch ausgeglichen, dass der Vorstand der Gesellschaft durch das Legalitätsprinzip auch im Innenverhältnis die Einhaltung der überschießenden Pflichten des § 25a KWG schuldet und bei Verstößen gegen das Aufsichtsrecht gemäß § 93 Abs. 2 Satz 1 AktG im Einzelfall zum Ersatz verpflichtet sein kann.

III. Rechtsvergleichender Blick auf die USA

In den Vereinigten Staaten fallen die organisatorischen Anforderungen an die jeweilige Bank in den originären Aufgabenbereich des *board of directors*, das somit die Verantwortung für die Implementierung und fortlaufende Weiterentwicklung trägt.[1734] Zu den organisatorischen Anforderungen zählen ein internes Kontroll- und Informationssystem sowie die interne Revision (12 U.S.C. § 1831p-1; 12 C.F.R. part 30, sog. *safety and soundness standards*). Für die die konkreten Anforderungen lässt sich auch 12 C.F.R. part 30 appendix A ein Proportionalitätsgrundsatz entnehmen. Das Risikomanagement muss folglich wie auch nach § 25a Abs. 1 Satz 4 KWG dem konkreten Risikoprofil, der Größe und der Komplexität der jeweiligen Bank entsprechen.[1735]

1. Internal Capital Adequacy Assessment Process (ICAAP)

Zur Säule 2 von Basel II zählt der ICAAP von dem sich auch das Risikotragfähigkeitskonzept in § 25a Abs. 1 Satz 3 KWG ableiten lässt.[1736] Danach fällt es in den Verantwortungsbereich der Geschäftsleitung der Bank, über ein internes Verfahren zur Kapitalbeurteilung zu verfügen, um die eigegangenen Risiken durch das interne Eigenkapital abdecken zu können.[1737] Das hierzu notwendige Eigenkapital kann im Einzelfall sogar die Mindestanforderungen nach Säule 1 übersteigen.[1738]

1734 Vgl. *Comptroller of the Currency Administrator of National Banks,* Comptroller's Handbook – Internal Control, Januar 2001, S. 15; *Murphy*, 36 Del. J. Corp. L. 121, 129 f. (2011).

1735 Vgl. auch *Comptroller of the Currency Administrator of National Banks*, Bank Supervision Process, September 2007, S. 24; *Carnell/Macey/Miller*, The Law of Banking and Financial Institutions, 4th Ed. 2009, S. 634 f.

1736 S. oben S. 277 f.

1737 *Basler Ausschuss für Bankenaufsicht*, Internationale Konvergenz der Eigenkapitalmessung und Eigenkapitalanforderungen, Juni 2006, Tz. 721.

1738 *Basler Ausschuss für Bankenaufsicht*, Internationale Konvergenz der Eigenkapitalmessung und Eigenkapitalanforderungen, Juni 2006, Tz. 721.

Dieser interne Prozess auf Seite der Banken wird von den Aufsichtsbehörden im Rahmen des SREP überwacht, um eine effektive Umsetzung der organisatorischen Anforderungen sicherzustellen.[1739]

Die U.S.-amerikanischen Bankenaufsichtsbehörden auf Bundesebene haben Säule 2 in einen Leitfaden überführt und damit sowohl den ICAAP als auch den SREP übernommen.[1740] Aufgrund der fragmentarischen Umsetzung von Basel II in den Vereinigten Staaten, die bislang nur die fortgeschrittenen Ansätze zur Eigenmittelberechnung (*advanced approaches*) umfasst, gilt der Leitfaden grundsätzlich auch nur für die großen international tätigen Banken (*core banks* und ggf. *opt-in banks*), die in den Anwendungsbereich dieser fortgeschrittenen Ansätze fallen.[1741] Anders als in Deutschland, wo die Sicherstellung des Risikotragfähigkeitskonzepts gemäß § 25a Abs. 1 Satz 3 von allen Instituten erfüllt werden muss, ist der Anwendungsbereich des ICAAP in den USA beschränkt.

Die einzelnen Schritte im Rahmen des ICAAP sind nach dem Leitfaden die Identifizierung und Messung der wesentlichen Risiken, die Bestimmung des zur Abdeckung der Risiken benötigten internen Eigenkapitals und die Sicherstellung der Integrität dieser Prozesse.[1742] Zu den wesentlichen Risiken zählt der Leitfaden wiederum die bekannten Risikoarten, d.h. Kredit-, Markt-, Liquiditäts- und operationelle Risiken sowie Zinsänderungsrisiken im Anlagebuch. Andere Risikoarten, insbesondere Reputationsrisiken, dürfen gleichwohl nicht vernachlässigt werden.[1743]

2. Risikosteuerungs- und -controllingprozesse

Besonderes Augenmerk legen die U.S.-amerikanischen Aufsichtsbehörden auf die Risikosteuerungs- und -controllingprozesse, also die Prozesse zur Identifizierung, Messung, Überwachung sowie Kontrolle und Kommunikation der

---

1739 *Basler Ausschuss für Bankenaufsicht*, Internationale Konvergenz der Eigenkapitalmessung und Eigenkapitalanforderungen, Juni 2006, Tz. 722.

1740 Supervisory Guidance: Supervisory Review Process of Capital Adequacy (Pillar 2) Realted to the Implementation of the Basel II Advanced Capital Framework, 73 Fed. Reg. 44620 (31. Juli 2008).

1741 Vgl. 73 Fed. Reg. 44620, 44624 (31. Juli 2008); s. auch *Schäfer*, Bankenaufsichtsrecht in Deutschland, dem Vereinigten Königreich und den Vereinigten Staaten, 2011, S. 207.

1742 73 Fed. Reg. 44620, 44624 Tz. 14 (31. Juli 2008).

1743 73 Fed. Reg. 44620, 44624 f. Tz. 20 (31. Juli 2008).

Risiken.[1744] Zum Aufgabenbereich der Geschäftsleitung zählt es, Geschäftsstrategien und die Risikotoleranz festzulegen und aufeinander abzustimmen. Die Risikotoleranz ist anschließend durch Richtlinien innerhalb der Bank zu kommunizieren.[1745] Da der Informationsfluss für den reibungslosen Ablauf der einzelnen Prozessschritte essentiell ist, gehört ein Managementinformationssystem zu den wesentlichen Elementen eines angemessenen Risikomanagements.[1746] Die Identifizierung von Risikoursachen darf sich nicht auf gewöhnliche Geschäftsbedingungen beschränken, sondern muss auch Stressszenarien berücksichtigen.[1747]

Besondere Anforderungen an die Steuerung von Liquiditätsrisiken lassen sich einem zusätzlichen Rundschreiben der Aufsichtsbehörden entnehmen.[1748] Für systemrelevante Institute sollen zukünftig strengere qualitative Anforderungen an das Liquiditätsrisikomanagement gestellt werden, Sec. 165(b)(1)(A)(ii) Dodd-Frank Act. Zur Stärkung der Corporate Governance systemrelevanter Institute plant das Board of Governors in einem entsprechenden Verordnungsvorschlag, die Einrichtung eines angemessenen Liquiditäts-Risikomanagements in die unmittelbare Verantwortung des *board of directors* zu stellen. Weitere Anforderungen betreffen vor allem die Durchführung liquiditätsbezogener Stresstests, die bilanzielle und außerbilanzielle Aktivitäten umfassen müssen und mindestens monatlich durchzuführen sind. Darüber hinaus sollte das Liquiditätsrisikomanagement flexibel genug sein, um jederzeit sog *ad hoc* Stress-Tests durchführen zu können.[1749] Anforderungen an das Risikomanagement sind im U.S.-amerikanischen Aufsichtsrecht demnach an verschiedenen Stellen zu finden. Anders als durch die MaRisk in Deutschland besteht in der Vereinigten Staaten derzeit kein kohärenter Katalog für die übergreifenden qualitativen Anforderungen an das Risikomanagement.

1744 *Comptroller of the Currency Administrator of National Banks*, Bank Supervision Process, September 2007, S. 25; vgl. auch *OCC*, The Director's Book, 2010, S. 11 f.

1745 *OCC*, The Director's Book, 2010, S. 10.

1746 Vgl. *OCC*, The Director's Book, 2010, S. 11.

1747 *OCC*, The Director's Book, 2010, S. 11 f.

1748 S. *Board of Governors*, Supervision and Regulation Letter SR 10–6, Interagency Policy Statement on Funding and Liquidity Risk Management, 17.3.2010 und dazu bereits oben Fn. 1491.

1749 *Federal Reserve System*, Enhanced Prudential Standards and Early Remediation Requirements for Covered Companies, 77 Fed. Reg. 594, 604 ff. (5. Januar 2012).

3. Risikomanagement auf Gruppenebene

Die Federal Reserve erwartet von Holding-Gesellschaften die Einrichtung eines Risikomanagements und von Kontrollfunktionen auf der Gruppenebene, um die wesentlichen Risiken für die Gruppe identifizieren und steuern zu können.[1750] Systemrelevante Institute[1751] und börsennotierte *bank holding companies* mit Gesamtaktiva in Höhe von mehr als 10 Mrd. USD sollen gemäß Sec. 165(h) Dodd-Frank Act durch eine Verordnung des Board of Governors nun auch dazu verpflichtet werden, einen Risikoausschuss (*risk committee*) beim *board of directors* einrichten, der für ein gruppenweites Risikomanagement verantwortlich ist.[1752] Dem Risikoausschuss müssen mindestens ein Experte für das Risikomanagement und ein unabhängiges Mitglied angehören, das zugleich den Vorsitz übernimmt.[1753] Auch hier gilt das Proportionalitätsprinzip, so dass die Anforderungen an das Risikomanagement an das tatsächliche Risikoprofil des Instituts geknüpft sind.[1754] Systemrelevante Institute sollen zukünftig zudem den Posten eines *chief risk officer* beim *board of directors* besetzen.[1755]

4. Verhältnis zum Sarbanes-Oxley Act

Die Bilanzskandale um die Unternehmen Enron und WorldCom wurden in den Vereinigten Staaten im Jahr 2002 zum Anlass genommen, mit strafferen Regelungen auf die Corporate Governance von börsennotierten Unternehmen einzuwirken.[1756] Als Ergebnis wurde der Sarbanes-Oxley Act of 2002[1757] erlassen, der zwar nicht unmittelbar an den Bankensektor adressiert ist, aber dennoch eine Art Flankenschutz auf kapitalmarktrechtlicher Ebene darstellt.[1758] Das Gesellschaftsrecht der USA ist bundesstaatlich geprägt und zeichnet sich nicht zuletzt aufgrund

1750 *Board of Governors*, Bank Holding Company Supervision Manual, Tz. 1050.1.3.1.2 (Stand: Januar 2009) („firmwide risk management and control functions“).

1751 S. dazu ausführlich unten S. 349 ff.

1752 S. dazu den Verordnungsvorschlag des *Federal Reserve System*, Enhanced Prudential Standards and Early Remediation Requirements for Covered Companies, 77 Fed. Reg. 594, 600 (5. Januar 2012), Entwurf von 12 C.F.R. § 252.126(b) – (c).

1753 Entwurf von 12 C.F.R. § 252.126(b)(2) und (3).

1754 77 Fed. Reg. 594, 600, 623 (5. Januar 2012).

1755 Entwurf von 12 C.F.R. § 252.126(d).

1756 *Cox/Hillman/Langevoort*, Securities Regulation, 6th Ed. 2009, S. 9 f.; *Schooner/Taylor*, Global Bank Regulation, 2010, S. 91 f.

1757 Pub.L. 107–204, 116 Stat. 745.

1758 Vgl. *Schooner/Taylor*, Global Bank Regulation, 2010, S. 107.

des Wettbewerbs zwischen den Rechtsordnungen einzelner Bundesstaaten durch seine Liberalität aus. Dabei haben sich einzelne Bundesstaaten über Jahrzehnte als treibende Kraft erwiesen, allen voran Delaware.[1759] Der Sarbanes-Oxley Act als Bundesrecht knüpft hingegen an die Börsennotierung einer Gesellschaft an, so dass die Regelungen auch für ausländische Unternehmen gelten, die an einer U.S.-amerikanischen Börse gehandelt werden.[1760] Durch diesen weit gezogenen Wirkungskreis hat das Gesetz auch in Deutschland einen beachtlichen Bekanntheitsgrad erlangt.[1761]

Die Regelungen betreffen insbesondere die Integrität der Rechnungslegung,[1762] einen Bericht über das interne Kontrollsystem zur Finanzberichterstattung,[1763] die Unabhängigkeit der Mitglieder des Prüfungsausschusses (*audit committee*)[1764] und die Überwachung von Wirtschaftsprüfern.[1765] Aus deutscher Sicht weist der Sarbanes-Oxley Act u.a. Überschneidungen mit § 91 Abs. 1 und Abs. 2 AktG auf.[1766] Nach Sec. 302(a)(4) SOX müssen der *principal executive officer* und der *principal financial officer* eine Erklärung abgegeben, dass sie für die Einrichtung und Aufrechterhaltung des internen Kontrollsystems verantwortlich sind und die Weiterleitung wesentlicher Informationen über die Gesellschaft und die konsolidierten Tochtergesellschaften an die beiden genannten Personen sichergestellt ist.[1767] Daraus wird eine materielle Organisationspflicht abgeleitet, Kontrollen und Verfahren einzurichten, die gewährleisten, dass alle relevanten Informationen zeitgerecht gesammelt, verarbeitet und schließlich berichtet werden (sog. Publizitätskontrollsystem).[1768]

Daneben verlangt Sec. 404 SOX die Anfertigung eines Berichts über das interne Kontrollsystem zur Finanzberichterstattung (*internal control report*) als Teil des

---

1759 Vgl. *von Hein*, Die Rezeption US-amerikanischen Gesellschaftsrechts in Deutschland, 2008, S. 4 f.

1760 *von Hein*, Die Rezeption US-amerikanischen Gesellschaftsrechts in Deutschland, 2008, S. 321 f.; *Obermayr* in Hauschka, Corporate Compliance, 2. Aufl. 2010, § 17, Rn. 20.

1761 S. stellvertretend für die zahlreichen deutschen Publikationen *Bock*, BKR 2003, 774; *Strauch*, NZG 2003, 952.

1762 Sec. 302 und Sec. 906 Sarbanes-Oxley Act (SOX).

1763 Sec. 404 SOX.

1764 Sec. 301 SOX.

1765 S. den Überblick bei *Schooner/Taylor*, Global Bank Regulation, 2010, S. 107 f.

1766 *Gruson/Kubicek*, AG 2003, 393, 395 und 398; *Kort* in GroßKommAktG, 4. Aufl. 2006, § 91, Rn. 107 ff.; *von Hein*, Die Rezeption US-amerikanischen Gesellschaftsrechts in Deutschland, 2008, S. 336 f.

1767 Sec. 302(a)(4)(A) und (B) SOX.

1768 *Gruson/Kubicek*, AG 2003, 393, 393 f.

Geschäftsberichts. Darin muss eine Erklärung des Managements zur Verantwortlichkeit für die Einrichtung und Aufrechterhaltung von angemessenen internen Kontrollstrukturen und -verfahren im Hinblick auf die Finanzberichterstattung sowie ein Prüfbericht über die Effektivität enthalten sein.[1769] Sec. 404 SOX erweitert und ergänzt die bereits in Sec. 13(b)(2) Securities Exchange Act enthaltene materielle Organisationspflicht zur internen Kontrolle der Buchführung (sog. internes Finanzkontrollsystem).[1770]

Darüber hinaus müssen Banken, die der Einlagensicherung unterfallen und über konsolidierte Vermögensgegenstände in Höhe von 500 Mio. USD verfügen, den Anforderungen von 12 C.F.R. part 363 entsprechen, die mit den Vorschriften des Sarbanes-Oxeley Act vergleichbar sind.[1771] 12 C.F.R. part 363 gilt für Banken unabhängig davon, ob sie börsennotiert sind oder nicht.

1769 Sec. 404(a)(1) und (2) SOX.

1770 *Gruson/Kubicek*, AG 2003, 393, 393 f.; *Cox/Hillman/Langevoort*, Securities Regulation, 6th Ed. 2009, S. 558 f.

1771 *OCC*, The Director's Book, 2010, S. 82; *Schooner/Taylor*, Global Bank Regulation, 2010, S. 107 f.

5. Teil Makroperspektive: Aufsichtsrechtliche Begrenzung von Systemrisiken

Während bei der Darstellung der einzelnen Risikoarten einer mikroperspektivischen Sicht des einzelnen Bankbetriebs gefolgt wird, soll an dieser Stelle der Fokus auf das gesamte Bankensystem gerichtet werden. Auf dem Höhepunkt der Subprime-Krise hat die Insolvenz der U.S.-amerikanischen Investmentbank Lehman Brothers am 15. September 2008[1772] weltweit Auswirkungen auf die Finanzmärkte und deren Teilnehmer nach sich gezogen.[1773] Die drohende Gefahr weiterer Schieflagen bis hin zu einem globalen Kollaps hing wie ein Damoklesschwert über dem Bankensystem und letztlich sahen sich die Staaten vielfach zum Speisen der versiegenden Liquiditätsströme durch das Schnüren von Rettungspaketen gezwungen.[1774] In diesem Zusammenhang waren die Begriffe „Systemrisiko" oder „systemische Risiken" im öffentlichen Diskurs allgegenwärtig.[1775] Der ökonomische Hintergrund dieser besonderen Ausprägung des Risikos auf der Makroebene soll nun näher erläutert werden, bevor die Identifizierung und rechtliche Begrenzung in den Vordergrund rückt.

A. Systemrisiko

Trotz des zum Teil inflationären Gebrauchs vom Begriff des Systemrisikos in der Öffentlichkeit,[1776] das oftmals im Gleichlauf mit Bank Runs bzw. dem geballten

---

1772 Ausführlich dazu *Madaus*, NZI 2008, 715; *Charles*, 13 N.Y. Bus. L. J. 14 (2009).

1773 *The High-Level Group on Financial Supervision in the EU*, Report, 25.2.2009, S. 12; *Rudolph*, ZGR 2010, 1, 22 ff.; *Hellwig*, 157 De Economist, 129, 182 (2009); *Zimmer*, Gutachten G zum 68. DJT, 2010, S. 12.

1774 S. Begr. RegE. BT-Drucks. 16/10600, S. 15, zum später erlassenen Gesetz zur Umsetzung eines Maßnahmenpakets zur Stabilisierung des Finanzmarktes (Finanzmarktstabilisierungsgesetz – FMStG) vom 17.10.2008, BGBl. I S. 1982; dazu *Spindler*, DStR 2008, 2268.

1775 S. nur die Reden vom Chairman des Board of Governors of the Federal Reserve System, *Bernanke*, Reducing Systemic Risk, 22. August 2008 und *ders.*, Financial Reform to Address Systemic Risk vom 10. März 2009; *Acharya/Cooley/Richardson/Sylla/Walter* in Acharya/Cooley/Richardson/Walter, Regulating Wall Street, 2011, S. 1, 27 f.; *Hellwig*, 157 De Economist, 129, 182 (2009); *Helwege*, 32 Regulation 24, 25 ff. (2009); *Schwarcz*, 97 Geo. L.J. 193, 195 Fn. 2 (2008) m.w.N.

1776 Kritisch auch *Schwarcz*, 97 Geo. L.J. 193, 204 (2008).

Auftreten von Bankeninsolvenzen verwendet wird, hat sich hierzu noch keine allgemein anerkannte Definition durchgesetzt; es bestehen vielmehr unterschiedliche Vorstellungen und Erklärungsansätze zu systemischen Risiken nebeneinander.[1777] Entscheidend ist zunächst, dass diese Risikoart im Zusammenhang mit Systemen auftritt, die Vielzahl denkbarer Systeme zugleich aber auch verschiedene Ausprägungen des damit verbundenen Risikos bedingt. Ein System besteht aus einer mehr oder weniger großen Zahl von Elementen mit bestimmten Eigenschaften, die durch Beziehungen miteinander verknüpft sind.[1778] Ein Systemrisiko ist also keineswegs auf das Banken- und Finanzsystem beschränkt, sondern kann auch an anderer Stelle auftreten.[1779] So kann mit Blick auf das Gesundheitssystem die Ausbreitung von Epidemien ein systemisches Risiko darstellen.[1780] In aller Breite wird unter „Systemrisiko" zunächst das Risiko oder die Wahrscheinlichkeit des Zusammenbruchs eines ganzen Systems, bedingt durch die Korrelation der meisten oder all seiner Bestandteile, verstanden.[1781] Je weiter sich das betreffende System erstreckt, desto größer ist die geographische Reichweite des potentiellen Zusammenbruchs, so dass sich das Systemrisiko regional, national aber auch international ausprägen kann.[1782] Die voranschreitende Vernetzung der Finanzmärkte und ihrer Teilnehmer bis hin zu einem einzigen globalen Finanzsystem sorgt demnach zwangsläufig auch für eine räumliche Extension des damit verbundenen Risikos.[1783]

Im Hinblick auf das Banken- und Finanzsystem bleiben nach diesem weiten Begriffsverständnis allerdings noch einige wesentliche Fragen offen. Was genau ist der Stein des Anstoßes für den drohenden Zusammenbruch des Systems, das

---

1777 *Kaufman/Scott*, 7 Ind. Rev. 371, 372 ff. (2003); *González-Hermosillo/Hesse*, IMF Working Paper/09/230, 2009, S. 4; *De Bandt/Hartmann*, Systemic Risk, 2000, S. 8; *Schwarcz*, 97 Geo. L.J. 193, 196 ff. (2008), der Systemrisiko nicht nur auf die einzelnen Marktteilnehmer bezieht, sondern auf die Märkte als solche; einen Überblick bietet *Prokopczuk*, Essays on Systemic Risk, 2009, S. 3.

1778 S. grundlegend *v. Bertalanffy* in Grochla, Organisationstheorie, Band 2, 1976, S. 542 ff.; *Büschgen*, Bankbetriebslehre, 5. Aufl. 1998, S. 42.

1779 *Günther*, WM 2010, 825, 826.

1780 *De Bandt/Hartmann*, Systemic Risk, 2000, S. 10.

1781 So *Kaufman/Scott*, 7 Ind. Rev. 371, 371 (2003): *„Systemic risk refers to the risk or probability of breakdowns in an entire system, as opposed to breakdowns in individual parts or components, and is evidenced by comovements (correlation) among most or all the parts."*

1782 *De Bandt/Hartmann*, Systemic Risk, 2000, S. 11; *Kaufman/Scott*, 7 Ind. Rev. 371, 372 (2003).

1783 *Schwarcz*, 97 Geo. L.J. 193, 198 (2008).

sog. *trigger event*, und wie wird dieses auslösende Ereignis zwischen den einzelnen Banken weitergeleitet?

I. Auslösendes Ereignis (*trigger event*)

Systemische Risiken lassen sich in der Regel auf ein ursächliches Ereignis (*trigger event*) zurückführen, das in einem sog. *Makroschock* verortet werden kann oder aber im Rahmen einer mikroorientierten Sichtweise zunächst bei einzelnen Marktteilnehmern auftritt (*Mikroschock*) und sich von dort ausgehend verbreitet (Ansteckung, *contagion*).[1784] Kommt es daraufhin zum vermehrten Ausfall von Banken, handelt es sich um eine *Systemkrise*, die zu einer Funktionsstörung des Finanzsystems führen und letztlich die gesamte Wirtschaft in Mitleidenschaft ziehen kann, etwa durch die fehlende Bereitstellung von Fremdkapital im Rahmen einer sog. Kreditklemme (*credit crunch*).[1785] Der Bankensektor kann somit nicht als geschlossenes System betrachtet werden, sondern steht in einer mit Wechselwirkungen verbundenen engen Beziehung zu anderen Wirtschaftszweigen. Die Folgen eines *trigger event* können auch von den in erster Linie betroffenen Banken auf andere Unternehmen durchschlagen. Die damit verbundenen immensen volkswirtschaftlichen Kosten, z.B. durch eine steigende Arbeitslosenquote, erklären auch das an der Stabilität des Banken- und Finanzsystems bestehende wirtschaftspolitische Interesse.

1. Makroschock

Systemische Risiken können zunächst infolge eines Makroschocks auftreten. Bei einem Makroschock handelt es sich um ein Ereignis, das ähnlich einem Flächenbrand nachteilige Auswirkungen auf die meisten oder alle Systembestandteile zeitigt und diese dabei nahezu gleichzeitig erfasst, wie z.B. im Fall von

---

1784 *Kaufman/Scott*, 7 Ind. Rev. 371, 372 (2003); *Helwege*, 32 Regulation 24, 24 (2009); *Rudolph*, ZHR 175 (2011), 284, 297 f.; *Freixas/Rochet*, Microeconomics of Banking, 2nd Ed. 2008, S. 235; *De Bandt/Hartmann*, Systemic Risk, S. 10 unterscheiden ähnlich zwischen „*systemic event*" im weiten Sinn, das auch einen solchen Makroshock beinhaltet, und „*systemic event*" im engen Sinn; so auch *Prokopczuk*, Essays on Systemic Risk, 2009, S. 2 ff.

1785 *Diamond/Dybvig*, 91 J. Pol. Econ. 401, 402 ff. (1983); *Hellwig*, 157 De Economist 129, 181 ff. (2009); *De Bandt/Hartmann*, Systemic Risk, 2000, S. 13; *Burghof/Rudolph*, Bankenaufsicht, 1996, S. 22.

Konjunkturschwankungen, des Platzens von Preisblasen oder allgemeinen Verwerfungen an den Kapitalmärkten.[1786] Dieses großflächige Ereignis betrifft somit das gesamte oder zumindest weite Teile des Banken- und Finanzsystems und führt zu dessen erheblicher Schwächung, die schlimmstenfalls zu einem Zusammenbruch führen kann. Ein wichtiger Faktor, der die Anfälligkeit für einen solchen Makroschock erhöht, ist eine ähnliche Portfoliostruktur bei den einzelnen Marktteilnehmern, so dass der Wertverlust bestimmter Klassen von Vermögensgegenständen die Teilnehmer zu kollektiven Abschreibungen zwingt.[1787] Ein solcher Prozess hat sich zuletzt während der Subprime-Krise vollzogen, als eine abwärtsgerichtete Preisspirale die zahlreichen Investoren von ABS, MBS und CDOs in finanzielle Bedrängnis stürzte.[1788] In Deutschland fanden sich solche Aktiva-Konzentrationen vor allem bei vielen Landesbanken,[1789] aber auch der IKB.[1790]

Bei einem Makroschock kann es sich auch um eine Ausprägung des sog. *systematischen* Risikos[1791] handeln, das begrifflich von dem hier im Vordergrund stehenden *Systemrisiko* zu unterscheiden ist.[1792] Als *trigger event* können diese systematischen Risiken jedoch auch ein Systemrisiko auslösen.[1793]

2. Mikroschock

Werden im Gegensatz zum Makroschock lediglich einzelne Banken erschüttert, handelt es sich zunächst um Mikroschocks, die erst dann zum Risiko für das gesamte System erstarken, wenn diese im weiteren Verlauf auf andere Banken übertragen werden. Systemrisiko wird hier demnach als das Risiko einer Kettenreaktion oder eines Dominoeffekts verstanden, wobei der Fall eines einzelnen Instituts

---

1786 *Bartholomew/Whalen* in Kaufman, Research in Financial Services, 1995, S. 4; *Kaufman/Scott*, 7 Ind. Rev. 371, 372 (2003). S. auch *Rudolph*, ZHR 175 (2011), 284, 298; *De Bandt/Hartmann*, Systemic Risk, 2000, S. 10 f.; *Gordon/Muller*, 28 Yale J. on Reg. 151, 169 f. (2011).

1787 Vgl. *Krahnen/Siekmann*, Stellungnahme zum Restrukturierungsgesetz, Oktober 2010, S. 2; *Wilmarth*, 35 Brook. J. Int'l L. 707, 740 (2010).

1788 Vgl. *Hellwig*, 157 De Economist 129, 182 f. (2009); *Möllers*, JZ 2009, 861, 862; *Wilmarth*, 35 Brook. J. Int'l L. 707, 740 (2010).

1789 *Möllers*, JZ 2009, 861, 862.

1790 *Hellwig*, 157 De Economist 129, 171 f. (2009).

1791 Nach dem oben dargestellten Capital Asset Pricing Model bezeichnet die systematische Komponente das allgemeine Risiko, das nicht diversifizierbar ist, *Sharpe*, 19 J. Fin. 425, 440 f. (1964). S. dazu ausführlich oben 21 f.

1792 *Schwarcz*, 97 Geo. L.J. 193 204 (2008).

1793 *Schwarcz*, 97 Geo. L.J. 193 204 (2008) und dort insbesondere Fn. 53.

weitere Zusammenbrüche nach sich ziehen und letztlich das gesamte System aushebeln kann.[1794] Zentrales Element stellt in diesem Zusammenhang die Übertragung eines solchen Mikroschocks dar, was als Initialzündung eine Kettenreaktion in Gang setzt und als Ansteckung (*contagion*) bezeichnet wird.[1795]

Dabei schließen sich Makro- und Mikroschocks keineswegs gegenseitig aus, sondern können auch miteinander verflochten auftreten und sich dabei sogar gegenseitig begünstigen.[1796] So kann ein vorangegangenes Ereignis mit großflächigen nachteiligen Wirkungen die einzelnen Marktteilnehmer zunächst schwächen und so den Nährboden für die ansteckende Wirkung des Zusammenbruchs einzelner Teilnehmer bilden.[1797]

II. Ansteckung (*contagion*)

Die Ansteckungsgefahr nimmt demnach eine Schlüsselfunktion im Verständnis von systemischen Risiken ein. Ein Mikroschock kann durch verschiedene Kanäle direkt oder indirekt zwischen einzelnen Banken übertragen werden (*direct* oder *indirect contagion*), die im Folgenden näher analysiert werden sollen.

1. Der Bank Run als Ausgangspunkt

Obwohl der Begriff des Bank Run in der Öffentlichkeit oftmals mit systemischen Risiken assoziiert wird, bezieht sich dieser in seinem engen Verständnis lediglich auf eine einzelne Bank, der die Übertragung auf andere Banken und damit die systemische Komponente zunächst außer Acht lässt.[1798] Gleichwohl bietet sich der

---

1794 *Kaufman* in ders., Research in Financial Services, 1995, S. 47 f.; *Schwarcz*, 97 Geo. L.J. 193, 198 (2008); *Greenbaum/Thakor*, Contemporary Financial Intermediation, 2nd Ed. 2007, S. 542; *Burghof/Rudolph*, Bankenaufsicht, 1996, S. 21 f.; *Hartmann-Wendels/Pfingsten/Weber*, Bankbetriebslehre, 5. Aufl. 2010, S. 391; *Rudolph*, ZHR 175 (2011), 284, 298.

1795 *Kaufman*, 8 J. Financ. Serv. Res. 123, 123 (1994); *Burghof/Rudolph*, Bankenaufsicht, 1996, S. 22 f.; *Rudolph*, ZHR 175 (2011), 284, 297; *Gordon/Muller*, 28 Yale J. on Reg. 151, 160 (2011).

1796 *De Bandt/Hartmann*, Systemic Risk, 2000, S. 11; vgl. auch *Freixas/Rochet*, Microeconomics of Banking, 2nd Ed. 2008, S. 235.

1797 *De Bandt/Hartmann*, Systemic Risk, 2000, S. 11.

1798 Vgl. die Grundmodelle von *Bryant*, 4 J. Bank. Financ. 335, 339 ff. (1980) und *Diamond/Dybvig*, 91 J. Pol. Econ. 401, 409 f. (1983); *De Bandt/Hartmann*, Systemic Risk, 2000, S. 19.

Bank Run mit seiner ihm innewohnenden Dynamik und Ansteckungsgefahr zum sog. „allgemeinen Bank Run“[1799] (*banking panic*) als gedanklicher Ausgangspunkt der Darstellung an.[1800]

Die besondere Gefahr eines plötzlichen Kapitalabzugs ist auf die Transformationsfunktion von Banken zurückzuführen.[1801] In dieser Rolle bündeln Banken auf der einen Seite eine Vielzahl kleiner kurzfristiger Einlagen und vergeben auf der anderen Seite längerfristiges Kapital, wodurch letztlich Liquidität geschöpft wird.[1802] Als direkte Folge dieses Transformationsprozesses halten Banken nicht die Summe aller Einlagen zurück (*fractional reserves*), so dass im Fall eines zeitgleichen Abzugs aller Einlagen oder auch nur eines großen Anteils nicht alle Einleger befriedigt werden können und die Bank zwangsläufig zahlungsunfähig wird.[1803] Vor diesem Hintergrund wird deutlich, dass Einleger den Banken ihre finanziellen Mittel im wahrsten Sinne des Wortes *anvertrauen*. Die Grundvoraussetzung dafür, dass Einlagen nicht abgezogen werden, ist somit ein Mindestmaß an Vertrauen im Verhältnis zwischen Einlegern und Banken, das somit eine tragende Säule des gesamten Bankensektors bildet.[1804] Wird dieses Vertrauen beispielsweise aufgrund negativer Prognosen im Hinblick auf die Zahlungsfähigkeit der Bank erschüttert, wird der individuelle Einleger – das Fehlen von Einlagensicherungssystemen einmal unterstellt – im Angesicht des drohenden Verlusts mit dem

---

1799 *Burghof/Rudolph*, Bankenaufsicht, 1996, S. 21.

1800 Vgl. *De Bandt/Hartmann*, Systemic Risk, 2000, S. 18 f. Andere ziehen die Grenzen des Begriffs „Bank Run“ dagegen weiter und beziehen von vornherein dessen ansteckende Wirkung mit ein, s. *Schwarcz*, 97 Geo. L.J. 193, 199 (2008); wohl auch *Heun*, Rechtswissenschaft 2011, 376, 391 f. Für den gedanklichen Ausgangspunkt für das hier interessierende Systemrisiko ergeben sich dadurch jedoch keine Divergenzen.

1801 Grundlegend *Diamond/Dybvig*, 91 J. Pol. Econ. 401, 409 (1983). S. zur Transformationsfunktion der Banken ausführlich oben 25 ff.

1802 *Diamond/Dybvig*, 91 J. Pol. Econ. 401, 405 ff. (1983); *De Bandt/Hartmann*, Systemic Risk, 2000, S. 19; *Carnell/Macey/Miller*, The Law of Banking and Financial Institutions, 4th Ed. 2009, S. 47.

1803 *Diamond/Dybvig*, 91 J. Pol. Econ. 401, 403 und 409 (1983); *De Bandt/Hartmann*, Systemic Risk, 2000, S. 19; *Gordon/Muller*, 28 Yale J. on Reg. 151, 158 f. (2011); *Carnell/Macey/Miller*, The Law of Banking and Financial Institutions, 4th Ed. 2009, S. 42; ausführlich *Freixas/Rochet*, Microeconomics of Banking, 2nd Ed. 2008, S. 217 ff.

1804 *Diamond/Dybvig*, 91 J. Pol. Econ. 401, 410 (1983); s. auch *Frankel/Fagan*, Law and the Financial System, 2009, S. 9 und *Burghof/Rudolph*, Bankenaufsicht, 1996, S. 19.

sofortigen und vollständigen Abzug seines Kapitals reagieren.[1805] Dieses Verhalten ist rational und damit auch ökonomisch begründet, denn die Bank wird nicht alle Einlagen zurückzahlen können, so dass die nun geltende „*,first come first served'* Regel"[1806] die individuellen Einleger unter Zugzwang setzt.[1807] Dabei ist letztlich unerheblich, ob es sich bei der negativen Nachricht um eine wahre Tatsache oder bloß ein Gerücht handelt. Aus der Sicht des einzelnen Einlegers bleibt der sofortige Kapitalabzug, verglichen mit einem potentiellen Totalverlust im Fall eines Bank Run, die günstigere Handlungsalternative.[1808] Letztlich kann der aufgrund eines Gerüchts einsetzende Einlagenabzug selbst eine an sich „gesunde" Bank treffen und schließlich in die Insolvenz treiben, was dann als selbsterfüllende Prophezeiung (*self-fulfilling prophecy*) bezeichnet wird.[1809] Dadurch wird die Abhängigkeit des Bankensystems von „weichen" Faktoren wie dem Vertrauen der Einleger unterstrichen. Die psychologischen Erwägungen, die in diese Vertrauenskomponente einfließen, sind naturgemäß nur schwer einzuschätzen oder zu messen und stellen eine grundlegende Herausforderung für die Bankenaufsicht dar.[1810]

Der einem Bank Run zugrunde liegende dynamische Prozess macht das Dilemma deutlich, dem sich Banken aber auch die Aufsichtsinstanzen ausgesetzt sehen: Zum einen soll die volkswirtschaftlich vorteilhafte Transformationsfunktion des Bankensektors genutzt und erhalten werden. Zum anderen kann die diesem Finanzierungsmodell innewohnende Fragilität den Bestand einzelner Banken, aber auch des gesamten Sektors gefährden.[1811] Wirtschaftspolitisch versuchen Staaten diesen Konflikt durch regulatorische Eingriffe aufzulösen, insbesondere durch die Einrichtung von Einlagensicherungssystemen.[1812] In einer gedanklichen Fortentwicklung

---

1805 *Burghof/Rudolph*, Bankenaufsicht, 1996, S. 20 f.; *Gordon/Muller*, 28 Yale J. on Reg. 151, 159 (2011).

1806 *Rudolph*, ZHR 175 (2011), 284, 298.

1807 *Burghof/Rudolph*, Bankenaufsicht, 1996, S. 22; *Gordon/Muller*, 28 Yale J. on Reg. 151, 159 (2011); *Greenbaum/Thakor*, Contemporary Financial Intermediation, 2nd Ed. 2007, S. 413 ff.; *Carnell/Macey/Miller*, The Law of Banking and Financial Institutions, 4th Ed. 2009, S. 47.

1808 *Burghof/Rudolph*, Bankenaufsicht, 1996, S. 21; *Greenbaum/Thakor*, Contemporary Financial Intermediation, 2nd Ed. 2007, S. 413 ff.

1809 *Azariadis*, 25 J. Econ. Theory 380, 380 ff. (1981); *De Bandt/Hartmann*, Systemic Risk, 2000, S. 19; *Freixas/Rochet*, Microeconomics of Banking, 2nd Ed. 2008, S. 211.

1810 Vgl. *Becker/Mock*, FMStG, § 4 FMStFG, Rn. 47; *Günther*, WM 2010, 825, 829; *Stewing*, EWS 2009, 303, 307.

1811 *Gordon/Muller*, 28 Yale J. on Reg. 151, 158 ff. (2011).

1812 S. nur *Burghof/Rudolph*, Bankenaufsicht, 1996, S. 20 ff.: „Die Bankrun-‚Mechanik' als Kern der Regulierungsnotwendigkeit"; *Mishkin*, 44 J. Econ. Lit. 988, 989 (2006).

gilt es nun, die Perspektive von der einzelnen Bank zu lösen und stattdessen auf die Verbreitung solcher Mikroschocks zu richten.

2. *Direct contagion* infolge von Interbankenbeziehungen

Naheliegend ist zunächst die Übertragung eines Initialshocks, z.B. in Gestalt der Zahlungsunfähigkeit einer einzelnen Bank, mittels „physischer Verbindungen", die zwischen den einzelnen Banken bestehen und diese direkt miteinander verbinden (sog. *direct contagion*).[1813] Banken sind durch ein komplexes Netzwerk von Zahlungsströmen und gegenseitigen Verpflichtungen miteinander verbunden, was letztlich ein charakteristisches Merkmal des Bankensystems darstellt und dieses von anderen Wirtschaftszweigen unterscheidet.[1814] Der Handel auf diesem Interbankenmarkt besteht etwa aus der (kurzfristigen) Anlage überschüssiger liquider Mittel von einer Bank bei einer anderen.[1815] Die unterschiedlichen Transaktionen weisen in der Regel gemeinsame Kriterien auf, die das Bild des Interbankenmarktes nachhaltig prägen. Zum einen sind die einzelne Positionen sehr kurzfristiger Natur, insbesondere im Rahmen von sog. *overnight* Krediten. Zum anderen fallen die Transaktionen in ihrer Summe, aber auch im Hinblick auf einzelne Positionen, zugleich sehr groß aus.[1816] Als weitere Ursache der Verbundenheit einzelner Marktteilnehmer sind Beziehungen aufgrund derivativer Finanzinstrumente zu nennen, die sich zu extrem

1813 *Kaufman/Scott*, 7 Ind. Rev. 371, 372 f. (2003); *Crockett* in Federal Reserve Bank of Kansas City, Maintaining Financial Stability in a Global Econonmy, 1997, 7, 17; *Helwege*, 32 Regulation 24, 24 (2009); *Krahnen/Siekmann*, Stellungnahme zum Restrukturierungsgesetz, Oktober 2010, S. 2; *Zimmer/Fuchs*, ZGR 2010, 597, 601.

1814 *Burghof/Rudolph*, Bankenaufsicht, 1996, S. 22; *Kaufman/Scott*, 7 Ind. Rev. 371, 372 f. (2003); *Kaufman*, 8 J. Financ. Serv. Res. 123, 124 f. (1994); *Greenbaum/Thakor*, Contemporary Financial Intermediation, 2nd Ed. 2007, S. 539; *Schwarcz*, 97 Geo. L.J. 193, 199 (2008); *Mülbert*, FS U.H. Schneider, 2011, 855, 861. Dabei kann man die Payment- und Settlementsysteme wiederum als eigene (Sub-) Systeme ansehen, denen wiederum ein eigenes Systemrisiko inhärent ist, was letztlich einem mikroskopischen Blick auf die Interbankenbeziehungen gleichkommt und hier nicht separiert werden soll, s. ausführlich *Binder*, Bankeninsolvenzen, 2005, S. 321–433; *De Bandt/Hartmann*, Systemic Risk, 2000, S. 32 ff.

1815 *Burghof/Rudolph*, Bankenaufsicht, 1996, S. 22 f. mit weiteren Beispielen; *Kaufman/Scott*, 7 Ind. Rev. 371, 373 (2003); *Büschgen*, Bankbetriebslehre, 5. Aufl. 1998, S. 190 ff.

1816 *Burghof/Rudolph*, Bankenaufsicht, 1996, S. 23; *De Bandt/Hartmann*, Systemic Risk, 2000, S. 14.

großen Positionen auftürmen können und zunehmend im Fokus regulatorischer Initiativen stehen.[1817]

Die Konsequenz dieser systembedingten Interbankenvernetzung ist, dass die überraschende Zahlungsunfähigkeit eines einzelnen Teilnehmers Rückwirkungen auf eine Vielzahl anderer Banken nach sich ziehen und in einer Kettenreaktion bzw. einem Dominoeffekt münden kann.[1818] *Kaufman/Scott* bringen die direkte Übertragung eines Mikroschocks durch den Kanal der Interbankenbeziehungen anhand eines prägnanten Beispiels auf den Punkt: Fällt Bank A in Insolvenz, führt dies zunächst zu dem Ausfall einer offenen Position gegenüber Bank B. Tritt infolge des Verlusts bei Bank B die Zahlungsunfähigkeit ein, kann dies wiederum zum Ausfall ihrer Positionen gegenüber Bank C führen usw.[1819]

Die Anfälligkeit eines bestimmten Glieds dieser Übertragungskette hängt vor allem von dessen Eigenkapitalausstattung und der Verschuldungsquote (*leverage ratio*) ab, denn damit steht und fällt am Ende die Verlustabsorptionsfähigkeit der einzelnen Bank.[1820] Die Fähigkeit, Verluste durch den Ausfall von Gegenparteien entlang der Kette absorbieren zu können, hilft aber nicht nur der in erster Linie betroffenen Bank, sich erfolgreich gegen die drohende Zahlungsunfähigkeit zu stemmen. Zugleich kann durch eine höhere Widerstandsfähigkeit der einzelnen Glieder die Kettenreaktion unterbrochen und die Ansteckungsgefahr schließlich herabgesetzt werden.[1821]

3. *Indirect contagion*

Neben der direkten Übertragung eines Mikroschocks durch Interbankenbeziehungen können auch andere Faktoren die Ansteckungsgefahr im Bankensektor

---

1817 *Scott*, 33 Harv. J.L. & Pub. Pol'y 671, 687 (2010); s. auch schon *Burghof/Rudolph*, Bankenaufsicht, 1996, S. 23. S. zur Regulierung von OTC-Derivaten ausführlich oben 4. Teil, Abschnitt C, VI.

1818 *Burghof/Rudolph*, Bankenaufsicht, 1996, S. 23.

1819 *Kaufman/Scott*, 7 Ind. Rev. 371, 373 (2003): „*For banks, this effect may occur if Bank A, for whatever reason, defaults on a loan, deposit, or other payment to Bank B, thereby producing a loss greater than B's capital and forcing it to default on payment to Bank C, thereby producing a loss greater than C's capital, and so on down the chain.*" S. auch *Greenbaum/Thakor*, Contemporary Financial Intermediation, 2nd Ed. 2007, S. 542 und *Schwarcz*, 97 Geo. L.J. 193, 199 (2008) mit Hinweis auf die Verwerfungen der „Great Depression" als Folge des Börsencrashs im Jahr 1929.

1820 *Kaufman/Scott*, 7 Ind. Rev. 371, 373 und 375 f. (2003); *Holman*, 84 S. Cal. L. Rev. 713, 722 (2011); *Freixas/Rochet*, Microeconomics of Banking, 2nd Ed. 2008, S. 239 m.w.N.

1821 *Kaufman/Scott*, 7 Ind. Rev. 371, 373 (2003).

erhöhen. Diese indirekten Übertragungskanäle können informationsbasiert sein oder auf dem Verfall von Preisen bestimmter Klassen von Vermögensgegenständen beruhen.

a) Indirect contagion durch Information

Der Übertragungsvorgang eines Initialschocks kann auch auf Information beruhen (*information contagion*).[1822] Hier bietet sich der Rückgriff auf den eingangs erörterten Bank Run an, bei dem Einleger infolge negativer Nachrichten über die wirtschaftliche Lage einer Bank ihr Kapital abziehen.[1823] Aggregiert zum sog. allgemeinen, d.h. systemweiten Bank Run, entspringt die Ansteckungsgefahr nun daraus, dass die Einleger anderer Banken aufgrund der asymmetrischen Informationsverteilung lediglich über unvollständige Informationen über die wirtschaftliche Situation „ihrer" Bank verfügen.[1824] Die schlechten Nachrichten über eine bestimmte Bank, bei der ggf. bereits die Zahlungsunfähigkeit eingetreten ist, können nun zur allgemeinen Verunsicherung der Einleger beitragen und eine Vertrauenskrise auslösen.[1825] Ein ähnliches Profil der Banken im Hinblick auf deren Göße, Sitz und Geschäftsausrichtung kann die Einleger dazu verleiten, auch auf ein vergleichbares Ausfallrisiko zu schließen (sog. „Homogenitätsannahme").[1826] Anders als im Fall einer „physischen" Ansteckung mittels direkter Interbankenbeziehungen, überträgt hier eine bloß lose, informationsbezogene Verbindung den Initialschock auf andere Banken und kann schließlich Auslöser einer Kettenreaktion sein.

Was für das Verhältnis zwischen Einlegern und Banken gilt, kann im Grundsatz auch auf die Beziehungen zwischen institutionellen Marktteilnehmern übertragen werden.[1827] Die Ursache einer asymmetrischen Informationsverteilung liegt dabei vor allem in der Intransparenz eines Marktsegments oder des tatsächlichen

---

1822 *Helwege*, 32 Regulation 24, 24 (2009); *Hellwig*, 157 De Economist 129, 182 (2009); *Prokopczuk*, Essays on Systemic Risk, 2009, S. 4; in diese Richtung auch *Kaufman/Scott*, 7 Ind. Rev. 371, 373 ff. (2003); *Kaufman*, 8 J. Financ. Serv. Res. 123, 127 (1994), dort auch als *„firm-"* oder *„bank-specific contagion"* bezeichnet; *Greenbaum/Thakor*, Contemporary Financial Intermediation, 2nd Ed. 2007, S. 418.

1823 S. zum Bank Run oben S. 321 ff.

1824 *Burghof/Rudolph*, Bankenaufsicht, 1996, S. 21.

1825 *Kaufman/Scott*, 7 Ind. Rev. 371, 373 f. (2003); *Burghof/Rudolph*, Bankenaufsicht, 1996, S. 21.

1826 *Burghof/Rudolph*, Bankenaufsicht, 1996, S. 21; *Kaufman*, 8 J. Financ. Serv. Res. 123, 127 (1994); *Gordon/Muller*, 28 Yale J. on Reg. 151, 160 (2011).

1827 Vgl. *Kaufman/Scott*, 7 Ind. Rev. 371, 373 f. (2003); *Hellwig*, 157 De Economist 129, 182 (2009).

Risikoprofils der einzelnen Teilnehmer. Wie bereits an anderer Stelle ausgeführt, trägt insbesondere die zunehmende Komplexität von Finanztransaktionen und -instrumenten zur allgemeinen Intransparenz bei und lässt damit das Systemrisiko steigen.[1828] Kann untereinander nicht abgeschätzt werden, in welchem Umfang der Einzelne einer in Schieflage geratenen Gegenpartei tatsächlich ausgesetzt ist, verleitet dies zum Schließen von Positionen und Investitionen, so dass Zahlungsströme empfindlich gestört werden.

b) Pure contagion

Als weiterer Erklärungsansatz für die Übertragung von Mikroschocks wurde auch die sog. *pure contagion* untersucht.[1829] Auch hier ist zunächst ein Inititalschock in Gestalt negativer Informationen die Ursache für den Einlagenabzug bei einer einzelnen Bank. Bei dieser negativen Nachricht handelt es sich allerdings um ein Ereignis, das nur eine spezifische Bank betrifft und somit keinen Bezug zu anderen Instituten aufweist, beispielsweise Verluste infolge eines internen Betrugs oder eines bestimmten risikoreichen Investments.[1830] Aufgrund der fehlenden Übertragbarkeit würden Anleger anderer Banken das Ereignis nach den Regeln der *information contagion* eigentlich *nicht* zum Anlass nehmen, eine Homogenitätsannahme zu treffen und ihrerseits mit einem Einlagenabzug zu reagieren. An dieser Stelle setzt nun die *pure contagion* an, wonach es dennoch zu einem allgemeinen, um sich greifenden Vertrauensverlust kommen könnte, weil das gesamte Bankgewerbe von den Einlegern als mehr oder weniger homogen betrachtet würde.[1831] Empirische Untersuchungen sprechen allerdings gegen ein solches Verhalten von Einlegern,[1832] das in die weiteren Überlegungen folglich auch nicht einbezogen werden muss.

c) Indirect contagion durch Preisverfall

Auch der Preisverfall bestimmter Klassen von Vermögensgegenständen, die sich in konzentrierter Form in den Portfolien einer entsprechend großen

1828 S. dazu oben s. 151 ff.

1829 *Aharony/Swary*, 56 Journal of Business 305, 306 (1983). Einen Überblick liefert auch *Kaufman*, 8 J. Financ. Serv. Res. 123, 126 f. (1994), dort auch als *„industry-specific contagion"* bezeichnet.

1830 *Aharony/Swary*, 56 J. Bus. 305, 307 (1983).

1831 *Aharony/Swary*, 56 J. Bus. 305, 307 (1983); *Kaufman*, 8 J. Financ. Serv. Res. 123, 126 f. (1994).

1832 So *Aharony/Swary*, 56 J. Bus. 305, 321 (1983); *Kaufman*, 8 J. Financ. Serv. Res. 123, 130 (1994); *Senger*, Bankenaufsicht, 2004, S. 150 ff.

Anzahl von Marktteilnehmern wiederfinden, birgt Ansteckungsgefahren in sich, obwohl keine direkten bilateralen Beziehungen zwischen den Teilnehmern bestehen.[1833] Geraten einzelne Banken oder auch andere Marktteilnehmer wie z.B. Hedge Fonds, Versicherungsunternehmen und Pensionsfonds in finanzielle Bedrängnis, werden in einem ersten Schritt zur Sicherung der Liquidität vermehrt Vermögensgegenstände veräußert (sog. *fire sales*), was wiederum Einfluss auf deren Wert nimmt und sich in sinkenden Marktpreisen niederschlägt.[1834] Die Verwertung von Sicherheiten durch die Gläubiger einzelner ausgefallener Teilnehmer kann diese Entwicklung zusätzlich verschärfen.[1835] Dieser Wertverlust kann nicht nur die bereits in Schieflage geratenen Unternehmen zusätzlich unter Druck setzen, sondern auch solche, die von dem Initialschock zunächst verschont geblieben sind.[1836]

III. Zielvorgaben für die Bankenaufsicht

Anhand der gewonnenen Erkenntnisse über die Wirkungsweise von systemischen Risiken lassen sich für die Bankenaufsicht folgende Zielvorgaben formulieren:

- Einem *Makroschock* muss bereits auf geldpolitischer Ebene begegnet werden. So sind Zentralbanken allgemein angehalten, durch die ihnen zur Verfügung stehenden Instrumente der Zinspolitik auch der Bildung von Preisblasen gegenzusteuern.[1837] Zeichnet man die Subprime-Krise nach, stößt man an deren Ursprung zunächst auf eine Jahre währende, laxe Zinspolitik des Board of Governors of the Federal Reserve System.[1838] Gemeinsam mit den staatlich geförderten Programmen zur Entwicklung des Sekundärmarktes für verbriefte,

---

1833 *Hellwig*, 157 De Economist 129, 182 (2009); *Krahnen/Siekmann*, Stellungnahme zum Restrukturierungsgesetz, Oktober 2010, S. 2.

1834 *Hellwig*, 157 De Economist 129, 182 (2009); *Schwarcz*, 97 Geo. L.J. 193, 213 f. (2008); *Kaufman/Scott*, 7 Ind. Rev. 371, 373 (2003).

1835 *Gordon/Muller*, 28 Yale J. on Reg. 151, 169 f. (2011).

1836 *Kaufman/Scott*, 7 Ind. Rev. 371, 373 (2003).

1837 *Wilmarth*, 89 Or. L. Rev 951, 975 ff. (2011); *Papathanassiou* in Schimansky/Bunte/Lwowski, Bankrechts-Handbuch, Band II, 4. Aufl. 2011, § 134, Rn. 16.

1838 *The High-Level Group on Financial Supervision in the EU*, Report, 25.2.2009, S. 7 (Tz. 6); vgl. *Höfling*, Gutachten F zum 68. DJT, 2010, S. 19; *Wilmarth*, 89 Or. L. Rev 951, 975 ff. (2011).

grundpfandrechtlich besicherte Darlehen (RMBS)[1839] steht die Zinspolitik im Ruf, zur Bildung der Preisblase im U.S.-amerikanischen Immobilienmarkt maßgeblich beigetragen zu haben.[1840] Der politisch motivierte Grundgedanke der Programme von Ginni Mae, Fannie Mae und Freddie Mac war schlicht, möglichst vielen U.S.-Bürgern den Traum vom Eigenheim zu erfüllen.[1841] Solche wirtschaftspolitischen Entscheidungen übersteigen den Horizont der traditionell mikroperspektivisch ausgerichteten Bankenaufsicht. Der dargestellte Gesamtzusammenhang hebt aber das Bedürfnis nach einer zusätzlichen Makroaufsicht hervor.[1842] Aus organisatorischer Sicht drängt sich dabei die Einbindung von Zentralbanken geradezu auf, um so eine Schnittstelle zwischen Geldpolitik und Bankenaufsicht herzustellen.[1843]

- Im Hinblick auf die Abwehr von Ansteckungsgefahren (*contagion*) gilt es, die Übertragungskanäle zu schließen, durch die sich *ein Mikro-* bzw. *Initialschock* seinen Weg durch das Bankensystem bahnen kann. In einem ersten Schritt bedeutet dies, die individuelle Widerstandsfähigkeit von Banken zu stärken, um so mögliche Kettenreaktionen frühzeitig zu unterbrechen. Zweitens müssen Positionen zwischen einzelnen Banken begrenzt werden, um den Kanal direkter Übertragungen durch Interbankenbeziehungen (*direct contagion*) zu schließen. Drittens müssen Informationsasymmetrien durch den Abbau von Intransparenz und Komplexität ausgeglichen werden, um eine informationsbasierte Ansteckung (*information contagion*) zu verhindern. Schließlich gilt es, Konzentrationen bestimmter Vermögensgegenstände bei

1839 Diese Programme wurden von der staatseigenen Government National Mortgage Association (Ginnie Mae, GNMA) sowie den staatlich geförderten Federal National Mortgage Association (Fannie Mae, FNMA) und Federal Home Loan Mortgage Corporation (Freddie Mac, FHLMC) initiiert, *Frankel/Fagan*, Law and the Financial System, 2009, S. 33. Fannie Mae und Freddie Mac sind im Jahr 2008 schließlich selbst zusammengebrochen und mussten durch Stabilisierungsmaßnahmen aufgefangen werden, *Wilmarth*, 89 Or. L. Rev 951, 977 (2011).

1840 *The High-Level Group on Financial Supervision in the EU*, Report, 25.2.2009, S. 7 (Tz. 7); vgl. auch *Wilmarth*, 89 Or. L. Rev 951, 975 ff. (2011); *Frankel/Fagan*, Law and the Financial System, 2009, S. 24 ff.

1841 *Frankel/Fagan*, Law and the Financial System, 2009, S. 29.

1842 Vgl. *The High-Level Group on Financial Supervision in the EU*, Report, 25.2.2009, S. 38 ff. (Tz. 145 ff.).

1843 *The High-Level Group on Financial Supervision in the EU*, Report, 25.2.2009, S. 44 (Tz. 174); *Issing/Bluhm* in Hopt/Wohlmannstetter, Hanbuch Corporate Governance von Banken, S. 86.

Banken und anderen Marktteilnehmern zu identifizieren, um einer Anfälligkeit gegenüber Wertverlusten dieser Aktiva entgegenzuwirken.

B. Makroaufsicht zur Identifizierung systemischer Risiken

Nachdem ausführlich dargestellt wurde, worin die Ursachen für die Entstehung und Verbreitung systemischer Risiken im Bankensektor zu sehen sind, soll in einem nächsten Schritt untersucht werden, wie solche Risiken identifiziert werden können. Dieser Aufgabe ist die Makroaufsicht verschrieben, die ihre Tätigkeit nicht auf einzelne Institute beschränkt, sondern auf das Finanzsystem in Gänze ausdehnt.

I. Systemrelevante Banken als Risikotreiber

Eng verwandt mit dem Systemrisiko ist zunächst das Verständnis von der Systemrelevanz bestimmter Banken, die in den Vereinigten Staaten als *systemically important financial institutions* (SIFIs)[1844] bezeichnet werden. Der Zusammenbruch einer solchen Bank kann als Initialschock die Stabilität anderer Banken bis hin zum gesamten Finanzsystem gefährden und stellt somit ein latentes Systemrisiko dar.[1845] Damit sind diese Institute von besonderer Bedeutung für die Bankenaufsicht und zugleich ein möglicher Ansatzpunkt für besondere risikobegrenzende Maßnahmen und Regeln. Ein erstes Problem besteht jedoch bereits darin, diese systemrelevanten Institute anhand eines Kriterienkatalogs verlässlich identifizieren zu können. In einem ersten Schritt sollen daher die wesentlichen Faktoren, die Banken in eine solche systemrelevante Stellung heben, untersucht werden.

1. Größe

Bevor der Begriff der Systemrelevanz Einzug in das Aufsichtsrecht hielt, konzentrierte sich das Problembewusstsein zunächst auf die Größe von Instituten.[1846] Mit

---

1844 *Wilmarth*, 89 Or. L. Rev 951, 954 (2011); *King/Tarbert* 30 No. 5 Banking & Fin. Services Pol'y Rep. 1, 3 (2011).

1845 Vgl. *Binder*, Bankeninsolvenzen, 2005, S. 122 f.; *Mülbert*, FS U.H. Schneider, 2011, 855, 858; *Zimmer/Fuchs*, ZGR 2010, 597, 601.

1846 *Zimmer/Rengier*, ZWeR 2010, 105, 107.

der Zeit etablierte sich in den Vereinigten Staaten in diesem Zusammenhang die Terminologie „*too big to fail.*“[1847] Wie der Begriff des Systemrisikos, ist auch das Verständnis von „*too big to fail*“ nicht auf den Bankensektor beschränkt, sondern wird mittlerweile auch hinsichtlich anderer Wirtschaftszweige verwendet.[1848] Die besondere Bedeutung im Kontext des Finanzwesens begründet sich jedoch – parallel zum Systemrisiko – auf der besonderen Anfälligkeit von Banken für störende Ereignisse sowie der Schlüsselstellung des Banken- und Finanzsystems für die gesamte Volkswirtschaft.[1849]

Der *too big to fail*-Problemkreis lässt sich in zwei grundlegende Komponenten unterteilen: Die Größe eines Instituts und staatliche Unterstützungsmaßnahmen, um einen drohenden Zusammenbruch zu verhindern (*bailout*).[1850] Gerade die Vorhersehbarkeit der staatlichen Rettung begründet hier die Gefahr eines Fehlanreizes (*moral hazard*), wonach die Geschäftsleitung eines solchen Instituts im Vertrauen darauf zur exzessiven Risikoübernahme neigt.[1851] Zu allem Übel werden auch Gläubiger und Anteilseigner in Anbetracht der gewährleisteten Sicherheit für ihre Investitionen dazu verleitet, auf disziplinierende Maßnahmen zu verzichten.[1852] Im Rahmen einer solchen wirtschaftspolitischen Entscheidung sind auf der einen Seite die Kosten der Rettungsmaßnahmen, Wettbewerbsverzerrungen sowie Fehlanreize gegen die potentiellen gesamtwirtschaftlichen Folgen eines Zusammenbruchs auf der anderen Seite abzuwägen.[1853] Das Problem wird dadurch verschärft, dass auf beiden Seiten erhebliche Unsicherheiten bestehen, denn sowohl die tatsächlichen Kosten der Rettung als auch die Folgen für die Volkswirtschaft sind regelmäßig nur schwer abzuschätzen. Im Ergebnis handelt es sich somit um eine Prognoseentscheidung.[1854]

1847 *Stern/Feldman*, Too Big To Fail, 2004, S. 14 datieren ein vermehrtes Auftreten der Begrifflichkeit in Zusammenhang mit dem Bankensektor auf die öffentliche Debatte rund um die Insolvenz der Continental Illinois National Bank and Trust Company im Jahr 1984. *Wilmarth*, 2002 U. Ill. L. Rev. 215, 300 (2002).

1848 *Stern/Feldman*, Too Big To Fail, 2004, S. 14 f.

1849 *Stern/Feldman*, Too Big To Fail, S. 12 f.; *Mishkin*, 44 J. Econ. Lit. 988, 988 (2006); *Helwege*, 32 Regulation 24, 24 (2009).

1850 *Stern/Feldman*, Too Big To Fail, S. 13.

1851 S. nur *Wilmarth*, 2002 U. Ill. L. Rev. 215, 300 ff. (2002).

1852 *Wilmarth*, 2002 U. Ill. L. Rev. 215, 300 ff. (2002).

1853 Vgl. *Zimmer/Rengier*, ZWeR 2010, 105, 107 ff.

1854 So auch *Günther*, WM 2010, 825, 828 f.

2. Weitere Kriterien

Mittlerweile hat sich jedoch gezeigt, dass es nicht sachgerecht ist, allein auf die Größe von Banken als Ursache für ein höheres Systemrisiko abzustellen.[1855] Eine Bank muss trotz einer verhältnismäßig großen Bilanzsumme im Falle eines Zusammenbruchs nicht zwangsläufig zu einer Ansteckungsgefahr für andere Institute werden. Das lässt sich schon damit begründen, dass bei einer großen, aber wenig vernetzten Bank die direkten Übertragungskanäle durch Interbankenbeziehungen begrenzt sind. So wirkte sich die Insolvenz der auf die Finanzierung kleiner und mittlerer Unternehmen spezialisierten CIT Bank im Jahr 2009 trotz einer Bilanzsumme von rund 71 Mrd. USD kaum auf andere Institute oder die Finanzmärkte aus.[1856]

Als Konsequenz werden eine Reihe zusätzlicher Faktoren herangezogen, um eine im Hinblick auf das Systemrisiko exponierte Stellung eines Instituts oder auch ganzen Marktes zu begründen. Dazu zählen insbesondere die Interkonnektivität mit anderen Banken bzw. Marktteilnehmern und die Ersetzbarkeit.[1857] Durch das Zusammenfassen der genannten Faktoren wird letztlich der Begriff von der „Systemrelevanz" geboren. Auf der Grundlage dieser drei Schlüsselkriterien (Größe, Interkonnektivität und Ersetzbarkeit) veröffentlicht auch das Financial Stability Board (FSB) jährlich eine Liste der global systemrelevanten Institute (*global systemically important banks*).[1858] Der Kreis möglicher systemrelevanter Institute ist auf nationaler- oder Unionsebene allerdings größer, da hier durchaus auch Institute von einer geringeren globalen Bedeutung die Stabilität des Finanzsystems eines einzelnen Staates oder Staatenverbundes gefährden können.

Dennoch muss berücksichtigt werden, dass die Größe einer Bank, verglichen etwa mit der Interkonnektivität, ein relativ einfach zu bemessender Parameter ist,

---

1855 *Zimmer/Rengier*, ZWeR 2010, 105, 117; *Zimmer*, Gutachten G zum 68. DJT, 2010, S. 29.

1856 *Günther*, WM 2010, 825, 829; *Zimmer/Rengier*, ZweR 2010, 105, 117.

1857 *IMF/BIS/FSB*, Guidance to Assess the Systemic Importance of Financial Institutions, Markets and Instruments: Initial Considerations, Report to the G-20 Finance Ministers and Central Bank Governors, Oktober 2009, S. 2. Danach sind die drei Schlüsselkriterien zur Identifikation der Systemrelevanz die (1) Größe, (2) die Ersetzbarkeit sowie (3) die Interkonnektivität von Marktteilnehmern oder Märkten.

1858 *FSB*, Policy Measures to Address Systemically Important Financial Institutions, November 2011, S. 4. Von den deutschen Instituten werden die Deutsche Bank AG und die Commerzbank AG vom FSB als „global systemrelevant" eingestuft, s. *FSB*, a.a.O., S. 4.

vor allem wenn man dazu auf die Bilanzsumme abstellt.[1859] Weiterhin lässt sich nicht leugnen, dass große Banken (-gruppen) in der Regel einen hohen Verflechtungsgrad mit anderen Marktteilnehmern aufweisen und die Größe eine systemrelevante Stellung oftmals indiziert.[1860]

Abschließend ist darauf hinzuweisen, dass die Systemrelevanz eines Instituts nicht statisch festgelegt werden kann, sondern von den jeweils herrschenden wirtschaftlichen Rahmenbedingungen abhängig ist und demnach ein dynamisches Kriterium darstellt.[1861] Damit wird jedoch nicht ausgeschlossen, dass bestimmte Institute durchgehend als systemrelevant einzustufen sind.[1862]

II. Europäische Ebene

1. European Systemic Risk Board (ESRB)

Die institutsbezogene Aufsicht durch das ESFS wird durch die Errichtung des Europäischen Ausschusses für Systemrisiken (European Systemic Risk Board, ESRB) ergänzt, womit erstmals eine zusätzliche Makroaufsicht zur Sicherung der Finanzmarktstabilität vor systemischen Risiken errichtet wurde.[1863] Der ESRB

1859 Auf eine andere Möglichkeit weisen *Zimmer/Rengier*, ZWeR 2010, 105, 115 hin: Die Größenschwellen für Zusammenschlüsse von Banken knüpfen in den USA an die Marktanteile im nationalen Einlagenmarkt an. Dazu *Carnell/Macey/Miller*, The Law of Banking and Financial Institutions, 4th Ed. 2009, S. 187 und *Wilmarth*, 89 Or. L. Rev 951, 988 (2011).

1860 *Zimmer/Rengier*, ZWeR 2010, 105, 117.

1861 *IMF/BIS/FSB*, Guidance to Assess the Systemic Importance of Financial Institutions, Markets and Instruments: Initial Considerations, Report to the G-20 Finance Ministers and Central Bank Governors, Oktober 2009, S. 7; *Mülbert*, FS U.H. Schneider, 2011, 855, 864.

1862 *IMF/BIS/FSB*, Guidance to Assess the Systemic Importance of Financial Institutions, Markets and Instruments: Initial Considerations, Report to the G-20 Finance Ministers and Central Bank Governors, Oktober 2009, S. 7.

1863 Verordnung (EU) Nr. 1092/2010 des Europäischen Parlaments und des Rates v. 24.11.2010 über die Finanzaufsicht der Europäischen Union auf Makroebene und zur Errichtung eines Europäischen Ausschusses für Systemrisiken, ABl. EU Nr. L 331 v. 15.12.2010, S. 1. S. ausführlich zu Aufbau und Organisation *Kohtamäki*, Die Reform der Bankenaufsicht in der Europäischen Union, 2012, S. 121 ff.

ist zudem eine Kontaktstelle zur Europäischen Zentralbank (EZB),[1864] wodurch die EZB stärker in die Finanzaufsicht einbezogen wird.[1865] Im Gegensatz zu den Behörden der Mikroaufsicht hat der ESRB allerdings keine eigene Rechtspersönlichkeit.[1866]

a) Aufgaben

Die Hauptaufgabe des ESRB ist die Abwendung oder Eindämmung von Systemrisiken für die Finanzstabilität in der Europäischen Union, Art. 3 Abs. 1 VO (EU) Nr. 1092/2010. Konkret beinhaltet das u.a. die Ermittlung und priorisierte Einordnung von Systemrisiken, das Herausgeben von vertraulichen oder öffentlichen Risikowarnungen und die Erteilung von Empfehlungen für Abhilfemaßnahmen.[1867] Die Verordnung wagt in Art. 2 lit. c VO (EU) Nr. 1092/2010 gar den Versuch, eine Legaldefinition für das *Systemrisiko* zu statuieren:

> „‚Systemrisiken' sind Risiken einer Beeinträchtigung des Finanzsystems, die das Potenzial schwerwiegender negativer Folgen für den Binnenmarkt und die Realwirtschaft beinhalten. Alle Arten von Finanzmittlern, -märkten und -infrastrukturen können potenziell in gewissem Maße von systemischer Bedeutung sein."

Zwar wird damit die bereits ausführlich dargestellte „Grundidee" vom Systemrisiko erfasst, von einer greifbaren aufsichtsrechtlichen Definition kann in diesem Zusammenhang allerdings noch nicht gesprochen werden.[1868] Es obliegt vielmehr dem ESRB, in Abstimmung mit der EBA, Kriterien für die Ermittlung und Messung des Systemrisikos zu entwickeln, Art. 23 Abs. 1 Satz 1 VO (EU) Nr. 1093/2010. Ziel ist es zunächst, im Rahmen dieser Zusammenarbeit ein Bündel quantitativer und qualitativer Indikatoren (sog. „Risikosteuerpult") zur Ermittlung und Messung des Systemrisikos zu entwickeln, Art. 3 Abs. 2 lit. g VO (EU)

1864 S. Verordnung (EU) Nr. 1096/2010 des Europäischen Parlaments und des Rates v. 17.11.2010 zur Betrauung der Europäischen Zentralbank mit besonderen Aufgaben bezüglich der Arbeitsweise des Europäischen Ausschusses für Systemrisiken, ABl. EU Nr. L 331 v. 15.12.2010, S. 162. Zudem ist der Vorsitz des ESRB zunächst dem Präsidenten der EZB für eine Amtszeit von fünf Jahren zugewiesen, Art. 3 Abs. 1 Satz 1 VO (EU) Nr. 1092/2010.

1865 *Lehmann/Manger-Nestler*, ZBB 2011, 2, 23; *Baur/Boegl*, BKR 2011, 177, 180.

1866 Erwägungsgrund 15 VO (EU) Nr. 1092/2010.

1867 S. für den gesamten Katalog konkreter Aufgaben Art. 3 Abs. 2 lit. a bis j VO (EU) Nr. 1092/2010.

1868 So auch *Lehmann/Manger-Nestler*, ZBB 2011, 2, 21. Ähnlich vage ist auch die Begriffsbestimmung in Art. 4 Abs. 1 Nr. 10 CRD IV.

Nr. 1092/2010. Bei der in der Verordnung bislang enthaltenen Begriffsbestimmung handelt es sich demnach lediglich um einen vorläufigen Definitionsansatz.

Für die Bestimmung der *Systemrelevanz* von Märkten und Instituten lassen sich indes konkretisierende Anhaltspunkte dem Erwägungsgrund 9 der VO (EU) Nr. 1092/2010 entnehmen.[1869] Im Gleichlauf mit den Empfehlungen von IMF, BIS und FSB[1870] werden dort die drei Schlüsselkriterien zur Bestimmung der Systemrelevanz angeführt: Größe, Ersetzbarkeit und Interkonnektivität.[1871] Der ESRB ist gleichwohl dazu angehalten, sich bei seiner Bewertung nicht allein auf das Vorliegen dieser drei Hauptkriterien zu stützen, sondern weitere Faktoren in seine Entscheidung einzubeziehen, etwa die Komplexität von Strukturen und Geschäftsmodellen.[1872]

b) Befugnisse

Den Kern der zugunsten des ESRB eingeräumten Befugnisse bilden die Herausgabe von Risikowarnungen und die Erteilung von Empfehlungen für Abhilfemaßnahmen, Art. 16 Abs. 1 VO (EU) Nr. 1092/2010. Vorgeschaltet sind Maßnahmen zur Beschaffung der erforderlichen Informationen, Art. 15 VO (EU) Nr. 1092/2010. Dabei handelt es sich um einen Informationsaustausch zwischen den verschiedenen Aufsichtsinstanzen, so dass den Informationsrechten auch korrespondierende Informationspflichten gegenüberstehen.[1873]

Mögliche Adressaten der Warnungen und Empfehlungen sind die gesamte Europäische Union, deren Mitgliedstaaten, die ESA oder die Aufsichtsbehörden der Mitgliedstaaten, Art. 16 Abs. 2 Satz 1 VO (EU) Nr. 1092/2010. Der jeweilige Adressat einer Empfehlung hat dem ESRB und dem Rat der Europäischen Union mitzuteilen, welche Maßnahmen zur Umsetzung ergriffen wurden oder er muss sein Nichthandeln angemessen rechtfertigen (sog. *act or explain*-Prinzip),[1874] Art. 17 Abs. 1 VO (EU) Nr. 1092/2010. Die vom ERSB ausgesprochenen Empfehlungen sind damit rechtlich unverbindlich.[1875] An die Veröffentlichung von

---

1869 *Lehmann/Manger-Nestler*, ZBB 2011, 2, 21.

1870 *IMF/BIS/FSB*, Guidance to Assess the Systemic Importance of Financial Institutions, Markets and Instruments: Initial Considerations, Report to the G-20 Finance Ministers and Central Bank Governors, Oktober 2009, S. 2.

1871 Erwägungsgrund 9 Satz 4 VO (EU) Nr. 1092/2010.

1872 Erwägungsgrund 9 a.E. VO (EU) Nr. 1092/2010.

1873 S. *Baur/Boegl*, BKR 2011, 177, 180.

1874 *Lehmann/Manger-Nestler*, ZBB 2011, 2, 22.

1875 *Lehmann/Manger-Nestler*, ZBB 2011, 2, 22; *Baur/Boegl*, BKR 2011, 177, 179.

Warnungen und Empfehlungen sind zusätzliche Voraussetzungen geknüpft, da aufgrund der informationssensiblen Finanzmärkte mit einer solchen Veröffentlichung stets die Gefahr einer selbsterfüllenden Prophezeiung einhergeht.[1876] Ein entsprechender Beschluss muss etwa mit einer Zweidrittelmehrheit bei Anwesenheit von zwei Dritteln der Mitglieder des federführenden Verwaltungsrats getroffen werden.[1877] Für andere Entscheidungen ist hingegen die einfache Mehrheit der anwesenden stimmberechtigten Mitglieder ausreichend.[1878]

2. EBA

a) Aufgaben

Neben ihren Aufgaben im Rahmen der mikroorientierten Bankenaufsicht nimmt die EBA auch eine tragende Säule bei der Makroaufsicht ein.[1879] Nach Art. 1 Abs. 5 VO (EU) Nr. 1093/2010 hat die EBA bei der Wahrnehmung ihrer Aufgaben insbesondere die Systemrisiken zu berücksichtigen, die von Finanzinstituten ausgehen, deren Zusammenbruch Auswirkungen auf das Finanzsystem oder die Realwirtschaft haben kann. Diese Systemrisiken sollen überwacht, bewertet und gemessen werden.[1880] Weiterhin obliegt der EBA die Durchführung von Stresstests, um solche Institute zu identifizieren, von denen ein Systemrisiko ausgeht.[1881]

b) Befugnisse

Die EBA kann zusätzliche Leitlinien und Empfehlungen für Institute aussprechen, von denen ein Systemrisiko ausgeht, Art. 22 Abs. 3 VO (EU) Nr. 1093/2010. Solche Finanzinstitute sind nach Art. 23 Abs. 1 Satz 2 VO (EU) Nr. 1093/2010 zudem einer verschärften Aufsicht unterworfen und müssen ggf. Sanierungs- und Abwicklungspläne übermitteln. Auch unter dem Schirm der europäischen Makroaufsicht bleibt es aber bei dem Grundsatz, dass die operative Aufsichtstätigkeit primär dem Zuständigkeitsbereich der mitgliedstaatlichen Behörden zugewiesen ist. Allein in Ausnahmefällen hat die EBA die Befugnis, unmittelbar gegenüber

---

1876 Vgl. *Lehmann/Manger-Nestler*, ZBB 2011, 2, 22 f.

1877 Art. 18 Abs. 1 i.V.m. 10 Abs. 3 VO (EU) Nr. 1092/2010.

1878 Art. 10 Abs. 2 VO (EU) Nr. 1092/2010.

1879 *Lehmann/Manger-Nestler*, ZBB 2011, 2, 17.

1880 Art. 8 Abs. 1 lit. i VO (EU) Nr. 1093/2010. S. für den gesamten Aufgabenkatalog Art. 8 Abs. 1 lit. a bis l VO (EU) Nr. 1093/2010.

1881 Art. 22 Abs. 3 Unterabs. 2 VO (EU) Nr. 1093/2010 i.V.m. Art. 32 Abs. 1 und 2 VO (EU) Nr. 1093/2010.

den Instituten tätig zu werden.[1882] Dazu zählen die Verletzung von Unionsrecht durch die nationalen Aufsichtsbehörden, Krisensituationen und Meinungsverschiedenheiten zwischen den einzelnen Aufsichtsbehörden.[1883] In erster Linie werden es wohl die Aufsichtsbehörden auf der mitgliedstaatlichen Ebene selbst sein, die mit Beschlüssen der EBA konfrontiert werden und nicht die Institute.[1884] In einer Gesamtschau kommt hinzu, dass die vom ESRB erklärten Warnungen und Empfehlungen für die Institute rechtlich unverbindlich sind. Im Ergebnis ist der ESRB als zentrale Informations- und Analysestelle zu qualifizieren und nicht als „echte" Institution der Makroaufsicht.[1885] Beide Institutionen gewährleisten für sich betrachtet somit noch keine schlagkräftige Aufsicht auf europäischer Ebene zur Begrenzung systemischer Risiken.

3. Einheitlicher Europäischer Aufsichtsmechanismus (Single Supervisory Mechanism)

Durch den einheitlichen Aufsichtsmechanismus (Single Supervisory Mechanism – SSM) werden künftig bedeutende Kreditinstitute der Eurozone der direkten Aufsicht der EZB unterstellt.[1886] Um zwischen bedeutenden und weniger bedeutenden Kreditinstituten unterscheiden zu können, nennt Art. 6 Abs. 4 Aufsichts-VO als maßgebliche Abgrenzungskriterien die Größe, die Relevanz für die Wirtschaft der Europäischen Union oder eines teilnehmenden Mitgliedstaats sowie die Bedeutung der grenzüberschreitenden Tätigkeiten. Diese Kriterien sollen offensichtlich auf ein von den betroffenen Kreditinstituten ausgehendes hohes Systemrisiko hindeuten.[1887]

Eine bessere Greifbarkeit – zumindest im Hinblick auf das Größen-Kriterium – wird dadurch erreicht, dass die Bedeutung eines Kreditinstituts widerlegbar vermutet wird, wenn (1) der Gesamtwert der Aktiva die Schwelle von 30 Mrd. EUR überschreitet oder (2) das Verhältnis der gesamten Aktiva zum Bruttoinlandsprodukt des Mitgliedstaats mehr als 20% beträgt und der Gesamtwert der Aktiva dabei

---

1882 *Lehmann/Manger-Nestler*, ZBB 2011, 2, 9; *Baur/Boegl*, BKR 2011, 177, 181; *Sonder*, BKR 2012, 8, 8 f.

1883 *Lehmann/Manger-Nestler*, ZBB 2011, 2, 9.

1884 In diese Richtung auch *Sonder*, BKR 2012, 8, 9.

1885 Kritische Töne klingen auch bei *Lehmann/Manger-Nestler*, EuZW 2010, 87, 91 und *Baur/Boegl*, BKR 2011, 177, 180 an; optimistischer aber *Kohtamäki*, Die Reform der Bankenaufsicht in der Europäischen Union, 2012, S. 139 f.

1886 S. dazu schon oben 4. Teil, Abschnitt A, I., 2.

1887 Vgl. auch *Kämmerer*, NVwZ 2013, 830, 832.

mindestens 5 Mrd. EUR ergibt. Gesondert erfasst werden Kreditinstitute, die finanzielle Unterstützung des Europäischen Stabilitätsmechanismus (ESM) beantragt oder erhalten haben sowie die jeweils drei bedeutendsten Kreditinstitute in den teilnehmenden Mitgliedstaaten. Sie unterstehen von vornherein der direkten Aufsicht der EZB. Schließlich kann die EZB nach vorangegangener Anzeige einer nationalen Aufsichtsbehörde die Bedeutung auch durch Beschluss bestätigen.

Für die Gruppe der bedeutenden Kreditinstitute übernimmt die EZB zukünftig die gesamte laufende Aufsicht, wovon die ganze Bandbreite der auf Unionsrecht basierenden Vorgaben erfasst ist, d.h. insbesondere die Einhaltung der Eigenmittel- und Liquiditätsvorschriften, des Großkreditregimes sowie der Organisationspflichten, Art. 4 Abs. 1 Aufsichts-VO. Zur Durchsetzung dieser Aufgaben werden der EZB zugleich weitreichende Eingriffsbefugnisse eingeräumt, die neben Maßnahmen zur Informationsgewinnung durch Vor-Ort-Prüfungen etc. auch solche umfassen, um gezielt gegen auftretende Missstände vorgehen zu können.[1888] So kann die EZB gegenüber dem betroffenen Kreditinstitut anordnen, zusätzliche Eigenmittel zur Unterlegung von Risiken vorzuhalten oder die mit besonders großen Risiken behafteten Geschäftsbereiche und Tätigkeiten einzuschränken. Schließlich hat die EZB sogar die Befugnis, im Einzelfall Geschäftsleiter abzuberufen. Im Ergebnis wird dadurch tatsächlich eine schlagkräftige europäische Bankenaufsicht über systemrelevante Kreditinstitute geschaffen. Bis zum Inkrafttreten der Aufsichts-VO[1889] ist jedoch weiterhin die Aufsichtspraxis von BaFin und Bundesbank entscheidend, auf die im Folgenden eingegangen wird.

III. Deutschland

Eine pauschale Aussage, die Aufsicht durch BaFin und Bundesbank lasse makroprudenzielle Erwägungen unberücksichtigt, kann nicht getroffen werden. Eine solche Ausrichtung lässt sich bereits § 6 Abs. 2 KWG entnehmen.[1890] Danach hat die BaFin „[...] Mißständen im Kredit- und Finanzdienstleistungswesen entgegenzuwirken, welche die Sicherheit der den Instituten anvertrauten Vermögenswerte

---

1888 S. im Einzelnen den Katalog in Art. 16 Abs. 2 Aufsichts-VO.

1889 Damit wird derzeit im Herbst 2014 gerechnet, s. *Deutsche Bundesbank*, Monatsbericht Juli 2014, S. 32.

1890 *Schelm* in Kümpel/Wittig, Bank- und Kapitalmarktrecht, 4. Aufl. 2011, Rn. 2.3: „Dabei ist in den letzten Jahren zunehmend das Anliegen in den Vordergrund getreten, systemische Risiken des Finanzsektors zu vermeiden bzw. zu reduzieren." S. auch *Binder*, Bankeninsolvenzen, 2005, S. 108 (zu § 6 KWG a.F.).

gefährden, die ordnungsmäßige Durchführung der Bankgeschäfte oder Finanzdienstleistungen beeinträchtigen oder erhebliche Nachteile für die Gesamtwirtschaft herbeiführen können." Durch das CRD IV-Umsetzungsgesetz sollen der BaFin in § 48t KWG weitreichende Kompetenzen eingeräumt werden, um systemische Risiken begrenzen zu können. Der Maßnahmenkatalog enthält u.a. Befugnisse zur Anordnung höherer Eigenmittel- und Liquiditätsanforderungen sowie strengerer Obergrenzen für Großkredite.[1891] Von Bedeutung ist darüber hinaus der *risikoorientierte Ansatz*, den die BaFin und die Bundesbank bei der laufenden Aufsicht der Institute bereits seit dem Jahr 2004 verfolgen.[1892]

1. Risikoorientierter Ansatz der laufenden Aufsicht von BaFin und Bundesbank

Der Ausgangspunkt für die risikoorientierte Aufsicht von der BaFin und der Bundesbank liegt in Säule 2 von Basel II, dem bankaufsichtlichen Überprüfungs- und Evaluierungsprozess (*Supervisory Review and Evaluation Process*, SREP),[1893] an dessen Grundsätzen auch nach Basel III festgehalten wird.[1894] In Basel II heißt es dazu: „[...] Dementsprechend entscheiden sich die Aufsichtsinstanzen vielleicht dafür, sich intensiver mit jenen Banken zu befassen, deren Risikoprofil oder geschäftliche Erfahrungen solche Aufmerksamkeit rechtfertigen."[1895] Die Intensität der laufenden Aufsicht soll folglich vor allem an das Risikoprofil der jeweiligen Bank anknüpfen. Durch die Umsetzung von Basel II hat der bankaufsichtliche Überprüfungs- und Evaluierungsprozess auch in die europäische Aufsichtspraxis Einzug gehalten.

a) Unionsrechtliche Grundlagen

Der bankaufsichtliche Überprüfungs- und Evaluierungsprozess wurde gemeinschaftsrechtlich ursprünglich in Art. 124 der Bankenrichtline umgesetzt.[1896] In der

---

1891 § 48t Abs. 1 Satz 1 KWG.

1892 Vgl. die Antwort der Bundesregierung auf die kleine Anfrage der Abgeordneten Dr. Volker Wissing, Dr. Karl Addicks, Christian Ahrendt, weiterer Abgeordneter und der Fraktion der FDP, BT-Drucks. 16/13870, S. 2.

1893 *Basler Ausschuss für Bankenaufsicht*, Internationale Konvergenz der Eigenkapitalmessung und Eigenkapitalanforderungen, Juni 2006, Tz. 719.

1894 Vgl. *Basler Ausschuss für Bankenaufsicht*, Basel III, Dezember 2010, Tz. 7.

1895 *Basler Ausschuss für Bankenaufsicht*, Internationale Konvergenz der Eigenkapitalmessung und Eigenkapitalanforderungen, Juni 2006, Tz. 722.

1896 So die Präambel der AufsichtsRL; *Mülbert*, BKR 2006, 349, 353.

Richtlinie des CRD IV Regelwerks wird Art. 124 der Bankenrichtlinie von den Art. 97 bis 101 CRD IV ersetzt und erweitert.[1897] Neben der Evaluierung der Risiken, denen das jeweilige Institut selbst ausgesetzt ist, müssen die Aufsichtsbehörden das Risiko bewerten, das ein Institut für das Finanzsystem darstellt, also das spezifische Systemrisiko.[1898] Dabei sollen die Kriterien angewendet werden, die gemeinsam von EBA und ESRB nach Art. 23 VO (EU) Nr. 1093/2010 entwickelt werden.

Eine Schlüsselstellung für die konkrete Ausgestaltung der laufenden Aufsicht durch die zuständigen Behörden der Mitgliedstaaten nimmt Art. 97 Abs. 4 CRD IV ein, der die Häufigkeit und Intensität der aufsichtlichen Überprüfung an die Größe, die Systemrelevanz sowie die Art, den Umfang und die Komplexität der Geschäfte des betreffenden Instituts knüpft. Die Behörden haben weiterhin für die in ihren Zuständigkeitsbereich fallenden Institute und dabei insbesondere für solche, die ein Systemrisiko darstellen, mindestens einmal jährlich aufsichtliche Prüfungsprogramme festzulegen.[1899]

b) Bisherige Aufsichtspraxis von BaFin und Bundesbank

Bislang hat sich die risikoorientierte Ausrichtung der laufenden Aufsicht in Deutschland nicht unmittelbar aus dem KWG ergeben. Erst in der auf der Grundlage von § 7 Abs. 2 Satz 1 und Satz 2 KWG erlassenen AufsichtsRL, die die Zusammenarbeit zwischen der BaFin und der Bundesbank näher regelt, konnte man fündig werden.[1900] Nach Art. 1 Satz 1 AufsichtsRL steht der SREP im Mittelpunkt der risikoorientierten Aufsicht durch die BaFin und die Bundesbank. Die einzelnen Schritte des SREP im Sinne der AufsichtsRL bilden die Sachverhaltsaufklärung, die Risikoklassifizierung, die Erstellung eines Risikoprofils sowie die risikoorientierte Aufsichtsplanung.[1901] Der AufsichtsRL liegt eine Klassifizierung von Instituten in drei Kategorien zugrunde, bei denen aus Sicht von BaFin und Bundesbank eine intensivere Überwachung erforderlich ist: Probleminstitute (Art. 5 AufsichtsRL), systemrelevante Institute (Art. 6 AufsichtsRL) und aufsichtsintensive Institute (Art. 7 AufsichtsRL).

1897 Anhang II (Entsprechungstabelle) CRD IV.
1898 Art. 97 Abs. 1 lit. a und b CRD IV.
1899 Art. 99 Abs. 1 Satz 1 i.V.m. Abs. 2 lit. b CRD IV.
1900 S. dazu schon oben S. 57 f.
1901 S. die Präambel der AufsichtsRL.

c) Neuregelung durch das CRD IV-Umsetzungsgesetz

Diese Aufsichtspraxis soll durch das CRD IV-Umsetzungsgesetz nun auf eine gesetzliche Grundlage gehoben werden. Nach § 6b Abs. 1 Satz 1 und 2 KWG hat die BaFin in Zusammenarbeit mit der Deutschen Bundesbank im Rahmen der laufenden Aufsicht das Risikoprofil eines Instituts und zudem das Systemrisiko nach Maßgabe von Art. 23 VO (EU) Nr. 1093/2010 zu beurteilen.[1902] Die Häufigkeit und Intensität der Überprüfungen, Beurteilungen und möglicher aufsichtlicher Stresstests wird von der Größe, der Systemrelevanz sowie der Art, des Umfangs und der Komplexität des Geschäfts eines Instituts abhängig gemacht (§ 6 Abs. 4 Satz 1 KWG).[1903]

Besonderheiten sind für sog. „global systemrelevante Institute" und „anderweitig systemrelevante Institute" zu berücksichtigen, für die zukünftig ggf. zusätzliche Eigenmittelanforderungen in Gestalt eines Kapitalpuffers angeordnet werden können (§§ 10 f und 10 g KWG).[1904] „Anderweitig" meint hier die Systemrelevanz in Bezug auf den EWR oder Deutschland.[1905] Solche systemrelevanten Institute werden von der BaFin im Einvernehmen mit der Bundesbank bestimmt (§§ 10 f Abs. 2 Sätze 1 und 2, 10g Abs. 2 Sätze 1 und 2 KWG). Im Hinblick auf global systemrelevante Institute wird die Entscheidung auf einer ersten Ebene zunächst im Rahmen einer quantitativen Analyse getroffen. Dabei werden jeweils in Bezug auf die jeweilige Bankengruppe die Kategorien Größe, grenzüberschreitende Aktivitäten, Vernetztheit, Ersetzbarkeit der angebotenen Dienstleistungen und Finanzstruktureinrichtungen sowie die Komplexität berücksichtigt. Auf der Basis dieser quantitativen Analyse weist die BaFin das systemrelevante Institut sodann einer bestimmten Größenklasse zu, § 10 f Abs. 3 Satz 1 KWG. Allerdings kann das Ergebnis auf einer zweiten Ebene im Wege einer ergänzenden qualitativen Analyse korrigiert werden. D.h. die BaFin kann ein global systemrelevantes Institut „hochstufen" oder ein Institut, das bei der quantitativen Analyse noch durch das Raster gefallen ist, nachträglich als global systemrelevant bestimmen. Dabei ist

---

1902 Dadurch soll Art. 97 Abs. 1 CRD IV (92 Abs. 1 im Entwurf der CRD IV) umgesetzt werden, Begr. RegE. CRD IV-Umsetzungsgesetz, BT-Drucks. 17/10974, S. 73.

1903 Dadurch sollen Art. 97 Abs. 4 und Art. 99 CRD IV (Art. 92 Abs. 4 und Art. 96 im Entwurf der CRD IV) umgesetzt werden, Begr. RegE. CRD IV-Umsetzungsgesetz, BT-Drucks. 17/10974, S. 74.

1904 Eine solche „Internalisierung externer Effekte" durch einen Aufschlag bei den Eigenmittelanforderungen wurde bereits von *Zimmer* vorgeschlagen, Gutachten G zum 68. DJT, 2010, S. 40 ff.

1905 Das lässt sich aus § 10g Abs. 2 Satz 2 Nr. 2 KWG schließen.

jeweils Voraussetzung, dass die ergänzende qualitative Analyse Merkmale der Systemrelevanz zu Tage gefördert hat, die im Rahmen der quantitativen Analyse nicht ausreichend erfasst wurden, § 10f Abs. 3 KWG. Bei dem Einstufungsverfahren hat die BaFin ggf. bestehende Vorgaben und Empfehlungen der EBA und des ESRB nach freiem Ermessen zu berücksichtigen, § 10f Abs. 4 Satz 2 KWG.

Im Hinblick auf die anderweitig systemrelevanten Institute ist von vornherein eine einheitliche quantitative und qualitative Analyse vorgesehen, die im Gegensatz zur Bestimmung global systemrelevanter Institute auf Gruppen- oder Einzelinstitutsebene ansetzen kann, § 10g Abs. 2 Satz 2 KWG. Bei der Entscheidung werden die Faktoren Größe, wirtschaftliche Bedeutung für den EWR und Deutschland, grenzüberschreitende Aktivitäten sowie die Vernetztheit herangezogen. Die betroffenen Institute und andere Aufsichtsinstanzen werden gemäß §§ 10f Abs. 5, 10g Abs. 5 KWG von der BaFin über die Entscheidung unterrichtet, die zudem eine Liste der systemrelevanten Institute veröffentlicht.

d) Verhältnis zur Beurteilung einer Systemgefährdung (§ 48b KWG)

Das KWG nimmt seit dem Inkrafttreten des Restrukturierungsgesetzes[1906] in § 48a Abs. 2 Satz 1 Nr. 1 KWG und § 48b Abs. 2 KWG Bezug auf eine „Systemgefährdung“, die durch die Bestandsgefährdung eines Kreditinstituts ausgelöst wird. Nach der Fassung des CRD IV Umsetzungsgesetzes liegt eine Systemgefährdung im Sinne von § 48b Abs. 2 Satz 1 KWG vor, „[…] wenn zu besorgen ist, dass sich die Bestandsgefährdung des Kreditinstituts in der konkreten Marktsituation in erheblicher Weise negativ auf andere Unternehmen des Finanzsektors, auf die Finanzmärkte, auf das allgemeine Vertrauen der Einleger und anderer Marktteilnehmer in die Funktionsfähigkeit des Finanzsystems oder auf die Realwirtschaft auswirkt.“[1907]

Zur Feststellung einer Systemgefährdung gibt § 48b Abs. 2 Satz 2 KWG einen nicht abschließenden Kriterienkatalog[1908] vor, den es bei einer Beurteilung zu

---

1906 S. dazu bereits oben S. 33 f.

1907 Diese Systemgefährdung ist ferner Anknüpfungspunkt für die Pflicht zur Erstellung von Sanierungsplänen, § 47 Abs. 1 Satz 4 KWG. Nach § 47 Abs. 1 Satz 1 KWG (eingeführt durch das sog. Trennbankengesetz, s. dazu Fn. 1185) sind potentiell systemgefährdende Kreditinstitute zur Erstellung eines Sanierungsplans verpflichtet. Die Einstufung trifft die BaFin im Einvernehmen mit der Bundesbank. Basis dieser Einstufung ist wiederum eine qualitative und quantitative Analyse unter Berücksichtigung insbesondere der Größe, der inländischen und grenzüberschreitenden Geschäftstätigkeit, der Vernetztheit und der Ersetzbarkeit, § 47 Abs. 1 Satz 6 KWG.

1908 Begr. RegE. BT-Drucks. 17/3024, S. 64 („insbesondere“); *Fridgen* in Boos/Fischer/Schulte-Mattler, KWG, 4. Aufl. 2012, § 48b, Rn. 13.

berücksichtigen gilt. Dazu zählen neben Art und Umfang der Verbindlichkeiten (Nr. 1) und aufgenommenen Einlagen (Nr. 2) wiederum die Vernetzung mit anderen Finanzmarktteilnehmern (Nr. 4), die Größe (Nr. 6), die Ersetzbarkeit (Nr. 7) und die Komplexität der abgeschlossenen Geschäfte (Nr. 8).

Die Beurteilung erfolgt gemäß § 48b Abs. 3 KWG durch die BaFin nach Anhörung der Bundesbank, wobei die Einschätzung schriftlich zu dokumentieren ist. Die BaFin ist bemüht hervorzuheben, dass die Einstufung der Institute nach der AufsichtsRL und die Beurteilung einer Systemgefährdung nach § 48b Abs. 2 und 3 KWG voneinander abzugrenzen sind. Die Frage, ob die Schieflage eines Instituts systemische Konsequenzen nach sich zieht, sei *ex ante* nicht zu beantworten und müsse bei Eintritt der Schieflage im Einzelfall entschieden werden.[1909] Auch bei Instituten, die nach der Kategorisierung der AufsichtsRL nicht als systemrelevant eingestuft wurden, könne eine Unterstützung zur Stabilisierung des Finanzsystems im Einzelfall durchaus geboten erscheinen.[1910] Das soll durch die Neufassung von § 48b Abs. 2 Satz 1 KWG durch das CRD IV-Umsetzungsgesetz klargestellt werden, denn für die Beurteilung der Systemgefährdung ist dann ausdrücklich die „konkrete Marktsituation" entscheidend, so dass die Entscheidung nicht mit einer generellen Einstufung des betroffenen Kreditinstituts als systemrelevant gleichgesetzt werden könne.[1911]

e) Zwischenfazit

Die Identifizierung systemischer Risiken im Finanzsystem, die durch systemrelevante Institute hervorgerufen werden, ist an verschiedenen Stellen im Aufsichtsrecht vorgesehen. Der bisher auf der Grundlage der AufsichtsRL in der Aufsichtspraxis von BaFin und Bundesbank verfolgte risikoorientierte Ansatz soll durch das CRD IV-Umsetzungsgesetz auch im KWG geregelt werden. In einer Gesamtschau lassen sich die folgenden Fälle unterscheiden: Die Systemrelevanz eines Instituts ist zunächst wesentliches Kriterium für eine intensivere und häufigere Überprüfung und Beurteilung durch die Aufsichtsbehörden (§ 6b Abs. 4 Satz 1 KWG).[1912] Eine Systemgefährdung, die durch die Bestandsgefährdung eines Kreditinstituts ausgelöst werden kann und Voraussetzung für eine Übertragungsanordnung der BaFin ist, soll unabhängig von der allgemeinen Einstufung in der

---

1909 So *BaFin*, Jahresbericht 2010, S. 160; s. auch *Mülbert*, FS U.H. Schneider, 2011, 855, 867 f.: „Ad-hoc-Feststellung der Systemgefährdung".

1910 *BaFin*, Jahresbericht 2010, S. 160.

1911 Begr. RegE. CRD IV-Umsetzungsgesetz, BT-Drucks. 17/10974, S. 93.

1912 Zuvor geregelt in der AufsichtsRL.

„konkreten Marktsituation“ beurteilt werden (§ 48b Abs. 2 und 3 KWG). Die potentielle Systemgefährdung durch ein Kreditinstitut ist zudem Anknüpfungspunkt für die Pflicht zur Erstellung von Sanierungsplänen (§ 47 Abs. 1 Satz 1 KWG). Schließlich werden global und anderweitig systemrelevante Institute in einem eigenen Verfahren von der BaFin im Einvernehmen mit der Bundesbank bestimmt, um ggf. zusätzliche Eigenkapitalaufschläge anzuordnen (§§ 10f Abs. 2 Sätze 1 und 2, 10g Abs. 2 Sätze 1 und 2 KWG).

2. Rechtsschutz

Die Einstufung eines Instituts als systemrelevant zieht gravierende Folgen nach sich. Zunächst werden systemrelevante Institute einer strengeren Überwachung durch BaFin und Bundesbank unterworfen, die ggf. stärkeren Gebrauch von ihren Sachverhaltsermittlungsrechten (§§ 44 ff. KWG) machen. Hinzu kommt, dass die von einem Kreditinstitut ausgehende Systemgefährdung Grundlage und Tatbestandsvoraussetzung einer Übertragungsanordnung der BaFin nach § 48a Abs. 1 KWG ist und die Pflicht zur Erstellung von Sanierungsplänen nach sich zieht (§ 47 Abs. 1 Satz 1 KWG). Die von der BaFin im Einvernehmen mit der Bundesbank bestimmten systemrelevanten Instituten werden in einer Liste veröffentlicht und unterliegen u.U. zusätzlichen Eigenmittelanforderungen. Diese Konsequenzen zeigen deutlich, dass den betroffenen Instituten im Einzelfall daran gelegen sein kann, gegen eine solche behördliche Einstufung vorzugehen.

a) Beurteilung einer Systemgefährdung

aa) Rechtliche Qualifikation eine Beurteilung nach § 48b Abs. 3 KWG

Die rechtliche Qualifikation einer behördlichen Maßnahme ist zwar nicht konstitutiv für die Gewähr des Rechtsschutzes, aber entscheidend für die Wahl des Rechtsschutzmittels und insbesondere die statthafte Klageart.[1913] Fraglich erscheint zunächst, ob es sich bei der Beurteilung der BaFin nach § 48b Abs. 2 und 3 KWG um einen Verwaltungsakt im Sinne von § 35 VwVfG handelt. Nach § 35 Satz 1 VwVfG ist ein „Verwaltungsakt [...] jede Verfügung, Entscheidung oder andere hoheitliche Maßnahme, die eine Behörde zur Regelung eines Einzelfalls auf dem Gebiet des öffentlichen Rechts trifft und die auf unmittelbare Rechtswirkung nach außen gerichtet ist.“ Nach allgemeiner Meinung handelt es sich bei den einzelnen

---

1913 *Hufen*, Verwaltungsprozessrecht, 8. Aufl. 2011, § 13, Rn. 1 f.; *Remmert* in Erichsen/Ehlers, Allgemeines Verwaltungsrecht, 14. Aufl. 2010, § 17, Rn. 11.

Begriffsmerkmalen eines Verwaltungsakts um „[…] die hoheitliche Regelung eines Einzelfalls durch eine Verwaltungsbehörde mit unmittelbarer Außenwirkung.“[1914]

Probleme wirft im vorliegenden Fall bereits der Regelungscharakter einer Beurteilung nach § 48b Abs. 2 und 3 KWG auf. Bei einer Regelung handelt es sich um eine rechtsverbindliche Anordnung, die auf die Setzung einer Rechtsfolge gerichtet ist. Die Rechtsfolge ist darin zu sehen, dass Rechte und/oder Pflichten begründet, geändert aufgehoben oder verbindlich festgestellt werden.[1915] Keinen Regelungscharakter haben insbesondere Vorbereitungs- und Teilakte, wenn sie keine abschließende Regelung enthalten.[1916]

Die Beurteilung, ob die Bestandsgefährdung eines Instituts zu einer Systemgefährdung führen kann oder nicht, stellt lediglich einen Vorbereitungsakt dar, der einer nachfolgenden Übertragungsanordnung auf Grundlage von § 48a Abs. 1 KWG vorgeschaltet ist. Erst bei der Übertragungsanordnung wird gegenüber dem betroffenen Institut eine Rechtsfolge verbindlich gesetzt, die somit auch als Verwaltungsakt zu qualifizieren ist[1917] – nicht jedoch zum Zeitpunkt der Beurteilung einer Systemgefährdung. Somit scheitert die Annahme eines Verwaltungsakts bereits am fehlenden Regelungscharakter. Die Beurteilung ist vielmehr als schlichtes Verwaltungshandeln zu qualifizieren.[1918]

bb) Rechtsschutz gegen eine Beurteilung nach § 48b Abs. 3 KWG

Gegen schlichtes Verwaltungshandeln kann im Einzelfall die allgemeine Leistungsklage oder die Feststellungsklage statthaft sein.[1919] Allerdings wird die

---

1914 *Maurer*, Allgemeines Verwaltungsrecht, 18. Aufl. 2011, § 9, Rn. 5; vgl. auch *Bumke* in Hoffmann-Riem/Schmidt-Aßmann/Voßkuhle, Grundlagen des Verwaltungsrechts, Band II, 2. Aufl. 2012, § 35, Rn. 22; *Ruffert* in Erichsen/Ehlers, Allgemeines Verwaltungsrecht, 14. Aufl. 2010, § 21, Rn. 14.

1915 BVerwG, Urt. v. 28.10.1970 – VI C 48.68, BVerwGE 36, 192, 194; *Maurer*, Allgemeines Verwaltungsrecht, 18. Aufl. 2011, § 9, Rn. 6.

1916 *Maurer*, Allgemeines Verwaltungsrecht, 18. Aufl. 2011, § 9, Rn. 9; *U. Stelkens* in Stelkens/Bonk/Sachs, VwVfG, 7. Aufl. 2008, § 35, Rn. 148.

1917 Vgl. *Fridgen* in Boos/Fischer/Schulte-Mattler, KWG, 4. Aufl. 2012, § 48a, Rn. 1.

1918 Zu demselben Ergebnis dürfte man bei der Einstufung eines Kreditinstituts als potentiell systemgefährdend nach § 47 Abs. 1 Satz 6 KWG kommen. Die Einstufung ist hier der Aufforderung durch die BaFin zur Erstellung eines Sanierungsplans i.S.v. § 47a KWG vorgeschaltet, vgl. Begr. RegE. BT-Drucks. 17/12601, S. 34: „Die [BaFin] teilt einem betroffenen Kreditinstitut die Einordnung als potentiell systemgefährdend jeweils verbunden mit der Aufforderung, einen Sanierungsplan nach § 47a zu erstellen, mit.“

1919 S. nur die Übersicht bei *Hufen*, Verwaltungsprozessrecht, 8. Aufl. 2011, § 13, Rn. 5.

isolierte Angreifbarkeit unselbständiger Verfahrenshandlungen von § 44a VwGO ausgeschlossen.[1920] Die gerichtliche Überprüfung zusammengehöriger Verwaltungsvorgänge soll aus Erwägungen der Prozessökonomie erst im Zusammenhang mit der Sachentscheidung erfolgen.[1921] Unter einer solchen unselbständigen Verfahrenshandlung ist jede behördliche Maßnahme zu verstehen, die Teil eines konkreten Verwaltungsverfahrens ist, ohne selbst Sachentscheidung zu sein.[1922] Die Verfahrenshandlung soll in diesen Fällen das Verfahren aus Sicht der Behörde nicht abschließen, sondern dient lediglich der Vorbereitung der späteren Sachentscheidung.[1923]

Die Beurteilung der BaFin nach § 48b Abs. 3 KWG, ob eine Systemgefährdung vorliegt oder nicht, dient lediglich der Vorbereitung einer Übertragungsanordnung nach § 48a Abs. 1 KWG.[1924] Die Übertragungsanordnung selbst kann vor dem Hessischen Verwaltungsgerichtshof in Kassel angefochten werden (§ 48r Abs. 1 Satz 1 KWG, § 1 Abs. 1 HessAGVwGO).[1925] Ein Widerspruchsverfahren wird hingegen nicht durchgeführt.[1926]

b) Einstufung systemrelevanter Institute im Rahmen der risikoorientierten Bankenaufsicht

aa) Rechtliche Qualifikation einer Einstufung

Bei der Einstufung eines systemrelevanten Instituts durch BaFin und Bundesbank auf Grundlage von § 6b Abs. 4 Satz 1 KWG und der AufsichtsRL werden gegenüber dem betroffenen Institut noch keine Pflichten unmittelbar begründet, verändert oder verbindlich festgestellt. Erst die nachfolgenden Anordnungen aufsichtsrechtlicher Maßnahmen haben einen Regelungscharakter und damit Verwaltungsaktqualität.

1920 *Ziekow* in Sodan/Ziekow, VwGO, 3. Aufl. 2010, § 44a, Rn. 4; *Kopp/Schenke*, VwGO, 19. Aufl. 2013, § 44a, Rn. 1.

1921 *Ziekow* in Sodan/Ziekow, VwGO, 3. Aufl. 2010, § 44a, Rn. 2.

1922 BayVGH, Beschl. v. 25.1.1988 – 5 B 87.03075, NVwZ 1988, 742; *Geiger* in Eyermann, VwGO, 13. Aufl. 2010, § 44a, Rn. 4.

1923 Vgl. BayVGH, Beschl. v. 25.1.1988 – 5 B 87.03075, NVwZ 1988, 742; *Geiger* in Eyermann, VwGO, 13. Aufl. 2010, § 44a, Rn. 4.

1924 Vgl. zur Verwarnung nach § 36 Abs. 2 KWG *Ficus*, NVwZ, 2009, 1413, 1415.

1925 S. auch *Lorenz*, NZG 2010, 1046, 1051.

1926 § 48r Abs. 1 Satz 2 KWG.

bb) Rechtsschutz gegen eine Einstufung

Gegen eine Einstufung im Rahmen der risikoorientierten Aufsicht als Entscheidung ohne eigenen Regelungscharakter bietet sich aus der Sicht des betroffenen Instituts ein Anspruch auf Widerruf der Einstufung als Unterfall der allgemeinen Leistungsklage an.[1927] Fraglich ist wiederum, ob § 44a Satz 1 VwGO einer Klage entgegenstünde. Anders als bei einer Beurteilung der Systemgefährdung auf Grundlage von § 48b Abs. 3 KWG, die eine Übertragungsanordnung unmittelbar vorbereitet, ist bei einer generellen Einstufung eines Instituts als systemrelevant für das betroffene Institut nicht abzusehen, welche Reichweite die Entscheidung der BaFin tatsächlich hat. Zwar dient die Einstufung in erster Linie der Aufsichtsplanung von BaFin und Bundesbank, um ggf. weitere aufsichtsrechtliche Sachverhaltsermittlungsmaßnahmen zu ergreifen.[1928] Die Einstufung könnte in diesem Zusammenhang als vorbereitende Handlung der am Ende stehenden Sachentscheidung betrachtet werden, die als unselbständiger Akt eines einheitlichen Verfahrens nicht separat angreifbar wäre. Diese Sichtweise greift jedoch deutlich zu kurz. Denn welche aufsichtsrechtlichen Maßnahmen die BaFin aus dem ihr zur Verfügung stehenden Instrumentarium am Ende ergreifen wird, ist zum Zeitpunkt der Einstufung völlig ungewiss und eine Einschränkung des Rechtsschutzes erscheint daher nicht zumutbar.[1929]

Die BaFin vertritt zwar die Auffassung, dass eine Einstufung auf Grundlage der AufsichtsRL die betroffenen Institute weder belaste noch begünstige und deshalb formell nicht angegriffen werden könne.[1930] Dieser Ansicht ist jedoch entgegenzuhalten, dass die Intensität der laufenden Aufsicht maßgeblich an das Kriterium der Systemrelevanz anknüpft.[1931] So werden 42% aller aufsichtsgetriebenen Sonderprüfungen bei Banken von hoher Systemrelevanz vollzogen.[1932] Ferner kann die Einstufung dazu führen, dass die BaFin höhere Eigenmittel- und Liquiditätsanforderungen gegenüber den betroffenen Instituten festsetzt, die über die gesetzlichen

---

1927 So für die Verwarnung nach § 36 Abs. 2 KWG das VG Berlin, Urt. v. 27.1.1992 – 25 A 68.91, WM 1992, 1059. Das VG Berlin qualifiziert die Verwarnung in seinem Urteil als schlichthoheitliches Verwaltungshandeln. In einem späteren Urteil hat der VGH Kassel jedoch entschieden, dass es sich dabei um einen Verwaltungsakt handelt, VGH Kassel, Urt. v. 31.5.2006 – 6 UE 3256/05, WM 2007, 392.

1928 S. § 6b Abs. 4 Satz 1 KWG sowie Art. 11 AufsichtsRL.

1929 In diese Richtung für die Verwarnung VG Berlin, Urt. v. 27.1.1992 – 25 A 68.91, WM 1992, 1059; dagegen aber *Ficus*, NVwZ 2009, 1413, 1415.

1930 BT-Drucks. 16/13870, S. 4.

1931 S. wiederum § 6b Abs. 4 Satz 1 KWG und Art. 11 AufsichtsRL.

1932 So für das Jahr 2008 BT-Drucks. 16/13870, S. 4.

Anforderungen hinausgehen.[1933] Insoweit erscheint es zweifelhaft, wenn einer solchen Einstufung von Seiten der Bankenaufsicht keine Relevanz für die Geschäftspolitik der Banken beigemessen wird.[1934] Vielmehr ist bereits zum Zeitpunkt der konkreten Einstufung eines Instituts als systemrelevant von einem intensiveren Eingriff in die durch Art. 12 Abs. 1 GG grundrechtlich gewährte Berufs- und Gewerbefreiheit auszugehen, so dass die Möglichkeit einer gerichtlichen Überprüfung der Entscheidung erforderlich ist. Entsprechendes gilt zumindest für die Bestimmung anderweitig systemrelevanter Institute gemäß § 10g Abs. 2 KWG. Die betroffenen Institute sind nicht erst durch die Folgemaßnahmen belastet, sondern bereits durch die Einstufung selbst. Die Anordnung eines zusätzlichen Eigenkapitalpuffers ist hier für die Institute nicht sofort abzusehen, denn die Entscheidung steht im Ermessen der BaFin, § 10g Abs. 1 KWG.[1935] Die BaFin ist in diesem Verfahren gemäß § 10g Abs. 5 KWG allerdings gesetzlich dazu verpflichtet, die betroffenen Institute von ihrer Entscheidung zu unterrichten. Eine Pflicht zur Unterrichtung über eine Einstufung im Rahmen der allgemeinen risikoorientierten Aufsicht besteht hingegen nicht, sondern wird informell im Zuge der Aufsichtsgespräche vorgenommen.[1936]

IV. USA

1. Financial Stability Oversight Council

Das Financial Stability Oversight Council (FSOC), das sich maßgeblich aus Vertretern der verschiedenen Aufsichtsbehörden zusammensetzt, wurde durch den Dodd-Frank Act im Jahr 2010 mit dem Aufgabenkreis eingesetzt, Risiken für die finanzielle Stabilität der USA zu identifizieren, Marktdisziplin zu fördern und sich abzeichnenden Bedrohungen für die Stabilität des amerikanischen Finanzsystems entgegenzuwirken.[1937] Das FSOC gilt als Weiterentwicklung der President's Working

---

1933 Begr. RegE. CRD IV-Umsetzungsgesetz, BT-Drucks. 17/10974, S. 74.

1934 So aber die Antwort der Bundesregierung auf die kleine Anfrage der Abgeordneten Dr. Volker Wissing, Dr. Karl Addicks, Christian Ahrendt, weiterer Abgeordneter und der Fraktion der FDP, BT-Drucks. 16/13870, S. 4.

1935 Anders dürfte es sich indes bei dem zusätzlichen Kapitalpuffer für global systemrelevante Institute verhalten. Die Anordnung ist hier nach dem Wortlaut von § 10f Abs. 1 KWG nicht in das Ermessen der BaFin gestellt, sondern als gebundene Entscheidung ausgestaltet, so dass der Einstufung die Anordnung unmittelbar folgen dürfte.

1936 BT-Drucks. 16/13870, S. 4.

1937 Sec. 111 und Sec. 112(a)(1) Dodd Frank Act.

Group on Financial Markets, die im Jahr 1988 als Antwort auf den Zusammenbruch der Börse von 1987 gegründet wurde und bereits eine vergleichbare Makroperspektive einnahm, um u.a. Integrität, Effizienz und Ordnung der nationalen Finanzmärkte zu fördern.[1938] Bei seiner Tätigkeit wird das FSOC von dem ebenfalls durch den Dodd-Frank Act gebildeten Office of Financial Research unterstützt.[1939]

2. Objekte der Makroaufsicht: *Systemically important financial institutions* (SIFIs)

Gegenstand einer besonderen makroorientierten Aufsicht und Regulierung sind in erster Linie bestimmte *systemically important financial institutions* (SIFIs).[1940] Darunter fallen nach dem Dodd-Frank Act zunächst zwei Kategorien von Marktteilnehmern: Große *bank holding companies* und bestimmte (*designated*) *nonbank financial companies*.[1941] Daneben besteht die Möglichkeit, risikoreiche Finanzaktivitäten von anderen Unternehmen als systemrelevant einzustufen, um so Umgehungsversuche zu vermeiden.

a) Bank holding companies

Die erste Gruppe bilden *bank holding companies* mit konsolidierten Vermögensgegenständen in Höhe von 50 Mrd. USD oder mehr.[1942] Diese großen Holding-Gesellschaften im Bankensektor fallen *ipso iure* unter ein strengeres Aufsichtsregime des Board of Governors of the Federal Reserve System und sind Adressaten besonderer Verordnungsinitiativen (*prudential standards*). Nach dem Dodd-Frank Act bildet folglich bereits die schiere Größe einen Indikator für das einer Bank bzw. Bankengruppe inhärente Systemrisiko.

b) Nonbank financial companies

Die zweite Kategorie systemrelevanter Finanzmarktteilnehmer stellen bestimmte *nonbank financial companies* dar, also Unternehmen, deren Geschäftstätigkeit

---

1938 S. Exec. Order No. 12631, 53 Fed. Reg. 9421 (18. März 1988); *Omarova*, 15 N.C. Banking Inst. 83, 89 (2011). Die dem FSOC durch den Dodd-Frank Act verliehenen Eingriffsbefugnisse gehen jedoch deutlich weiter, *Omarova*, a.a.O., S. 89 f.

1939 Sec. 153(a) Dodd-Frank Act.

1940 *Wilmarth*, 89 Or. L. Rev. 951, 994 (2011). Der Dodd-Frank Act verwendet diesen Begriff jedoch nicht ausdrücklich.

1941 Vgl. *Wilmarth*, 89 Or. L. Rev. 951, 994 (2011).

1942 Sec. 165(a)(1) Dodd-Frank Act.

überwiegend im Finanzsektor zu verorten ist, die aber nicht über eine Banklizenz verfügen.[1943] Unerheblich ist dabei, ob das betroffene Finanzunternehmen seinen Sitz in den Vereinigten Staaten hat (*U.S. nonbank financial company*) oder nicht (*foreign nonbank financial company*), denn in beiden Fällen finden identische Regelungen Anwendung.[1944] Bei der Einstufung eines ausländischen Unternehmens hat das FSOC seine Entscheidung mit der zuständigen Aufsichtsbehörde des Heimatstaates abzustimmen.[1945]

Im Gegensatz zu den großen Holding-Gesellschaften der ersten Gruppe sind diese Finanzunternehmen nicht automatisch Gegenstand einer strengeren Aufsicht, sondern müssen in einem ersten Schritt zunächst dazu bestimmt werden (*designation)*. Die Entscheidung fällt dabei in den Zuständigkeitsbereich des FSOC, die mit einer Zweidrittelmehrheit der stimmberechtigen Mitglieder getroffen werden muss.[1946] Der Dodd-Frank Act gibt dem FSOC einen Kriterienkatalog an die Hand, der bei der Entscheidungsfindung Berücksichtigung finden soll.[1947] Anstelle von „harten" Schwellenwerten, wie etwa der 50 Mrd. USD-Grenze für Holding-Gesellschaften, setzt der Dodd-Frank Act hier auf „weiche" Kriterien, was mit einem weiten Ermessensspielraum zugunsten des FSOC verbunden ist. Dazu zählen im Einzelnen etwa die Größe, der Verschuldungsgrad (*leverage*), die kurzfristige Refinanzierung sowie Verflechtungen mit anderen Marktteilnehmern. Am Ende erlaubt eine Generalklausel dem FSOC, zusätzliche Kriterien mit Risikobezug in seine Entscheidung einfließen zu lassen.[1948] Nachdem ein Finanzunternehmen vom FSOC als systemrelevant eingestuft wurde, ist es nach Sec. 114 Dodd-Frank Act dazu verpflichtet, sich innerhalb von 180 Tagen beim Board of Governors zu registrieren.

1943 S. die Legaldefinition in Sec. 102(a)(6) Dodd-Frank Act: *„A company is 'predominantly engaged in financial activities' if* [...] *the annual gross revenues derived by the company and all of its subsidiaries from activities that are financial in nature* [...] *represents 85 percent or more of the consolidated annual gross revenues of the company; or* [...] *the consolidated assets of the company and all its subsidiaries related to activities that are financial in nature* [...] *represents 85 percent or more of the consolidated assets of the company."*

1944 Vgl. Sec. 113(a) und (b) Dodd-Frank Act.

1945 Sec. 113(i) Dodd-Frank Act.

1946 Sec. 113(a)(1) Dodd-Frank Act.

1947 Sec. 113(a)(1) und (2)(A) bis (J) Dodd-Frank Act.

1948 Sec. 113(a)(2)(K) Dodd-Frank Act.

c) *Finanzaktivitäten*

Neben der Möglichkeit, Finanzunternehmen als systemrelevant einzustufen, kann das FSOC auf Eigeninitiative oder Vorschlag des Board of Governors auch bestimmte Finanzaktivitäten unter die besondere Überwachung des Board of Governors stellen.[1949] Die Regelung soll Umgehungsversuche dergestalt unterbinden, dass risikoreiche Finanzaktivitäten von Unternehmen betrieben werden, die selbst nicht unter die Definition des Finanzunternehmens subsumiert werden können.[1950] Zur Bestimmung der Systemrelevanz dieser Aktivitäten dient ein ähnlicher Kriterienkatalog, wie er auch für Finanzunternehmen Verwendung findet.[1951] Betroffen können sowohl Finanzaktivitäten von U.S.-amerikanischen Unternehmen als auch Finanzaktivitäten sein, die von ausländischen Unternehmen in den Vereinigten Staaten ausgeübt werden.[1952] Das Board of Governors kann die betroffenen Unternehmen dazu verpflichten, eine eigene Holding Gesellschaft zu gründen und dort die Finanzaktivitäten zu bündeln, um so die Überwachung zu erleichtern. Die Holding Gesellschaft kann dann wie ein systemrelevantes Finanzunternehmen behandelt werden.[1953]

3. Strengere Regeln und Überwachung für systemrelevante Institute

Nach Sec. 115 Dodd-Frank Act kann das FSOC Vorschläge für besondere Regeln unterbreiten, die gegenüber den systemrelevanten Instituten zur Anwendung kommen sollen. Das Board of Governors kann dann auf der Grundlage von Sec. 165(b)(1) Dodd-Frank Act eine Art „Sonderaufsichtsrecht"[1954] schaffen. Die Regeln können darüber hinaus zwischen einzelnen Klassen von systemrelevanten Instituten unterscheiden und sogar einzelne Institute betreffen.[1955] Für das Bankenaufsichtsrecht in den Vereinigten Staaten zeichnet sich für die Zukunft somit ein mehrstufiges Regelwerk ab, das mit steigender Systemrelevanz der Institute über ein strengeres Instrumentarium verfügt.

1949 Sec. 113(c) Dodd Frank Act.

1950 Vgl. Sec. 113(c)(1)(B) Dodd Frank Act *„antievasion"*.

1951 Vgl. Sec. 113(c)(1)(A) Dodd Frank Act.

1952 Sec. 113(c)(1)(A) Dodd Frank Act.

1953 Sec. 113(c)(3) Dodd Frank Act.

1954 In seinem Gutachten zum 68. DJT schlägt *Zimmer* auch für Deutschland eine „anreizorientierte Sonderregulierung für Banken" vor, Gutachten G zum 68. DJT, 2010, S. 40 ff.

1955 Sec. 115(a)(2)(A) und Sec. 165 (a)(2)(A) Dodd Frank Act. Das Board of Governors spricht insoweit vom *„systemic footprint"*, s. 77 Fed. Reg. 594, 596 (5. Januar 2012).

Die Vorgaben des Dodd-Frank Act decken alle wesentlichen Bereiche des Bankenaufsichtsrechts ab und umfassen u.a. risikobasierte Eigenmittelanforderungen, eine Höchstverschuldungsgrenze (*leverage limit*), Liquiditätsvorschriften, Abwicklungspläne, Begrenzungen von Konzentrationen in bestimmten Positionen und Anforderungen an das Risikomanagement.[1956] Daneben bietet Sec. 166 Dodd-Frank Act die Grundlage für eine strengere Überwachung der systemrelevanten Institute. Das Board of Governors hat bereits einen Verordnungsvorschlag veröffentlicht, der die Vorgaben des Dodd-Frank Act konkretisiert.[1957] Im Rahmen der besonderen risikobasierten Eigenkapitalanforderungen sollen systemrelevante Institute zunächst dazu verpflichtet werden, dem Board of Governors sog. Kapitalpläne (*capital plans*) zu übermitteln. Aus den Kapitalplänen muss sich ergeben, dass die Institute zukünftig sowohl unter normalen Marktbedingungen als auch Stress-Szenarien für einen Zeitraum, der mindestens neun Quartale umfasst, über ausreichendes Eigenkapital verfügen.[1958] Auch wenn systemrelevante Finanzunternehmen im Grunde nicht als „Banken" im aufsichtsrechtlichen Sinn gelten, sollen sie für die Zwecke der Eigenmittelanforderungen nun wie solche behandelt werden. Somit müssen zukünftig Unternehmen, die vorher nicht in den Anwendungsbereich der verhältnismäßig strengen Eigenmittelvorschriften für Banken gefallen sind, diese Anforderungen erfüllen.[1959]

4. Rechtsschutz

Finanzunternehmen, die vom FSOC als systemrelevant eingestuft wurden, steht nach dem Dodd-Frank Act ein Rechtsschutzsystem gegen die Entscheidung zu.[1960]

1956 Vgl. Sec. 115(b)(1)(A) bis (I) und Sec. 165(b)(1)(A) Dodd-Frank Act. Neben den verbindlichen Vorgaben von Sec. 165(b)(1)(A) Dodd-Frank Act steht die Umsetzung weitere Elemente im Ermessen des Board of Governors, wie z.B. zusätzliche Offenlegungspflichten oder Begrenzungen von kurzfristiger Finanzierung, s. Sec. 165(b)(1)(B).

1957 *Federal Reserve System*, Enhanced Prudential Standards and Early Remediation Requirements for Covered Companies, 77 Fed. Reg. 594 (5. Januar 2012). Die Anforderungen an das Risikomanagement wurden bereits oben auf S. 312 f. erläutert, ebenso die Vorschriften zur quantitativen (S. 269 f.) und qualitativen Begrenzung (S. 312) von Liquiditätsrisiken. Weitere Komponenten der *enhanced prudential standards* werden dem Kontext entsprechend weiter unten dargestellt. Dazu zählen besondere Obergrenzen für Positionen (S. 365 ff.) und ein *debt-to-equity limit* (S. 364).

1958 77 Fed. Reg. 594, 598 f. (5. Januar 2012).

1959 77 Fed. Reg. 594, 597 (5. Januar 2012).

1960 Sec. 113(e) und (h) Dodd Frank Act.

Zunächst hat das FSOC das betroffene Unternehmen im Vorfeld der Einstufung schriftlich darüber zu informieren und die Grundlage der geplanten Entscheidung darzulegen.[1961] Innerhalb von 30 Tagen nach dem Zugang kann das Unternehmen eine schriftliche oder mündliche Anhörung vor dem FSOC verlangen, die grundsätzlich innerhalb von weiteren 30 Tagen ab Zugang des Verlangens zu gewähren ist.[1962] Die endgültige Entscheidung muss das FSOC spätestens 60 Tage nach der Anhörung fällen.[1963] Ist die Stabilität des U.S.-Finanzsystems in Gefahr, kann das FSOC mit einer Zweidrittelmehrheit, die den Vorsitzenden einschließen muss, von dem Verfahren absehen.[1964] Gegen die Entscheidung kann das betroffene Finanzunternehmen innerhalb von zehn Tagen wiederum eine Anhörung verlangen.[1965]

Gegen endgültige Entscheidungen des FSOC ist zudem innerhalb von 30 Tagen eine gerichtliche Kontrolle (*judicial review*) statthaft.[1966] Das zuständige Gericht ist das Landgericht (*district court*) am Sitz des Finanzunternehmens oder das United States District Court für den District of Columbia. Die gerichtliche Kontrolle ist jedoch darauf beschränkt, zu überprüfen, ob die Entscheidung des FSOC willkürlich (*arbitrary and capricious*) war. Derselbe Rechtsschutz findet auch gegenüber der Einstufung von Finanzaktivitäten Anwendung.[1967]

V. Zusammenfassende Würdigung

Sowohl in Europa als auch in den Vereinigten Staaten durchläuft die Bankenaufsicht derzeit eine strukturelle Neuausrichtung, in der verstärkt makroprudenzielle Entwicklungen Berücksichtigung finden sollen. Aufgrund des von systemrelevanten Instituten ausgehenden latenten Systemrisikos für den Finanzsektor und auch andere Wirtschaftszweige, rücken diese Institute zunehmend in den Fokus der Bankenaufsicht. Eine solche systemrelevante Stellung wird maßgeblich von den drei Schlüsselkriterien Größe, Interkonnektivität und Ersetzbarkeit begründet.[1968]

1961 Sec. 113(e)(1) Dodd Frank Act.
1962 Sec. 113(e)(2) Dodd Frank Act.
1963 Sec. 113(e)(3) Dodd Frank Act.
1964 Sec. 113(f)(1) Dodd Frank Act.
1965 Sec. 113(f)(4) Dodd Frank Act.
1966 Sec. 113(h) Dodd Frank Act.
1967 Sec. 113(c)(4) Dodd Frank Act.
1968 *IMF/BIS/FSB*, Guidance to Assess the Systemic Importance of Financial Institutions, Markets and Instruments: Initial Considerations, Report to the G-20 Finance Ministers and Central Bank Governors, Oktober 2009, S. 2.

Auf der unionsrechtlichen Ebene ist die Makroaufsicht in erster Linie dem ESRB zugewiesen, aber auch die EBA nimmt eine wichtige Funktion in der europäischen Makroaufsicht ein. Gegenüber den Instituten werden diese beiden Institutionen allerdings nur im Ausnahmefall in Erscheinung treten. Aus diesem Blickwinkel ist die geplante Übertragung der Aufsicht über bedeutende Kreditinstitute auf die EZB folgerichtig und im Grundsatz zu begrüßen. Der unbeschränkte Einbezug sämtlicher kleiner Kreditinstitute wäre hingegen als ineffizient abzulehnen. Damit würde nicht zuletzt die Gefahr einhergehen, dass sich die EZB in der laufenden Aufsichtstätigkeit verliert und sich weniger auf die Begrenzung des Systemrisikos konzentriert. Die Kompromisslösung, wonach die Gesamtverantwortung zwar der EZB obliegt, die Aufgaben im täglichen Geschäft aber grundsätzlich von den Aufsichtsbehörden der Mitgliedstaaten wahrgenommen werden, erscheint damit auch geboten. Das Ergreifen konkreter Maßnahmen zur Begrenzung systemischer Risiken obliegt bis zur endgültigen Implementierung des einheitlichen europäischen Aufsichtsmechanismus aber vor allem der BaFin in Zusammenarbeit mit der Bundesbank im Rahmen des risikoorientierten Ansatzes bei der laufenden Aufsicht.

In den Vereinigten Staaten hat durch den Dodd-Frank Act bereits im Jahr 2010 ein klares Konzept einer makroprudenziellen Aufsicht Einzug gehalten. Große *bank holding companies* mit konsolidierten Vermögensgegenständen in Höhe von mindestens 50 Mrd. USD unterfallen *ipso iure* einem strengeren Aufsichtsregime. Die geplante europäische Aufsichts-VO enthält eine vergleichbare Bestimmung, wonach die Bedeutung eines Kreditinstituts bei einem Gesamtwert der Aktiva über 30 Mrd. Euro widerlegbar vermutet wird. Jedenfalls der fixe Schwellenwert im Dodd-Frank Act mag auf Bedenken stoßen, da sich etwa die Insolvenz der amerikanischen CIT Bank im Jahr 2009 trotz einer Bilanzsumme von rund 71 Mrd. USD kaum auf andere Institute oder die Finanzmärkte ausgewirkt hat.[1969] *Zimmer/Rengier* ziehen die Linie, ab wann staatlichen Stabilisierungsmaßnahmen für eine bestandsbedrohte Bank regelmäßig in Erwägung gezogen werden (*„too big to fail“*), bei einer Bilanzsumme von ca. 100 Mrd. USD.[1970] Die in Sec. 165(a)(1) Dodd-Frank Act vorgesehene niedrigere Schwelle von 50 Mrd. USD ist dennoch zu begrüßen, denn durch das daran geknüpfte strengere Aufsichtsrecht wird für die betroffenen Banken letztlich auch ein Anreiz geschaffen, nicht weiter zu wachsen. Gleiches gilt für die Regelvermutung in der europäischen Aufsichts-VO. Aber anders als bei der künftigen Aufsicht durch die EZB, die allein auf

---

1969 Vgl. *Günther*, WM 2010, 825, 829; *Zimmer/Rengier*, ZweR 2010, 105, 117. S. dazu schon oben 332 f.

1970 *Zimmer/Rengier*, ZweR 2010, 105, 117 m.w.N.

Banken im engsten Sinn beschränkt ist, also Kreditinstitute mit dem Einlagen- und Kreditgeschäft,[1971] können andere Finanzunternehmen und bestimmte Finanzaktivitäten vom FSOC in einem transparenten, gesetzlich geregelten Einstufungsverfahren als systemrelevante Komponenten des U.S.-Finanzsektors bestimmt werden. Dieser weiter gezogene Zuständigkeitsbereich stellt sich als die bessere Lösung dar, wird dadurch doch eine einheitliche Aufsicht über Unternehmen mit einem vergleichbaren Risikoprofil gewährleistet und eine unnatürliche Aufsplitterung des Finanzmarktes vermieden.

Aus rechtsvergleichender Sicht sollte das Einstufungsverfahren des Dodd-Frank Act als Vorbild für die parallele Entscheidung von BaFin und Bundesbank herangezogen werden. Auf der Grundlage der AufsichtsRL und des neuen § 6b Abs. 4 Satz 1 KWG erfolgt die Einordnung bestimmter Banken als systemrelevant primär zur inter- und intra-behördlichen Aufsichtsplanung und wird den betroffenen Instituten nur informell im Rahmen von Aufsichtsgesprächen bekannt gegeben.[1972] Hier bietet sich *de lege ferenda* eine gesetzlich kodifizierte Mitteilungspflicht in § 6b KWG an, wie sie nun auch in §§ 10f Abs. 5, 10g Abs. 5 KWG gegenüber global und anderweitig systemrelevanten Instituten für die Eigenkapitalaufschläge vorgesehen ist. Durch die Einstufung werden die Weichen für die Intensität der aufsichtlichen Beurteilungen, Evaluierungen und möglicher Stresstests und ggf. weitergehender Maßnahmen, wie z.B. die Anordnung zusätzlicher Eigenmittel- und Liquiditätsanforderungen, gestellt. Somit ist bereits in der Einstufung selbst ein intensiverer Eingriff in die grundrechtlich gewährleistete Berufs- und Gewerbefreiheit des Art. 12 Abs. 1 GG zu sehen, der auch eine gerichtliche Überprüfung der Entscheidung erforderlich erscheinen lässt. Dieses Ergebnis wird wiederum durch einen rechtsvergleichenden Blick auf den Dodd-Frank Act gestützt, der ein umfassendes Rechtsschutzsystem gegenüber einer Einstufung von systemrelevanten Finanzunternehmen und –aktivitäten durch das FSOC vorsieht.

Dem Board of Governors of the Federal Reserve System wurden im Dodd-Frank Act weitreichende Rechtsetzungsbefugnisse für alle wesentlichen Regulierungsbereiche eingeräumt, um ein echtes Sonderaufsichtsrecht in Gestalt von *enhanced prudential standards and early remediation requirements*[1973] für diese systemrelevanten Institute zu schaffen. Damit manifestiert sich erneut, dass im

---

1971 S. zum Zuständigkeitsbereich der EZB ausführlich oben S. 64 ff.

1972 Vgl. die Antwort der Bundesregierung auf die kleine Anfrage der Abgeordneten Dr. Volker Wissing, Dr. Karl Addicks, Christian Ahrendt, weiterer Abgeordneter und der Fraktion der FDP, BT-Drucks. 16/13870, S. 4.

1973 77 Fed. Reg. 594 (5. Januar 2012).

U.S.-amerikanischen Bankenaufsichtsrecht zukünftig stärker zwischen verschiedenen Kategorien von Instituten differenziert werden wird als dies in Europa der Fall ist.

Ob in den Vereinigten Staaten und Europa auch tatsächlich der letzte Schritt gegangen und eine Entflechtungsregel für systemrelevante Institute durchgesetzt wird, ist derzeit nicht absehbar. *Zimmer* hat sich in einem Gutachten zum 68. Deutschen Juristentag bereits intensiv mit diesem Problemkreis beschäftigt und konnte zeigen, dass verfassungsrechtliche Bedenken trotz der hohen Eingriffsintensität, insbesondere mit Blick auf Art. 14 GG, im Ergebnis nicht durchschlagen.[1974] Aufgrund der weitreichenden Folgen für die Finanzmärkte erfordert eine solche wirtschaftspolitische Entscheidung in jedem Fall ein hohes Maß an internationaler Abstimmung und Koordination.[1975] Zunächst bleibt abzuwarten, ob die makroprudenzielle Neuausrichtung des Bankenaufsichtsrechts als milderes Mittel Wirkung zeigt und sich das Systemrisiko dadurch effektiv begrenzen lässt.[1976]

C. Aufsichtsrechtliche Regelungen zum Schließen von Ansteckungskanälen

Die Ursache systemischer Risiken lässt sich oftmals auf die Übertragung eines Initialschocks durch verschiedene Ansteckungskanäle zurückführen. Bestimmte Regelungen im Bankenaufsichtsrecht können diese Ansteckungskanäle zwischen einzelnen Banken gezielt schließen und damit auch das Systemrisiko herabsetzen.

I. Stärkung der Widerstandsfähigkeit des Bankensektors

1. Zusätzliche Kapitalpuffer

a) „Regulatorisches Paradoxon" und prozyklische Wirkung

Im vierten Teil dieser Untersuchung konnte festgestellt werden, dass im Aufsichtsrecht zur Begrenzung der einzelnen bankbetrieblichen Risikoarten in erster Linie

---

1974 *Zimmer*, Gutachten G zum 68. DJT, 2010, S. 40; s. dazu auch die vorbereitende Veröffentlichung von *Zimmer/Rengier*, ZWeR 2010, 105, 120–129; a.A. aber *Heun*, JZ 2012, 235, 241.

1975 Vgl. *Zimmer/Rengier*, ZWeR 2010, 105, 137.

1976 So auch *Zimmer*, Gutachten G zum 68. DJT, 2010, S. 40; *Zimmer/Rengier*, ZWeR 2010, 105, 137.

auf die Unterlegungspflicht mit Eigenkapital gesetzt wird. Allerdings kann die Risikobegrenzung durch die Festsetzung eines „starren“ Verhältnisses zwischen Eigenmitteln und risikogewichteten Aktiva zu dem sog. „regulatorischen Paradoxon“ führen.[1977] Denn das Unterschreiten der Eigenmittelquote stellt sogleich ein aufsichtsrechtliches Fehlverhalten der Bank dar und kann die daran geknüpften Sanktionen auslösen, was gar in einer Aufhebung der Bankerlaubnis münden kann.[1978] Faktisch stehen die gesetzlichen Eigenmittelquoten dann nicht mehr als „Puffer“ in Krisenzeiten zur Verfügung und können dann auch nicht als Mindeststandard qualifiziert werden, da Institute faktisch mehr Eigenmittel zurückhalten müssen, um nicht automatisch dem aufsichtsrechtlichen Sanktionsmechanismus ausgesetzt zu sein.[1979]

Darüber hinaus können Banken, bei Unterschreiten der risikoabhängigen Mindesteigenmittelquote durch das Senken der Risikomesszahl reagieren, um den aufsichtsrechtlichen Anforderungen wieder zu entsprechen (*deleveraging*).[1980] Eine solche Justierung des Risikoprofils kann vor allem durch das Abstoßen risikoreicher Vermögensgegenstände vorgenommen werden.[1981] Solche *fire sales* können sich jedoch gerade in einer Verschärfung einer eingetretenen Krise niederschlagen (Prozyklizität) und damit die Ziele der Eigenmittelvorschriften konterkarieren.[1982] Der einsetzende Preisverfall auf den Finanzmärkten konnte bereits als indirekter Ansteckungskanal (*indirect contagion*) für systemische Risiken identifiziert werden.[1983] Diese Schwachstellen sollen nach den Empfehlungen des Basler Ausschusses durch die Einführung einer Reihe zusätzlicher Eigenkapitalpuffer korrigiert werden.[1984]

aa) Kapitalerhaltungspuffer

Die zusätzlichen Kapitalpuffer sind Gegenstand der europäischen CRD IV (Art. 128 ff.) und werden durch das CRD IV-Umsetzungsgesetz in das KWG

1977 *Rudolph*, ZHR 175 (2011), 284, 317; *Hellwig*, 157 De Economist 129, 180 (2009).

1978 *Rudolph*, ZHR 175 (2011), 284, 317; *Deutsche Bundesbank*, Basel III – Leitfaden zu den neuen Eigenkapital- und Liquiditätsregeln für Banken, 2011, S. 3.

1979 *Rudolph*, ZHR 175 (2011), 284, 317; *Hellwig*, 157 De Economist 129, 180 (2009).

1980 *Burghof/Rudolph*, Bankenaufsicht, 1996, S. 123; *Pollard/Daly*, Banking Law in the United States, Vol. 1, 3rd Ed. (Loseblatt, Stand: 2010), § 11.02, S. 3; *Baums* ZHR 175 (2011), 160, 191; *Waschbusch/Staub/Luck*, CFL 2012, 191, 193.

1981 *Hellwig*, 157 De Economist 129, 180 (2009).

1982 *Hellwig*, 157 De Economist 129, 180 (2009).

1983 S. dazu oben S. 327 f.

1984 *Basler Ausschuss für Bankenaufsicht*, Basel III, Dezember 2010, Tz. 19.

eingeführt.[1985] Institute und Bankengruppen werden gemäß § 10c KWG zukünftig dazu verpflichtet, einen Kapitalerhaltungspuffer aus hartem Kernkapital aufzubauen, der 2,5% der risikogewichteten Aktiva betragen muss.[1986] Diese zusätzliche Eigenmitteldecke zur Verlustabsorption im laufenden Geschäftsbetrieb soll das oben beschriebene „regulatorische Paradoxon" auflösen, denn diese Quote kann in Krisenzeiten abschmelzen ohne zugleich einen aufsichtsrechtlichen Verstoß von Seiten des Instituts zu konstituieren.[1987] Durch den Kapitalerhaltungspuffer wird folglich ein zusätzlicher Toleranzbereich geschaffen und der Reaktionsrahmen sowohl auf Seiten der Aufseher als auch der Banken erweitert.

bb) Antizyklischer Kapitalpuffer

Daneben wird der BaFin die Befugnis eingeräumt, einen antizyklischen Kapitalpuffer festzusetzen, § 10d KWG. Dieser Puffer wird ebenfalls aus hartem Kernkapital gebildet und ist eine variable Quote, die nach dem Ermessen der BaFin grundsätzlich zwischen 0% und 2,5% der risikogewichteten Aktiva betragen soll, im Einzelfall aber auch darüber liegen kann. Der antizyklische Kapitalpuffer kann somit die Widerstandsfähigkeit der Institute gegenüber einem Preisverfall von Vermögensgegenständen in einem krisenhaften Umfeld erhöhen.

b) Kapitalpuffer für systemische Risiken

Schließlich kann die BaFin als *ultmia ratio*[1988] anordnen, dass alle Institute oder nur einzelne Arten oder Gruppen von Instituten zusätzlich hartes Kernkapital (mindestens 1%) für langfristige, nicht zyklische systemische oder makroprudenzielle Risiken vorhalten müssen, § 10e Abs. 1 und 2 KWG. Anknüpfungspunkt sind bestimmte Positionen in den Büchern der Institute (§ 10e Abs. 1 Satz 2 KWG), die mit systemischen Risiken behaftet sein sollen.[1989] Daneben können, wie oben bereits angesprochen,[1990] global systemrelevante (§ 10f Abs. 1 Satz 1 KWG) und

---

1985 Begr. RegE. CRD IV-Umsetzungsgesetz, BT-Drucks. 17/10974, S. 78 ff. Ein grafischer Überblick über die verschiedenen Kapitalpuffer findet sich bei *Deutsche Bundesbank*, Monatsbericht Juni 2013, S. 62 und 69.

1986 Der Kapitalerhaltungspuffer wird ab 2016 aufgebaut und muss seine Zielgröße im Jahr 2019 erreicht haben, *Becker/Peppmeier*, Bankbetriebslehre, 9. Aufl. 2013, S. 73.

1987 *Rudolph*, ZHR 175 (2011), 284, 317; *Deutsche Bundesbank*, Basel III – Leitfaden zu den neuen Eigenkapital- und Liquiditätsregeln für Banken, 2011, S. 11.

1988 Das ergibt sich aus § 10e Abs. 2 KWG.

1989 Vgl. Begr. RegE. CRD IV-Umsetzungsgesetz, BT-Drucks. 17/10974, S. 79.

1990 S. oben S. 341 f.

anderweitig systemrelevante Institute (§ 10g Abs. 1 Satz 1 KWG) dazu verpflichtet werden, einen weiteren Kapitalpuffer vorzuhalten. Der Kapitalpuffer für global systemrelevante Institute ist auf konsolidierter Ebene vorzuhalten, wobei sich die konkrete Höhe (1% bis 3,5%) nach dem jeweils einschlägigen Grad der Systemrelevanz der betroffenen Gruppe bemisst.[1991] Der Puffer für anderweitig systemrelevante Institute kann hingegen die Gruppen- oder Einzelinstitutsebene betreffen und bis zu 2% betragen, § 10g Abs. 1 KWG.

Da allen drei Kapitalpuffern nach den §§ 10e bis 10g KWG derselbe Zweck zugrundeliegt, nämlich die Begrenzung des Systemrisikos, werden die Aufschläge grundsätzlich nicht addiert.[1992] Unterliegt ein Institut gleichzeitig mehreren dieser Puffer, ist nach § 10h KWG somit grundsätzlich nur der jeweils höhere anwendbar.[1993]

c) Rechtsvergleichender Blick auf die Umsetzung in den USA

In den Vereinigten Staaten wird ebenfalls ein Kapitalerhaltungspuffer (*capital conservation buffer*) in der Größenordnung von 2,5% der risikogewichteten Aktiva für alle Banken verbindlich eingeführt.[1994] Ein antizyklischer Kapitalpuffer gilt hingegen ausschließlich für Banken, die den *advanced approaches rules* unterfallen.[1995] Ein zusätzlicher Puffer für nicht zyklische systemische Risiken ist bislang nicht vorgesehen, so dass den europäischen Aufsichtsbehörden in diesem Punkt ein schärferes Instrumentarium zur Verfügung steht.

2. Höchstverschuldungsquote

a) Vorgaben in Basel III

Die Einführung einer Höchstverschuldungsquote (*leverage ratio* oder *leverage limit*) zählt zu den wesentlichen Reformvorschlägen des Basler Ausschusses

---

1991 *Deutsche Bundesbank*, Monatsbericht Juni 2013, S. 69.

1992 Begr. RegE. CRD IV-Umsetzungsgesetz, BT-Drucks. 17/10974, S. 79; *Deutsche Bundesbank*, Monatsbericht Juni 2013, S. 69 f.

1993 Gleichwohl sind verschiedene Ausnahmen von diesem Grundsatz möglich, so dass in verschiedenen Konstellationen eine kombinierte Anwendung einschlägig sein kann. S. dazu im Einzelnen die Regelungen in § 10h Abs. 2 bis 4 KWG und *Deutsche Bundesbank*, Monatsbericht Juni 2013, S. 69 f.

1994 S. *OCC/Federal Reserve*, Regulatory Capital Rules, 2.7.2013, S. 66 f.

1995 *OCC/Federal Reserve*, Regulatory Capital Rules, 2.7.2013, S. 79 ff.

für Bankenaufsicht in Basel III.[1996] Eine solche Höchstverschuldungsquote setzt der Verschuldung von Banken eine volumenbasierte Grenze, indem das Eigenkapital (Kernkapital) in das Verhältnis zu den Gesamtaktiva (bilanzielle und außerbilanzielle Geschäfte) gesetzt wird und dabei eine festgelegte Größe nicht unterschreiten darf.[1997] Auf den ersten Blick könnte man geneigt sein, eine solche nicht-risikosensitive, starre Höchstverschulungsquote als Fremdkörper in dieser Untersuchung zu empfinden. Aus der Makroperspektive bietet sich jedoch ein anderes Bild, denn hinter der Höchstverschuldungsgrenze steht letztlich die Intention, systemische Risiken zu begrenzen, die der risikosensitiven Konzeption der Eigenmittelanforderungen geschuldet sind.[1998]

Die mikroperspektivische Darstellung des Aufsichtsrechts hat deutlich gezeigt, dass die Initiativen des Basler Ausschusses für Bankenaufsicht zu einem stetigen Ausbau der Risikosensitivität der Eigenmittelvorschriften geführt haben. Als Meilenstein ist in dieser Hinsicht Basel II zu nennen, das erstmals einen kohärenten Rahmenvorschlag zur Berücksichtigung fast aller wesentlichen Risiken (Ausfall-, Markt- und operationelle Risiken) zum Gegenstand hatte. Zwischenzeitlich hat die Subprime-Krise das auf Basel II basierende Normengefüge zum ersten Mal auf eine harte Bewährungsprobe gestellt und zwei wesentliche Schwachstellen der risikosensitiven Ausrichtung aufsichtsrechtlicher Normen offengelegt.

Erstens: Wenn Eigenmittelvorschriften an die Risiken der einzelnen Aktiva anknüpfen, führt eine Unterbewertung der Risiken, sei es durch bankinterne Verfahren oder Ratingagenturen, dazu, dass die Bank den Eigenmittelanforderungen entspricht und nach außen das Bild einer angemessenen Kapitalisierung transportiert.[1999] Tatsächlich ist die Bank aber unbemerkt höheren Risiken ausgesetzt, die, sobald sie schlagend werden, das Verlustabsorptionspotential der vorgehaltenen Eigenmittel überschreiten. Dadurch wird nicht nur die Geschäftsleitung der betroffenen Bank in eine trügerische Sicherheit gewogen, sondern auch

---

1996 *Basler Ausschuss für Bankenaufsicht*, Basel III, Dezember 2010, Tz. 7.

1997 *Schulte-Mattler/Manns*, WM 2011, 2069, 2076 mit Einzelheiten zur Berechnung und Problemen unterschiedlicher Rechnungslegungsstandards; *Waschbusch/Staub/Luck*, CFL 2012, 191, 194.

1998 Vgl. *Basler Ausschuss für Bankenaufsicht*, Basel III, Dezember 2010, Tz. 7; *Hellwig*, Gutachten E zum 68. DJT, 2010, S. 50; *Schulte-Mattler/Manns*, WM 2011, 2069, 2076 f.; *Haug* in Bunte/Fischer/Lwowski, Bankrechts-Handbuch, 4. Aufl. 2011, § 133a, Rn. 29 ff.; *Waschbusch/Staub/Luck*, CFL 2012, 191, 194.

1999 Vgl. *Basler Ausschuss für Bankenaufsicht*, Basel III, Dezember 2010, Tz. 16; *Holman*, 84 S. Cal. L. Rev. 713, 733 f. (2011).

Geschäftspartner und Aufsichtsbehörden. Als Folge wird die Bank zum schwachen Glied der Kette und damit anfällig für Ansteckungsgefahren.[2000]

Zweitens: Im Fall von systemweiten Krisen (Makroschocks) verschlechtern sich einzelne Kennzahlen, die zur Quantifizierung von Risiken herangezogen werden, rapide. Ein Beispiel sind Abstufungen von Ratings um mehrere Stufen, die zu einem massiven Anstieg der Ausfallwahrscheinlichkeit (PD) der betroffenen Schuldner führen. Damit erhöhen sich die Eigenmittelanforderungen der Banken sprunghaft. Banken sehen sich in dieser Situation nun selbst gezwungen, Vermögensgegenstände zu veräußern, wodurch die Krise weiter verschärft wird.[2001] Folglich ist den risikosensitiven Eigenmittelanforderungen eine prozyklische Wirkung immanent.[2002]

Die Höchstverschuldungsquote soll diesen Schwachstellen der risikojustierten Eigenmittelvorschriften als Korrektiv entgegengestellt werden.[2003] In ihrer aggregierten Wirkung soll sie einer exzessiven Verschuldung im gesamten Bankensektor vorbeugen.[2004] Schließlich werden Banken auch am Wachstum gehindert, der ausschließlich durch die Fremdkapitalaufnahme, z.B. in Form von zusätzlichen Einlagen, finanziert wird. Die starre Höchstverschuldungsgrenze gilt unabhängig vom Risikogehalt der Aktiva. Somit ist es Banken verwehrt, selbst risikoarme Aktiva hinzuzugewinnen, ohne zugleich den Anteil des Eigenkapitals zu erhöhen.

2000 *Kaufman/Scott*, 7 Ind. Rev. 371, 373 (2003) sehen in exzessiven Verschuldungsquoten eine Hauptursache für die Anfälligkeit von Banken gegenüber eintretenden Schocks.

2001 Der Basler Ausschuss für Bankenaufsicht nennt diesen Vorgang „destabilisierenden Schuldenabbau", s. *Basler Ausschuss für Bankenaufsicht*, Basel III, Dezember 2010, Tz. 16; anschaulich *Hellwig*, 157 De Economist 129, 180 (2009).

2002 *Haug* in Fischer/Bunte/Lwowski, Bankrechts-Handbuch, Band II, 4. Aufl. 2011, § 133a, Rn. 32; *Hellwig*, 157 De Economist 129, 180 (2009).

2003 *Basler Ausschuss für Bankenaufsicht*, Basel III, Dezember 2010, Tz. 7; *Deutsche Bundesbank*, Basel III – Leitfaden zu den neuen Eigenkapital- und Liquiditätsregeln für Banken, 2011, S. 28; *Carnell/Macey/Miller*, The Law of Banking and Financial Institutions, 4th Ed. 2009, S. 257; *Haug* in Schimansky/Bunte/Lwowski, Bankrechts-Handbuch, Band II, 4. Aufl. 2011, § 133a, Rn. 37.

2004 *Basler Ausschuss für Bankenaufsicht*, Basel III: Ein globaler Regulierungsrahmen für widerstandsfähigere Banken und Bankensysteme, Dezember 2010, Tz. 16. *Gruber* in Becker/Gruber/Wohlert, Handbuch MaRisk und Basel III, 2. Aufl. 2012, S. 24 gibt allerdings zu bedenken, dass dadurch Institute mit einem risikoarmen Geschäft benachteiligt werden. Das ist wohl vor dem Hintergrund zu sehen, dass hier die Margen geringer ausfallen und deshalb ein höheres Geschäftsvolumen im Verhältnis zum Eigenkapital zur Sicherung der Tragfähigkeit erforderlich ist.

Ein schnelles, ausschließlich fremdkapitalfinanziertes Wachstum kann damit unterbunden werden.

b) Umsetzungsplan

In Basel III ist als Zielvorgabe eine Höchstverschuldungsquote von mindestens 3% vorgesehen.[2005] Allerdings ist eine schrittweise Umsetzung vorgesehen, die mit einer Beobachtungsphase und einer Berichtspflicht gegenüber den Aufsichtsbehörden beginnt. Damit ist die Höchstverschuldungsgrenze derzeit noch der Säule 2, also dem aufsichtlichen Überprüfungsverfahren, zuzuordnen.[2006] Ab dem Jahr 2015 ist eine zusätzliche Offenlegung vorgesehen.[2007] Mit Wirkung zum 1. Januar 2018 soll eine verbindliche Höchstverschuldungsgrenze in Säule 1 übernommen werden.[2008]

aa) Europa

Die CRR enthält in Art. 429 f. CRR Regelungen für die Berechnung der Verschuldungsquote und eine Berichtspflicht gegenüber den Aufsichtsbehörden. Im Einklang mit Basel III enthält das europäische Regelwerk noch keine verbindliche Grenze, sondern zieht die endgültige Einführung zum Jahr 2018 in Erwägung.[2009]

bb) USA

(1) Allgemeine Höchstverschuldungsquote

In den USA ist ein *leverage limit* bereits seit Anfang der 1980er Jahre fester Bestandteil des Bankenaufsichtsrechts.[2010] Bislang müssen einlagenversicherte Banken ein Verhältnis zwischen Eigenkapital (Tier 1) und Aktiva von mindestens 3% vorweisen.[2011] Nach den Verordnungen der Bankenaufsichtsbehörden auf Bundesebene

---

2005 *Basler Ausschuss für Bankenaufsicht*, Basel III, Dezember 2010, Tz. 165. Allerdings sind Anpassungen zu einem späteren Zeitpunkt nicht ausgeschlossen, *Basler Ausschuss für Bankenaufsicht*, a.a.O., Tz. 165.

2006 *Schulte-Mattler/Manns*, WM 2011, 2069, 2077.

2007 *Basler Ausschuss für Bankenaufsicht*, Basel III, Dezember 2010, Tz. 166.

2008 *Basler Ausschuss für Bankenaufsicht*, Basel III, Dezember 2010, Tz. 167.

2009 Erwägungsgrund 94 CRR; *Schulte-Mattler/Manns*, WM 2011, 2069, 2077.

2010 12 U.S.C. § 1831(o)(c)(1)(A)(i). *Holman*, 84 S. Cal. L. Rev. 713, 730 f. (2011); *Carnell/Macey/Miller*, The Law of Banking and Financial Institutions, 4th Ed. 2009, S. 256.

2011 Für das OCC: 12 CFR §3.6(b).

gilt die 3%-Grenze grundsätzlich nur für besonders stabile Banken mit einem CAMELS Rating von „1".[2012] Dazu müssen Banken einer Reihe von Anforderungen entsprechen, wozu ein diversifiziertes Portfolio, exzellente Kontrollsysteme, hohe Gewinne, eine hohe Aktiva-Qualität, ein hoher Grad an Liquidität und gut verwaltete bilanzielle und außerbilanzielle Geschäftsaktivitäten zählen.[2013] Für andere Banken gilt hingegen ein *leverage limit* in Höhe von 4%,[2014] wovon die breite Masse der Banken betroffen ist.[2015] Zur Stärkung der Widerstandsfähigkeit des Bankensektors entfällt diese Unterscheidung zum 1. Januar 2014 für Banken im Anwendungsbereich der *advanced approaches rules* und zum 1. Januar 2015 für alle anderen Banken, womit ein einheitliches Mindestverhältnis zwischen Eigenkapital (Tier 1) und Aktiva von 4% eingeführt wird.[2016] Unterschreiten Banken die gesetzten Grenzen, sind die Bankenaufsichtsbehörden nach den Regeln der *Prompt Corrective Action* verpflichtet, durch entsprechende Eingriffe zu reagieren.[2017]

(2) Besonderheiten im Anwendungsbereich der *advanced approaches rules*

Als Schwäche der Höchstverschuldungsgrenze im U.S.-amerikanischen Aufsichtsrecht wird allerdings betrachtet, dass außerbilanzielle Positionen (*off-balance sheet exposures*) nicht in die Berechnung der Quote, d.h. in den Nenner, einbezogen werden.[2018] Die Vorgaben von Basel III erfassen hingegen auch bestimmte außerbilanzielle Aktivitäten von Banken, womit auch der Konsolidierungskreis um die aufgesetzten Zweckgesellschaften enger gezogen werden soll.[2019] Diese strengeren Elemente werden in den USA als ergänzende Höchstverschuldungsgrenze (*supplementary leverage ratio*) in Höhe von 3% ausschließlich für Banken eingeführt, die in den Anwendungsbereich der *advanced approaches rules* fallen.[2020] Auch hier gilt zunächst nur eine Berichtspflicht, die zum 1. Januar 2018 zu einer verbindlichen Vorgabe ausgeweitet werden soll. Für andere Banken bleibt es hingegen bei dem regulären *leverage limt*.[2021]

2012 12 C.F.R. §3.6(c).

2013 S. für den gesamten Katalog 12 C.F.R. §3.6(c).

2014 12 C.F.R. §3.6(c).

2015 *Carnell/Macey/Miller*, The Law of Banking and Financial Institutions, 4th Ed. 2009, S. 257.

2016 *OCC/Federal Reserve*, Regulatory Capital Rules, 2.7.2013, S. 51 ff.

2017 *Holman*, 84 S. Cal. L. Rev. 713, 731 (2011).

2018 *Holman*, 84 S. Cal. L. Rev. 713, 736 (2011).

2019 *Holman*, 84 S. Cal. L. Rev. 713, 743 f. (2011).

2020 *OCC/Federal Reserve*, Regulatory Capital Rules, 2.7.2013, S. 59 ff.

2021 *OCC/Federal Reserve*, Regulatory Capital Rules, 2.7.2013, S. 59.

(3) *Debt-to-equity limit* für systemrelevante Institute

Systemrelevane Institute müssen im Fall einer Anordnung durch das FSOC darüber hinaus einem zusätzlichen *debt-to-equity limit* im Verhältnis von 15 zu 1 entsprechen, Sec. 165(j)(1) Dodd-Frank Act. Eine solche Anordnung ist an zwei Voraussetzungen geknüpft. Erstens muss das jeweils betroffene systemrelevante Institut eine erhebliche Gefahr für die Stabilität des US-Finanzsystems darstellen. Zweitens muss die Höchstverschuldungsgrenze erforderlich sein, um dieses Systemrisiko herabzusetzen.

II. Großkreditobergrenzen im Interbankenmarkt

Direkte Verbindungen zwischen einzelnen Instituten auf dem Interbankenmarkt bilden *die* klassischen Übertragungskanäle für systemische Risiken (*direct contagion*). Die Ansteckungsgefahr steigt mit der Größe der eingegangenen Positionen und diese Verflechtungen können Banken im schlimmsten Fall zu einer „Gefahrengemeinschaft" zusammenschließen.[2022] Der Zusammenbruch einer systemrelevanten Bank kann eine Kettenreaktion auslösen und am Ende die Stabilität des gesamten Finanzsystems gefährden.

Auf dem Höhepunkt der Subprime-Krise hat sich offenbart, dass solche großen Positionen zwischen den Finanzmarktteilnehmern vor allem durch den Abschluss derivativer Geschäfte aufgetürmt wurden. Im Zusammenhang mit der Regulierung von OTC-Kreditderivaten wurden bereits ausführlich dargestellt, dass die Zwischenschaltung einer CCP systemische Risiken begrenzen kann, wenn sie über die notwendigen Sicherheitsmechanismen verfügt, um den Ausfall ihrer Kunden absorbieren zu können.[2023] Eine weitere Möglichkeit, direkte Übertragungskanäle im Bankenaufsichtsrecht zu schließen, sind Obergrenzen für Positionen im Interbankenverkehr. Obwohl dieses Regulierungsinstrument naheliegend ist, wurde davon in der Vergangenheit sowohl in Europa als auch den USA bemerkenswerterweise nur zögerlich Gebrauch gemacht.

1. Europa

Im Anwendungsbereich der CRR gilt im Interbankenverkehr neben einer relativen Obergrenze für Großkredite von 25% des anrechenbaren Eigenkapitals eine

2022 Vgl. *Waschbusch*, Bankenaufsicht, 2000, S. 405.
2023 Insoweit wird auf den 4. Teil, Abschnitt C, VI verwiesen.

absolute Obergrenze in Höhe von 150 Mio. Euro.[2024] Die Privilegierung von Forderungen zwischen einzelnen Instituten ist erst mit der Umsetzung der Richtlinie 2009/111/EG entfallen.[2025] Durch das konsequente Ziehen von Obergrenzen für Positionen einer bestimmten Größenordnung werden direkte Übertragungskanäle für systemische Risiken eingedämmt, so dass die Großkreditvorschriften neben dem Klumpenrisiko auch das Systemrisiko begrenzen.[2026] Dieser Effekt wird dadurch verstärkt, dass nunmehr Risikoeinheiten kraft wirtschaftlicher Verbundenheit und bei Abhängigkeit von derselben Hauptfinanzierungsquelle unter das Großkreditregime fallen und damit dessen Anwendungsbereich erheblich erweitert wird.

Verletzt ein Institut die relative bzw. absolute Obergrenze, so hat es den Verstoß unverzüglich der zuständigen Aufsichtsbehörde zu melden, wobei der Aufsichtsbehörde bei der Anordnung zum Schließen der betroffenen Positionen eine Fristsetzungsbefugnis eingeräumt ist, Art. 396 Abs. 1 CRR. Durch eine angemessene Frist können wiederum Liquiditätskrisen vermieden werden, die durch übereiltes Schließen von Positionen entstehen und u.U. prozyklisch, d.h. krisenverschärfend, wirken können.[2027] Ein Austrocknen der Finanzierungsströme kann wiederum eine systemische Krise nach sich ziehen, so dass derartig flexibel ausgestaltete Regelungen zu begrüßen sind.

2. USA

Die aufsichtsrechtliche Berücksichtigung von Kreditbeziehungen zwischen Banken war in den Vereinigten Staaten Gegenstand einer wechselhaften Entwicklung. Zunächst wurde auch der Interbankenverkehr in den Anwendungsbereich der Großkreditvorschriften einbezogen, später jedoch durch eine Bereichsausnahme weitgehend wieder ausgenommen.[2028] Erst der Zusammenbruch der Continental Illinois National Bank im Jahr 1984, dem die Befürchtung einer Kettenreaktion durch direkte Beziehungen zu zahlreichen anderer Banken folgte, sensibilisierte

---

2024 Art. 395 Abs. 1 Satz 2 CRR. S. zu den Obergrenzen bereits ausführlich oben S. 248 ff.

2025 Erwägungsgrund 56 CRR; Begr. RegE. Gesetz zur Umsetzung der geänderten Bankenrichtlinie und der geänderten Kapitaladäquanzrichtlinie BT-Drucks 17/1720, S. 40.

2026 *Schwarcz*, 97 Geo. L.J. 193, 222 (2008).

2027 Vgl. *Schwarcz*, 97 Geo. L.J. 193, 222 (2008).

2028 *Carnell/Macey/Miller*, The Law of Banking and Financial Institutions, 4th Ed. 2009, S. 302.

die Aufsichtsbehörden für systemische Risiken im Bankensektor.[2029] Am Beispiel der Krise der Continental Illinois und deren Einfluss auf das U.S.-amerikanische Aufsichtsrecht lässt sich zeigen, dass die Begrenzung des Systemrisikos im Bankensektor nicht erst ein Produkt der jüngeren Zeit ist, sondern Aufseher und Gesetzgeber bereits zuvor beschäftigt hat.

Die in der Folge erlassenen Regelungen verbinden qualitativ und quantitativ risikobegrenzende Elemente. In qualitativer Hinsicht sind Banken zunächst zur Implementierung interner Kontrollverfahren verpflichtet, um sicherzustellen, dass Positionen gegenüber anderen Banken keine exzessiven Ausmaße annehmen.[2030] Diese internen Verfahren müssen eine Begrenzung von Positionen vorsehen, wenn ein wesentliches Risiko besteht, dass aufgrund der finanziellen Lage bei der Gegenseite Zahlungen nicht in voller Höhe oder nicht rechtzeitig geleistet werden können.[2031] Zudem ist den *interday* Kreditbeziehungen eine quantitative Grenze gezogen, wonach eine der Einlagensicherung unterfallende Bank gegenüber der Gegenseite grundsätzlich keine offenen Positionen eingehen darf, die 25% ihres Eigenkapitals überschreiten. Ausnahmen bestehen gegenüber Banken, die zumindest als „angemessen" kapitalisiert gelten.[2032] Auch hier kann eine flexible Frist zur Schließung betroffener Positionen eine prozyklische Entwicklung verhindern.

Diese Regelungen und die allgmeinen Großkreditobergrenzen knüpfen jedoch an den einzelnen Bankbetrieb an und galten bislang nicht auf der Ebene der Holding-Gesellschaften.[2033] Diese Lücke schließt nun der Dodd-Frank Act in Sec. 165(e) (*concentration limits*), worin das Board of Governors angewiesen wird, besondere Obergrenzen für systemrelevante *bank holding companies* und Finanzunternehmen festzusetzen. Für diese systemrelevanten Unternehmen gilt nach dem Verordnungsvorschlag des Board of Governors zunächst eine allgemeine Grenze, wonach auf konsolidierter Basis die Positionen gegenüber einer Gegenpartei nicht 25% des Eigenkapitals überschreiten dürfen.[2034] Darüber hinaus werden die Kreditbeziehungen zwischen besonders großen Marktteilnehmern strenger begrenzt. Ein systemrelevantes Institut, das über Gesamtaktiva von mindestens 500 Mrd.

2029 *Carnell/Macey/Miller*, The Law of Banking and Financial Institutions, 4th Ed. 2009, S. 303.

2030 *Carnell/Macey/Miller*, The Law of Banking and Financial Institutions, 4th Ed. 2009, S. 303.

2031 12 C.F.R. § 206.3.

2032 12 C.F.R. § 206.4(a)(1).

2033 77 Fed. Reg. 594, 612 (5. Januar 2012).

2034 Entwurf von 12 C.F.R. §252.93(a).

USD verfügt (sog. *major covered company*), darf gegenüber einer ebenso großen Gegenpartei (sog. *major counterparty*) keine Forderungen eingehen, die 10% des Eigenkapitals übersteigen.[2035] Als Gegenpartei zählen auch öffentliche Schuldner, so dass Kreditbeziehungen zu Staaten ebenfalls eingeschränkt werden.[2036] Ausgenommen sind jedoch bestimmte Forderungen gegenüber den Vereinigten Staaten selbst und Forderungen die von den Vereinigten Staaten garantiert werden, denn diese sollen von der Berechnung der Forderungshöhe grundsätzlich ausgenommen werden.[2037]

2035 Entwurf von 12 C.F.R. §252.93(b). Im Dodd-Frank Act ist dem Board of Governors die Befugnis eingeräumt, in der Verordnung strengere Regeln als die 25%-Obergrenze zu erlassen, Sec. 165(e)(2) Dodd-Frank Act.

2036 77 Fed. Reg., 594, 613 (5. Januar 2012).

2037 77 Fed. Reg., 594, 615 (5. Januar 2012).

6. Teil Zusammenfassung der wichtigsten Ergebnisse

Das Bankenaufsichtsrecht in Europa und den Vereinigten Staaten befindet sich derzeit im Umbruch. Basel III, das CRD IV Regelwerk in Europa, der Dodd-Frank Act in den Vereinigten Staaten und zahlreiche flankierende Regulierungsinitiativen stellen eine Zäsur in der rechtlichen Begrenzung von Risiken im Bankensektor dar. Die wichtigsten Ergebnisse, die auf diesem Streifzug durch die „Risikolandschaft des Finanzmarktes“[2038] gesammelt wurden, sollen an dieser Stelle abschließend zusammengefasst werden. Im *zweiten Teil* dieser Untersuchung wurde zunächst damit begonnen, den ökonomische Hintergrund von „Risiko“ zu beleuchten.

- Unter Berücksichtigung der Entscheidungstheorie konnte festgestellt werden, dass unter Risiko allgemein die Möglichkeit zu verstehen ist, dass eine Zielgröße von ihrem Erwartungswert abweicht.[2039] Da von diesem Risikobegriff im weiteren Sinne sowohl Abweichungen nach „unten“ als auch nach „oben“ umfasst werden, sind darunter nicht nur Verlustgefahren sondern auch Gewinnchancen zu verstehen.[2040] Erst der Risikobegriff im engeren Sinne ist auf negative Abweichungen reduziert, so dass mit „Risiko“ in diesem engen Verständnis die Gefahr gemeint ist, dass ein tatsächlich realisiertes Ergebnis vom erwarteten Ergebnis negativ abweicht.[2041]
- Banken nehmen aufgrund ihrer Funktion als Finanzintermediäre eine Schlüsselstellung innerhalb der Volkswirtschaft ein. Die damit verbundenen Transformationsprozesse sind von der Übernahme verschiedener Risikoarten gekennzeichnet, so dass Banken als natürliche Risikoträger qualifiziert werden können.[2042] Die Rechtsordnung muss sich folglich auf eine Risikobegrenzung beschränken, ohne dabei die gesamtwirtschaftlich vorteilhafte Funktion des Bankensystems auszuhebeln.
- Aus bankbetrieblicher Sicht lässt sich zwischen dem Ausfallrisiko, dem Preis- bzw. Marktrisiko, dem operationellen Risiko sowie dem Liquiditätsrisiko

2038 *Ruzik*, NZG 2009, 133, 134.
2039 S. die Nachweise in Fn. 73.
2040 S. die Nachweise in Fn. 75.
2041 S. die Nachweise in Fn. 76.
2042 S. die Nachweise in Fn. 150.

unterscheiden. Diese wesentlichen Risikoarten können sich darüber hinaus zu Konzentrations- bzw. Klumpenrisiken verdichten. Daneben besteht auf der Makroebene das Systemrisiko.

Der *dritte Teil* der Arbeit diente einer ersten Einordnung von „Risiko" in das aufsichtsrechtliche Gefüge.

- Die von Banken übernommenen Risiken werden im Bankenaufsichtsrecht von sog. *Risikobegrenzungsnormen* aufgegriffen, wobei grundlegend zwischen quantitativen und qualitativen Normen zu unterscheiden ist.[2043]
- Eine zentrale Stellung nehmen die Eigenmittelvorschriften ein, die seit der Umsetzung von Basel II Ausfall-, Markt- und operationelle Risiken quantitativ begrenzen sollen. Durch den in Säule 2 von Basel II enthaltenen *Supervisory Review and Evaluation Process* folgt auch die laufende behördliche Aufsicht einem risikoorientierten Ansatz. Die finanzwirtschaftlichen Risiken determinieren folglich die Bankenaufsicht in allen Facetten.
- Basel III verlagert das Gewicht stärker auf die Fähigkeit der Bank, Verluste im laufenden Geschäftsbetrieb (*going concern*) durch die Verlustausgleichsfunktion des Kernkapitals (Tier 1) absorbieren zu können.[2044] Die in Basel III vorgesehenen Eigenmittelquoten werden in Europa durch die CRR und in den USA durch Verordnungen der Bankenaufsichtsbehörden auf Bundesebene umgesetzt.
- Die Schwachstellen von Verfahren zur Quantifizierung von Risiken, insbesondere des VaR, führen dazu, dass qualitative Elemente im Aufsichtsrecht zunehmend als Korrektiv eingesetzt werden, etwa durch die Einführung von Stresstests und die Ergänzung des VaR-Ansatzes durch den sog. stressed VaR. Damit steigen auch die Anforderungen an das interne Risikomanagement von Banken.

Die einzelnen bankbetrieblichen Risikoarten wurden im *vierten Teil* mikroperspektivisch auf das Bankenaufsichtsrecht „gespiegelt" und die unterschiedlichen Konzepte zur Risikobegrenzung rechtsvergleichend analysiert.

- Seit Basel II ist vorgesehen, die Eigenmittelunterlegung von *Ausfallrisiken* durch den KSA oder den IRBA, der sich in eine Basis- und eine fortgeschrittene Variante untergliedert, zu berechnen. In Europa sind sämtliche Ansätze umgesetzt

---

2043 Grundlegend: *Rudolph*, wisu 1991, 596, 599 f.

2044 *Schäfer*, ZHR 175 (2011), 319, 335; *Rudolph*, ZHR 175 (2011), 284, 317; *Schelm* in Kümpel/Wittig, Bank- und Kapitalmarktrecht, 4. Aufl. 2011, Rn. 2.152 ff.

worden. In den Vereinigten Staaten gilt dies hingegen nur für den IRBA in der fortgeschrittenen Variante.

- Vor allem im KSA wird zur Quantifizierung des Ausfallrisikos auf externe Ratings privatwirtschaftlicher Ratingagenturen zurückgegriffen. Interessenkonflikte der Ratingagenturen, die auf das *issuer pays model* zurückzuführen sind, und Qualitätsdefizite der Bonitätseinschätzungen haben allerdings die Notwendigkeit eines Regulierungsrahmens offenbart. Sowohl in den Vereinigten Staaten (Sec. 15E Securities Exchange Act) als auch in Europa (Rating-VO) wurde daher ein Registrierungsverfahren für Ratingagenturen geschaffen, dem weitreichende Verhaltens- und Organisationspflichten sowie Eingriffsbefugnisse der ESMA bzw. SEC nachgeschaltet sind. Grundlegende Probleme, insbesondere das *issuer pays model*, bleiben aber bislang ungelöst. Mit der verbindlichen Einführung des Rotationsprinzips für die Ratings von Wiederverbriefungen und der Pflicht zur Doppelbewertung von strukturierten Finanzprodukten hat die EU zumindest partiell vergleichsweise strenge Regelungen auf den Weg gebracht, die zu begrüßen sind. Einer zukünftigen Ausweitung dieser Modelle auf einfache Schuldtitel oder einzelne Emittenten und Kreditnehmer sollte indes mit Zurückhaltung begegnet werden, denn bei vergleichsweise einfachen Finanzprodukten fallen die Bewertungsprobleme eben nicht so stark ins Gewicht, dass die mit diesen Regulierungsansätzen verbundenen Kosten wieder aufgewogen würden.
- In den USA wurde durch den Dodd-Frank Act zwischenzeitlich jedoch eine bemerkenswerte Kehrtwende vollzogen. Durch Sec. 939 und 939A Dodd-Frank Act müssen Bezugnahmen auf externe Ratings im Aufsichtsrecht revidiert werden. Bis zum Jahr 2015 wird die breite Masse der U.S.-amerikanischen Banken ihre Eigenmittelanforderungen für Ausfallrisiken nach den noch immer auf Basel I beruhenden *generally applicable risk-based capital requirements* berechnen. Auch danach wird die Risikosensitivität nur für bestimmte Forderungskategorien erhöht, beispielsweise durch die Knüpfung der Risikogewichte von Forderungen gegen Staaten und ausländische Banken an OECD Country Risk Classifications (CRCs). Ob die CRCs das Ausfallrisiko tatsächlich zuverlässiger abbilden, wird sich erst noch zeigen müssen. Die EU ist zurückhaltender und zieht die Streichung der Bezugnahmen auf externe Ratings erst zum Jahr 2020 in Betracht. Bis dahin wird man in Zukunft zwischen Säule 1 und Säule 2 differenzieren müssen: Während für die Eigenmittelanforderungen (Säule 1) vor allem im KSA nach wie vor ein automatischer Rückgriff auf Ratings gesetzlich vorgegeben ist, müssen Institute im Rahmen ihres Risikomanagements (Säule 2) ergänzend interne Methoden entwickeln und verwenden, um eine Unterlegung des Kreditrisikos mit *internem* Kapital

sicherzustellen und so den aufsichtsrechtlichen Organisationspflichten zu entsprechen.

- Durch das Collins Amendment zum Dodd-Frank Act wird die höhere Risikosensitivität des IRBA faktisch zunichte gemacht, denn danach müssen Banken das Verhältnis zwischen Eigenmitteln und risikogewichteten Aktiva dauerhaft sowohl nach dem IRBA als auch den allgemeinen Vorschriften berechnen und mit dem niedrigeren Verhältnis die Eigenmittelquoten erfüllen. Vor diesem Hintergrund tritt deutlich hervor, dass ein internationales *„level playing field"* in weite Ferne rückt.
- Durch den *kapitalmarktorientierten Kreditrisikotransfer* lassen sich Kreditrisiken gezielt auf Dritte abwälzen und die Eigenmittelanforderungen für Ausfallrisiken herabsetzen. Das daraus resultierende Anreizproblem hat sich bei Originatoren von ABS als *originate-to-distribute* Modell manifestiert, dem durch die Regelung eines verbindlichen Risikoselbstbehalts in Höhe von 5% begegnet werden soll. Während die europäischen Regelungen (Art. 405 ff. CRR) an die Investor-Institute adressiert sind, nimmt Sec. 941(b) Dodd-Frank Act bzw. Sec. 15G Securities Exchange Act unmittelbar den Sponsor einer Verbriefungstransaktion in die Pflicht. Durch die diametral verschiedene Stoßrichtung der Regulierungsansätze können die in den USA für risikoarme Vermögensgegenstände (*qualified assets*) vorgesehenen Ausnahmen von dem Selbstbehalt zu einem faktischen Investitionsverbot für europäische Investor-Institute führen. Eine Harmonisierung erscheint hier dringend geboten.
- Durch OTC-Kreditderivate können sich Banken zwar des Kreditrisikos eines Schuldners entledigen, allerdings nur zum Preis des Kontrahentenausfallrisikos der Gegenpartei. Die Verflechtungen der Marktteilnehmer aufgrund derivativer Finanzgeschäfte können zudem zu einer Erhöhung des Systemrisikos beitragen. Der Dodd-Frank Act und EMiR bzw. MiFIR weisen gemeinsame Eckpunkte bei der Regulierung von OTC-Derivaten auf. Dazu zählen die Clearing- und Meldepflichten und der obligatorische Handel standardisierter Derivate an regulierten Märkten. Eine risikobegrenzende Wirkung wird vor allem durch das Aufbrechen der bilateralen Geschäftsbeziehungen der beteiligten Parteien durch das Zwischenschalten einer zentralen Clearingstelle (CCP) erreicht. Das Aufsichtsrecht setzt starke Anreize zum Abschluss standardisierter Derivate, die über CCPs abgewickelt werden. Forderungen gegenüber CCPs werden deutlich niedrigere Risikogewichte zugewiesen als Forderungen gegenüber großen Banken und unregulierten Marktteilnehmern.[2045] Aus ökonomischen

2045 S. die Nachweise in Fn. 1053

Effizienzgesichtspunkten sollten Interoperabilitätsvereinbarungen zwischen verschiedenen CCPs aufsichtsrechtlich nicht *per se* ausgeschlossen werden.

- Der Eigenhandel von Instituten konnte als wesentlicher Treiber für *Marktrisiken* identifiziert werden. In den Vereinigten Staaten soll Banken durch die in Sec. 619 Dodd-Frank Act enthaltene sog. Volcker Rule der Eigenhandel zukünftig grundsätzlich untersagt werden. Deutschland hat diesen Weg mit dem Trennbankengesetz eingeschlagen. Da der Bann sämtlicher unter die Verbotstatbestände fallender Transaktionen aus dem Bankbetrieb weder möglich noch ökonomisch sinnvoll erscheint, gewähren beide Gesetzesinitiativen zahlreiche Ausnahmen. Im Ergebnis erscheint der in den europäischen Vorschriften angelegte Regulierungsansatz für Handelsbuchrisikopositionen vorzugswürdig.
- Zur Berechnung der Eigenmittelanforderungen für *operationelle Risiken* können Institute in Europa auf den BIA, den STA und die AMA zurückgreifen. Allerdings mangelt es sowohl BIA als auch STA an der Risikosensitivität. Aus rechtsvergleichender Sicht bietet sich eine ähnliche Lösung an, wie sie auch in den Vereinigten Staaten umgesetzt wurde. Anstatt an dem BIA und dem STA im Eigenkapitalregime festzuhalten, sollte das operationelle Risiko von kleinen und mittleren Instituten durch das interne Risikomanagement begrenzt werden.[2046] Große international ausgerichtete Institute sollten hingegen zur Verwendung der AMA verpflichtet werden.
- *Klumpenrisiken* werden durch Großkreditvorschriften (*lending limits*) aufgegriffen, die durch das Ziehen von Obergrenzen eine Risikozerfällung anordnen.[2047] Im Falle von besonders engen rechtlichen oder wirtschaftlichen Beziehungen lassen sich einzelne Kreditnehmer sowohl im U.S.-amerikanischen Aufsichtsrecht als auch nach den europäischen Vorschriften unter bestimmten Voraussetzungen zu sog. Risikoeinheiten zusammenfassen.[2048] Dadurch werden Adressenkonzentrationen (Verbundenheit durch Kontrolle), Abhängigkeiten zwischen geschäftlich verbundenen Unternehmen sowie Abhängigkeiten aufgrund einer gemeinsamen Haupt(re-)finanzierungsquelle erfasst. Sektorkonzentrationen in bestimmten Industriebranchen oder einzelnen Ländern bzw. Regionen werden hingegen weder in Europa noch in den Vereinigten

---

2046 So im Ergebnis auch *Hartmann-Wendels/Pfingsten/Weber*, Bankbetriebslehre, 5. Aufl. 2010, S. 728 f.

2047 S. die Nachweise in Fn. 1381.

2048 *Dürselen*, ZBB 1996, 46, 48; *ders*, ZBB 1997, 24, 26; *Waschbusch*, Bankenaufsicht, 2000, 415.

Staaten durch die Großkreditvorschriften begrenzt, sondern müssen vom internen Risikomanagement der Banken berücksichtigt werden.

- Obwohl *Liquiditätsrisiken* in der Banktheorie von jeher Beachtung gefunden haben, wurde die Gefahrträchtigkeit dieser Risikoart zuletzt chronisch unterbewertet. Basel III enthält zur quantitativen Begrenzung von Liquiditätsrisiken zwei Kennzahlen, durch die ein Liquiditätspuffer aus hochliquiden Aktiva aufgebaut (Liquidity Coverage Ratio, LCR) und eine exzessive Fristentransformation unterbunden werden soll (Net Stable Funding Ratio, NSFR). In der europäischen CRR ist vorgesehen, die LCR als quantitative Grenze für alle europäischen Institute einzuführen und anstelle einer verbindlichen NSFR zunächst eine Berichtspflicht zu statuieren. In den Vereinigten Staaten sollen die liquiditätsbezogenen Kennzahlen schrittweise zunächst für systemrelevante Institute umgesetzt werden. Aus rechtsvergleichender Sicht sollten auch die europäischen Gesetzgeber überdenken, ob die zusätzliche Belastung durch höhere Liquiditätsanforderungen für mittlere und kleine Institute tatsächlich angezeigt ist.
- Die übergreifenden qualitativen Anforderungen an das *Risikomanagement* nehmen an Bedeutung für die Bankenaufsicht stetig zu. Die aufsichtsrechtliche Pflicht zur Sicherstellung der Risikotragfähigkeit nimmt in Deutschland und den Vereinigten Staaten eine Schlüsselstellung bei der Begrenzung der übernommenen Risiken einer Bank ein.
- In Deutschland gerät die aufsichtsrechtliche Pflicht der Geschäftsleitung eines übergeordneten Unternehmens zur Einrichtung eines angemessenen und wirksamen Risikomanagements auf Gruppenebene (§§ 25a Abs. 3 Satz 1, 25c Abs. 4b KWG) im faktischen Konzern in einen Konflikt mit den gesellschaftsrechtlichen Grenzen der Einwirkungsmöglichkeiten auf die nachgeordneten Unternehmen. Nach dem CRD IV-Umsetzungsgesetz vermögen diese begrenzten Einwirkungsmöglichkeiten die Geschäftsleitung des übergeordneten Unternehmens nicht mehr zu entlasten. Der Geschäftsleitung verbleibt somit faktisch nur die Möglichkeit, sich vertragliche Durchgriffsrechte in der Gruppe zu sichern und dazu insbesondere Beherrschungsverträge abzuschließen.
- Die aufsichtsrechtlichen Anforderungen an das Risikomanagement von Instituten gehen deutlich über die gesellschaftsrechtlichen Pflichten des Vorstands nach § 91 Abs. 2 AktG hinaus. Dieser „Höhenunterschied“ zwischen Aufsichtsrecht und Gesellschaftsrecht wird nach zutreffender Ansicht auch bei Bank-Aktiengesellschaften nicht durch eine „Ausstrahlungswirkung“ der aufsichtsrechtlichen Pflichten auf § 91 Abs. 2 AktG ausgeglichen. Eine Korrektur erfolgt vielmehr auf der haftungsrechtlichen Ebene. Denn aufgrund des Legalitätsprinzips schuldet

der Vorstand der Gesellschaft auch im Innenverhältnis die Einhaltung der überschießenden Pflichten des § 25a KWG und kann bei Verstößen gegen das Aufsichtsrecht gemäß § 93 Abs. 2 Satz 1 AktG im Einzelfall zum Ersatz verpflichtet sein.

Schließlich wurde im *fünften Teil* der Arbeit aus der Makroperspektive die Begrenzung des Systemrisikos untersucht. In einem ersten Schritt wurde den Ursachen und der Wirkungsweise systemischer Risiken im Finanzsystem auf den Grund gegangen.

- *Systemische Risiken* lassen sich ursächlich auf ein auslösendes Ereignis (*trigger event*) zurückführen, das als Makro- und/oder Mikroschock auftreten kann.[2049] Ein solcher Initialschock kann durch verschiedene Kanäle direkt oder indirekt zwischen einzelnen Banken übertragen werden (*direct* oder *indirect contagion*) und so die Stabilität des Finanzsystems gefährden.
- Systemrelevante Institute stellen ein latentes Systemrisikos für den Finanzsektor und auch andere Wirtschaftszweige dar. Eine solche systemrelevante Stellung wird maßgeblich von den drei Schlüsselkriterien Größe, Interkonnektivität und Ersetzbarkeit begründet.[2050]
- Die Subprime-Krise wurde von den Gesetzgebern in Europa und den Vereinigten Staaten zum Anlass genommen, um eine zusätzliche Makroaufsicht zu implementieren. Durch die zentrale Zuständigkeit des Board of Governors of the Federal Reserve System für alle systemrelevanten Holding-Gesellschaften und Finanzunternehmen ist das U.S.-amerikanische Aufsichtsrecht derzeit einen Schritt voraus. Die geplante Übertragung der Aufsicht über systemrelevante Kreditinstitute auf die EZB ist grundsätzlich als positive Entwicklung zu werten. Wermutstropfen ist allerdings die räumliche und sachliche Einschränkung des Anwendungsbereichs. Erfasst werden ausschließlich Banken im engsten Sinn, d.h. solche mit einem Einlagen- und Kreditgeschäft, aus dem Euroraum, so dass eine Zersplitterung der europäischen Bankenaufsicht droht.
- Aus rechtsvergleichender Sicht sollte das im Dodd-Frank Act kodifizierte transparente Verfahren zur Einstufung von systemrelevanten Instituten als Vorbild für die parallele Entscheidung von BaFin und Bundesbank herangezogen

2049 S. die Nachweise in Fn. 1784.

2050 *IMF/BIS/FSB*, Guidance to Assess the Systemic Importance of Financial Institutions, Markets and Instruments: Initial Considerations, Report to the G-20 Finance Ministers and Central Bank Governors, Oktober 2009, S. 2.

werden. *De lege ferenda* bietet sich eine gesetzlich kodifizierte Mitteilungspflicht in § 6b KWG an, wie sie auch in §§ 10f Abs. 5, 10g Abs. 5 KWG vorgesehen ist. Bereits in der Einstufung selbst ist ein intensiverer Eingriff in die grundrechtlich gewährleistete Berufs- und Gewerbefreiheit des Art. 12 Abs. 1 GG zu sehen, der auch eine gerichtliche Überprüfung der Entscheidung erforderlich erscheinen lässt.

- Einzelne aufsichtsrechtliche Regelungen verfolgen das Ziel, die Ansteckungskanäle für systemische Risiken im Bankensystem zu schließen. Durch die Einführung zusätzlicher Eigenkapitalpuffer und einer Höchstverschuldungsgrenze soll die Widerstandsfähigkeit der Banken gegenüber auftretenden Schocks erhöht werden. Während in Europa die Einführung einer solchen Höchstverschuldungsgrenze ein Novum darstellt, existiert in den Vereinigten Staaten bereits ein verbindlicher *leverage limit* für alle Institute. Die strengeren Anforderungen nach Basel III werden in den USA indes nur für Banken umgesetzt, die in den Anwendungsbereich der *advanced approaches rules* fallen.
- In einer Gesamtschau differnziert das U.S.-amerikanische Aufsichtsrecht zwischen verschiedenen Instituts-Katagorien: Auf einer ersten Stufe stehen Banken im Anwendungsbereich der *generally applicable risk-based caital requirements*. Als Anknüpfungspunkt für strengere Regeln dienen die *advanced approaches rules*. Für *systemically important financial institutions* enthält der Dodd-Frank Act in Sec. 165 und 166 Rechtsgrundlagen für ein „Sonderaufsichtsrecht". Durch die CRD IV wird in Europa hingegen die Schaffung eines *„single rule book"* vorangetrieben, das nach Möglichkeit einheitliche Regeln für alle europäischen Institute vorsieht. Damit geht jedoch auch die Gefahr einher, dass kleine und mittlere Institute durch zu strenge Anforderungen im laufenden Geschäftsbetrieb überfordert werden.
- Schließlich stellen Großkreditobergrenzen im Internbankenverkehr ein wichtiges Instrument dar, um Positionen zwischen den Instituten zu begrenzen und so die direkte Ansteckungsgefahr im Bankensystem zu senken.

Die anhaltenden Diskussionen rund um das Thema „Bankenaufsicht" verdeutlichen, dass der Entwicklungsprozess in diesem Rechtsgebiet noch lange nicht abgeschlossen ist. Ob diese Regulierungsinitiativen tatsächlich ausreichen, um die exzessive Risikoübernahme im Bankensystem zu unterbinden, wird sich erst noch zeigen müssen. Dass diese Aufgabe allein durch das Bankenaufsichtsrecht bewältigt werden kann, erscheint jedenfalls zweifelhaft. Die Verantwortung ist auch bei den Entscheidungsträgern selbst zu sehen, die durch ein eigens auferlegtes Normengerüst zu einem Kulturwechsel auf den Finanzmärkten maßgeblich beitragen können.

Literaturverzeichnis

Acharya, Viral V./*Cooley*, Thomas F./*Richardson*, Mathhew/*Sylla*, Richard/*Walter*, Ingo: A Bird's-Eye View – The Dodd-Frank Wall Street Reform and Consumer Protection Act, in Acharya, Viral V./Cooley, Thomas F. /Richardson, Mathhew/Walter, Ingo (Hrsg.), Regulating Wall Street – The Dodd-Frank Act and the New Architecture of Global Finance, Hoboken 2011, S. 1.

Aharony, Joseph/*Swary*, Itzhak: Contagion Effects of Bank Failures: Evidence from Capital Markets, 56 J. Bus. 305 (1983).

Akerlof, George A.: The Market for „Lemons": Quality Uncertainty and the Market Mechanism, 84 Q. J. Econ. 488 (1970).

Altman, Edward I./*Öncü*, T. Sabri/*Richardson*, Mathhew/*Schmeits*, Anjolein/*White*, Lawrence J.: Regulation of Rating Agencies, in Acharya, Viral V./Cooley, Thomas F./Richardson, Mathhew/Walter, Ingo (Hrsg.), Regulating Wall Street – The Dodd-Frank Act and the New Architecture of Global Finance, Hoboken 2011, S. 443.

Altvater, Christian/*Schweinitz*, Oliver von: Trennbankensystem: Grundsatzfragen und alternative Regulierungsansätze, WM 2013, 625.

Apostolik, Richard/*Donohue*, Christopher/*Went*, Peter: Foundations of Banking Risk – An Overview of Banking, Banking Risks and Risk-Based Banking Regulation, Hoboken 2009.

Arewa, Olufunmilayo B.: Risky Business: The Credit Crisis and Failure (Part I), 104 Nw. U. L. Rev. Colloquy 398 (2010).

Ariail, Laurin C.: The Impact of Dodd-Frank on the End-Users Hedging Commercial Risk in Over-the-Counter Derivatives Markets, 15 N.C. Banking Inst. 175 (2011).

Arlt, Roland: True Sale Securitisation, Berlin 2009.

– Rechtsfragen des Risikoeinbehalts bei Verbriefungen nach §§ 18a und 18b KWG, WM 2012, 107.

Armbrüster, Christian: Aufsichtsrecht überlagert Aktienrecht – Die Neuregelungen zur Haftung und Vergütung von Vorstandsmitgliedern am Beispiel der Versicherungs-AG, KSzW 2013, 10.

– Haftung des Geschäftsleiters bei Verstößen gegen § 64a VAG, VersR 2009, 1293.

Assmann, Heinz-Dieter/*Schütze*, Rolf A. (Hrsg.): Handbuch des Kapitalanlagerechts, 3. Aufl., München 2007.

Ausschuss der Weisen über die Regulierung der europäischen Wertpapiermärkte, Schlussbericht, Brüssel 15. Februar 2001, abrufbar unter http://ec.europa.eu/internal_market/securities/docs/lamfalussy/wisemen/final-report-wise-men_de.pdf (zuletzt abgerufen am 15.9.2013).

Azariadis, Costas: Self-Fulfilling Prophecies, 25 J. Econ. Theory 380 (1981).

Bälz, Ulrich: Einheit und Vielheit im Konzern, in Baur, Fritz/Esser, Josef/Kübler, Friedrich/Steindorff, Ernst (Hrsg.), Funktionswandel der Privatrechtsinstitutionen – Festschrift für Ludwig Raiser zum 70. Geburtstag, Tübingen 1970, S. 287.

Baker, Colleen M.: Regulating the Invisible: The Case of Over-The-Counter Derivatives, 85 Notre Dame L. Rev. 1287 (2010).

Baldwin, Robert/*Black*, Julia: Really Responsive Regulation, 71 Modern Law Review 59 (2008).

Bamberg, Günter/*Coenenberg*, Adolf G./*Krapp*, Michael: Betriebswirtschaftliche Entscheidungslehre, 15. Aufl., München 2012.

Bamberger, Kenneth A.: Technologies of Compliance: Risk and Regulation in a Digital Age, 88 Tex. L. Rev. 669 (2010).

Banh, Minh/*Cluse*, Michael/*Schwake*, Daniel: Die quantitative Behandlung von Kontrahentenausfallrisiken unter Basel III, Kreditwesen 2011, 499.

Bartholomew, Philip F./*Whalen*, Gary W.: Fundamentals of Systemic Risk, in Kaufman, George G. (Hrsg.), Research in Financial Services Private and Public Policy – Banking, Financial Markets and Systemic Risk, Vol. 7, Greenwich, Connecticut 1995, S. 3.

Basler Ausschuss für Bankenaufsicht: Änderung der Eigenkapitalvereinbarung zur Einbeziehung der Marktrisiken, Januar 1996, abrufbar unter http://www.bis.org/publ/bcbs24ade.pdf (zuletzt abgerufen am 15.9.2013).

– Basel III: Ein globaler Regulierungsrahmen für widerstandsfähigere Banken und Bankensysteme, Dezember 2010, abrufbar unter http://www.bis.org/publ/bcbs189_de.pdf (zuletzt abgerufen am 15.9.2013).

– Basel III: Mindestliquiditätsquote und Instrumente zur Überwachung des Liquiditätsrisikos, Januar 2012, abrufbar unter http://www.bis.org/publ/bcbs238.htm (zuletzt abgerufen am 15.9.2013).

– Basel III regulatory consistency assessment (Level 2) – Preliminary report: United States of America, Oktober 2012, abrufbar unter http://www.bis.org/bcbs/implementation/l2_us.pdf (zuletzt abgerufen am 15.9.2013).

– Enhancements to the Basel II framework, Juli 2009, abrufbar unter http://www.bis.org/publ/bcbs157.pdf (zuletzt abgerufen am 15.9.2012).

– Grundsätze für eine wirksame Bankenaufsicht, Oktober 2006, abrufbar unter http://www.bis.org/publ/bcbs129ger.pdf (zuletzt abgerufen am 15.9.2013).

– Internationale Konvergenz der Eigenkapitalmessung und Eigenkapitalanforderungen, Juli 1988 (aktualisiert bis 1998), abrufbar unter http://www.bis.org/publ/bcbsc111de.pdf (zuletzt abgerufen am 15.9.2013).
– Internationale Konvergenz der Eigenkapitalmessung und Eigenkapitalanforderungen, Juni 2006 – Überarbeitete Rahmenvereinbarung – Umfassende Version, abrufbar unter http://www.bis.org/publ/bcbs128ger.pdf (zuletzt abgerufen am 15.9.2013).
– Management operationeller Risiken – Praxisempfehlungen für Banken und Bankenaufsicht, Februar 2003, abrufbar unter http://www.bis.org/publ/bcbs96de.pdf (zuletzt abgerufen am 15.9.2013).
– Principles for Sound Liquidity Risk Management and Supervision, September 2008, abrufbar unter http://www.bis.org/publ/bcbs144.pdf (zuletzt abgerufen am 15.9.2013).
– Report on Special Purpose Entities, September 2009, abrufbar unter http://www.bis.org/publ/joint23.pdf (zuletzt abgerufen am 15.9.2013).
Baumann, Diethelm: Einführung eines Trennbankensystems, GWR 2013, 307.
Baums, Theodor: Asset-Backed Finanzierungen im deutschen Wirtschaftsrecht, WM 1993, 1.
– Eigenkapital: Begriff, Aufgaben, Sicherung, ZHR 175 (2011), 160.
– Risiko und Risikosteuerung im Aktienrecht, ZGR 2011, 218.
Bauer, Denise A.: Strengere Anforderungen für Ratingagenturen nach der neuen ÄnderungsVO, BB 2013, 363.
Baur, Georg/*Boegl*, Martin: Die neue europäische Finanzmarktaufsicht – Der Grundstein ist gelegt, BKR 2011, 177.
Bechmann, Gotthard: Einleitung: Risiko – ein neues Forschungsfeld, in ders. (Hrsg.), Risiko und Gesellschaft: Grundlagen und Ergebnisse interdisziplinärer Risikoforschung, Opladen 1993.
Beck, Ulrich: Risikogesellschaft: Auf dem Weg in eine andere Moderne, 1. Aufl., Frankfurt am Main 1986.
Becker, Bernhard/*Janker*, Bernd/*Müller*, Stefan: Die Optimierung des Risikomanagements als Chance für den Mittelstand, DStR 2004, 1578.
Becker, Axel: Neue Anforderungen an das Kreditgeschäft der Kreditinstitute durch die MaK, BKR 2003, 316.
Becker, Florian: Die Regulierung von Ratingagenturen, DB 2010, 941.
Becker, Florian/*Mock*, Sebastian: FMStG – Finanzmarktstabilisierungsgesetz: Kommentar, Köln 2009.
Becker, Gernot M./*Voigt*, Alexander: Nationale Unterschiede im Aufsichtsrecht: Herausforderungen für die Bonitätsanalyse, Kreditwesen 2012, 754.

Becker, Hans Paul/*Peppmeier*, Arno: Bankbetriebslehre, 9. Aufl., Herne 2013.

Berger, Matthew: Securitization and Capital Implications under the Basel II Accord, 30 No. 1 Banking & Fin. Services Pol'y Rep. 6 (2011).

Bernanke, Ben S.: Reducing Systemic Risk, Speech at the Federal Reserve Bank of Kansas City's Annual Economic Symposium, Jackson Hole, Wyoming, 22. August 2008, abrufbar unter http://www.federalreserve.gov/newsevents/speech/bernanke20080822a.htm (zuletzt abgerufen am 15.9.2013).

– Financial Reform to Address Systemic Risk, Speech at the Council on Foreign Relations, Washington D.C., 10. März 2009, abrufbar unter http://www.federalreserve.gov/newsevents/speech/bernanke20090310a.htm (zuletzt abgerufen am 15.9.2013).

Beyer, Matthias/*Schäffler*, Christian: Liquiditätsrisikosteuerung im Kontext von Basel III und CRD IV, in Becker, Axel/Gruber, Walter/Wohlert, Dirk (Hrsg.), Handbuch MaRisk und Basel III: Neue Anforderungen an das Risikomanagement in der Bankpraxis, 2. Aufl., Frankfurt am Main 2012, S. 3.

Bieg, Hartmut/*Krämer*, Gregor/*Waschbusch*, Gerd: Bankenaufsicht in Theorie und Praxis, 4. Aufl., Frankfurt am Main 2011.

Binder, Jens-Hinrich: Bankeninsolvenzen im Spannungsfeld zwischen Bankenaufsichts- und Insolvenzrecht, Berlin 2005.

– Interne Corporate Governance im Bankkonzern, in Hopt, Klaus J./Wohlmannstetter, Gottfried (Hrsg.), Handbuch Corporate Governance von Banken, München 2011, S. 685.

– Rechtliche Grundlagen des Risikomanagements in Banken und Finanzdienstleistungsinstituten, in Romeike, Frank (Hrsg.), Rechtliche Grundlagen des Risikomanagements – Haftungs- und Strafvermeidung für Corporate Compliance, Berlin 2008, S. 133.

Black, Fischer: Noise, 41 J. Fin. 529 (1986).

Blasche, Sebastian: Auswirkungen von Verstößen gegen das KWG sowie von Abweichungen von den MaRisk auf die zivilrechtliche Haftung des Bankvorstands, WM 2011, 343.

Blaurock, Uwe: Regelbildung und Grenzen des Rechts – Das Beispiel der Finanzkrise, JZ 2012, 226.

Board of Governors of the Federal Reserve System (Board of Governors): Bank Holding Company Supervision Manual, abrufbar unter http://www.federalreserve.gov/boarddocs/supmanual/bhc/bhc.pdf (zuletzt abgerufen am 15.9.2013).

– Supervision and Regulation Letter SR 10–6, Interagency Policy Statement on Funding and Liquidity Risk Management, 17.3.2010, abrufbar unter http://

www.federalreserve.gov/boarddocs/srletters/2010/sr1006.pdf (zuletzt abgerufen am 15.9.2013).

Board of Governors of the Federal Reserve System (Board of Governors)/*Federal Deposit Insurance Corporation* (FDIC)/*Office of the Comptroller of the Currency* (OCC)/*Office of Thrift Supervision* (OTS): Interagency Guidance on the Advanced Measurement Approaches for Operational Risk, 3.6.2011, abrufbar unter http://www.occ.gov/news-issuances/bulletins/2011/bulletin-2011-21a.pdf (zuletzt abgerufen am 15.9.2013).

Bock, Ulrich: Neue Regelungen zur Corporate Governance gemäß Sarbanes-Oxley Act, BKR 2003, 774.

Bodie, Zivi/*Kane*, Alex/*Marcus*, Alan J.: Investments and Portfolio Management, 9th Edition, New York 2011.

Bonß, Wolfgang: Vom Risiko: Unsicherheit und Ungewißheit in der Moderne, Hamburg 1995.

Boos, Karl-Heinz/*Fischer*, Reinfried/*Schulte-Mattler*, Hermann (Hrsg.): Kreditwesengesetz, 4. Aufl., München 2012.

Brandi, Tim Oliver/*Gieseler*, Konrad: Entwurf des Trennbankengesetzes – Sanierung- und Abwicklungsplanung, Risikoabschirmung des Kundengeschäfts, Verschärfung von Geschäftsleiterpflichten, DB 2013, 741.

Breidenbach, Stefanie/*Ohliger*, Thorsten: Berücksichtigung von Nichtlinearitäten im Konzept der Incremental Risk Charge, Kreditwesen 2012, 86.

Brissette, Ryan K.: The Volcker Rule's Unintended Consequences, 15 N.C. Banking Inst. 231 (2011).

Brownlow, Benjamin H.: Rating Agency Reform: Preserving the registered Market for Asset-Backed Securities, 15 N.C. Banking Inst. 111 (2011).

Bryant, John: A Model of Reserves, Bank Runs, and Deposit Insurance, 4 J. Bank. Financ. 335 (1980).

Buchmüller, Patrick: Basel II: Hinwendung zur prinzipienorientierten Bankenaufsicht, Baden-Baden 2008.

Büschgen, Hans E.: Bankbetriebslehre, 5. Aufl., Wiesbaden 1998.

Bumke, Christian: Kapitalmarktregulierung – Eine Untersuchung über Konzeption und Dogmatik des Regulierungsverwaltungsrechts, Die Verwaltung 41 (2008), 227.

Bundesanstalt für Finanzdienstleistungsaufsicht (BaFin): Jahresbericht 2007, abrufbar unter http://www.bafin.de/SharedDocs/Downloads/DE/Jahresbericht/dl_jb_2007.html (zuletzt abgerufen am 15.9.2013).

– Jahresbericht 2010 abrufbar unter http://www.bafin.de/SharedDocs/Downloads/DE/Jahresbericht/dl_jb_2010.html (zuletzt abgerufen am 15.9.2013).

Duffie, Darrell/*Singleton*, Kenneth J.: Credit Risk – Pricing, Measurement, and Management, Princeton 2003.

Duffie, Darrell/*Zhu* Haoxiang: Does a Central Clearing Counterparty Reduce Counterparty Risk?, 1 Review of Asset Pricing Studies 74 (2011).

Eckhold, Thomas: Das Geschäftsleiterermessen des Bankvorstands in der Krise, ZBB 2012, 364.

Edwards, Douglas O.: An Unfortunate „Tail": Reconsidering Risk Management Incentives after the Financial Crisis of 2007–2009, 81 U. Colo. L. Rev. 247 (2010).

Eisele, Jörg: „Mehr Sicherheit für Häuslebauer"?, ZIS 2011, 354.

Eisen, Mathias: Haftung und Regulierung der internationalen Rating-Agenturen, Frankfurt am Main u.a. 2008.

Eisenführ, Franz/*Weber*, Martin/*Langer*, Thomas: Rationales Entscheiden, 5. Aufl., Berlin, Heidelberg 2010.

Elfgen, Ralph/*Sieler*, Carina: Risikomanagement als Beratungsleistung. Der Aufbau von Risikomanagement-Systemen in Industrieunternehmen, in Lange, Knut Werner/Wall, Friederike (Hrsg.), Risikomanagement nach dem KonTraG – Aufgaben und Chancen aus betriebswirtschaftlicher und juristischer Sicht, München 2001, S. 375.

Emmenegger, Susan: Grundsätze guter Unternehmensführung von Banken aus der Sicht des Basler Ausschusses und der FINMA, in Hopt, Klaus J./Wohlmannstetter, Gottfried (Hrsg.), Handbuch Corporate Governance von Banken, München 2011, S. 405.

Engelen, Ewald: Learning to Cope with Uncertainty: On the Spatial Distributions of Financial Innovation and its Fallout, in Clark, Gordon L./Dixon, Adam D./Monk, Ashby H.B. (Hrsg.), Managing Financial Risks: From Global to Local, New York 2009, S. 120.

Epping, Volker/*Hillgruber*, Christian (Hrsg.): Grundgesetz Kommentar, München 2009.

Erichsen, Hans-Uwe/*Ehlers*, Dirk: Allgemeines Verwaltungsrecht, 14. Aufl., Berlin/New York 2010.

Eyermann, Erich (Hrsg.): Verwaltungsgerichtsordnung, 13. Aufl., München 2010.

Federal Reserve System: Purposes and Functions, 9th Ed., Washington D.C. 2005.

Felsenfeld, Carl: Banking Regulation in the United States, 2nd Ed. (Loseblatt), New York, Stand: 2004.

Ferran, Ellis: Principle-based and risk-based regulation and effective enforcement, in Tison, Michel/de Wulf, Hans/van der Elst, Christoph/Steennot, Reinhard (Hrsg.), Perspectives in Company Law and Financial Regulation, Cambridge 2009, S. 427.

Ficus, Jacob A.: Die Verwarnung nach § 36 II KWG – Gesetzesimmanente Fairness und zweckwidriger Rechtsschutz, NVwZ 2009, 1413.

Financial Stability Board (FSB): Policy Measures to Address Systemically Important Financial Institutions, 4.11.2011, abrufbar unter http://www.financialstabilityboard.org/publications/r_111104bb.pdf (zuletzt abgerufen am 15.9.2013).

Fleischer, Holger: Aktienrechtliche Legalitätspflicht und „nützliche" Pflichtverletzungen von Vorstandsmitgliedern, ZIP 2005, 141.

– Die „Business Judgment Rule" – Vom Richterrecht zur Kodifizierung, ZIP 2004, 685.

– (Hrsg.) Handbuch des Vorstandsrechts, München 2006.

– Verantwortlichkeit von Bankgeschäftsleitern und Finanzmarktkrise, NJW 2010, 1504.

– Zur Leitungsaufgabe des Vorstands im Aktienrecht, ZIP 2003, 1.

Fleischer, Holger/*Schmolke*, Klaus Ulrich: Klumpenrisiken im Bankaufsichts-, Investment- und Aktienrecht, ZHR 173 (2009), 649.

Fowler, Christopher T.: The Swaps Push Out Rule: An Impact Assessment, 15 N.C. Banking Inst. 205 (2011).

Frankel, Tamar/*Fagan*, Mark: Law and the Financial System – Securitization and Asset Backed Securities: Law, Process, Case Studies, and Simulations, Lake Mary, 2009.

Freixas, Xavier/*Rochet*, Jean-Charles: Microeconomics of Banking, 2nd Ed., Cambridge (Mass.) 2008.

Frese, Michael/*Uhl*, Laurenz: Die Zukunft des deutschen Verbriefungsmarktes im Lichte von Änderungen im europäischen Regelwerk, Kreditwesen 2009, 935.

Gehrmann, Volker: Gesamtrisikosteuerung – der Beitrag von Kreditderivaten zur Risikooptimierung von Banken: Anwendungsfelder, Risiken, aufsichtsrechtliche Restriktionen, Gesamtbanksteuerung, Hamburg 2009.

Gilson, Ronald J./*Kraakman*, Reinier H.: The Mechanism of Market Efficiency, 70 Va. L. Rev. 549 (1984).

Gleeson, Simon: International Regulation of Banking – Capital and Risk Requirements, 2nd Ed., Oxford 2012.

Glos, Alexander/*Sester*, Peter: Rechtliche Anforderungen an die Berücksichtigung von Kreditsicherheiten im Rahmen der SolvV, BKR 2008, 315.

Goette, Wulf/*Habersack*, Mathias (Hrsg.): Münchener Kommentar zum Aktiengesetz, Band 2, §§ 76–117 MitbestG, DrittelbG, 3. Aufl., München 2008.

Gola, Carlo/*Roselli*, Alessandro: The UK Banking System and Its Regulatory and Supervisory Framework, Houndmills, Basingstoke, Hampshire/New York 2009.

Gomille, Christian: Der europäische Regulierungsansatz für Bonitätsratings, GPR 2011, 186.

González-Hermosillo, Brenda/*Hesse*, Heiko: Global Market Conditions and Systemic Risk, IMF Working Papers/09/230, Oktober 2009, abrufbar unter http://www.imf.org/external/pubs/ft/wp/2009/wp09230.pdf (zuletzt abgerufen am 15.9.2013).

Gordon, Jeffrey N./*Muller*, Christopher: Confronting Financial Crisis: Dodd-Frank's Danger and the Case for a Systemic Emergency Insurance Fund, 28 Yale J. on Reg. 151 (2011).

Greenbaum, Stuart I./*Thakor*, Anjan, V.: Contemporary Financial Intermediation, 2nd Ed., Burlington/San Diego/London 2007.

Greenberger, Michael: Overwhelming a Financial Regulatory Black Hole with Legislative Sunlight: Dodd-Frank's Attack on Systemic Economic Destabilization Caused by an Unregulated Mulit-Trillion Dollar Derivatives Market, 6 J. Bus. & Tech. L. 127 (2011).

Greuning, Hennie van/*Brajovic Bratanovic*, Sonja: Analyzing and Managing Banking Risk: A Framework for Assessing Corporate Governance and Financial Risk 2nd Ed., Washington D.C. 2003.

Grill, Hannelore/*Perczynski*, Hans: Wirtschaftslehre des Kreditwesens, 44. Aufl., Troisdorf 2010.

Grochla, Erwin (Hrsg.): Organisationstheorie, Stuttgart 1976.

Gruber, Walter: Überblick über die neuen Anforderungen nach Basel III/CRD IV/CRR, in Becker, Axel/Gruber, Walter/Wohlert, Dirk (Hrsg.), Handbuch MaRisk und Basel III: Neue Anforderungen an das Risikomanagement in der Bankpraxis, 2. Aufl., Frankfurt am Main 2012, S. 3.

Grundke, Peter: Qualitative inverse Stresstests mit Fehlerbäumen?, Kreditwesen 2012, 131.

Gruppe der Zwanzig (G-20) – *Vertreter*: Final Statement at Pittsburgh Summit: Framework for Strong, Sustainable and Balanced Growth, 25.9.2009, abrufbar unter http://www.cfr.org/world/g20-leaders-final-statement-pittsburgh-summit-framework-strong-sustainable-balanced-growth/p20299 (zuletzt abgerufen am 15.9.2013).

– The Global Plan for Recovery and Reform (London Summit), 2.4.2009, abrufbar unter http://www.bundesregierung.de/Content/DE/StatischeSeiten/Breg/G8G20/Anlagen/G20-erklaerung-london-en.pdf?__blob=publicationFile (zuletzt abgerufen am 15.9.2013)

– Declaration on Strengthening the Financial System –, 2.4.2009, abrufbar unter http://www.g20.utoronto.ca/summits/2009london.html (zuletzt abgerufen am 15.9.2013).

Gruson, Michael/*Kubicek*, Matthias: Der Sarbanes Oxley Act, Corporate Governance und das deutsche Aktienrecht, AG 2003, 393.

Günther, Marcus: Systemrelevanz von Finanzinstituten, WM 2009, 825.

Haar, Brigitte: Das deutsche Ausführungsgesetz zur EU-Rating-Verordnung – Zwischenetappe auf dem Weg zu einer europäischen Finanzmarktarchitektur, ZBB 2010, 185.

– Die Rolle der Ratingagenturen bei der Corporate Governance von Banken, in Hopt, Klaus J./Wohlmannstetter, Gottfried (Hrsg.), Handbuch Corporate Governance von Banken, München 2011, S. 223.

Habersack, Mathias: Rechtsfragen des Emittenten-Ratings, ZHR 169 (2005), 185.

Häde, Ulrich: Bankenaufsicht und Grundgesetz – Zur Übertragung von Aufgaben auf bestehende Bundesbehörden nach Art. 87 Abs. 3 GG, JZ 2001, 105.

Hagemeister, Hans-Otto: Die neue Bundesanstalt für Finanzdienstleistungsaufsicht, WM 2002, 1773.

Hannemann, Ralf/*Schneide*r, Andreas: Mindestanforderungen an das Risikomanagement (MaRisk) – Kommentar unter Berücksichtigung der Instituts-Vergütungsverordnung (InstitutsVergV), 3. Aufl., Stuttgart 2011.

Hartmann-Wendels, Thomas/*Pfingsten*, Andreas/*Weber*, Martin: Bankbetriebslehre, 5. Aufl., Berlin/Heidelberg/New York 2010.

Hassis, Heinrich: Effiziente Refinanzierung und Risikodiversifikation in der Sparkassen-Finanzgruppe, in Schäfer, Klaus/Burghof, Hans-Peter/Johanning, Lutz/Wagner, Hannes F./Rodt, Sabine (Hrsg.), Risikomanagement und kapitalmarktorientierte Finanzierung, Festschrift für Bernd Rudolph, Frankfurt am Main 2009, S. 571.

Hein, Jan von: Die Rezeption US-amerikanischen Gesellschaftsrechts in Deutschland, Tübingen 2008.

Hellstern, Gerhard: Quantifizierung und Steuerung der operationellen Risiken (OpRisk), in Becker, Axel/Gruber, Walter/Wohlert, Dirk (Hrsg.), Handbuch MaRisk und Basel III: Neue Anforderungen an das Risikomanagement in der Bankpraxis, 2. Aufl., Frankfurt am Main 2012, S. 607.

Hellwig, Martin: Gutachten E zum 68. Deutschen Juristentag Berlin 2010, Finanzmarktregulierung – Welche Regelungen empfehlen sich für den deutschen und europäischen Finanzsektor?, in Ständige Deputation des Deutschen Juristentages (Hrsg.), Verhandlungen des 68. Deutschen Juristentages Berlin 2010, Band I (Gutachten), München 2010.

– Systemic Risk in the Financial Sector: An Analysis of the Subprime-Mortgage Financial Crisis, 157 De Economist 129 (2009).

Lautenschläger, Sabine/*Ketessidis*, Adam: Führung von gruppenangehörigen Banken und ihre Beaufsichtigung, in Hopt, Klaus J./Wohlmannstetter, Gottfried (Hrsg.), Handbuch Corporate Governance von Banken, München 2011, S. 759.

Laux, Helmut/*Gillenkirch*, Robert M./*Schenk-Mathes*, Heike Y.: Entscheidungstheorie, 8. Aufl., Berlin, Heidelberg 2012.

Lehmann, Matthias: Finanzinstrumente: Vom Wertpapier - und Sachenrecht zum Recht der unkörperlichen Vermögensgegenstände, Tübingen 2009.

Lehman, Matthias/*Manger-Nestler*, Cornelia: Das neue Europäische Finanzaufsichtssystem, ZBB 2011, 2.

– Die Vorschläge zur neuen Architektur der europäischen Finanzaufsicht, EuZW 2010, 87.

Leland, Hayne E./*Pyle*, David H.: Informational Asymmetries, Financial Structure, and Financial Intermediation, 32 J. Fin. 371 (1977).

Lenenbach, Markus: Kapitalmarktrecht und kapitalmarktrelevantes Gesellschaftsrecht, 2. Aufl., Köln 2010.

Lerch, Marcus P.: Ratingagenturen im Visier des europäischen Gesetzgebers, BKR 2010, 402.

Levitin, Adam J./*Pavlov*, Andrey D./*Wachter*, Susan M.: The Dodd-Frank Act and Housing Finance: Can It Restore Private Risk Capital to the Securitization Market?, 29 Yale J. on Reg. 155 (2012).

Litten, Rüdiger/*Bell*, Matthias: Regulierung von Kreditderivaten im Angesicht der globalen Finanzkrise, BKR 2011, 314.

Lorenz, Manuel: Der Regierungsentwurf eines Gesetzes zur Restrukturierung und geordneten Abwicklung von Kreditinstituten – Überblick und erste Einordnung, NZG 2010, 1046.

Louven, Christoph/*Raapke*, Julius: Aktuelle Entwicklungen in der Corporate Governance von Versicherungsunternehmen, VersR 2012, 257.

Lück, Wolfgang: Elemente eines Risiko-Managementsystems – Die Notwendigkeit eines Risiko-Managementsystems durch den Entwurf eines Gesetzes zur Kontrolle und Transparenz im Unternehmensbereich (KonTraG), DB 1998, 8.

Luhmann, Niklas: Soziologie des Risikos, Berlin 1991.

Lutter, Marcus: Bankenkrise und Organhaftung, ZIP 2009, 197.

– Die Business Judgment Rule und ihre praktische Anwendung, ZIP 2007, 841.

MacNeil, Iain: Risk Control Strategies: An Assessment in the Context of the Credit Crisis, in MacNeil, Iain G./O'Brien, Justin, The Future of Financial Regulation, Oxford u.a. 2010, S. 141.

Madaus, Stephan: Das Insolvenzverfahren der Lehman Brothers Holding Inc. – ein in jeder Hinsicht besonderes Reorganisationsverfahren, NZI 2008, 715.
Mangoldt, Hans von: Die Lehre vom Unternehmergewinn, Leipzig 1855.
Mann, Thomas: Buddenbrooks – Verfall einer Familie, 60 Aufl., Frankfurt am Main 2011.
Manns, Thorsten/Schulte-Mattler, Hermann: Aufsichtsfeuerwerk Basel III und CRD IV – Antwort der Bankenaufseher auf die Finanzmarktkrise –, WM 2010, 1577.
Markel, Elisabeth Doris: Qualitative Bankenaufsicht – Auswirkungen auf die Bankunternehmungsführung, Sternenfels 2009.
Markowitz, Harry: Portfolio Selection, 7 J. Fin. 77 (1952).
– Portfolio Selection: Efficient Diversification of Investments, New York, London, 1959.
Maurer, Hartmut: Allgemeines Verwaltungsrecht, 18. Aufl., München 2011.
Mayer Brown: Overview of the Proposed Credit Risk Retention Rules for Securitization, April 2011, S. 52 ff., abrufbar unter http://www.mayerbrown.com/publications/Overview-of-the-Proposed-Credit-Risk-Retention-Rules-for-Securitizations-04-08-2011/ (zuletzt abgerufen am 15.9.2013).
Meyer zu Selhausen, Hermann: Quantitative Risikomodelle verstellen den Blick für die Palette der Risikoursachen – auch das zeigt die globale Finanzkrise, in Schäfer, Klaus/Burghof, Hans-Peter/Johanning, Lutz/Wagner, Hannes F./Rodt, Sabine (Hrsg.), Risikomanagement und kapitalmarktorientierte Finanzierung, Festschrift für Bernd Rudolph, Frankfurt am Main 2009, S. 495.
Michael, Lothar: Rechts- und Außenwirkungen sowie richterliche Kontrolle der MaRisk VA, VersR 2010, 141.
Mielk, Holger: Die Umsetzung von Basel II in deutsches Recht – Ein Überblick über wesentliche Aspekte des KWG-Änderungsgesetzes, WM 2007, 621.
Mishkin, Frederic S.: How Big a Problem is Too Big to Fail? A Review of Gary Stern and Ron Feldman's Too Big to Fail: The Hazards of Bank Bailouts, 44 J. Econ. Lit. 988 (2006).
Möllers, Thomas M.J.: Auf dem Weg zu einer neuen europäischen Finanzmarktaufsichtsstruktur – Ein systematischer Vergleich der Rating-VO (EG) Nr. 1060/2009 mit der geplanten ESMA-VO, NZG 2010, 285.
– Regulierung von Ratingagenturen, JZ 2009, 861.
Möllers, Thomas M.J./*Christ*, Dominique/Harrer, Andreas: Das neue Recht zur Regelung ungedeckter Kreditderivate – Das Gesetz gegen missbräuchliche Wertpapier- und Derivategeschäfte versus europäische Regulierungsvorschläge, NZG 2010, 1124.

Prüm, Thomas/ *Thomas*, Sven: Die neuen Rahmenregelungen für Verbriefungen, BKR 2011, 133.

Raiser, Thomas/*Veil*, Rüdiger: Recht der Kapitalgesellschaften – Ein Handbuch für Praxis und Wissenschaft, 5. Aufl., München 2010.

Ramke, Thomas: Herausforderungen und Perspektiven des Liquiditätsrisikomanagements in Kreditinstituten, in Everling, Oliver/Theodore, Samuel S. (Hrsg.), Bankrisikomanagement: Mindestanforderungen, Instrumente und Strategien für Banken, Wiesbaden 2008, S. 251.

Randow, Philipp von: Rating und Regulierung, ZBB 1995, 140.

Redeke, Julian: Auswirkungen des UMAG auf die Verfolgung von Organhaftungsansprüchen seitens des Aufsichtsrats, ZIP 2008, 1549.

Reifner, Udo: Der Verkauf notleidender Verbraucherdarlehen, BKR 2008, 142.

Reinhart, Carmen M./*Rogoff*, Kenneth S.: This Time is Different, Eight Centuries of Financial Folly, Princeton, Oxford, 2009.

Rhodes, Amy K.: Role of the SEC in the Regulation of the Rating Agencies: Well-Placed Reliance or Free-Market Interference, 20 Seton Hall Legis. J. 293 (1996).

Richardson, Matthew/*Ronen*, Joshua/*Subrahmanyam*, Marti, Securitization Reform, in Acharya, Viral V./Cooley, Thomas F. /Richardson, Mathhew/Walter, Ingo (Hrsg.), Regulating Wall Street – The Dodd-Frank Act and the New Architecture of Global Finance, Hoboken 2011, S. 469.

Riethmüller, Tobias C.: Das Restrukturierungsgesetz im ökonomischen und internationalen Kontext, WM 2010, 2295.

Rojc, Kenneth J.: National Bank Lending Limits – A New Framework, 40 Bus. Law. 903 (1985).

Rolfes, Bernd: Gesamtbanksteuerung: Risiken ertragsorientiert steuern, 2. Aufl., Stuttgart 2008.

Rom, Maximilian von/*Tusch*, Sebastian: Einheitliche Aufsicht verschiebt Kompetenzen, Börsen-Zeitung, 13.9.2012, S. 4.

Rowe, William D.: An Anatomy of Risk, New York u.a. 1971.

Rudolph, Bernd: Eigenkapitalanforderungen in der Bankenregulierung, ZHR 175 (2011), 284.

– Das effektive Bankeigenkapital, Frankfurt am Main 1991.

– Die internationale Finanzkrise: Ursachen, Treiber, Veränderungsbedarf und Reformansätze, ZGR 2010, 1.

– Lehren aus den Ursachen und dem Verlauf der internationalen Finanzkrise, zfbf 2008, 713.

– Kreditrisikotransfer – Abbau alter gegen den Aufbau neuer Risiken?, Kredit und Kapital 2007, 1.

Rudolph, Bernd/*Hofmann*, Bernd/*Schaber*, Albert/*Schäfer*, Klaus: Kreditrisikotransfer, 2. Aufl., Berlin, Heidelberg 2012.

Ruter, Rudlof X./*Rosken*, Anne: Was ist ein ehrbarer Aufsichtsrats/Beirat? – Welche Bedeutung nimmt er im Rahmen einer nachhaltigen Unternehmensführung ein? -, DB 2011, 1123.

Rutova, Sandra/*Volkheimer*, Tim: Revisiting the Basel Accords: Lessons From the Credit Crisis, 19 U. Miami Bus. L. Rev. 83 (2011).

Ruzik, Andy: Bankenkrisen und -insolvenzen – Ein besonderes Phänomen, NZG 2009, 133.

Sanio, Jochen: Bankenaufsicht und Systemrisiko, in Schäfer, Klaus/Burghof, Hans-Peter/Johanning, Lutz/Wagner, Hannes F./Rodt, Sabine (Hrsg.), Risikomanagement und kapitalmarktorientierte Finanzierung, Festschrift für Bernd Rudolph, Frankfurt am Main, 2009, S. 15.

Schäfer, Achim/*Zeller*, Ulrich: Finanzkrise, Risikomodelle und Organhaftung, BB 2009, 1706.

Schäfer, Frank A.: Eigenkapital im Bankaufsichtsrecht und Basel III, ZHR 175 (2011), 319.

Schäfer, Hendrik: Bankenaufsichtsrecht in Deutschland, dem Vereinigten Königreich und den Vereinigten Staaten – Rechtsvergleichende Implikationen für die Restrukturierung des deutschen Rechts, Baden-Baden 2011.

Schaub, Peter/*Schaub*, Michael: Ratingurteile als Entscheidungsgrundlage für Vorstand und Abschlussprüfer, ZIP 2013, 656.

Schelo, Sven: Neue Restrukturierungsregeln für Banken, NJW 2011, 186.

Schelo, Sven/*Steck*, Andreas: Das Trennbankengesetz: Prävention durch Bankentestamente und Risikoabschirmung, ZBB 2013, 227.

Schierenbeck, Henner/*Wöhle*, Claudia B.: Grundzüge der Betriebswirtschaftslehre, 18. Aufl., München 2012.

Schmidke, Andreas: Die kapitalmarktrechtliche Regulierung von Finanzanalyse und Rating-Urteil durch das Wertpapierhandelsgesetz: Eine Untersuchung unter Berücksichtigung nationaler, europäischer und internationaler Regulierungsbemühungen, Hamburg 2010.

Schmidt, Karsten/*Ebke*, Werner F. (Hrsg.): Münchener Kommentar zum Handelsgesetzbuch, Band 4, Drittes Buch, Handelsbücher, §§ 238–342e HGB, 3. Aufl., München 2013.

Schmittmann, Stefan: Die Rolle des Chief Risk Officer unter Corporate Governance-Gesichtspunkten, in Hopt, Klaus J./Wohlmannstetter, Gottfried (Hrsg.), Handbuch Corporate Governance von Banken, München 2011, S. 481.

Schmolke, Klaus Ulrich: Der Lamfalussy-Prozess im Europäischen Kapitalmarktrecht – eine Zwischenbilanz, NZG 2005, 912.

Schneider, Dieter: Messung des Eigenkapitals als Risikokapital, DB 1987, 185.

– Risk Management als betriebswirtschaftliches Entscheidungsproblem?, in Lange, Knut Werner/Wall, Friederike (Hrsg.), Risikomanagement nach dem KonTraG: Aufgaben und Chancen aus betriebswirtschaftlicher und juristischer Sicht, München 2001, S. 181.

Schneider, Sven H.: Informationspflichten und Informationssystemeinrichtungspflichten im Aktienkonzern – Überlegungen zu einem Unternehmensinformationsgesetzbuch, Berlin 2006 (zitiert: Informationspflichten).

Schneider, Thomas: Möglichkeiten und Grenzen der Umsetzung der gesellschaftsrechtlichen und bankaufsichtsrechtlichen Anforderungen an das Risikomanagement auf Gruppenebene, Berlin 2009 (zitiert: Risikomanagement).

Schneider, Uwe H.: Europäisches Bankenrecht und Wettbewerb der Bankensysteme – Vortrag vor dem Europainstitut der Universität des Saaralandes, Saarbrücken, den 5. November 1990, in: Ress, Georg (Hrsg.), Vorträge Reden und Berichte aus dem Europa-Institut / Nr. 228, 1990.

Scholz, Walter: Zinsänderungsrisiken im Jahresabschluss der Kreditinstitute, Kredit und Kapital 1979, 517.

Schooner, Heidi Mandanis/*Taylor*, Michael W.: Global bank Regulation – Principles and Policies, Amsterdam u.a. 2010.

Schotland, Roy A.: Re-Examining the Freedom of Information Act's Exemption 8: Does it give an unduly „Full Service" Exemption for Bank and Examination Reports and Related Material, Admin. L.J. Am. U. 43, 51 (1995).

Schulte-Mattler, Hermann: Der Double-Default-Effekt, Die Bank 7/2006, 52.

Schulte-Mattler, Hermann/*Manns*, Thorsten: CRD-IV-Regulierungspaket zur Stärkung der Widerstandsfähigkeit des Bankensektors – Europäische Umsetzung des Basel-III-Rahmenwerkes im Entwurf, WM 2011, 2069.

– Kreditrisikominderung im IRB-Ansatz, Die Bank 9/2006, 55.

Schwarcz, Steven L.: Conflicts and Financial Collapse: The Problem of Secondary-Management Agency Costs, 26 Yale J. on Reg. 457 (2009).

– Private Bordering of Public Markets: The Rating Agency Paradox, U. Ill. L. Rev. 1 (2002).

– Protecting Financial Markets: Lessons from the Subprime Mortgage Meltdown, 93 Minn. L. Rev. 373 406 (2008).

– Systemic Risk, 97 Geo. L.J. 193 (2008).

– The Future of Securitization, 41 Conn. L. Rev. 1313 (2009).

Schweinitz, Oliver von: Die Haftung von Ratingagenturen, WM 2008, 953.

Schwennicke, Andreas/*Auerbach*, Dirk (Hrsg.): Kreditwesengesetz (KWG) – Kommentar, München 2009.

Scott, Hal S.: The Reduction of Systemic Risk in the United States Financial System, 33 Harv. J.L. & Pub. Pol'y 671 (2010).

Securities and Exchange Commission (SEC): No Action Letters, abrufbar unter http://www.sec.gov/answers/noaction.htm (zuletzt abgerufen am 15.9.2012).
– Release No. 34-65339, Order Granting Temporary Exemption of Kroll Bond Rating Agency, Inc. from the Conflict of Interest Prohibition in Rule 17g-5(c)(1) of the Securities Exchange Act of 1934, 14.9.2011, abrufbar unter http://www.sec.gov/rules/other/2011/34-65339.pdf (zuletzt abgerufen am 15.9.2013).
– Release No. 34-64148, Credit Risk Retention (proposed rule), März 2011, abrufbar unter http://sec.gov/rules/proposed/2011/34-64148.pdf (zuletzt abgerufen am 15.9.2013).
– Release No. 34-70277, Credit Risk Retention (proposed rule), abrufbar unter http://www.sec.gov/rules/proposed/2013/34-70277.pdf (zuletzt abgerufen am 15.9.2013).

Seibert, Ulrich: Die Entstehung des § 91 Abs. 2 AktG im KonTraG – „Risikomanagement" oder „Frühwarnsystem"?, in Westermann, Harm Peter/Mock, Klaus, Festschrift für Gerold Bezzenberger zum 70. Geburtstag: Rechtsanwalt und Notar im Wirtschaftsleben, Berlin/New York 2000, S. 427.

Senger, Michael: Bankenaufsicht, Unternehmensverbindungen und Bankengruppen, Frankfurt am Main 2004 (zitiert: Bankenaufsicht).

Sethe, Rolf: Die Pflicht zum Risikomanagement im Gesellschafts-, Konzern- und Bankenaufsicht, ZBB 2012, 357.

Sharpe, William F.: Capital Asset Prices: A Theory of Market Equilibrium under Conditions of Risk, 19 J. Fin. 425 (1964).

Siepmann, Hildrun: Selbstbehalt bei Verbriefungen – Institutionenökonomische Analyse, rechtliche Rezeption und effektive Umsetzung, Tübingen, 2011 (zitiert: Selbstbehalt bei Verbriefungen).

Sievers, Maren: Kreditderivate – Gestaltungsmöglichkeiten, bankenaufsichtsrechtliche Behandlung und der Handel mittelständischer Kreditrisiken, Baden-Baden 2009 (zitiert: Kreditderivate).

Sigmundt, Christian: EMIR: Neue Regelungen für den Handel mit OTC - Derivaten, BaFin Journal, Januar 2012, S. 12, abrufbar unter http://www.bafin.de/SharedDocs/Downloads/DE/BaFinJournal/2012/bj_1201.pdf?__blob=publicationFile (zuletzt abgerufen am 25.11.2013).

Singer, Linda: Dodd-Frank: Achievements, Challenges, and Priorities in Mortgage Regulation, 30 No. 3 Banking & Fin. Services Pol'y Rep. 1 (2011).

Wagner, Adolph: Beiträge zur Lehre von den Banken: Mit besonderer Rücksicht auf England und die Principien der Peel'schen Bankacte vom Jahre 1844 (7. ET 8. VICT. C. 32.), Göttingen 1857.

Waigel, Christian: Deutsche Bankenaufsicht und internationale Bankenaufsicht, in Grieser, Simon G./Heemann, Manfred (Hrsg.), Bankaufsichtsrecht: Entwicklungen und Perspektiven, Frankfurt am Main 2010.

Wallison, Peter: Comment on [Stout, Regulate OTC Derivatives by Deregulating them], 32 Regulation 35 (2009).

Waschbusch, Gerd: Bankenaufsicht: Die Überwachung der Kreditinstitute und Finanzdienstleistungsinstitute nach dem Gesetz über das Kreditwesen, München 2000.

Waschbusch, Gerd/*Staub*, Nadine/*Luck*, Pascal: Basel III – Gefährdung der Mittelstandsfinanzierung!?, CFL 2012, 191.

Weber, Robert F.: New Governance, Financial Regulation, and Challenges to Legitimacy: The Example of the Internal Models Approach to Capital Adequacy Regulation, 62 Admin. L. Rev. 783 (2010).

Weber-Rey, Daniela: Ausstrahlungen des Aufsichtsrechts (insbesondere für Banken und Versicherungen) auf das Aktienrecht – oder die Infiltration von Regelungssätzen?, ZGR 2010, 543.

Weber-Rey, Daniela/*Baltzer*, Corinna: Verlautbarungen der EU und der BaFin zur internen Governance von Banken, in Hopt, Klaus J./Wohlmannstetter, Gottfried (Hrsg.), Handbuch Corporate Governance von Banken, München 2011, S. 431.

Weber-Rey, Daniela/*Horak*, Tim: Allfinanzaufsicht überlebt Finanzmarktreform, VersR 2011, 452.

West, Richard R.: Bond Ratings, Bond Yields and Financial Regulation: Some Findings, 16 J. L. & Econ. 159 (1973).

Whitehead, Charles K.: Destructive Coordination, 96 Cornell L. Rev. 323 (2011).
– The Volcker Rule And Evolving Markets, 1 Harv. Bus. L. Rev., 39 (2011).

Wilmarth, Arthur E. Jr.: Reforming Financial Regulation to Address the Too-Big-To-Fail Problem, 35 Brook. J. Int'l L. 707 (2010).
– The Dodd-Frank Act: A Flawed and Inadequate Response to the Too-Big-Too-Fail Problem, 89 Or. L. Rev. 951 (2011).
– The Transformation of the U.S. Financial Services Industry, 1975–2000: Competition, Consolidation, and Increased Risks, 2002 U. Ill. L. Rev. 215 (2002).

Wimmer, Konrad: MaRisk: Überblick und Konsequenzen für die Geschäftsleitung, BKR 2006, 146.

Wittig, Arne: Bankaufsichtsrechtliche Grundlagen des (internen) Ratings und seine Transformation in das Darlehensverhältnis mit Unternehmen, ZHR 169 (2005), 212.

Wöhe, Günter/*Döring*, Ulrich: Einführung in die Allgemeine Betriebswirtschaftslehre, 23. Aufl., München 2008.

Wojcik, Karl-Philipp: Zivilrechtliche Haftung von Ratingagenturen nach europäischem Recht, NJW 2013, 2385.

Wolfers, Benedikt: Enteignung zur Stabilisierung des Finanzmarktes: Das Rettungsübernahmegesetz, NJW 2009, 1297.

Wundenberg, Malte: Compliance und die prinzipiengeleitete Aufsicht über Bankengruppen, Tübingen 2012.

Wymeersch, Eddy: Das neue europäische Finanzmarktregulierungs- und Aufsichtssystem, ZGR 2011, 443.

Zahn, Andreas/*Lemke*, Rudolf: Die Credit Linked Note – Anleihe mit integriertem Kreditderivat, WM 2002, 1536.

Zerey, Jean-Claude (Hrsg.): Finanzderivate – Rechtshandbuch, 3. Aufl., Baden-Baden 2013.

Zimmer, Daniel: Gutachten G zum 68. Deutschen Juristentag Berlin 2010, Finanzmarktregulierung – Welche Regelungen empfehlen sich für den deutschen und europäischen Finanzsektor?, in Ständige Deputation des Deutschen Juristentages (Hrsg.), Verhandlungen des 68. Deutschen Juristentages Berlin 2010, Band I (Gutachten), München 2010.

– Rating-Agenturen: Reformbedarf nach der Reform, in Grundmann, Stefan/Haar, Brigitte/Merkt, Hanno/Mülbert, Peter O./Wellenhofer, Marina (Hrsg.), Festschrift für Klaus J. Hopt zum 70. Geburtstag: Unternehmen, Markt, Verantwortung, Berlin/New York 2010, S. 2689.

Zimmer, Daniel/*Fuchs*, Florian: Die Bank in der Krise und Insolvenz, ZGR 2010, 597.

Zimmer, Daniel/*Rengier*, Lukas: Entflechtung, Fusionskontrolle oder Sonderregulierung für systemrelevante Banken? Ansätze zur Lösung des „Too-big-to-fail"-Problems, ZWeR 2010, 105.

Zimmermann, Steffen: Die MaRisk als regulatorischer Imperativ, BKR 2005, 208.

Zöllner, Wolfgang/*Noack*, Ulrich (Hrsg.): Kölner Kommentar zum Aktiengesetz, Band 2, Teillieferung 1, 3. Aufl., Köln 2010.

Göttinger Schriften zum Wirtschaftsrecht

Herausgegeben von Olaf Deinert, Torsten Körber, Rüdiger Krause, Gerald Spindler und Andreas Wiebe

Die Schriftenreihe *Göttinger Schriften zum Wirtschaftsrecht* bietet ein Forum für herausragende Dissertationen, Monographien und Sammelbände. Inhaltlich deckt die Reihe das zivile deutsche und internationale Wirtschaftsrecht in seiner ganzen Bandbreite ab. Neben dem klassischen Handels- und Gesellschaftsrecht ist Raum für Versicherungs- und Kapitalmarktrecht sowie – den Schwerpunkten der Göttinger Fakultät entsprechend – insbesondere für medien-, wettbewerbs- und arbeitsrechtliche Thematiken.

Die Reihe richtet sich an Wissenschaftler und Praktiker in Anwaltschaft, Behörden, Verbänden und Unternehmen.

Band 1 Andreas Reißmann: Äußerungsrechtliche Schutzpflichten. Der Schutz vor herabsetzenden, unwahren und indiskreten Äußerungen im Vertragsrecht durch § 241 Abs. 2 BGB. 2012.

Band 2 Kathrin Brandt: Gleichstellungsquote im Aufsichtsrat der Aktiengesellschaft. 2012.

Band 3 Julius Raapke: Die Regulierung der Vergütung von Organmitgliedern und Angestellten im Aktien- und Kapitalmarktrecht. 2012.

Band 4 Henning Hilke: Risiko und Bankenaufsicht. Eine rechtsvergleichende Analyse der präventiven Begrenzung bankbetrieblicher und systemischer Risiken. 2014.

www.peterlang.com

www.ingramcontent.com/pod-product-compliance
Ingram Content Group UK Ltd.
Pitfield, Milton Keynes, MK11 3LW, UK
UKHW021124061026
8980IPUK00044B/338

9 783631 649008